近代仏教スタディーズ　仏教からみたもうひとつの近代　大谷栄一・吉永進一・近藤俊太郎編　二、三〇〇円

明治前期の大谷派教団　中西直樹編著　二、八〇〇円

雑賀一向一揆と紀伊真宗　武内善信著　九、〇〇〇円

戦国期本願寺教団史の研究　草野顕之著　九、八〇〇円

本願寺教団展開の基礎的研究　戦国期から近世へ　青木馨著　九、八〇〇円

近世庶民仏教の研究　柏原祐泉著　一一、〇〇〇円

近世国家における宗教と身分　和田幸司著　一三、〇〇〇円

大系真宗史料　文書記録編8　天文日記Ⅰ　真宗史料刊行会編　一二、〇〇〇円

大系真宗史料　文書記録編9　天文日記Ⅱ　真宗史料刊行会編　九、五〇〇円

大系真宗史料　文書記録編10　私心記　真宗史料刊行会編　一〇、〇〇〇円

新装版　講座近代仏教　上・下　法藏館編集部編　一六、〇〇〇円

著者略歴

1923年10月三重県に生まれる。三重県師範学校，東京高等師範学校，東京文理科大学哲学科卒業。東京教育大学文学部助教授・教授，同大学廃学時の文学部長，成城大学文芸学部教授，学部長，同大学民俗学研究所所長，淑徳大学大学院特任教授を歴任。学界では，日本社会学会会長，日本家族社会学会会長，日本学術会議会員（15期・16期）を務め，現在，東京教育大学名誉教授，成城大学名誉教授，大乗淑徳学園学術顧問。文学博士。

主要著書

『真宗教団と「家」制度』創文社，1962；『家族周期論』培風館，1973；*Religion in Changing Japanese Society*，東京大学出版会，1975；『近代の集落神社と国家統制』吉川弘文館，1987；『新宗教運動の展開過程』創文社，1989；『決死の世代と遺書』新地書房，1991；『現代家族変動論』ミネルヴァ書房，1993；『若き特攻隊員と太平洋戦争』吉川弘文館，1995；『華族社会の「家」戦略』吉川弘文館，2002；『明治キリスト教会形成の社会史』東京大学出版会，2005；『真宗大谷派の革新運動』吉川弘文館，2016。

新版　真宗教団と「家」制度

二〇一八年一二月一〇日　初版第一刷発行

著　者　森岡清美

発行者　西村明高

発行所　株式会社　法藏館
京都市下京区正面通烏丸東入
郵便番号　六〇〇-八一五三
電話　〇七五-三四三-〇〇三〇（編集）
〇七五-三四三-五六五六（営業）

印刷・製本　中村印刷株式会社

ISBN 978-4-8318-5705-7 C3036

索　　引

凡　例

1. 索引は　(A)事項　(B)人名　(C)寺院名　(D)地名　の4類に分かち，とくに(C)寺院名は，ほぼ網羅的に掲出した。(D)地名は寺院名によって代表しうる場合には省略した。
2. (A)事項は五十音順に配列したが，下位概念はなるべく上位概念と共に一括掲出した。
3. 民俗語彙は片仮名で標記した。
4. 同一事項が数頁にわたる場合には13～18のごとく示した。また，とくに注意すべき頁は太字であらわした。
5. 同義でありながら別称をもつ事項や，関連する事項には→印を附した。
6. 文献・記録には「　」印を附した。
7. (C)寺院名はまず宗派別にし，つぎに府県別に掲出した。括弧内は所在地を示すが，紙面の制約で町村段階にとどめた。

（A）事　項

ア　行

カ　　行

サ　行

タ　行

ナ　　行

ハ　　行

マ　行

ヤ　行

ラ　　行

ワ　　行

（B）人　名

ア　行

カ　行

サ　行

タ　行

ナ　　行

ハ　　行

マ　行

ヤ—ワ　行

(C) 寺院名

本願寺派

三重

滋賀

京都

奈良

和歌山

大阪

兵庫

鳥取

島根

岡山

広島

大　谷　派

高田派

愛知

三重

仏光寺派

興　正　派

木　辺　派

出雲路派

誠照寺派

三門徒派

山　元　派

浄興寺派

真宗単立寺院

浄土宗

曹洞宗

臨済宗

天台宗

真言宗

（D）地　　名

新版 真宗教団と「家」制度

森岡清美著

法藏館

序

かつて大谷光瑞師が、本願寺門主の地位を退いて上海に赴いた後、真宗教団の現状を鋭く分析して、「地球を逆転せしむる力ありと雖も、此の教団組織にして頽敗に赴く速力を逆転せしむる能はざるなり。（中略）是れ不肖の不能より是れを云ふに非らず。有能の士を以て之に代ゆるも、その結果は同一なり。」（『見真大師』大乗社、大11・12）という痛恨の文章を、遙かに故国の読書人の机上に送ったことがある。ここに表明された悲観的見解は私の採るところではない。教団人の多くもまた然りであろうと思う。ただ右の指摘は、本願寺門主の権能を以ってしても真宗教団の歩みを逆転せしめることは不可能であること、さらにいいうべくんば、教団の滔々たる動きの底には何人もこれに抗しえぬある絶大な力――法則的運動――が作用していることを暗示するものとして注目を惹くのである。本研究は実にこの点に着眼したものであって、真宗教団が巨大であればあるだけ、そこに人の意志を超えた法則的運動が存することを予想し、教団の歴史と現実のなかにこれを把握せんと企てたのである。

この企図をもって真宗教団の社会学的研究に着手してより、星霜すでに一四年を経た。分析の視角を「家」制度との関連に据えたのは、この研究を思い立った頃の社会学界は同族団研究の全盛期であり、私も同族団研究の一翼として仏教教団を取り上げてみようと発心したことに起源する。教団はもとより同族団ではないし、また「家」制度的発想をもって教団の隅々まで精査し尽しうるものではないが、これは少なくとも有効なアプローチの一つであることは疑いえない。何故なら、「家」制度の視点からみるとき、本末制度と檀家制度に支えられた近世的教団構造の論理的基本軸が鮮やかに浮び上るばかりでなく、宗教制度と「家」制度との渾融未分化な状態

から分化へという構造の変化また、その姿態をあらわにするからである。もちろん、ここにいう「家」制度とは明治民法で明文化された特殊な形態に限られるのではなく、歴史的に変化してきた伝統的な我が国の家族制度一般を意味するものであって、そこには時代々々の変化がある。したがって、教団構造が「家」制度によって規定されるということは「家」制度の変化によっても規定されることでなければならない。けれども、そのことは「家」制度の変化が教団構造の変化をもたらしたという意味ではない。教団構造は社会の一般的変化と共に徐々に変化していくよりは、幕藩体制の成立とか明治維新政府の成立など、政体の激変期に急速な変貌を遂げたことから推測されるように、教団構造の根本的な変化をもたらしたものは政体 polity の変化であった。少なくとも近世以降は、時代々々の政体が教団構造を自己に適応させてきたのである。そのさい「家」制度は鋳型の役割を果したが、それは政体もまた「家」制度的に構築された時代のことであって、両者が分離すると、それに規定されて、「家」制度は教団構造の鋳型たる役割から退くのである。

このような展望をもつに至ったのはもとより近年のことである。そこで、研究の初期にはきわめて漠然たるイメージが蜃気楼のように浮んでいるだけであった。しかし、その幻に導かれて、昭和二十四年に真宗高田派の教団構造を組織的に分析したのが、今日ここに至る出発点であった。次いで昭和二十六年に、やはり同族団研究の発想から、中世末の本願寺における一家衆の文献的研究を試み、中世末から近世・近代へと辿る歴史研究の橋堡を築いた。それと共に、その頃から真宗門徒と真宗寺院の実態調査に着手したが、なかでも昭和二十七年以降の能登大谷派寺院の調査、および昭和三十一年以降の福井県高田派寺院の調査は、私自身の見方を陶冶し確立する上に決定的な役割を果した。こうしたプロセスのところどころでまとめられ、それぞれ専門雑誌に発表された数多くの論文が、小著の骨組みをなすことはいうまでもない。しかしながら、既刊の論文をそのまま排列したの

ではなく、かくて漸く明確な形をとるに至った展望によって旧稿を体系的に書き改め、大きな間隙は新たに筆を起して埋めたのである。完成後一年間の海外出張の機会に恵まれたので、その間に得た米国仏教会に関する見聞をもとに帰国後書き加え、さらに真宗教義に殆ど触れるところがなかった欠を補い、その外種々加筆訂正して今見る如き形となった。末尾に附した要約は、私の考え方を煮つめた形で示しているので、本論各章と並行してご一読願えれば幸甚である。

小著は、見られる如く教団構造の制度面の解明に重点があり、制度に対する真宗門徒個人の対応や、ことにパーソナリティの内部において真宗教義がいかなる意味をもっているか、という点の考察はきわめて手薄である。そうした分析なくして宗教の研究とはなり難いが、私がこの小著で果そうとしたことは宗教の研究ではなく、教団組織の研究であった。教団組織の研究は宗教の研究に対して第一次的な意義を要求できないにせよ、疑いもなく重要な分野であり、ことに宗教社会の研究においては一個の基本的な領域を形成するのである。この点を指摘すると同時に、現実に生きて働く宗教の核心に肉薄するにはどうすればよいか、その研究方法を謙虚に学ばねばならないことを痛感するものである。大方の忌憚なきご批判と好意あるご教示を渇望してやまない。

顧みるに、乏しき才をもってかくの如き未開拓な原野に鍬を入れたにも拘らず、今日漸く自ら拠って立つべき寸土を耕し得たのは、恩師・先輩・友人のご指導とお励ましによるものである。なかでも岡田謙先生には、東京文理科大学在学以来引きつづいて特別のご庇護にあずかっている。先年は私のために渡米の機会を準備され、また小著を学位論文として審査し、さらに出版について種々ご斡旋くださったのも先生である。まことに感謝の辞に窮するという外はない。次に有賀喜左衛門先生からは、「家」制度研究の基本的な見方を学ぶことができたのは、本当に幸いであった。このような研究が研究として成り立ち得たのも、先生の開拓者的業績の余慶というべ

きであろう。小著の如き、先生の不朽の名著『日本家族制度と小作制度』の前には、精彩を欠くこと瓦礫に等しいのであるが、僭越ながら心ひそかにその蘖をもって任じている。また、笠原一男先生を中心とする真宗史研究会の同人諸賢からは、数限りないご教示とご鞭撻にあずかった。ことに温かい友情によって励まされるところが大きかった。ここに特に録して、長年の学恩に対しそれぞれ感謝の思いを新たにする次第である。

その外、史料の閲覧利用を許された真宗大谷派宗務所・同教学研究所・龍谷大学図書館・同本願寺史編纂所・大谷大学図書館・真宗高田派宗務院・東京大学史料編纂所・同明治新聞雑誌文庫・旧上野図書館・内閣文庫・文部省宗務課等の関係者各位に対し、また本流院住職秦英西・正願寺住職松原実・勝善寺住職井上演良の諸氏を始めとして、資料と研究の便宜を提供された真宗僧俗多数のご好意に対して心からの感謝を捧げたい。なおまた、原稿の浄書には妻喜美子の助力があり、校正にさいしては東京教育大学大学院学生花島政三郎君の協力を得たことも、感謝と共に想起するものである。

最後に、本書が昭和三十七年度文部省学術研究成果刊行費補助金の交付による出版であることを銘記し、関係各位のご尽力、なかんづく創文社社主久保井理津男氏の格別のご配慮と、その衝に当って奔走してくださった清水芳治氏ほか同社編集部のご協力に対して、併せて深甚なる謝意を表する次第である。

昭和三十七年十月十五日

大本山護国寺前の寓居にて

森　岡　清　美

目次

図表目次

図

表

凡例

一、本書は、創文社より一九七八年に刊行された『増補　真宗教団と「家」制度』（原著は一九六二年）を底本とする。復刊に際して、誤字脱字等一部に修正を加えたが、基本的には体裁を含めて可能な限り底本を忠実に再現する形で復刊した。

一、本書に登場する地名には、市町村合併等により今日では存在しないものがあるが、底本刊行当時の情報を正確に反映させるため、特に修正は加えなかった。

一、挿図については、系図の類を除いて基本的に底本からの転載とした。そのため、底本の状態によって判読がしづらい箇所がある。

一、復刊に際して、新たに「追補」と「新版あとがき」を収録した。

真宗教団と「家」制度

第一章　研究方針

第一節　仏教教団の研究

仏教の渡来が正史に記録されてからすでに千四百年余りの年月を閲している。古代のことは姑く措くとしても、以来中世末に至るまで仏教は聖俗両面において歴史の強力な推進力となり、信仰が文化の基調をなしたことは顕著な事実である。しかるに、近世以降寺院の教権・俗権ともに政治権力の外に独立するを許されず、信仰が精神の根源に働いて人々の行動を方向づけ、また文化創造の原動力となることは著しく少なくなった(1)。今を去る半世紀前、明治学院で論理学と哲学を講じていたA・K・ライシャワーは(2)、「日本における仏教の偉大なる日、すなわち仏教が権威と権力をもって社会の進歩に貢献した時代は、すでに遙か過去に属する」、と断言している。外国の日本仏教研究者にとっても仏教の衰勢は明らかであった。その後の時代の推移と社会の発展はこの断言の正しさを証明する以外の何ものでもなかった。のみならず、彼の時代には「仏教はなお無智なる大衆に強い影響力をもっており、なかんづく日本でも後進地帯ほどそれが甚し」かったが、今日では大衆また仏教の影響圏を離脱しつつあるというも過言ではない。人あるいは会式の群参を指し、宗祖大遠忌の盛況を指して、仏教なお廃れず、と反論するかもしれない。しかしその娯楽的色彩の濃厚なる、果して仏教は現代の大衆のなかに宗教的生命

を保っていると強弁することができようか。

しからば、このような仏教の現状において、仏教の現在的研究に志すことは一体いかなる意義をもちうるのであろうか。それは端的にいって、仏教が垂死の状態にあるにかかわらず、なお我が国民生活に広くかつ深く浸潤し、文化と社会の両面において依然無視すべからざる一要素である、という事実に根源をもっている。しかして、仏教を単なる教理研究ないし高僧列伝式の歴史研究から解き放ち、一個の有力なる社会制度としてその歴史的文化的性格を追究することは、我が国民のつくる社会生活を理解する上で基礎的な重要性をもつと考える。宗教制度の研究は現代社会学者の関心の外にあるかにみえるが、そのことは問題の重要性を聊かも損じない。のみならず、仏教が全く過去の歴史的記念物と化さずまだそこばくの生命を保っているうちにこの種の研究がなされなければならぬことを思うとき、問題の現代的重要性の一層大きいことを悟るのである。もちろん、これによって仏教に起死回生の妙薬が投ぜられるとは考えない。ただもし現状の客観的な認識が仏教関係者の脚下照顧の機縁となり、教団再生の一助ともなるならば、著者として文字通り望外の幸いといわなければならない。

さて、もともと異邦文化のなかに胚胎した仏教が長い歴史の間にいわゆる日本的に受容され、本邦固有の信仰や風俗を変貌せしめると共にこれによって変容した。そして仏教者自らは瀉瓶相承というものの、その教理・儀礼および教団組織において原始仏教との間に生じた逕庭は実に驚くべきものがある。太平洋戦争後間もなく、中村元氏は思想史の立場から仏教受容の民族差を子細に比較検討することを通して、日本人の思惟の特質を究明する画期的業績『東洋人の思惟方法』全二巻（みすず書房、昭23・昭24）を公にされたが、同様な操作が仏教の社会制度面に対して試みられるならば、日本社会の特質を解明するうえに少なからぬ貢献となることであろう。しか

しながら、西洋の宗教学者(3)にとっても常識となっているように、仏教の性格は国々によってあまりにも異なっているから、東亜諸地域における仏教教団を比較することは実に容易ならぬ大事業である。著者の能力がそれに足りぬことはいうまでもない。なおまた分析の厳密性を確保するためにも、他国の仏教教団との比較は将来の課題として保留し、当面の問題を我が国仏教諸教団の研究に限定することが必要である。限定してもなおかつ日本社会の解明に資するところ少なしとしないであろう。それでは、この方面の研究に対して先人はいかなる用意を示したであろうか。

かつて浅野研真氏は『仏教社会学研究』（凡人社、昭10・6）なる著書において、宗教社会学の一分野としてキリスト教社会学・回教社会学・神道社会学などとならぶ仏教社会学の樹立を提唱し、それは仏教的諸社会現象、「すなわち、仏教に於ける家族現象・政治現象・法律現象・道徳現象・経済現象・芸術現象などを研究対象とする」が、「それと共に、仏教形態論 morphologie bouddhique といったようなものが別立されて、仏教に於ける教団現象、儀式現象などが研究対象とされても良い」と論じた（同書二五・二七頁）。この構想はデュルケム社会学の体系によったものであるが、それの換骨奪胎がまずく、ことに我が国の「仏教的諸社会現象」の考察に捧げられた各章はあまりにも随筆風で科学的研究からは遠い。この点はすでに小口偉一氏によって鋭く指摘された(4)。しかし、宗教社会学の一分野として仏教社会学を提案した先駆的意義は認めるに吝かであってはならぬ。蓋し、宗教的社会現象に関する一般理論に到達することが宗教社会学の目標であるとしても、先験的観念的な理論構成によってこの目標に接近するのではなく、低いレベルの一般化から出発して経験的実証的に「中範囲の理論」に高められてゆくためには、文化を同じうする集団の内部に当面の研究対象を限ることが不可避であり、文化を同じうする最大の単位としては、民族社会あるいは国民社会と並んで同一の宗教を信奉する広域社会圏が考えられるか

らである。だが浅野氏にあっては、個別研究の積み重ねを通して到達した観念ではなく、カトリック社会学・プロテスタント社会学などの名称を模倣したにすぎなかったから、研究対象が甚だ漠然たるものであったことはすでにふれた通りである。ただ漫然と仏教的社会現象を研究するといい、家族現象から芸術現象に至る各般の現象を羅列的に挙示したのでは、研究の強力な手引きとなりうるものでなかった。

浅野氏にやや遅れて、久保田正文氏は仏教社会学が宗教社会学の重要な一部門であることを主張した(5)。最近の著書『仏教社会学』(日新出版、昭37・4)によれば、仏教的宗教現象を複数人の相関的事象として、即ち個人心理的事実ではなしに人々の集団現象として取扱うのが仏教社会学であり、仏教教団の社会団体的特徴、機能、諸社会集団のなかで占める地位、社会的文化的な影響・被影響、分裂・合同、時代的変遷等を研究する。仏教史に多くの素材を求めるが史的研究ではなく、仏教的事象を類概念において把握しこの類一般に認められる社会学的法則を見出しこれによって記述と説明をなす普遍化的文化科学である(同書一〜五頁)。このような立場で展開された前掲書は、にも拘らず法華経の講義と近世における排仏論・護法論の研究に大部分の紙面を割き、近世の不受不施派や現代の日蓮宗教団の社会学的分析に併せて触れる程度であるのは、何としても惜しいことである。そこで久保田氏の仏教社会学に関する構想だけを取り上げるならば、それは浅野氏の場合よりも遥かに正確に問題の所在をつくものであって、特殊科学としての社会学の立場に立って「仏教的諸社会現象」の研究を行うさいの中心的な問題が明瞭に示されている。私見によれば、仏教社会学は仏教的社会現象一般を研究対象とするのではなく、そのなかから仏教集団的現象を選びとって考察するものである。政治・法律・道徳・経済・芸術等の諸現象は、それらが単に仏教的社会現象であるにとどまらず、さらに仏教集団の・仏教集団における・仏教集団を規定する・ないし仏教集団によって荷われた現象でなければ、仏教社会学の対象とはならない。その意味で、久保

田氏の提案は問題提起として正しいものを含んでいると評価することができる。

さて、「仏教集団的現象の研究」とは簡潔にいえば仏教集団の研究に外ならぬ。何故なら、仏教集団を抽象的形式的にとらえて集団の構成・性格・分類などを考察するのではなくて、これを他の社会集団と機能的に関連しあう歴史的社会的構成体として把握する限り、仏教集団の考察はすでに述べた意味での仏教集団的現象を当然包括しなければならぬからである。ここではそのような含蓄をもって「仏教集団」の語を用いたい。

仏教集団にはきわめて多様な集団が含まれる。宗派・寺院・教会・布教所・講、その他大小さまざまな団体を挙げることができるが、これらのうち重要な最大の集団は宗派である。同宗諸派の連合会や仏教連盟などはたしかに宗派よりも大きいが、何れも宗派ないし各宗の連合体であって、宗派なくしてこれらの連合体も形成されえない。しかし連合体に加盟せずとも宗派は存続しうるのであるから、重要な集団の最大のものとしては宗派を挙げなければならぬ。宗派はそれぞれの内部に宗教的権威＝教権の窮極的源泉を有し、他の宗派にこれを求める必要はない。その必要が生じたときは他の宗派に併合される時なのである。宗派の連合体から独立して宗派が存立しうる根拠はまさにここにあると考えられる。仏教教団とはかような宗派のことに外ならない。

規模の大きい仏教集団では、その内部を地域的に分かって教区を設置し、教区はいくつかの組をそのなかに含み、組は数箇の、ないし数十箇の寺院からなる。換言すれば、教団構成の基礎に個々の寺院があり、この寺院が連合して組をなし、組をいくつか統合する地域に教区が置かれ、教区を通して宗政を行う教団がこの上に聳え立っているのである。かくいうとき、教区や組がそれぞれのレベルで小さい教団をなすかの印象を免れえない。事実、戦争直後の教団再編期にあたって真宗大谷派の宗制審議室が発表した改革案では、教区は宗門内の自主的教団であると規定された例もある。(6)しかし、教区はそれ自体の内部に宗教的権威の源泉をもたない以上、小型の教

団とみなすことはできない。他方、教区や組をもって寺院と機能を分かちつつしかもこれと同一線上に並ぶものとする理解がある。同じく戦後真宗本願寺派で宗門新発足の見取図を掲げた時、寺院＝教化実践の単位、組＝教化連絡の単位、教区＝連絡助成の単位と、あざやかに規定したのはその適例であろう。[7] けれども、組や教区自体が大型の寺院をなすのではなく、組は宗派を同じうする寺院の地域的連合であり、教区はこうした組の連合体なのである。したがって寺院こそ教団の基礎的構成単位（教会や布教所は寺院に準じて考えればよい）であり、この寺院と教団を結ぶいわば中継機構として組や教区があるというのが妥当な見解であろう。現行の宗教法人法（第二条）が宗教団体を分かって、(1)礼拝の施設を備える神社・寺院・教会・修道院その他これらに類する団体、(2)前号に掲げる団体を包括する教派・宗派・教団・教会・修道会・司教区その他これらに類する団体、の二つと[8]し、仏教教団については、大きくみて、寺院と宗派を宗教団体と規定したことは故なしとしないのである。

仏教教団の構成単位は寺院である。かつて福場保洲氏が「講社考」（『社会学雑誌』69号、昭5・1）において仏教宗派を inter-temple-association とよんだが、これには、まず寺院があってしかるのちその連合体として宗派が成立した如き含蓄が伴なうので、適当な表現とはいえない。しかしおそらく、福場氏はこの語に宗派の単位は個々の寺院であるということを意味させたかったのであろう。教団を構成する人的要素は聖職者（僧侶）と信者（檀信徒）に大別されるが、僧侶は直接にある宗派に属するのではなく、その宗派に所属する特定の寺院の住職あるいは衆徒として宗派の構成員となる。檀信徒またしかりであって、特定寺院に檀信徒として所属することを通して宗派に帰属している。この意味でも宗派の構成単位は寺院であるといわねばならない。日蓮教団における信徒集団の実証的研究を試みた沼義昭氏が、一定の檀那寺の檀家という形で教団の構成員となる伝統的結合関係から、各人が合理的判断に基づいて参加する合理的結合関係へと変化しゆく大きな動きのあることを認めつつ

も、なおかつ寺院単位に調査を行わざるをえなかった事実をここに思いあわすものである。(9)

それでは寺院を構成するさらに基礎的な単位があるであろうか。寺院の内部に、伝統的な集団として二十八日講中・十日講中或は若衆講・尼講などがあり、比較的新しく組織されたものとして仏教青年会・仏教婦人会・ボーイスカウト・ガールスカウトなどあるが、これらはおおむね性別・年齢階層別あるいは居住地域別にもとづく寺院活動の機能分化たるにとどまり、寺院構成の単位ということはできない。そこで再び福場氏の所説を引照するならば、彼は寺院を inter-family-association と規定した。由来、法人としての寺院は多くの場合人的にもまた財的にも寺檀関係によって成り立っているが、第四章で考察するように寺檀関係は個人関係ではなくて主に家単位に決定されているから、その意味では寺院の構成単位は家だということができる。しかし、家は自然的宗教集団であって宗派や寺院と並びうる特殊的宗教集団ではないから、家まで下降して家そのものの分析から出発する必要はなく、ただ寺院との関連において考察すれば足りよう。このほかに講の問題も重要であるが、講は多く寺院内的存在であるか、寺院の萌芽形態であるか、ないしは寺院連合的存在であるから、寺院との関連において分析することができる。そのように考えると、仏教諸宗派の社会学的基礎単位は寺院であるといわねばならない。したがって、カトリシズムの社会学的基礎は教区であるとの見地から、カトリック社会学を教区社会学とよぶ海外の最近の傾向に追随するならば、仏教集団の宗教社会学としての仏教社会学は、寺院社会学といいかえることが可能である。(10)

さて、昭和十五年の宗教団体法によって諸派の合同が強行されたが、戦後直ちに統制が解除され、加えて宗教法人令により単に届出によって一派を創立できることになったので、分派独立あいつぎ、宗派の数が激増した。その後認証制に改まって乱立状態は大幅に整理されたが、それでも最新の宗教年鑑（昭和35年度）には一七〇の仏

第１表　仏教系包括団体（文部大臣所轄）の系統別宗教団体数（昭34）

		神社	寺　院	教　会	布教所	合　計
1	天台宗系	4	4,418	846	662	5,930
2	真言宗系		12,242	2,097	3,938	18,279
3	律　宗　系					
4	浄土宗系		8,283	222	1	8,506
5	臨済宗系		5,228	29	65	5,322
6	曹洞宗系		15,140	6	1	15,147
7	黄檗宗系		479	1	1	481
8	浄土真宗系		21,706	482	215	22,403
9	日蓮宗系		5,795	1,178	3,250	10,223
10	時　宗　系		409	3	—	412
11	融通念仏宗系		360	2	—	362
12	法相宗系		77	37	173	287
13	華厳宗系					
14	通仏教その他		1	110	2,436	2,547
総　数		4	74,138	5,013	10,742	89,897

（文部省編，昭和35年度宗教年鑑，466頁）

教宗派（包括団体）が掲げられている。この外に、非法人の宗派が若干ある。第１表は法人として認証された宗派を一四の系統に分かって、各系統別に所属寺院・教会数などを一覧にしたものである。

仏教諸宗派の大小は、それが包括する寺院の多少によって測られる。いま、一千ヵ寺以上を包括する宗派をかりに大教団とよぶならば、天台宗（三、二八六ヵ寺）・高野山真言宗（三、四二九ヵ寺）・真言宗豊山派（二、七七一ヵ寺）・真言宗智山派（二、七九二ヵ寺）・浄土宗本派（二、四七八ヵ寺）・浄土宗（四、五二八ヵ寺）・臨済宗妙心寺派（三、四六四ヵ寺）・曹洞宗（一五、〇五七ヵ寺）・真宗大谷派（九、五〇二ヵ寺）・浄土真宗本願寺派（一〇、四一〇ヵ寺）・日蓮宗（四、四一三ヵ寺）の一一宗派をこれに属せしめることができる（何れも前掲宗教年鑑による）。上記のうち一万ヵ寺内外およびそれ以上の寺院を擁する真宗本願寺派・同大谷派・曹洞宗の三宗派は、単に全国的に教線をめぐらしているばかりでなく、邦人の海外進出に伴なって台湾・朝鮮・満洲・中国・ハワイから遠く北米・南米などにまで布教の手を伸し、植民地を失った現在でも、南北アメリカへは相当数の布教師を送っている。寺院も移住地の各所に建てられた。また、この三宗派は宗教放送に

よって布教を行う数少ない仏教系教団に属する。そこでこれらをとくに（世界的）巨大教団とよんで他から区別しておきたい。次に、百以上千未満の寺院を包括する宗派を中教団とよぶなら、これには、寺院が全国的に分布する全国的中教団（天台寺門宗など）、二、三の府県に集中する地方的中教団（天台真盛宗など）、ある特定の府県に集中する局地的中教団（浄土宗西山深草派など）、の三つを分かつことができる。教線の伸展には各派それぞれの歴史的特殊事情があるので一概にいえないが、大体寺院数が四百を超えると全国的に分布し、それ以下では地方的ないし局地的教団になりやすいことが、分布の検討によって明らかとなる。最後に、寺院数が百未満の宗派を小教団とよぶと、これには地方的小教団（臨済宗建仁寺派など）と局地的小教団（臨済宗仏通寺派など）が右と同様の基準で区別される。全国的小教団といいうるものは実際にはない。小教団のうち、寺院数二～三〇以下のものはむしろ零細教団というべきであろう。戦後新たに簇立した諸派については寺院の府県別分布を知る資料が手に入らなかったので、全国・地方・局地の区分をあてはめて検討していないが、その大多数は零細教団である。特定の仏教教団の研究を行うにあたって、その教団の教理・儀礼および歴史に関する予備知識を必要とすることはいうまでもないが、さらに教団の社会形態学的側面、すなわち寺院の数と分布の比較考察も不可欠である。そのために、大・中・小、全国・地方・局地の教団分類は、一つの手がかりとなることであろう。

〔寺院の数について〕　『吹塵録』その他によれば、江戸時代の寺院総数は四六～四七万と記されているが、この説は寛政・文化の前後に好事家が捏造したらしく、全然信用できるものではない。真宗大谷派の僧侶松本白華の『筐底秘冊』に載せられた「教院建築覚」（明5・6）には、寺院総数八三、八九九とある。これには律・法相・融通念仏・華厳など、寺院数五百未満の弱小諸宗は含まれていないことと、また廃仏による減少も幾分かはすでに算入されているとみてよいことから、文部省宗務局編、江戸時代ニ於ケル寺院制限政策（宗教制度

調査資料10輯、大12）のように、江戸時代の寺院総数を大体九万前後と推定することはほぼ妥当といえよう。なお「国勢一斑第六」によれば、明治十六年七二、〇一七ヵ寺、明治十七年七二、〇九七ヵ寺、明治十八年七二、一六四ヵ寺（但し仏堂を除く）であって、廃寺処分による減少がここに明らかに反映している。この両資料を一覧にしたのが第2表である。第1表に掲げた最近の寺院数と

第2表　明治初期の諸宗寺院数

	明 5·6	明 16
天台宗	6,391	4,761
真言宗	13,553	12,914
浄土宗	9,799	8,308
臨済宗	8,639	6,146
曹洞宗	14,945	14,244
黄檗宗	858	560
浄土真宗	23,718	19,168
日蓮宗	4,836	5,008
時宗	850	528
融通念仏宗		356
法相宗		24
合計	83,899	72,017

対比されたい。

註

（1）伊東多三郎「近世における政治権力と宗教的権威」、『国民生活史研究』4（吉川弘文館、昭35・10）、四二六頁。

（2）August K. Reischauer, *Studies in Japanese Buddhism.* 1917. pp. 313～314.

（3）*Encyclopaedia of Religion and Ethics,* Vol. 2, p. 887.

（4）小口偉一「日本に於ける宗教社会学の動向」、『宗教研究』新12の4（昭10・7）、一四三～一四四頁。

（5）久保田正文「仏教社会学の課題」、『年報社会学』9輯（昭18・7）、二七六～二七七頁。および同「仏教社会学の課題」、『現代社会学の諸問題』（弘文堂、昭24・2）、二二五～二二八頁。

（6）『中外日報』昭24・3・26号、同24・3・29号。

（7）『本願寺新報』昭30・8・25号。

（8）岸本英夫氏はこれを単位宗教教団、複合宗教教団と呼び分けている。『宗教学』（大明堂、昭36・6）、一一二頁。

（9）沼義昭「日蓮教団の社会学的調査研究」、『立正大学文学部論叢』3（昭29・12）、三～二六頁。

（10）拙稿「Joseph H. Fichter. *Social Relations in the Urban Parich.* 1954 の書評」、『ソシオロジ』6の3（昭33・9）、

六六～七五頁。

第二節　真宗教団研究の方針

寺院を研究単位として仏教教団の考察を行うことは社会学的にみて適切にして有効な方針であるが、教理・儀礼はいうまでもなく、行事や寺院内部の集団構成などにおいても宗派的規定を受けているから、宗派の所属を異にする寺院間の比較よりも、同一宗派に共属する寺院の比較研究を通して寺院の相互関連と寺院を包括する宗派の理解に向うのが賢明であろう。つまり、仏教教団一般を問題にする前に、特定宗派の研究に専念するのが適当と思われるので、さらに課題を限定してここにわが国最大の教団（第1表参照）であり、また垂死の仏教諸教団のなかでは最もよく生命力を保持している真宗教団をとりあげ、その研究方針を述べておきたい。(1)

真宗教団とは、親鸞を宗祖と仰ぐその遺弟の集団の謂であるが、現実には戦前で一〇派あり、戦後の分派・新設を加えると一七派、これらそれぞれが教団をなすのであるから、真宗教団とは厳密には真宗諸教団と理解されねばならない。しかし、これらの諸教団――少なくとも三門徒系を除く戦前の六派――は、所依の根本経典を異にするとか、ないし親鸞の教説の解釈を異にするとかで互に流派を分かったのではなく、諸教団の分立は専ら歴史的事情によってしかるのみである。けれども派を分かった以上は、他派から干渉を受ける謂れも、また他派を模範としてこれに追随する必要もない。むしろ自派の歴史的特殊事情を強調して意識的に他派から自己を分かつ工夫を積み、主として儀礼的側面を中心に独自の伝統を生み出すのが一般の趨勢であった。したがってそれぞれの教団には独自の宗風がみられる。さりながら他宗との比較において真宗教団を観察するとき、それら独自の宗

風は大同における小異というべきものであろう。それゆえ、真宗教団に関する限り諸派を横ぎって資料を操作しても大した誤りはないばかりでなく、相互比較によって蔽われた面をもあらわになしうる利点さえある。社会学的研究が指向する側面についてはとくにこの判断が妥当すると考えるものである。

ここで真宗教団の分類を行って全体を展望しておきたい。すでにあげた分類によれば、本願寺派と大谷派は巨大教団、興正派は明治初年本願寺派から分派するまでは大教団に相当するほど多数の寺院を擁したが、以後高田派・仏光寺派らと共に地方的中教団、木辺派・三門徒派・出雲路派・誠照寺派らは地方的小教団、山元派などは零細教団ということになる。真宗系の包括団体一七のうち、諸派連絡機関たる真宗各派協和会(補註1)を構成するのは戦前からの一〇派に限られ、これから排除されている他の七団体は、既成教団所属の寺院、あるいは僧侶個人、あるいは門徒が戦後分派ないし別立したものである。既成教団の本山が京都およびその周辺にあるのに対して、新興教団の本部は北海道・九州など辺境地域に多いことが注意される。詳細は第3表を参照されたい。

さて、調査研究の単位はすでに述べた理由によって寺院であるから、真宗寺院の特色を考察し、特色にふさわしい接近方法を模索することが次の問題となる。真宗寺院は伽藍の配置、本堂内部の区切り方などの建築様式にも、また報恩講など年中恒例仏事にも、さらに門徒組織にも注目すべき特色がみられるが、もろもろの地方差を貫いて現われる最も強烈な特色は、蓋し住職の地位が世襲相続されるという一点に存すると思われる。江戸時代には出羽最上院・京都池坊・相模岩本院など真宗以外でも妻帯と子孫相続を公認されていた寺は稀にあった。しかしそれらは例外的な現象であり、一宗をあげて子孫相続によったのはひとり真宗のみの特殊な慣習であった。降って明治五年、旧来の「陋習」を破る大方針のもとに僧侶の肉食妻帯蓄髪勝手たるべしと布告されたにも拘らず、明治九年、肉食妻帯の許容は宗規に関係がないこと、つまり宗規が肉食妻帯を禁じているのを改廃せしめる

意図に出るものではないことを政府が宣言しなければならなかったように、余宗の宗門法は依然として妻帯を認めなかった。しかし今や追放・遠島などの厳罰を受ける懼れなしに同棲できることになり、事実上の妻帯はこれより燎原の火の如く広まった。そして遂に、明治三十四年における浄土宗の妻帯公認を嚆矢として他の諸宗派も事実上これに追随し、さらに大正期に入ると、浄土・曹洞・臨済妙心寺・古義真言・豊山の諸宗派では続々寺族規程や住職候補者登録制を設けて、妻帯に伴なって生ずる家族の保護を図り、子孫相続を容易ならしめた。(2) かくて妻帯は戒犯であるという明治期僧侶に深い自己分裂を味わわせた価値観念が掘り崩され、肉系相続が法系相続を圧倒する傾向は駸駸乎として進行した。その一例として第4表の系統別婚姻関係に注目すると、妻帯は真宗に限られた特殊現象ではなく、諸宗一般にみられる事実であることが確認される。このことは寺号の有無にかかわらず、したがって寺の新旧にかかわらずみら

第3表　真宗諸派の現勢（昭34）

	派名	本山	本山所在地	寺院	教会	布教所	合計
戦前からの真宗一〇派	本願寺派	本願寺	京都市	10,410	4	175	10,589
	大谷派	東本願寺	京都市	9,502	428		9,930
	高田派	専修寺	津市一身田町	640		8	648
	興正派	興正寺	京都市	528	27		555
	仏光寺派	仏光寺	京都市	369	12		381
	木辺派	錦織寺	滋賀県野洲郡				?
	出雲路派	毫摂寺	武生市清水頭町	65	1	3	69
	誠照寺派	誠照寺	鯖江市	59		17	76
	三門徒派	専照寺	福井市	45	2	8	55
	山元派	証誠寺	鯖江市横越町	28		3	31
	宗派名		本山（本部）所在地	寺院	教会	布教所	合計
戦後の真宗系新興教団	浄土真信宗浄光寺派		福岡市	30	4		34
	真宗北本願寺派		小樽市	5	2		7
	浄土真宗同朋教団		石川県鹿島郡	5	2	1	8
	門徒宗一味派		北見市	3			3
	真宗長生派		横浜市	1	4	31	36
	真宗浄興寺派		高田市	14			14
	仏教真宗		熊本県荒尾市	3			3

（文部省編，昭和35年度宗教年鑑）

第４表　福岡県北部六市における諸宗寺院教会主管者の婚姻関係（昭５頃）

		真宗	浄土宗	天台宗	真言宗	日蓮宗	本門法華宗	日蓮正宗	時宗	臨済宗	曹洞宗	黄檗宗	合計
寺号あり	妻帯	33	18	3	11	16	0	0	2	4	6	1	94
	記載欠	19	9	4	4	2	0	0	0	6	9	1	54
	独身	0	0	0	1	1	0	0	0	0	0	0	2
寺号なし	妻帯	12	5	3	10	4	2	0	0	1	7	0	44
	記載欠	3	3	2	9	1	2	1	0	1	3	0	25
	独身	0	1	0	0	0	0	0	0	0	0	0	1
計	妻帯	45	23	6	21	20	2	0	2	5	13	1	138
	記載欠	22	12	6	13	3	2	1	0	7	12	1	79
	独身	0	1	0	1	1	0	0	0	0	0	0	3

福岡県北部六市—福岡・小倉・門司・八幡・戸畑・若松
資料—『福岡県寺院沿革史』（昭和５・11）

れるのである。ただ真宗以外には独身の事実明白なるものが僅少ながらあり、また、この表が根拠とした資料によれば、先代との関係が師資で当代になって妻帯に移行したことを窺わしめる事例が真宗以外にて散見するところに、真宗が妻帯においていかに諸宗に先んじているかが示されるのみである。このことはやがて、こんにちでは世襲制を真宗教団の特殊現象とみなしえないことを示唆している。けれども、世襲制を公認する諸宗派でも世襲は地方の末寺に限られ、本山や大坊の住職は従来通り選挙によって選ばれる（追補１）のに対し、真宗教団では、上は本山から下は微々たる道場に至るまで、すべて世襲制を踏んでいる。本山の別格別院では世襲制をとらないが、これは例外であり、しかもこの例外は世襲制のいわばしわよせとして説明することができる。また、真宗における世襲制のよって来るところは第八章でふれるように遥かに遠く、かくして世襲制が寺院および教団の機構に深く滲透し、生活の全面に抜き難い色調を与えていることは、明治以後世襲制を公認するに至った諸教団と同日の談ではありえない。この意味で、真宗寺院の特色を住職の世襲制に求めることは決して見当違いとはいえないのである。M・ウェーバーも日本仏教を論じて、とく

に興味ある宗派のひとつに真宗をあげたのは、妻帯に象徴的に示されているように、真宗は僧侶的修行一般を没却した唯一の仏教宗派であるからであった(3)。

さて、同一寺院に居住する僧侶は、師弟、きょうだい弟子などの関係に加えて、世襲制により、父子・兄弟などの親族関係をもつことになる。のみならず、世代を嗣ぐものの妻子が同居し、かかる家族集団が代々更新されつつ、住職の地位を相承する家系＝住職家として同一寺院を超世代的に管領している。したがって、特定の住職家は特定の寺院と離れ難く結びついており、住職が檀家集団の推戴によって単独で晋山しその退隠後ないし歿後彼の弟子が後住となる他宗の慣習とは、寺と家の結びつきにおいて全く趣を異にするといわねばならない(追補2)。たとえ住職が彼の家族を率いて来住したとしても、それらが住職の荷物と大差なき附属物として扱われ、寺院の有機的構成要素とみなされないならば、住職の家族と寺との暫時的間接的な結合を指摘しうるに止まり、真宗寺院の如き寺と住職家との、しばしば渾然一体とも未分化ともいうべき深くかつ広い提携はみられないのである。そこでもう一度福場氏の表現（上掲論文）を借用するなら、余宗寺院は「僧侶を媒介とする inter-family-association」ということができるであろうが、真宗寺院はむしろ住職家を媒介とする inter-family-association といわなければ正確でない。住職家は実に寺院のキイ・ポイントに立つのである。寺院を構成する基本的でかつ制度化された社会関係はいわゆる寺檀関係であるが、真宗における寺檀関係は寺（住職家）とその檀家（門徒家）との、手次寺であり檀家であるとする相互承認の意識と行動によって、具体的にいえば住職から檀家への法施と檀家から住職への財施と、この二つの作用の交換によって支えられている。そして特定の住職家を扇の要の位置において共有する一束の寺檀関係こそ、寺院とよばれる集団なのである。かくみるとき、寺院は住職家を中核ないし棟梁とする檀家群の家連合に外ならない。寺院をかかる意味での家連合とみなすのがわれわれの研究方針の一つである。各種

の講も、真宗門徒の聚落的ないし地域的家連合とみなしえよう。

それでは次に、寺院を構成単位とする宗派はどのように把握されるか。教団人が自己の属する宗派をあるいは僧伽とみ、あるいは教法社会とみるのは、あるべき教団の相についていうのであるが、われわれが問題とする現実の歴史的な教団構造はまた自ずから別趣を帯びる。すなわち、覆うことのできぬ眼前の事実としての教団は、数多の寺院から構成された大規模な寺連合といわねばならないのである。

上述の如く寺院が住職家によって荷われていくとすれば、教団を構成する寺院相互の関係は主として住職家の相互関係として現象する。近世には本山―中本寺（触頭）―末寺の本末関係が最も基本的な寺関係であり、地域的な組関係はその補助的役割を果すに止まったが、明治以降本末関係が単純な本山末寺関係に整理されると共に、組の重要性が加わり、また管長制によって宗門監教権が本山から管長へ移行した。このような歴史的変化はあるにしても、教団を構成する基本的な寺関係はどの時代でも一派の本山とそれに従属する末寺との本末関係であった。そこで本末関係に焦点をおくと、これは本山住職家と末寺住職家との、本廟と末流、「師匠ノ御寺」と「弟子相続ノ寺」を相互に承認しあう意識と行動によって支えられている。さように考えるなら、教団の骨格は本山住職家と、これを棟梁と仰ぐ末寺住職家との家連合であるといわねばならない。この連合は本山末寺双方における住職の地位の世襲相続を媒介として超世代的な結合となる。本山住職家は宗教的権威の源泉として末寺住職家の宗教的権威を根拠づけるが故にこそ、末寺住職家は檀家群の前に多かれ少なかれ指導者として登場することが可能となり、かくて檀家数の多少に応じた生活を保障される。かように生活と地位を保障する超世代的な上下的家連合を主従的家連合と規定するなら、真宗教団の骨格は本山住職家を棟梁とする譜代の主従的家連合ということができる。教団の内部には講などの形で組的な寺の連合も見受けられるが、それは重要性の上で本末の主

従的家連合に従属するものである。また、教団人は家連合の因習的な框によって教法が歪曲され来ったことを反省し、家の框を打破したところに自由な個人の信仰と自発的な教団参加に支えられたあるべき教法社会を予想するので、いま述べた如き近世の事実に即した解釈を歓迎しないが、大多数の現実について教団を把握しようとするとき、右のような理解を出発点としなければ、近世から近代への変化も、また近代から現代への変化も明らかにならないであろう。

これを要するに、真宗教団の社会学的研究を志すにあたり、寺院を教団の基礎的構成単位として把握すること、住職の地位の世襲相続に着目して、寺院をば住職家を中核とする檀家群の家連合と理解すること、さらに、かような寺院からなる教団をば本山住職家を棟梁とする譜代の主従的家連合とみること、これがわれわれの分析方針である。換言すれば、寺院については寺檀関係、教団については本末関係という、真宗教団のみならず仏教諸教団を支える二つの機構をとくに家関係として分析することに外ならない。もちろんこの方針は、教団の近世的形態に即するあまりその現代的様相を軽視する懼れなきにしもあらず、また、教団のキルヘ的側面を過大に評価して、自発的な信仰に支えられた教団形成のゼクテ的側面[4]を軽視するという憾みをもつが、まずこの方針によって可能な限り分析を試みることは、長い歴史の裡に沈澱した教団を社会学的に研究するために最も有効な手続きであると考える。これによって単に真宗教団の社会的存在形態が論理的体系的に解明されうるばかりでなく、併せて、日本人の宗教意識の一面があらわにされ、また、「家」制度の究明に一つの貢献をなすことができるであろう。

研究方法としては、実態調査による現状分析を何よりの足場としている。すなわち一箇の寺院、一団の寺院群、あるいは一つの村落を機能主義の立場から子細に分析し、そこにて得た知見を類似の他の事例によってテス

トして妥当性を確かめるという手続きを用いる。利用した他の事例は、自ら試みた比較的簡単な調査、他の研究者の調査報告、また地誌類の記述などさまざまである。しかし実態調査だけでは一個人の微力を以てして寺院二万・門徒一千万人を称する巨大な真宗教団の要点を確実におさえることは至難の業であり、況や歴史の部厚い壁は現状分析によって貫入しうるものでない。そこで現状分析から発した疑問を手がかりとして、文書資料を中心とする歴史研究を併用したい。現状を出発点としている以上、真宗原始教団の研究の如きは遙かに疎隔せる問題領域であって、近代および近世が歴史研究の中心をなすことは当然であろう。それ以前については本書で問題にした諸点に関する残存史料が乏しいので、必要に応じて真宗史家の業績に依存する。こうした文献研究を通して現状に至った歴史的推移と条件が明らかになり、また実態調査によって過去の再構成を試みるための豊富なイメージが与えられるという、両者のいわば相互作用によってこの研究が進められるであろう。しかしさきにふれたように、力点は現状認識にある。

分析を行うにあたり、真宗勢力の約九割を占める東西本願寺系統の資料を主にし、本願寺と対抗して覇を争ったことのある専修寺など他の系統の資料をこれに併せ用い、あるいは比較対照し、あるいは接合して実態に肉薄する努力がなされる。また解釈を施すさい、日本社会学の輝かしい遺産たる家族研究と同族研究の成果に照し、そこにてすでに証明され一般化された理論を能う限り適用することは、研究方針からみても当然の操作であろう。しかしながら、寺は必ずしも家と同じでなく、したがって寺院集団必ずしもいわゆる家連合とはいいきれぬ面もあるため、この理論の適用には常に注意深き留保が必要である。それと共に、在俗の家と教団における家との相違点、またそれぞれの家関係の相違点を究明することにも努力が払われなければならない。

研究方法としていい落し得ないもう一つのことは、本山中心の分析でもまた末寺門徒に焦点をおいた分析でも

なく、両者を共にとりあげていることである。より正確にいえば、底辺をなす門徒団、中間にある大坊、絶頂に位する本山の三点にいわばベース・キャンプを設営し、あるいは山麓から頂上を仰ぎ、あるいは山頂から尾根の起伏を俯瞰し、あるいは中腹から山頂と山麓を展望するという操作を交互に反復して、ついに教団構造全体の認識に達する努力が払われることであろう。そして、門徒団の研究においては実態調査に依存するところがより多く、本山の研究においては主として文献調査に依拠することであろう。したがって、山麓から登って頂上に近づくに随い、描写の色調が変ってくる。

最後に論述の方針にふれておくと、まず、教団の社会形態学的側面を明らかにすべく、寺院の数および分布を論じ、次に教団の底辺をなす真宗門徒を分析し、転じて、教団構成に直接参加する門徒の結集は寺なる団体であるから、これを寺檀関係としてとらえ、さらに寺（住職家）相互の関係に及ぶ。寺関係としては、まず末寺関係が問題とされ、次にその詳細な具体例が示され、しかして本末関係に至って議論がきわまる。かように、底辺から頂上をめざして積み上げていくという論述がとられることであろう。なお、それぞれの部分では、歴史研究を含むところは時代を追って展開し、そうでないところは論理的に排列されることはいうまでもない。

註

（1）ライシャワーも、アミダイズムを以って今日の日本仏教のなかで最も生命力のある宗教であるとし、絶対者に対して人間がいかなる関係にあるかという真理をアミダイズムが不十分ながら捉えているところにその理由ありと述べている。前掲書、三二六頁参照。

（2）土屋詮教『明治仏教史』、一七六頁。川村精治「寺族保護に就て」、『宗教行政』5号（昭8・4）。（補註2）

（3）Max Weber, *Gesammelte Aufsätze zur Religionssoziologie*, Bd. II, ss. 302～304.

（4）Ernst Tröltsch, *Die Soziallehren der christlichen Kirchen und Gruppen*. 1911.

第二章　寺院分布

本論に入るに先立ち、まず真宗諸教団の地理的分布を検討して、教団のいわば形態学的条件を明らかにしておきたい。すでに述べたように教団の基礎的単位は寺院であるから、教団の地理的分布とはその教団に属する寺院の分布に外ならぬ。しかし寺院の分布を論ずる前に、寺院をいかに規定するか、そのように規定された寺院がいかにして成立したか、を問わなければならない。

第一節　寺院の語義

「寺院」と熟して使用される以前に、寺と院を区別してそれぞれ単独で用いる長い歴史が『出雲風土記』にみる如く遠く古代からあった。そして、仏像を安置し僧尼の止住する屋宇を一般に寺といい、大寺の域内に区画を限って建てられた小屋舎を院とよんだらしいことは、語源的に推測される[1]ばかりでなく、また例えば、興福寺とそのなかに含まれた大乗院・多聞院などの関係からもこれを窺うことができる。まことに玄智の『考信録』巻二（真宗全書本）とともに、「寺ト院トノ別ハ。ナヲ宮ト殿トノ如クナルヘシ。寺ハ総ナリ。院ハ別ナリ。中夏五台山ノ華厳寺ニ。善住閣院。洞東院。華厳院等アルカ如シ」といわなければならぬ。しかし真宗の歴史において、かような複合式伽藍形態を反映する如き形で寺と院が区別して用いられたことは、二、三の本山[2]を除いて他に聞

知しない。本山以外でも寺の内部で院号を称する例は高級寺院にみられたが[3]、その場合の院は建物と僧侶との結合体ではなくて単に僧侶個人であった。その淵源は思うに門跡に対する院家にあり、したがってここにも複合式伽藍形態の伝統が投影しているにしても、院号をもって建物よりは院家たる個人をさしたのである。またなかには、中興開山など顕著な個人の院号が家号として固定し、寺号と同様にみなされるに至ったものもあり、高田派にかような事例が若干見出される[4]。これら以外で院号を用いるのは、寺号に併せて某院某寺と称することを一定の資格に基づいて本山から許可されたものであって、その例は多数に上るが、通称としては寺号のみを用い、院号の如きはめったに使用されることはない。

このように少なくとも真宗教団では、寺と院を区別することはあまり現実的な意義をもたない。しかしふつうには寺号が用いられるので、術語も専ら「寺」を用い、かつ明治以降使用されることになったと思われる「寺院」という熟語と同義とみなす。寺と寺院とを区別して異なる意味を与えた例は、明治三十二年の宗教法案第三条があるばかりで、それ以後踏襲されなかったことからも両者をことさらに区別するのは社会通念に合致しないことが判る。そこで寺と寺院とを同義とみなし、ただ文章の語呂によって何れかを用いることにしたい。そして狭義の寺院は寺号あるいは院号を称するものに限られるが、坊号・庵号・軒号を称するものや、さらに単に道場とのみ称するものまで広義の寺院に含めて考えることにしよう。

註

（1）藤野道生「禅院寺考」、『史学雑誌』66の9（昭32・9）、一一五頁。
（2）専修寺における智慧光院・玉保院・慈智院、仏光寺における光薗院・大善院・長性院・久遠院・昌蔵院・教音院、など。
（3）『社寺取調類纂』（国会図書館蔵）によれば左記の例がある。

摂津国富田村本照寺住職本誓院広聴、
同国　同村　教行寺住職常照院朗誓、

（4）本流院・玉保院など。

(一) 寺院の一般的語義

右にふれた宗教法案第三条は、寺院を「仏教ノ本尊ヲ安置シ教法ヲ宣布シ法儀ヲ修行シ僧侶ノ止住スル建物」と規定したが、仏像経典を安置し僧尼の止宿する本堂庫裡等の建造物を寺院とよんだ例は、すでに『日本書紀』においてこれを指摘することができる。正史に録されたわが国最古の寺は、蘇我稲目が「向原の家を浄め捨ひて寺と為」（欽明天皇十三年）した向原寺であったが、建造物に即して寺を称したことは明らかであろう。そのほかに同様の例証を多数挙げることができるが、なかでも著名な次の文章――「諸の臣連等、各君親の恩の為めに、競ひて仏舎を造る。即ち是を寺と謂ふ」（推古天皇二年）――は、仏堂を寺と称したことを端的に示している。こんにちの通俗的用法においても、寺といえば伽藍を指すことが多い。

このように寺院なる語で伽藍という一種の建造物を意味するが、仏像などを安置するのみで僧尼の止住しない単なる仏堂では寺とよばれない。『日本書紀』におけるごとく初期の用例では単なる仏堂をも寺とよんだようであるが、現代の語感には合致しないと思われる。かつて鈴木栄太郎氏が指摘したように、寺院は一般に僧侶を伴なうものであるからであり（1）、仏堂に附属して僧尼の居住すべき施設が必要である。そこから、伽藍・伽藍に安置される仏像経典・伽藍の一部に居住して仏像に奉仕しかつ伽藍を管理する僧尼、これらを一括して寺とよぶ用法が成立する。これは日常語としてもまた文献上の用語としても最も一般的であろうと思う。今これを法律用語で

いうならば法人としての寺院であって、前掲の明治三十二年宗教法案第三条が「寺院」を建物とすると共に、「寺ト称スルハ寺院（私註建物）ヲ所有シ教法ヲ宣布シ法儀ヲ修行スルヲ目的トスル財団法人ヲ謂フ」と規定したのは、右の語義を明文に盛りこんだ最初の試みであった。寺は伽藍・仏像経典・僧尼などからなる一つの組織体であり、しかもいわゆる自然人同様に権義の主体となりうるという観念は、近代の法律的観念であるから、これを前提として史料を読むことは危険であるが、しかし国史において寺が権義の主体とみなされた明証は『日本書紀』以来枚挙に暇がない。大宝令における寺田、中世の式目や近世の法度における寺領の概念は、何れも寺を権義主体とみなしており、明治以後の法令では伽藍を意味する寺院の用語例は漸く廃れたのに対し、寺院を権義主体の意味で用いることはさらに著しくなった、といわれる。[2] そして明治三十二年の宗教法案以降、寺院は法人であると規定されるのが常であった。

さて第三に、寺号をもって寺院の代表者たる僧侶をさす用法がある。第一の伽藍、第二の権義主体としての寺院の用法と異なる点は、これらが単に寺あるいは寺院の語をもっても、また具体的な寺号をもっても示しうるのに対し、第三の用法は具体的な寺号を称するときに限られるということである。代表者たる僧侶は権義主体たる寺院の構成要素であることはいうまでもないが、代表者としての構成要素であるためには伽藍の内部に居住することが、少なくとも本拠をそこに置くことが必要である。かかる用法の生じ来った理由として伊達光美氏が挙げた三点を整理すると、㈠出家した僧侶に俗界に在った時代の氏又は姓を冠し難く、㈡僧侶に家なくして寺があることは教界における寺は俗界における家に相当することを物語るから、[3] 僧侶を表示するには僧名にその居住又は代表する寺院名を附加してよぶを古今の常例とする。例えば金地院崇伝又は東海寺沢庵の如き。かかる用例から便宜上僧名を省略して寺院名のみで代表者たる僧侶を示す慣習が生じ、寺院即僧侶の意義をもつに至ったこと。

㈢また、寺院に属する多数の僧侶を個別的に列挙できないので、その寺院名によって集合的包括的に指称すること、の二つにまとめられる。(4)

実際には以上述べた寺院の三つの語義が截然と区別して用いられるわけではないが、伊達氏の説に随いつつ整理するならば、かように区別しかつ相互の関係を定めることができる。それはあたかも「家」という語が、㈠家生活の本拠たる家屋を意味し、㈡家族員個々の生死を超えて存続する権義主体――いうなれば法人としての家を意味し、また㈢屋号や姓をもって家を代表する家長を意味するのと、全く軌を一にするといえよう。(5)

註

(1) 鈴木栄太郎『日本農村社会学原理』(日本評論社、昭15・12)、三一四頁。

(2) 伊達光美『日本寺院法論』(巌松堂、昭5・4)、四～二七頁。

(3) このような理解は、僧侶設姓にさいして示された僧侶苗字案(『仏教史学』3の4、大2・7所載)に鮮かに窺うことができる。すなわち、

各宗本山ニ住職スル者ハ其開山祖師ノ苗字ヲ以テ標出ス可シ一寺中総テ先住隠居ヨリ弟子所化ニ至ルマテ同苗字ヲ以テ一家僧族タルヘキ事

但移転ノ時ハ住先ノ苗字ヲ称スヘシ中本寺ハ其開祖ノ苗字ヲ称スヘシ

凡　例

天台伝教大師ハ三津首氏ナルカ故ニ叡山ニテハ三津首氏ト称スヘシ真言弘法大師ハ佐伯氏ナルカ故ニ野山ニテハ佐伯氏ト称スヘシ

右の提案では、開祖の苗字を用いること、一寺中一家僧族として同一の苗字を用いること、転住すれば苗字を改めることなど、とくに興味深い。どの程度実施されたか疑わしいが、そこに示された考え方は、僧侶を表示するのにその住する寺院名を冠した慣習から、僧侶の全く個人的な姓が成立するまでの、過渡的な段階を示すものである。(補註3)

(4) 伊達、前掲書、二八～二九頁。

(5) 法学者のなかに家を法人とみる有力な意見があった。その代表者ともいうべき穂積八束によれば、「我固有法ノ家ハ

法律関係ノ主体」であるから、財団・社団の両法人の他に「家法人」を認めるべきである。家法人は「過去ノ祖先ト未来ノ子孫トヲ貫通シ之ヲ現在ノ人ニ聯結スル法ノ擬制」なのである（穂積八束「『家』ノ法理的観念」、『法学新報』85号）。

(二)　真宗における「寺院」

右は寺院の語義のいわば一般論であるが、真宗教団ではどうなるかということを、次にやや具体的に考察しておきたい。まず、(一)寺院の名辞がここでも堂宇の意味で用いられることはとくに説明するまでもなかろう。真宗寺院にとって必要最低線の建造物は、本尊を安置し儀式を執行し門徒を教化する道場としての本堂と、住職および寺族（寺内家族）居住の場であり寺檀交歓の場である庫裡とである。異なる用途にふさわしく、建築様式も両者同じでない。稀に両者が別棟をなさないいわゆる庫裡御堂の例もあるが、その場合でも内部を必ず本堂の部分と庫裡の部分とに分けている。規模は門徒数の多少によって区々であるが、昭和三十五年十一月の大谷派教勢調査によれば、一ヵ寺平均本堂は六〇・一九坪、庫裡は五三・〇九坪となっている。また同じ調査によると、鐘楼（五一・六％）、書院（三二・七％）、経蔵（三・五％）、太子堂（〇・九％）、納骨堂（四・八％）など附属建物をもつ寺院があり、その比率はそれぞれ括弧内に示した通りである。

次に、(二)法人としての寺院について述べてみよう。余宗では中央や地方の権門勢家が伽藍を建立して帰依の僧を住職に招聘するのが多かったのに

第5表　宗派別一ヵ寺当り寺院財産比較（昭4）

宗派名	寺院数	一ヵ寺当面積		
		田　畑	山林原野	宅　地
真宗本願寺派	9,760	.27町	.24町	37坪
真宗大谷派	8,436	.24	.44	34
浄土宗	8,121	.66	.33	134
曹洞宗	14,506	1.21	1.30	107
新義真言豊山派	2,998	1.29	1.08	191
新義真言智山派	3,075	1.55	1.06	161

浄土宗宗務所臨時調査課調査資料報告第4号『寺院経済と宗団財政』による。

第6表　江戸時代における諸宗寺領一覧
（『寺社領』内閣文庫蔵による）

	社寺領を有する社寺		社寺領の高	
	実数	対同宗寺院数比率	総計	一社寺当
	寺	%	石	石
門跡・院家	*32		14,675	458.6
比丘尼寺	13		2,380	183.1
法相・律・華厳	39		6,589	168.9
山伏	95		2,269	23.9
天台宗	380	5.9	33,817	89.0
真言宗	1,051	7.8	57,231	54.4
浄土宗	290	3.0	15,380	53.0
臨済宗	423	4.5	23,059	54.5
曹洞宗	1,027	6.9	16,596	16.1
法華宗	167	3.5	3,998	24.0
一向宗	58	0.2	1,356	**23.4
時宗	105	12.4	3,888	37.0
神社	985		151,924	154.2

*　一向宗（真宗）3ヵ寺を含む。
**　439石の西派亀山本徳寺を除けば16.1石。
なお，豊田武『日本宗教制度史の研究』，148〜151頁を参照せよ。

対し、真宗寺院は「多ク其所ノ郷士格或ハ大キナル百姓」が居宅をあらためて念仏の道場とし、「其家頼下百姓等辻本ト(1)」なって成立したから、堂宇と住僧との結びつきはもともと余宗よりも密接であった。それ故、真宗では法人としての寺院の意味が特殊な重要性をもっている。さて法人の構成要素として、さきに挙げた堂宇・仏像経典・僧侶のほかに土地・有価証券など寺の基本財産を重視するときは、明治三十二年の宗教法案のように寺を財団法人と規定しなければならず、この観点からすれば、住職は財団の管理者に外ならない。しかし真宗寺院では寺有財産はきわめて乏しい。第5表から窺い知られるように、田畑・山林原野・宅地の何れにおいても曹洞宗や新義真言宗には遙かに劣り、また真宗と同じく庶民の間に滲透した浄土宗にも及ばないのである。また、近世において真宗寺院にして寺領を与えられたのは、本山を含めて僅かに六一ヵ寺、真宗寺院総数の〇・二%強、これは他宗に比べて断然低率であるばかりでなく、寺領の規模もまた至って零細であった（第6表）。この数字の根拠とした内閣文庫架蔵『寺社領』一〇冊は朱印地のみを登載したもののようで、寺領の全体を窺うには不完全であるが、黒印地もこれに准じて考えうるとすれば、西本願寺・専修寺・亀山本徳寺・高山照蓮寺など少数の例外を除き、真宗教団では寺領

の如きは全く問題にならない。そこで僅かに余裕のある自己の農業経営に依存するか、或は門徒（檀家）の財的寄与に依存してきたのである。真宗教団を飛躍的に発展せしめた本願寺蓮如が、「おれは門徒にもたれたり」、「ひとへに門徒にやしなはるゝなり」といったと伝えられるが、(2)末寺でも大体同じことであった。だから、真宗寺院においては門徒は不可欠の法人構成要素とされる。門徒が単に布教の対象でありまた儀式の委託者にすぎないのならば、これを寺院の構成要素と考えることができないが、とくに自信教人信を本旨とする真宗においては、門徒も真宗教義を他に宣布し、また少なくとも直接間接に僧侶の教化活動を援助している。のみならず門徒総代を通して寺院の意志決定にも関与するのだから、これを法人の構成要素とみないわけにはいかない。余宗でも充分な寺有財産を持たぬ寺には同様のことがあてはまる。(3)そこで僧侶と門信徒との精神的結合を中心として寺院を理解し、伽藍その他の物的設備をこの結合体の「便宜的ないし必要的所産」とみなして、寺院は財団法人というよりは社団法人と規定すべきであると提案したのが伊達光美氏である。(4)戦後の宗教法人法には寺院の構成要素についての規定を欠くが、法人法に対応して制定された真宗各派の宗規には、堂宇・本尊・住職・門徒の四つが明文をもって示されている。僧侶と門徒の結合を中心として考えれば社団であるが、宗規にみる如く堂宇等の財産を不可欠の要素とする以上は純然たる社団ともいえず、さればとて財団でもないので戦後とくに宗教法人という名称が法律用語として採用されるに至った。寺院・神社・教会すべてしかりであるが、真宗寺院はその出現の当初から門徒を必須の構成要素とした点に著しい特色がみられるのである。第四章において展開される「寺門徒団」の概念は、かかる意味における法人としての寺に外ならない。

最後に、㈢寺号をもって住職をさすことは真宗ではきわめてありふれた用法である。門徒は住職をゴゼン（御前）・ゴインサン（御院家様・御院主様）などとよぶが、門徒以外の人々は三人称としてはもちろん、二人称と

しても右の一般的呼称を用いないときには、「某寺サン」とよんでいる。そして住職の側でもこれに対応した意識のあることは例えば二通りの名刺の使い分けから知ることができる。すなわち住職として行動する場面では、普通の名刺の氏名を印刷すべきところに単に「某寺」と寺号のみ記した名刺を用い、個人として行動しまた交際するときには、氏名を録した普通の名刺を用いる。すべての住職が二通りの名刺を準備しているわけではないにしても、大坊（門徒の多い有力寺院）には大体こうした使い分けがあるのである。他方余宗では住職を寺号そのものをもってさすことはなくはないが、あるいは「某寺のオッサン（和尚様）」とよんで寺そのものとは区別のあることを含蓄する。とくに明治以降僧侶に姓が設けられてからは、住職を彼の姓をもってよぶことも行われた。これは余宗では住職の地位が世襲を本体としないことと密接に関連している。しかるに真宗寺院の場合、住職の姓は本山や町村役場などからの公文書において、あるいは住職の親類・知人との往復書翰において、あるいはその寺の存立する地域社会外の人々によって用いられるに止まり、門徒や、門徒でなくとも住職や門徒と日常的に接触する人々は、姓をもって住職をよぶことはめったにない。だから地域の子供達は、住職に姓があることを長い間知らないで過すことすら稀でないのである。明治五年九月の僧侶設姓の太政官布告によって真宗僧侶も姓を設けたが、これは戸籍編製の必要に応じたもので、そのようなことさえなければ社会的には姓がなくとも不都合は生じなかった。というのは、子孫相続の真宗寺院では開基以来の寺の世代はすなわち住職家自身の世代に外ならず、寺号はあたかも住職家の家号たる観を呈したからである。真宗寺院にして創立当初より寺号を称したものは極めて数少なく、大多数は俗道場として出発し、道場主たる毛坊主の俗名によって甚吉・五郎右衛門などと代々称した。これは全く屋号と異ならぬ。道場主が坊主剃刀を受けた場合、ないし坊主としての身分を強調する場合に用いたと思われる玄西・本覚坊などの道場名（何れも飛騨白川郷の事例）また屋号とみなしうる。こうし

た俗道場あるいは道場が時代を経て寺号を許されるのであるが、寺号授与に至る前生がかくの如くであるとすれば、寺号また住職家の屋号であると称するも誤りではなかろう。柳田国男氏が、「自分の想像では、此宗の寺号は寺其物の名では無く、之に住する主人又は家の称号だとするのが本来の法理では無かったかと思ふ」[5]、といわれたのはあたっている。そこに、寺号をもって法人としての寺の代表者たる住職をさすのみならず、また住職家自体ないし住職家の家長としての住職をさす用法を理解する鍵がひそんでいる。本論においてしばしば住職家の意味で「寺」の語を用いているのは、真宗寺院のこの面に着眼するがゆえである（例えば、第四章寺檀関係の考察において、および第五章末寺関係の研究において意味した寺）。しかるに、明治初年における僧侶の設姓によって従来屋号として使用された寺号の意味に変化を来し、一方では住職家は寺号よりも姓に接近すると共に、他方寺号は法人としての寺を指す傾向を強めて、ここに寺と住職家、また寺と人との分離[6]が開始された。しかし、寺と家とはもと一体であるとする観念が設姓の選択範囲を著しく限定し、例えば大谷本願寺は大谷を、吉藤専光寺は吉藤を姓とするなど、寺の通称を姓に定めた例はいくらもある。石川県では山号を姓としたものがきわめて多数に上り、なかには金沢園林寺のごとく寺号をそのまま姓とした例すらある。かように、姓を称し、ために寺と住職家が形式的に分離しようとも、寺号と密接な関係を有する称呼を姓とすることにより、両者の深い相互貫入が依然として維持されたのである。

以上三つの語義のうち、寺は住職家であるとする理解と、寺は門徒をも含めた法人（法人の手続きをしていてもいなくても）であるという理解の二つが、真宗寺院の社会学的研究にはとくに重要である。しかもこの二つが、法人は住職家を棟梁とする手次門徒の集団、あるいは法人は住職家の経営体であるという理解を介して互に結びつく。いまマリノフスキーが与えた意味において制度 institution という術語[7]を用いるならば、宗教制度であ

る寺が基礎的制度である家に依存して存立しているというべく、そこに真宗寺院の根強い生命力[8]と同時に宗教制度としての限界がひそんでいると思うのである。

註

（1）『紫雲殿由縁記』、真宗全書本三七一頁。

（2）稲葉昌丸編『蓮如上人行実』（法藏館、昭23・9）、三六頁。

（3）五十嵐太仲「寺に関する法律問題」『司法研究』報告書21輯2（昭12・1）、二七～二八頁。

（4）伊達、前掲書、四三～四四頁。

（5）柳田国男「毛坊主考」、『郷土研究』2の12（大4・2）。

（6）第七章第五節の本願寺と大谷家の分離を参照せよ。また、近江国坂田郡長浜覚応寺住職栗本某が本山に提出した伺のなかに、「御維新以来寺と人とは区別判然に候」とあるのは、寺と家の分離と同じ意味に解釈することができる（『開導新聞』明15・6・29号所載）。

（7）B. Malinowski. *A Scientific Theory of Culture and Other Essays*. 1944. pp. 52～66.

（8）西垣晴次「佐渡の廃仏毀釈」、『人類科学』14（昭37・3）、二五五頁。

第二節　寺院の成立

真宗教団を構成する寺院は、各派の中心をなす本山（第3表参照）と、各本山に対する諸多の末寺とに大別される。本山は宗祖親鸞の遺跡ないし廟所から出発した、それぞれの派の根本道場であるが、それ以外の寺院は本山に対する末寺として成立した。ここでは、寺院分布との関連から末寺の成立について述べておこう。

末寺が成立するためには、まず外部からする真宗教義の宣布と地元住民によるその受容があり、これが一つの集団活動として結集されかつ維持されなければならない。しかし、それは必要な前提条件たるに止まって充分な

条件とはいいがたい。理論的にいえば、末寺成立のためには本山によって末寺として承認されることが不可欠の条件なのである。そのような手続きを経た末寺には、門徒であってもいまだ末寺ではなかった創立末寺の場合と、寺ではあっても他宗に属するが故に末寺ではなかった帰参末寺の場合が区別される。[1]帰参の時点は通常大体明瞭であるのに対して、創立末寺の場合に本山の承認がいつなされたかを確定することに問題があるので、本節ではこの点を中心に考察したい。

本山の承認が充分な形で示されるのは、門徒による宗教活動の組織体に対して寺号を授与されたときであろう。『紫雲殿由縁記』に、「蓮実証ノ三代ノ間寺ト云モノ其数知レテ少々、坊号俗名同行頭皆々所謂田畑守リ、今ニ云毛坊主、(中略)漸々古キト云寺カ寛永年中ニ多ク寺号ヲ申請タリ」(真宗全書本二一四頁)とあるように、寺号を許されたのはおおむね近世に入ってからのことであった。[2]しかしそれ以前の先行形態は、前節でふれた如く道場主の法名や俗名で、あるいは所在地の名でよばれる道場であった。その具体例は枚挙に暇がないが、主に所在地名を用いた例を三重県下の高田派寺院のなかから拾いあげてみると、次の通り。

(所　在)	(現寺号)	(旧道場名)
鈴鹿市木田町	光明寺	木田道場
津市　渋見	泰応寺	渋見道場
〃　一身田大古曽	西信寺	森村西道場
〃　白塚町	万年寺	垣外道場
〃　〃	薩摩寺	薩摩道場
〃　伊倉津長藤	仲安寺	長藤道場

一志郡久居町森	唯信寺	七栗森道場
〃 〃 〃 加村	照安寺	加村道場
〃 〃 〃 〃 黒田	見立寺	黒田道場
〃 〃 中村	普賢寺	弥右衛門道場
〃 〃 榊原	善福寺	榊原道場
〃 一志町井生	西光寺	井生中村道場
松阪市魚見町	常願寺	金遷道場

（三重県庁蔵『寺院明細帳』による）

これらの道場も、その開基仏（阿弥陀如来の絵像やこれを象徴した六字・九字・十字の名号）に法主（本山住職）が裏書きをして、本山自らの本尊のいわば分霊として本山から与えられたときに「師弟之次第も相立」[3]ち、したがって本末の系譜関係の一端に連なることになったのであるから、道場を末寺の少なくとも萌芽形態と認めなければならないであろう。

それでは、寺号を称するものと単に道場を称するものと、その間にどのような差異がみられるであろうか。元禄五年（一六九二）の「山城・近江・播磨・丹波、浄土真宗末寺開基帳」（龍谷大学図書館蔵）には、総計二九六の寺庵が登載されているが、このうちに道場は九二も含まれている。国別に開基年代を整理した第7表によれば、十五世紀以前に創立されたものは殆どすべてが寺号を称し、道場のままであるのは絶無に近い。しかしこの一点を除き寺と道場との間に何ほどか截然たる開基年代の差を認め難く、却って共通点として、新地禁止の画期的時点とされる寛永八年（一六三一）以降に開創されたものが寺・道場ともに格段に少なくなっている。もっとも、山城では京都に寺が多く道場は至って少ないが、在々では道場が大多数を占めている。そして、さような都鄙差

第7表　「山城・近江・播磨・丹波，浄土真宗末寺開基帳」の分析（元禄5）

開創	本願寺境内		京町中		山城国在々		近江国		播磨国		丹波国		合計	
	寺	道場	寺	道場	寺	道場	寺	道場	寺	道場	寺	道場	寺	道場
～1390	6				1		1						8	
1391～1410							1		5	1			6	1
1411～1430	1												1	
1431～1450	1						1						2	
1451～1470					1		5						6	
1471～1490	5						9		1				15	
1491～1510			1			1	19	2	1				21	3
1511～1530	1		2			1	9	3	3	4			15	8
1531～1550							6	3	8	3			14	6
1551～1570					3	1	4	1	5	6			12	8
1571～1590			5		1	3	4	5	5	2			15	10
1591～1610	5		13	1	1	4	13	2	3	9			35	16
1611～1630	5		10		1	3	7	4	5	4		4	28	15
1631～1650	1		4			3	2		4	3			11	6
1651～1670	6			2		1	5	2		1		1	11	7
1671～1690	1	2	1			5	1	1	1	4			4	12
合計	32	2	36	3	8	22	87	23	41	37		5	204	92

のあることが他国でも大体首肯されるけれども、この『末寺開基帳』では寺も道場も同じレベルでとりあつかわれているのである。次にやや遡って、城端善徳寺の触下寺院が触頭入用銀の出銀につき申合せの上連判した寛文二年（一六六二）七月の『御公儀御用之入用打銀定帳』（善徳寺蔵）によれば、全部で二五九人のうち寺号をもたないのが三五人あり、これらはおおむね各郡毎に末尾に一括されているから、寺号もちより一段劣った存在であったことが判る。同じ善徳寺触下の本末及び組合関係を書き上げた延宝六年（一六七八）十二月の『寺所本末幷組合付之帳』（善徳寺蔵）には、二六七の寺庵が登載されていて、寛文二年の総数に比較するとこの間に幾分の増加のあったことを知るが、またこの間に寺号を許可された道場が少なくないらしく、寺号を称しないものが一四に減少しており、しかもその大部分は以後数年のうちに寺号を許されている。寺号の有無による格

差とこうした昇格の動きを背後にもちながら、これらの道場は寺号もちと共に数人宛でもよりの組合をつくっているのである。以上の断片的な事実からでも、末寺を寺号もちに限ってはならないことが知られる。寺号もちを末寺の仮に中核とみなすにしても、その周辺に道場をおいて考えるのでなければ、末寺の性格の理解に到達することができないであろう。

さてこの延宝六年の書上げには道場がともに登載されている半面、寺号もちでも帳外れ(4)として除外されているものがあったらしい。何故なら、この書上げに次のような字句がみられるからである。

一越中今石動道林寺下寺　礪波郡馬場村百姓地　慶善
　元禄四年六月四日通伝依願公儀帳面ケツリ申候
一越中井波瑞泉寺下寺　礪波郡三清村百姓地　了泉寺
　右了泉寺帳外之者ニテ御座候へ共先年永原左京殿
　笹原織部殿入御来屋申候故此度本帳へ出加申候
　延宝二年寺号申請候
一加州金沢善福寺下寺　礪波郡八塚村百姓地　西源寺
　（前段右同文）
　宝永二年乙酉閏四月廿日巳ノ下刻飛檐御免
一武州江戸報恩寺下寺　上新川郡町袋村百姓地　徳蓮寺
　漏帳ノ終ニ断書ニ而書上ケ申候　帳外ニ付
（傍点著者）

「帳外れ」とは何らかの事情で藩の公簿に記載されていないことで、善徳寺触下上新川郡分の貞享二年（一六八五）七月の書上げ（善徳寺蔵）によれば、〆四〇ヵ寺の外に帳外れ一〇ヵ寺があった。かように寺号の有無に加

えて公簿登不の区別があり、この二種の末寺区分が必ずしも合致ないし平行することなく、われわれの利用しうる史料の範囲ではしばしば交叉したから、事態は一層こみいってくるのである。藩の公簿はがんらい宗教統制のために、なかんづく新地禁止のために編製されたと考えられるが、初めての編成にあたり寺号もちは残らず登録され、さらにこれに準じうる道場も公認をえて登載されたことであろう。そして、この他に帳外れとなった道場が少なからず存在したと思われる。後者のなかには前者の道場よりも早く寺号を本山から許されるものが現われ、かくて二種の末寺区分が混線するという、こみいった状態となったのであろう。これは新地禁止令が実際にどのように受けとめられたか、その一断面を示すものである。

さて、道場を末寺に含めて考えるなら、道場仏の下附という道場創立の時点をもって末寺の成立とみてよいのだが、これは本山と当該道場の間でいいうることであって、藩庁がこの道場を公簿に登録し寺社奉行の管轄下におかない限り、国もとでは俗家に異ならない。そこで新たに登録を出願するにしても、新地禁止の折柄これには特別の斡旋が必要であった。同様に道場が本山から寺号を許されても、藩の認可をえて公簿に登記されない間は国もとではいわば私称にすぎない(5)。すでに登録ずみの道場であれば、寺社奉行にことわるだけで寺号に書き改められたが、帳外れは登録の手続きから始めねばならず、寺号許可と公称との間に大きな時間的ズレが生じた。かようにして、末寺の成立には道場の開基・寺号の許可・公簿への登記という画しうる三つの時点のあることが明らかになった。しかし公簿登記の時期は必ずしも明らかでない上に、こうした形で公権力の承認が伴なわなくとも、本末関係は当事者間で設定しうるのであるから、道場開基と寺号授与を手がかりとして末寺の成立を考えてみたい。その具体例として、飛驒白川郷および奥能登町野郷の本願寺末寺をとりあげよう。

註

（1）奈良県高市郡には、向原寺・久米寺など、奈良時代に創建された有名な寺院の後身とみなすべき真宗寺院が二、三ある。もし真宗に帰するまでに長い断絶の歴史があったとすれば創立末寺に近いが、そうでなければ帰参末寺の代表例とすることができる（『奈良県高市郡寺院誌』、四四四頁参照）。なお、笠原一男『一向一揆の研究』（山川出版社、昭37・6）、第六章参照。寺院の成立については、石川県鹿島町寺院文書泉福寺の項（三五五頁）をみよ。

（2）寺号が許可されるにつき本山へ礼銀を上納したことはいうまでもないが、その額が定まったのは西本願寺では元和三年九月という（『大谷本願寺通記』、真宗全書本五五頁）。『紫雲殿由縁記』はこれを元和八年の秋九月よりといい、両御堂炎上後その再建を助け、また永々御内徳のためとて、銀十九匁御本山へ、七匁御上様へ、五匁御子達様へ、九匁取次へ、八匁御内衆へ、ときまり、寛永年中より、御本山へ銀八十六匁、御児様へ四十三匁、御上様へ拾匁、取次へ五十匁、侍中へ八匁、御本尊御裏書は、御本寺へ銀四十三匁、御児様へ二十一匁五分、御上様へ五匁、取次へ十匁となったと伝える（真宗全書本三七二頁）。これによっても道場で寺号を許される者がこの頃から漸く多くなったことを推測しうる。

（3）千葉乗隆「『木仏之留』について」、『近世仏教』1号（昭35・6）、一八頁収載の伯耆香宝寺門徒あて書状。

（4）帳外れを帳落寺、落帳寺ともいい、「旧藩制ノ時寺数ヲ減少スル為メ寺院号ヲ削去候得共其実一寺ニシテ住職ヲ置クモノ」であると説明するものもある（明10・9、内務卿宛両本願寺答申、高田派宗務院文書）。

（5）松本寿三郎「真宗寺院設立の一例」、『社会と伝承』4の3（昭35・8）、一四七〜一四八頁。

飛驒における本願寺末寺の開基・寺号許可などの年代を記録するものに、『飛州志』『飛驒国中案内』『照蓮寺末寺記録』『斐太後風土記』『大野郡寺院明細帳』などがあるが、伝えるところの年代に多少の異同が存するため、何れを信ずべきか決し難い。しかるに、岐阜県大野郡荘川村中野の光輪寺に安永四年（一七七五）十二月調製の『白川組十八ヶ寺御宝物帳』があり、高山別院（旧照蓮寺）輪番文書の中から安永六年三月の編製にかかる『御免申物記録帳』二冊が見出された。前者は蓋し後者編製のための調書であり、後者は恐らくそれに基づいて輪番所が書き上げた公式の記録であろうから、これらを第一資料とすべきことはいうまでもない。しかし両者に

第8表　飛驒白川郷真宗末寺開基仏・木仏・寺号授与年代

寺号	開基仏		木仏		寺号		＊飛檐地へ昇格
	授与年代	願主	授与年代	願主	授与年代	願主	
1 蓮光寺	(1494)	(荻町某)	1745	浄智	1745	浄智	明治26
2 斎入寺	1504	(西円)	1745	斉西			明治15
3 蓮受寺	1503	明道	1760	道寿	1760	道寿	?
4 明善寺			1744	玄西	1744	玄西	明治以前
5 敬勝寺	(1501〜03)	浄了	1645	浄恵	1745	浄恵	明治27
6 法蓮寺	1503	勝歓	1712	道善	1712	道善	?
7 本覚寺	(1680)				(1694)		?
8 浄蓮寺	(1501〜03)	(浄西)	1741	浄円	1741	浄円	明治26
9 信称寺	(1623〜24)	西円	1745	浄喜			明治27
10 浄楽寺	(1499)	(浄西)	1725	洞雲	1725	洞雲	明治18
11 常徳寺	1490	西円	1741	行心	1741	行心	明治26
12 称名寺	1489	浄済	1738	休円			明治27
13 光輪寺	1489	浄徳	1686	宗祐	1686	宗祐	明治 4
14 蓮勝寺	1483	円性	1686	円宗	1686	円宗	
15 宝蔵寺	(1501)	(道悦)	1693	道正	1716	道正	
16 浄念寺	1502	浄念	1718	宗雲			
17 了宗寺	1502	両西	1713	正雲	1713	正雲	
18 西願寺	1502	西善	1705	宗甫	1705	宗甫	
19 遊浄寺	1523	善宝	1713	玄智			

＊　高山教務所『寺籍帳』による。＊印以外の欄は，『白川組十八ヶ寺御宝物帳』『御免申物記録帳』によって作製。但し括弧内は『飛州志』による。7のみ西方。東方のうち3（加賀金沢慶恩寺末）と5（越中祖谷村本敬寺末）を除き，他はすべて照蓮寺末。なお，照蓮寺は慶長3年飛檐出仕。

若干の相違点が認められるときは、彼此対照して判断し、なお本尊裡書を書写したごとき記載形式をとる『飛州志』の記事を諸書中もっとも権威あるものとしてこれに拠った。それでも不明の点が二、三残ったが、かくして作製された第8表は事態の大勢を充分に明らかにすると考えられる。

開基仏とは方便法身像（光輪寺文書）とも、大品御本尊（照蓮寺輪番文書）ともよばれる絵像であって、すでに述べたように、これを本尊として授与されることは本願寺門徒としての地位と法統上の系譜が確認されることを意味したから、その時点をもって開基年代とし、開基仏の授与を願い出た願主をば開基とみなす。第8表の左欄は開基仏の授与年代と願主を一覧にしたもので

第9表　白川郷真宗末寺道場名

所在	呼称		道場名		高（石）	除地（反）
	飛州志	国中案内	国中案内	寺院明細帳		
1 小白川	俗道場	近年改*	甚吉	彦右衛門	村高の内	屋敷 1.024
2 椿原	俗道場	長吉，西円	長吉，西円	長吉	村高の内	同 .212
3 加須良	俗道場	五郎右衛門 道善	五郎右衛門 道善	五郎右衛門	.114	同 .521
4 内ヶ戸	俗道場	延享年中改	玄西		.131	同 .616
5 飯島	俗道場	延享2年改	与左衛門	与左衛門	1.074	同 1.028
6 鳩谷	法蓮寺	宝永2年改	本覚坊	半九郎	1.152	同 1.224
7 荻町	本覚寺	本覚寺		弥吉	1.260	同 1.400
8 野谷	俗道場	近年改	四郎左衛門	四郎左衛門	.502	同 1.001
9 馬狩	俗道場	近年改	七左衛門	与左衛門	.307	同 .710
10 長瀬	浄楽寺	近年改	弥右衛門	弥右衛門	.312	同 .607
11 平瀬	俗道場	近年改	作左衛門	作左衛門	村高の内	同 .525
12 尾神	俗道場	休円	休円	六郎右衛門	村高の内	同 .729
13 中野	光輪寺	光輪寺		源右衛門	村高の内	同 1.023
14 牛丸	蓮勝寺	近年改	太郎左衛門	太郎左衛門	.173	.314
15 新淵	宝蔵寺	近年改	安右衛門	安右衛門	.700	1.400
16 黒谷	浄念寺	近年改	孫右衛門	孫右衛門	.233	.310
17 六厩	了宗寺	近年改	七右衛門	七右衛門	.069	.314
18 三尾河	西願寺	近年改	次郎左衛門	次郎左衛門	.222	.305
19 寺河戸	遊浄寺	近年改	久助	久助 祐乗坊	.317	屋敷 .414

＊「近年改」などとして寺号が記載されているが，寺号は省略した。　左欄の番号は第8表と同じ。
高・除地は『国中案内』による。

あるが、照蓮寺を除く現在の白川郷一九ヵ寺のうち、実に一五ヵ寺が一四八三年から一五〇四年の僅か二一年間に成立したことが判明する。十五世紀末は実に空前絶後の白川郷真宗発展期であった。飛騨における真宗の根源といわれる鳩谷道場（嘉念坊）が、文明七年（一四七五）内島為氏の襲撃をうけて中絶した後、長享二年（一四八八）に白川郷中野村に再興され、やがて照蓮寺の寺号を許されて、この頃以後白川郷における真宗門徒団の形成が本格的な段階に入ったことを想いあわすべきであろう。

さて、開基仏を授与された段階ではまだ寺号はなく、俗道場とよばれた。俗道場とは『飛州志』によれば、

本土ハ東西本願寺宗ノ寺坊多シ寺号或ハ坊号ヲ称スル中ニ其主俗体俗名ニシテ法用

ヲ務ム村里ニ檀家ノ民アッテ代々相続スルヲ俗道場ト云フ或ハ毛坊主トモ云ヘリ道場ハ宗旨ノ称タリ

右の文章では、たとえ寺号を称するもその主が俗体俗名で法用を勤めるもの（毛坊主）を俗道場と規定しているが、記述の実際において『飛州志』は寺号のないものを俗道場とよんだ。俗道場とよばれて寺号の記載のない九ヵ寺（第9表）は、寺号許可が白川郷内二〇ヵ寺（照蓮寺を含む）のうち最も後れ、早いもので一七四一年、遅いものは一七六〇年に至って漸く許された。『飛州志』の撰述は元文四年（一七三九）に着手され、延享二年（一七四五）にほぼ成功をみたのであるが（『大野郡史』）、既存の資料を用いたために、一七四五年迄に寺号を許可された五ヵ寺も単に俗道場と記されたのであろう。

『飛騨国中案内』『大野郡寺院明細帳』などを参照して道場名を一覧にしたのが第9表である。これによれば俗名を道場名とするのが最も多いが、なかに玄西・休円など法名によるものや、本覚坊・祐乗坊の如く坊号を称するものもある。また、道場名は一つに限られていない。俗名と法名、俗名と坊号によってよばれた道場もあった。何れにせよ、道場名には住持の俗名、あるいは法名・坊号を用いたのであり、前節で強調したように俗間の屋号の如きものであったと知るべきであろう。道場名から寺号への転移は、道場主の俗名や法名を廃してその代りに寺号が称せられたのではなく、俗名や法名に加えて寺号が許され、対外的に寺号を称するようになったことである。それは庶民に姓の使用が許された時、単純に姓が名に代ったのではなく、名の外に姓が設けられ、かかるものとして名の代りに姓を称するに至ったのと異ならない。

木仏の本尊は開基後ほぼ二百数十年にして許された。寺号授与の年代は全部について明らかにし難いが、判明した一三例中一二例まで木仏本尊と寺号が同時に許可されており、他の一例も木仏授与後二〜三年で寺号を許されている（第8表）。寺号の授与をもって一寺としての形式が完成するとみるならば、木仏本尊は一寺の内容あら

しめるために不可欠の要件であって、単なる名号や絵像の開基仏では寺号の下附を受けるに充分でなかったと考えられる。絵像は行事のときだけ掲げて祀り、ふだんはしまっておくものであったろうから、家屋もつねの民家でよかったが、木仏を安置するとなれば少なくとも仏壇を構えて常設の仏間をしつらえることが必要となり、あるいは別棟の御堂さえ必要になって、寺の体裁も自ずから備わるというものであろう。そこで多くは下附される木仏本尊の裏書きや「木仏の済札」に寺号を書きいれて与えられたのである。(1)

寺号は時間がたてば自然に許されるものでない。道場の側には寺号をえたいという希望が常にあるけれども、この願望が実現するには何らかの契機を必要とする。そこで再び第8表の右欄に注意すると、寺号の許可は十八世紀の前半に集中し、白川郷の中野から高山へ移転した照蓮寺が本山掛所にひきなおされた元禄十二年(一六九九)と時期的に一致している。これから想像するに、飛騨一円の惣録たる照蓮寺家を廃絶せしめた強引な処置に対する不満をそらし転派の続出を回避する一策として、多数の道場を寺に昇格せしめたのかもしれない。照蓮寺およびその下寺・触下は東本願寺の末寺であったが、照蓮寺の引上げに反対した古川の真宗寺と本光寺が本山から派遣された輪番の圧迫に抗して、宝永二年(一七〇五)に西方へ走った事件、そして一般に、帰参した道場には賞として寺号が与えられる例が多い事実は、(2)この推測を支持してくれる。また一つには、西方の荻町村本覚寺が割合最近の開創であるにもかかわらず、二〇年足らずで寺号を許されたことも、附近の道場をして寺号を競望せしめる大きな直接の刺戟であったであろう。

こうして寺号を許されるまでの道場段階が開基以来二百数十年の長きにわたった。しかしそれは決して真宗寺院の一般的現象ではなく、(3)例えば次に述べる奥能登町野郷(現在の輪島市町野町と鳳至郡柳田村を含む町野川河谷全域をさす)の事例では、道場段階は数十年ないし百年内外に止まった。それは何故であろうか。

第10表　奥能登旧町野組寺院一覧表

町村・部落		寺号	開創年代	開基	(転宗)	寺号授与年代	寺号を授与せし法主	＊世代	現状 寺格	現状 寺中
鳳至郡柳田村	合鹿	福正寺	1503	道正		1602	教如	9	巡讃	2
	本郷	徳宝寺	1582	慶善	禅宗	1635	宣如	9	巡讃	
	当目	行念寺	1561	西道		1664	琢如	8	国巡讃	
	大箱	願正寺	1556	真玄		1626	宣如	9	国巡讃	
	大箱	浄福寺	1559	願了		1621	宣如	8	二等別助音	
	河内	光明寺	1518	空心		1620	宣如	7	国巡讃	1
	長尾	願成寺	1567	教誓	真言宗	1633	宣如	7	巡讃	1
	石井	光栄寺	1523	保広		1654		7		1
	神和住	真念寺	1559	真覚		1604	教如	8	巡讃	1
輪島市町野町	金蔵	正願寺	1526	了西	天台宗	1601	教如	11	国巡讃	1
	金蔵	慶願寺	1558	西了	真言宗	1623	宣如	9	国巡讃	1
	大川	通敬寺	1560	西了	真言宗	1641	宣如	7	由緒	
	鈴屋	長光寺	1582	道正	(真言宗)	1607	教如	9	巡讃	1
	栗蔵	本覚寺	1592	了円		1683	一如	6	准由緒	

「町野町組寺中由来書之覚」による。　(転宗) は文部省蔵『寺院明細帳』により，寺格は，昭和34年刊の真宗大谷派寺院教会名簿による。　＊世代は「覚」作製時の世代。

註

（1）京都の金宝寺が兼帯所であった明善寺の寺号免与の年号不詳のため、本山納戸役に照会したところ、木仏附与の年月を知らせてくれた。「如此木仏寺号ト常ニ有之」というべき有様であった（『紫雲殿由縁記』真宗全書本三七四頁）。すでに永正年中（一五〇四～一五二一）、木仏安置の人々が木仏の済札という書附を与えられ、これにて寺号坊号下附の証拠とした例がある（同書一八二頁）。なお、千葉乗隆「『木仏之留』について」、『近世仏教』1号（昭35・6）、一一頁参照。

（2）柏原祐泉「近世仏教教団の構造的変化」、『近世仏教』2号（昭35・10）、七頁。

（3）元禄四年に記録された肥後本願寺末寺の通念では、

其身三代以来仏壇を構仏像をかけ門徒を持居申坊主其国之上寺ゟ以添状本願寺へ相違候へハ於本寺も吟味之上相違無之時寺号を被指免作法之由御座候

（熊本大学図書館蔵『寺社例帳』、松本寿三郎氏前掲論文の引用による）

つまり寺号を願って許されるには、少なくとも祖父以来仏壇をかまえ仏像をかけ門徒をもっているという実績が必要であった。したがって少なくとも数十年間は道場形態を保たねばならなかったが、二百数十年というのは長すぎるのである。

寛延二年（一七四九）の作製にかかる「町野組寺庵中

由来書之覚」（正願寺写蔵）によれば、町野郷に大小一四の真宗寺院（すべて大谷派）があり、その成立はすべて十六世紀、とくにその後半の出来事であったことが判る（第10表）。「覚」に記録された開基名と開基年代は金沢藩の撰にかかる「三州地理志稿」の記載と合致し、かつこれよりも編集年代が百年ほど古いから、「覚」は依拠に堪える資料と判定されるが、念のため『加能越三州寺号帳』によって鳳至郡（輪島市を含む）全域の真宗寺院開基年代を検討しても、ほぼ同様の結論に到達した（第11表）。「覚」もまた『寺号帳』も本尊の方便法身像の授与をもって開創とみたことと思うが、その開基年代に誤伝が混入しているとしても、十六世紀は奥能登

第11表　能登鳳至郡下真宗寺院開創年代

開　創	東　方	西　方		計
	本誓寺下	松岡寺下	光徳寺下	
文明２年(1470)迄	3			3
長享２年(1488)迄	2			2
文亀３年(1503)迄	9	1	1	11
永正17年(1520)迄	14	4		18
享禄４年(1531)迄	11			11
天文23年(1554)迄	11			11
元亀３年(1572)迄	9			9
天正19年(1591)迄	10			10
慶長19年(1614)迄	15		1	16
元和(1615)以降	9			9
不　明	4			4
合　計	97	5	2	104

『加能越三州寺号帳』による。

における空前絶後の真宗寺院勃興期であったことは充分承服されるであろう。しかして第10表の示す通り、寺号許可は十七世紀なかんづくその前半に集中しているから、道場段階は僅か数十年ないし百年内外にすぎなかったことになる。白川郷も町野郷も京都からみればともに僻陬であるが故に、寺号許可までの年数の開きは、在地の道場形態の差によって説明しなければならないであろう。そこで、真宗の教線が伸びるまではどうかといえば、十六世紀初頭町野に禅宗総持寺の寺領があり[1]、また、同郷時国の岩倉寺（真言宗）に田地が寄進されている[2]ことや、第12表に示した通り鳳至郡東部の真言宗寺院の開創年代（伝承）が真宗のそれよりも古いこと、不詳が非常に多いことはここでは開創が古くてのち衰微したことを思わしめること、真宗寺院のなかには真言宗・天台宗などか

第12表　鳳至郡東部における諸宗寺院の開創年代

宗派	町村	部落	寺号	開創年代	開基	再興	転宗
真宗	輪島市旧南志見村	名船	名船寺	1508	名専		
		渋田	照光寺	1543	慶尊		（真言宗）
		里	長栄寺	1617	了秀		
		東山	養覚寺	1431	保広		
古義真言宗	鳳至郡柳田村	小間生	本両寺		（泰澄）		
		柳田	長福寺		伝法	（1396）	
			法華寺	（834）	（弘法）	（1524）	
			安養寺				
		寺分	平等寺		（応清）	1853	
	輪島市町野町	徳成谷内	天王寺			（1645）	
		東	八幡寺	（1064）		1041	（八幡宮の別当）（天台宗）
		佐野	佐野寺				
		金蔵	金蔵寺	（650頃）	（行基）		
		粟蔵	善願寺		（行基）	（1502）	
		南時国	高田寺				
		西時国	岩倉寺	651			
	旧南志見村	西院内	西光寺	（1570）	（密乗）		
	旧鵜巣村	西大野	高法寺	（1135）	（徳応）		
曹洞宗	柳田村	石井	蔵福院	（1552）	（宗藤）		
	町野町	広江	智徳寺				
		寺地	光現寺				
浄土宗	柳田村	宇加塚	大乗寺	1623	文慶		

「三州地理志稿」による。但し括弧内は『寺院明細帳』『町野村誌』による。　第10表の真宗寺院と対照せよ。

らの転宗の伝承をもつものが少なくないこと（第10表）、また中世以来の土豪時国家など土地の名家に真言宗檀家が多いこと、などから、真言・天台の密教系あるいは禅系統の勢力によって支配されていたと推測する。そしてこんにちの真宗寺院の前身は、転宗といいうるほどにかなり整備した真言などの道場であったと考えてよかろう。それが比較的短期間に真宗寺院と化したのは、あたかも応仁の乱の戦火が地方に波及して群雄の割拠から新たなる全国的統一を生み出した一世紀であり、能登では畠山氏が滅亡して前田氏による近世的支配体制の確立に至る時代にあたることを注意したい。北陸真宗布教史上特筆すべき文明三年（一四七

一）から六年に至る蓮如の吉崎逗留は、奥能登におけるかかる政治的変化に宗教生活の大転回を伴なわしめた一大要因であり、十五世紀から十六世紀にかけて戦われた大一揆小一揆の葛藤、本願寺の対現地領主政策もまたその重要な条件であったと考えられるが、教如による東本願寺別立がけだし最も大きな寺院化促進の要因といえよう。

他方、白川郷に真宗が布教される前は、『善俊光正録』に、「其前（私註善俊布教前）白川・小鳥・川上の三庄は白山宮長滝寺の会下にして、天台の宗風に帰せしかども、其名ばかりにして誰導く智識もなく」（巻二）とあり、『白川嘉念坊由来伝説聞顕物語記』にも同様の記事がみられるように、美濃長滝寺の影響下におかれて、白山信仰を中心とした宗教生活が行われていたと推測される。しかしてこの白山信仰には、井上鋭夫氏が説かれるように阿弥陀信仰が深く広く浸透していたに相違ない。[3]嘉念坊（照蓮寺の前身）十世明心の白山登山にあたり、白山南登山口の白山中居神社に奉仕する「石徹城の神司その余の人々大勢従ひゆ」き、奇蹟の現出をみて「明心に帰依し、門下とぞ成り侍りし」（『珉江記』）と伝えるのは、明心が白山信仰に織り込まれた阿弥陀信仰を手がかりとして「修し安くして功多き」称名念仏の宗風をひろめたことを暗示している。[4]また、明心が大白川女人入湯に対して奇瑞をあらわし、「かかる奇代の事どもおほく侍りつれば、世挙て明心は泰澄大師の再来と申せしも誠にもことわりとぞ覚ゆる」（同上）と伝承された。このように、明心が白山を開いた泰澄の再来と称せられる形で真宗の布教が進んだことも、白山信仰と真宗信仰との間に何ものかこれを媒介するものがあったことを示している。白川郷では、阿弥陀信仰を通して部分的に白山信仰と連続しつつ、同時にまた部分的にこれとの連関をたちきるところに、真宗が受容されていったと考えなければならない。[5]鳩谷の法蓮寺は長滝寺の下寺であったといい、長瀬の浄楽寺ももと天台宗であったという伝承をもつ。その他、これに類する伝承を有するもの二、三に止

まらぬことと思われる。これらは転宗といわなければならぬが、嘉念坊が村々を廻檀するさいの宿として特別の関係を結び、やがてその口添えで開基仏の下附をうけて、当初から真宗道場として出発したものもあったことと推測される。その何れにせよ、数戸の小聚落が点々と庄川に沿うて散在する白川郷においては、道場は所在村落とその近在から少数の門徒（明治九年で白川村一一ヵ寺の平均が二〇戸）を集めうるのみであったから、道場の経営に生活の基礎をおくことは寺檀をかたく制度的に結びつけてもなお可能でなかった。それに生産力の進展が緩慢で戸口の増加のきわめて緩かなこの峡谷の村々では、道場の整備を進めて寺院化するには長い年月をかけなければならなかったことは当然である。しかるに町野郷では転宗前からの地盤があり、門徒も所在村落内外に数多く分布していたから（明治三年で第10表一四ヵ寺の平均が一三六戸）、急速に寺院化することができたのであろう。なかでも転宗の伝承を有する寺院は、概して開創（転宗）から寺号許可までの期間がさらに短いことは、この推測を固からしめるものである。

こんにちみる真宗寺院には最初から真宗道場として成立したものもあり、また他宗道場の改宗したものもあるが、何れにせよその大部分が本節前半で述べた意味において、そしてこれに続く白川と町野の例が示すように、中世末から近世半ばにわたって成立した(6)。それはこの期間に真宗の民衆生活への滲透という、注目すべき現象が大量かつ広範囲に進展したことを物語るものであり、従属身分の独立や村落組織の再編など地域の生活の変化がこの後景をなすのであろう。

註

（1）「永正六年畠出義之安堵状」、『加能古文書』（日置謙編）、四七八頁所収。

（2）「永正七年佐脇秀隆寄進状」、『加能古文書』、四七九頁所収。

（3）井上鋭夫「一向一揆の本質」、伊東多三郎編『国民生活史研究』4（吉川弘文館、昭35・10）、二八二頁参照。

（4）白山南登山口は美濃郡上長滝の白山神社長滝寺に発し、長良川の上流から西方洞ヶ谷に入って檜峠（九六〇米）を越えるルートであるが、途中に阿弥陀ヶ滝なるかなりの滝がかかっており、白山登山の行者はそこで滝に打たれて潔斎したという。これは白山信仰のなかに阿弥陀信仰が織り込まれていると考うべき一つの証左である。檜峠を越えると白山中居神社に仕えた社人の集落石徹白村に入る。「明治三年帰農社人ヨリ差上願書」（石徹白徳郎氏写蔵）によれば白山中居神社には観世音菩薩・大日如来・虚空蔵菩薩・薬師如来と共に阿弥陀如来が祀られたということである。これが第二の証拠。恐らくこれを手がかりとして、真宗の教えがこの土地にも定着した。神社の地元上在所にあった真宗円周寺は泰澄開基で天台宗であったのが、嘉念坊明心の白山登山の際改宗したと伝え（石徹白鼎稿、口碑伝説無上の花）、中在所の真宗威徳寺は往古何宗か分明でないが、本尊裡書に明応五年（一四九六）飛州白川中野村照蓮寺門徒とある由（「元文五年三月返答書」石徹白徳郎氏文書）、しかも威徳寺門徒は白山中居神社社人でもあった。真宗信仰も白山信仰と同一の村、同一の家、しかも同一の人において共存融和しえたのである。これが証拠の第三。しかし明治初年以降白山信仰が神道色を強めたため共存は困難となり、上在所以外の社人はその身分を捨てて帰農した（昭37・5調査）。（補註4）

（5）井波瑞泉寺に本願寺五世綽如に関する同種の説話が伝えられている。すなわち、往昔泰澄が風神を封じこめた場所に後の人がいたずらしたため、また大風が吹くようになって諸人困惑した。それで綽如が人々の懇望により、「八乙女山古への風神堂の跡、鶏塚と云所に堂を建させ玉ひ、浄土三部経を自写し納め給へば、不図も其年より大風更に吹事なし。此奇特を聞伝へますます上人を信仰し、御宗門繁昌加能越大方は御門徒とこそ成にけり」（『井波志』六頁）。この説話も明心に関する説話と同じ文脈で理解されなければならない。

（6）大谷派の『教勢調査』（昭35・11）の結果によれば、創立年時の三百年以前五百年未満（寛正から万治まで）の寺は、総数の実に四八・四％に達する。この二百年間に真宗寺院の半ばが成立したことになる。単なる伝承として無視することができない数である。詳しくは『真宗』六九〇号、三七頁をみよ。

寺院の成立は前節で考察したようにその土地と時代の諸条件によって規定されるところが大きいから、中世末期、近世初期・中期・後期などと異なる時点を設定して分布を論ずることは望ましいが、遺憾ながらこの目的を達成せしめる史料に恵まれない。分布はおろか寺院総数すら分明でないからである。そこで、全国的分布の歴史的考察は断念するとしても、各地方における寺院分布の歴史的説明は可能である。しかし、それについてはすでに真宗史の領域ですぐれた研究もあり[(1)]、また近年では歴史地理学的視点から真宗の発展を論じたものもあらわれている[(2)]。そこで、分布の歴史的考察はこれらの諸研究にゆずり、現代における真宗寺院の全国的分布とその動態を現象的に記述することで満足したい。

註

（1）笠原一男『一向一揆の研究』（山川出版社、昭37・6）、その他。
（2）内田秀雄「真宗の発展―仏教地理的研究―」、『人文地理』10の5・6（昭34・1）。

まず、総数を摑み得た大正二年から昭和三十四年に至る各派寺院数の増減を第13表によって吟味しておこう。戦前は興正派の一割増を除き他は何れもきわめて緩慢かつ微量な動きしか示さないが、仏教寺院全体としては減少気味であるなかに、真宗のみ増加傾向としてあらわれていることが注目される。それが昭和十四年から昭和二十五年までの間に、それも戦争直後の混乱期がすんでから二、三年の間に急増した。仏教寺院全体でも昭和十四年に比べて五％近く増加したが、真宗ではそれを遥かに凌駕して一〇％近く増加したのである。すなわち戦前最も停滞していた高田派が戦後やや減少したのを例外として、本・大・仏の三派は一割内外、興正派は七割、木辺派は実に二七割の増加を記録した。他の越前四派も実数こそ少なけれ二割から一四割の増加となっている。かくて末寺数の多少からいって仏光寺派と興正派の順序が逆転し、木辺派は小教団から中教団の班列に加わった。そ

第13表　真宗各派別寺院数の増減（実数と指数）

実　　数	大２ 1913	大９ 1920	大14 1925	昭５ 1930	昭10 1935	昭14 1939	昭22 1947	昭25 1950	昭31 1956	昭34 1959
本願寺派	9,717	9,741	9,752	9,765	9,800	9,810	9,837	10,476	10,363	10,410
大 谷 派	8,480	8,500	8,470	8,484	8,529	8,552	8,860	9,234	9,445	9,502
高 田 派	633	635	626	625	634	634	639	625	629	640
興 正 派	283	292	304	306	312	311	502	514	518	528
仏光寺派	333	332	340	341	346	347	290	370	370	369
木 辺 派	55	55	57	58	57	58	173	216	252	?
出雲路派	48	47	47	47	47	46	53	56	65	65
誠照寺派	44	45	45	45	45	45	51	55	59	59
三門徒派	34	34	34	34	34	34	50	56	45	45
山 元 派	11	11	12	12	11	11	16	26	28	28
真宗合計	19,638	19,692	19,687	19,717	19,815	19,848	20,471	21,628	21,774	
寺院総数	71,780	71,698	71,329	71,310	71,194	71,284	73,264	74,759	75,197	74,138
指　　数	大２ 1913	大９ 1920	大14 1925	昭５ 1930	昭10 1935	昭14 1939	昭22 1947	昭25 1950	昭31 1956	昭34 1959
本願寺派	100.—	100.25	100.36	100.49	100.85	100.96	101.23	107.81	106.65	107.13
大 谷 派	100.—	100.24	99.88	100.05	100.58	100.85	104.48	108.87	111.38	112.05
高 田 派	100.—	100.32	98.89	98.74	100.16	100.16	100.95	98.74	99.37	101.11
興 正 派	100.—	103.18	107.42	108.13	110.25	109.89	177.38	181.63	183.04	186.57
仏光寺派	100.—	99.70	102.10	102.40	103.90	104.20	87.09	111.11	111.11	110.81
木 辺 派	100.—	100.—	103.64	105.45	103.64	105.45	314.55	392.73	458.18	?
出雲路派	100.—	97.92	97.92	97.92	97.92	95.83	110.42	116.66	135.42	135.42
誠照寺派	100.—	102.27	102.27	102.27	102.27	102.27	115.91	125.00	134.09	134.09
三門徒派	100.—	100.—	100.—	100.—	100.—	100.—	147.06	164.71	132.35	132.35
山 元 派	100.—	100.—	109.09	109.09	100.—	100.—	145.45	236.36	254.54	254.54
真宗合計	100.—	100.27	100.25	100.40	100.90	101.07	104.24	110.13	110.88	
寺院総数	100.—	99.89	99.37	99.35	99.18	99.31	102.07	104.15	104.76	103.29

大２～昭22：文部省年報，昭25：文部省調，昭31～34：文部省宗教年鑑による。

れに加えて戦後新立の教団がそれぞれの地域に零細教団を形成したことも忘れてはならない事件である。こうして、真宗の勢力図絵に多少戦前と異なったニュアンスが生じたけれども、本・大両派が何れも戦前で九千内外、戦後で一万内外を算し、合すれば真宗寺院総計の九割余を占めて、さながら真宗全体を代表するが如き形勢には毫も変動はない。いま、

そのような概括的把握を念頭において、各派ごとに分布状況を展望してみよう。

数少ない巨大教団の部類に入る本願寺派と大谷派は、第19・20表で明らかなように全国あまねく分布し、これらの派の寺院のない府県は一つもない。しかるに、真宗教団の形成期において本願寺系と覇を争った高田派は、近世以降地方的中教団に転落し、本・大両派に亜ぐとはいうものの寺数においてその一五分の一にすぎない。最近の数字について末寺の分布をみると、本山専修寺の中興真慧が寺基を移して開拓した三重県に六三%が集中する。これを中核としかつ古くから高田系統の布教をうけた愛知県(一一%)と福井県(八%)を両翼として、北海道・福島・東京・神奈川・新潟・岐阜・静岡・京都・大阪など、大阪以東の諸府県にかなり広く分布している。かつてこの派の一根拠地であった石川県には本願寺蓮如に吸収されて一ヵ寺もなく、専修寺の旧地栃木・茨城地方にすら末寺の維持されるのは寥々たる数に止まる。他方、福島県の末寺は明暦元年(一六五五)八月に相ついで続々帰参したものである(第七章第四節参照)。また、明治以降の開教と移住者の増加によって寺数の急増をみた北海道を始めとして、大都市を含む大阪と愛知、開教地鹿児島など少々の増加がみられる地区もあるが、おおむね高田門徒の移住に追随するものであって、積極的に新天新地をめざして教線を開拓したものは少ない。その上、高田派の地盤と考えうる地区では概して減少か停滞を示し、老年期の衰運を辿りつつある教団の感が深い(第14表参照)。

同じく地方的中教団に属する仏光寺派は、中興の了源によって教線の開拓をみたが、かつて十四世経豪が本願寺蓮如の門に投じた時それに従う者少なからず、ために末寺の数が大いに減じたといわれる。最近の数字について全国的分布状況を調べてみると、滋賀県に三八%の末寺が集中し、これを中核として畿内の大阪・京都・奈良にそれぞれ一五%・五%・四%、北陸の新潟と福井にそれぞれ一一%・三%、北海道に三%、そのほか西日本に

第14表　高田派府県別寺院分布の変遷

	1)大正 11.3	2)昭和 14.12	3)昭和 28.10	増加分 3)－1)
北海道	9	12	18	9
岩手			1	1
福島	8	9	9	1
茨城	3	3	3	0
栃木	6	6	5	－1
埼玉			1	1
東京	18	17	17	－1
神奈川	4	6	6	2
長野	1	1	1	0
新潟	10	11	12	2
福井	51	54	51	0
岐阜	7	7	7	0
静岡	8	8	7	－1
愛知	67	69	71	4
三重	411	416	401	－10
滋賀	2	2	2	0
京都	9	10	9	0
和歌山	1		1	0
大阪	1	1	7	6
長崎	2	2	1	－1
大分			1	1
鹿児島			4	4
合計	618	634	635	17

資料：文部省宗教局編，宗教制度調査資料第18輯；文部省昭和14年年報；昭和28年高田派寺院録。

第15表　仏光寺派府県別寺院分布の変遷

	1)大正 11.3	2)昭和 14.12	3)昭和 26.12	増加分 3)－1)
北海道	1	5	11	10
秋田	1	1	1	0
東京	2	2	3	1
神奈川	2	2	2	0
新潟	41	42	42	1
福井	12	12	12	0
岐阜	1	1	1	0
愛知			1	1
三重	5	5	5	0
滋賀	137	139	139	2
京都	21	20	18	－3
奈良	14	16	16	2
大阪	46	51	54	8
兵庫	9	9	14	5
岡山	2	3	3	1
広島			1	1
山口			1	1
島根	5	5	6	1
香川	7	7	7	0
徳島	6	6	8	2
愛媛	1	1	1	0
福岡	1	1	1	0
長崎	3	5	4	1
熊本	8	9	12	4
宮崎	1	3	3	2
鹿児島	1	1	2	1
合計	327	347	368	41

資料：文部省宗教局編，宗教制度調査資料第18輯；文部省昭和14年年報；文部省宗教法人認証書類。

第16表　興正派府県別寺院分布の変遷

	1)大正 11.3	2)昭和 14.12	3)昭和 36.3	増加分 3)－1)
北海道	26	35	65	39
東　京			4	4
福　井	6	6	7	1
岐　阜		1	1	1
愛　知	1	1	5	4
三　重			1	1
滋　賀	8	8	8	0
京　都	13	13	15	2
奈　良	65	62	68	3
和歌山	3	3	4	1
大　阪	24	25	41	17
兵　庫	14	15	29	15
岡　山			4	4
広　島			2	2
山　口			1	1
香　川	104	106	225	121
徳　島	9	9	10	1
福　岡		1	5	5
長　崎	2	2	7	5
熊　本		8	1	1
大　分			1	1
宮　崎		1		
鹿児島	10	15	26	16
合　計	285	311	530	245

資料：文部省宗教局編，宗教制度調査資料第18輯；文部省昭和14年年報；興正派門流籍。

第17表　木辺派府県別寺院分布の変遷

	1)大正 11.3	2)昭和 14.12	3)昭和 32〜33	増加分 3)－1)
北海道		1	6	6
石　川			1	1
福　井			1	1
岐　阜			1	1
愛　知			3	3
三　重			4	4
滋　賀	50	52	48	－2
京　都	1	1	1	0
奈　良			1	1
大　阪			8	8
兵　庫			18	18
岡　山			1	1
広　島			21	21
山　口			3	3
香　川			4	4
徳　島			1	1
高　知			1	1
愛　媛			1	1
福　岡		1	80	80
長　崎			6	6
熊　本	1	1	16	15
大　分			5	5
宮　崎			1	1
鹿児島	1	2	21	20
合　計	53	58	253	200

資料：文部省宗教局編，宗教制度調査資料第18輯：文部省昭和14年年報；木辺派寺院教会名簿。

もまばらに分散している。総数三六八ヵ寺で依然有力とはいえないが、北海道と大阪にやや顕著な増加があり、増加率は高派を遙かに凌ぎ、本・大両派に匹敵する（第15表参照）。

本願寺の傘下に入った経豪は仏光寺の旧称興正寺を回復し、その子孫は脇門跡の寺格と千九百余の末寺とで本願寺門末中最高の地位を保ったが、明治九年第五章第五節で述べる事情によって別派独立するにさいし、従う者僅かに二三二ヵ寺であった[1]。その後、北海道と鹿児島の開教によって増加し、また旧地区でもどしどし寺をとりたてた結果、大正十一年二八五ヵ寺、昭和十四年三二一ヵ寺、戦後は更に激増して最近では五三〇ヵ寺を数える。うち四割余りが香川県に集中し、北海道・奈良・大阪に各一割内外、その他おおむね福井・愛知以西の諸府県に分散している（第16表参照）。

木辺派は大正十一年五三ヵ寺、昭和十四年で五八ヵ寺とその間一割増を記録したが、何れにせよ九〇％以上が滋賀県に集中する局地的小教団にすぎなかった。しかるに戦後俄かに寺院数が増加して、昭和三十二、三年頃の数字では二五三ヵ寺に達した。分布も滋賀一県から愛知以西の諸府県にわたり、なかでも福岡県を中心に九州が約半数の寺院を占めるに至ったので、教団の重心は西に移ったかにみえる。末寺数の上ではいまや地方的中教団のレベルに達したが、こうした寺院の急増は、興正派同様一般民家の如きものまで寺と認定するという事情によるところが大きいから、教勢が飛躍的に数倍高まったとみることはできない（第17表参照）。

以上、巨大教団二、地方的中教団四で、他は何れも地方的小教団ないし零細教団である。出雲路派・誠照寺派・三門徒派・山元派の四既成教団は大正十一年の統計では福井県に殆ど一〇〇％集中していたが、今日では北海道や大阪・福岡・愛知など、福井県人の発展に追随して教線を伸張させ、福井県集中率が五割以下におちたものもなかにある（第18表参照）。戦後新立の七教団も小さい割に分散度の高いのが注目される。例えば、北本願寺

第18表Ａ　出雲路派府県別寺院分布の変遷

	1)大正 11. 3	2)昭和 14.12	3)昭和 26.12	増加分 3)－1)
北海道	4	3	10	6
東　京			1	1
福　井	43	43	46	3
兵　庫			1	1
福　岡			2	2
合　計	47	46	60	13

第18表Ｂ　誠照寺派府県別寺院分布の変遷

	1)大正 11. 3	2)昭和 14.12	3)昭和 27.11	増加分 3)－1)
北海道	1	1	11	10
東　京			1	1
新　潟	1	1	1	0
福　井	41	41	42	1
岐　阜	2	2	4	2
合　計	45	45	59	14

第18表Ｃ　三門徒派府県別寺院分布の変遷

	1)大正 11. 3	2)昭和 14.12	3)昭和 27. 6	増加分 3)－1)
北海道	3	3	10	7
東　京			1	1
福　井	31	31	28	－3
愛　知			3	3
大　阪			12	12
兵　庫			1	1
合　計	34	34	55	21

第18表Ｄ　山元派府県別寺院分布の変遷

	1)大正 11. 3	2)昭和 14.12	3)昭和 27. 7	増加分 3)－1)
北海道			1	1
長　野			1	1
福　井	11	11	12	1
大　阪			5	5
兵　庫			1	1
福　岡			7	7
熊　本			1	1
合　計	11	11	28	17

資料：文部省宗教局編，宗教制度調査資料第18輯；文部省昭和14年年報；文部省宗教法人認証書類。

派の寺院六ヵ寺は北海道三、愛知・新潟・京都各一、同朋教団は石川三・福井三・富山一と散在し[2]、浄光寺派も北九州諸県に分散している。このような状況は人口移動の激しさと交通の発達によってしかるのであろう。

さて、全国的に分布する本・大両派は、それでは地方的にどのような偏在を示すものであろうか。本願寺派の寺院がとくに濃密な分布を示す府県は、富山・滋賀・奈良・大阪・兵庫・山口・島根・福岡・熊本である。それに対して大谷派は、北海道・新潟・富山・石川・岐阜・愛知・滋賀・大阪の諸府県であって、本願寺派は富山県を別とすれば滋賀・奈良以西の西日本に重点があるのに対し、大谷派は大阪・滋賀以東、なかんづく東海北陸地方に重点のあることが判明する（第1図参照）。本願寺の東西分立は、末寺の分布からみるときこのような地盤の分割を伴なったのである。しかし何故かような結果になったのであろうか。豊臣家の保護を受けた西本願寺に対して、東本願寺は徳川家に接近しその保護のもとに発展したから、諸大名また幕府の方針にならって東派を引き立てたものが多いと考えてよいが、それだけでは上記の地盤分割は説明されない。むしろ何故東派が全国的に勢力を伸しえなかったか、という新しい疑問さえ起ってくるのである。そこで各藩別地方別に東西分派事情を糺明しなければならない。例えば石川県に大谷派寺院が断然多いのは、藩祖前田利家と教如が別して昵懇であったからだと説くものもある（『七条鏡』）が、慶長二年と推定される前田利家の「本願寺宛返書」に、西本願寺が不参の末寺を調査すべく下間少弐を派遣したことに対して、「委細得二其意一存候。雖レ然仏法之批判難レ計候条、如何様ニも少弐法橋次第ニ候。若違背之輩於二御座候一者急度可二申付一候。」[3]と西本願寺側からの依頼に応じる態度が表明されていることは、この仮説を疑わしめる。しかし、一向一揆の地帯（三河・長島・加賀・越中など）に大谷派が多い事実から、石山籠城において主戦派であった教如と一揆地帯の門徒との間に、互いに呼応するところがあったことを考えねばなるまい[補註5]。さらに、教如側近および教如を積極的に支持した地方有力寺院の勧誘説得の効

第１図　近畿・東海・北陸地方における真宗大谷派寺院の分布（内田秀雄氏製図）

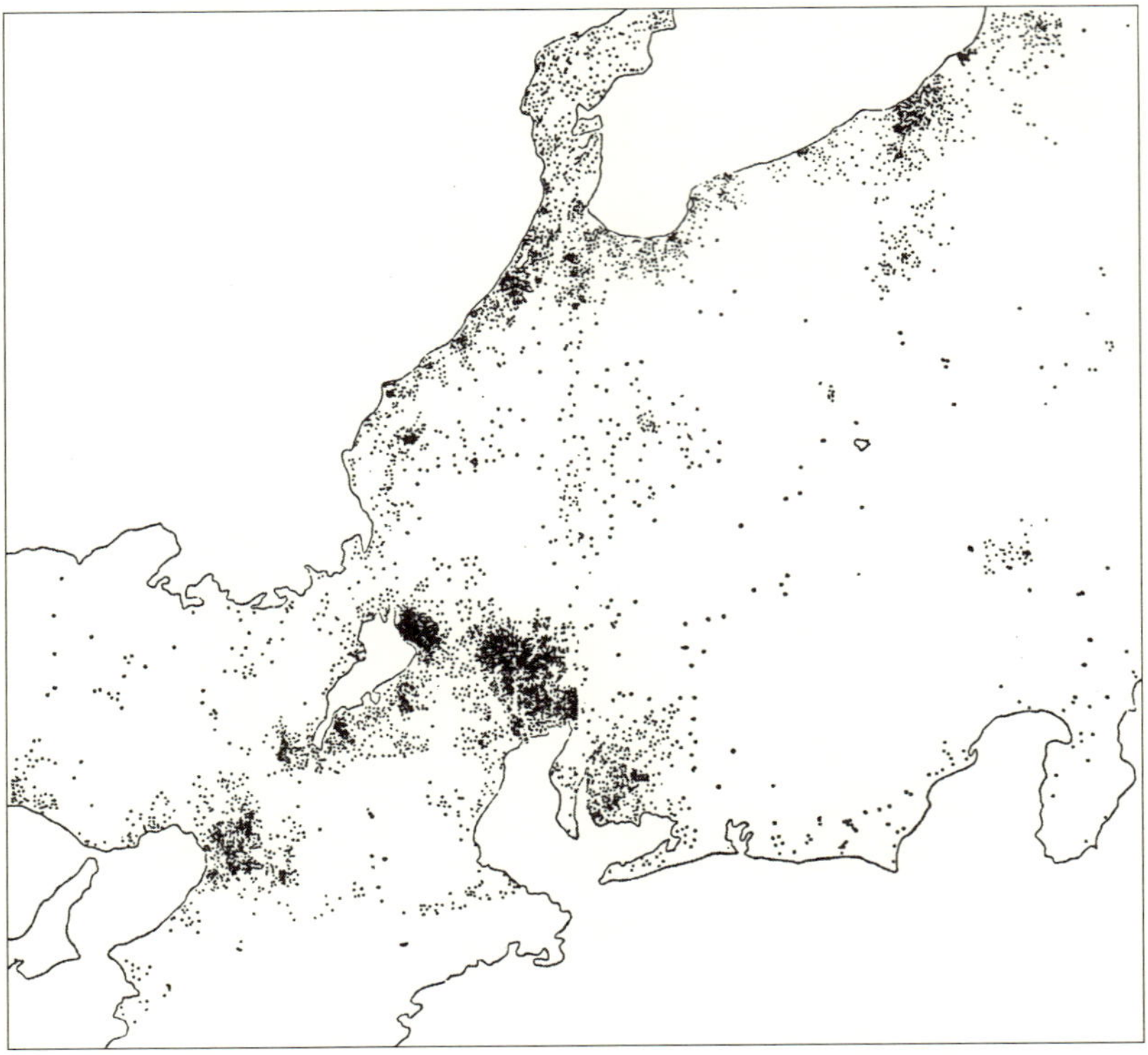

果も評価しなければならないであろう。金沢専光寺の系譜は九世康宣について、「康宣関（ママ）寺務之始本山岐成両派諸国門徒騒乱加能越及奥羽之僧侶欲帰准如上人者多康宣及康元（私註八世）共説諭而抑止之者一百有余乃為当寺属下」と記しているが、大谷派寺院で同様の伝承を有する寺が外にもある。また久留米藩では、西本願寺末寺はすべて取り潰し東派のみ維持を許したことについて、寛文年間、久留米藩主が西本願寺法主と京都で座の上下を争い、藩主が侮辱を受けたことに弾圧の発端がある、と伝承する。[4] こうした、特殊な事情もなかには介在したに違いない。

このようにさまざまな事情が挙げ

第19表　本願寺派府県別寺院分布の変遷

	1)大正 11.3	2)昭和 14.12	3)昭和 33.9	増加分 3)－1)		1)大正 11.3	2)昭和 14.12	3)昭和 33.9	増加分 3)－1)
北海道	163	209	344	181	滋賀	615	613	607	－8
青森	4	4	5	1	京都	235	226	227	－8
秋田	27	26	24	－3	奈良	462	436	426	－36
山形	44	30	29	－15	和歌山	263	292	278	15
岩手	33	19	18	－15	大阪	754	765	841	87
宮城	25	27	24	－1	兵庫	670	677	750	80
福島	45	50	49	4	岡山	63	67	70	7
茨城	39	38	35	－4	広島	680	686	794	114
栃木	23	25	25	2	山口	623	635	653	30
群馬	10	9	10	0	鳥取	28	28	28	0
埼玉	7	7	8	1	島根	429	429	446	17
千葉	22	24	23	1	香川	86	85	114	28
東京	122	131	166	44	徳島	60	60	59	－1
神奈川	58	65	60	2	高知	71	59	65	－6
山梨	44	42	21	－23	愛媛	71	65	66	－5
長野	132	131	120	－12	福岡	495	491	561	66
新潟	292	299	287	－5	佐賀	246	257	272	26
富山	613	615	636	23	長崎	85	99	131	46
石川	98	100	99	1	熊本	455	526	517	62
福井	375	376	391	16	大分	313	328	303	－10
岐阜	270	271	284	14	宮崎	70	71	91	21
静岡	19	19	34	15	鹿児島	113	127	162	49
愛知	75	78	89	14					
三重	190	191	199	9	合計	9,617	9,808	10,441	824

資料：文部省宗教局編，宗教制度調査資料第18輯：文部省昭和14年年報：『真宗』第675号。

られるけれども、東西の何れに帰属するかをきめた諸条件は正確にはまだ判明していないのである。なお、右の分布傾向を大まかに中教団にあてはめてみるとき、本願寺派は興正派および木辺派に対応し、大谷派は高田派に対応する。仏光寺派は東西に拡がるので何れとも重ならない。これは大づかみな観察であるから、厳密にいうと対応するわけでないが、もって大体の分布傾向を知ることができよう。

次に、各府県の寺院総数のうちで真宗各派が四分の一以上を占める府県を挙げると、本願寺派では、富山・奈良・大阪・広島・島根・山口・福岡・佐賀・熊本・大分・宮崎・鹿児島がそれであり、何れにおいても本願寺派の寺院が最も多い。宮崎・鹿児島などは本願寺派全体からみれば分布の平均値にも及ばないが、これらの県にはがんらい寺院の数が多

第20表　大谷派府県別寺院分布の変遷

	1)大正 11.3	2)昭和 14.12	3)昭和 34.9	増加分 3)－1)		1)大正 11.3	2)昭和 14.12	3)昭和 34.9	増加分 3)－1)
北海道	268	320	470	202	滋賀	792	793	784	－8
青森	49	53	54	5	京都	164	169	170	6
秋田	127	134	123	－4	奈良	113	106	101	－12
山形	151	160	150	－1	和歌山	20	18	21	1
岩手	34	50	48	14	大阪	482	465	504	22
宮城	27	27	25	－2	兵庫	209	215	236	27
福島	39	37	34	－5	岡山	32	24	19	－13
茨城	78	82	73	－5	広島	53	60	61	8
栃木	17	18	20	3	山口	9	4	4	－5
群馬	14	16	18	4	鳥取	14	15	14	0
埼玉	14	16	16	2	島根	62	61	61	－1
千葉	10	13	11	1	香川	43	47	61	18
東京	137	139	178	41	徳島	6	5	9	3
神奈川	44	41	53	9	高知	10	21	19	9
山梨	45	45	37	－8	愛媛	44	29	30	－14
長野	85	102	92	7	福岡	330	332	374	44
新潟	940	953	893	－47	佐賀	25	27	26	1
富山	565	560	585	20	長崎	33	29	42	9
石川	777	798	877	100	熊本	114	136	133	19
福井	291	295	299	8	大分	217	235	218	1
岐阜	745	746	757	12	宮崎	7	12	19	12
静岡	66	66	59	－7	鹿児島	17	25	70	53
愛知	814	845	1,062	248					
三重	209	207	220	11	合計	8,342	8,551	9,130	788

資料：文部省宗教局編，宗教制度調査資料第18輯；文部省昭和14年年報；『真宗』第675号。

くないので、かような高率を示すのである。また、総数の四分の一に達しない福井・兵庫でも、本願寺派が最も多数を占める。これに対して、大谷派は新潟・富山・石川・岐阜・滋賀の諸県で四分の一以上を占め、このうち富山以外では大谷派寺院の数が最も多い。かように、それぞれの派の寺院総数を一〇〇としても、また各府県の寺院総数を一〇〇としても、本願寺派の地盤は奈良以西に、大谷派のそれは滋賀以東にあることが明らかである。これらの巨大教団以外で府県において四分の一以上を占めるのは、興正派の香川県あるのみ。高田派は三重県においてすら一八%に留まるのであるから、他は推して知るべきであろう。真宗各派ともに比較的少ない静岡・山梨・長野以東は、主として曹洞宗、それについで新義真言宗の地盤なのである。なお、地域を大都市とそれ以外の市町村に分類

するなら、絶対数・対人口比・対世帯比の何れにおいても寺院数は大都市にて少ないが、これは真宗諸教団のみならず大体仏教諸宗派に通じていえることで、明治以降教線を拡大した基督教や天理教との大きな差異のみられる点である(5)。

最後に、本・大両派の寺院分布の現状を大正十一年の景況と比較して動向を探っておきたい(第19・20表)。総体として一割近くの増加を示しているが、それがどの地域にも均等にあらわれているのではなく、北海道のように十割内外の増加を記録した地区もあるかと思えば、他方では二割から五割も減少した山梨のごときもあって、凹凸がはげしい。それに増減の規則的傾向としてとり出しうるものは多くないが、次の諸点は大体首肯されるであろう。

(1) 近代に至って開教された地区は増加が顕著である。――北海道(6)・鹿児島(薩摩藩や相良藩では切支丹同様真宗の布教が禁圧されていた(7))。

(2) 人口増加の著しい大都市を含む地区も寺院の増加がめだつ。――東京・愛知・大阪・兵庫・福岡など(8)。以上二項では、明治以降新しく設立された布教所や教会が移民地・廃仏毀釈激甚地・開港地の特例をもって戦前と雖も追々寺院化を許され(9)、さらに戦後続々寺院化したことによると考えられる。

(3) 道場形態が長く維持された地区では、これらの道場も戦後漸く寺号をえて寺院として数えられることになり、寺院数の増加を来した。――石川・富山など北陸地方。

(4) 新潟・滋賀・奈良など寺院が過飽和状態に達している地区は、減少に向いやすい。

(5) 減少は必ずしも大正十一年以後の減少ではない。すでに実体はそれ以前に廃滅に帰して、寺号のみ維持された有名無実の寺が、戦後寺号の市場価値がなくなったさいに解散したのも、このなかにかなり含まれている。

(6)　この期間における事実上の減少には、北海道へ渡った寺も少なからずある。総数と地理的分布において以上のような概況と動向を示す真宗寺院が、それではどのような具体的な存在形態を示すのか。ことに余宗寺院の一般的減少期にも僅かながら増加の動きを示し続けた真宗寺院の生命力は、一体どこに由来するのであろうか。この点は章を改めて論じたい。

註

(1)　『明如上人伝』（明如上人伝記編纂所、昭2・5）、三三五頁。
(2)　昭27・9宗教法人認証書類、文部省蔵。
(3)　『加能古文書』、八八〇頁。
(4)　『福岡県寺院沿革史』（福岡県寺院沿革史刊行会、昭5・11）、四八〇、五二五頁。
(5)　「統計に見る大谷派の現状Ⅳ」、『真宗』六七八号（和35・5）、二八～三一頁。
(6)　「統計に見る大谷派の現状Ⅴ」、『真宗』六七九号（昭35・6）、二六頁、および「同Ⅵ」、『真宗』六八二号（昭35・9）、一六～二〇頁参照。なお多屋弘『東本願寺北海道開教史』（東本願寺札幌別院、昭25・7）をみよ。
(7)　『本願寺開教五十年史』（本派本願寺鹿児島別院、大14・10）、および岡崎秀善『熊本県球磨郡真宗開教史』（球磨郡真宗連合会、昭4・12）参照。
(8)　「統計に見る大谷派の現状Ⅷ」、『真宗』六八四号（昭35・11）、二三～二五頁、および「同XV」、『真宗』六九六号（昭36・12）、一一～一五頁参照。また、『福岡県寺院沿革史』によれば、県北の六市では、鉱工業の発達によって夥しい流入人口があり、そのため新しい布教所もどんどんと檀家を獲得している。この点は、役僧小僧を置き女中などまで置くものが少なくない事実によって確かめることができる。
(9)　『宗教行政』5号（昭8・4）、一三六頁。鹿児島県における新寺建立は北海道の例にならい、明治二十八～三十年頃官許された（『本願寺開教五十年史』一三〇頁）。

第三章　真宗門徒

明治維新の神仏分離は日本宗教史上忘るべからざる一大事件であるが、地方によってはこれが神仏判然に止まらず、過激な廃仏廃寺に展開したものもある。そうした場合、一般僧侶が唯々諾々として権力に屈するなかで最も強く廃寺に抵抗したのは真宗寺院であり、廃仏に反対したのは真宗門徒であった。われわれはその例として、信州松本藩・土佐・佐渡などを挙げ、また明治四年三河大浜の騒擾や明治六年越前大野・今立・坂井三郡の暴動に指を屈することができる。(1) こうした危機において遺憾なく発揚された真宗寺院の生命力は、代々寺に生まれ「お仏飯」によって育てられて、寺の滅びるは即ち自己と自己の家の滅びることと即自的に考えざるをえない僧侶から出るものである。しかしまた、それは寺を支える門徒団からも出てくるに相違ない。本章ではこの点を考察したいのであるが、まず門徒とは何か、その意味から説き起さなければならぬ。

こんにち、俗に真宗をもんとともも門徒宗ともよぶことがあるのは旧幕時代からの遺習であるが、ともかく「門徒」は真宗に特徴的な名辞である。そしてこれは他宗の檀家に相当するものと理解されている。しかし、古く親鸞・覚如の時代には、門徒とは一門の徒らの意味で主に新興仏教において広く弟子を集合的に指す普通名詞であった（三帖和讃、報恩講私記）。そこに上代の寺院中心の仏教とは形態を異にする人格中心の新興仏教の特徴が示されている。(2) 時代を下って蓮如期になると、聖人之御門徒・当流門徒中・諸国門徒などと親鸞の遺弟一般を指す用法に並んで、仏光寺門徒中・吉藤専光寺門徒中などの表現に窺われるように、親鸞の遺弟のうちでも仏教を棟梁

する坊主分に対してその弟子を門徒と称するやや発展した用法が文献上に現われてくる（『蓮如上人遺文』）。そして後者の用法は本願寺の成長と共に領主的な大坊主のレベル以下に定着し、本尊裡書に明らかなように、大坊主の手次によって本山から本尊を下附された地侍的オトナ百姓的な道場主が門徒とよばれるようになる。また、集合的には門徒中といい、個人的には門徒という区別も明らかになってきたことは、本山通達における宛名の書き方から知ることができる。もちろん個人的といっても純個人的なものでは決してなかった。例えば、本尊裡書には願主個人が門徒と記されているが、下附された本尊は願主の私有財産ではなく、彼を中核とする信者の団体が末長く護持していくべきものであったから、門徒個人の背後には彼の指導に従う生活共同体があって之を包み、門徒の意味また准集団的な含蓄の存したことは疑いない。しかるにこの生活共同体が変化して、一般耕作農民の家が経済的自立を獲得しやがて葬祭の単位として宗教的にも分立してくると、彼らもまた小さいながら仏壇を構え、そこに名号幅の下附を受けて、門徒とよばれるに値する存在となった。かくして門徒の名辞は教団の最末端に達すると共にそこに沈澱し、かつ門徒を称した寺坊は手次に対する関係用語として末（末寺）あるいは下（下寺）を用いるに至った、と考えるのである。（補註6）しかしてこの門徒は個人であると同時に、この個人によって代表される家共同体でもあることはいうまでもない。まして、道場坊主が庶民に対して死者供養の特殊技能者として立ち現われる時、真宗への帰属も個人の問題ではなくて、先祖供養の単位たる家自体の問題とならざるをえない。このような趨勢のなかで近世の一家一寺の制度が受けとめられたから、もと個人をさした門徒がむしろ家を意味するに至るのは必至であった。

しかし門徒の個人的意味が全く失われたのではない。それは一脈の伏流となって今に伝えられ、戦後噴出して、教団再生の道が他律的・慣習的な檀家から自発的・信仰的な信徒へと教団の基礎を移すことに求められ、門

徒を信徒個人として把握すべきであるという見解が強力に支持された。[補註7] その一例は昭和二十四年に大谷派宗制審議室が発表した文章のなかに見出される。すなわち、宗門（教団）は宗祖によって開顕せられた如来の教法を信奉する信徒によって構成されるとし、信徒を分かって、とくに仏祖に仕え正法を讃仰せんと願う僧侶と、聞法しつつ生産の業にいそしみ教団の護持者となる門徒とし、前者は得度をうけるのに対して後者は帰敬式をうけねばならぬと規定したことである。[3] そこで、教団の形成期や改革期には門徒の個人的側面が事実としてないし当為として強調されるが、教団の守成期には安定化のために門徒の集団的側面が前景に出るものと理解しよう。そして具体的には、浄土真宗を個人または家の宗教として、特定の真宗寺院の財的責任を分担すると共に、これに葬儀を依頼する人々を門徒とよぶことにしたい。しかして門徒個人から観察していくよりは、先ず家単位に門徒を把え、次にかかる家のなかの個人として門徒をおさえていくことが、近世の事態を便宜上基点とする本研究にとって必要な手順であるばかりでなく、また真宗門徒の現状に最も即応した手続きであろう。

門徒をいかに個人の信仰に即して把えても、彼の真宗門徒としての宗教活動は彼自身にて完結するものでは決してない。信仰は同信者のゲマインデにおいて客観的な共通の体験となるのでなければ萎びゆく外ないので、彼は同信の交わりに加わり、多かれ少なかれ門徒集団を形成するに至る。このことは必至というべきであろう。他方、門徒を家の宗教行事に即して把握しても、一つの家だけで門徒たることを自ら維持しうるものではなく、他の門徒（家）と協力して寺（法人）の構成に加わり、また地域において門徒の集団活動を行ってこそ、宗教行事をくり返し遵守していくことができるのである。一言でいうならば、門徒は個人の場合でも家の場合でも、多かれ少なかれ門徒団をつくり、集団活動を行っている。われわれが特にこの点に注目するのは、以下の分析は門徒個人の宗教意識を心理学的に解明する試みでも、また門徒の宗教行事を一束の社会的慣行として民俗学的に考察

する企てでもなく、個人と社会的慣行の中間に社会集団を介在させ、かかる社会集団を通して門徒の宗教生活を明らかにする社会学的立場に立つものであるからである。個人の宗教心理の分析は個人をその社会的位置づけから抽象する嫌いがあり、他方、社会的慣行として生活のステロ型を描くとき、動もすれば個人の参加や個人的偏差を無視して空しい形骸を追うことになり易い。この窮地から脱出するには、社会集団において個人を定位し、かつ社会集団によって支えられたものとして慣行をとらえる社会学的立場に拠らざるをえないのである。

門徒を個人とみるか家とみるかということは、門徒が集団活動を必然的に伴なうからには門徒団の構成単位が個人か家かということに外ならず、これはまた、個人の一定の宗教的体験が門徒団への加入にとって必要とされるか、それとも特定の家への所属が直ちに門徒団への参加を随伴するかという、門徒団の集団的性格に関する議論につながる。その議論はすでに述べたところを集団的観点に立って整理することに尽きるのだが、門徒を個人とみれば、門徒団は個人が自発的に参加する団体（ゼクテ）となり、もし家とみれば、個人の意志如何にかかわらずそこに生みこまれる集団（キルヘ）となる。前者は一定の宗教的資格を備えない者を弾くが、後者は一定の框の中に入る者をすべて包んでいく。このように考えると両者は相いれない。しかし、あらゆる新興宗教はゼクテとしておこり、二世以降次第にキルヘ的になりゆきつつ、両者の性格を混在せしめたことは、宗教史上顕著な一般的事実である。(4)この観察は真宗門徒団についても妥当する。近世以降門徒団はすぐれてキルヘ的存在であったが、しかもゼクテ的部分を理論的にあるいは実際的に中核としたからである。もちろんこの両要素の比重は、社会の均衡期か変動期かにより、また地域に即し寺に即した門徒団か、最大の門徒団というべき教団かによって同じではないが、形式論としては右のようにいうことができよう。両様の性格をもった門徒団に対して、第一章で述べた通り、本研究はキルヘ的側面から接近しようとするものである。

註

（1）辻善之助『明治仏教史の問題』（立文書院、昭24・1）。『豊科町誌』（昭30・12）、三二〇～三二二頁。根本教轍『佐渡廃寺始末』（佐渡叢書1巻所収、昭32・1）など参照。

（2）宮崎円遵『中世仏教と庶民生活』（平楽寺書店、昭26・12）、四六頁。

（3）『中外日報』昭24・3・26号。

（4）H. Richard Niebuhr, *The Sosial Sources of Denominationalism*. 1929. pp. 17～21. Howard Becker, *Systematic Sociology: On the Basis of the 'Beziehungslehre' and 'Gebildelehre' of Leopald von Wiese*. 1950. pp. 624～642.

第一節　真宗門徒の社会的性格

真宗門徒は、我が国に例の少ない宗教一揆を中世末と明治初年と二度まで起した歴史を持ち、また俗に「門徒もの知らず」といわれるように、他宗檀家と異なる一種独特の社会的性格を示すように思われる。本節はこの点を門徒の生活態度と習俗の真宗化の二面から考察するものである。

㈠　真宗門徒の生活態度

同一条件のもとで、真宗門徒は余宗檀家とどのように異なった生活態度を示すのであろうか。この問題を究明するためには組織的な態度調査を行わねばならぬが、いまその準備もなく、また他の人の研究成果もない。そこで歴史に現われた事実に即してこの点を記述することで満足しよう。まず既存の研究によって近世の事例を考察する。一つは北陸門徒の東国移民、他は近江商人と真宗の問題である。

北陸は前章第三節で述べたように真宗門徒のとくに多い地方の一つである。交通の要衝には甍巍々たる大坊が聳えたち、山間僻地にまで小棟を少しくあげて人屋と差別あらせた道場が点在した。こうした真宗寺坊の濃密な分布は必ずしも生活の余裕を示すものでなく、却って現実生活のきびしさと、念仏を申す以外にそこから脱出する手だてを持たぬ夥しい農民の群を映し出しているともみられる。史料の示すところでは、近世末期に至ると人口過剰のため下層農民の困窮はいよいよ甚だしくなった。ときあたかも東国の諸藩天領では農民人口の減少による耕作放棄の増加に苦慮していたので、真宗僧侶の斡旋によって北陸門徒の移住を迎え、かくて双方の農村問題に一つの解決がもたらされたのである。その詳細は五来重・日向野徳久・岩崎敏夫以上三氏の研究によって明らかにされた(1)。

さて、下野・常陸の各地においては、貢租の重圧と天明両度の大饑饉の打撃により、江戸や附近の宿場へ欠落出奔する農民が多く、ために戸口減少してなかに村名あって戸口なしという村さえ少なくなかった。それに間引きがことの外盛んで人口減少に拍車をかけたから、笠間藩では領内の寺院を集めて堕胎防止の教化をなすよう依頼したが、稲田西念寺の良水はむしろ積極的に北陸から農民を移すに若かずとし、寛政五年(一七九三)以降加賀藩から窮民を誘って移住せしめた。これは藩の政策に合致せるのみならず、北陸の敬虔な門徒を多数吸収することによって真宗発祥の遺跡西念寺の復興に役だった。宍戸藩では唯信寺、谷田部藩では茂木正明寺が藩主の内意をうけて北陸布教の度毎に移民をつれもどり、百姓取立の政策に協力すると共に、これを自坊の門徒にくりこんだ。これらの諸藩では移民の誘致を真宗僧侶個人の事業として、少なくとも表向きは放置したのに対し、下野真岡の代官領では代官所の公営事業として越後の代官領から移民団を集団的に招募した。越後の高田本誓寺は門徒を失うことをおそれてこの計画に反対したが、支坊を下野に建て、生国同様に仏法を信奉するという条件で寺送

りを出した。かくて建立されたのが八条村の本誓寺多屋である。これら誘致移民のほかに聞き伝えて密かに来るもあり、上記の寺や高田専修寺・烏山慈願寺などを頼って草鞋を脱いだ。このようにして、明治維新までに下野に五百戸、常陸新治郡に三百余戸、下総結城郡に二百余戸、水戸領に三百余戸の移住をみた結果、門徒の減少に悩む原始教団以来の由緒寺院も漸く蘇生の思いをなし、あるいは新たに真宗の道場が所々に開かれたのである。これらの移民がすべて真宗門徒であったかどうか明らかでないが、仲介したのもまた移住地でわらじ親となったのも真宗僧侶であったことを思うとき、門徒が選択的に招募されたとみてよいであろう。たとえ少数の非門徒が混入していたとしても、彼らは門徒化して移住地へ入ったに違いない。

移民は欠落出奔などによって絶家となった空家に入居し、絶家再興の形で田畑・貢租・系譜・先祖の位牌をそのまま継承して、村落の新しい構成員となった。しかし宗旨はあくまでも改変せず、困苦欠乏のなかにはるばると背負ってきた光明本尊を移住地に掲げて、頼るべきものとてない生活の拠り所とした。それに彼らの言語や習俗も直ちに地附きの人々のそれに同化さるべくもなかった。そのためこれらの貧しい新入百姓は村落の共同生活においてさまざまな圧迫を加えられ、勤倹力行の末、在来戸を経済的に凌ぐに至っても、なお「新百姓」として蔑まれた。新田村落をつくった集団移民は在来戸と共同する契機が少なかっただけに摩擦も大きくなかったが、両者の融和にはより長い年月を要した。

同様の事情による同種の移民は、磐城の相馬藩でもみられた。すなわち、天明饑饉による領内の疲弊・人口の急減を挽回すべく、文化七年（一八一〇）頃以降北陸から移民を誘致したことである。藩では荒蕪地開拓には信仰心篤く勤勉な真宗門徒が適することに着眼し、布教に来た真宗僧侶と連絡をとって北陸門徒を誘致することを企てた。相馬はがんらい真言宗と禅宗の多い土地で真宗は殆どなかったから、この企画は北関東諸藩の経験を学

ぶことによって立てられたに相違ない。僧侶にとっては布教の成果が上がることとて危険を冒してこの政策に協力し、弘化初年までに千八百戸の門徒を移すことに成功した。移民の増加と共に道場が建てられ、発展して寺となり、こうして十余の真宗寺院が相前後して新たに設立されたのである。移民は藩の誘致によって入国したとはいえ、ここでも信仰と風習の相違によって在来戸との間に摩擦が生じ、在来戸は「新軒」を圧迫し軽侮した。しかし移民は団結と信仰を拠り所としてこれに堪え、次第に力を蓄えて在来戸を凌ぐ勢になっていく。藩でも最初の移民四戸に新軒目付の役を与えて苗字帯刀を許し、移民の社会的上昇を権威づけたが、これがまた在来戸の反感を買う有様であった。

東国へ移住した門徒が軽蔑された理由の一つは習俗の差異であった。しかし、世代を重ねるにつれて北陸の訛りが薄れ、衣食住も次第に移住地の風俗になじんだ。また経済的に安定すると共に社会的距離も小さくなって、他宗と通婚する者が現われ、村の諸行事にも正式に参加するに至った。しかしこと信仰については移住先の習俗に同化されず、在家報恩講を始めとして真宗門徒特有の行事を維持したのである。

註

（1）五来重「北陸門徒の関東移民」、『史林』33の6（昭25・12）、一～一六頁。日向野徳久「下野における近世の農民移動―北陸門徒を中心として―」、『新地理』5の3（昭32・2）、三六～五二頁。岩崎敏夫「宗教移民の同化について―福島県海岸地方の移住―」、『人類科学』7（昭30・3）、五三～六二頁。（補註8）

右は真宗門徒の生活態度が、移住という危機的事態において暗夜に光る一点の灯火のように煌々と輝き出た一例である。彼ら農民の力行を支えたものは、蓮如の表現を用いるならば、「耕作に身をまかせ、すきくわをひさげて、土地をほりうごかして、身にちからをいれて、ほりつくりを本として身命をつぐ（中略）。かかる身なれど

も、弥陀如来の本願の不思議は、諸仏の本願にすぐれて、我らまよひの凡夫をたすけん、といふ大願をこして、三世十方の諸仏にすてられたる悪人女人をすくいましますのは[1]」、という信仰であったに相違ない。我らまよいの凡夫をすくいましますは、ただ阿弥陀如来ばかりなり、という信仰は、また商人が懐いた信仰でもあった。蓮如が、

おほよす当流の勧化のおもむきは、あながちに出家発心のすがたを表せず、捨家棄欲のかたちを本とせず、一念発起の信心のさだまるとき往生は決定なり。されば、かものはぎのみじかきをもつるのはぎの長きをもいろはず、をのれをのれのすがたにて、あきなゐをするものはあきなゐしながら、奉公するものは奉公しながら、さらにそのすがたをあらためずして、不思議の願力を信ずべし。これ当流の勧化一念発起平生業成の儀なり、と云云[2]。（傍点著者）

と説いていることは、真宗の信仰が農民ばかりでなく商人の間にも滲透していったことを物語るのみならず、商業に従事したままで一念発起平生業成の法味に参入した人々の存在をも推測せしめる。蓮如の説くところは、あきないをしながらでも救われる、ということではなく、あきないなどをしなければ渡世できぬあさましい凡夫こそが、阿弥陀如来の救いの対象なのだ、ということであるから、真宗信仰は職業生活のなかで積極的に生きて働いたに違いない。そこで、とくに商人の間で真宗信仰がどのように作用したか。次にこの点を内藤莞爾氏の研究[3]によってみることにしよう。

内藤氏のすぐれたモノグラフで具体例とされたのは、江戸中期以後行商によって発展した近江出身の商賈、いわゆる近江商人である。彼らのなかに真宗の篤信者が多く、遺した家訓のなかにも信仰を勧めた箇条を見出すことができる。彼らは職業を使命と観念すると共に、節約を励行し、正直と誠実を重んじた。この経済倫理は成功に必要な心構えとして、いわば経済機構への適応の過程で培われた倫理ではなく、浄土往生に対する報恩の行として職業的精進を意味づける真宗の教説に支えられたのである。また、職業生活における不正と貪欲を許さず、

自利利他を説く真宗倫理に基礎を置くものであった。かように、近江商人の経済倫理の少なくとも一部は真宗の職業倫理に影響されて形成されたものである、と内藤氏は論じておられる。この研究はウェーバー的な発想に基づいた確かに注目に値する力作である。しかし、真宗の職業倫理によって影響されるされ方が問題であって、たとえ一部であるにしても、営業での成功に必要な心構え(A)と対立する経済倫理(B)を真宗の教説(C)が形成したのなら、(C)の(B)に対する因果関係を確認することができる。けれども(A)と(C)とが相即するとき、(C)は(A)にとって望ましき権威づけとして喜んでうけいれられるはずであり、近江商人についてその可能性は非常に大きい。もしさような形で(B)が形成されたならば、(C)の影響はもちろん部分的であり、しかも周辺的部分しか占めないことに注意しなければならない。(補註9) そのような留保をつけるにしても、少数の宗教的偉人以外には影響を与えなかった近世の他の諸宗派と思い比べるとき、また、一般に近世商人の仏教信仰が、商売繁昌を含めて現世における極楽の享受を中心とする現世利益的信仰と、来世に望みをかけて安心立命の境地をうる来世的信仰との結びつきであって、(4) 近世封建社会における商人の地位のいわば従属変数にすぎなかったことと対比するとき、近江商人の実例は真宗が人と社会をつくる活きた力として作用したことに想到せしめるのである。なお、仏恩報謝の行為として職業において自利利他を実現しようとした真宗門徒は決して近江商人に尽きるのではないが、庶民のなかに散在するのみであったため顕著な現象とはならなかった。

註

(1) 稲葉昌丸編『蓮如上人遺文』(法藏館、昭12・1)、四八四頁。

(2) 『蓮如上人遺文』、五〇〜五一頁。

(3) 内藤莞爾「宗教と経済倫理―浄土真宗と近江商人―」、『年報社会学』8輯(昭16・8)、二四三〜二八六頁。

(4) 蔵並省自「近世商人における仏教信仰について」、『立正史学』21・22(昭33・3)、六三〜六九頁。

近世において真宗信仰を体現した名もなき庶民に妙好人とよばれる一群の人々があり、教団組織の封建的整備と教学の定型化に伴ない生々しい信仰の消息から遠ざかりゆく大勢のなかで、真宗信仰の生活原理たりうる力を示した。(1)ところで妙好人というほどでもない、その意味でどこにでもいたと思われる門徒の指導者の信仰の一端が、湖北丁野（ようの）本覚寺文書（年号欠）のなかから窺われる。すなわち、伊香郡杉野上村では孫市という毛坊主が代代下道場として本覚寺の門徒を預かっていた。本覚寺が杉野へ罷り越した時、この上村道場にて毛坊主に安心心得方を聞糺したところ、「上村毛坊申述候ハ私義若年ゟ後生ニ心懸候処何分信心の得られ不申夫故信し而〳〵信し抜候処ホッコリ信心を得申候（中略）往生一定と得申候其時ハ念仏の胸之中ゟヨク〳〵浮ミ出申候」、と答えた。しかるに本覚寺は、「たとい言葉に申所正意を述候ニもせよ未来之事を談し候席ニ而其方之心中顔色と申言説と申我慢我情を募候姿」、といたく叱責した。この断簡の伝えるように、口先だけの信心獲得であったかどうか詮議の術はないがここから汲みとりたいことは、杉野のような湖北山間の農民と異なるところなき毛坊主にして、而もかような信仰訓練を受けていることである。真宗門徒は多かれ少なかれ法義・信心に関する訓練を与えられた。単に寺僧に葬祭を依頼して布施を呈するというに止まらぬ法義面・信仰面の結び付きがあった。この訓練あるが故に他の宗教に妥協せず、特徴ある生活態度を発揮しえたのである。

真宗門徒が他の宗教に対して妥協のないきびしい態度をとり、その感化を意識的に排除したことは、右の東国移民の例に示されているが、仏教の他の宗派や在来信仰に対してそうであったばかりでない。明治に入って国家権力を背景として配布された神宮大麻が、十一年三月受不とも人心の自由に任されることになると、「本派寺院に於ては宗規に違戻候儀に付受筋無之候事」(2)と末寺に指令した真宗教団は、外来の耶蘇教や新興の天理教に対して、実に容赦なき、しばしば攻撃的とさえいうべき態度をとった。都市ではどうであったかよく判らないが、農

村地帯では部落の門徒の決議として、これらの「邪教」へ改宗せざることを誓約すると共に、改宗した者を村ハチブに処したのである。かような盟約の例は、基督教が急速に教勢を拡大した明治十年代に、基督教系の『七一雑報』や大谷派系の『開導新聞』紙上にしばしば掲載された。一、二例を挙げよう。

滋賀県東浅井郡中野村（現在、虎姫町中野）は戸数一一七（人口四一四）の村落で、村内の了福寺・専宗寺・本徳寺・覚法寺ほか近村二ヵ寺に分属したが、（殆ど）全戸大谷派門徒であった。ところが明治十四年頃から湖北にも耶蘇教の伝道が行われ、追々蔓延の景況を示した。そこで、伊香郡では有志僧侶が木之本町明楽寺（大谷派）に東本願寺執事渥美契縁を迎えて外教防禦の仏教講演会を開き、長浜方面では郡長戸長等の尽力で耶蘇防禦員を設けるという慌しい動きがみられた。この緊迫した空気のなかで、明治十五年二月中野村の真宗門徒四百名が連署して左記の盟約を結んだ。

第一条　異教の徒の講義演説其外都て彼徒の弘教に関するものは猥に之を聴くことを許さず

第二条　若し異教の徒あり、仮令借宅或は止宿席借等を乞ふとも必ず肯ふこと勿れ

第三条　今時及異日を論ぜず、異教に陥入するものあれば其筋より再三説諭を加へ、若し強ひて之を肯ぜざる時は総て神事仏事は固より、或は死生疾病盗難其外仮令金穀相通等の事に至るも、必ず之と相交るを禁ず

前陳の事件は家主及び家族は勿論従（ママ）ひ奴僕の類に至るまで確乎相守可申、万一前条に違戻する者あらば、永く神仏の冥助を離れたる者と看做し、村民の交義を断絶すべし

（『開導新聞』二一五号）

この盟約締結後、僧侶を招いて説教を聞いたり、法座を設けたりして、法義相続の活動が一時に昂揚したことが『開導新聞』から知られる。(3)

この頃各地で盟約が結ばれたらしいのでもう一例挙げておこう。愛知県碧海郡和泉村（現在、安城市和泉町）も門徒村であったが、耶蘇教が岡崎駅等に侵入し漸次盛大に赴く様子であったので、この村にも「邪教」が侵入する憂を免れんため、明治十五年一月、村民一般協議の上、真宗の教法を信ずる者の自覚と「愛国の衷情より」、三二一名の連署をもって左の盟約を結んだ。

村民一般の約定

第一条　耶蘇教に帰入すべからず

第二条　同教講義場に立入り聴講すべからず

第三条　宣教師又は該教の信者と親しく交際すべからず

但し職務営業上止むを得ざる場合面会応接は此限に非ず

第四条　宣教師又は該教の信徒を誘導し、或は自宅に止宿せしめ又は講談演説等をなさしむべからず

誓　約　書

今般村内一同協議の上、前四ヶ条の盟約を定め、今後該約中一条たりとも、違戻致候者は従（ママ）ひ親類縁者と雖も更に村民一般の交際を為さず、神事仏事総て祝い事等は無論、盗難火難等非常の際と雖も該家（私註 村民約定違戻の家）には立入申間敷候条、後日の為め一村の住民一人も残らず連署を以て約定書差上候也

（『開導新聞』二〇七号）

前掲中野村の盟約は、寺檀関係が分散しているためか本山東本願寺へ差上げられたが、和泉村の方は同村の本龍寺（大谷派）住職某に宛てて誓約されている。それに、両者の表現に差異があるにせよ内容は全く同一である事実は、かかる盟約を結ぶよう寺僧が指導し、(4) これをその背後から本山が指導したことを推測せしめるものである。何れにせよ、基督教を仇敵視して早くから教義の探索を試み、これを排撃するチャンピオンたることで自己の伝統に忠なる所以とし、また国家有用の宗教たることを示そうとした真宗教団（補註10）は、基督教に対する偏見を門徒

に徹底的にたたきこんだから、末端において過激な排撃に出るのは当然ともいえよう。天理教も教勢伸展期の明治二十年代に門徒部落で排撃の対象とされた。左に掲げるのはその一例であるが、天理教信者には小作をさせない、糞尿汲取作業を共同しない、雇傭しない、商品を買わない、など申合せて、集団的圧迫を加えたことが明らかである。この誓約書は大阪府下の真宗寺院から発見された。

誓約書

今般当大字西面之人民有志相謀リ当大字西面之従来固有ノ平和親睦ノ良風ヲ維持シ祖先伝来ノ仏教ヲ護持センガ為左之条項ヲ審議シ今後屹度違背セサル様爰ニ誓約スルコト左ノ如シ

第一条　我々有志者一同ハ祖先以来伝承信奉致シ来リタル吾宗教ヲ篤信シ今後弥増ニ強固ナラシメ他ノ宗教ノ何タルヲ問ハス転宗或ハ殊ニ天理教会抔云フ新奇ノ説ヲ唱フル教会等ニハ決シテ加入致間敷事

第二条　我々有志者一同ハ宗教ニ対スル百般ノ事項ハ右大字西面ノ従来固有之仏教ノ慣例ニ依リテ執行スル事

第三条　我々有志者一同ハ利害得失ニ関係スルヲ以テ此誓約外之人トハ左之各項ニ限リ事業ヲ共同セサル事

第一項　此誓約外之人ニハ我等所有之地所ノ小作ヲナサシメサル事

第二項　此誓約外之人トハ下尿ノ汲取ヲ連合セサル事

第三項　此誓約外之人ニ職業人有之時ハ該職業ニ付一切雇ヒ入ヲ為ササル事

第四項　此誓約外之人ニ物品ヲ商フ者アリトモ一切其物品ヲ買求メサル事

第四条　此誓約外之人ニ指定スルハ当大字西面ニ居住スル誓約外之人ヲ云フ

第五条　此誓約人之内ニ前条項ニ違背スル者有之時ハ此誓約人有志者一同協議之上応分ノ違約金ヲ出サシム猶悔悟之体見ヘサル時ハ第二（ママ）条各項ノ誓約外之人ト見做シ連署ノ姓名ヲ削名シ且交際ヲ謝絶スル事

右条々堅ク相守リ決シテ違背致間敷依テ爰ニ後日証拠之為連署捺印スル者也

明治二十七年八月

（『中外日報』昭27・3・11号）

かような不可解ともいうべき集団的圧迫が、単に某々の一地点で偶然起ったのではなく、近畿を中心として各地に発生したのであるから、これは他の宗教に対する門徒の基本的な態度を示す事件とみなされなければならない。それには、長く培われた切支丹に対する偏見とか、基督教および天理教に対する官憲の弾圧とか、本山や末寺僧侶の指導とか、要するに伝統の権威によって、自己の行うところに確信のない者でも己の行為を正当とみなしえた要因のあることは否定できない。しかしそれだけなら、他宗檀家にも「邪教」排撃のために村ハチブの誓約をした例が少々あってもよいのに、真宗門徒の村だけにこれが頻出する以上、やはり門徒本来の態度と結びつけずしては理解できないと思われるのである。門徒を特徴づけるかような非寛容な態度は、真宗の教説以外に救いはない、という確信に根ざしている。この確信のゆえに村ハチブも正当とされたのである。そう考えるのでなければ、村ハチブの決議(5)は集団ヒステリーとしてしか説明できないであろう。

註

（1）柏原祐泉『近世庶民仏教の研究』（法藏館、昭和46・3）、第一篇「妙好人の研究」参照。
（2）『開導新聞』二二四号所載、明15・2・6指令（大谷派）。
（3）『開導新聞』一六一・一九五・二一一・二二七・二四三号。
（4）『七一雑報』明16・1・12号所載の和歌山県名草郡黒江村（現在、海南市黒江地区）五ヵ条の盟約はその好例である。（追補3）
（5）大正年間に滋賀県某村にて作成されたこの種の規約書は、近江兄弟社の『湖畔之声』81号（大8・8）にみえる。

かようにして特有の生活態度(補註11)を示しえた真宗は、門徒の集団に念仏の声に象徴される一種独特の性格を与え、また門徒が密集する村落ではそれと判る真宗的雰囲気をかもし出した。これは都市化の進展と共に漸次破壊され

ていったが、山間僻地にはなお旧態を窺わしめる村もある。

(二)　習俗の真宗化

真宗門徒の特有な生活態度は、習俗を何らかの意味において真宗化せずにはおかない。門徒生活の旧態を推知せしめる一例というべき能登半島の奥、輪島市町野町川西について、この点を観察してみよう。川西には真宗門徒に混って真言宗檀家も見出されるが、在来信仰に対して真言宗はうけつぎ温存する傾向が強く、真宗はむしろこれを否定する傾向が著しいと一般にいわれるから、真言宗檀家をいわばコントロール・グループとして、真宗門徒の在来信仰に加えた変容を識別することができよう。なお川西の概況は次節で述べる。

川西の旧家には地神を祀るものが少なくないが、真宗門徒でこれを奉斎する家は僅かである（第21表）。その乏しい例の一つ慶願寺門徒S⑥家の地神とその祭祀を真言宗の地神と比較してみよう。この家の地神は大正五年に扁平な石に藤原大明神と刻みつけたもので、その前身の木札には神号の左右に七陽来福・七難消滅と書いてあったから、真宗以前の信仰の残存と考えて差支えない。祭祀を怠ったり子供がいたずらをすると祟りがある、などいわれるところをみると地主神の如きもので、もと同家の土蔵の裏にあった。しかしそれでは取扱いが粗末になるというので墓地のある小高い丘陵上に移したが、以来祭祀様式は全く真宗化、少なくとも仏教化したようである。すなわち、墓地の掃除をする八月七日に地神の斎場も清掃し、また平素から墓碑前と全く

第21表　町野町川西で地神を有する家（部落別宗旨別）

	広	桜木	田長	計	川西戸数
真宗	2	1	0	3	53
真言宗	4(2)	0	5(2)	9(4)	39
計	6(2)	1	5(2)	12(4)	92

括弧内は転絶戸にして地神を留めるもの。左の数字には含まれない。

同様に竹の花筒を三本立ててあるばかりでなく、オトリコシ（在家報恩講）・オトキハジメ（月忌始め）に慶願寺の寺中（後出）が巡廻してきた序に、春には阿弥陀経、秋には正信偈をあげて貰うのが例祭になっている。ところが真言宗檀家の地神はこれと大いに異なる。最も代表的なものとして、明治以後田長の鎮守になったT⑳家の地神について説明しておこう。鎮守とはいえ戦時中このかた一二、三年ほど部落の祭をせず、いまでは同家の私祭に復しているが、祭日の六月十五日には近所から参拝する人もあり、神主を頼んできて神酒などを供えて祭る。また、祟りのあったときは臨時の祭を行って怒を和げなければならない。例えば、子供が同家のすぐ裏の山腹にある地神の社殿前によじ登って糞尿をたれると、頭が痛んでぼけてしまう。八卦見（占師）はこの神の祟りに帰するので、子供の親が花や菓子をもって頼みに来る。そこで、T⑳が風呂で体を浄め肩衣袴姿で神前に物を供えて、「おそれいりました。子供が散らかしたりして申訳ありません」、と詫びを申述べると、翌日奇妙に回復するということである。

両方の地神とも祟りをするが、真宗ではその祭祀様式を先祖祭祀に近づけ、真言宗では神社祭祀に近づけていることに注意したい。僅か一つの事例ではあるが、門徒の神観念と余宗檀家のそれに顕著な差があることを示唆している。また、門徒の家の神棚は「お内仏」ほど鄭重にまた頻繁に礼拝されず、神棚に対して称名念仏する老人も少なくないことからも、同じことが察せられる。神も仏も変ったことはない、仏に神が含まれているから仏を拝んでおればとりたてて神を拝するに及ばない、と説明した老門徒もある。この意見は、「とりわき神をあがめずとも、たゞ弥陀一仏をたのむうちに、みなこもれるがゆへに、別してたのまざれども、信ずるいはれ」[1]ありとした蓮如の教説にあまりにも符合しているので、法義訓練によって学習したものと考えられる。それがどの程度一般門徒の意識を代表するか疑わしいが、ともかく地神や神棚の祭りが真宗化していることは明らかな事実と

いえよう。
同様の傾向は地の神の信仰の盛んな渥美半島の調査においても報告されている。(2) この地方には禅宗が最も多く真宗がこれに次ぐが、時として真宗だけの村もある。このような門徒村ともいうべき部落では地の神を祀る家は全くない。しかるに禅宗の多い村では、禅宗の家はもちろん門徒の家でも地の神を祀っている家が少なくない。(3) そのような部落の一つとして赤羽根町一色の事例をみると、門徒の家の定期的な地の神まつり（大晦日）では、禅宗でするようにおつぼごけ（藁製の供物入れ）やしめなわの輪飾を飾らない。また盆に行う地の神まつりの供花は、用意してある瀬戸物の花壺にささず、別に棒をたててこれに花を結びつけるという。これは本来仏前に供える花らしく、前掲川西のS⑥家の事例と符節を合するのは驚くべきである。また、地の神とは別に地仏様（ちぼとけさま）を祀る門徒の家もあるなど、総じて、門徒の家の地の神はその形態も行事もどことなく真宗の習俗にひきよせられていることが判明する、と。

さて再び川西にたち返って田の神まつりをみよう。この地方で年中行事のうち最も重要なものは田の神まつりに関する一連の行事である。田の神は十二月五日に田から家の中へ入ると信ぜられ、それをめぐってアエノコト（饗ノコト）という行事がある。その儀礼の精粗は家によって区々であるが、一般に真言宗檀家は真宗門徒よりも鄭重に行う。例えばT㉕家では、夕刻田の神を家へ招じ入れ、湯加減をみてから風呂に案内し、入浴がすむと茶の間の神棚の下に安置した種籾二俵を神のよりしろとして祀る。秋の収穫物のうちとくに大きく見事な野菜をこの日の為にとっておき、数々の料理をつくって神前に並べ、家長が妻を従えて料理を一々説明しながら食べて貰う。そしてこの供え物を下げ、家族全員で分けていただくということである。こんにちでは次第に簡略に流れ真言宗檀家でもこうした古式を厳格に維持する家は少なくなった。ことに真宗門徒から貰った嫁が主婦になると

急速に崩れるようである。真宗では簡略の度を一層進めて、次の二つの形態の中間にあるものが多い。

(1) よりしろはもはや作らないが、神棚に食物と神酒を供え、一同で御馳走を食べる。風呂は田の神に入って貰うつもりで沸かしてあるけれども、別に案内などしない(例、H⑨家)。

(2) 風呂はたてるが家族が入るためであり(仏壇に仏供を供え)、家族が御馳走を食べるだけで、神棚には供え物すらしない(例、S⑪家)。だから、田の神のことは成人が心に思っているばかりで、子供たちは田の神を祀る日とも知らないでいる(例、S⑥家)。

田の神を迎える日であることは忘れられても、田畑のとりいれを終った収穫の祝いや感謝の日という意味は残っている。作男のいた時代にはアエノコトまでに野良仕事をすっかり終り、六日の朝作男は暇を貰って実家へ帰ったものである。本来なら五日の夜開かれるべきオザ(後出)もアエノコトのために繰り上げて三日の夜開く。これはかつて門徒でもかなりきびしく田の神を祀った事実を暗示するものであるが、アエノコトがあいまいになったこんにちでも、なおオザの繰りあげが支持されているのは、五日の夜に伝統的な収穫祝いの意味が失われずにあるからであろう。

十二月以来家のなかに臨在した田の神が稲作を守護するために田へ出ていくという二月九日のアエノコト、同十日の若木迎え、十一日の田打ち祭についても両群の差を指摘することができるが、いまは煩をさけて省略することとしたい。ただ、門徒はこれらの日仕事を休んで御馳走を食べるにすぎないこと、ほぼこの時期に門徒の家家ではオトキハジメがつとまること、こうした真宗と真言宗の差は川西のみの事実ではなく、町野河谷にひろく認めうること、などを注意するに止める。

なお、両群の慣習差について二、三附言しておきたい。真言宗では正月に松の枝とゆずり葉を門口の雪垣にさ

し、門松を立てるが、真宗ではそのこともなく、節分に豆も煎らず、いわんや豆撒きもしない。それに対して真言宗では、ヤヌシ（家長）が肩衣をつけて「福は内鬼は外」とよばわりながら豆をまき、主婦はすりこぎを杖にそのあとを「ごもっとも、ごもっとも」といって歩く。それから豆を三粒いれて沸かした茶（福茶）を飲み、皮が入るとどう実が入るとどう、と年の占いをする。ところが門徒は神棚に祈禱札をはらないし、霊験あらたかな水とか方角のよしあし等いわない。八卦見にみせることも迷信として斥ける。[4]真宗では宗制寺法において禁厭・卜占・祈禱等によって現世の福利を求めることを禁じているのである（昭27・8調査）。

註

（1）『蓮如上人遺文』、一六八頁。

（2）秋葉隆「渥美の地の神」、『村落研究の成果と課題』（時潮社、昭29・10）、二三四〜二三五頁。

（3）同様のことは徳島県美馬郡美馬町郡里からも報ぜられている。すなわち、呪術的な俗信仰は真宗門徒の多い山地よりも、真言宗混在の「ヨゴレ門徒」の平坦地に多い。これは、この村の庚申塔の分布が山地帯一基、平坦地一六基ということによっても、その一端を窺うことができる、と。千葉乗隆「近世の一農山村における宗教」、『龍谷史壇』44号（昭33・12）、七九頁参照。

（4）よく似たことは他の地方からも報告されている。福井県坂井郡では、真宗門徒中神棚の備えのない者が多い。節分には彼らのみ豆撒きをせず、端午の節句には彼らのみ軒に菖蒲と蓬をかざさず、また盆には彼らのみ精霊船を造らない。その代り仏壇には費用を惜しまず、また蓮如忌には引きも切らぬ吉崎参詣がある、という（『福井県坂井郡誌』、一八一〜一九〇頁参照）。

在来の信仰的行事に対する真宗門徒の批判的な態度は、田の神まつりにみるように慣行を頽落させることもあり、また、地神まつりの例のように旧慣の退行に加えてその真宗化を併せ示すこともあった。しかして、かような一村落の観察にとどまらず、さらに広く各地の民俗を比較するとき、真宗門徒に共通した特色を探りあてるこ

とができるであろう。例えば、門徒以外では「一生に一度は伊勢参りをしたい」というのが普通であるのに対し、門徒の間では伊勢参宮に対する習俗化された熱意がみられず、(補註12)却って、一度は必ず本山へ参りたいという強い願望が汲みとられる。そこで桜井徳太郎氏が推論されたように、(1)門徒は在来の信仰の一つである伊勢信仰を拒否したということもできよう。しかし、信仰の表示（レッテル）が張り替えられても、遠方の大社巨刹へ参詣するという形式のうけつがれたことは注意すべきである。すなわち、伊勢詣りの真宗化というべき事実、一般化すれば、真宗信仰による在来の信仰的行事の変容というべき事実なのである。このようにして、特定部落における他宗との文化人類学的比較ではなく、広地域にわたる民俗学的比較を通して真宗に特有の行事の遠い祖型を解明し、真宗信仰による変容の道すじを明らかになしえた事象もなかにある。その興味深い一例として、桜井氏によって明快な説明を与えられた蓮如忌について述べよう。(2)

蓮如忌は、蓮如の示寂した旧暦三月二十五日に、蓮如を追慕して行われる法要であるが、同じ加賀北部でも地域によってかなりの相違を示す。まず、真宗寺院による中祖の遠忌法要——つまり純然たる宗派的行事とみなしうる代表例は、金沢市二俣町（もと河北郡浅川村二俣）の本泉寺（大谷派）に見出される。本泉寺は本願寺第六世巧如(きょうにょ)の三男如乗の開基にかかる名刹であって、第八世蓮如の次男と七男があいついで住したばかりでなく、蓮如自身も滞留して寺基を固め、わが魂魄の留まる地といったと伝える。境内にはその廟所もあり、また本堂の厨子には蓮如六十一歳の自画像が祀られている。この寺で四月二十二日の逮夜から二十八日の日中まで二十五日を中心に厳修される蓮如の「御忌(ぎょき)」は、十一月の報恩講よりも盛大な年中最大の行事であって、二十四・二十五両日には蓮如の廟所に先祖の遺骨を納めるため、加賀・越中・能登から、自門・他門、多数の参詣がある。第二に、金沢市（旧市内）で行われるレンギョサンは、蓮如追慕の行事たる記憶を伝えながらも、蓮如忌としての宗

教的意義が全く失われている。すなわち、新暦四月二十五日のレンギョサンには一家眷族酒肴を携えて卯辰山や郊外の大乗寺山へ行き、飲めや歌えの酒盛りに一日を費すのであるが、それというのは、蓮如の遺訓として、自分の命日には大いに騒いでほしい、それが自分に対する供養である、といい伝えるからだという。第三に、以上二種の行事の併存する例が前出二俣の隣りの田島にてみられた。ここでは、本泉寺の「御忌」に参詣する一方、三月二十五日に「レンギョサンノ山遊ビ」とて、鎮守菅原神社の境内に近隣村落の人々が酒肴をもちより、賑やかに飲み食いする風がかつてあった。しかもさらに古くは、泰澄大師が開いたと伝える霊山医王山で酒盛りが行われたらしく、その年に初めて若衆仲間に入った若者は必ずこの日医王山に登るようにきめられていた、ということである。

この三つの形態差の存することを指摘した桜井氏は、さらに進んで、蓮如忌の三月二十五日は石動山(伊須流岐比古神社)の裏祭、つまり氏子たちが氏神と共食して楽しみ合う最も賑やかな直会の日と合致しているのに注目し、蓮如忌が石動山の裏祭を吸収することによって発展普及したであろうと推定する。何故なら、石動山信仰をいまに伝える鳳至郡に蓮如忌があまりみられず、石動山信仰が稀薄となったかまたは消滅してしまった口能登や半島尖端部の珠洲郡海岸地方に蓮如忌が色濃く分布することは、両者間に一定の交渉があったことを示すと思われるからである。しかして石動山を中心とする高山祭の行事は、基底に素朴な山岳信仰をもち、そこから生まれ発展してきたものと考えられる。以上の論点を整理すると、こんにちの蓮如忌習俗のなかには純真宗的行事も多いが、ところによっては非真宗的な慣行もかなりはっきりと認められることは、この習俗の成立にあたり幾多在来の信仰習俗が吸収されたことを示している。例えば「山行き」という非真宗的要素は真宗の伝播以前の石動山信仰のなかに育まれたものであり、しかもそれはさらに高山祭などの山岳信仰に遡る、ということになる。要

するに、始めに原初形態として山岳信仰があり、それを石動山の山伏たちが担ぎ廻って山参りの日を三月二十四日ないし二十五日に固定させてしまった。そしてついに、真宗の教化力によって蓮如の忌日を記念する行事のなかに山参りが吸収されるに至ったのであろう、と桜井氏は推論されるのである。

ここにみられるのは真宗信仰と在来信仰の単なる習合ではない。さきにみた川西の地神と田の神においてもことは同じである。それは、真宗門徒団が在来信仰に真宗的な修正や再解釈を施して真宗信仰を中心に慣行を組織し来った、その過程ならびに所産と考えなければならない。換言すれば、接触せる二つの信仰の自律的な働きから破壊・習合・吸収などの現象がもたらされたのではなく、主体はあくまでも真宗信仰をうけいれた門徒団にあり、門徒団の能動的かつ選択的な行動の所産として蓮如忌等の習俗が形成されたと理解するのである。したがって、在来信仰の破壊・習合・吸収の一切を含めて真宗化とこれを規定するのが妥当であろう。

註

（1）桜井徳太郎『日本民間信仰論』（雄山閣、昭33・5）、一二〇頁。
（2）桜井、前掲書、一〇五〜一一三頁。（補註13）

以上の議論に対して若干の留保を付する必要がある。それは、真宗地帯において俗信の影の薄い事実を以て直ちに真宗の影響に帰してはならない、という点である。築島謙三氏は能登石崎漁民についてこの点を指摘され、同じ傾向にある現象として寺への寛大な寄附は信仰に発するというよりも体面と流行のしからしむるところであると説明している。[1] たしかに真宗門徒に特徴的な習俗や行動を直線的に真宗信仰と結びつけてきれいな事で割切るのは問題であって、信仰以外の非宗教的な要因や動機がそこにどう作用しているかを精査しなければならない。

そうした時に初めて「真宗化」ということが深い根拠からいえるのである。真宗寺院が他宗派寺院に比して圧倒的に多い西石見地方について習俗の比較研究をした桜井徳太郎氏は、全般的に習俗の衰退、消滅の度合が高く、とくに斎忌意識の麻痺化の傾向がみられることを述べ、これはひとり真宗部落に限らず、禅宗部落・神葬祭部落の何れにも共通に指摘できる現象であるとされる。それではどうして真宗・余宗の間に予想した差がみられないかというと、一つには、真宗が圧倒的に多数で積極的な布教活動をするだけに、禁厭・卜占・祈禱等によって現世の福利を求めることを禁ずる真宗の立場が他宗へもその影響を及ぼしたためだと考えられ、二つには、真宗地帯といっても安芸門徒の縁辺地帯を形成するこの地方へは、布教伝道のエネルギーがかなり弱化しながら作用して北陸地方におけるような深い刻印を残しえなかったためだと、前とは反対に考えられるが、後者の方が事実に近いとみるのである。(2) かくして、真宗信仰は常に真宗門徒を習俗の面でも異ならしめるものではなく、これにある要因が加わって作用する時にのみ、余宗檀家とは異なる様相を与えうるのである。窪徳忠氏の指摘によれば、真宗の人は庚申講に入らないといい、真宗の部落だから庚申講がないというところが多いけれども、他面真宗門徒でも加わっていたり、なかに門徒だけで講をつくっている例もあるという。(3) この事実もまたわれわれの想定を支えるものである。それでは真宗信仰を習俗の真宗化へ媒介するものは何か。これに答えるには今後の研究に俟たなければならないが、まず真宗受容の社会的文化的環境に指を屈すべきであろう。(4)

註

（1）　築島謙三「漁民のパースナリティ」、『東京大学東洋文化研究所紀要』7（昭30・3）、一七二～一七四頁。

（2）　桜井徳太郎「新旧信仰の接触と習俗の変容」、和歌森太郎編『西石見の民俗』（吉川弘文館、昭37・3）、二二七～二七二頁。

（3）　窪徳忠『庚申信仰』（山川出版社、昭31・11）、四〇頁。（補註14）

（4）越前石徹白の威徳寺恵俊が宝暦三年（一七五三）三ヵ条の不審について高山御坊から吟味を受けたが、その一ヵ条は「神社を致簾略ニ而茂不苦様常々申由之事」（石徹白徳郎氏文書）であった。つまり白山中居神社の社人たる門徒に対して、神社を敬わなくてもよいのだと説いたという嫌疑である。御坊の吟味は蓮如の「諸神諸仏菩薩をかろしむべからず」（『蓮如上人遺文』、一六六頁）という戒め、さらに遡れば、「仏法をふかく信ずるひとをば、天地におはしますよろづのかみは、かげのかたちにそへるがごとくしてまもらせたまふことにてさふらへば、念仏を信じたる身にて、天地のかみをすてまふさんとおもふこと、ゆめ〳〵なきことなり」（石田瑞麿『口語訳親鸞書簡集』続編、大蔵出版、昭36・5、一九頁）、という親鸞の訓誡に合法性の根拠をもっている。しかしより根本的には、念仏者はあえて神祇を拝することをしないというのが親鸞以来の真宗の神祇観であった。そこで近世では、神棚を取払うことが内外共に門徒になった証左であり、真宗の作法の通りを守る所以であるとみなされた（『妙好人伝』永田文昌堂、昭33・5、四三、七〇頁）。もちろん神祇崇敬へ傾斜して真宗教義が理解される余地も当然あるわけだが、このような方向をもった吟味がなされたことは、白山中居神社の圧力を考慮に入れなければ充分に理解し難い。かくの如きものを真宗受容の文化的社会的環境というのである。（補註15）

第二節　真宗門徒の教団内婚

現代の日本人にとって、宗教の差とは要するに礼拝形式の差にすぎないことも少なくないが、真宗門徒の場合にはさらに日常の生活態度や慣習の相違となって現われることが多い。その一端は前節で述べた。本節では、このような差が結婚相手の選択を左右する一因子であると仮定して、真宗門徒に教団内婚的傾向がみられるかどうかを検討したい。

由来、信仰訓練がきびしい教団では信徒が非信徒と結婚することを禁じている。その好例はカトリック教会であって、長崎のカトリック教会の記録によれば、昭和二十年から二十四年に至る五年間にみられた八四二件の婚

姻のうち、一件のみ非信徒と結婚しただけで、他は信徒間の内婚であったと報告されている。[(1)] 真宗では教団として教団外の相手との婚姻を禁じたことはかつてないが、真宗門徒が特徴的な社会的性格をもつとき、そしてそれが一種の色彩たるに止まらずまた内的な活力に支えられている限り、教団内婚の傾向を示すであろうと思われる。[(補註16)] 逆にいえば、内婚率をもって真宗門徒の活力を表示する一つのバロメーターとみなしうるのではあるまいか。

　内婚傾向の度合いを子細に分析するには、統計的な大量観察の資料を欠く折柄、小地域における精密な現地調査に依拠せねばならない。現地調査の対象としては、この傾向の見分け難い地帯よりも、かりに平均的な線から外れるにせよ、かなり著しくこの傾向の観取しうる地帯の方が好都合である。そこで北陸の真宗地帯をとりあげた。しかし、真宗一色に塗りつぶされていて教団外婚の機会のごく少ない地方では、容易に内婚の事実を指摘しえても、この傾向を立証することができない。したがって、余宗檀家も相当に混在していて、外婚の可能性が充分に存する地点でなければならぬ。そこで再び前掲川西の例について述べよう。

註

（1） William J. Schull, "The Effect of Christianity on Consanguinity in Nagasaki," *American Anthropologist*, 55 : 1 (Jan.-March, 1955), pp. 74〜88.

㈠　奥能登、町野町川西の概況

川西は、県道輪島―飯田線が小坂峠（標高一二〇メートル）を下って町野川の作る氾濫原を横断しようとするところ、丘陵の縁辺に沿うて南北に細長く展開する旧村である。県道の北に広（ひろ）、南に桜木（さくらぎ）、稍離れた山陰に田長（たながい）と、この三部落から川西は成り立っている。以下、川西居住戸は所在部落の頭文字とその部落内での世帯番号を

第２図　輪島市町野町川西附近要図

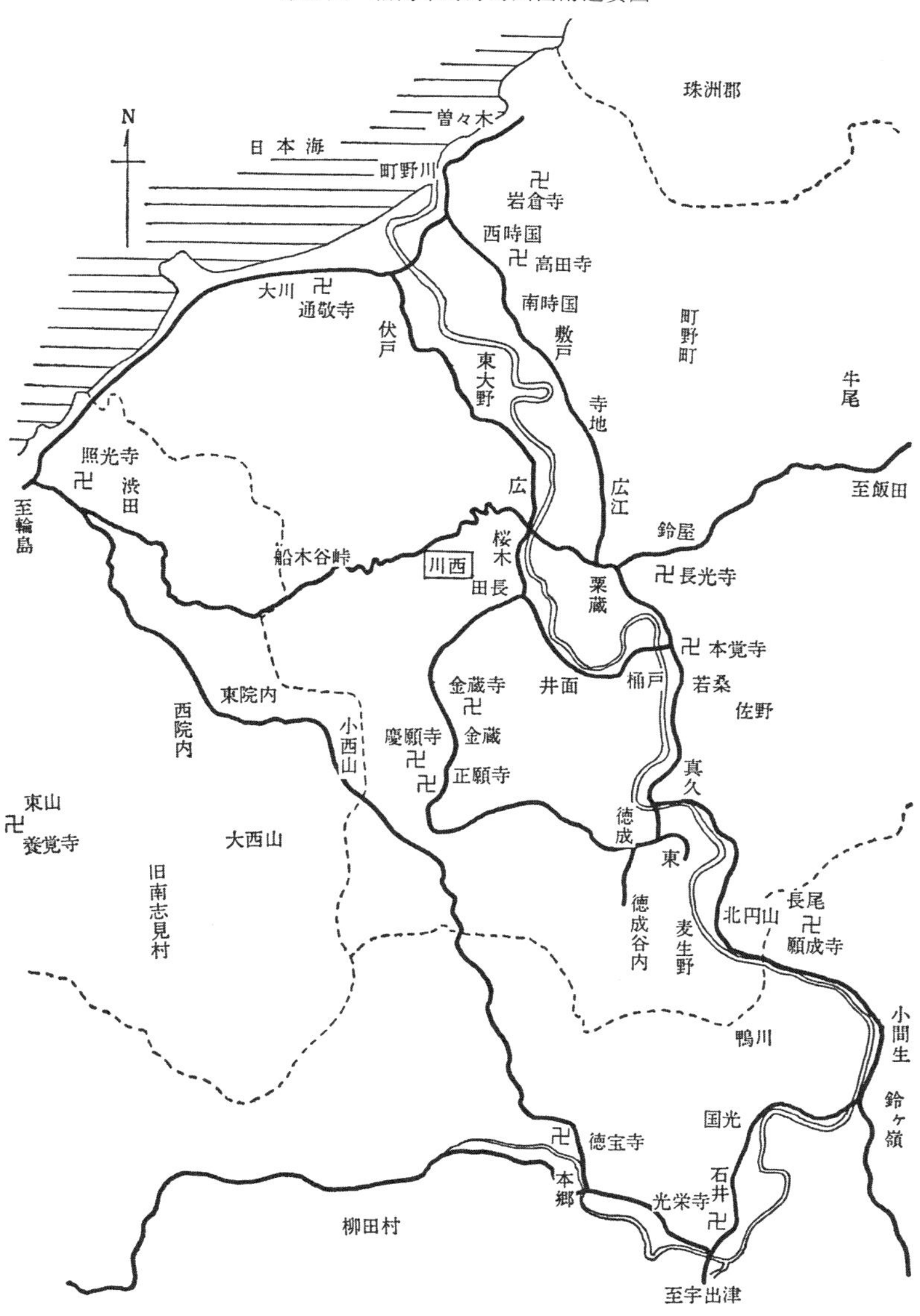

第22表　川西の部落別農地所有と経営の規模（昭27）

規模	所有面積 広	所有面積 桜木	所有面積 田長	所有面積 計	耕作面積 広	耕作面積 桜木	耕作面積 田長	耕作面積 計
0	8	5	6	19	3	1	1	5
3反未満	11	13	6	30	3	8	2	13
5反未満	5	6	2	13	8	5	4	17
10反未満	3	1	8	12	18	19	16	53
15反未満	4	5	3	12	2	1	3	6
20反未満	1	1	1	3				
20反以上	2	2	1	5				
合計	34	33	27	94	34	33	27	94

組合せて示される。例えば、すでに例示されたS⑥家・T⑳家は、それぞれ桜木の六番戸と田長の二〇番戸をさす。この土地の事例は度々とりあげられるので、ここで川西の生業と社会構造を簡単に紹介しておきたい（第2図）。

川西の殆ど唯一の産業は農業である。しかし、耕地面積は平均六反五畝五歩という零細な規模を出ず、それに反当収量は下田二石ないし二石二斗、中田二石四斗、上田二石七斗ないし三石といった低い生産力段階にある。しかも寒冷と湿田のため二毛作ができないので、山稼ぎ・職人稼ぎ・職員勤務などによって家計を補うものがきわめて多い。第22表は所有と経営の広狭別分布を示したものであり、第23表は経営の広狭別に専農・兼農の分布をみたものである。これによると、最も経営規模の大きい一町以上一町五反未満層の六戸中実に五戸が兼農であるから、それよりも経営面積の少ない層では兼農の比率がもっと高いはずで

第23表　川西の職業別世帯数（昭27）

	経営面積	0	3反未	5反未	10反未	15反未	計
専農			7	7	18	1	34
兼農	精米・製粉				1	2	3
	大工				5	2	7
	左官				2		2
	屋根葺			1			1
	表具師		1				1
	桶屋		1		1		2
	野鍛冶			1	1		2
	コバハギ				4		4
	木挽				4		4
	炭焼			2		1	3
	菓子製造			1			1
	小売商			1			1
	公吏		2		4		6
	教員		1	1	3		5
	会社員				2		2
	製材工		1		5		6
	運送夫				2		2
	日傭			2	1		3
	小計		6	9	35	5	55
非農		5					5
合計		5	13	17	53	6	94

ある。したがって第23表の「専農」というのは、はっきりした副業をもたぬというだけで、実際には随時日傭いや山稼ぎに出て現金収入を獲得しているものと理解すべきであろう。それと関連することであるが、教員を含めて公務員は計一三（内非農二）、会社員・製材工・運送夫計一〇（おおむね製材工場関係）に対し、大工・左官・屋根葺・表具師・桶屋・野鍛治・木端はぎ・木挽等の職人は合計二三の多きに達する。この点は注目を要する。さきほど言及したように農業の人口収容能力は小さく限られており、山が浅くて森林業も不振であるため、次三男や女子で東京・大阪・金沢・七尾等に職を求めて離村する者が多い。村に留まる者も近在に就職口が僅かしかないので、腕に技術をつけて少しでも農業外収入を増そうとするのである。全戸の四分の一が何らかの職人稼ぎを含む事態はかくして生じた。そこに、技術の伝授に関する職人と徒弟との関係が職人親・職人子の形で制度化され、重要な社会的意義を帯びてくる根拠がある。そしてこれは単に川西だけの現象ではない。鹿島郡でみるような織物工業がなく、職業を通して受ける外界の刺戟もきわめて限られたものであることは、恵まれない交通条件とともに、町野河谷の生活意識を理解するさいに考慮すべき重要な条件であろうと思う。

次に社会構造について。川西居住戸のうちで本分家関係を辿りうるものは少なく、辿りうるものも近親者を除いて交渉は密接ではない。この地方で権威をもつのは、本家よりもオヤッサマとよばれる家々である、オヤッサマとは藩政時代の本百姓の謂でなかったかと思われる。川西では町野川の氾濫による川欠山崩などのために田畑に甲乙が生じ、そのため長く地割制度が維持されて明治初年の地租改正の直前まで実施された。最後の地割りが行われた明治四年の『川西村御田地割定書』（川西区有文書）によれば、

一、五百七石　御印免六ツ五歩　川西村

内　四百五十六石　鬮組高　此鬮数二十四本

但一本ニ付十九石宛百姓数三十九人
四十八石五斗二升　持高三石八斗以下寄高ニ仕　百姓数五十二人
二石四斗八升　鬮組半高中田ニ見斗、相渡可申候

すなわち、村高五百七石のうち四五六石を鬮組高として一本につき一九石宛二四本分、関係百姓数は三九人。皆四石以上の高持で平均一一石七斗、明治五年の記録によれば最高五四石九斗、最低四石の幅に分散しているが（第24表左欄）、鬮組に参加することは本百姓としての資格を示すものであろう。寄高にされた百姓は五二人で平均九斗三升、明治五年には最高三石七斗一升から最低二升に至るきわめて零細な高持であった（第24表右欄）。この五二人中四〇人は本百姓三九人と同様古百姓であるのに対して、、他の一二人は幕末一八六〇年代に入百姓の代銀一五両を差出して村一統の割合を許された旧頭振（こべふり）（持高も最下層に集中する）であった[1]。かくて川西村の百姓は次の三階級に分かたれる。

第24表　川西村持高別人数（明5）

持高	人数	持高	人数
50石以上	1	4石未満	20
50石未満	1	1石未満	5
30石未満	2	5斗未満	9
20石未満	17	1斗未満	18
10石未満	18	小計	52
小計	39	合計	91

1本百姓　三九人
2本百姓以外の古百姓　四〇人（寄高）
3頭振入百姓　一二人（寄高）
計　九一人

しかして、こんにちオヤッサマと称される家は旧本百姓中の上位者であることから、オヤッサマとはもと鬮親、すなわち各鬮組の代表者をさしたのかもしれない。暫らく疑問を存しておく。本百姓と鬮親と、その何れにしても、地割制度が長く実施されて社会構造に深く根を下したためか、オヤッサマの権威が

第25表　川西の八人の講親と農地改革該当者

氏名（記号）	講親	農地改革前所有面積	農地改革による解放	明治5年 持高	明治5年 順位
		反	反	石	
T⑩		48.727	32.008	41.2	2
S⑭	○	33.412	12.019	14.33	7
H⑳	○	23.425	5.116	13.6	8
H⑭	○	22.128	5.324	18.4	5
H⑨	○	19.120	1.012	10.65	17
T⑮	○	18.917	4.822	6.31	29
S⑥		14.913	2.629	10.53	15
S③	○	（該当するはずであるが数字なし）		12.3	10
S㉖	○			11.53	13
T⑦	○			10.45	19

現代に至るも持続され、耕地の狭小さ、経済的発展の緩慢さによる分家創立の困難、および有力同族団の欠如と相俟って、分家に対する本家の権威よりも、社会上層たるオヤッサマの権威の方が、村落生活の政治・社交・宗教の各面に対して発言力をもっている。ここでは持高の大小が社会的序列を左右することきびしく、共有林に対する権利は持高に比例した。また、川西の鎮守瑞穂神社の基本財産となった共有田は持高に応じて分割された上で再び寄進する形をとり、一月十二日のニワマツリにはこの寄進高の大小に基づいて境内における直会の座順がきめられていた。現今では中小地主・自作地主層をオヤッサマといっている。地主というも、農地改革前に五町歩を超えるものはなかった（第25表参照）。十町前後以上の地主になるとダンナサマとよばれたが、川西には該当者は一人もいない。他方、自作層をトートあるいはオトト、小作層をパッパという。それぞれ前掲本百姓以外の古百姓・頭振入百姓を承けつぐものであろう。三種の呼称は何れも家長に関するもので、家の内部での父母の呼称と外部の者が家長をよぶ呼称とには左のような関連があった。

（家の内部での父・母の呼称）	（そのような家の家長を他人がよぶとき）	（階級）
オトト・オカカ	オヤッサマ	地主
トート・カーカ	オトト（かげでトート）	自作

パッパ・ヂャーマ　　パッパ　　小作

農地改革後このような区別は急速にくずれ、学校教育の効果とあいまって、旧小作層でパッパ・ヂャーマと両親をよぶ家が殆どなくなり、他家の当主をどこそこのパッパとよぶが如きは人の顰蹙を招くもととなったが、なおかつ右の三階級は家の格を示すものであり、隠微な形で社会的な意義をもちつづけている。部落の運営がオヤッサマ層に専断され、村役人のキザ割リ（鬮びきによる決定）に参加できるのはオヤッサマだけという体制はもはや崩壊したけれども、瑞穂神社例祭の神事における八人の講親（第25表）と葬儀の主人代理（後出）などに、オヤッサマの権威がなおひきつがれている。職人親は職人稼ぎを必要とするだけに農業経営の規模は小さく、オヤッサマ層からは出ていないが、技術面にかぎってみればオヤッサマに匹敵するリーダーといえるだろう。

オヤッサマを決定する社会圏の大きさは、部落の外では部落であり（某々は広のオヤッサマだ、という如き）、村落の内では組である（広のなかに谷内地という組があるが、某々は谷内地のオヤッサマだ、という如き）。この点からも窺えるように、それぞれの部落はかなり明瞭な自律性を保持している。昭和三年の合祀に至るまで川西全体の鎮守はなく、川西を構成する広・桜木・田長の三部落がそれぞれ単独で鎮守を祀っていた。それが合祀されて瑞穂神社となったのであるが、祭礼には各部落単位にキリコ（灯籠）の行列がくり出され、かつて部落別に祭祀をした伝統を今に残している。また区の政治組織（三つの部落会からなる）や生産組合など産業関係の組織（部落別に編成）の上でも、さらに葬儀における協力組織（後出）の点でも、部落連合の如き形で川西の社会的統合が成り立っていることを知るのである。

註

（1）元治元年甲子十二月十一日『川西村村方仕法銀貸付根帳』（川西区有文書）による。

(二) 川西における教団内婚

さて、川西の全世帯九四（昭27・8現在）を宗派別に整理すれば、真宗大谷派五三、古義真言宗三九、不明二に分れる。過半を占める真宗は主として慶願寺・正願寺・長光寺の三ヵ寺に分属し、真言宗は殆ど全部金蔵寺檀家である（第26表）。川西には現在一ヵ寺もないが、慶願寺・正願寺・金蔵寺は隣接大字金蔵（かなくら）にあり、長光寺は程遠からぬ鈴屋に位置するので、参詣にはさほど不便でない。かように真宗と真言宗が混在し、それがまた何ヵ寺にも分属するに至った事情は、こんにち最早明らかにし難い。第二章第二節でふれたように、町野河谷の真宗寺院の多くは真言や天台から改宗したものらしいが、川西に関する限り真言宗檀家の方が古い家系であると一概にいうこともできないのである。

第26表　川西居住戸の所属宗派・寺院別

宗派＼部落	真宗(大谷派)						真言宗			不明	合計
	慶願寺	正願寺	長光寺	本覚寺	照光寺	小計	金蔵寺	高田寺	小計		
広	1	11	3	1	1	17	16		16	1	34
桜木	16	9	7			32		1	1		33
田長	4					4	21	1	22	1	27
計	21	20	10	1	1	53	37	2	39	2	94

「不明」は移住者で所属寺院不明なるもの。

次に通婚関係の分析に移ると、明治以後の川西への婚入一九三件中、川西からの内婚は六七件（三五％）に達する。この川西内部での通婚を部落別・宗派別に分けるなら、真宗相互三四件、真言宗相互二八件であるのに対し、真宗と真言宗との通婚は僅か五件にすぎない（第27表）。その五件も同じ部落内での縁組であるから、同じ宗門内で結ばれる場合でも同じ部落から相手を求める傾向の著しいことと一致し、部落内婚への傾斜が存することを示している。部落社会のかなり顕著な社会的統一性がここに想起されよう。それでは、同じ宗門内での通婚が圧倒的に多いという事実は何と説明すればよいか。

まず第一に、真宗門徒と真言宗檀家のうち何れかが、全体として社会的に劣位を占めるのであろうか。家格についてはさきに述べた通りオヤッサマ・オトト（トート）・パッパという三つの階級があるから、これを宗派別に整理すると第28表のようになる。なお念のため、こんにち通婚のさい問題になる家格を上中下の階層に分かってマークせしめ、これによって作成した第29表を添えておく。何れも三つに区分されているが、第28表のオトト層よりも第29表の中層が多く、下層についてはその逆であることが注意される。これは、上中下という判断がかなり主観的であって下層の上部が中層に含まれ易いためか、農地改革の効果が反映しているためか明らかでない。両者の何れにおいても、真言宗の方がいくらかパッパ或は下層にウェイトがかかっているということの外、真宗と真言宗の間にこれという家格の差を見出すことが困難であって、むしろ、両群のほぼ同等の分布を知りうるばかりである。

では両群の職業が異なるためであろうか。第30表をみると、真宗門徒では真言宗に比して専農の割合が高く、他面、非農も多少あること、真言宗では兼農の割合が大きく、非農のないことが注

第27表　川西内婚の部落別宗派別

婚家＼生家		真宗				真言宗			
		広	桜木	田長	小計	広	桜木	田長	小計
真宗	広	4	8		12	1			1
	桜木	1	18		19				
	田長	1	2		3			2	2
	小計	6	28		34	1		2	3
真言宗	広	2			2	9			9
	桜木					1			1
	田長					1		17	18
	小計	2			2	11		17	28

第28表　川西の階級構成

階級＼宗派	真宗	真言宗	計
オヤッサマ	5	3	8
オトト	18	5	23
パッパ	30	31	61
計	53	39	92

第26表の不明2を除く。

第29表　川西の階層構成

階層＼宗派	真宗	真言宗	計
上	5	2	7
中	26	13	39
下	22	24	46
計	53	39	92

第26表の不明2を除く。

意される。しかし、専農必ずしも大百姓ではなく、兼農への傾斜がたえず潜在していることは、第23表に即してすでに述べたところから明らかであろう。したがって、これをもって両群に職業的な差異があるとはいえないし、また表に現れた差を充分に評価するにしても、それが教団内婚の原因として作用しているとか、あるいは何らかの意味で内婚と積極的な関連をもつとは考えられないのである。

第30表　川西の宗派別職業構成

職業＼宗派	真宗	真言宗	計
専農	25	9	34
兼農	25	30	55
非農	3		3
計	53	39	92

次に、被差別部落民が真宗門徒であることが少なくないが、川西の門徒はこの点で真言宗檀家と一線を画するわけではない。もし一方が被差別部落民であれば両群の間に殆ど一件の通婚をも期待しえないであろう。それでは、被差別部落民でなくとも両群は家系の上で相違があり、ことに同族団としての結束がこれに加重されて、社会的に意義ある分離を示しているのであろうか。この点、本分家の系譜が明瞭な諸家は同じ寺に帰属するこというまでもないが、古い本分家のつきあいは葬儀の機会を除いて頽落し、新しい本分家の間には結合のみるべきものがあるにしても事例が少なく、それも近親者間の関係と大差がない。総じて同族結合は質量ともに貧弱であって現実的な社会力とはみなしえない。単立家系が少なくないばかりか、第31表の示すように、系譜を相互に承認しあう家々も大きな同族団をつくりあげていないのである。

また、両群が地域的に分離しておれば、部落内婚への傾向が作用して教団内婚の現象を呈することになるが、この点はどうであろうか。こうした両群の地域的分離を指摘しえないことは、さきに掲げた第26表からも明らかである。桜木を中心としてかなり顕著な真宗門徒の結集を見出しうるにもかかわらず、また、広は真宗・真言宗ほぼ伯仲するのに対して、田長は四戸を除いて皆真言宗であるけれども、両群がそれぞれ他を排除して一部落を

なし、互に地域的に分離しているとは決していえないのである。

このように検討してくると、教団内婚への傾斜は何らかの宗教的な事情によるのではないか、と考えざるをえない。

前掲第27表は川西内の通婚のみを宗門別に分析したものであるが、個々の家の親類を全部洗い出して問題点をもう一度吟味しておく必要がある。全戸について行い得なかったので事例研究によった。その結果、のちに述べる少数の事例を除いて、教団内婚は決して川西の内部だけの現象ではなく、川西外との通婚にも同様にみられる一般的な傾向であることをほぼ確かめ得たのである。婚域を明治以降の入婚者だけについてみれば、生家の分布は、川西六七（三五％）、旧町野町他部落八一（四一％）、旧南志見村二二、柳田村五などとなる。川西と他部落を含めて七六％の高率を占める町野町は、真宗が殆ど全部を占める土地ではなく、統計は大分古いけれども（『町野村誌』、大15に拠る）、真宗六八五戸、真言宗四〇三戸、曹洞宗四三戸と、川西でみたのとほぼ同

第31表　川西の同族団構成

姓	真宗	真言	備考
東		6	菊吉・元谷・八幡の諸姓を含む
田方		5	垣内姓を含む
島田		2	室谷姓を含む
反端		2	
安広		2	山岸姓を含む
広中		2	
篩谷		2	
角	5	1	太田姓を含む
北田	3		北畠姓を含む
高安	3		高出姓を含む
谷内	3		
古谷	2		前姓を含む
万寿	2		
井上	2+3		竹中姓を含む
樋田	2		
中谷	2		
名木	2		
田村	2		横道姓を含む
小計	31	22	
単立家計	22	17	
合計	53	39	

［付言］　社会的に意義のあるなしは別として、系譜関係が承認されている家系を一括した。角姓本家はもと真言宗であった。それで第一分家（太田姓）は真言宗、第二分家以下は転宗後のものらしい。備考欄で指摘しておいたように、本家と分家の姓が同じでないものが少なくない。これは、分家のとき廃家の面（つら）を買って出たからである。単立家系に含めたもののうち二戸は、夫の生家と妻の生家が共同出資して面を買ったため、二家系からの分家とされている。

様の混成を示すのである。

さて、教団内婚を支持奨励するような宗教的事情としては何があるだろうか。ここでまず、蓮如の「他宗へ姫（むすめ）をつかはす事本意とすべからず、他宗の人をこなたへとることくるしからず」[1]という教えが、こんにちでも門徒の規範意識のうちに作用していることに注目したい。真宗に育った者を他宗へ縁づけることは、助かる者を助からぬようにすることだとして、これを避ける傾向が老人の間ではとくに顕著である。「昔ハ。カリソメニモ縁タヨリニモ。他宗ニナセバ後生取ハズスト」[2]した意識がなおも生きているからであろう。他方、余宗から嫁を貰うことは本来なら助からぬ者を助けるのだから差支えない、といわれる。これまた蓮如の教えに合致している。関敬吾氏の御教示によれば、産土神は他村よりの入婚は許すけれども氏子の減少を厭うて出婚は許さぬと伝承する土地もあるよしであるが、右の考え方はこれに往生の成否をくみあわせて真宗的に色あげしている点に特色がある。この規範意識はまた門徒を家の框に即してとらえている点に注目すべきものがある。ただし家の框は機械的な帰属を示すのではなく、信仰的訓練を通して形成される信仰共同体へ統合されるか否かにかかわるものである。もしそうでなければ、「本願誇（ぼこり）」ともいうべきかかる態度は、真言宗檀家のいる前で長く維持さるべくもなかったであろう。なお、かような意識はひとり川西だけに特有のものでない。隣の金蔵では、真宗の娘が真言の家へ嫁すると地獄におち、真言の娘が真宗の家へ嫁すると極楽へいく、といわれている。また、同じ町野河谷の上流にある柳田村合鹿（ごうろく）について、他宗から嫁を迎えるがやるのは少ないと報告されている。[3]これは事実の統計的処理に基づく判断ではなく、専ら聴取による記述であることを想いあわすと、事実における傾向性と共に望ましいとされている行動の理念型を表明するものと理解しなければなるまい。

蓮如の教説が通婚のさいにこんにちなお有効に作用していること、ないし、そのような事実が蓮如の教訓を参

照することによって正当化されていることを論定するためには、蓮如の教説が他の面でどのように保持されているかに言及することが必要であろう。蓮如は、「四五人の衆寄合談合せよ、かならず五人は五人ながら意巧に聞くものなり」[4]といい、また、「同行寄合候ときは、たがいに物をいへ〳〵（中略）。信不信ともに物を言へ（中略）。物を申せば、心中もきこへ、又人にもなをさるゝなり。唯物を申せ」[5]と言って、同行の信仰座談をすすめたのであるが、川西では所属寺院の相違にかかわらず、真宗門徒一丸となって川西二十八日講中と称する団体を組織している。講中の中心的な活動としてオザという僧侶の加わらない法座を定期的に開き、信仰の相互吟味を行って、蓮如が期待した信仰の訓練に大きな役割を果している。これについては次節で詳述したい。もっとも、蓮如の影響が直接保持されてこんにちに及んでいるのか、それとも後に本山再建工事のために京都に逗留した能登門徒が紹介普及したものか、問題になるけれども、何れにせよ、蓮如の教説に相即する集団現象の存在することは看過できないのである。通婚のさいの規範意識もこうした事情と一つながりのものとして理解することができよう。それは他面、真宗信仰がこんにちでも生きた社会力であることを物語っている。信仰が生きている限り、家の框で門徒をとらえても、その框のなかに束ねられた個人が他律的に門徒とレッテルを貼られたことにはならない。この框は家という信仰共同体の外框にすぎないからである。

しかし、単に蓮如の教説と、この教説を現実の指針として讃仰する信心だけで、さきにみた内婚の著しい傾向が現われたとはいえないであろう。何故なら、前掲の蓮如の教訓によれば、他宗の娘を貰うことは他宗へ娘をくれることほどには禁止されず、むしろ消極的ではあるにせよ容認されている。したがって蓮如の主張がそのまま実現されたならば、さほど顕著な内婚の傾向を現出しないだろうと思われるにかかわらず、婚入を示す第27表の数字が明瞭な内婚の事実をあらわにしているからである。かくて、教団内婚が preferential marriage として成立

するために参加したと思われる他の宗教的要因を、社会的事態のなかから探り出さなければならない。

　この点についてまず指を屈すべきは川西二十八日講中の社会集団としての重さであるが、これまた詳細は次節にゆずりたい。他方、真言宗檀家はこれに対して大師講なる団体をつくっている。しかし川西の真言宗として一本でなく、広と田長の二つに分れて結成されており、活動の点でも御詠歌の唱和を中心に宗教娯楽的機能の卓越せるものであることは、門徒の講中にみられない鮮かな対照点であろう。真言宗と真宗が相隣する広ではオザへの出席が鈍り、門徒のごく少ない田長ではムラづきあいの上から近年までオザに加わらなかった事実が示すように、両群の接触面には何がしかの干渉現象もみられるけれども、川西における真宗と真言宗との社会的分離は一応明瞭であり、ことにそれが真宗の主動的な作用によるところが大きいと観察される。しかしながら、政治・経済及び交際の面での両群の分離は認められないのだから、二十八日講中が教団内婚を決定的ならしめるだけの社会的分離をもたらすものかどうか。この点はまことに疑わしい。その意味で、この間に因果関係を設定することが困難であるとしても、少なくとも並行関係は承認してよいのではないかと思う。

　かような並行関係にある現象として、第二に寺門徒団と門徒交流圏が指摘される。川西二十八日講中のように地域毎に門徒が結集してつくる団体を「地域門徒団」とよぶのに対し、特定の寺院を中心としてその門徒全部を構成員とする組織を「寺門徒団」（後述）とよぶ。何れも学術用語として用いるのである。さて、寺門徒団の須要な行事は、毎月二十八日の「お講」と十一月から十二月にかけて寺毎につとめられる報恩講であるが、この報恩講のさいに寺門徒団を基盤として明瞭に現われる門徒交流圏に注意したいのである。各寺院は報恩講の日程を少し宛ずらして他門徒の参詣を容易ならしめているので、報恩講の期間中、とくに満座（最終日の昼頃つとめられる法会）には近在の真宗門徒が自門他門を問わず群参して広い本堂を埋め尽す。このとき年頃の若い娘は晴着

姻習俗の報告は、以上の推定が妥当であることを告げる。左に引用しよう。

柳田村からは、それぞれ四件と三件）ので、早急な断定は控えなければならぬにしても、柳田村合鹿に関する婚

思われる。もっとも、川西の真宗門徒へ町野町以外から婚入した事例が少ない（門徒交流圏に入る旧南志見村、

講を契機として成立する町村を超えた広い門徒交流圏は、教団内婚のいわば「場」としての作用を演ずるように

詣りにつれてくる親も、親につれられて参詣する娘も、信仰心のある結構な相手とされているので、お講や報恩

ンフォーマルな見合の機会ともなる。小学校の運動会や神社の祭礼もこうした機会として重要であるが、娘を寺

を着飾って親と一緒に参詣し、嫁を貰う方の家ではこの機会にそれとなく様子をみて帰るから、花嫁の物色とイ

> 合鹿の福正寺（真宗大谷派）は門徒四百と称する大寺である。この寺の御七昼夜の御満座の御初夜のお詣りには、附近十数ヶ部落から門徒が集って賑った。二、三〇年前まではこの時女たちはイリガシ（煎菓子）を持って詣った。バァバ（老女）は換えことして食べたが、娘は三升五升と持って来て、若者から求められると与えた。好きな男には女からやったが、好かん男にはくれといわれてもやらなんだ。イリガシを貰った若者は御堂の庭に出ている店から手拭を買って娘に贈ったものである。イリガシをやりとりしても並んで話をすることはなかった。人がみているので口がうるさかった。やりとりはその場の気慰みであったが、それで結ばれることもあった。勿論仲人は立てた。好きな娘をみつけると友達などに頼んで娘の親に問うてもらった。本人同士のネンゴロゾイもあったが数も少なく、長もちもしなかった。御初夜詣りの集りで親たちは嫁、婿の見立をし、娘はダテコイテ若者にみてもらった。この夜は境内で踊もあった。福正寺ばかりでなく町野・柳田の寺々にはこの風があった。(6)

この報告では親の指導や干渉が後景に退いて、若い男女自身の求婚の動きが中心を占め、町野河谷諸部落の往時を窺わしめるものとしてまことに興味深い。川西の真宗門徒が関係する四つの寺院においても、かつてこれとよく似た情景がくりひろげられたのではあるまいか。

第32表　川西における教団内婚の事例的検討(1)

事　　例		H⑨U　J_2	S⑥ULJ$_1$	S⑪M　J_2	T㉕MLG$_1$	S⑩LUJ$_2$	T⑳L　G_1
川西内の親類(*分家)		*H㉚M　J_2 *H㉖L　J_3 T②M　J_1 S㉝M　J_1	*S⑨ML J_1 T⑮M　J_1 H㉘ML J_2 H⑭U　G_1 S㉖M　J_1	S⑲M　J_3 H㉘ML J_2 S⑮M　J_2 S⑨ML J_1	*T⑨L　G_1 *T㉓L　G_1 T㉖L　G_1	S⑱L　J_1 S⑧L　J_1 S㉚L　J_3	T㉖L　G_1 T㉔LU G_1
川西内	真宗	4	4	4	0	3	0
	真言	0	1	0	3	0	2
川西外	真宗	13	7	3	1	10	2
	真言	0	1	0	5	0	9

各欄世帯記号につづくU, M, Lはそれぞれ上, 中, 下の階層を示す。MLは中の下, LUは下の上。最後は所属寺院, すなわち, J_1は慶願寺, J_2は正願寺, J_3は長光寺, G_1は金蔵寺。

第三に、前節で述べたように、門徒と真言宗檀家とでは、アエノコトなど田の神祭祀に関する行事はもちろん、神棚・地神・仏壇の祀り方、そのほか年中行事の作法が同じでない。門徒は在来の習俗を弱体化するなり、真宗的な意味づけをするなり、ともかく真宗化しているからであって、蓮如の「仏法をあるじとし、世間を客人とせよ[7]」との教説をここに想起することは無益でない。こうした門徒と真言宗檀家との習俗上の差は、縁組を結ぶときに特別に考慮されることはないとはいうけれども、少なくとも内婚を便宜とする積極的な要因であろう。そのことは真言宗の家が真宗から嫁を貰うとアエノコトなどの年中行事が粗略に流れがちであり、真宗の家が真言宗から嫁を貰うと寺詣りが疎遠になるという帰結をみることによっても、知られるのである。またさきに言及したように、金蔵では、真宗の娘が真言の家へ嫁すると地獄におち、真言の娘が真宗の家へ嫁すると極楽へいく、といわれるのは、真言の家では生地獄というほどに年中行事の儀礼がきびしいが、真宗の家ではそうでないから若い嫁にとってまるで極楽といっても

よい、という意味だと説明する話者もあった。これは家の立場からではなく、嫁の立場から両群の習俗差を把握している点で、興味ある観察といわねばならぬ。

かようにしてわれわれは、教団内婚の傾向とその根拠を探ったのであるが、ここで単純に教団内婚制の存在を論断してよいであろうか。もっと他の要因がこれに交錯して作用していないか、吟味しておく必要がある。この点について、さきにふれたように部落内婚の傾向が複合してみられるほか、階層的な規定を受けていることが第32表に掲げたいくつかの事例から明らかになる。すなわち、この表は親類の全部ないし大部分が同宗であるばかりでなく、大体同じ社会層に属することを示している。階層に対する考慮と宗派に対する顧慮の、何れがより強力であるかは簡単に論定しえないけれども、教団内婚とみえたものは実は階層の線にも沿うているのである。この事実を川西の地域内婚の事例全体について吟味すれば、第33表がえられる。

教団内婚の現象がさらに階層的な規定をうけているとすれば、次のような社会的帰結がみちびき出される。すなわち、第29表に掲げたように、川西の五〇%は下層、四二%は中層で、実数はそれぞれ四六、三九。川西以外でもかように中下層が大部分を占めるのが実態であろうから、中下層は教団内婚制によって結婚相手の選択範囲を甚しく狭められるわけではあるまい。この点は、川西への婚入の八割近くを供給する旧町野町が大正十五年頃で七百に及ぶ真宗世帯を含むこと、それは全世帯の過半数にのぼり、この比率はこんにちも維持されていること（第37表）を考えあわすならば、諒解できると思う。ところが、上層家系は実数も比率も

第33表　川西における教団内婚と家格内婚

婚家＼生家		真宗 上	真宗 中	真宗 下	真宗 不明	真言宗 上	真言宗 中	真言宗 下	真言宗 不明
真宗	上		1						
	中	7	13	2	1		1		
	下	1	1	6	2			2	
真言宗	上								
	中						5	1	1
	下		2				8	2	1

「不明」とは生家退転のため，格付け不可能な家。

第34表　川西における教団内婚の事例的検討(2)

事例		H⑳U　J_2	H⑭U　G_1
川西内の親類(＊分家)		＊H㉜M　J_2 ＊S⑮M　J_2 T⑩U　G_1 S⑭U　J_1 H㉒L　J_2	＊H㉑ML　G_1 S⑥UL　J_1 H㉘ML　J_1
川西内	真宗	4	2
	真言	1	1
川西外	真宗	7	6
	真言	6	1
	禅宗		1

記号は第32表に同じ。

小さく、これに内婚が加重されると、結婚市場は甚だ狭小とならざるをえないのである。これを打開するためには少なくとも三つの方法が考えられる。第一は、かなり広い地域から相手を選ぶことである。この点を吟味してみると、事実、川西内でやりとりする率は中下層に比して低いように思われるが、何れにしても婚域は町野河谷の範囲に大体限定されるので、中下層よりもどれだけ婚域が広いか、疑わしい。第二は、同じ川西で縁組を結ぶさいに、同宗の中層戸とやりとりすることであり、その事実は第34表から明らかに観取することができよう。第三は教団内婚制に従わないで、同じ階層の他宗と通婚することである。実際にはこの三つの基本原則が二つ以上複合して作用している。ことに最後に指摘した解決策は第34表の事例を理解する鍵である。例えば広のオヤッサマH⑳は田長のオヤッサマT⑩と親類であるが、宗旨は同じでない。分家を除けば真宗の親類九、真言宗の親類七でほぼ相半ばするが、何れも在所のオヤッサマ階級であるか、かつてそうであった家系である。これはH⑭についても妥当する。その結果、川西の上層戸、オヤッサマ階級の諸家系は直接ないし間接に親類関係をもち、この間に真宗・真言宗の区別は全くない。上層戸のうちT⑦と新興のH⑨がこの網に入らぬ外、全部何らかの脈絡のなかに見出されるのである(第3図)。

かように、教団内婚制は地域内婚と階層内婚によって多少とも強く規定されている。その強度は各階層の戸数によって一様ではないが、上層では階層内婚が教団内婚制を突破するほどに強力である。また教団内婚に対する態度は世代によっても異なり、上層戸でも老人は余宗から嫁を貰うことを喜ばないが、若い世代はこれを謂れな

き偏見として取上げない傾向が顕著である。態度の世代差にはおそらく一定の組織的な傾向が見られることと思うが、いま充分な資料をもちあわせない。

これを要するに、川西門徒の通婚には教団内婚の傾向が顕著であり、それは真宗教説や習俗差、地域門徒団・寺門徒団ないし門徒交流圏の社会集団あるいは社会圏としての重要性などによるものの如く、少なくともこの間に一種の並行関係を指摘することができる。もちろん、これを仔細に点検するとき、地域内婚（とくに上層以外で）および階層内婚（とくに上層で）によって規定されていることは明らかであり、また、内婚に対する世代間の態度差も組織的であると予想される。にも拘らず、教団内婚への強い傾斜は、宗教的観念がいかに生活のなかに日常化されているかを示す、一つの有力な例証たるを失わないであろう。そして、内婚傾向が結果的現象であるに止まらず、蓮如の教訓に鼓舞された当為の意識に支えられている限り、事実としてはいかに不完全であるにせよ、教団内婚制の存在を指摘して差支えないと思う。次節以下で述べる奥能登における真宗門徒の精巧な集団組織は、こうした現実の社会力としての宗教生活を内容とする、その容器なのである（明27・8調査）。

第3図　川西オヤッサマ階級の親類関係

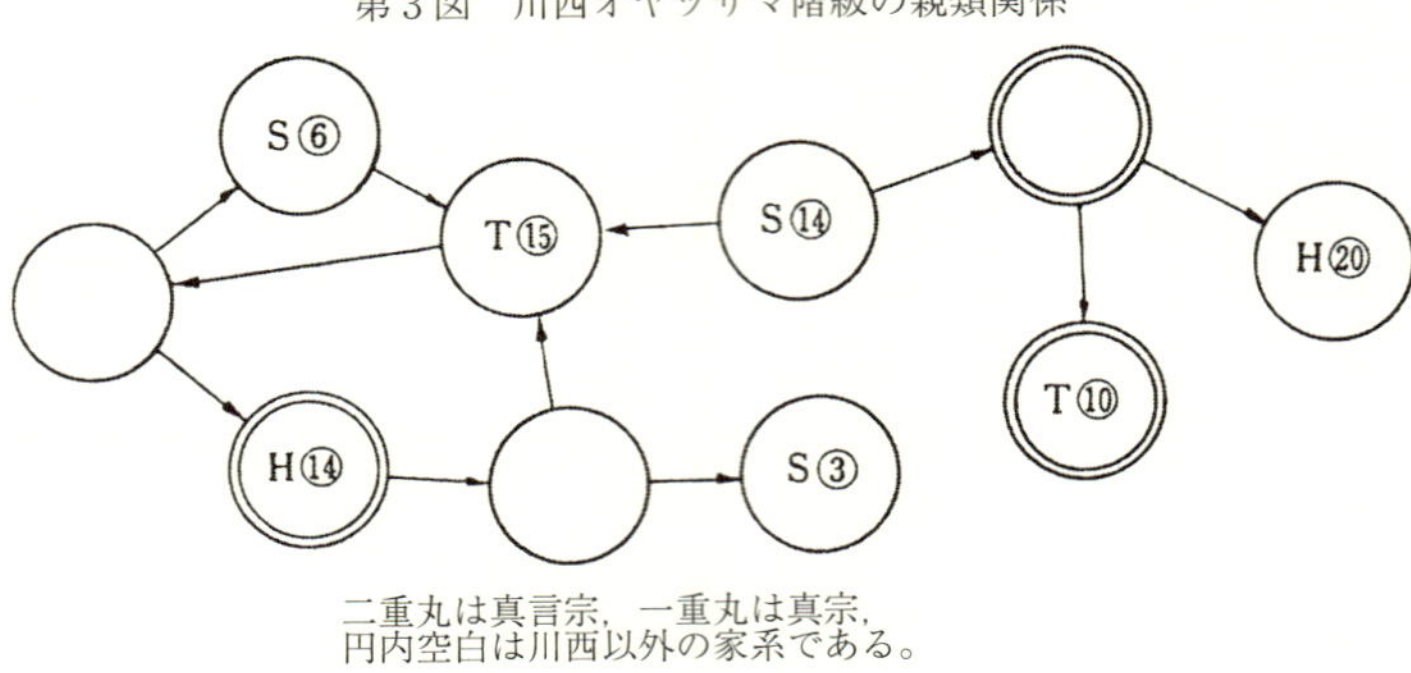

二重丸は真言宗，一重丸は真宗，
円内空白は川西以外の家系である。

註

（1）「本願寺作法之次第」、稲葉昌丸編『蓮如上人行実』、二四一頁。
（2）『本福寺跡書』、真宗全書本。
（3）平山敏治郎「民間習俗」、九学会連合能登調査委員会編『能登—自然・

文化・社会―』（平凡社、昭30・12）、一三七頁。
（4）「実悟旧記」、『蓮如上人行実』、八四頁。
（5）「実悟旧記」、『蓮如上人行実』、七五頁。
（6）平山、前掲、一三六～一三七頁。
（7）「実悟旧記」、『蓮如上人行実』、九三頁。

教団内婚の傾向は町野郷だけの特例でない。門徒部落ともいうべき口能登鹿島郡鹿島町芹川では、かつて余宗の家へ娘をやれば地獄へおとすことになるといい、ことに日蓮宗との縁組は入婚出婚ともに極度に嫌った。もしこれをあえてすれば、葬儀・報恩講などのつきあいができないから事実不便で、いまでも老人は嫌う。しかし、近年とくに若い者の間では大分考え方が変ってきた。真宗・日蓮宗の混住する同郡鹿西町能登部では、以前から余宗との縁組に寛容であったという（昭28・8調査）。南加賀の加賀市加茂でも、芹川と同じようにこの辺り一帯が真宗繁昌の土地で他宗は非常に少ないのであるが、縁組は殆ど真宗の家同士で行われて、他宗の家との通婚は「外国人のところへ嫁にやるようなものだ」といって非常に嫌う[1]。信仰の相違・習俗の相違が異邦人の感を与えるのである。同じような傾向は真宗地帯ならどこでも多かれ少なかれ認められることであろう。

註

（1）『農村と寺院』（教化研究別冊、昭29・5）、五五頁。（補註17）

真宗門徒は集団活動を必然的に伴なうので、門徒集団に適当な術語を与えなければならない。そこで、さまざまな門徒集団の汎称として「門徒団」の語を用い、このうち一定地域に居住する門徒の集団を「地域門徒団」とよぶことは前節でふれた通りである。また地域門徒団には、一定の集落に成立する「部落門徒団」と、広い地区にわたって組織された「広域門徒団」（あるいは地区門徒団）とを区別することができる。本節では部落門徒団を中心に述べたい。

(一) 奥能登、町野町川西の事例

一部落全戸同じ派の真宗門徒である場合のほか、一部落の真宗門徒全戸が同一の寺を手次とする場合には、部落門徒団の存在がくっきりと現われやすい。しかし、部落に他宗・他派の檀家が混在し、真宗門徒も数ヵ寺に分属するのがむしろふつうにみられる形態である。かように同一部落の真宗門徒が数ヵ寺に分属するとき、関係寺院の数だけ門徒協同の単位（講中）が部落内に併立することになる。そこで、もしこれらの講中の連合ないし合併による門徒活動が観察されるならば、ここにも部落門徒団の存在を認めることができる。奥能登町野郷ではこのような形での部落門徒団の存在がどの部落にても指摘されるのである。部落門徒団の中心的な行事としてはオザ・オトリコシ・オトキハジメなどがあり、なかでもオザ（御座）は、部落によって日割、オザの集中する時期・励行の程度や運営の方法にも多少の相違を伴ないつつ、どこでも必ず実施されている門徒団の代表的な活動である。ここでも川西の事例に焦点をしぼって実態の分析を試みたいと思う。川西は三つの部落からなる旧村であるが、門徒の地域活動は川西一本で行われるので、この大字川西の門徒団に対して「部落門徒団」の語を適用することにしたい。

第35表　正願寺川西講中

広	桜木	月仏供米 旧	新	備考 家格	階層
		升	升		
⑳		20	20	オヤッサマ	上
⑨		17	15	オトト	上
㉗		17	15	オトト	中
	⑬	15	13	オトト	中
	⑪	15	13	オトト	中
㉜		12	13		中
㉚		10	10		中
	⑤	10	10		中下
	○	10	10		（退転）
㉘		8	10	オトト	中下
	㉓	8	10	オトト	中下
	㉒	7	7		下
	⑮	6	7		中
㉙		6	7		中下
⑰		6	7		下
	○	6	7		（退転）
	⑩	5	7		下上
⑫		4	5		中下
	㉑	0	0		下
	⑯	0	0		下上
㉒		0	0		下
㉖		0	0		下

さて川西には、正願寺門徒の川西講中、慶願寺門徒の川西上地講と川西下地講、長光寺門徒の川西組、計四つの「講中」が併立する。これらの「講中」は、理念的（理想的）には同一の寺を手次とする同一部落の門徒の集団と規定することができよう。講頭として講中を代表する者は、第35表の例が示すように、最も持高の大きい、したがって寺に対する定額の月仏供米（つきぶくまい）の負担も講中で最も高額の家、通常オヤッサマであるが、彼らは必ずしも信仰の先達ではない。信仰の先達は土地のことばで「お同行」とよばれる法義に明るい篤信者である。しかし、これは講中や門徒団におけるフォーマルな地位ではない。もちろん「お同行」とよばれる人々には、寺門徒団・地域門徒団の役職に就く者も多いが、役職は他面家格によって規定されるので、優れた同行必ずしも重役を担当するわけではない。「お同行」は次に述べるオザなどのさいの法義問答において、指導的役割を演ずるインフォーマルなリーダーだといえば事実に最も近いだろう。さて、川西における各講中ごとの独立的な活動としては、僅かに慶願寺門徒のナエオ講（内御講あるいは並御講か）を指摘しうるのみで、これも太平洋戦争に入る頃沙汰やみになってしまった。それに対し、これらの講中に含まれた少数の非川西門徒（慶願寺の川西上下両講中には広江（ひろえ）の同寺門徒四が含まれ、長光寺の川西組には井面（いのもて）と旧南志見村の同寺門徒十数戸が含まれている）を除き、他方、上記の四講中に属さない川西居住の

少数の真宗門徒〔粟蔵本覚寺門徒一、渋田照光寺門徒一〕を合した、つまり川西在住の門徒全戸を構成員とする川西二十八日講中だけは、ついに中絶することなく今に維持されている。この川西二十八日講中こそ川西における部落門徒団である、寺門徒団と部落門徒団、および両者を媒介する「講中」、この三者の関係は第４図に模式的に示されている。

明治二十八年十月、川西二十八日講中に対して下附された東本願寺二十二世現如の消息は、次の文章で始まる。

> 態々筆を染さふらふ其地において此度講を取結びおのおの会合候ひて信心の有無を沙汰されさふらふよし神妙に覚え候抑釈尊一代の説教まちまちなりといへとも弥陀の本願は末世相応の要法なりされはその本願とまうすハ御仏の悲願にもれはてたる悪人女人をみなことことくたすけ給へるゆへに超世の大願トハ申なり云云

ここに「此度講を取結」んだとあるからには、明治二十八年に宗祖命日の二十八を所縁として、新たに講を結成したものかとも思われる。そしてそれまでは各講中別にナエオ講の如き活動をしたのかもしれぬが、またあるいは前々から二十八日講中の実があったとも考えられよう。何れにせよ、明治二十八年は川西の部落門徒団にとって一つの画期であったこと、これは疑うことができない。なお、この消息の宛名は、

> 正願寺
> 慶願寺　三ヶ寺門徒
> 長光寺
> 能登国鳳至郡
> 西町村字川西
> 二十八日講中

第４図　〝門徒団〟諸概念の関係図

〔寺門徒団〕	〔単位講中〕	〔地域門徒団〕
正願寺二十八日講中	柳田講中	川西二十八日講中
	川西講中	
慶願寺二十八日講中	五月講中	
	川西上地講	
	川西下地講	
長光寺二十八日講中	鈴屋江尻組	
	川西組	

とあるから、この二十八日講中は三ヵ寺門徒の連合体であることは明瞭であろう。それ以外の真宗門徒二戸は真言宗から転宗し、この三ヵ寺以外を手次としたもの。ごく少数であるから彼らだけで独立の「講中」を組織しえず、ばらばらのままで部落門徒団に包摂されたのである。

部落門徒団の重要な活動は、さきにふれた通り、オザ・オトリコシおよびオトキハジメである。オザにこの地方の部落門徒団の特色がみられるので、まずこれから述べよう。

オザ(1)は原則として月三回、すなわち、五日・十四日・二十四日の夜、当番の家で開かれる。五日は本山東本願寺前住職彰如の、十四日は前々々住厳如の、そして二十四日は中宗蓮如の命日逮夜を記念するものである。本来なら前々々住職よりも前々住現如の逮夜七日をとるべきであろうが、前住逮夜を基点にするとき、七日は五日に接近しすぎるため、一代前の逮夜十四日を定例日としたのであろう。また、二十八日講中を称する以上、宗祖親鸞の命日をとらねばならぬ筈であるが、大体毎月二十八日には前記三ヵ寺の何れかにて「お講」(後出)が催されるから、重複を避けてむしろ中宗の逮夜をとったものと推定される。かくて、ほぼ十日の間隔をもった月三回の定例日が定まった。一年間のオザの日取りはこの定例日を基準とし、農耕の繁閑、部落の行事、寺の法会を適宜斟酌して、余程以前から次のように一定している。

一月　五日、十四日、二十四日

二月　五日、十四日、二十日(この日はヤッコ正月とて休日のため)、二十四日

三月　一日(カサネノツイタチとて休日)、五日、十日(旧陸軍記念日)、十四日、二十四日

四月　五日、十四日、二十四日

五月　五日

この頃から農作業が次第に多忙となり、田打・田切・アラクリ・アゼヌリ・田植・田車コロガシと一連の作業に追いかけられるので、オザは休む。そして、六月中旬田植あがりの農休み（大体六月十四・十五両日）から再開する。農休みには他家へ縁づいた娘が足を伸しに里帰りする。

六月　十四日、二十四日

七月　五日、十日、二十日（正願寺にて永代経がつとまる初日十日と最終日二十日にオザを開き、期間中参詣のため十四日は休む）、二十四日、三十一日（旧南志見村住吉神社の祭りで休日）。

八月　五日、十七日（十四日に長光寺の盆会があって参詣するので、盆の終りまでオザを延期する）、二十四日、三十日（九月二日から七日まで町野町各神社の祭礼が次々にあって互によびよばれし、また川西では八月三十一日から祭の準備にかかるので、九月五日のオザを三十日にくりあげる）。

九月　十日（瑞穂神社に合祀されるまで桜木の秋祭の日であった記念として）、二十日（粟蔵町野神社の白山まつりで休日）、二十四日

十月　五日、十四日、二十四日．

　稲刈は十日頃から多忙となり、二十八日までに刈り終る。夜が長いので、農繁期にかかわらずオザを欠かさないが、集まりは年間通じて一番少ない。

十一月　五日、十四日、二十一～二十五日（本山の東本願寺では二十一日から報恩講が厳修されているのでオザを毎夜開き、二十七日の逮夜までもりあげていく。これをオ七昼夜（しちゃ）オザという。民俗信仰でいう忌み籠りの意味が濃いように思われる。このとき正願寺でも丁度報恩講がつとまっているので、二十六日は休んで息をつぎ、翌日には正願寺へ参詣して通夜をする。この頃までに田も畑も収穫を終り、薪とりと雪垣つくりなど冬ごもりの準備だけが残っている）。

十二月　三日（五日はアエノコトであるので引上げて開く）、十四日、二十四日

以上オザの回数を月毎に小計すると、三回を基本としながらも、二・三月の正月休みと冬ごもりの季節に小さい

山があり、それが五・六月の農繁期に著しく下降して深い谷を形成し、七・八月で盛り返すが、再び農繁期の十月頃下り、さらに収穫直後の十一月下旬に急に上昇昂揚するという波動がみられる。十一月二十一日から二十五日まで報恩講の逮夜をめざして行われるオ七昼夜オザは、オザ中の白眉というべく、年間で宗教活動の最も充実する時期にあたるが、これを中心に年々歳々一定のサイクルをもって、宗教生活がくりひろげられてきたのであった。

オザは一年間に合計四三回開かれる。欠席がちの一〇戸ほどを除き、川西の真宗門徒各戸は一年に一回宛ヤドを引受けることになる。その順序は一月五日の年頭オザにてキザ割りで決定される。この定例オザの外に、不幸のあった家が初日から二七日(ふたなぬか)までの間に、あるいは仏法熱心な人が先祖の命日を記念して、故人の志として臨時のオザを開く。これをイリオザとよび、葬式直後のオザをとくに中陰オザともよんでいる。口能登ではこれを弔イオザなどと称し、部落にて行われるオザはこれのみであるのに対して、さようなオザはあくまでイリオザとして臨時のものであり、オザの本来的部分は信仰讃嘆の定期的集会であるとするところに、奥能登、少なくとも町野町附近におけるオザの特質が存するのである。オザとは本来かくの如きものであったのだろう。

オザの当日、宿(やど)を引受けた家では前回の当番から川西二十八日講中あての前掲消息を奉戴して帰り、自家の仏壇に安置する。これが講中のシムボルであるが、オザでは奉読されない。さて、オザが始まるのは夏季で午後九時、春秋は午後八時ごろであろう。夕食を終え一くつろぎして三々五々ヤドに集まり来るのである。雪に閉された冬季は、積雪のために夜間の通行は危険であり、それに屋外の仕事もないこととて、朝の十時ごろから始まる。

まず、法義に明るい老人が導師となって、一同家屋の中央奥にしつらえられた仏間(四畳位)で最もありふれた

真宗聖典たる正信偈・和讃を誦し、導師が「お文」を拝読したのち一同で改悔文を唱和する。これで前段が終るのである。参詣者は仏間を出て茶ノ間（約一五畳）で車座になり、後段の御示談が始まるまで一息入れる間に賽銭を集める。浅い籠を廻すと一人一円宛、これに宿が何十円かを投ずるが、オ七昼夜オザを除き総額百円未満である。車座になった正面は空席であるのに上等の座蒲団が一枚敷いてある。これは宗祖親鸞自身が出席して法話を指導する座席であると説明されているが、そのように考えて参加すべきであるという当為の観念を客観化したものといえよう。参集するのは川西の門徒だけで手次の僧も布教の僧も招かれないのに、信心の沙汰をするというオザの本来的機能が失われない理由の一つは、正面の空席に帰趨点・中心点を見出しうることであろう。

さて、ヤヌシ（ヤドの主人）の挨拶をかねた領解をもって後段が始まる。「ようこそ御参詣を」、という挨拶を除き、領解の口上は次の通り一定している。

おそれながら、この身の念仏の申し心を、しらべてやって下さいませ。じんじきさま（善知識様）の仰せさまのしたに、雑行をすてて一心に阿弥陀仏後生おん助け候えとたのみ申して、たのむ一念のとき後生は一定、おん助け治定と心えさしめもろうて、あいまこうま（合間小間）に念仏申さしていただいております。おことばは申しのべましたが、何にも知らんやつでございます。どうかいくえにも育ててやって下さいまし。

ヤヌシの口上が終ると、ヤドのオババ・アンサマ（相続人）・オカカ（主婦）など領解を申し述べることのできる家族員が順次これを述べる。オ七昼夜オザに限り、一般参会者もヤドモトが終ると順々に領解を述べるが、この事実は門徒とはつきつめてみれば個人に外ならぬことを端的に示している。口上は親や祖父母から教えられて習得する門徒家の宗教的遺産の一つであると共に、オザを共通の場として川西門徒団の内部でさきに掲げた如き一定の形式を与えられているのである。したがって、オザを共通にしない他部落の門徒団の伝承と比べてみる

と、当然文句の詳細は少し宛相違する。しかし、相違しながらも、なお共通の祖型の存在を想わせるだけの類似点もみられることは、広域門徒団に結びつけて考えてみなければならない。さて、この領解が終ると、まずヤヌシが質問をする。これをオザの口アケという。

示談の進行は、質問—解答—領解という順序に、まず疑問が提起されて次に解答が与えられ、最後に質問者がその解答の味わいを述べて納得できたことを示す一連のプロセスを一単位として、このユニットが次々と接続していくことを原則とするようである。一例を示そう。

オババA「Bのオジジ。どうしたらわが身を知られるものか、教えて下され。」

オジジB「わが心のどん底が、親さまの光明に照らされて、はじめてはっきりとみえる。こうして、己のおぞい（おそろしい）ことを分らせて貰うんじゃ。」

オババA「智慧や学問では分らない、といただかして貰うた。この年齢（とし）までうかうかとしていたが、ほんにわが身知らずじゃった。」

オジジC「それはあんたばかりじゃない。六字の名号を暗い心の底に映して貰うてはじめてわが身を知る。わが身のおぞい手元をみるにつけても、この俺を救うてくださる親じゃったと、親のお慈悲の手許をみるんじゃ。してみれば、小言のありようはないはずだのに、親にたてつきたてつきしてきた。」

オババA「邪慳驕慢の人とは誰だろうと、いままで他人事（ひとごと）に思っていたが、実はこの俺のことじゃった。」

オババAは明治十九年生れ、オジジBは明治二十五年生れ、オジジCは明治五年生れの高齢者で、A—B—A、A—C—Aと展開しているのに注意されたい。この例は信仰の自得に関するものであるが、経文の解釈に関する質疑応答の方がはるかに多いと思われる。形式は右に示したから、次に内容の要点を例示してみよう。

問　「果を悦ぶ人はあれど、因を悦ぶものはないという。その意味を聞かせて下され。」

答「因の悦びとは南無阿弥陀仏の悦び、果の悦びとは極楽往生の悦びじゃ。お互凡夫は極楽往生を悦べど、南無阿弥陀仏のお念仏を悦ばぬあさましさを教えたものじゃ。」

問「『五劫思惟』は五劫ときってあるが、『超歳永劫（よう）』には時間をきってない。その味わいを聞かせてくだされ。」

答「おら（俺）の心配しなければならぬ仕事をさき廻りして準備してくれるのが、五劫思惟のお手柄。永劫とは、一たびみこんだ以上は、迷っても迷ってもどこまでも引きよせずにはおかんという、お心一杯がこめられているのじゃ。」

これらの例は、オザに参加して実際に聞きとった速記録の抜萃なのである。一座のなかの長老と思しいごく少数の人々は、どのような質問が出されても、布教師のように澱みなく、歯ぎれのよい鋭い表現で立ちどころに要領よく説明してしまう。彼らこそ「お同行」なのである。彼らは親鸞の伝記や説教本を買って読み、農耕に支障を来すほど説教の度ごとに寺へ参詣するばかりでなく、個人的な信仰座談にも参加して法義に精通し、なかには僧侶にまさるものさえある。日中は田の泥にまみれて働く農民、そして小学校も満足に終っていない人々とは思いもよらない。質問する人には同行候補と目されている人が多いが、一字も解さぬ老媼ですら経文の語義について質問するという風である。それでは同行は真宗信仰に支えられた生活者であるかというと、そういう同行もいる半面、法義に関する知識を誇らしげに吹聴しようという者もあり、「同行と栗ノ木柱に真直ぐなものはない」、という皮肉たっぷりな土地の諺が陰でささやかれている。

以上述べたように、オザは仏間での勤行（おつとめ）と茶ノ間での御示談からなっている。そこで真宗門徒の家屋構造を一瞥しておこう。仏間は家屋の奥まった中央に設けられ、茶ノ間は中ほどに大きくつくられている。家族の日常生活は大部分ダイドコロでいとなまれるのに、茶ノ間をことさらに大きくとってあるのは、オザの人寄せのためであり、オザの重要性を度外視しては理解し難い家屋構造である。第5図は典型的なオトト階級の間取りである

第５図　川西Ｓ④家の居宅平面図

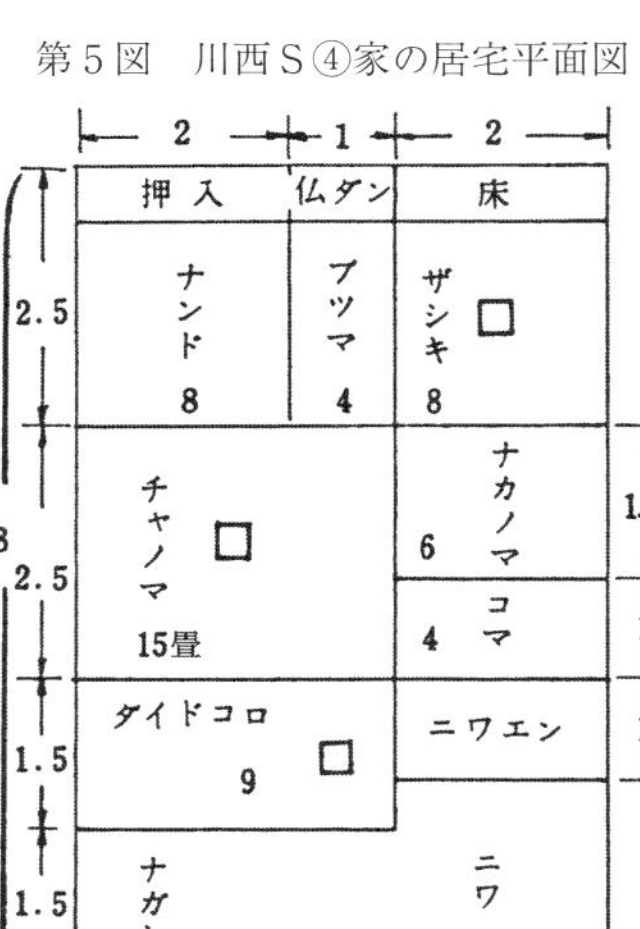

が、茶ノ間を大きくとってオザの会衆を優に収容できる用意のあることは、また門徒仲間で一戸並の資格を示すものといえよう。真宗門徒が群居していてその集落に寺がない場合、他地方ではしばしば道場が部落門徒団のセンターとして建設されているのに、川西をはじめとしてこの近在の真宗部落に道場がみられないのは、寺が近いせいでもあるが、中層以上の家々がそれぞれ道場の設備をしていることにもよる、と思われる。オザのヤドは道場の機能を当番で交代に担当しているとみるべく、仏間と茶ノ間の大きさはこれを道場と解するときに一層その意味を明らかにすることができよう。能登における真宗の伝播は部落道場の特設を伴なわず、ために一般民家の宗教的社交的機能を強化することとなり、他方、日常の家庭生活をいとなむ場所と作業場の空間を圧迫する結果となったのである。(2)

さて、オザは信心の沙汰をする部落門徒団の広場であるといっても、それは信者や求道者の聞法の欲求に貫かれた集会であるといえるほど、純粋でもまた単純でもない。その一端は、オザへの出席がむしろ一種の村つきあいと考えられ、川西門徒の各戸から誰か一人は参加するものとされている事実にみることができよう。殆ど全戸真宗門徒の桜木では、隣近所誘い合せて来るので出席率も高いが、真言宗檀家と交錯する広、ことに真宗門徒の少ない田長ではオザから遠ざかりやすく、ヤドの割当をも受けぬことになる傾向がある。オザ出席は、家政に積極的な責任のない、そしてどこかで気楽な話し相手を求めている老人たちの仕事であるが、オババやオジジがいない家では、ヤヌシ夫婦のうちどちらか関心の深い者が出席するか、夫婦で責任を二分して交代に出席するかで

ある。出席者のほぼ三分の二を占めるオババは、聞法の熱意によるよりは、一種の部落統制に対応する家の機能分担としての参加であるためか、その過半が示談中居眠りをしているという状態もみられる。だが、このようないわば強いられた出席を重ねるうちに、いつしかオザの雰囲気と法話のなかに馴致され、一身一家の不幸を機縁として信仰に達した人もいく人かはある。男子の出席者、ことに「お同行」にはそうした人が多い。また、交際上是非なく出席するのではなく、留守居一人を残して全員で参詣する家や、進んでイリオザを申し出る、つまり割当て以外にオザのヤドを余分に引き受ける家も、少数ながら存在するゆえんである。オザは事実上翁嫗の集会であるが、それはまた四十歳になっても寺詣りをしない人に対する社会的非難の発生基盤であることから知られるように、集落における価値観念の、少なくとも真宗的価値観念の、有力な支柱として、重要な社会的意義を荷っている。オザが蓮如の期待したように運営される限り、真宗の伝統を保持する上にオザにまさる効果的な社会教育的施設は、おそらく外に求め難いことと思われる。寺勢が奥能登ほど振わぬ口能登では、信仰批判の機会たるオザが殆ど脱落してしまっていることを、いま一度想起すべきであろう。

川西の真言宗檀家にも門徒団に比すべき組織と活動がみられる。それは広と田長の二つに分れて組織された大師講で、オザをもって主な定期的活動としている。しかしこのオザは月一回程度（宗祖忌逮夜および庚申の夜）で進退も比較的自由であるばかりでなく、御詠歌を唱和し赤飯や「おはぎ」などかわりものが勧められる娯楽の機会としての性格が濃厚であるなど、真宗門徒のオザと同日の談ではない。もっとも、御詠歌の先導をするほどの人はかかさずオザに参詣する熱心家であって、その態度は真宗門徒と大差がないといわれているが、これはまず例外とみなしうるし、かりにこの例外に注目するにしても却って真宗の影響力の大きさを示す証左となるばかりであろう。広のオザは昭和二十六年秋から開始され、宗祖忌よりも先祖供養の意味が濃厚だが、すでにふれた

ように真宗のオザはそうした色彩が稀薄で、法義問答に圧倒されている。

真宗のオザでは二時間ほどの御示談の間にさし出されるのは、茶うけのつまみものもない番茶だけである。かくてオザは夏であれば午後十二時すぎに、春秋は十二時前に、冬季は午後一時頃終って散ずる。冬季には日中の最もよい部分がオザに充てられるばかりでなく、オザが集中的に殆ど毎日連続して開かれる部落もなかにある。その一例は次頁以下に記そう。また、それほどでなくとも、冬ごもりの日々はいろり端で近所あい集まって法話の花を咲かせて過すのである。

オザのさいに集められた賽銭は手次寺別に一括して、オトキハジメ・オトリコシの費用に充て、残余のうちから、仲間の門徒で本山負担金を納付できない者があればこれのために出費し、また若干は手次寺へ納める。かような点に部落門徒団の講中連合といいうる側面があらわれている。次に、オザの賽銭でまかなわれるオトキハジメとオトリコシについて述べよう。

オトキハジメは早春に一回、オトリコシは十二月頃までに一回、川西二十八日講中としてつとめる法要である。前者は年初のオトキ、後者は報恩講引上会（実際は後れているが）、の意味であろう。昭和二十六年の春には正願寺門徒、二十七年の春には慶願寺門徒、同暮には長光寺門徒がヤドを担当したというふうに、三ヵ寺門徒で交替してヤドを引受けるのであるが、当該門徒の間では、川西の全門徒を収容できる茶ノ間をもつ家に相談してヤドを依頼するのである。法要の日が来ると、ヤドを引き受けた家の手次寺が寺中を伴なって参詣し、この法要を主催することは、どの手次寺とも関係なしに営まれるオザと異なった一つの点であるが、オザも積極的に僧侶を排除した集会ではなく、あまり頻々と開かれるのでとくに僧侶を煩さぬまでであろう。また、本山から講中に下附された開山像を正面に掲げ、前出の消息を手次寺住職に読んで貰うことも、オザと異なる特色である。僧

侶への礼としては、ヤドで僧侶に食事を供する外、オザ賽銭のなかから本坊へ二百円、別に説教代として百円ほど、寺中へはその半額合計一五〇円位包む。なお、第四章第一節で述べるように、門徒各戸でもオトキハジメ・オトリコシを手次寺住職を迎えてつとめる。真言宗檀家にはその何れもないが、オトキハジメの頃、真言宗の金蔵寺は檀家の希望によって春祈禱(はるきとう)をして廻ることを想いあわせるとき、門徒各戸のオトキハジメは月忌始めといわれているが実は祈年祭に相当することに思いあたるのである。オトリコシはそれに対して収穫祭とほぼ時期を合するわけで、これらの諸点は第一節で言及した真宗門徒と在来の習俗との交渉を考察する上に、一つの重要な手がかりを提供するものと思われる。

このような部落門徒団の活動は、少なくとも町野河谷一帯にみられる現象である。一、二簡単に他の部落の例を挙げてみよう。鳳至郡柳田村鈴ヶ嶺は四一戸の農家からなる山間の集落であるが、真言宗四戸を除く他の三七戸は真宗であって、これは前出の正願寺門徒二八、同村神和住真念寺門徒九に色わけすることができる。しかして真宗の三七戸一団として、月三回、すなわち本山前住（六日）・前々住（十五日）・宗祖（二十八日）のそれぞれ命日にオザを開設している。二十八日をオザの日と定めていることは、手次寺から遠く離れているためその日寺でつとめられる「お講」に参詣できないことを物語っている。この部落では、月三回のほかに毎年一月一日から五日まで年頭のオザを開き、また、雪に閉されて冬ごもりをする二月から三月にかけて殆ど一日も休まずオザを開く。川西よりも門徒の数が少ないのにオザの回数がより以上に多いから、各戸年二回宛ヤドを引受けることになるのはいうまでもなかろう。このように毎月ほぼ十日間隔で三回のオザがあり、おそらくそれが農繁期には低調になる半面、農閑期にはオザが毎日のように開かれて宗教的部落活動が白熱状態に達するという、月毎のそして年毎の周期を描くのである。これをやや詳しく説明するならば、月例のオザを基本軸としつつ、平均五反

歩ほどの一毛作田の耕作に労働力が集中される時期には、家毎に分れた営農活動が中心をなす。それがほぼ十一月で終り、現金収入を獲得するための炭焼き・山仕事などのいわゆる副業に十二月と一月を費して冬ごもりに入る。この時期には積雪のために遠方へ出ていくことが妨げられるので、部落内の他の家々との間にいろりを囲む社交生活がくりひろげられる。単に社交生活が部落内に集中するだけでなく、他の生活部門が休止状態に入っているので、社交生活の時間量もまた相対的な重みも著しく増してくる。その集団的なあらわれがオザの頻繁な開設なのである。近年、ラジオの普及によってオザの娯楽的要素がいく分褪色したに相違ないが、もともとオザは娯楽としてとるに足らぬものであった。しかし、その社交的要素は依然として重要な機能を果し続けることであろう。なお、部落門徒団の年中行事たるオ講ハジメは二月二日、オトリコシは十一月か十二月に行われ、年頭のオザや二月・三月の連日のオザと相まって、冬期の宗教暦に強いアクセントを与えている。

同じく柳田村の石井は戸数六四で禅宗・真言宗・真宗が混在するが、後者が最も多く四三戸を占め、正願寺門徒一三、石井光栄寺門徒一三、合鹿福正寺門徒五、大箱願正寺門徒七、同浄福寺門徒四、河内光明寺門徒一と、かなり細かく分れている。それでも石井の真宗門徒全体で毎月三回――五日・十五日・二十七日――、春秋の彼岸、歳暮にオザを開き、またオトキハジメ・オトリコシを行っているので、これによって部落門徒団の存在を確認することができるのである。

鈴ヶ嶺と石井のほかにもこの地域でいくつか大同小異の事例に接しえたが、これらには部落のなかの年齢階層別の活動、ことに青年層の門徒行事は発見されなかった。しかるに柳田村合鹿字言若では仲間お講といって、毎年二月十六日に若い衆がみな肩衣(かたぎぬ)をつけてヤド（廻り番、但し新宅は狭いので除く）に集まり、合鹿福正寺住職を迎えて勤行と説教二席それから御示談がある、と報告されている。(3) ここで部落門徒団のいわば青年分科会の如

きものが若衆仲間の活動と合体しうるのは、部落の殆ど全戸が真宗門徒であるためであろう。川西のように余宗檀家を相当数含むところでは成立し難きものである。他方、オトキハジメ・オトリコシの行事を欠く部落門徒団もある。その一例町野町金蔵は戸数一〇四戸で、真宗六七と真言宗三七に分れ、真宗はこの部落の正願寺（五五）と慶願寺（一二）に分属している。ここでも真宗門徒全体でオザの行事があるが、毎月唯一回きりでしかもどちらかというと老婆の娯楽的会合の色濃く、信仰讃嘆の機会としては頗る低調なものらしい。それにオトキハジメもオトリコシもつとめない。手次寺の地元であるから宗教活動が他の部落よりも充実していることと予想されるのに、かように案外低調なのは、寺と日常的に接しすぎるため、宗教活動が生活の折目を画するものとして有効な作用を果しえないことに由るのであろうか。それにしても、オトキハジメ・オトリコシは最初から行われなかったのかどうか。オザの月一回というのには、食糧の逼迫した時期に回数を減少して一回にした節がみられるので、がんらいはオトキハジメもオトリコシもつとめたものと推定される。この推定が正しい限り、右にみた若衆仲間のお講の存在とかオトキハジメ・オトリコシの脱落とかの部落差を含みつつ、真宗門徒合同の定例オザと年初・年末二度の法要に、町野郷諸部落共通の文化形象を指摘しうると考えるものである（昭27・8、および11調査）。

註

（1）蓮如に仮託して作製された「九十箇条」は、年忌月忌の時に坊主も同行もあまた集まって仏法の談合をする会合を「御座」とよんでいる。これは世間の売買よしあしの事のみ我も我もと物語する名だけの御座になり易かったらしい。御座に似た名辞は「御講」であるが、同じく「九十箇条」に「御講ノ時ニ魚鳥ヲ喰フヘカラス」とあり、オトキと俗によばれる共同飲食が御講の一部をなしたことが窺われる。本書に挙げた「お講」の例また然りである（一七六頁）。座と講に与えられたこの区別は、宮座・宮講の場合には意味をなさないのかどうか、興味ある問題と思う。（補註18）

（2）宮本馨太郎「能登の衣食住について」、『人類科学』6（昭29・5）、一四三頁。
（3）平山敏治郎「民間習俗」、九学会連合能登調査委員会編『能登―自然・文化・社会―』（平凡社、昭30）、一三五頁。

㈡　愛知県渥美郡波瀬の事例

同じ能登でも七尾以南の口能登では、奥能登とかなり事情が違う。例えば石川県鹿島町芹川は戸数百戸の部落で、大谷派の門徒八〇、本願寺派の門徒一五、不明（移住者）四、残り一戸は泉福寺（大谷派）住職家であり、しかも大谷派門徒のうちこの寺の門徒が四二戸を占める（昭28・8調査）。かように純門徒部落といいうる住民構成を示すが、部落門徒団の組織もなければ活動もみられない。ただ僅かに、町青年団の芹川分団が毎年十一月二十五日に泉福寺で行う若衆お講の行事と、芹川仏教婦人会の組織とがある。青年分団も婦人会も大谷派・本願寺派の区別なしに部落全戸を包括的に構成員として組織されている点に、部落門徒団の分科会的様相をみることができよう。婦人会の主な活動は、葬儀の翌日喪家へ集まり、泉福寺を招いて故人の菩提のために法座を開くことである。すなわち、本山おそらく東本願寺から婦人会あてに下附された本尊絵像を床の間にかけ、その下に故人の法名を紙に書いて貼った板を立て、供物を並べた前で、正信偈・阿弥陀経をあげ、本山下附の「お文」を拝読し、説教を聴聞するのである。これを弔イオザという。オザというからには「御示談」も行われるが、それは寺僧が到着する前にすませてしまう。そして、同行が質問に答えることは奥能登同様であるが、芹川には同行というほどの人がいないので、隣部落から招待して質問に答えて貰う。オザを始めるときの一定の口上もかつてあったが、いまは全くすたれてしまった。このように、オザは信心の沙汰をする機会というよりは、故人の追善のために行われる儀礼と化しており、したがって寺僧の関与が著しく前面に出ている。しかし、もともとかようなも

のであったとは考えられない。仏教婦人会というのは近代になって新たに組織するなり、あるいは尼講を改組したものであるから、婦人会の組織化にあたって従来の慣行が再編されたと考えざるをえない。すなわち、まず部落門徒団の行事として恒例のオザがあり、それが弛緩頽落した後、婦人会によって葬儀のあとのオザのみうけつがれ、このさい先祖供養に重点が移ると共に、伝統的な法談も一部に保持されたのではあるまいか。弔イオザは婦人会の主催で開かれ、寺僧への布施は集金と賽銭によってまかなわれ、喪家自体はそのサービスを受ける立場にあることをみると、婦人会は葬送に関する部落機能の一つを弔イオザにおいて担当している、ということができる。弔イオザが維持されてきた理由はそこにあるといってよい。これはまた個々の家の関心によって支えられていることはいうまでもないが、その点が明瞭に観察されるのは、三十三回忌・五十回忌（おそらく弔いあげの時）の逮夜に当該戸の発意と負担において行われるオザである。すなわち、芹川全戸へ参詣の依頼と案内を出し、泉福寺から宗祖の絵像を借りてきて床の間に掲げ、寺僧を招いて弔イオザ同様の行事をいとなむのである。かように、先祖供養にオザの重点が移って法義談合の意味がうすれ、部落門徒団の組織また解体したかにみえるのは、奥能登と比較するときどのような条件によると考えることができるだろうか。

最初に、大谷派と本願寺派が併存することをその一つの条件とみることもできるが、大谷派門徒が大多数を占めるから、彼らだけでも組織を維持できないはずはない。そこで、町野郷と邑知潟地溝帯における真宗門徒活動の環境条件の差に関連づけて考察するならば、明治三十一年に七尾線が開通して、まず地溝帯の北側に急激な外界の影響をもたらし、昭和十五年頃南側の山麓に産業道路が拡張されてやがてバスの開通をみるという、町野郷より数歩進んだ交通運輸の条件と、明治初年から石灰製造・製布工場などが出現し、大正期に製糸・製布の会社があいついで設立され、地溝帯織物業の一環を形成するまでに機業が発達したという、産業開発の条件を挙げな

ければならぬ。こうした交通および産業の比較的顕著な発達によって、地溝帯の村々では明治後期以降村落秩序の変化が促進され、共同体的統制が弱化し、また世俗化もこれに伴なって進んだ結果、部落門徒団および寺門徒団の漸次的解体を招いたということができるのである。

しかしながら、交通と産業の発達必ずしも同じように部落門徒団の解体をもたらすわけではない。村落外からのさまざまな作用が門徒組織にいかような効果をもたらすかは、作用の質と強度によって左右されると共に、またこれを受けとめる門徒組織が村落組織とどのように接合しているかによっても強く規定されるからである。例えば、部落門徒団が川西のように村落組織と緊密にかみあっているのでないとき、村落内外の条件の変化によって門徒団に弛みが生じても、これを補強してタガをはめなおす術なく、たとえ解体し去っても村落組織はこれという損傷を蒙ることなく機能しつづけることであろう。芹川にも存在したと推定される部落門徒団はおそらくそのような在り方をとり、またしたがって解体への不可避的な契機をもったのであろう。これに反して、もし村落組織と吻合した門徒組織をもつとき、解体を促す条件のただ中でも部落門徒団は生き残り、外教侵入の危機においては村ハチブの盟約を結んで対処する活力を維持しえたに相違ない。しかして門徒組織が村落組織と構造的に重複一致し、緊密な機能的連関性をもつためには、余宗檀家が多数混在してはならない。のみならず、本願寺派・大谷派の混住をも許さないであろう。全戸同一寺院に属する必要はないが、少なくとも圧倒的多数が同派の寺院を手次とする部落でなければならない。何故なら、派を異にするとき、たとえ同一部落の門徒でも、組織をつくりかつこれを維持することにはしばしば余宗檀家との混住に準じて理解さるべき困難がある。(1) そして同一部落に共通の宗教組織をもちえぬ二つ以上の集群が存するとき、それぞれの集群が空間的に居住地を分かつのでないかぎり、村落組織の軸にまで食いこんだ門徒組織をつくりえないからである。

さて、石川県江沼郡山中町今立は戸数七〇、同町荒谷は五八。耕作反別一戸平均それぞれ二・四反、三・二反という山間の集落である（昭28・8調査）。何れも大谷派の一寺院に全戸帰属し（これを土門徒という）、部落内に寺がない代りに道場が上と下とに二つある。(2) 今立では本分家関係により、荒谷では地域的に、一方の道場への帰属がきまっている。毎月、今立では六日・十四日・二十八日に、荒谷では八日・十二日・二十八日に、道場にて道場主主宰のもとに「村お講」がある。初旬のお講は青年講で、中学卒業後二十五歳までの青年が道場へ集まり、揃いで造った肩衣をつけてオツトメをし、青年講へ下附された「お文」を拝読して、あとは雑談をする会合である。中旬のお講は尼講といい、主婦が道場へ集まって青年講と同じ要領で会合をする。この二つは部落の青年会・婦人会の組織に対応するもので、会合も二つの道場の一方を交替に用いて、全員がそこへ集まる。しかるに二十八日のお講（バンバ講）は、全戸から参集するのが建前の代表的な村お講であるから、道場への帰属に従い、上と下とに分れて同時に行うのである。かつてこのお講は昼間行われ、米を二合宛当番が集めて会食の準備をし、おかずも持ちよって沙汰する盛んな会合であったが、米の配給制度実施以後中止となり、それと共に講も不振に傾いた。青年講・尼講も次第にさびれ勝ちであるという。(3) この報告書の著者は、講が衰微してきた原因として、商品経済の滲透と窮迫による離村脱落とを通して部落が外界に開かれ、自ら個人（個々の家）中心的となって、これまで講へ参加するように強制していた共同体的拘束が弛緩したことを挙げる。そして衰微しながらもなお講が維持されているのは、共同体的拘束の残存によると説明している。これはさきに口能登芹川の事例について指摘した点と、世俗化の含みを除いて大同小異であるから、奥能登川西―南加賀山中町―口能登芹川の順に事例を並べて、共同体的拘束の強弱の、さらに封鎖度の大小の、函数として現況を理解することもできるであろう。たしかにここに一つの傾向性を見出しうる。しかし事実はもっと複雑で、右の図式通りにはいかないことが

いくらもある。そこで他になおいろいろの条件を析出しなければならぬが、その有力な一つがさきにふれた門徒組織と村落組織の吻合の問題である。今立および荒谷の報告は充分には詳細でないから断定することはできないが、この部落門徒団は村落組織と対応関係にあることは明らかである。月例の三講にそれが窺われる。しかし問題は、青年会・婦人会がどれほど部落組織の機能的な構成要素になっているか。道場への分属に示される二分組織は単に道場維持のためにあるものなのか。それとも他に重要な機能を荷うものなのか。こういう点はどうなのだろう。報告から推断される限りでは、門徒組織が村落組織の軸とかみあっているように感じられない。この印象が正しいとすれば、講衰退の一原因をそこに指摘することができる。では、どのような場合に「吻合」といえるのであろうか。この点を二つの地点の報告によって考察してみよう。(補註19)

まず、石川県河北郡浅川村田島（現在、金沢市田島町）は、富山県境に近い山峡の僻地である。戸数八三、そのうち曹洞宗四戸を除いて他はすべて真宗大谷派の門徒であり、詳しくいえば一四戸は隣の二俣にある本泉寺、残りの六五戸は金沢別院に属している。田島には戦後寺号を称するようになった称念・聞名の二ヵ寺があるが、依然別院の下道場の地位にあり、それ自身の門徒をもっていない。ところで、以上の真宗門徒が大きく二分されて、「大（おお）お講」「小（こ）お講」というものを組織しているのである。

「大お講」の講員は、部落の旧家で上層階級に属するナヤ・コザカ・ナカジマ・ニンギヤマ・トクケン・伊平の六軒であるが、もとは一六軒もあり、他出退転によって漸減したけれども補充しないので六軒となったのである。お講をつとめるのは、金沢別院の僧が在家報恩講を執行するために来村する毎年十二月九日か十日で、当り番は当日潔斎して肩衣姿に威儀を正し、前年度の当り番の家から三巻の御書を申しうけて来て自宅の仏壇に安置する。講活動の焦点をなすこの三巻の御書とは、田島村十三日講中あて宣如消息、田ノ島村十一日講中あて常如

消息、田那島村十三日講中あて常如消息の三つに外ならない。御書に十三日講中・十一日講中というも、今日の「大お講」の異名にすぎないのであろう。しかしてこれを旧称とみるならば、近世初頭宣如（東本願寺十三世）の頃には毎月十三日を講の日としていたのが後に十一日に変更され、さらに十三日に改められたこと、そしておそらく講員の減少によって毎月の行事を廃して一年一回としたことなどが、ほのかに窺われるのである。さて、「お講」は別院の僧による勤行・三巻の御書拝読・説教をもって前半を終り、当り番で準備した五つ椀の精進料理を会食する後半がこれにつづく。

「小お講」には曹洞宗四戸と「大お講」六戸を除く全戸が加っている。講員の数が多いので一二の小組に組分けされていて、現在小さいのは三戸、大きいのは九戸と数の上でもまた地域的にも不揃いであるが、もともと軒並に八～九戸ずつで編成されていたらしい。この一二の小組が月交代に一年に一回ずつお講の当番をするのである。すなわち、前年末にくじできまったその月になると、適当な日に組内の当り番の家に組員が参集し、部落の両寺のうち何れかを招いて、「大お講」同様に勤行・三通の御書（田ノ島村十五日講中あて常如消息、田野島村二十八日講中あて一如消息、田島村十三日講中あて真如消息）拝読・説教があり、そのあとで五つ椀の精進料理による会食がある。

田島のお講としては、右の外に毎年二月七日の初お講、十二月十一日の若衆講があった。両方とも部落全体の行事で、初お講には当日午後全戸から道場へ集まって田之島村二十五日小寄講中へ宛てた達如の消息を拝読し、若衆講には道場で若衆が寄り合いをしたものであるが、何れも太平洋戦争後は全く行われなくなってしまった。それは青年団の解体など時勢のしからしめるところであると共に、また、初お講とは別に部落の初集会があって初お講なしですませえたことも考慮に入れねばならず、それに曹洞宗檀家の混在という事情がこうした真宗本位

の部落行事を衰退せしめた条件であったことであろう。かくして田島では部落と外延的に重なる門徒組織が崩壊したわけであるが、にもかかわらず「大お講」「小お講」が依然存続しているのは何故だろうか。この二つの講は名辞の上で大小と対応するばかりか、「大お講」は活動の頻度において「小お講」の一小組に相当し、さらに行事内容において両者全く平仄を合することは、両講の併立に深い機能的な連関があることを暗示している。別々の如く見えてその実一つのセットをなす両講の存続は、一体どのように説明することができるであろうか。

その説明は、「大お講」講員にとっては彼らの講が家柄自慢の集団的表現であるところに求められる。その講は規模と活動の頻度では「小お講」の小組にしか匹敵しないのにかかわらず、「大」と称するのである。蓋しがんらい「大お講」しかなかったのであろう。上層家系のみお講をもっていたところへ、小前層の上昇によって新しい講が結成され、新旧両講が大小の関係に整序されて併立する過程は、神社の宮座における本座・新座、大座・小座の類推によるものであるが、また両講所持の御書の古さからしてこれを推知することができる。そうした「大お講」の優越性は、この講員のなかにのちに寺院化した道場が二軒とも見出されることにも示されている（屋号でいえばコザカとナカジマ）。他方「小お講」側にとっては、劣位であるにせよ、旧家上層の講と並ぶ講をもつことは、彼らの独立的地位の集団的表現であるから、これを設立維持することに重大な関心があるのは当然であり、独立的地位が当然のものとなってむしろ劣位を恥じる意識が生じてからは、それに至るまでに「小お講」の小組講員の間にはりめぐらされた互助関係が講の維持を必要とする。事実、小組の構成員は互に親類以上の附き合いをなし、冠婚葬祭等によく相互扶助の実をあげていると報告されている。(4) かように、大小両講は部落の旧時および現時の階級構造と吻合し、それぞれの階層の異なる社会的ないし社会心理的要求を満足させているところにこそ、その存続の理由が求められるのである。

第６図　愛知県渥美郡田原町波瀬要図（後掲論文による）

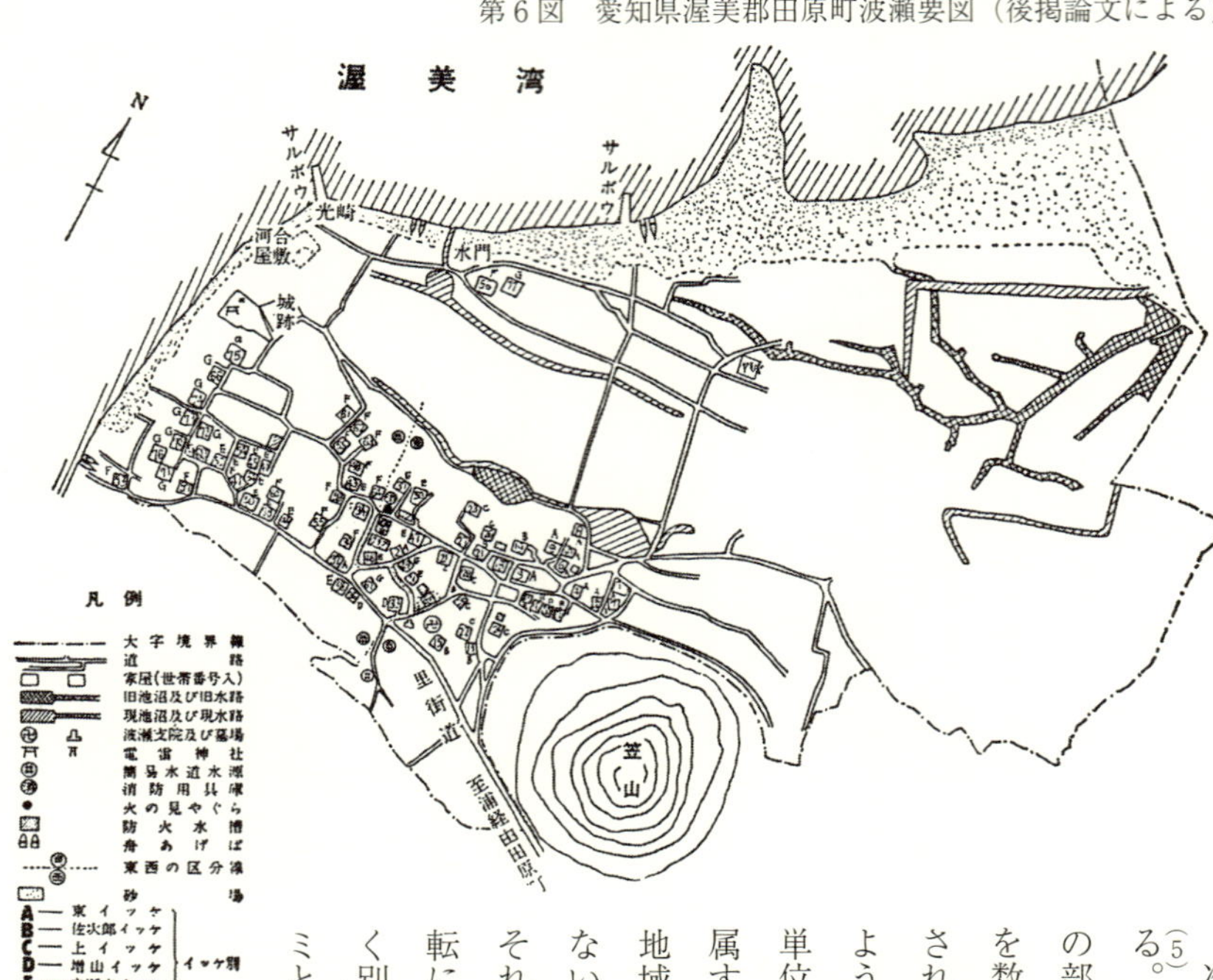

次の例は愛知県渥美郡田原町波瀬の門徒組織である。[5] 波瀬は渥美湾に面した半島基部に近い半農半漁の部落で、疎開による来住六戸を含めて総数七七戸を数える（昭29・8調査）。それが七つのイッケに編成され、イッケの頭である組長を通して伝達を受けるようになっている。そこで、イッケを部落の地域的単位集団たる組と考えてよいわけで、事実イッケに属する家は比較的近くに一団をなしている。しかし地域的に最寄りの原則によって組織されたともいえないことは、人文地図を一瞥すれば明らかである。それではかつて地域的に編成された組がその後の移転によって崩れたのかというと、そうでもなく、全く別の原則によって、つまり本家分家の集団（ジグミという）を基礎に編成されているのである。すなわち、村落組織の機能的要請により、同姓あるいは異姓のジグミをいくつか合してイッケとし、またそこに来住者が適宜配分されるという構成である。そうした具体的な

第36表　波瀬におけるジグミとイッケの対応関係

同　姓	ジグミの数	戸数	イッケ	他に含む
増山姓	2	6	増山イッケ	来住 1
立岩姓	8 { 2	11	東イッケ	
	2	10	佐次郎イッケ	
	4	8	上イッケ	
柴田姓	8 { 5	15	中瀬戸イッケ	来住 3
	3	9	西イッケ	{ ジグミ外 1 来住 1
石部姓	1	4	} 石部イッケ	来住 1
渡辺姓	1	4		
浜千代姓	1	3		
6	21	70戸	7	7戸

状況は第36表を参照されたい。かようにいわばジグミ連合として成立しているイッケは、部落の機能的下位集団に止まらぬことは当然であろう。かつて若者組の寝宿が存した時代には、イッケ毎に宿親・宿子の関係がみられたと伝えるし、こんにちでも葬儀における互助はイッケの義理とされていて、自治組織としてもみるべき点が多いのである。

さて、来住戸を除く波瀬居住者は全戸真宗門徒であり、しかも同じく大谷派に属する。尤も同じ寺の門徒ではないが、あまり分散せず、立岩・柴田・石部・渡辺・浜千代の各姓は同じ町の野田にある西円寺の門徒、増山姓は同じく野田安楽寺の門徒であるから、イッケでいえば六つのイッケが西円寺門徒、残りの一つが安楽寺門徒ということになる。イッケのなかには少数の来住戸が混じていて、これらには門徒でない家もあるが、来住者も波瀬に定住しようとする限り、門徒になるのが原則だったのではないかと思われる。他の地方にそうした例があるばかりでなく、浜千代ジグミが幕末に伊勢から渡来して定住するにあたり、禅宗を改めて真宗になったと伝えるからである。

さきに奥能登町野郷の事例でみたオザ・オトキハジメ・オトリコシは、ここでは部落全門徒の参加する行事ではなく、各イッケ単位に行われている。もちろんオザなどといわず、これをオヨリ講といい、毎月二回、すなわち本山前住職の命日逮夜（五日）と宗祖親鸞の命日逮夜（二十七日）に、イッケの当番の家（会所）へ集まって

「おつとめ」をするのである。エショは家屋の手狭な分家や宗旨を異にする来住者を除いて交代にひきうけるから、一年に何度も廻ってくるが、茶を出すだけで負担にはならない。出席は各戸一名以上、ふつう夫婦で参集する。夕食後さっぱりしたふだん着に男は輪袈裟をかけて会所のオデの間に集まり、女はダイドコに坐って、イッケの長老の先導のもとに正信偈と和讃を一同で唱和する。本来ならば、このあとで祖師の恩徳を讃仰し信心の証をするのであるが、今日は行われていない。それで「おつとめ」が終るとオヨリ講は終るわけである。しかし、直ちに散会するのではなく、ダイドコへ下って各種の伝達をしたり、部落や村の行政に関する問題についてイッケの意見をとりまとめたり、農業協同組合への支払金や掛金を徴収したり、また本山相続講や京詣り基金を積立てたり、イッケのさまざまな事務や協議がこのさい行われるのである。だから、門徒でない来住者はエショをひき受けなくとも、オヨリ講には出席せねばならなくなるし、たとえこの会合が定例オザの信仰的要素を喪失するようなことになっても、なおかつオヨリ講としてすたれずに維持されることであろう。ところで、戦時中以来オヨリ講は上意下達と物資配給など国家統制を実現する最末端の場として活用され、もともとオヨリ講に附随して行われたにすぎぬイッケの会合が「おつとめ」よりも重要視されるようになったが、それでもオヨリ講が宗教的要素を払拭して単なる組の寄合となってしまうことはなかった。それは伝統の力とか惰性の作用とか、現実にはさほど意味のないものに帰因するかも知れぬが、さまざまな飲み食いの講が戦時中に片端から姿を消したことを想い合わせるとき、オヨリ講の「おつとめ」それ自身には何らかの積極的な機能がある、——ことにオヨリ講につづく組の会合にとって積極的な意味があったと考えざるをえない。思うに、イッケの全戸から会して一同正信偈を唱和するとき、イッケとしての連帯感・集団精神が会衆の胸に流れて、米麦の供出とか物資の配給とか、とかく利害の相反しやすい問題を議するための心の準備がなされる。これが、戦時中イッケの寄合に重点が移って

も、なおかつ「おつとめ」が守られた理由であろう。寄合という目的達成的次元の活動には、どうしてもそこから起る緊張を緩和し処理する用意が必要であるが、オヨリ講にてあらかじめ緊張をほぐし対立感情を和げて寄合の円滑な運営のために備えをしているのである。オヨリ講と組の寄合とはかように互に補強しあう関係にある。波瀬の門徒組織の強みはここにあるのである。

イッケは右の月並行事のほかに毎年御正当と報恩講をいとなむ。御正当とは本山前住職の命日の前日に感恩謝徳の意味で行う行事であると説かれているが、正月の農閑期に各イッケ毎に適当な日を選んで行うといい、二月五日（前住正忌逮夜）を原則とするようにみえないことは、いかように説明するにせよ、これが奥能登のオトキハジメに相当する行事であることを明らかに示している。さて、分家や来住者を除いて輪番にエショを引受け、エショでは仏供用の餅を二升搗いて乾かしておく。御正当の当日、午後から各戸男女二人宛出て、男は餅のオカザリと花タテ、女は炊事をし、一汁二菜（ツボ＝豆腐・人参・里芋の煮つけ、オヒザ＝大揚）の膳を整える。こうして仕度が出来上るとオ寺サマ（波瀬支院か）を迎えてオデの間でまず男衆の会食があり、この膳を洗ってから女達が別の間で会食をする。食事が終るとおそらく食べ残りのお菜をもってめいめい自宅にひきとり、「おつとめ」が始まるまで一休みする。そして八時頃、子供達の「仁助さあ、オショウヤが勤まるで詣りましょう」、と大声でふれ歩く声を聞いてエショへ参集し、「おつとめ」と僧の説教のあと、暫く雑談をして散ずる。翌日はザアライ日（オサライか）で朝オ寺サマを迎えてこれに食事を出し、「おつとめ」がすむと費用を精算して酒宴となる。この酒は多くの場合二十五歳・四十二歳の厄祝や嫁ヨビの酒が一、二升イッケのなかから出されたのをあて、もしなければ仲間割で買うのである。御正当の費用のうち、薪・茶・オ寺サマの茶菓子のみエショの負担とされ、会食の米は各戸から一升宛もちより、その他の会食費やオ寺サマへの礼などすべてイッケ全戸の平等割

で調達される。

報恩講は奥能登のオトリコシに外ならない。旧十月に御正当と同じ要領で行われるが、そのさい組長が交代することはとくに注目を要する点である。渥美地方では部落の初寄りのとき総代＝区長および組長が交代するものであるが、波瀬ではイッケの年中行事の最も重要な日にその引継ぎが行われ、新しい年度がこの日を起点として展開するのである。(6)

かようにして、毎月二度のオヨリ講と毎年各一度の御正当と報恩講がイッケの基本的な宗教行事であると共に、イッケの組としての活動もそこに分かち難くまとわりついているのである。だから、これらのエショを輪番に引き受けることはイッケの正員たる義務であると共に、新しくエショとなることは正員の資格を獲得する手続きとみなされるのである。

さて、奥能登でみた部落門徒団の活動がここでは部落の下部機構であるイッケに吸収されているから、波瀬全体の門徒団の活動がみられないのであろうか。結論的にいえば、次に説くように今日ではそれがみられる。しかし、部落のなかに一つの道場すらなかった近世末までは、おそらくこれという部落門徒団の活動はなかったと思われる。奥能登と渥美半島と、遙か雲烟の彼方に相隔絶せる二つの地域に精確に対応する伝統的な文化の型がみられ、それが一方では部落門徒団の、他方ではその下部組織の行事となっている事実は、右の推定を支えてくれる。しかし、イッケの上に部落の統合が成立しているかぎり、イッケに対応せる門徒団の活動と共に部落に対応した門徒団が出現することは、これを遮る事情のない限り、殆ど必至といわねばならぬ。だが、波瀬の一般家屋は田の字型の間どりを根基とし、人寄りに充てうるオデ・ダイドコはともに六畳ないし八畳であるから、イッケ各戸二人の参集に応じうるが、部落各戸から一人宛として総数七〇人内外に達する会衆は、通常の民家では全く

第７図　波瀬部落の民家平面図（後掲論文による）

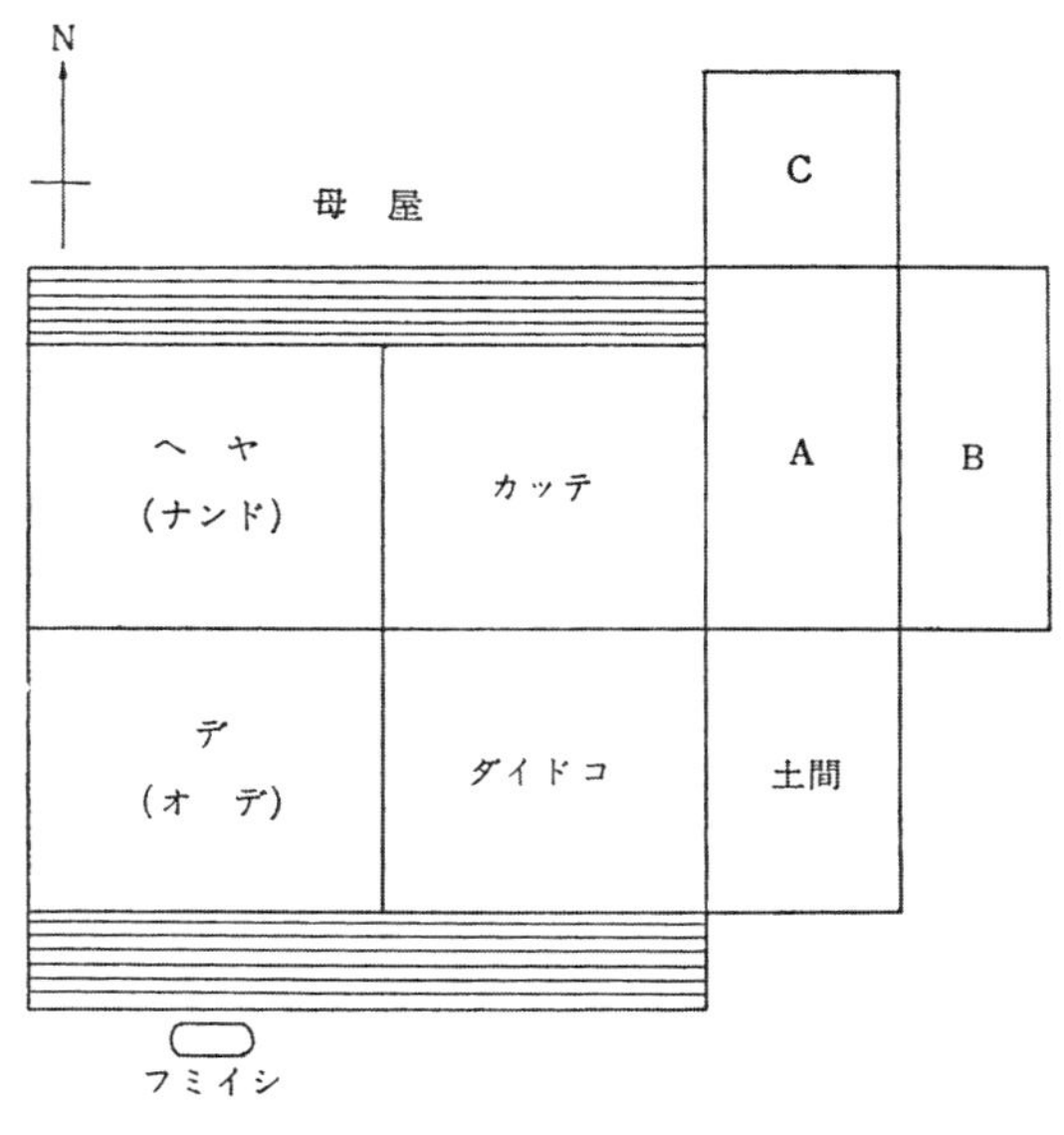

母屋の四間（８畳又は６畳）を蚕室とする結果，元土間であったＡに床をはり，食事部屋及び寝室とする。カマドはＢ又はＣに１間×２間位の庇を出して，これに移す。上蔟の際炊事の煙が繭を汚すことをさけるためである。

その収容力を超える。そこで部落門徒団が出現するためには、全戸の会合を可能にする施設の設立が前提条件とならざるをえない。全戸大谷派の門徒であり、しかも手次寺から三里も隔っているのに、近世末まで何故さような部落の公共施設が設けられなかったか、むしろそれが疑問となるが、漸く慶応二年五月に至って、藩の役人や本山使僧の休憩所として集会所が一棟建設された。表向きは貴賓接待の施設であるにせよ、実際には部落共同の目的万般に使用されたに相違なく、明治六年学制によって学校が設立されるや校舎として用いられ、明治八年以降は西円寺前住職の定期説教に使用された。こうして部落道場の性格をあらわにしていったが、波瀬には西円寺門徒の外に安楽寺門徒がいるから、西円寺専属の道場とすることができない。そこで、明治十一年十一月三河所在の本山別院の一つ、赤羽別院（幡豆郡一色町赤羽）の説教場となり、このさい部落有の田畑を寄進して説教場の基本財産とし、なお近傍諸村から献木をえて本堂を新築し、従来の建物は庫裡に用いることにしたのである。翌明治十二年十二月、赤羽別院より遙かに近い

豊橋別院所属に転じて、支院に昇格した。

波瀬支院常駐の留守居は別院から派遣され、そうした人事面で別院の管理に属しているが、支院として別院の機構の中に吸収される存在であるよりは、部落の道場として部落の信仰的結集を象徴する社会的形成物である。そこで、支院維持費は他部落信徒の寄附にも若干依存しているが、大体この部落共同の費用としてまかなわれ、ムラ人も自分達のお寺だから負担は当然の務めだと感じている。部落を代表して支院維持の責任を負うのが「寺庄屋」であり、全戸の直接選挙によって選ばれる。寺庄屋の下に各イッケから一名宛選出された世話方が七人あり、修繕・法要・行事などで経費がかさむ場合に寺庄屋は世話方を招集して協議するのである。農地改革迄は支院に約四反の田があったからその小作料収入に依存しえたが、解放後は全戸からの醵金によって維持している。すなわち歳費を二分して均等割（当時一戸四百円）と等級割とし、後者は寺庄屋と世話方の合議によって決定される。院主（留守居）の生活費はこれらとは別に、布施・説教礼金・命日の読経礼金・仏供米などに依存しており、部落からとりまとめて支給されるわけでない。

労力の提供はどうかというと、部落全戸では多すぎ、またイッケでは少なすぎるためか、波瀬を東西の二組に分かち、組が一年交替で支院の経営・修理・行事の準備等を直接担当する仕組になっている。この二分組織とイッケには対応関係を見出し難いが、元来両者の編成は無関係ではなかったことと思われる。東西二組から一名宛老年の篤志家・篤信者あるいは有力者が大世話方に選ばれ、支院運営に関する重大な問題が起ったとき、各イッケからの世話方と共に寺庄屋の協議に加わるのである。年当番の組は、旧正月中に本山前住の命日を記念していとなまれる御正当・春秋の彼岸・盆・夏の農閑期に行われる「夏のお文(げ)(ふみ)」法会、秋の報恩講、旧十一月二十二日の「御講」など支院の行事の度毎に、飾り付け・清掃・賄方・接待など一切の下働きに従事するばかりでなく、

組のなかから一二名を選んで一ヵ月宛支院の供花の世話をさせることになっている。

村人は支院を中心とする全部落的な門徒組織をもっている。その活動の一例として右に挙げた報恩講をみよう。旧十月に四日間つとめられるこの行事にあたり、大がかりなシュミカザリ（二斗五升の白餅八ぱい）と花カザリ（松を主体とするヨセ花）がとくに準備され、会期中も、帳簿係・御堂案内係・寺詰め・手伝いなどに七〇人ほどの人手を要するというし、改悔批判のさいには改悔文の暗誦が誰彼となく会衆に課され、また三日目の昼村中から一戸一人米五合宛もちよって汁に大揚・ニスアエの会食（オヒジ）をするのである。こうして社交的娯楽的雰囲気のなかに、門徒訓練と部落の集団意識の昂揚がみられることは説くまでもないであろう。このほか月並行事としては二十一日講と十日講がある。二十一日講は毎月二十一日の夜支院へ集まって本山下附の消息を拝読し、本山護持の相続講掛金を加入口数に応じてもちよる集会であり、主に戸主が会するものと思われる。それに対して十日講は女房講ともいい、毎月十日の夜主婦が支院へ集まって消息を拝し、二円宛掛金をする集まりである。主婦がいなくとも一戸一名宛加入することになっており、講加入者が死亡すれば、僧の読経を請うてこの掛金から布施を出すのである。十日講は部落の性・年齢集団に対応すること右にみた通りであるが、さらに青年の集団として仏教青年会なるものがある。これは部落青年団員の全員を正会員・五十歳位までの中年を賛助会員とする団体で、明治四十二年に創立された。年二回、すなわち旧正月と十二月に支院で戦歿者および死亡会員の追悼法要をいとなむのがその主な活動であるが、法要の前三日間位正信偈読誦の合同練習をし、また花カザリをつくる作法を主に長男達が学習するところから窺いうるように、このさい青年の宗教訓練が行われて、部落の宗教的生活様式の伝習がなされる点はとくに注目を要するように思われる。真宗的生活訓練は幼児時代に始まることはいうまでもなく、それは主に各家で行われるが、昭和二十年の敗戦まで支院にて少年のための日曜学校が開

かれ、正信偈やお文の読誦を教えたり、説教を聞かせた例が示すように、少年期以後になると部落の関与が大きくなる。

このように波瀬支院は部落の宗教生活の焦点に立っている。支院はムラ人にとって部落の「オ寺サマ」なのである。だからといって従来の手次寺の縁をたち切って支院の門徒になったわけではなく、支院に対しては依然信徒たるに留まる。しかし、子供の葬儀や年忌などは手次の西円寺などを煩わすことなく、支院ですませるようになった。かくて手次寺の比重は減じ、また寺に対する波瀬門徒の維持負担額も半減したという。それと共に、支院を中心とする活動には部落門徒団の活動に寺門徒団のそれの性格が加重されてきているというべきであろう。

要するに波瀬では、門徒団の組織が部落のレベルでは自治組織とかみあわされ、イッケのレベルではそれと合体している。真宗的生活様式は単に門徒家個々の、あるいは門徒団の問題たるに止まらず、部落機構のなかに自己を客観化して村落秩序の一つの軸となっているのである。だから、漁業の盛衰によって、あるいは外界からの解体作用によってやすやすと崩壊していかない。そのようなものとして、門徒団の組織もまた活動も、維持されてきたのである。

部落門徒団がかように村落構造と吻合するとき、村落内外の変化にかかわらず一般に維持されやすいといってよいであろう。キリスト教や天理教が入ってきたときに盟約を結んでこれを撃退する態勢をとりえた部落門徒団は、村落構造と多かれ少なかれ「吻合」するものであったと思われる。その限りでは「吻合」は教団にとって幸いな事態ということができる。しかしかようにしてキルへ的性格が強烈であるとき、ゼクテとして教団を再編するために障碍となる面も出てくることは看過できない。部落門徒団の分科活動であると共に村落構造と結びつき

やすい若衆講をとってみると、北陸の農村では、ムラの若衆組が鎮守の祭礼に参加するのと同じ意味で真宗のお講に参加し、これが若衆講とよばれているのである。したがって、若衆講に集まる人々は必ずしも己自らの自主的な要求によって、選択的に参加するのではなく、若衆組の伝統的行事としてあるいは義務的行事として参加する者が多い。そこで、青年仏教徒の団体として仏教青年会を地域的に組織しようとする時、若衆講があるために信徒個人としての青年をひき出すことが困難となるのではないかと考えられる。事実、大谷派大聖寺教区での観察によれば、若衆講がかえって仏青の生まれることを阻む傾向があるのである。すなわち、加賀市塩浜では強制参加の若衆講をやめて任意加入の仏青組織にきりかえる改革を戦後教務所の指導で実施したが、参加する会員が少なく運営がなりたたない。そこで再び若衆講の形にもどそうとしたが、一度任意加入制にしてしまったため若衆組の義務的行事として若衆講を復活させることが難しく、結局仏青も若衆講もともに消滅してしまった(7)。この事実を考慮するとき、部落門徒団と村落構造の吻合は、教団の安定した地盤を提供すると共に、また教団の新しい歩みをチェックするものでもあるといわねばならない。

註

(1) もっとも加賀市加茂のように、本・大両派混住するが、尼お講・本山講・お逮夜講・おやじ講・若衆講を合同で維持している例もある(『農村と寺院』、七一〜七二頁)。

(2) 文化十年七月再写の「御郡方諸事聞書之留」について、江沼郡下の村別寺院道場数を集計した井上鋭夫氏によれば、六六ヵ村のうち一ヵ寺(道場)の村四五、二ヵ寺一五、三ヵ寺三、四ヵ寺一、八ヵ寺一(寺一八、道場七八)で、大体一村一道場とみなしうる。してみれば今立・荒谷の一村二道場はやや異例に属するわけであるが、異系の布教によって分立したのでないことは、今立の彦右衛門道場・覚右衛門道場ともに山代専光寺下であり、荒谷の与次兵衛道場・善兵衛道場またともに小松勝光寺下であることによって明らかである。この場合、道場の併立は村の規模(戸数)や構成によってしかるのであろう。

（3）『農村と寺院』（教化研究別冊、昭29・5）、二四～四五頁。
（4）小倉学「加賀田ノ島のお講—田ノ島採訪ノート其の一—」、『加能民俗』4の7（昭33・11）、一三～一四頁。
（5）島本彦次郎・村武精一・牧野由朗「波瀬村モノグラフ—一つの門徒村—」、『愛知大学総合郷土研究所紀要』3（昭32・3）、一～六二頁。
（6）石川県河北郡内灘村大根布の村お講は部落門徒団の行事であるが、深く部落組織と吻合していることは波瀬のイッケの門徒行事と同じ。中山又次郎「ままお講の復活」、『加能民俗』4の5（昭33・8）、三～四頁参照。
（7）『農村と寺院』、一三九～一四五頁。

(三) 広域門徒団

最後に、寺門徒団あるいは部落門徒団の広地域にわたる連合体、すなわち広域門徒団にふれておこう。(追補4) 一向一揆のさいに加賀地方にみられた山内組・山上組・板津組・南組（何れも能美郡）などは、今日の広域門徒団とその内部統制組織において異なるもののあることは当然であるが、広地域にわたる門徒の団体としては同じとみてよいであろう。資料を再び奥能登に求めるならば、永禄八年（一五六五）に阿岸本誓寺を盟主として鳳至郡内を四組に分け、東部は町野、西部は黒島、北部は河原田、南部は穴水を中心にそれぞれ一団となり、郡寄合には各組より一人宛代表を派遣することが約定された。(1) これはこの地方の広域門徒団に関する最も早い史料である。町野の代表は正誓とあるが、「町野組寺庵中由来書之覚」によれば、柳田村合鹿福正寺第三世に正誓の名がみえ、しかも二代以降正を通字とし、五代も正誓と称したから、正誓は福正寺に相違ない。それに町野組では福正寺の開創が最も古いから町野の代表としてふさわしいわけであった。このように、広地域にわたる組の編成はそれぞれの地点における寺門徒団の成立を前提とし、また半面その組織化を刺戟したに違いない。鳳至郡における組の

編成は加賀での一向一揆とどのような関係にあるのか判然しないが、石山合戦（一五七〇～一五八〇）には軍資調達のため四組の組織が役立ったことを記録から推知しうる。[2] 石山合戦また門徒の組織化の重要な契機となったと考えられるのである。

さて、現状をみると、輪島市を含む旧鳳至郡下の門徒はもと珠洲郡と連携して御崇敬（ごそうきょう）なる行事を毎年行っていた。御崇敬とは、天明八年（一七八八）に東本願寺が類焼して以来十ヵ年の間、能登四郡の門徒が「国を離れ長長御再建の御手伝を申上げ粉骨砕身の辛労をつくし」た功績により、享和元年（一八〇一）三月、消息と本山前住乗如の絵像を下附されたのを記念して、口能登と奥能登の二ブロックで行うことになった行事である。御崇敬がしばしば御惣経と標記されるところから、この行事の母体たる広域門徒団に「惣」の観念の窺われることは、とくに注意せねばならぬところである。奥能登ではこんにち珠洲郡との提携を解いて、鳳至郡の門徒団として単独に行っている。すなわち、郡内が五つの組（地区門徒団）に分れ、各組毎に年当番をして宿坊をうけもち、二月初旬に御越年（ごえつねん）の法要をいとなむのである。これにひきつづいて一番崇・二番崇の巡回法要があるが、会する者は地元の門徒の外は各地の代表者・「お同行（どうぎょう）」に限られ、一般門徒は遠方まで参詣する余裕をもたない。また、町野郷同心(信)会を称する地区門徒団は大正六年に結成され、地域的に相覆う七尾教区第八組の寺院を毎年一ヵ寺宛順番に宿坊にして、法会と総会を行っている。

奥能登ほど山や谷によって小刻みに区切られていない口能登では、羽咋・鹿島両郡一本の御越年法会が明治維新にもまた太平洋戦争中にも杜絶することなく、今日に至るまで維持されている。すなわち、両郡下一六八ヵ寺が両郡交替に毎年一ヵ寺宛宿坊となって、暮の十二月二十五日から越年して正月七日まで、つまり元旦をはさんで一四日、乗如の絵像を掲げて消息を披露する行事を絵像下附の翌年享和二年（一八〇二）以来一貫して行って

きたのである。十二月二十五日に宿坊へ「御消息」と「御影（おすがた）」が迎えられると、附近の自門徒ばかりでなく、居村をあげて労力奉仕に出、本堂掛け出しの大工事を始める。――それというのは、毎日多数の参詣があるが、なかでも年を越した五日頃から両郡の門徒が参集し、ことに六日の如きは本堂の掛け出しに溢れるまでの群参をみるからである。この大群衆は単に御消息の拝読と有名な「節つけ説教」聴聞のために集まるのでない。むしろそのあとの「御示談」[3]が群参をひきつけるのである。すなわち、数十人からなる御示談のサークルが一五も一六も自ずからできて、機法一体とか二種深信とか、真宗教義に関する質問に対して各地の同行たちが大きな声で叫ぶように自己の包懐するところを語ると、これに対して種々批判を加える一種の討論会が六日から七日の朝まで夜を徹して行われる。人々はこれに参加しあるいは見学せんとて遠近から群参するのである。宿坊での御越年がすむと、さらに二次会・三次会のように個人の家に招待してオザが行われるという熱心さである（流れオザ）。そこで、宿坊の近在は別として、いわゆる「御示談」に自信のある同行達だけが集まることになる。さきに芹川の例でみたように、オザなど部落における門徒活動が不振に傾くにつれて、広域門徒団へ積極的に参加する同行が部落から遊離し、御崇敬も歓喜光院（乗如）御影護持会会員という宗教的エリートの支持する討論会になってしまった感がある。しかし、一般門徒の参加は主に労務と経費面において保たれている。すなわち、宿坊地元の一般門徒が御越年の労務一切と諸経費を負担すること、遠方の部落では志を集めて参詣する同行に托すること、などにこれがみられる。また、徹夜する多数の同行に宿坊では食事を給しきれないから、三〇円ないし五〇円の宿札を発行し、参詣者がこれをもって地元の門徒家へ行けば、蓑・笠を預かり、到着した日の夕食と翌日の朝食を提供することになっているが、宿札の代金は宿（といっても賄のみ）へ還元されず、そのまま寄附あつかいになるのである。その総額が近年（昭28・8調）では十万円ほどのまとまった額になるのを、慣例によって本山へ上

納する。これらの諸点を観察すると、御越年の華麗な盛り上りは同行に負うとしても、その底辺で夥しい数の一般門徒の懇念がこれを支えていることを知るのである。それゆえ、御越年を中心とする御崇敬なる行事は、直接には歓喜光院御影護持会という大谷派同行の団体によって行われるが、一般門徒から完全に浮き上った行事だとはいえない。やはり、奥郡の御崇敬が部落門徒団の連合の上に支えられているのと、同様の側面が失われていないのである。(4)

御越年は大谷派内でも他に類例のない行事であるが、広域門徒団の活動そのものは他にいくらでもある。例えば、石川県江沼郡の大谷派門徒一二〇部落が東西南北中の五組に分れて、組毎に当番部落をきめて毎月一回「組お講」を開く。その日は郡下の同行達が当番部落の会所に参集し、部落もまた総出でこれを迎えて、活潑な御示談が展開されるのである。(5)また、同様の活動が本願寺派でもみられることはいうまでもない。例えば、口能登鹿島郡の本願寺派門徒は、毎月八日に村落単位に当番をして四、五年で一回まわりきる全郡的規模の八日講なる団体を組織している。当番の部落に同派の寺がないときは在家で宿をし、その家の手次寺か最寄りの寺を招いて八日講あての消息を拝読するのが講の中心的行事である。ここでも各地から同行が参集して昼前からまず御示談があるが、当番部落の本派門徒が総出動で準備・接待など一切の世話にあたるところをみると、部落を超えた広域の講(門徒団)も部落門徒団の連合体として運営されていることが分る。これはさきに口郡の御崇敬について指摘したのと同様である(昭28・8調査)。

広域門徒団は真宗門徒の密度の高い地方(補註20)だけのことではない。その一例は山形県村山四郡本願寺派二〇ヵ寺の連合による女人講である。それぞれの寺にも女人講があったが、三業惑乱後の信仰統制のため文政六年(一八二三)十一月に本山から消息を受けて連合女人講を結成したものと考えられる。その行事を「大会合」といい、各寺が

順番に宿坊となって、春（もと四月、現在五月五日）、秋（もと八月、現在十月十日）の年二回執行してきた。「大会合」には各寺の僧と女人講員が参詣して消息を拝読し、御座を営むのである。(6) この広域門徒団の活動を前掲石川県下の事例と比較するとき、いくつかの差異が指摘される、まず、男子よりも女子が活動の主体となっていることである。寺門徒団としての活動が先祖祭りの直接担当者である女人（とくに老女）によって荷われており、男子の参加はその蔭に蔽われていることをこれは反映するものであろう。次に広域門徒団の単位が部落門徒団ではなくて寺門徒団であることである。ここに、部落生活の構造のなかに真宗活動が組織されていない辺境地帯の特色が現われているように思う。第三に、地域の門徒活動が空間的にも社会的にも内部から盛り上がり拡大して出現した組織ではなく、上から――本山からと寺僧の側からと――門徒にかぶせられた組織であるという印象を免れないことである。大会合における寺僧の主導的立場、二〇ヵ寺が上・中・下の三組に分かたれたことと近世における組編成の暗合などが、こうした印象を与えるのである。したがって、一口に広域門徒団といっても、その内容には大きな地方差のあることを知らなければならない。

さて、部落門徒団は特定の寺に専属することが稀であるが、関係する寺の数が少なければ自ずからそれとの結びつきが強くなって、消息や宗祖絵像に象徴される本山との直接的な連絡は表面に出ない。しかるに広域門徒団の場合には、関係寺院の数が多いだけにそれらとの結びつきは弱く、そこに本山へ直接に結びつく道がはっきりと現われる。がんらい広域門徒団の成立には、右の御崇敬にみたように本山との直接関係が多かれ少なかれ強力に作用しており、また御越年のさいにあがるかなりまとまった収益は一括して本山へ上納されるという、本山取持の性格が濃厚である。本派門徒の八日講でも、毎回の蠟燭料や賽銭を世話人が積み立てて大きな法会がつとまる時本山へ講の志としてあげている。このような点をみると、真宗門徒は特定寺院の門徒でありつつ、また同時

に本山の門徒といわねばならぬことが明らかとなる。史料にも本願寺門徒あるいは専修寺門徒の語がしばしば現われる。真宗門徒はその所属寺院をよく手次寺といい、本書でもこれを踏襲することが少なくないが、手次寺とは本山への手次を頼む寺の意であるとすれば、この日常語のなかにも、門徒は実は本山の門徒であるという意識が表明されているといわねばならない。(7)

註

(1) 日置謙編『加能古文書』、六〇八頁。

(2) 『加能古文書』、六九〇頁。

(3) この「御示談」は、本山再建工事の労力奉仕のために上洛中、宿舎において門徒間で信仰問答が行われたのに端を発するのではあるまいか。部落門徒団におけるオザもまた同じ源流をもつと思われる。すなわち、再建工事に参加した部落の門徒がこの文化型式を直接もち帰ったか、あるいは、広域門徒団の活動を中継として部落門徒団に紹介されたのである。このことは、手次寺の僧とか、遊行僧によってオザ形式が導入された、という考え方を拒むものである。彼らにとって、問答よりも儀式の呪術的な執行や一方的な説教の方が重要であり、門徒が法義を学んで問答するようになることはむしろ迷惑であったろうと思われる。

(4) 資料は『中外日報』昭28・1・17号所載の「門徒の宗義護持団」、清川吉弥「能登門徒衆〝御崇敬〟を訪れて」、『大法輪』22の4(昭30・4)、および昭和二十八年八月の現地調査より。(補註21)

(5) 『農村と寺院』(教化研究別冊)、二一頁。

(6) 松山善昭「講の起源と変遷―特に東北地方における真宗の講の発達について―」、『文化』22の4(昭33・7)、五九~七四頁。

(7) これをさらにつきつめていえば、「門徒ハミナ開山ノ門徒ナリ」、ということになる。笠原一男『一向一揆の研究』(山川出版社、昭37・6)所収、「九十箇条制法」第一条参照。

第四章　寺檀関係

第一節　寺檀関係の設定とその内容

(一)　檀家制度の成立

寺（住職・住職家）と檀家との個別主義的な結合関係は長く寺院（法人）を構成する基礎的な社会関係であった。しかし、辻善之助氏がつとに指摘されたように、古くは誰の家は何の宗旨という決まりのあるものではなかったのである。それが定まったのは江戸時代のことであった。しかして、その濫觴をなしたのは、室町時代に成立した地方大名と僧侶（寺院）との師檀の関係であったが[1]、これを一般庶民の間にまで下降滲透せしめ、全国的な制度として確立するに至らしめた直接の契機は、近世初頭の寺請制度から導き出される。

寛永年間以降、切支丹禁圧のために行われた宗門改が、寺僧をして切支丹でないことを証明させる寺請制度として制度化され、やがて戸口調査簿たる人別帳の作製とこの寺請制度が合体して、寺僧が自分の檀那であることを保証して請判を人別帳に押す宗旨人別帳の制度が生まれた。これによって、寺請という宗教統制以上の広汎な民衆支配の末端機能を寺僧が担当することになった。出生・死亡はいうに及ばず、縁組・離縁・転居・奉公人召抱など身分上の異動は悉く寺僧に届けて、必要な証明書の交付を受けることになったからである。寺請制度のか

ような拡充によって、人々は必ず特定の檀那寺をもち、かつ個人の任意によってではなく家としてこれとの関係を維持せねばならなくなった。しかしてこの寺請制度の拡充は、葬儀と法要の執行・墓地の管理など葬送に関する一連の機能を特定の寺僧に托する風習を背景とし、またこれを庶民の間に普及せしめて、ここにいわゆる檀家制度が出現した。

しかしながら近世初期には、一家のなかでも所属寺院を異にし、しかもその寺院の宗派まで異なることが稀でなかった。蓮如に仮託して作製された「蓮如上人九十箇条」に、「夫他宗ナルニモ女房ハ念仏者ナラハスナハチ妻ノ宗旨ニ成ルヘシ夫婦ノ宗旨各々ナルハアシ、トシルヘキ事」とあり、夫婦にして宗派を異にする者がかなり存在したことを暗に物語っている。そうした例を具体的におさえた研究の一つ脇坂昭夫氏の報告によれば、寛永十四〜十八年と推定される尾道町宗旨人別帳には夫婦で檀那寺や宗旨を異にする例がかなり多く散見する。これらの例では子供は性別を問わず父の寺に属するのが一般的で、男の子は父の寺に、女の子は母の寺に属するのが次に多く、子供が全部母の寺に属するのは少ない。ところで、このように夫婦の所属寺が異なり、したがって家族員が異なる寺に分属するという事例は、隷属民をもたず、またおそらく中下層に属すると考えられる「単婚小家族」の場合に多く、隷属民をもつ家にはあまりみられない。そして町役人層（豪商）のなかにはその例がない。この事実を、町役人層とその一族は宗門改の前から檀那寺をもっていたのに対し、下層町民は定まった檀那寺がなかったと推定されることに関係させて考察するならば、寛永期の宗門改にさいして初めて正式に寺檀関係を設定する必要に迫られた中下層の町民は、寛永十年の「屋並宗旨人別改」から窺われるように世帯主の宗旨と檀那寺に一括される傾向をもつ一方で、当時の家族制度や在来の非固定的師檀関係に制約されて、数年後の前掲人別帳では檀那寺の登録を分散させたものとみなければならない(2)。また、肥後の真宗門徒の間では、男子は父の

宗旨・女子は母の宗旨に従い、他家へ入ってもこれを改めることなく、同じ要領で子に伝えた例がみられる。[3]これまた庶民の檀家制度が確立する前の姿を示すものであろう。寺檀関係が家を単位に固定する過程で、男の寺と女の寺をそれぞれ別にたてて一家二ヵ寺の形をとった地方も各地にあり、それが現代までもちこされている例も稀にあるが、多くは近世末までに一ヵ寺に改まった。[補註22]もちろんこのような曲折を経ないで、早く一家一寺に定まった地方も多いことであろう。ともあれ、一家一寺を建前とする檀家制度の成立は、寺檀関係を安定させようとする寺僧側の要求と、寺請制度の行政的機能をより効果的ならしめんとする権力の意図と、さらに庶民の家が小さくとも葬祭の執行単位たりうるだけの独立性をもってきたこと、などによって推進されたと考えられる。

『諸宗寺院法度』には、「檀越之輩、雖レ為二何寺一可レ任二其心得一、僧侶方不レ可二相争一事」とあり、檀那寺を任意に取換え得たかのようであるが、それでは寺僧間に烈しい檀那争奪が起ることは必至だし、何よりも寺院の行政的機能が著しく損われざるをえないから、近世の中期には離檀が抑圧ないし禁止されるに至った。かようにして、一家一寺と離檀禁止という二つの原則に裏うちされて、一家の葬祭を挙げて特定寺院に委託し、その代りに世々檀那寺維持の責任を分担するという、檀家制度が確立したのである。

一家一寺であるにしても、戦国武将にみるように一つの家が菩提寺を建立護持するのではなく、また同族として氏寺をもつことも多からず、たいてい諸姓混淆の小さい家々が多数協力して一寺をもりたてていく。そこに寺院の増加を可能にした近世寺檀関係の特色がある。ことに広い寺領もなく、また大檀那をもたない真宗寺院において然りであった。寺領についてはすでに第二章第一節で述べたが、大檀那の方はまだあまり明瞭でない。そこで、近世の状態を諸藩大名の宗派別を[補註23]一つの手がかりとして考察するに、二六六家のうち曹洞宗八三・臨済宗七〇・黄檗宗一二（禅宗計一六五）、浄土宗六五、天台宗一九、法華宗一一、真言二に対し、一向宗四という少

数に止まる。(4) 大名の家中で万石以上のものを加えても五家に過ぎない。(補註24) かつて真宗門徒たりし三河出身の武家も、徳川家康の天下統一に伴なう大名化の過程で浄土宗などに転宗し、一向一揆に参加した過去を抹消することに努めたからであろう。一向宗の五家も、一向一揆に武将と結んで本願寺方と抗争した専修寺の門徒であるか（渡辺・安藤の二家）、あるいは、徳川家の恩顧によって成立しえた東本願寺の門徒である（本多・加藤・遠藤の三家）のは興味深い。(5) また、酒田浄福寺のように大地主本間家を門徒とした寺もなかにある。大名・大地主・豪商を門徒にもつときにはその菩提寺と化しやすかったが、何れにせよかかる例は真宗教団では稀にしかみられなかった。かくて、よるべき寺領も有力檀那もなく、ただ多数の門徒の共同負担によって支えられるのが、真宗寺院の一般的なあり方であった。(追補5) 門徒が集まって寺を維持するのはめいめいの先祖の追善を行わせるためであるから、(6) 寺は集合菩提寺として機能したということができる。衆人聞法の道場であることを否定するものでないが、門徒をもつ寺である限り、集合菩提寺の性格はつねに一貫してみられた。(7)

門徒は寺僧に宗門の証明をして貰う代りに、寺の維持に関する従来からの慣行の励行を義務として強く要請された。そのような寺の側の要請が、切支丹に関する請書を門徒から徴するとき、法義相続とからめて打ち出された。その一例は、湖北丁野の本覚寺（大谷派）に宛て伊香郡杉野中村の門徒が差出した請書にみられる。

差上申御請書之事

一　切支丹宗門之儀者従先前御制禁之処今度於大坂表異法行ひ候者在之則厳科ニ被仰付候御趣ニ而従御公儀様幷御本山様御末寺方江格別之御触示被為在之候ニ付慶長已来御公儀様之御条目猶又御当流之御宗意御掟之趣預御示有難奉敬承候依之向後者猶更御宗意御掟之趣堅相守面〻自宅仏壇ニ者従御本山様御免之御本尊を安置仕且又正信偈御和讃御文朝夕致拝聴弥奉敬信候尤兼而御示被成下通り御厳制之邪宗門之儀者不及申都而異様成法義筋ニ相携申間敷候依之内仏者勿論私宅屋敷之端々ニ

至迄御宗風ニ致相違候義者一切仕間敷候然上者年頭中元彼岸□報恩講祖師善知識様先祖父母之命日等者村方道場江無懈怠参詣仕可申候兼而御教諭之通安心決定之上ハ仏法世法之御掟急度相守国恩之程大切ニ存シ不律不女（如）法之義無之条相情（？）終之家在来無油断相勤家内一同厳敷御法儀（義）相続可仕候依之御請書連印指上申候以上

本覚寺下道場
毛坊猪三郎　黒印
仁　助　黒印
庄右衛門　黒印

〔以下伊香郡杉野中村門徒三六名連印略〕

文政十三年庚寅四月

浅井郡丁野村
本覚寺様

（本覚寺文書）

これによると、邪宗門など異様な法義にかかわりをもたず、専ら御宗意・御掟の趣を堅持し、私宅屋敷の端々に至るまで宗風に相違なく、御本山御免の御本尊を仏壇に安置して正信偈・和讃・お文を朝夕拝聴し、年頭・中元・彼岸・報恩講および宗祖命日・本山前住命日・先祖父母の命日には村の道場へ怠りなく参詣して、御教詞の通り安心決定をえ、国恩大切にいたします、とある。谷奥の杉野から本覚寺まで四里の悪路をいかねばならぬので、報恩講なども村にある本覚寺の下道場に参詣することで代えられたのである。宗門改が宗教統制と社会統合の手段たるのみならず、真宗ではいかに法義相続と結合しえたかをこの文書はよく示している。

註

（1）辻善之助『新訂日本文化と仏教』（春秋社、昭26・12）、一九四頁。
（2）脇坂昭夫「寛永期の尾道町宗旨人別帳について」、『広島大学文学部紀要』15号（昭34・3）。

（3）杉本尚雄「男女別の寺檀制」、『社会と伝承』1の2（昭31・9）、二一～二四頁。（補註25）

（4）辻善之助『日本仏教史』近世篇之三（岩波書店、昭29・4）、一〇七頁。

（5）『大谷本願寺通記』巻六によれば、東本願寺門徒に本多佐渡守（駿河益津郡田中城主、四万石）・加藤左馬介（近江甲賀郡水口城主、二万五千石）・遠藤下野守（近江野洲郡三上、一万石）、専修寺門徒に渡辺丹後守（泉州伯太、一万三千五百石余）・安藤帯刀（紀州執政、田辺三万五千石）の名がみえる。といっても本山直門徒でなく、例えば安藤家は尾張星崎海隣寺（専修寺末）の僧を招請して寛永十六年（一六三九）先祖の追善のため和歌山に崇賢寺を創建、寺領百石を寄附し代々の菩提所とした（『紀伊続風土記』巻之五）。以上のほかに、水野忠清は三河吉田宝栄寺（東本願寺末）に帰依し、寛永十九年松本移封に当って寺基をともに移させたが、享保十年（一七二五）改易によって宝栄寺は唯一の檀越を失って落魄した、というのもある（『松本市史』下巻、九〇七頁）。なお、門徒でなくとも真宗寺院を外護したものは、東本願寺の徳川氏、高山照蓮寺の金森氏（『飛州志』巻五）、山形専称寺の最上氏（専称寺文書）、郡上八幡安養寺の東氏・遠藤氏（『郡上郡史』二二五頁）、広島仏護寺の毛利氏・浅野氏（『新修広島市史』4巻、九四～九五頁、一五八～一六二頁）、専修寺の藤堂氏（『専修寺史要』、八五頁）など、大坊にはその例が少なくない。

（6）真宗の盛んな地帯の一つ石川県江沼郡下で、山村二、農村二（部落）を選んで東本願寺教化研究所が行った調査結果によれば、僧侶を必要とするとした人の半数以上が先祖を祀るために必要だと答え、寺・僧侶・仏壇・墓のうちどれが一番大切かというと、これまた半数以上が仏壇を最重要とし、次に墓、遙かに下って寺・僧侶がつづく（教化研究別冊『農村と寺院』、一四六～一四八頁）。これは現状に関する意識調査であるが参考になる。

（7）集合菩提寺は竹田聴洲氏の集合氏寺と同じ。『祖先崇拝―民俗と歴史―』（平楽寺書店、昭32・10）、一九八頁参照。（補註26）

(二) 寺檀関係の設定

寺請制度は寺檀関係の津々浦々に至る形成と確立に対して決定的な意義をもったとはいうものの、この制度によって庶民の寺檀関係そのものが全く新たに創始されたのではなく、すでにその原型というべきものが存した。そのことを、例えば、越前大野郡山間諸村の本願寺門徒が天正三年（一五七五）十一月領主金森長近から成敗を

受け、専福寺・称名寺・法光寺の高田三ヵ寺へ付けられた時、さら谷村宮下惣代左衛門・ところ谷村惣代左衛門太郎・中村惣代小五郎・大谷村惣代甚兵衛・かがや村惣代左衛門九郎兵衛・けた村惣代清三郎・山中村惣代与五郎左衛門が出した請書（折立称名寺文書）から察知することができる。そこでは村単位に一揆の軍事組織を構成し、これが坊主―門徒の関係と合体しているように思われるが、かような地盤が前提としてあり、これに対して寺請制度が実施されたのである。

それでは、寺檀関係は具体的にはどのようにしてきまったのであろうか。この点はまるきり判っていない。ただ、宗門人別改帳によって、あるいは現状について、村落居住戸の関係寺院を調査してみると、一村一ヵ寺の例は少なく、おおむね二ヵ寺以上が同一の村落に関係し、しかもそれらの寺院は必ず同宗とも、また必ず異宗とも限らないこと。それらの寺院が村内に所在することもあり、村外のこともあるが、村外の場合でも大体日帰りでゆっくりと参詣できる距離にあること。また、村落内の同じ地区の居住戸が寺を同じくするとは限らないが、同族戸は原則として同じ寺の檀家となっていること、などの諸点は明らかである。寺檀関係は各種の契機に基づいて家単位に決定されたが、少なくとも発生的には本家を媒介として檀那寺をきめたことを、[補註27]右の最後の点が示している。本分家の密接な生活連関と、分家した子は父同寺旦那たるべし、という幕府の指令（本成寺文書）によって、同族戸が檀那寺を共通にしたことは当然といわねばならぬ。例えば、京都府福知山市野花の教念寺（本願寺派）の門徒七三戸は、かなり散りがかりになっているが、しかしその分散が旧上川口村各部落において株（同族団）をブロックとしている。[1]このような例は至るところに見出されるに違いない。また、石川県輪島市金蔵の野島某の先代は、その生家が真言宗金蔵寺の檀家であったにかかわらず、別家独立するまで奉公した東姓が真宗正願寺の有力門徒であったので、正願寺門徒となった（昭33・8調査）。この例は、分家が本家の檀那寺を踏襲す

るばかりでなく、下人は主家、子方は親方に従って檀那寺を決定したことを推察せしめる。越中法林寺村光徳寺の寛永二十一年「旦那吟味之帳」に、

遊部村　与三兵衛　同女　作兵衛　長蔵
久兵衛　同女　久三郎　仁蔵　松上
宗左衛門　同女　三蔵

などとあるのは、例えば作兵衛と長蔵が何らかの所縁で与三兵衛に従って光徳寺の門徒となったことを示すものであろう。(補註28) もし、没落武家が寺庵を開基した場合には、その周囲に土着した従者が門徒となった。(2) また、親戚関係も寺を選ぶさいの有力な因子として作用したことは、すでに『本福寺跡書』にみえている。(3)

近隣関係・派閥関係も寺院分属の重要な要因である。千葉乗隆氏の研究によれば、徳島県美馬郡美馬町郡里の寺檀関係は宗門改の制度以前にほぼ成立していたようであるが、村の全住民が寺とそうした関係にあったのではなく、またその関係もさして緊密なものでなかったらしい。そこで寛文元年（一六六一）にこの村の住民が宗旨を登録しなければならなくなった時、真宗門徒の多い部落は安楽寺へ、願勝寺（真言宗）に関係の深い者の多いグループは願勝寺へというふうに、まずこの二つの寺の何れかに所属がきめられ、その後、真宗門徒は安楽寺から その子院の西教寺（寛文七年に）へ、また同じく子院の常念寺（安永八年に）へ、さらに西教寺からその寺中の林照寺へ分割されたもののようである。したがって各家の自由な選択によって宗派と寺院の所属がきまったのではなく、近隣関係・親族関係・従属関係などのグループ単位で寺が選ばれた、と推測されるのである。(4) また原田敏明氏によれば、熊本県鹿本郡植木町今藤は真宗寺院三ヵ寺に分属するが、小字次郎丸の家々は専徳寺（本願寺

派）に、本村の家々は光勝寺（同）につくという地域別の所属状況がみられる。これは、真宗受容の基盤が部落（隣保組）であると同氏が主張される論拠の一つとみてよいが、今藤にあるもう一つの寺—光触寺（仏光寺派）は、明治二十年代の政争による光勝寺門徒の分裂の結果建立されたものである。こうして三ヵ寺併立の状態は、地域別・派閥別といった（個人的信仰的でない）集団的社会的要因によって現出したことが了解される。[5]

真宗門徒と他宗檀家が同一村落に併存する場合、他宗檀家の方が全体として家系も古く、経済力も大きいことが少なくない。原田敏明氏の報告によると、兵庫県武庫郡良元村伊子志（現在、宝塚市）は浄土宗檀家と真宗門徒の混成であるが、前者は藪田姓・馬殿姓・藤本姓で村内の本性寺を檀那寺とし、後者は田中姓・豊田姓・皐月姓・藤本姓でその檀那寺たる真宗寺院は村の東方川辺郡多田村にある（大谷派の光遍寺か）。このように同姓（そしておそらく同族）団で宗旨を分かつのみならず、浄土宗と真宗との間に家系の上で新旧・優劣の差がみられるのである。すなわち、浄土宗檀家の諸姓団は村氏神伊和志津神社の宮座旧講を構成し、同じく前記真宗門徒の諸姓団は旧講に対するもう一つの宮座新講をなしており、旧講員は地付きの旧家、新講員は後入りの家と推測されることである。新講は村住みの上で後入りでなくとも、宮座としては明らかに後入りであるから、そこに村の身分階層が投射している。[6]この事例は、真宗への帰属をきめた一因子として身分階層を考慮に入れるべきことを暗示するものである。正徳三年（一七一三）の信州伊那郡駄科村宗門帳では、下人はすべて浄土宗か真宗であるのに、主人には禅宗も法華宗もある。[7]この階層差は、親方家の檀那寺に加わることを許されない下人が、宗門改にさいして、宗義宗規が簡単であるばかりか、かねて念仏行事や葬送儀礼でなじみの真宗に帰属を決定したことを物語っている。町方でも同様な状況がみられた。長沼賢海・脇坂昭夫・児玉識の諸氏[8]によれば、寛永期の「尾道町宗旨人別帳」には、尾道所在の寺として、時宗一九・浄土宗一二・真言宗七・法華宗三・禅宗三・律宗

二・真宗二、合計四八ヵ寺の名が登載されている。このうち真宗の進出は最も後れて室町末期のことであった。しかるに、浄泉・福善の真宗二ヵ寺で尾道総人口二、一五一人の四一%に当る八八七人を檀徒としてもち、しかも興味深いことには、そのうち四八二人(五四%)は下人下女女郎の身分に属する。この数は人別帳に現われた下人層七三七人の六五%に当り、いかに下層町民の間に真宗がポピュラーであったかをよく示している。また、下人層以外の門徒もすべて「単婚小家族」であることも見落してはならない点である。他方、有力町民(豪商)の血縁家族員にして真宗門徒たる者は極めて少ない。これより窺うに、きまった檀那寺とてなかった隷属民が宗門改に際して俄かに特定の寺を檀那寺にたてる必要に迫られ、悪人正機を説く教義の上からいっても、また社会的存在の性格からいっても、親しみやすい真宗寺院の門徒となったものであろう。他宗寺院が在地勢力と結びついて確固たる地盤をもっているなかへ後れて入ってきた真宗寺院としても、下層町民の間に進出する以外に発展の余地がなかったから、彼らの門徒化を歓迎し、かくて最も新しくして最も多数の檀徒を擁することになったのである。

これに関連して、同一村落に真宗寺院が何ヵ寺か併存するとき、階層の線に沿って寺院帰属が決定したかに思われる例のあることにも、注目せねばならない。青木紀元氏の報告(9)によれば、福井県敦賀市樫曲は戸数三〇ほどの部落であるが、ここに本願寺派の寺院が三ヵ寺もあり、古くからの家柄とされる専業農家は春照寺、かつて小作貧農であったとされる家々は遠慶寺、古い家筋ではないが後に頭角を現わした家とか、他所から入ったと考えられる家々とか、一口でいって家柄でもなく小作でもない中位の家々は宗願寺の門徒になっている。寺院創立期の階層的地位と現状とは異なるにしても、階層と寺院帰属との関係を充分に窺わしめる事例である。(補註29)

これを要するに、寺院選択の範囲を参詣可能な距離に限ることを前提とし、同族団・主従関係・親戚関係・近

隣関係・派閥関係・階層などさまざまな要因が錯綜複合して寺院所属がきまる。そして、村を挙げて同一の寺を檀那寺とすることになったり、あるいは同系異系多数の寺に分属することになったのである。

ここに二つのことを附言しておきたい。第一は被差別部落と真宗との結びつきである。昭和七年頃の調査によれば、被差別部落人口の約八五%が真宗の檀信徒であるから、岡山県の一部に真言と日蓮、静岡県以東に日蓮・臨済・曹洞・時宗・新義真言の檀信徒を中心とした被差別部落があるものの、被差別部落と真宗との深い結びつきは否定すべくもない。被差別者として封建社会の最下層に繋ぎとめられた被差別部落の住民が、苦痛を癒し将来に希望を托しうる現実的手段を一つももちあわさないことに気が付いた時、現世の幸福を諦める代りに神仏の力に頼って来世にこれを希求する念が強まるのは自然であり、彼らのそうした宗教的欲求を聊かなりとも満してくれるものは、前代以来農民や下層の人々の間に滲透してきた真宗の信仰であったと考えられる。[10] もともと教義的に両者の親近性が大きい[11]上に、宗門改制度の施行以来、公権力が被差別部落に属する寺を真宗に改めさせたと考えるべきふしもある。[12] 更に被差別部落の僧侶は真宗でなくともひそかに妻帯世襲していたらしいから、真宗に転ずるを便としたに相違ない。それ故、被差別部落のなかの毛坊主に葬儀を主宰する事実に基づいて宗判権を認め、その宗派的帰属を確定せしめた時、真宗をもって宗旨ときめやすいことは想像に余りあるところであろう。[補註30]

第二に、以上の論述は真宗と余宗との併存状態は階級分化や派閥対立など何らかの集団の分化対立を、つねに前提として理解すべきである、というものでない。例えば、すでにふれた金蔵には真宗門徒と真言宗檀家が混在するのであるが、正願寺・慶願寺が真宗に転ずるまでここは密教系の地域であったから、両寺の転宗を支持しそれに追随した家々と、真言宗に留まって金蔵寺を支持した家々とに分れ、ここに両宗の混在が由来したのであろう。そこで、金蔵寺が真言宗に踏み留まったのは他の二ヵ寺に対する対抗関係に基づくのかもしれぬ。しかし、

（小林篤二氏作製・昭和28年12月末日現在）

18	19	20	21	22	23	24	25	26	27	28	29	30	31	32	33	34	35	36	37	38	39	40	
金蔵第一	金蔵第二	金蔵第三	井面	桶戸	東	徳成	徳成谷内	麦生野	真久	北円山	佐野	舞谷	粟蔵町内	若桑	地方	大寺山	申ケ場	大久保	牛尾	鈴屋部落	鈴屋町内	真喜野	合計
26	29	12	7	13	19	16	21	24	6	4	3	5	52	15	18	22	42	7	9	51	27	6	771
11	8	18	13	8	18	12	12	—	—	29	31	—	19	5	4	7	4	3	—	—	6	6	410
—	—	—	—	—	—	—	—	—	—	—	—	—	—	—	—	5	—	2	—	—	1	—	48
—	—	—	—	—	—	1	—	—	—	—	—	—	1	1	—	—	—	—	—	—	—	—	4
—	—	—	—	—	1	2	—	—	—	—	2	—	—	—	—	1	3	—	—	—	—	3	22
37	37	30	20	21	38	31	33	24	6	33	36	5	72	21	22	35	49	12	9	51	34	15	1,255
—	—	—	2	—	—	—	1	—	—	—	—	—	33	2	18	22	41	7	9	51	21	6	278
23	23	9	2	7	18	16	20	6	6	—	—	—	4	—	—	—	—	—	—	—	—	—	158
3	6	3	3	3	—	—	—	—	—	—	—	—	2	—	—	—	—	—	—	—	—	—	59
—	—	—	—	—	—	—	—	—	—	—	—	—	—	—	—	—	—	—	—	—	—	—	94
—	—	—	—	3	—	—	—	—	—	—	—	—	6	13	—	—	1	—	—	—	2	—	40
—	—	—	—	—	—	—	—	—	—	—	—	—	1	—	—	—	—	—	—	—	—	—	62
—	—	—	—	—	—	—	—	—	—	—	—	—	—	—	—	—	—	—	—	—	1	—	5
—	—	—	—	—	—	—	—	—	—	—	—	—	—	—	—	—	—	—	—	—	—	—	3
—	—	—	—	—	—	—	—	—	—	—	—	—	2	—	—	—	—	—	—	—	—	—	3
—	—	—	—	—	—	—	—	—	—	—	—	—	—	—	—	—	—	—	—	—	—	—	26
—	—	—	—	—	—	—	—	—	—	—	—	—	—	—	—	—	—	—	—	—	—	—	3
—	—	—	—	—	—	—	—	—	—	—	3	—	—	—	—	—	—	—	—	—	—	—	4
—	—	—	—	—	—	—	—	4	—	4	—	5	3	—	—	—	—	—	—	—	—	—	17
—	—	—	—	—	—	—	—	14	—	—	—	—	1	—	—	—	—	—	—	—	—	—	15
—	—	—	—	—	1	—	—	—	—	—	—	—	—	—	—	—	—	—	—	—	—	—	1
—	—	—	—	—	—	—	—	—	—	—	—	—	—	—	—	—	—	—	—	—	3	—	3
—	—	—	—	4	2	2	6	—	—	3	31	—	3	4	2	4	—	2	—	—	2	2	81
—	—	—	1	—	—	—	—	—	—	—	—	—	6	—	1	—	—	—	—	—	3	3	160
11	8	18	11	4	—	—	—	—	—	—	—	—	6	1	—	—	—	—	—	—	1	—	145
—	—	—	—	—	14	1	1	—	—	—	—	—	1	—	—	—	—	—	—	—	—	—	17
—	—	—	—	—	1	6	5	—	—	23	—	—	3	—	—	—	—	—	—	—	—	—	38
—	—	—	—	—	—	—	—	—	—	—	—	—	—	—	—	—	—	—	—	—	—	—	1
—	—	—	1	—	—	—	—	—	—	—	—	—	—	—	—	—	—	—	—	—	—	—	1
—	—	—	—	—	—	—	—	—	—	—	—	—	—	—	—	—	—	—	—	—	—	1	1
—	—	—	—	—	—	1	—	—	—	3	—	—	—	—	1	3	4	—	—	—	—	—	15
—	—	—	—	—	1	—	—	—	—	—	—	—	—	—	—	—	—	1	—	—	—	—	2
—	—	—	—	—	—	2	—	—	—	—	—	—	—	—	—	—	—	—	—	—	—	—	2
—	—	—	—	—	—	—	—	—	—	—	—	—	—	—	—	—	—	—	—	—	—	—	20
—	—	—	—	—	—	—	—	—	—	—	—	—	—	—	—	—	—	—	—	—	—	—	20
—	—	—	—	—	—	—	—	—	—	—	—	—	—	—	—	5	—	2	—	—	—*	—	7

但し地方は，寺山・粟蔵・鈴屋の３大字に分属する。　　＊其の他１あり

第37表　町野町各部落における宗派別ならびに寺院別戸数

種別	番号	町村名	部落名	寺院名	1	2	3	4	5	6	7	8	9	10	11	12	13	14	15	16	17
					広江本町	広江上地	広江下地	寺地	敷戸	南時国	西時国	湊	新出地	下地	大川	伏戸	東大野第一	東大野第二	川西広	川西桜木	川西田長
宗派別戸数	1	真宗	大谷派		36	11	15	9	30	—	1	17	30	37	70	—	10	16	18	33	4
宗派別戸数	2	真言宗			13	8	6	4	7	32	14	13	2	6	—	8	26	16	16	1	24
宗派別戸数	3	曹洞宗			5	6	8	20	—	—	—	—	—	—	—	1	—	—	—	—	—
宗派別戸数	4	神葬祭			—	—	—	—	—	—	1	—	—	—	—	—	—	—	—	—	—
宗派別戸数	5	不明			2	—	—	1	1	—	1	2	1	—	1	—	1	—	—	—	—
宗派別戸数	計	合計			56	25	29	34	38	32	17	32	33	43	71	9	37	32	34	34	28
宗派と寺院別戸数 真宗大谷派	1	町野町	鈴屋	長光寺	22	9	12	—	10	—	—	1	1	—	—	—	—	—	3	7	—
	2	〃	金蔵	正願寺	2	1	—	—	—	—	1	—	—	—	—	—	—	—	11	9	—
	3	〃	〃	慶願寺	3	—	—	2	7	—	—	1	1	2	—	—	—	1	1	17	4
	4	〃	大川	通敬寺	—	—	—	—	13	—	—	2	—	—	70	—	4	5	—	—	—
	5	〃	粟蔵	本覚寺	4	—	1	6	—	—	—	3	—	—	—	—	—	—	1	—	—
	6	南志見村	渋田	照光寺	3	—	—	—	—	—	—	6	18	24	—	—	4	5	1	—	—
	7	〃	名舟	名船寺	—	—	—	—	—	—	—	—	—	—	—	—	—	4	—	—	—
	8	〃	里	長栄寺	—	—	—	—	—	—	—	—	—	—	—	—	2	1	—	—	—
	9	〃	東山	養覚寺	1	—	—	—	—	—	—	—	—	—	—	—	—	—	—	—	—
	10	珠洲市西海	大谷	広栄寺	—	—	—	—	—	—	—	4	10	11	—	—	—	—	1	—	—
	11	柳田村	石井	光栄寺	1	—	2	—	—	—	—	—	—	—	—	—	—	—	—	—	—
	12	〃	天坂	徳宝寺	—	—	—	1	—	—	—	—	—	—	—	—	—	—	—	—	—
	13	〃	長尾	願成寺	—	1	—	—	—	—	—	—	—	—	—	—	—	—	—	—	—
	14	〃	北河内	光明寺	—	—	—	—	—	—	—	—	—	—	—	—	—	—	—	—	—
	15	〃	大箱	願正寺	—	—	—	—	—	—	—	—	—	—	—	—	—	—	—	—	—
	16			不明	—	—	—	—	—	—	—	—	—	—	—	—	—	—	—	—	—
真言宗	1	町野町	佐野	佐野寺	3	4	6	1	—	—	—	—	—	—	—	—	—	—	—	—	—
	2	〃	西時国	高田寺	3	—	—	3	6	32	12	13	2	5	—	8	6	1	—	1	1
	3	〃	金蔵	金蔵寺	5	3	—	—	1	—	1	—	—	1	—	—	20	15	16	—	23
	4	〃	東	八幡寺	—	—	—	—	—	—	—	—	—	—	—	—	—	—	—	—	—
	5	〃	北円山	天王寺	—	—	—	—	—	—	—	—	—	—	—	—	—	—	—	—	—
	6	〃	西時国	岩倉寺	—	—	—	—	—	—	1	—	—	—	—	—	—	—	—	—	—
	7	〃	井面	善願寺	—	—	—	—	—	—	—	—	—	—	—	—	—	—	—	—	—
	8	南志見村	西院内	西光寺	—	—	—	—	—	—	—	—	—	—	—	—	—	—	—	—	—
	9	柳田村	柳田	法華寺	2	1	—	—	—	—	—	—	—	—	—	—	—	—	—	—	—
	10	〃	小間生	本両寺	—	—	—	—	—	—	—	—	—	—	—	—	—	—	—	—	—
	11	〃	五十里	長福寺	—	—	—	—	—	—	—	—	—	—	—	—	—	—	—	—	—
曹洞宗	1	町野町	広江	智徳寺	5	6	8	—	—	—	—	—	—	—	—	1	—	—	—	—	—
	2	〃	寺地	光現寺	—	—	—	20	—	—	—	—	—	—	—	—	—	—	—	—	—
	3	珠洲市若山	北山	吉祥寺	—	—	—	—	—	—	—	—	—	—	—	—	—	—	—	—	—

部落名の上の括弧は，それだけの部落で１大字をなすことを示す。括弧なき部落はそのまま大字をなす。

この寺が部落の鎮守日吉神社の別当であったため、もし真宗に転ずれば別当職を離れざるをえず、別当職を離れたのでは部落として不都合を生ずるから、金蔵寺の転宗は阻止される必要があった。かくて寺の近くの家々をその檀家に残して真言宗を維持せしめた、と考えるのは如何であろうか。すなわち、真宗への転宗と真言宗の維持が、部落の内部的分裂を前提として生起したというよりは、部落秩序の統合を前提とし、その維持のためにもたらされた、という見方もなりたつと考えるのである。

寺院所属の現状を第37表に掲げた旧町野町の例で観察すると、寺檀関係は寺からみても部落からみても散りがかりの状態を示している。寺檀関係は住職家対門徒家の、葬祭担当者とその依頼者の関係であって、寺対部落の関係ではないから、門徒が地域的に散在することは毫も怪しむに足りない。勿論稀に部落全戸が同一寺院の門徒であることもあるが、それは寺檀関係の本質的属性によってしかるのではなく、さきに述べた寺檀関係の成立を媒介する条件によってである。さて、この表は大字がいくつかの地区に行政的に分れて扱われている時これを部落とよび、部落単位に寺檀関係の分布を示したものである。それゆえ、大字単位の表示よりも分布が集中するはずである。しかるに、四〇部落のうち全戸一ヵ寺に属するのは僅かに五、他系統がごく僅かで右に準じて考えうるもの二、一ヵ寺ではないが同一宗派にまとまるもの一、他系統がごく僅かで右に準じうるもの四、に止まる。かように、部落からみた寺檀関係の分散度は一般に高いが、農村部よりも町部にそれが高いのは、移住者を含むからであろう。次に旧町野町にある寺院から村落との関係をみると、門徒百戸以上の寺はそれ以下の寺よりも分散度が高く、所在部落に門徒の過半が集中するのは門徒百戸以下の寺である。以上の諸点は真宗・真言宗を通して観取されるから、散りがかり状態をもってこの地方の真宗の特徴ということも、況や真宗に固有の性格という

こともできない。この事実は、真宗でも所在部落に門徒の集中する地方のあることを予想せしめる。

その一例は岐阜県大野郡白川村における寺檀関係である。まず、白川村は真宗一色で塗りつぶされており、ことに大谷派が断然多数を占めることが注意される。さらに寺檀関係をみると、部落のなかで一戸だけ別になっているのは移住によるものであるから、これを度外視すれば、部落と寺が一対一の関係にあるのが二件（二ヵ村二ヵ寺）、部落の一部のみで一ヵ寺の全門徒を形作るもの二件（二ヵ寺）、いくつかの部落がそれぞれの内部で分裂

第38表　岐阜県白川村の寺檀関係（明９）

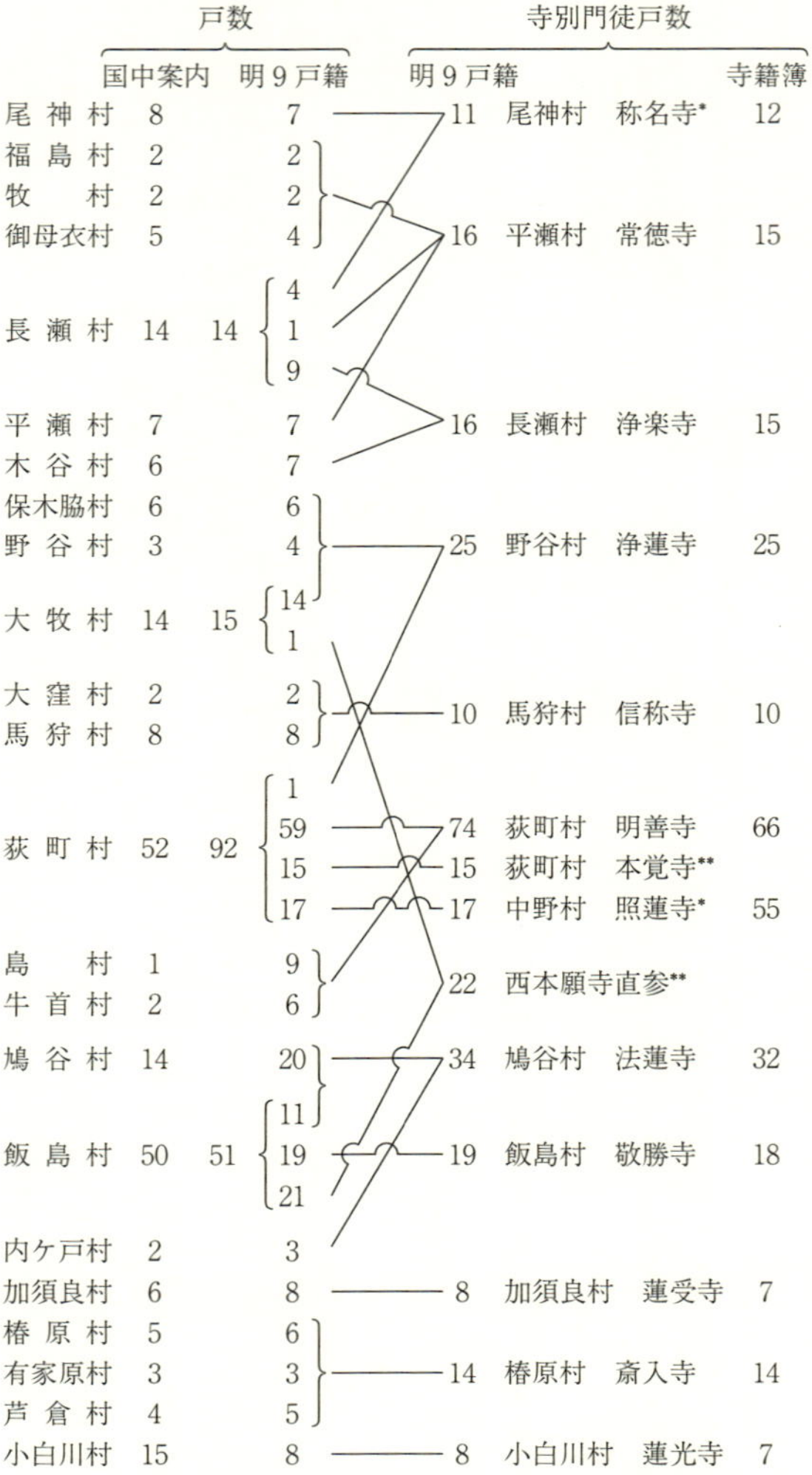

	戸数			寺別門徒戸数		
	国中案内	明９戸籍		明９戸籍		寺籍簿
尾神村	8	7		11	尾神村　称名寺*	12
福島村	2	2				
牧村	2	2				
御母衣村	5	4		16	平瀬村　常徳寺	15
長瀬村	14	14	4			
			1			
			9			
平瀬村	7	7		16	長瀬村　浄楽寺	15
木谷村	6	7				
保木脇村	6	6				
野谷村	3	4		25	野谷村　浄蓮寺	25
大牧村	14	15	14			
			1			
大窪村	2	2		10	馬狩村　信称寺	10
馬狩村	8	8				
荻町村	52	92	1			
			59	74	荻町村　明善寺	66
			15	15	荻町村　本覚寺**	
			17	17	中野村　照蓮寺*	55
島村	1	9		22	西本願寺直参**	
牛首村	2	6				
鳩谷村	14	20		34	鳩谷村　法蓮寺	32
飯島村	50	51	11			
			19	19	飯島村　敬勝寺	18
			21			
内ヶ戸村	2	3				
加須良村	6	8		8	加須良村　蓮受寺	7
椿原村	5	6				
有家原村	3	3		14	椿原村　斎入寺	14
芦倉村	4	5				
小白川村	15	8		8	小白川村　蓮光寺	7

*　荘川村にも門徒がある。中野照蓮寺以外の門徒数には寺自身もを含む。
**は本願寺派，他はすべて大谷派。

第8図　飛騨白川郷真宗寺院所在村略図

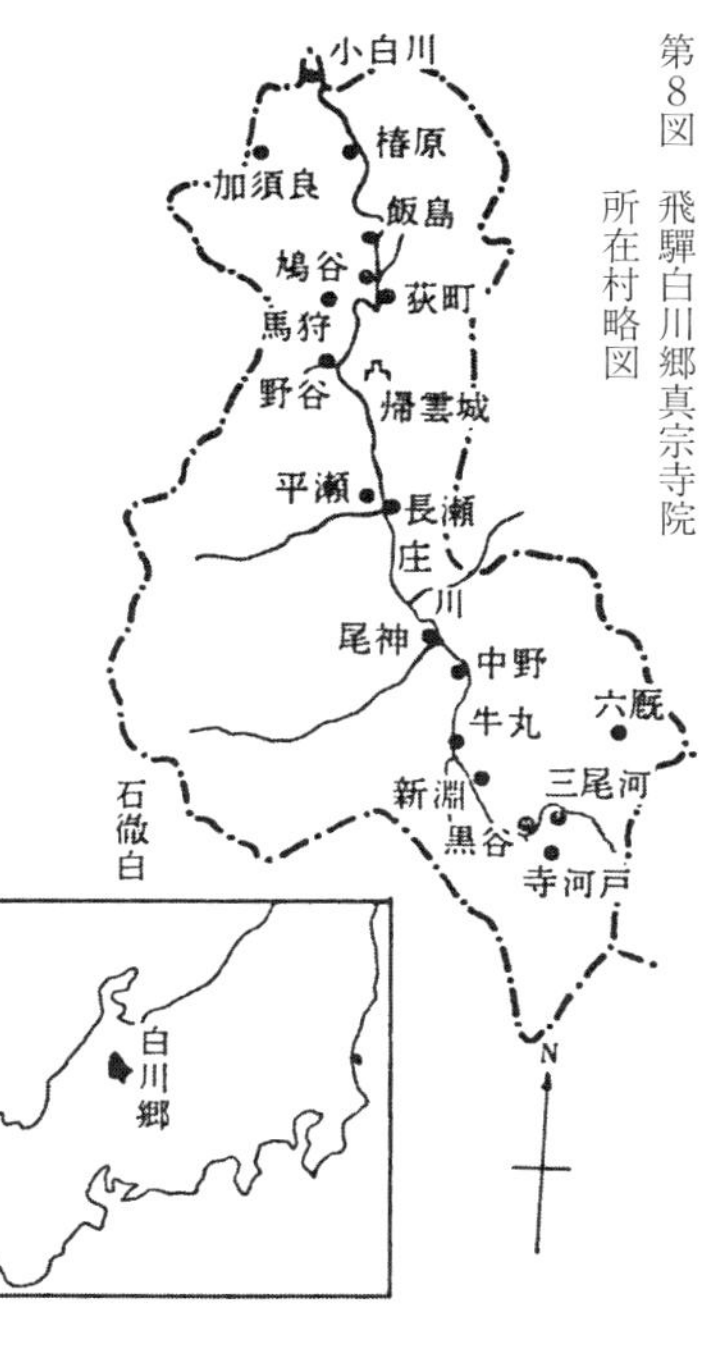

せずに一ヵ寺に属するもの四件（一二ヵ村四ヵ寺）、いくつかの部落（そのうちある部落は全戸、他の部落は一部）が一ヵ寺に属するもの四件（四ヵ寺）、その他二件となり、寺檀関係の地域的集中度が極めて高い。ここでは大郷地区の一部を除き、多かれ少なかれ庄川に山が迫っているので集落も至って小さく（『飛騨国中案内』によれば、六〇戸以下二ヵ村・二〇戸以下四ヵ村・一〇戸以下一七ヵ村となる）、しかも概ね川に沿うて点々と村落が散在し、その間の距離も小さくない（第38表および第8図参照）。こうした生態学的条件が寺檀関係の部落的集中を高めたのであろうが、本章第三節で述べる白川郷真宗道場の存在形態また大きな要因であろうと思われる。

註

（1）竹田聴洲「中世の氏寺から近世の菩提寺へ―奥丹波天寧禅寺第一回調査報告―」、『仏教大学研究紀要』32号（昭31・10）、二九頁。
（2）福岡県甘木市安川町下淵の専光寺（本願寺派）寺伝によれば、開基は小西行長の家臣で、関ヶ原敗戦後この土地に落ちのびて一宇を建て、従者を土着帰農せしめた、とある（『福岡県寺院沿革史』、四九〇頁）。
（3）「御門徒の親類、をと・い・いとこ・はつこの縁々をもてこそは、仏法弘まるべけれ。」などと『本福寺跡書』にある。
（4）千葉乗隆「近世の一農山村における宗教」、『龍谷史壇』44号（昭33・12）、七二～七三頁。
（5）原田敏明「部落と宗教の伝播」、『社会と伝承』5号（昭32・8）、一一～一四頁。
（6）原田、前掲、一〇頁。

（7）平沢清人「信州下伊那地方における宗門帳の諸類型とその推移」、『信濃』9の2・3（昭32・1）。
（8）長沼賢海「宗旨人別改めの発達」、『史学雑誌』40の11（昭4・11）。脇坂昭夫「寛永期の尾道町宗旨人別帳について」、『広島大学文学部紀要』15号（昭34・3）。児玉識「近世本願寺教団の確立過程―主として中国地方の場合について―」、『近世仏教』4号（昭36・6）。
（9）青木紀元「樫曲部落の階層と真宗寺院」、『社会と伝承』2の1（昭33・1）、一七頁。
（10）里内徹之「真宗史と部落」、『日本の民主化と仏教の業思想』（本願寺派同朋会、昭32・6）、二五九頁。
（11）禿氏祐祥「所謂部落と宗教関係に就て―平民階級の宗派としての真宗―」、『融和事業研究』2輯（昭3・10）。
（12）三好黙軒「所謂部落の信仰変遷の跡を調べて―主として真宗との関係に就て―」、『融和事業研究』14輯（昭6・1）。藤谷俊雄「仏教と〝部落解放〟」、『講座近代仏教』5（法藏館、昭36・9）、一三七頁。

三　寺檀関係の内容

右のようにして成立した寺檀関係は一体いかなる内容をもっているか。[補註31] ここでは寺檀関係を個々の門徒家と手次寺の関係とみなしてこの関係を門徒家の側から観察してみよう。事例はやはり奥能登町野町川西からとった。

門徒の家では、家屋の奥まった中央の一室を仏間（ぶつま）と称してこの正面奥に仏壇を置き、仏壇のなかには阿弥陀如来像を中心として、その左右に親鸞像・名号、一段下って先祖の法名を安置している（第5図参照）。これはお内（ない）仏（ぶつ）と尊称される門徒家結集のシムボルである。如来像・名号・親鸞像は本山の本尊でもあるから、これを本山から下附されることは本山本尊の勧請を受けることに外ならない。門徒家はこの勧請を受けた時に、本山の分末として成立するのであって、その基本的な構造は寺の成立と全く同一といってよい。細かくみれば勿論違う点もある。下附手続を別とすれば、本尊の大きさ・絵像か木仏か・仏壇仏間の結構など、規模の大小はその優なるものであろう。次に、先祖の法名は生前ならば法主の「お剃刀」を受けた時に与えられるもので、法名の授与は法主

と門徒の間に師弟関係を設定ないし確認する手つづきに外ならない。門徒はつまるところ本山の門徒であるという意識はここにその論理的基礎をもつのであり、またこれは本山と門徒家との本末関係に相即する（本来的に門徒を個人とみる見方は、信仰の個人性よりも、かように師弟関係が個人関係であることに根拠をもっている）。しかして、生前に法主から法名を請ける機会をえなかった者は、葬送儀礼のなかで手次寺住職によって剃髪とともにこれを与えられるのであり、葬儀において門徒の髪を除き法名を授与する権限は、法主から委託された末寺住職固有の職権であって、そこに寺檀関係の成立根拠がある。つまり、門徒家は本山との間に本末の系譜を設定することによって成立し、門徒は法主と顕在的にか潜在的にか師弟関係をもつがゆえにこそ真宗門徒ということができるのであるが、直接には法主と門徒の間に介在する末寺住職の門徒である。だから、本尊の下附・法名の授与を本山に申請しようとするとき手次寺住職の添書を要し、あるいは住職が本山にこれらを請うて門徒に与えるのである。かように、「お内仏」の本尊と法名は、法主—門徒、手次寺住職—門徒、本山—末寺—門徒家の諸社会関係を象徴的に示している。単なる宗教的シムボルに尽きるものではないのである。

そこで「お内仏」の取扱い（補註32）をみておこう。門徒家では幼少の頃から「お内仏」に朝夕「お礼をとげる」よう躾けられ、慣習的行動として確立しているが、ヤヌシ（家長）たるべき男子にとくにその励行を求める家がなかにある。少なくとも盆・正月には一家揃って内仏に参詣し、オジジまたはヤヌシの調声によって一同正信偈を誦する。仏前の花あるいは緑の葉がついた枝をオハナとよび、これは毎朝たてかえるが、仏供（ぶつく）は宗祖・本山前住職や家の先祖のタチビ（命日）に調進するだけで、毎朝とりかえない。彼岸だけは団子をつくって供える。同じ川西の真言宗檀家では仏供用の膳があり、野菜の初物や餅菓子などを家族の食べる前に供えるが、門徒にはそのことなく、もし珍しいものができたからとてこれを供えると、かえって何も知らない家だと門徒の間で非難される

のである。「お内仏」に対する礼拝は老人ほど鄭重であることはいうまでもなく、文字を解しないオババでも、日常の礼拝で用いる正信偈と主な「お文(ふみ)」を暗誦している者が少なくない。神棚に対しても合掌して南無阿弥陀仏の称名を唱え、こんにちなお報恩講の期間と彼岸には「精進」をきびしく実行しているのもこれらの人々である。なお、川西では聞き落したが、能登各地の民間習俗に関する平山敏治郎氏の報告によれば、婚礼のさい花嫁は婚家へ入って何よりもまず内仏を拝むしきたりである、という。(1) 川西でもおそらくそうであろう。門徒家へ婚嫁することは、その家の内仏を拝する者となることに外ならないのである。

さて、手次寺がどのような機会に門徒家を訪問するのであろうか。門徒家では八月七日に七日盆とて墓ゴシラエ（墓掃除）をし、十三日から十六日まで盆の期間中墓参するのが慣例である。この盆前には真言宗寺院では檀家を残らず巡廻して盆ヅトメをするが、真宗ではこのとき手次寺からの巡廻参詣はない。けれども、二月以降春の農閑期に、手次寺を同じうする同じ部落の門徒で日を決めて手次寺の訪問を依頼し、先祖の供養として阿弥陀経一巻をあげて貰うオトキハジメなる行事がある。これは年初の「お斎(とき)」で祈年祭の意味があるらしく、このときに限りベン（魚）料理を用いてよいことになっている。また、十二月から一月にかけて報恩講の引上会を原義とするオトリコシなる行事があり、同様に寺僧の訪問を請うて行われる。このさい兼ねて年忌を勤めることでも知られるように、報恩講とはいいながら宗祖に対する報恩謝徳よりは先祖供養の意味が濃厚である。ともあれ、オトキハジメ・オトリコシという年初と年末の相対応する仏事こそ門徒家の大きな年中行事であって、(2) このときには華束(けそく)を作り餅や菓子を仏壇に供えるのである。なお、これらの仏事のさい僧は入口に立つことなく外から直ちにザシキへ上るが、ふだん一寸立ちよった時にはダイドコロ（第5図）で話をすませる。それでも僧にはヤヌシの占めるヨコザが譲られ、そこにヘットリ（花莚）と座蒲団を敷いてもてなされるのである。ヨコザが譲られる

来客として、僧以外には小作人における地主があるばかりだった。もって寺僧の社会的威信が窺い知られよう。

手次寺住職が門徒家を正式に訪問する機会のなかで最も重いのは葬儀である。葬儀は顕界から幽界への通過を掌って、不安定な死霊を安定した祖霊へ転化させる最初の儀礼である。この重要な儀礼の中核をなす剃髪と法名授与において門徒家と手次寺との寺檀関係が確認されることは、すでに述べた通り。さて、手次寺の住職が寺中を従えて参詣し、導師として儀式を主宰することはいうまでもないが、そのほかに藩政時代川西の飛地とされた若桑所在の本覚寺（大谷派）は自門他門の区別なく必ず参会し、喪家から婚出した者や他家から喪家へ婚入した者で生存する人々の婚家と生家の手次寺もそれが喪家の手次寺と異なる限り、婚家や生家の招待で諷経に立つ。烏帽子（えぼし）や職人子もそのオヤが死亡した時には同様の要領で手次寺を招待し、こうして葬儀を盛大にするのである。これら手次寺以外の招待寺院に対する布施は招待した者から出すが、喪家からも多少の心附けをする。川西では中層の下とみられている広のＨ㉗家が昭和二十年に主婦の葬式を出した時、手次寺の正願寺とその寺中正楽寺へ次のような布施をした。

正願寺
一、十五円　御布施
一、十五円　御袈裟料
一、十五円　仏供米其他
一、一　円　奥様
一、五拾銭　御新仏様
一、五拾銭　下　女
〆　四拾七円

正楽寺
一、七円　御布施
一、三円　仏米料
一、五円　七週読経志
〆　拾五円

御布施は僧のサービスに対する謝礼であることは説明を要しないが、御袈裟料は手次寺住職が着た七条袈裟に

対する謝礼、仏供米その他は手次寺及びその寺中の本尊に対する供物を原義とする。奥様とは手次寺住職の妻（坊守）に対する、御新仏(しんぼち)とは住職長男（当時まだ三歳）に対する、下女は手次寺の下女に対する心附けである。寺中への布施は本坊（手次寺）のほぼ半ば、仏米料は僅かその五分の一であるのに、手次寺にみられない七週読経志が加算されている。これは、寺中が葬式後毎週一回宛訪問して読経した（但しまとめて短期間にすませることが多い）ことに対する謝礼である。このほか左記の諸寺へ参詣の礼をした。本覚寺・長光寺とその寺中の分以外は、縁者が招待者として贈った布施とは別に、喪家自身の出した金額である。子寺（寺中）は本坊の半額であることに注意。

大川　通敬寺　二円　　南志見　長栄寺　一円
金蔵　慶願寺　二円　　(右子寺)常慶寺　五拾銭
(右子寺)円徳寺　一円　　鈴屋　長光寺　十円
若桑　本覚寺　十円　　右　子寺　五円　　（括弧内は著者註）

このように、手次寺とその寺中のほかに案内を受けた寺が寺中を従えて参加し、導師（手次寺）以下十人の僧侶によって盛大な葬儀が執行されたのである。しかし葬儀は僧侶の関与のみで果されるわけでない。僧侶は専ら祭祀を司るのに対して、いわば舗設を担当する人々の合力がなければ野辺送りは成り立たないからである。そこで舗設面にもふれておこう。まず、舗設用の資材は悔みとして集積されるのが普通であるが、前記の葬儀のさい、合計仏供米三斗七升・大豆五升・豆腐九箱・現金三〇四円七五銭の贈与（悔み）を受けた。大体、悔みに次の三種がある。

(イ)仏供米　米二升あるいは一升。これを贈る家は次の香奠・塩草(えんそう)も持参する。但し、仏供米の量を増すことに

第39表　川西H㉗家の受けた「悔み」（昭18）

品目の組合せ ＼ 部落		広	桜木	田長	計
(A)	ロ	3	4		7
	ロ・ハ	12	9		21
(B)	イ・ロ	2	2		4
	イ・ロ・ハ	4	8	1	13
(C)	イ・ロ・ハ・ニ	5	5		10
計		26	28	1	55

よって塩草に代えることもある。戦中戦後は、現金をもって仏供米に代えることが多かった。

(ロ)香奠　現金。必ず塩草を添え、さもなければ香奠の金額を増す。しかし香奠を贈る家必ずしも仏供米を持参しない。

(ハ)塩草　現物を本体とするも近時は現金にて代えることもある。必ず香奠を添える。大豆・竹の子・青菜・ぜんまい・かじめ・なついも・ふき・わらび・いも・人参など、季節の上等の野菜類が塩草である。

H㉗家は広の桜木境にあるので、広の全戸から香奠(ロ)と塩草(ハ)あるいはこれに代るもの、桜木の大部分からも同様の贈与を受けた。村つきあい(A)というべきものであろう。田長とは離れているので悔みのやりとりはない。近所・縁つづきなどで比較的親交のあつい間柄(B)は、これに仏供米(イ)を加える。親類（イッケ）関係などでとくに喪家と親密な関係を有するもの(C)は、右の三種を充実した上、更に、

(ニ)豆腐・若布・こんにゃく・豆等

を添える。同家の昭和十八年の葬儀（九十三歳の母死亡）にあたり、川西内から贈与された品目の組合せを掲げたのが、第39表である。(ロ)のみとはその額からして(ロ)＋(ハ)に近く、(イ)＋(ロ)というのは(イ)＋(ロ)＋(ハ)に近いから、(ロ)＋(ハ)と(イ)＋(ロ)＋(ハ)の二つが基本型と考えられる。

どの範囲から弔問に来るかは、喪家の家格と交際範囲によって異なることはいうまでもない。葬儀における合力範囲も同様である。例えば広ではオヤッサマH⑳・H⑭の二戸に限り、広全戸の合力を受ける。葬儀の采配は

部落の重立ちか部落内の親類が主人代理（亭主名代）として振り、喪家の家族員はこれに関与しない。村落外の親類も焼香客として会葬するばかりで、台所の仕事は手伝人に一切委ねられる。喪家の社会的地位が低ければ主人代理も軽い人でよいが、何人もの人を使わねばならぬので、部落の重立ちに主人代理を依頼するのが一番無難である。H㉗家の昭和二十年の葬儀には、広部落谷内地のオヤッサマH⑳が主人代理となった。主人代理は葬儀の規模については喪家と相談するが、誰に手伝いを頼むかは喪家ではきめにくいので、主人代理が自らこれをきめる。手伝いとしては茶役（僧の接待役）・記帳・料理・給仕・使・野送り（葬棺かつぎ）・仏供米受（女、主婦名代）・流女（もちろん女）などがあり、部落で最も貧しい者にやらせる野送りを除き、近くの親類と組の者がこれに割りあてられる。オヤッサマの葬儀は規模が大きいので、料理人・給仕人を督励するためダイドコロ主人（副主人代理）が別におかれることがある。

さて、葬列は寺中の先導によって火葬場に至る。火葬場は広と桜木とにある。門徒はすべて火葬にするのに対し、真言宗の檀家は長く土葬であったが、真宗の強烈な影響を受けて、こんにちでは特別の遺言でもない限りは土葬にしなくなった。真言宗では棺桶の周囲へところ狭しとばかり字を書き、左片手で握った握飯・旅銭・笠・杖などを棺内におくが、真宗では死者の手に数珠を一連かけるだけである。直ちに西方の浄土へ参らせて戴くのだから旅行用具は不要である、と説明されている。また、真言宗では四九日の間、戸口を細目に開けておき、遺骨が家にある間は他行しないし、また平素家に火を絶やさない。しかし真宗ではその必要はないという。

それでは、門徒はどのような機会に手次寺へ参詣するのであろうか。まず、手次寺にお講がいとなまれる毎月二十八日と報恩講および永代経法会には、各門徒家から一人は必ず参詣して法義を聴聞し、報恩講にはとくに蠟燭料を献進することになっている。法会以外の参詣としては、元旦に門徒家を代表してヤヌシが年頭まいりをす

るのを挙げなければならない。真言宗では必ず社参が先になるが、真宗では道順の都合によって社参後に参詣する人もあるけれども、だいたい寺の年頭まいりを先とし、一番まいりを競うことすらある。まず本堂へ上り、勤行のあとで内陣中央の阿弥陀如来、内陣右壇の宗祖、同左壇の蓮如、余間に安置せる七高僧、寺の位牌に次々と礼をとげてから、五十円ないし百円のスズ代（酒代）と五合ないし一升の仏供米をもって庫裡へまわる。そして住職と坊守に年頭の挨拶をしたのち祝い酒を振舞われ、帰途寺中へ挨拶による。寺中に対しては、前掲の布施額にみられる通り本坊の半額を基準としたが、こんにちではその七分程を年頭の礼として出す。また、盆に寺詣りをすることはいうまでもない。他家へ嫁した者も生家の親が死去すると、毎年八月十五日に婚家から米一升を携えて生家の手次寺へ参詣し、「お斎（とき）」につく。これをオヤノマイリという。寺からみて当人を孫檀家（孫門徒）とよぶが、孫門徒の制度は口能登ほど整ったものでなく、口能登において盆季の孫門徒の参詣をさすコンゴの語は、ここでは真言宗の「金剛（こんごう）まいり」にその断片を見出しうるのみである。また、嫁を貰うと、婚礼の翌日あるいは報恩講や永代経などの機会に花嫁を盛装せしめ、姑がこれを伴なって参詣し、酒一升と饅頭一箱位を携え住職に挨拶する。これをゲンゾマイリといい、住職と盃ごとをする口能登の「師匠どり」に相当するが、師弟関係の設定という意味がそれほど強調されていない。しかし意味するところはまさにそこにある。それが儀式にあらわに示されないのは、意味が薄いからではなく自明であるからであろう。寺と門徒家との結びつきが口能登よりも遙かに密接であるため、家の新しい成員は寺の新しい門徒となることは当然であって、あえて師匠どりの儀式を要しないのである。ゲンゾマイリの風も近来大分衰微してきた。これは一つには、戦中戦後の物資欠乏時代に、花嫁とても盛装するだけの衣類を準備できぬものが多かったことによるようである。なお、寺に対する負担は、金額に大小のある灯明料（月仏供米）にしても、甲乙のない賦役にしても、講中ごとにとりまとめて果され

る。これは次節で述べたい。

寺檀関係は手次寺と門徒家との関係ではあるが、「お内仏」の説明でみたように、手次寺の彼方に本山があり、門徒は窮極的には本山の門徒であると理解しなければならない。そこで門徒家と本山との関係にふれておくことは無駄ではないと考える。

本山と門徒家も基本的には法施と財施の交換関係に支えられている。本山の法施は内仏本尊や法名の授与に、また手次寺を介して伝達される法主の消息に示される。これに対する門徒の財施として、川西では以前各戸から米一升宛献進したが、こんにちでは年に二、三百円宛現金で負担することになっている。このほか、本山の負債整理のため明治十八年に創立された相続講の講金負担もあり、献金の額に応じて商量員・准講頭などの階級とそれを具体的に示す輪袈裟が下賜される。たとえば、慶願寺の世話人で町野郷同心会の副会長に推されているS⑦のオジジは、昭和二十七年まで講頭であったが、講頭から准総講頭格への昇進が五千円のところ半額で免許された時期に、献金して陞された。これほどでないにせよ、大抵の門徒は相続講に献金して階級を貰っている。それに要する献上金の額は――S⑦の現在の地位の如き実に一万円を要するのである――、この土地の生活の簡素さと極めて不釣合にみえる。階級に対応して下附される輪袈裟は本山護持に協力した功労を本山自身によって賞せられた事実を示すものとして、これをかけてオザに出席しまた寺へ参詣する門徒に誇らかな自己満足を味わわせてくれるのである。もしさまざまな功労章（メダル）で飾りたてれば一層効果があろう。しかしここに蠢く名聞利養を求める心は他力の信心とは無縁である。我慢我情の募る人間性の弱点につけこんだこの巧妙な献金制度は、却って本山に対する忠実な取持（とりもち）を根底から崩して行っていないと、誰が保証できるであろうか。

朝夕「お内仏にお礼をとげ」、月に一度二十八日には寺へ詣り、一生に一度は本山まいりをすることが門徒の

義務である。できれば年一回本山まいりをしたいが、経済が許さぬという。昭和二十七年の本山報恩講には、京都に息子のいるH㉛のオジジが川西でただ一人参詣したきりであるが、われわれは、「一日のたしなみにはあさつとめにかかさじとたしなめ、一月のたしなみにはちかきところ御開山様の御座候ところへまいるべしとたしなめ、一年のたしなみには御本寺へまいるべしとたしなむべし[3]」といったという、越中五箇山は赤尾の道宗の言を想起せざるをえない。門徒の本山まいりの熱意は、他の土地における伊勢参りに対する願望に対比されるほど、一般的であり、かつ強烈である（昭27・8および11調査）。

註

（1）平山敏治郎「民間習俗」、九学会連合能登調査委員会編『能登―自然・文化・社会―』（平凡社、昭30）、一三九頁。

（2）石川県の加賀市加茂では、手次寺住職の定期的な門徒訪問は春のオチョウハイと秋の報恩講であり、岐阜県西北山間の徳山村では、本山からの定期的巡廻を春まわり秋まわりという。何れも川西のオトキハジメ・オトリコシに相当するもので、年初と年末の一年二回というのは、より深い基礎をもつ一つの文化型かと思われる。前掲、『農村と寺院』、六八頁。桜田勝徳『美濃徳山村民俗誌』（刀江書院、昭26、7）、一一六頁など参照。

（3）「昔物語記」、『蓮如上人行実』、二五一頁。

第二節　寺門徒団

この節では、寺檀関係を手次寺と個々の門徒との関係的側面よりも、むしろ寺と門徒群との集団的側面から分析してみよう。すでに述べたように、手次寺を中心とする門徒の集団を寺門徒団とよぶ。ふつう檀家集団とよばれるものの中心に手次寺を加えた集団と考えればよい。寺門徒団成立の基礎は多数の手次寺―門徒家という関係

であるから、たとえまず家集団があり、この集団によって寺が建てられた場合でも、個々の寺―家の関係が逆にこの集団を支えていく。それゆえ前節ですでにふれたように、この集団を構成する門徒家が互に空間的に接近してあらかじめ一つの集団を構成していることは必須条件でない。いくら散在していても、寺―家、住職―門徒の関係を媒介として門徒間に集団行動がみられたなら、われわれはこれに対して寺門徒団の呼称を用いることができる。社会学的にいえば寺門徒団だが、法律的にいえば寺法人（法人としての寺）に外ならない。

寺門徒団の大きさは、そこに含まれる門徒の多少で表現されるとすれば、数千世帯の巨大なものから僅か数戸の極小なものまで広い幅があるが、昭和三十五年大谷派教勢調査の示す平均は一五〇である。県別平均をとれば、もちろん県によってまちまちで、なかでも滋賀・京都・大阪・奈良の畿内諸府県では格段に寺門徒団の規模が小さい。規模が小さければ門徒団組織も単純な機構ですむが、一五〇世帯内外にもなれば門徒の居住地域もかなり分散し、住職家と一般門徒を結びつける中継機構が次第に必要になってくる。ことに長崎県のように四百世帯をこえると、もはや門徒団をつねに一括して操作することは不可能である。こうして寺門徒団の分析はその組織の分析に焦点を結ばなければならない。

こんにちみる寺門徒団の組織がどの時代にいかにして作りあげられたか。この問題にわれわれは大きな興味をもっているが、利用しうる資料の範囲では到底その解明を期し難いので、ここでは門徒団の現状分析に止め、再び奥能登について述べようと思う。町野およびその周辺における真宗寺院の門徒組織は、部落毎に門徒を結集せしめた講中組織を根幹とする点で著しい共通性を示す一方、また寺毎の差異もある。それらについて一々詳述する紙幅をもたないので、輪島市町野町川西に関係する大谷派四ヵ寺の資料によって共通性を中心に説明することとしたい。

第40表　正願寺の講中組織

町村	部落	正願寺門徒数	講中	お講の当番日	総代
鳳至郡柳田村	金山	6	柳田講中(21)	月日 9.28	○ 2名
	柳田	7			
	鴨川	5			
	長尾	3			
	石井	16	石井講中	7.10	
	国光	12	国光講中	7.28	
	鈴ヶ嶺	28	鈴ヶ嶺講中	8.28	○
輪島市旧南志見村	大西山	11	西山講中(19)	4.28	1名
	小西山	8			
輪島市町野町	金蔵	55	金蔵上地講 金蔵下地講	2.28 12.28	○
	川西	20	川西講中	3.28	○
	桶戸	8	真久桶戸講中(22)	10.28	1名
	井面	2			
	粟蔵	3			
	広江	4			
	東大野	1			
	真久	4			
	麦生野	7	麦生野東講中(19)	6.28	1名
	東	12			
	徳成	17	徳成講中	2.6	
	徳成谷内	19	谷内講中	5.28	○
その他（輪島・宇出津等）		35	—	—	—
正願寺住職家（松原姓）			（お寺お講）	11.28	

町野町金蔵の正願寺は、「明細帳」によれば大永六年（一五二六）天台宗松原坊の住僧了西真宗に帰依すとあり、町野郷真宗寺院中比較的開創の早い方に属する。当寺蔵の矢文消息は下町野金蔵村十二日講中に宛てられたもので、石山合戦の時代には十二日講中という名の門徒団をなしていたことが推測される。「町野組寺庵中由来書之覚」には第三世善了代慶長六年（一六〇一）に寺号が免許されたとあるが、これは顕如の絵像を下附された年と取り違えたものである。そこで同寺所蔵の寺号免状によると、慶長九年開山像の裏書きのなかでまさに一寺を別建した教如によって寺号を免許されたことが明らかである。それは真宗寺院としての——東本願寺末寺としての——完全な成立を告げるものに外ならない。この裏書の宛名(1)にあるように、七尾の長福寺下寺として法義上その支配下にあったとみられるが、行政関係では触頭（ふれがしら）阿岸本誓寺の配下に立ったことは他の鳳至郡東方末寺と同様である。門徒数の消長も分布の事情も詳かになしえないが、現在は約二八三戸（明治三年の書上げで

は二〇六軒）を算し、柳田村・町野町・旧南志見村などに散在する。輪島・宇出津にも若干の門徒を数えるが、これは地元からの転出移住戸である。寺門徒団は本山に対しては正願寺二十八日講中を称しつつ、その内部は地域的に一二の講中に分かたれる。その講中組織は第40表に示す通りである。なお門徒の分布を第2図と対照して理解されたい。

慶願寺も同じく大字金蔵にある。「町野組寺庵中由来書之覚」は永禄元年（一五五八）西了の開基と伝え、同寺蔵『当寺小葦』（釈順語編）も初代を西了とするが、『明細帳』は真言宗池ノ坊の住侶慶順文明五年（一四七三）改宗し開基となったと、異説を伝える。文明五年というのは蓮如の吉崎逗留に時期的に符合し、『石川県之研究』（第三宗教編）によれば開基慶順は蓮如によって改宗したという。この附近でも南志見渋田の照光寺は、元来真言宗なりしも蓮如吉崎在住の砌これに帰依して改宗したと伝え、同じく里の長栄寺は、文明年中行旅の途次蓮如に遭うて忽ち帰投せし一行脚僧の創建するところと称する（何れも『寺院明細帳』）など、蓮如に結びつけて開創を説明する伝承は他にもある。しかし奥能登にそれほど速やかに蓮如の影響が実を結びえたかどうかやはり疑問とせねばならぬ。そこで「覚」の永禄元年西了開創説をとれば、同寺『過去帳』には歴然と開基慶順明応二年（一四九三）歿とあり、西了は漸くその五代に連なるのみか、元和元年（一六一五）五十八歳歿とあるから、改宗の永禄元年は西了が生まれた年に当るという不条理なことになる。かくて事態は混迷に陥る外ないが、開基から四代までは法名と歿年以外全く不詳であるのに対し、五代西了以下は先代との関係、坊守の実家、死去の年齢も書き添えられて記事が豊富になっている事実に着目するならば、かりに慶順をもって開基と考えるにしても以降四代までは前史ともいうべき時代に属する。そして漸く五代の西了をもって歴史時代が始まったと考えるべきであり、その意味では西了は中興ともまた第二次的開基とも称しうることが理解される。したがって「覚」も『明細

第41表　慶願寺の講中組織

町村	部落	慶願寺門徒数	講中	お講の当番日	川西関係の講頭	総代
鳳至郡柳田村	金山	3	九月中日講(10)	9月彼岸中日		
	柳田	7				
	笹川	6	五月講中(16)	月日 5. 6		
	鴨川	10				○
輪島市旧南志見村	大西山	27	二月講中 六月講中 十月講中	2.28 6.28 10.28		○
	小西山	11	九月講中	9.28		
	東院内	1	四月講中(7)	4.28		
	尊利地	6				
輪島市町野町	金蔵	12	金蔵講中	11.28		○
	川西	20	川西上地講(12)	8.28	S⑭	○
	広江	4	川西下地講(12)	7.28	S③	
	川西田長	1	一月講中(7)	1. 6	T⑮	
	井面	3				
	桶戸	1				
	粟蔵	2				
	寺地	2	三月講中(11)	3.28		
	敷戸	5				
	曽々木	4				
その他（輪島・七尾等）		21	—	—	—	—
慶願寺住職家（日向姓）			（お寺お講）	12.28		

帳』も事実のそれぞれ一面を伝えるものであり、一概に一方を正しいとして他を排するわけにいかない。「覚」のようにかりに開創伝承を単純化して西了を開基とすると、それでは開基時代は明瞭にならないから、西了の生まれた年をもってこれに当てたのであろう。そこで却って開基の更に古いことが偲ばれるのである。しかし、文明五年説は第二次資料ともいうべき『明細帳』及び『町野村誌』以外に根拠がない。これらを考え合わせると、慶順と西了とが慶願寺の開創伝承ないし開創の事実において忘れることのできない位置を占めること、真宗道場の開基としてはやはり慶順よりは西了を当てるべきこと、しかし開基年代はあまり厳重に問題にできないことが理解されるのである。さて、前掲『当寺小雚』に永禄四年附の少地兵衛による畠二百目の寄進状が収載されている。宛名の九回道場孫四郎を慶願寺の祖とすれ

ば、改宗当初は道場であり、道場主は俗名を称したことが確認される。他の諸寺とても本山から寺号を授与されるまでは道場の形で存在したことはいうまでもない。『明細帳』は寺号の授与を永禄十年顕如によると伝えるが、これはいかにもありそうもないことである。一方、木仏本尊の染筆は元和五年（一六一九）であるから、むしろ『覚』の元和九年宣如による授与説の方が信憑性をもっている。近世を通じて金沢仰西寺の下寺、阿岸本誓寺の触下であった。現在の門徒数約一四六戸（明治三年の書上げでは一一一軒）、柳田村・町野町・旧南志見村などに分布し、一八部落で一二講中を組織している（第41表）。

第42表　長光寺の講中組織

町村・部落		長光寺門徒数	講中	お講の当番日
輪島市町野町	鈴屋	80	鈴屋江尻組	1.28
			〃中西組	3.28
			〃谷内組	10.28
			〃中村組	11.28
	寺山	60	寺山大寺山組	6.28
			寺山北口組	7.28
	粟蔵	50	粟蔵組	8.28
	広江	30	広江組	4.28
	敷戸	10	敷戸組	9.28
	井面	10	川西組	2.28
	川西	10		
その他（南志見・柳田 輪島・宇出津）		若干	—	—
長光寺住職家（松岡姓）			（お寺お講）	12.28

第43表　本覚寺の講中組織

町村・部落		本覚寺門徒数	講中	お講の当番日
輪島市町野町	粟蔵若桑	16	神谷講	7.28
			吉兵衛講	9.28
			兵次郎講	10.28
			惣田講	11.28
	粟蔵	4	粟蔵講	8.28
	広江	4	広江講	6.28
	寺地	7	寺地講	3.28
	桶戸	4	桶戸講	4.28
本覚寺住職家（渓口姓）			（お寺お講）	12.28
			（若衆お講）	2.28

長光寺は町野町鈴屋にある。「覚」によれば、天正十年（一五八二）道正開基、慶長十二年寺号許可と伝え、『町野村誌』は詳細不明なるも真言宗から転じたという。総数三百戸に近い門徒は主として町野町に分布し、一〇組に分かたれる（明治三年の書上げでは一

六〇軒）。組というも組織・機能ともに講中と何ら変るところがない（第42表）。最後に粟蔵の本覚寺は、文禄元年（一五九二）の開基にかかり、天和三年（一六八三）寺号を許可されたとは「覚」の伝えるところであるが、それについて『町野村誌』は平家の落人佐紺三郎なるものの後裔が開創したという。門徒は僅かに約三五戸（明治三年の書上げでは二一軒）で、概ね中町野に分布する。ここでも小さいながら八講中が組織されているほかに、若衆お講もある（第43表）。なお、この寺の所在地若桑が藩政時代川西の飛地とされたため、近世史料には川西本覚寺とあり、川西全戸の葬儀には案内を受けずとも参加するという、特殊な関係をいまに維持している。しかし川西には一戸しか門徒がなく、それも近代になって金蔵寺檀家から転じたものである（注意、寺別部落別門徒数が第37表と食い違うのは、以上四表は昭和二十七年八月の当該住職に対する面接調査に基づき、第37表は翌年十二月町野小学校の児童を介して調べたもので、時点も資料源も異なるためである）。

講中は部落あるいは代表的部落の名（例、正願寺川西講中・同柳田講中など）、村落の小字名（例、慶願寺川西上地講・長光寺鈴屋江尻組など）、講をつとめる月あるいは日（慶願寺五月講中、同九月中日講など）、また講頭の姓や名（本覚寺神谷講、同吉兵衛講）を冠してよばれる。講中の規模には、正願寺の一七〜二八戸、慶願寺の七〜一六戸、長光寺の一〇〜五〇戸、本覚寺の四〜七戸という寺による大小がみられるが、数部落の門徒を合して一講中としたり、一部落の門徒を二講中に分けたり、あるいはまた、一部落をそのまま一講中として、門徒団のなかで講中の規模をなるべく揃えるように努めたあとが窺われる。それは、講中が寺院の運営に対して次にあげるようなきわめて重要な役割を果しており、この役割を果すためにある程度以上の人数が必要であるからであろう。

(1) **「お講」**　講中は一年に一回、一定の日に当番となって「お講」をいとなむ。その日は原則として宗祖命日

の二十八日であるが、正願寺の徳成講中、慶願寺の五月講中・一月講中のように本山前住職の命日を記念するために六日をお講の日とするもの、正願寺石井講中のごとく永代経の始まる七月十日にお講をつとめるもの、慶願寺九月中日講のように秋の彼岸の中日をお講の日とするものもある。一月後れの大晦日で多忙なため正月を休み（正願寺・本覚寺）、あるいは五月を農事休みとしている（長光寺・本覚寺）ほかは、毎月一回宛お講が催され、二回重なる月もある。また、寺の報恩講をつとめた月の二十八日には、それぞれの住職家がとくに施主となっては、この外二月二十八日の若衆お講に若衆が材料を提供して住職家が調理にあたることになっている。お寺お講「お寺お講」を沙汰する。長光寺では、料理に因んでこれを「大根お講」ともいう。講中の数の少ない本覚寺でとこの若衆お講を除き、惣菜の材料も調理の人足も施主なる当番の講中から出す。当番講中以外からも多数の参詣者があり、正願寺などでは報恩講のお寺お講でなくともふつう一二〇～一三〇人の参詣者があるが、この殆ど全部がオトキにつくので、門徒の寄進にかかる寺有の膳椀類がこのため多数備えつけられており、また準備に二〇人内外の人手をどうしても必要とするのである。正願寺の金蔵上地講では井ノ池のオヤッサマ、のちに柴野のオヤッサマ、金蔵下地講では東のオヤッサマか向のジイサマ、のちに窪のオヤッサマがお講当番のときに先に立って世話をやいた。オヤッサマ連中が姿をひっこめた後もこうした有力な講頭の家のオカッサマが仲間を差図してオ仏供サマを盛ったものであるが、戦後、講中をオヤッサマが牛耳る体制は影を薄くした。これはどの講中にも大体あてはまる。さて、オトキの献立は一定していて、向うつけ二つ、お平（豆腐の煮〆・ごぼう・人参・いも等）、豆腐汁の四種類と、一合半もりきりの飯がつく。オトキ希望者は飯米料として米二合を携えるか、一食一〇円の米代を出せばよい。このオトキは戦中戦後の食糧不足の時代にもかつて絶えたことがなかった。

お講は次の三つの部分からなりたっている。

(イ)勤行　十二時半頃始まる。勤行が終ると各寺二十八日講中に宛てた法主（正願寺では第十七世真如）の消息を住職が拝読し、一同改悔文を唱和したのち、住職の法話がある。法主の消息を拝読するところに他の儀式にない特色が認められる。法主と末寺門徒団との繋がり、本山への末寺門徒団の帰属が、宗祖命日にあたって毎月くりかえし認識され、新たに強調されるのである。

(ロ)お斎（とき）　報恩講満座にあたる「お寺お講」では、本堂が儀式に使われるので、人々は庫裡でオトキにつく。しかしそれ以外のお講には、午後三時半頃から本堂でオトキがある。内陣を閉鎖し、結界の内側（結界を撤する寺もある）の正面に本尊に背をむけて住職が坐し、新発意（住職相続人）や寺中はそのわきに控える。門徒は結界の外側、参詣室の本間と両脇間に、内陣の方に開いた三つのコの字形をつくる。本尊に対して本間の右側を上座とし、長光寺では御灯明料（月仏供米）の多い者から順次に着席する。他の寺ではさほど座順をやかましくいわないが、どこでも原則は右のようであったらしい。オトキの実質は畿内の宮座の如きもので、講中とは組当屋であると考えてよいと思う。参詣した門徒はオトキの一部を持って帰り、仏飯のお下がり同様に家族で分けて戴くのである。正願寺では、正月に仏供とした鏡餅を二月のオ講ハジメのさいに二切れ三切れ宛参詣者に分け与える。これが住職家から与えられる新しい霊力に満ちたお年玉である。

(ハ)勤行　オトキがすんだあと、車座になって作柄・山仕事・牛・御示談などめいめいの興味に従い雑談して日没をまつ。この雑談が老人にとって一つの大きな魅力なのである。そして日没にもう一度勤行をして散ずる。賽銭は講用什器の修理費などに充てられている。

当番講中はお講がすむと賽銭を集めて坊守に渡す。その額は大体参詣者の数によって規定されるから、賽銭額の大小から逆に参詣者の多少を推知することができる。正願寺では毎回総額数百円に達するが、お講が二度もあ

第44表　正願寺門徒団のお講―賽銭・電灯料・薪代金進納額

お講の日	当番講中	昭和27年				昭和32年			
		賽銭	電灯料	蠟燭料	薪運賃	賽銭	電灯料	蠟燭料	薪運賃
		円	円	円	円	円	円	円	円
2.6	徳成講中	98	100	25	800	210	100		800
2.28	金蔵上地講	150	100		50	410	100	30	1,050
3.28	川西講中	220	100	100	900	580	100		700
4.28	西山講中	135	100		300	450	100		900
5.28	谷内講中	120	100		900	500	100		900
6.28	麦生野・東講中	190	100	25	900	700	100	100	900
7.10	石井講中	200	100		740	600	100		600
7.28	国光講中	187	100	30	550	835	100	100	500
8.28	鈴ケ嶺講中	450	100	65	1,325	580	100	50	1,300
9.28	柳田講中	304	100		650	480	100		700
10.28	真久・桶戸講中	360	100	230	800	550	100		800
12.28	金蔵下地講	234	100		1,100	290	100		1,100

る二月と七月、なかでも新年早々の二月六日、および農繁期の四月二十八日と五月二十八日、新暦では年の暮にあたる十二月二十八日にはどの年も比較的少ないという、規則的な波動がみられるのである。賽銭のほかに本堂の電灯料として毎回百円（戦争中は一円、戦後二、三年は一〇円、昭和二十四年頃から百円）を講中から納める。この金額は講中の規模にかかわらず百円と一定している。もし費用が余れば蠟燭料として電灯料に添えて寄進されるが、電灯料も元来は灯明料の意味であったのであろう。昭和二十七年と三十二年の進納成績については第44表を参照されたい。

(2)御堂番　正願寺では講中毎に一年交替で御堂番をつとめる。他の寺門徒団においても同様であろう。昭和二十七年は西山講中、昭和三十二年は谷内講中が当番であった。御堂番は報恩講・永代経などに招いた布教師の接待、説教の合間やあとに手籠を廻す賽銭集め、および本堂雪垣の設置と撤去などに責任を負っている。

(3)門徒諸負担のとりまとめ　門徒が寺に対して負う定額負担の主なものは月仏供米（つきぶくまい）である。これは等級によって高下に分

第45表　正願寺仏供米等級表（現地調査当時）

正級 改等	割当量	旧等級	戸数	割当総量
特　等	2斗以上		3	
一　等	2斗	一（4斗），二甲（3斗） 二乙（2斗5升），三（2斗）	13(1)	2石6斗
二　等	1斗5升	四（1斗7升）	10(2)	1石5斗
三　等	1斗3升	五（1斗5升），六（1斗2升）	23(3)	2石9斗9升
四　等	1斗	七（1斗），八（8升）	38(4)	3石8斗
五　等	7升	九（7升），十（6升） 十一（5升）	47(5)	3石2斗9升
六　等	5升	十二（4升），十三（3升）	98(1)	4石9斗
計		—	232(16)	19石8升

昭和24年1月檀徒協議会によって確定。この外，輪島に16戸，宇出津に14戸，講外に5戸の門徒がある。新門徒志納如意。戸数括弧内は川西講中の負担を内数で示す。

かち、石高で表現されていた。慶願寺では戦後それを金額に換算した。正願寺ではもとのままであるが、農地改革後等級は第45表のように改正され、従来高い割当を受けていたクラスの負担を軽減すると共に、負担の軽かったクラスの割当を多少強化して、寺院収入総額に減少のないようにしてある。なおこれについては川西講中を一覧にした第35表を参照されたい。月仏供米は一年分をまとめて十二月に納入され、本堂の維持費と寺族の生活費に充てられる。しかし元来は仏前に供えらるべき米であるから、その一部が仏供調製用に用いられることはいうまでもない。建造物の再建・修覆工事費や、寺族の葬儀費・婚礼費・教育費などは臨時賦課として門徒に割りふられるが、そのさい、必要経費総額を二百で除してえた数値を四等（正格）門徒の負担額とし、これを基準に仏供米等級に準じて個々の負担額を算出して、各講中毎に一括納入するのである。御堂修理などのために大工が来ると、野菜や味噌用の豆を門徒の家へ寺から貰いに歩くこともある。しかし、春ススメ（麦がとれたときに行う初穂集め）・秋ススメ（秋の収穫後行う初穂集め）はしない。これは寺中のために保留されて、その主要な財源となる。もっとも門徒の少ない小坊はやはり春秋の勧進に歩くのである。

(4) 薪つくり等の共同作業　お講と寺族（寺内家族）の生活用の薪は、寺有の山林か、その都度買いとった薪山で

作る。寺有の山林を手放した正願寺では、三百把ほどの薪を作るために一町五反位の薪山を毎年買いとり、費用は門徒戸数に応じて講中単位に負担した。作業も講中単位で行うことが多い。すなわち講仲間がそろって彼岸詣りをするついでに、春は薪を伐り（ホイキリ）、秋は伐っておいた薪をかついで（ホイカツギ）寺へ詣るのである。このホイキリ・ホイカツギの慣行には、燃料を集積するという実用的な意義の奥に、古代の御薪（みかまぎ）に一脈通ずるものを思わしめる節がある。正願寺では一門徒二把宛伐ってかつげばよいのだが、遠方の門徒でこの義務を果すことのできぬ者は、五〇円出すと坊守（住職の妻）が才覚して人夫を集め、所要の量をととのえる。昭和二十七年頃には殆どこの方式にきりかわった。そしてこの薪運賃をお講当番に当った時とりまとめて坊守に渡すのである（第44表参照）。また、御堂の雪おろしにも夫役が徴発されるが、これは主として「地（じ）門徒」（寺所在部落にある門徒）の夫役である。正願寺では以前二反五畝余の仏供米田を年季奉公の下男と地門徒金蔵講中の年二回の夫役によって手作していたが、大正年間の本堂工事のために地門徒を使役しすぎたので、手作をやめて小作に出した。

寺に対する門徒の物的負担と労力の提供は、門徒共同の力によって集合菩提寺を維持しかつ運営するためになされるのであるが、寺に対する負担と住職家に対する負担の未分化なることは月仏供米や薪について上にみた通りである。報恩講灯明料のような一応は住職家に対して差出される志納金にも灯明という寺の費用が含まれているし、また本堂の修繕費は門徒から集めるのだが足が出ればその分を住職が負担しておく、というようなところにも未分化な面がみられる。余宗でも寺の収入と住職個人の収入がはっきりと区別されておらず、そのため銀閣寺事件(2)の如き問題が発生するのであるが、ことに真宗寺院における寺と住職家との未分化な一体性がこうしたいわば公私の混乱を生むのである。昭和三十五年十一月の大谷派教勢調査に本堂・庫裡運営における会計分離状況

に関する質問があるが、本堂・庫裡の分離とは寺と住職家の分離に異ならないのでその結果を参照すると、両経費の分けられている寺院が僅かに一六・三％であるのに対し、分けられていない寺院が五九・六％に達するのをみれば思い半ばに過ぐるものがあろう。かように両者未分化であるばかりでなく、寺の維持とはまずもって住職家の不退転の相続を前提とするので、寺に対する負担というも実は住職家への金穀と労力の提供を中心とするかにみえる。この点は、門徒から一定の標準による定額定量の負担だけでなく、住職家の婚礼・葬儀など時々の必要に応じて必要なだけ徴収するところに窺われる。もちろん住職家が圧制的に増徴するのでも増徴できるわけでもなく、従来の慣例に従い、門徒総代のむしろ積極的な合意の上で新しい負担が課せられるのであるが、住職家の収納するところは俸給のように一定額に限られていないという事実は看過できない。

住職家に対する門徒の諸負担をいま財施なる語で一括して表現すれば、財施が一方的に増徴されるにもせよ、それは住職から門徒への法施に対応するものである。法施には法要執行における鄭重さの度合い、与える法名の種類など程度差を含むものがあり、その程度は財施の量を反映するという形で量的な対応関係の存する面もある。しかし菩提寺的法施の根本は、死者を現実界から幽界へ移し、幽界において新しい安定した生命を賦与することにある。一門徒の表現によれば、「手次寺の住職は直接自分の永遠の後世を導いてもらう真の親子のようなもの」(3)である。この機能は果すか果さないかであってその中間はなく、相手方によって遂行の程度を異にするものでない。かかる量的な測定を許さない法施に、量的な限定をもつ財施が対応するとき、無限大か無限小か、ともかくその一つに財施が方向づけられる。まず「後世(ごせ)をねがう」人にとって、後世を約束する法施はこの上もなく大きい作用であろう。そこに定額定量を超える負担に喜んで応ずる心理的根拠がある。この心理に立ってみれば、在職家は仰ぎみるべき高大な権威に外ならない。事実この地方では、明治期から大正期に入るまで住職家は

比較を絶した高い家格の家として尊崇され、寺へは喜んで何でも寄進するという風であった。しかし「後世をねがう」心の薄い人にとっては、法施の如きつきつめてみれば一つの形式を全うするものにすぎず、せいぜい値切るべき代物であろう。商品経済の滲透や外界の広い知識とか体験がこのような傾向を醸成し、かくて寺のいわば領主的な権威に対して次第に人々を批判的ならしめる。この地方でもしかりであって、敗戦後この傾向は一段と著しくなった。本堂の修理や釣鐘の新鋳などには集金し易いが、寺族の生活費や不時の入用には期待するほど出金しないので、寺は昔のように地方での最も裕福な生活をなしえない。それでも寺に対する諸負担は、学校等公共機関への寄附よりは集め易いといわれている。

(5) 政治組織の点で　講中は同時に門徒団の政治組織の単位である。正願寺では各講中から二～三人の会議委員を選出し、会議委員の構成する檀徒協議会を最高の議決機関としている。この協議会によって講中をいくつか合せた地域を単位として総代五名が選ばれる。総代は住職の諮問機関の如きもので、会議委員が各講中を代表するのに対してこれは寺門徒団自体を代表し、本山への諸届や願書には総代が副署することになっている。会議委員を長光寺では世話方、慶願寺では世話人とよぶ点を除いて、政治組織は全く同じ型を示す。

以上述べた通り、講中組織は法務の執行・寺院の維持・門徒の統率などの各方面において甚だ重要な機能を果している。蓮如時代の江州堅田本福寺では、毎月十八日に本願寺前住存如の命日念仏の御頭が一二人によって交替に勤められたが、上述の観察はこの中世末における寺門徒団の御頭組織と符合するところ多く、真宗門徒団の原初的運営方式を多分に留めているように思われるのである。(4)

さて、寺院活動の中心は法会であり、法会の主なものとしては、報恩講と永代経に指を屈しなければならぬ。

何れも数日連続の大法会で、布教師が招待され、遠近の自門徒は申すに及ばず、近在の他門徒まで多数の参詣がある。これに比すれば春秋の彼岸会と盆会（八月十四日）は軽い。軽重にかかわらずどの法会も僧侶の領導によって行われ、講中単位の活動は御堂番を除いて全く影をひそめるが、いかに門徒が法会に参加するかをみておきたいと思うので、ここでは報恩講について記述しよう。

東本願寺の報恩講は十一月二十一～二十八日の間に厳修される。末寺僧侶は原則としてそれに出勤することになっているので、出仕できるよう自坊の報恩講を繰り上げてつとめるが、ここではくり上げるだけで実際にはかような奥能登僻遠の土地から本山への出仕は行われ難い。そこで十一月末から十二月にかけて再度報恩講がつとめられる（その結果、繰り上げてつとめられる報恩講引上会の方は住職家の報恩講の如き観を呈し、近くの寺とのユイによって行われる意味もこの観点から理解することができる）。これを俗にお七昼夜（しちや）というのは原則として七日間つとめられるからであろう。但し寺々同時ではなく、正願寺十一月二十一～二十八日、慶願寺十二月一～八日、本覚寺十二月十一～十八日、長光寺十二月二十一～二十八日と、近くの寺の間で互に重複のないように日取りをきめているのは、他門徒の参詣を容易にするためである。なお、神社の秋祭りは九月上旬にすんでいるので、季節からいって報恩講が収穫祭に当ることは注目を要する点であろう。

報恩講は次の三つに区切って観察することができよう。いま正願寺の事例に即して説明する。

(1)二十一日から二十六日まで　勤行は二十一日から始まるが、門徒が参詣し説教が行われるのは二十二日からである。近在の自門徒数十名が「お日中」の勤行と説教を目がけて参詣する。その大部分がオババで、寺詣りはオババたちの仕事になっている。白い手拭をかぶったオババたちが説教台のすぐ前に黒々と一団になって坐り、背をかがめて聴聞するのに向って説教がなされる。説教はきわめて平易な世間話や物語で興味を惹きつけ、最

後に僅かばかり弥陀の本願・即得往生・念仏の日暮しなどを浪花節調の節まわしよろしく説くといった体のものである。話がおちるところでナマイダー（南無阿弥陀仏）の讃嘆の声を放たせて宗教的な表現欲求を満足させ、かついくらか新しい知識を翁媼に供給する社会教育的意義があるばかりでなく、話の分りやすい面白さには娯楽的要素すら含まれている。この説教の合間に御堂番が長い柄のついた籠を廻して賽銭を集めて歩く。

(2)**二十七日**　遠方の門徒には二十六日から泊りこみで来る者もあるが、二十七日になると、二里以上もある山道を歩いて泊りがけで参詣する人がふえる。蜜柑・柿・飴玉・煎餅等を売る屋台店も午後から本堂の入口に現われ、夕刻には参詣は百人を超え、深更には二百人近くになる。参詣人は勤行の間の休憩時間に持参の弁当をつついたり、柿・煎米・玉蜀黍をかじったりするので、水が飲みたい人のために賽銭箱の前に一升壜を置いてあり、また本堂の階段を降りたところには肥料桶を並べて、遠くまで行かないでも排尿できるようにしてある。夜が更けると勤行中でも体を前に倒して眠っている者、ケットをかけてゴロリと横になる者も現われるというわけで、本堂は俄かに門徒の集団生活の場となるのである。その間に断続しながら日中・逮夜・初夜、すぐつづいて翌朝の晨朝を繰り上げた勤行と説教があり、さらに夜明けまで御示談が行われる。宗祖祥月命日の「お通夜」として儀式が最も充実し、二十二日以来次第にたかまってきた宗教感情がその頂点に達する時である。おそらくそれは、逮夜につづいて行われる行事、すなわちあかあかと燃える大蠟燭の下で住職が宗祖の一代記を朗読する御伝抄拝読と、布教師が下陣に出座して一同に改悔文を唱和せしめた後その要旨を説明する改悔批判においてきわまるのであろう。

(3)**二十八日**　この日は満座ゆえ午前中から続々と参詣者がつめかけ、通夜した人々に合流する。彼らは庫裡へまわって住職や坊守に挨拶し、灯明料とオトキ用の米を届ける。オトキとはお寺お講のオトキで、門徒数が多い

ため二十五日から始まっているが、二十八日には最も多く七〇～八〇名が庫裡でオトキにつく。この時に限り住職家が近所の人を雇ってオトキの準備をするので、門徒の側でもそれを慮って定額二合のところ五合位持って来る。こうして門徒は期間中に必ず一度はオトキの席について飲食を共にするのである。「お日中」にはお講の行事として二十八日講中に宛てられた法主の消息を奉読し、説教のあとでとくに布教師の草鞋銭（旅費）と本山の灯明料として賽銭が集められる。これまで期間中説教の度毎に何回となく集められた賽銭は、この日逮夜の勤行で報恩講の全行事がほぼ終了したあと、合計して住職家と布教師で折半収納するのが慣例であるから、接待費を負担する住職家は興行元の如きもので、布教師の収入の多少は説教が参詣人にうけたかどうかで左右されるのである。音声よく弁舌もさわやかで、浪花節のように面白くてしかも涙が出る程有難い話をする布教師であれば、評判を聞き伝えて参詣人も多く集まり、布教師の収入も住職家の収益もそれだけ多くなるわけである。しかし賽銭が少ないときには、住職家の取り分を少なくして過半を布教師に与えることになろう。

さて、日中から逮夜にかけて、二百人を超える群参のために満堂立錐の余地もなくなる。男の席は周辺の方に、多数を占める女の席は中央にと自ずから分れることは、群参の際にいつもみられる現象であるが、満座の日にとくに目を惹くのは、オババたちの黒い着物のそこここに点在する娘たちの花が咲いたような晴着姿である。息子の嫁をさがしている人はこの機会に年頃の娘をみておこうとし、また年頃の娘をもつ親は娘に着飾らせて参詣に同行せしめるのであるから、人目を惹くのは語るにおちる。かつてはお七昼夜こそ、盆季と共に若い男女交情の絶好の機会であった。若者は娘をみるために、娘は若者にみて貰うために、二十七日の宵から参詣した。そして中下層では娘が単独で参詣したので逢引する者が多かった、という。若者にとって楽しい習俗も親の関与がきびしくなって崩れ、こんにちでは未婚男子で参詣する者はめったにない。しかし、自門徒ばか

りでなく他門徒の参詣も少なくない二十八日には、部落を超え行政町村を超えた門徒交流圏が成立するので、親の側からする嫁えらびの機会としていまなお意味をもっている。

なお、二十九日の晨朝はオサライといい、そのあとでマナイタナオシとて精進あけの料理が惣代と世話人に提供される。真宗では中世末にも霜月二十九日が「精進ほどき」の日であった(5)。

寺門徒団の結合中心たる本堂は、門徒家における仏壇・仏間・茶ノ間が居間から切離されて、とくに大きく設営されたものに外ならない。そして、居室の部分が庫裡という本堂附属物になった。本堂（および庫裡）の設営は寺門徒団の懇志と労役の結集によるものではあるが、本尊や祖像は住職を願主として下附されており、また余間に住職家の位牌が安置されていることからみるに、本堂は単に寺門徒団の所有ではなく、住職家を棟梁とする寺門徒団の、ないし多数の門徒家を従属させた住職家の所有であると考えられる。本堂と庫裡の分離によって、庫裡に住職家自身の「お内仏」を別に奉安する必要を感ずるに至ったのであろうが、本堂の本尊はがんらい住職家の「お内仏」であったといって差支えない。その祭りに門徒が参加することには、親方百姓の年中行事に子方百姓が参加する如き性格が内在した。それゆえ、寺門徒団とは始めに断ったようにいわわる檀家集団ではなく、寺の経営に包摂された手次門徒の集団の意でなければならない。庫裡にそれ自身の「お内仏」をもつ、その点では在家と形式的に対等の家としての住職家は、同時に本堂によって門徒団を傘下に収める大家（おおやけ）でもあるのである。この意味で、「寺（私註住職家）は門徒に対しては家族に対する家長、分家に対する本家のような地位にある。これが寺檀関係の基調的な雰囲気を形成している(6)」、という指摘は正しい。

法会の執行に示されるように、法義面・儀礼面ではたしかに住職家は門徒団の棟梁である。しかし、その存立

維持を可能とする経済的な基礎は、すでにふれたように門徒の側にある。それゆえ、寺の運営はもとより、住職家の運営にも、門徒側の保護干渉が強く作用している。昭和十一年正願寺の先住が死亡したとき、門徒の懇請を受けて満洲在住の次弟が帰国し、兄の跡を襲って住職となったことは、住職の地位の継承は住職家自体の関心であると同じく門徒団の重大関心事であることを物語る。一般の家が数代にして断絶するのに、住職家は連綿として維持されるのは（第10表世代の欄をみよ）、貧困・当主幼弱・後継者なしなど、家系断絶の条件が顕在化した時も、門徒が協力してそうした条件を克服するからである。また、正願寺現住の坊守を迎えるに当って門徒がイニシアティブをとり、近辺の寺に適当な娘がいないので、各地を巡回して顔の広い布教師に嫁の物色を依頼したことは、住職の結婚は住職家だけの問題でなく、寺門徒団自身の問題であることを示している。昭和二十三年頃、正願寺の寺中正楽寺の若僧が妻を娶るさい、「正楽寺の嫁であるから門徒の方で選んでくれたのを受けるゆえ、よろしく頼む」、と門徒に依頼したことにも同じ考え方が一貫している。こうした干渉のある半面、住職や相続候補者の結婚費用は門徒団で負担する。のみならず、住職家を出て他家へ縁づく寺族の場合にも、費用の三分の一から二分の一を門徒が出す。昭和二十五年に正願寺現住の弟が七尾市の漁村庵（いおり）の大谷派寺院へ婿養子として入った時には、檀徒協議会の会合で相談の上、門徒の負担目標額を一五万円とし、その二百分の一を上掲月仏供米等級表四等の門徒の負担として標準を示した。四等の門徒で七五〇円の寄進であるから、相当に大きい負担とみなければならない。この寄進を依頼するために、本人が門徒を戸別に行脚して十日間で全部巡回し了り、予定した二八五戸のうち、八割余から喜捨を受けて総計一五万五千五百円をえた。これは、婚礼費として住職家が現金で支出した額を一万円ほど凌駕している。また、住職や相続候補者が高等教育を受ける学資も門徒の負担するところである。こうした経営の財務面をみるならば、住職は門徒によって召し抱えられた譜代の被傭僧ともみなし

うるが、親方に比すべき法義面における指導的地位を顧みるとき、住職家に対する門徒側からの給付は、雇い主から傭人に与えられる給与であるよりは、むしろ従属者から捧げられる礼金・上納金の性格をもっている。この上納金の収納は租税のように国家権力によって保証されておらず、また貢租のように封建領主の強制機構によって守られているわけではないが、さきにふれたように、手次の僧が後世のために配慮してくれるところに上納を当然の務めとみる心理的根拠があり、寺門徒団の申合せや講中によるとりまとめがその履行を促すのである。しかし、そうした規定を蒙りながらも、なお当事者の決断に任される部分が残る。寺に対する各種の進納が「志」とよばれる理由はそこに潜んでいる。住職家の日常生活も非常の際の出費も結局そうした「志」に依存しているので、住職の言動は門徒の人気に対する顧慮によって強く制約される。例えば、政治問題に関する門徒の意見は一致を欠き易いが、住職が進んでそうした問題に対して所信を表明し、一方を支持して他を非難することにより一部の恨みを招くような真似はしない。対立する意見の一つに与することなく、政治的には中立の立場に立つ。しかし、主義における中立ではなく、人についての中立であるから、全体として保守的であり既成勢力の側に立つことは争われない。そのほか、法義面以外で議論の分れる問題については、同様に退いて中立を維持するのである。このために、住職家の権威は時々の政治的指導者の浮沈にかかわらず、そうした浮沈をこえて聳える安定勢力として仰がれる。これがこの土地における住職の典型であった（昭27・8および11調査）。

以上、川西在住戸の関与する四ヵ寺について、寺門徒団の構成・行事・性格を分析したのであるが、抽出しえた特徴は真宗寺院一般に対して相当の妥当性を有するように思われる。しかし、次の三項にとくに言及して留保すべき諸点を指摘しておかねばならない。

(1) 講中組織は、地域によって崩壊の途上にあるもの、僅かに痕跡のみ留めるものもあり、前記四ヵ寺でみた整然たる編成は現代の代表的事例といえないかもしれぬ。しかしなかに白子青龍寺（高田派）の如く、門徒を七組に分かち、正月十五日朝と盆十六日朝、組毎に当番をして総門徒がオトキにつく斎講の行事を維持するものがある。組毎に寺の費用を徴集する制度はすたれたが、組に二人宛世話方がおかれ、その合議で寺の財務がきまるなど、町野四ヵ寺の講中組織と符合する様相が少なくない。このような例は根気よく調査すれば各地で発見されることであろう。のみならず、かつて講中編成をとっていた寺ならどこにもある（例、第六章第二節参照）。その意味で、右に述べたのは寺門徒団の一典型を示すものということができる。

(2) 口能登の石川県鹿島町芹川泉福寺（大谷派）では、二月二十八日を初お講、十一月二十八日をシマイお講といい、この間毎月二十八日にお講をつとめた。それについて門徒を地域的に一〇組に編成し、各組年一回宛お講当番をつとめる慣行であった。しかるに戦中戦後の食糧不足の時代に、初お講とシマイお講の二つを除いて他は頽落し、残った両お講は寺元部落の門徒が二組に分れて受けもつことになった。ここにも講中組織の崩壊過程をみるのである。ところで注意したいのは、十一月二十二～二十八日の報恩講期間中、二十四日にカカお講、二十五日に若衆お講があることで、これらに対してシマイお講をトトお講ともいう。カカお講は元来門徒のカカ達のお講であったが、現在では寺元部落の真宗門徒であれば自門他門を問わず、また大谷派・本願寺派の区別なくすべて参加することになっている。若衆お講は町青年団芹川分団の活動であって、分団に所属する者は誰も参加する。トトお講は寺門徒団の決算報告などがあるので泉福寺門徒の家長達が出席し、前二者のように他門徒が混淆しない。同様の例は隣部落の徳前仏乗寺（大谷派）にみられ、報恩講期間中の十一月二十四日にはカカお講、二十五日には若衆お講、二十八日にはトトお講（大お講ともいう）がある。泉福寺と異なる点は、カカお講に自

門徒と徳前の信徒が参加するだけで、寺元部落の仏教婦人会の会員が全部出席する建前になっていないことと、毎月二十八日のナミお講が農繁期の五月と九月を除いて年一〇回あり、これに対応する如く門徒が一〇組に編成されていることである。同じく隣部落二宮の長賢寺（大谷派）でも、報恩講の期間中十二月二十五日にカカお講、二十八日にはトトお講がある。このほかに二月二十八日に初お講があるが、泉福寺と同じく月並のお講がない。前記両寺と異なるのは、三月二十四日に蓮如講があること、若衆お講がないこと、カカお講への出席は自門徒だけであることなどであろう。同じ二宮に本願寺派の受念寺があるため、寺元の青年分団による若衆お講がないのだろうし、これがないので、蓮如を記念するお講を保存したのであろう。以上、年四回のお講当番として門徒が四組に編成されているが、かつては仏乗寺のようにナミお講がいとなまれたものと推測される。かように近接した寺の間でもお講と講中組織の現況は同じでないが、町野四ヵ寺と対比してみるとき、共通の特色として報恩講の期間にトトお講・カカお講・若衆お講があり、後二者ことに若衆お講は寺元部落の社会構造とかみあっていることに気が付く。そして、部落の性・年齢集団と結びながら、しかも必ずしもそこに全面的に依存せずとも、門徒のなかに老若男女を含むからには、性・年齢の差に基づいた門徒団の分科活動がなりたちうる、という町野では充分には注目されなかった点があらわになる。この可能性は顕在化しないかもしれないが、地域別の講中活動と並んでかような分科活動の存在を考えておかなければならない。

(3)　分科活動が成立しうるばかりでなく、この活動を支える主体が継続的に維持され、寺門徒団の下位集団として確認されることも少なくない。いま、三重県庁所蔵の『寺院明細帳』によって高田派末寺の下位集団を調査し、系統に分かって一覧にすれば左の通りである。

〔Ⅰ〕女人講系統　　合計三二七

1女人講三〇九　護持女人講一　信心女人講一　本覚女人講一

2婦人講　六

3婦人会　五　南陽婦人会一　仏教婦人会三

〔Ⅱ〕仏教青年会系統　合計二八八

仏教青年会二八七　三宝青年会一

〔Ⅲ〕其の他　　合計七二

1和讃講一八　念仏講四　讃仰会一　報恩会一

2護持講　六　護持会一　護寺講一　相続講三　持名講一　維持講二　維持会一　永代資堂講一　永願講一

3護信講　一　増信講一　篤信講一　信願講一　同信講一　信知講一

4歓喜講　一　永代歓喜講一　喜悦講一

5勧善講　二　善明講一　顕正講一　清源講一　照法講一　敬心講一

6大和講　一　親友講一

7至徳講　一　勝徳講一　円覚講一

8勝縁講　一　法雨講一　雲液講一

9十六日講四　二十二日講一

10茶所講　一　岩崎講一

〔Ⅰ〕女人講はカカお講の集団化せるもの、〔Ⅱ〕仏教青年会は若衆お講の集団化せるもので、何れも寺門徒団の下位集団といえるが、前掲鹿島町三ヵ寺の事例ほどの活動もなく、看板だけの存在に堕しているものもなかにあることであろう。〔Ⅲ〕その他はどちらかというとトトお講の系統であるから、下位集団というより寺門徒団

そのものというべきものが少なからず、また単に集会の名称にすぎぬものも混在していようかと思う。末寺個々についていえば、〔Ⅰ〕と〔Ⅱ〕の併設が最も多く、〔Ⅰ〕のみのがこれに次ぎ、第三は〔Ⅱ〕と〔Ⅲ〕の組合せである。三種の団体を同時に有するのは僅か四件にすぎない。上の数字は本山専修寺を除く三重県下の全高田派寺院四〇八ヵ寺に関するものであるが、その実がありながら命名していないために『寺院明細帳』（宗教団体法によって編製せる）に記録されなかった下位集団も少なくないと考えられるから、女人講系統三二七、仏青系統二八八というのは、大多数の寺で婦人と青年の分科活動と集団化がみられることを暗示するものといえよう。各寺に素朴な自然発生的な形で存した女人講が本山の指導で仏教婦人会として再編され、またＹＭＣＡなどの影響で青年の分科活動が仏教青年会の名称のもとに組織された。そうした一般的傾向が右の呼称およびその分布に窺われる。太平洋戦争後この傾向はさらに促進され、保育園→少年会（ボーイスカウト、ガールスカウト、日曜学校）→青年会→壮年会（男）婦人会→老年会（男）老母会と、幼年時代から老年期に至るまで常に何らかの下位集団の成員として門徒を教化しうるよう、組織化を一層押進めることが中央から指導されている。[7] したがって、寺門徒団の考察にはこうした下位集団の存在を忘れてはならないのである。

註

（1）　念のため件の裏書を左に写しとっておこう。
　大谷本願寺釈教如判
　慶長九甲辰年八月三日
　能州長福寺門徒鳳至郡町野庄金蔵村正願寺
　願主釈善了

（2）　『中外日報』昭35・3・17号。

（3）　『農村と寺院』（教化研究別冊、昭29・5）、六二頁。

（4）『堅田本福寺記録抄』、真宗大系18巻、一七七頁を参照せよ。
（5）「本願寺作法之次第」、『蓮如上人行実』、二〇四頁。
（6）前掲、『農村と寺院』、六七頁。
（7）『真宗』五六九号、『本願寺新報』昭26・8・5号、同昭31・9・15号、など。

第三節　村落における住職家

㈠　一部落一ヵ寺の場合

前節でみたように、門徒団の棟梁として群小の門徒家の上に聳え立っている住職家は、所在村落では一体どのような社会的地位を占めるのであろうか。安楽寺文書に「旦家何事ニ不依村内ニ而不相済儀者、安楽寺教訓ニ而相治り居申候（中略）主親同然ニ存込安楽寺申解候事者、縦ヒ道ニ相叶不申義有之候迚茂、住持ノ徳ニ寄而何事茂相済来」（千葉乗隆氏の引用による）とあるが、これは極めて特殊な例というべきであろうか。本節はこの点を考察したい。そこで寺の所在部落内外に広く門徒が分散している事例よりも、門徒が寺元に集中し、しかも寺元部落の全戸がその寺の門徒である事例をとりあげてみよう。このように寺檀関係と近隣関係が重なり、寺門徒団と部落門徒団とが一致する事例はよし例外的であるにせよ、村落における住職家の地位を観察するために多くの示唆を与えてくれると考えるからである。その稀な事例の一つとして、昭和二十八年七月に姫岡勤氏らが調査した滋賀県東浅井郡の僻地甲津原（現在、坂田郡伊吹村に属する）と、この部落の大谷派行徳寺をみることとしよう。

甲津原は、長浜市から一日四回往復のバスで吉槻へ着き、吉槻からさらに二里の山道を自動三輪車に便乗するか、徒歩で北上した地点にある。冬期積雪期間は吉槻までのバスも運休するので、岡谷まで歩かなければ外界に

出られない。こうした山間の僻地であるが、水田面積は一戸平均五反近くになり、反当収量は多くないけれども大部分の家が飯米の自給をはかることができる。そして現金収入は豊富な山林資源を利用した製炭からえている。このような生業によって立つ甲津原六九戸は、あげて部落の唯一の寺、行徳寺の門徒であり（これをマルモントという）、この寺の部落外の門徒およそ二〇戸はすべて甲津原から転出したものである。以下、主として池田義祐氏の調査報告（1）によって、一部落一寺の場合の寺檀関係と部落における住職家の地位を考察してみよう。

古くは部落全戸が天台宗であったが、近世初頭に東本願寺教如に帰依して真宗に転じたと伝える。門徒活動の中心として設立維持された行徳寺は、七間四面茅葺の本堂をもつほぼ中流程度の寺院であって、住職家（白鶴姓）は当主で一六代を数える。さて寺檀関係をみると、寺僧が葬儀・中陰・年忌のとき門徒を訪問するのはいうまでもないが、年中行事としては正月二日（能登のオトキハジメに相当するか）とオトリコシ（在家報恩講）、それにウワタマシイとよばれる新仏の披露、厄年が無事に終った時の祝宴「厄祝いの御経」などにも、門徒を訪れる。ウワタマシイの内容は詳細に説明されていないけれども、おそらく新盆の供養であろう。このとき寺僧が参詣するのは他の土地でもみられることだが、厄年の祝いに手次寺が招かれるのはあまり例のないところであって、すでに寺と村人とのかかわりあいが単に仏事に終始するものでないことを示唆している。

他方、村人が寺へ参詣する年中行事の機会としては、元日・春秋の彼岸・盆という一年を四つに区切る節々、および永代経・ノガミ（八朔休み）・報恩講などがある。なかでも報恩講・盆・ノガミはとくに盛大であって、布教師の説教があり、殆どすべての村人が参詣する。そのほか宗祖命日（二十八日）の逮夜、本山前住命日（六日）の逮夜などには月並の法要がある。明治時代には、毎月二十八日に各家から米一升宛持って寺へ参詣した。この米が一年に四〇俵位に達したから、寺も楽であったという。寺の行事ではないが、冬期間に一〇回のオトリ

コシ（意味不明）をつとめるときや、また中陰を寺の本堂でつとめるときなどには、当事者が参詣して来ることはいうまでもない。その外、新生児の初参りにも鎮守天満神社へ行かずに寺へ米一升もって参詣し、鎮守の祭礼の時すら米一升ぶら下げて寺へ参詣する。村人一般は鎮守に殆ど関心をもたず、鎮守の祭祀をめぐる機能集団もない。宗教生活は寺を中心に回転しており、部落結合の中心が鎮守よりもむしろ寺にある、という状態なのである。

寺―家の寺檀関係においてすでにこのように密接な交渉がみられるのであるが、さらに門徒団の組織を観察すると、一層明瞭に甲津原の特色が把握される。まず、門徒団の役員は区長一・副区長一・小場頭（こばがしら）四（キモイリともよばれ、甲津原を構成する四つの小地域の頭）の六名であって、門徒組織の執行機関は部落の政治組織のそれと全く一致することになる。そのほかに門徒総代が一名いるが、これは一種の名誉職たるにすぎず、実権は右の六名の掌中にある。かような組織面の重要な一致から予想されるように、機能面においても両者の関係はきわめて密接である。すなわち、行徳寺の屋根なおしは天満神社の屋根なおしや道普請などと同様に部落の初寄り（二月二日）の席で議され、毎年四、五月頃、各戸から縄と萱をもちよって小場毎に村中総出で行われる。また、寺費用は宮費用（維持費と祭礼費）その他部落費とともに村雑用に含まれ、キワ（一月三十一日）およびハッサク（八月三十一日）の二回に分けて部落全戸から徴収され、初寄りにおいて決算報告がなされる。住職および寺族は昔から副業をもたず、子弟の教育費・結婚費などはすべて門徒の負担となっている。これらの費用は、現在年額約五万円の維持費（寺族の生活費を含む）・本山への納付金など毎年きまった経費と共に寺費用として一括され、前述の通りに徴収されるのである。寺費用の支払いは肝煎が随時立替えているので、その納付も肝煎のもとへなされるが、かように寺族の学資・婚資を含むにもかかわらず、自発的に納入され、催促・延期・滞納などの

如きは殆どないという。また、寺に子供が生まれると各戸から祝いに来るし、寺の葬儀は全戸の参加によって執行される。さらに、磨もの・花たて・柴あげ・華束配り・餅つき、布教師の送迎などで人手を要するときは、寺の従属百姓であると思われる門前四軒から労力を徴するほかに、一般からも二名ないし四名宛家並順に夫役を出させる。これを寺日番といって、村日番と共に全戸が交替で担当する村仕事の一つなのである。かように行徳寺は財務面でも労力面でも甲津原全戸によってもり立てられている。その半面、行徳寺は部落の公会堂として用いられ、分校の学芸会・青年団支部の演芸会・県からの農業指導講習会などいろいろの催しや、部落の会合がここで開かれる。そればかりか、個人的な会合さえ寺の本堂で行われ、こうした集会につきものの共同飲食もまたここでなされるのである。部落の施設として維持され、しかも各戸が自発的にこの共同目的に協力している有力な根拠は、一部落一寺という宗教面での対応関係に加えて、右にみたように本堂が公私の集会のために利用され、寺および住職家に対して村人が身近な親愛感を即自的に懐いているところにある。この報告によれば、住職の長男が長浜の高校入試に合格した時、それが漸く夕方に判明したにもかかわらず、早速その夜全戸から参集して本堂で祝宴が催されたという。

村人は行徳寺を単にオテラとよび、住職をゴエンサン、妻即ち坊守をオクサン、母をオカミサン、長男をオシンボチと尊称する。オシンボチ（御新発意）の称が寺に限られることはいうまでもないが、この部落でオクサンあるいはオカミサンとよばれる婦人は他にない(2)。他方、寺からは村人を姓で呼び捨てにしている。このような呼称に寺の社会的地位が端的に示されていることはいうまでもない。また、住職はじめ寺族は寺行事以外の村の催しに出席する義務はなく、村のいろいろの団体や会合にも参加しない。これは比肩する者のない社会的上位者としての特権的除外である。だから、どのような会合にもせよ、もし住職もしくはその代理者であるオシンボチが

出席すれば、必ず正座に据えるものとされているのである。甲津原では、行徳寺住職家がいわば天皇家の地位にあることが察知されよう。

この部落の鎮守は、境内の面堂に安置された面の古さからも推測できるように、真宗への改宗以前からあり、天台宗と抱合して部落の宗教生活の中心となったことと思われるが、改宗後生活の周辺に駆逐され、俄かにその意義を減じたのであろう。しかし真宗寺院のなかには、鎮守の支配圏を門徒団にくりこむために、鎮守社とその祭祀を自己の勢力下におさめて温存したものもある。その好例は柏原祐泉氏の研究された江北称名寺などに見出される。(3) 他方、真宗寺院が草分けとして開いた部落、例えば本証寺によって開発された三河国野寺では始めから鎮守とよぶべきものはなかった。これはわが国の村落としてまことに稀な例であるが、いかなる意味の鎮守も全く欠如していたと考えることはできない。何故なら、この土地の本証寺(大谷派)が鎮守の機能を兼摂していたとみなすべき節があるからである。すなわち、開基慶円の命日正月十三日には毎年「慶円様」という特別の法要が営まれ、遠近より参詣する者群をなして山内にあふれ、さながら本堂安置の開基像を中心とする祭礼と称して差支えない状態であった。のち明治十二年に至り、開基が奉仕した八幡宮を分立して野寺の鎮守としたことは、鎮守の機能を長く本証寺が吸収していたことを雄弁に物語るものである。(4)

註

(1) 特集「一山村の実態調査—滋賀県東浅井郡東草野村甲津原—」、『ソシオロジ』5号(昭28・4)、九一~九七頁。

(2) 福井県三国町加戸本流院(高田派)の寺族を、地元の門徒は次のように特別の呼称でよぶ。呼称は同じでないがこうした例はいくらでもある。

住職　ゴレッサン(御連枝様)或はオカミノ(御上)

坊守　オヒメサン　或はオクサン

隠居　ゴローインサン（御老院様）
同妻　ゴコーシッアン（御後室様）　トシヨリオクサン　或はオクガタサン
嫡男　オチゴサン　十七、八歳になるとオワカサン
次三男　コチゴサン
娘　チイサン
寺族一同　オカミ

（3）柏原祐泉「近世における真宗末寺の性格―近江湖北十ヶ寺教団の変容について―」、『日本仏教』6号（昭34・12）、二五～二七頁。同「近世真宗寺院における神祇受容の実態」、『大谷史学』9号（昭37・5）、一～一九頁。

（4）『桜井村史』（愛知県桜井村役場、昭18・2）、三六九、四七二、五六六～五六七頁。

門徒が寺元部落に集中しない寺院には、本章第一節で述べたように門徒を多数もつ有力寺院が少なくない。さような寺は必ずしも所在部落の社会生活の中心とはいえないが、別格の存在として尊崇された。ことに近世において何十石かの寺領をもつ寺はそうだったと考えられる。例えば、六〇石余の寺領を安堵された前掲の江北称名寺は、門前の隷属農民に寺の田畑を耕作させ、盆・報恩講などには寺の雑役にあたらせた。飛騨白川郷において三百石の寺領をもつ照蓮寺は、旧地中野村に掛所を置いたが、これに境内四町五反四畝一七歩と林二町三反二畝二五歩の除地があり、その境内に一二軒の百姓が居住した。これまた寺の農耕と雑用に使役されたのであろう。元禄三年（一六九〇）の書上によれば、越中四郡の触頭城端善徳寺は門前家を二一軒もち、その触下寺庵二八六ヵ寺のうちに門前家をもつのが七三ヵ寺あり、高岡蓮光寺一六軒のように例外的に多数の門前家のあるものもなかにあるが、九割までが一、二軒といった少数に止まる。門前家はやはり寺家（寺中＝僧分従者）が最も多く（計四八軒）、家持家来（俗人従者、計九軒）もなかにみられる。注目すべきは、茶売人家・たばこ売人家など

の商売人家が寺中に匹敵する頻度をもち（計四八軒）、日用取人家（一六軒）・遊民人家（一三軒）・やもめ（五軒）のほか、座頭（二）・ごぜ（二）・道心坊主衆（二）・比丘尼人家（一）・医師家（一）も少数ながら散見して、寺内町の模型ないし萌芽形態というべきやや町めいた景観を髣髴せしめることである。これらは、寺でお講や法会がつとまるとき参集する門徒を相手に商売をする人々であって、何れも地主たる寺の支配を受け、冥加金を献じたり寺の雑用を弁じたりして、寺を中心とする生活共同体に包含されたのであろう（善徳寺文書）。こうして多少の規模をもつ寺院は一つの居住区域をなし、また一個の生活共同体を村落のなかにあるいは村落地帯に現出したのである。

㈡　飛驒の毛坊主

昭和三十五年十一月の「大谷派教勢調査」によれば、約四％の寺院住職が兼業として農業を自営している。これら半農半僧の形をとる寺は山間僻地の小坊であって、営農を介して居村との関係が頗る密接であると推察される。今日、総数の三割近くに達する住職兼業は、主に保育園経営と学校勤務であり、農業の如きはものの数ではない。しかし近世には農業の外に兼業とてなく、住職家の生計における営農の比重は今日をもって測り難いほど大きかったと思われる。もちろん寺領もちの有力寺院は寺百姓・隷属百姓に耕作させたが、下級寺院や村々の道場坊主は自ら農耕に従ったに違いない。三重県阿山郡大山田村下阿波正覚寺（本願寺派）の世代に西山とよばれる傾斜地を開墾した僧侶がいるから、近世には農耕を行ったことは歴然たる事実である（同寺文書）。甲津原の行徳寺は昔から副業をもたぬというが、これもかつては何かの形で農業を営んだのではあるまいか。こんにち考えるよりも農業を営む僧侶が多かったことは充分に承認されることと思う。[1] 彼らは近世にはしばしば毛坊主とよば

れる存在形態をとった。

J・F・エンブリーは、昭和十一年頃熊本県球磨郡須恵村に滞在して調査した時、ケボーズ hairy priest の存在に注目し、毛坊主は相良藩の真宗禁制下にひそかに真宗信仰が保たれた時代の名残であって、現今でも貧者の葬儀や年忌を勤めまた各部落の蚕供養をするが、普通の僧侶のように頭を剃らず、寺をもたない unofficial Buddhist priest であると報告書の中で述べている。(2) また、福井県大野郡山間の穴馬では、世襲の「道場役」が在俗の身ながら毎月七日と十五日の寄合いには勤行を先導し説教もし、それに葬儀があれば袢姿でその導師までしているという。(3) これには毛坊主の名称は付せられていないが、実体は紛れもなく毛坊主に外ならぬ。また、富山県五箇山では、「道場ボン」(道場坊)が得度して僧侶の身分をもっていても俗名でよばれると報ぜられているが、(4) この前生また毛坊主であることは疑う余地がない。このように、現代に至るまで毛坊主の実を残すものは交通の発達からとり残された山間の僻地であって、全体としてその数は必ずしも多いとはいえないであろう。いわんや毛坊主の名まで今日に留めるものに至ってはきわめて稀であろうと思われる。しかし毛坊主の存在は近世には決して珍しい現象でなかったと考えてよい。文献の上でも、毛坊主は飛驒・近江・丹波などの各地について断片的ながら記録されている。また、よし記録されずともその実質は真宗の伝播定着したところに多かれ少なかれ存したといえる。(5) 第二章第二節で引用した『紫雲殿由縁記』の語るところによれば、蓮如・実如・証如の頃は寺号を称するものはあまりなく、おおむね坊号俗名などで農耕を業とする、いわゆる毛坊主であったとあるからである。

ここでは近世飛驒の毛坊主を具体例として、村落における住職家の地位を考察してみよう。飛驒白川郷では、こんにちなお半農半僧の生活が一般的な寺院形態である。(6) このことは柳田国男氏の「毛坊主考」の冒頭に生き生きと描き出されている。

柳田氏の指摘(7)によれば、『笈埃随筆』巻二飛騨里に次のような精彩に富んだ毛坊主の描写がある。

当国に毛坊主とて俗人でありながら村に死亡の者あれば導師と成りて弔ふなり。訳知らぬ者は常の百姓よりは一階劣りて縁組などせずと云へるは僻事なり。此者ども何れの村にても筋目ある長百姓として田畑の高を持ち、俗人とは云へど出家の役を勤むる身なれば、予め学問もし経文をも読み、形状物体筆算までも備らざれば人も帰伏せず勤まり難し。則ち同国三河野村左衛門四郎、種蔵村平右衛門、打保村孫総、又尾上村称名寺、平瀬村常徳寺、中野村光輪寺、牛丸村蓮勝寺等なり。右の四箇寺は中頃より東本願寺末派として寺号を呼ぶと雖も、住持は皆俗人にして別名あり。初の三人は寺号無ければ何右衛門寺又は何太夫寺と称し、同じく亡者の弔ひ祖先の斎非事をつとむ。居宅の様子門の構寺院に変ることなし。葬礼斎非事には麻上下を着して導師の勤を為し、平僧に准じて野郎頭にて亡者を取置するは、片鄙ながらいと珍らし。是れ深山幽谷にし六七里の間に寺院無く道義高徳の出家なければ、往古より此の如く致し来りしと覚ゆ。若し兄弟あれば総領は名主問屋を勤役して弟は同居しながら寺役を為せり。云云

右の文章は飛騨の毛坊主の生態を遺憾なく伝えているが、これを検討するために、児玉幸多氏の発掘(8)にかかる宝永三年（一七〇六）六月の「白川郷二十一ケ村草高寄帳」を抜萃すれば左の通りである。但し、これには照蓮寺寺領が含まれず、天領のみである。

野谷村

一 草高 九斗四升三合二勺　四郎左衛門（外に大牧村に入作二石六斗三升九合五勺あり）
　外二五斗二合垣内二引

一 八斗一升三合一勺　家抱 次郎右衛門

一 四斗五升五合七勺　家抱 吉兵衛

村高合　二石二斗一升六合

馬狩村
一草高
　三石二斗五升二合三勺　与左衛門 家抱共ニ
一　二石六斗五升四合七勺　三郎左衛門 家抱共ニ
一　三石　彦兵衛
村高合　八石九斗七合

加須良村
一草高
　九斗六升五合四勺　佐次兵衛 家抱共ニ
一　五斗八升八合九勺　五郎右衛門 家抱共ニ
一　四斗四升二合七勺　五郎兵衛
村高合　一石九斗九升七合

内ヶ戸村
一草高
　六斗七合五勺　彦右衛門
一　五斗六升八合五勺　助市
村高合　一石一斗七升六合

鳩谷村
一草高
　十一石六升六勺　四郎左衛門
一　十八石八斗二升三合　市右衛門
一　十三石二升八合　半九郎
　外ニ一石一斗五升二合垣内ニ引
一　四石二斗九升九合　与七

一　六石七斗三升四合三勺　三十郎
一　四石八斗一升七合三勺　九郎兵衛
一　三石一升九合九勺　介左衛門
一　一石三斗八升二合四勺　七右衛門
（以下飯嶋村より入作略）
村高合　七十四石九斗七升四合
飯嶋村
草高
一　三石八斗四升一合九勺　小兵衛
一　二石六斗四升二合七勺　安兵衛
一　七石九斗六升三合六勺　小七郎
一　四石三斗五升三合三勺　九郎四郎
一　三石二斗二升三勺　助三郎
一　五石二斗七升七合　兵四郎
一　四石一斗九升九合五勺　小右衛門
一　十一石一斗四升七合四勺　孫作
一　七石四斗六升三合七勺　助左衛門
一　十石一斗七升二合二勺　与左衛門
外二二石七合四勺垣内ニ引
一　五石五斗九升九合四勺　平兵衛
一　六石四斗八升三合八勺　次郎左衛門

一　八石二升四合七勺　七郎右衛門
一　十石五斗五升八合三勺　又兵衛
一　六石六斗六升二合　弥市郎
一　四石一斗二升六合九勺　長五郎
一　八石三斗二升一合七勺　五右衛門
一　三石三斗六升六合一勺　太郎兵衛
一　五石五斗七升四合　長次郎
一　四石三斗二升六合九勺　与惣次郎
一　二石五斗二勺　助市
一　三石二斗五升六合三勺　弥十郎
一　三石一斗七升一合七勺　久八
一　三石一斗三升三合九勺　長四郎
一　七石一斗三升六合　与助
一　六石八斗二合七勺　六右衛門
一　五石六斗八升四合　孫右衛門
一　一石九斗八升三合六勺　鳩谷村ゟ入作　四郎左衛門
（以下鳩谷村より入作略）
村高合　百六十四石七斗六升一合
荻町村
一　七石五斗一升九合七勺　庄三郎

一　六石二斗三升七合九勺　小右衛門
一　四石七斗七合六勺　七郎右衛門
一　四石八斗七升四合五勺　次郎兵衛
一　二石九斗一升五合　又三郎
一　四石二斗七升三合四勺　次郎左衛門
一　二石七斗八升一合六勺　長四郎
一　四石九斗九升四合一勺　弥右衛門
一　三石五升八合　長次郎
一　十二石四斗一升七合　平吉
外二二石二斗七合垣内ニ引
一　六合二斗八升一合　忠兵衛
一　三石七斗九合　与右衛門
一　四石一斗九升六合四勺　与惣兵衛
一　二石一斗八升八合七勺　右衛門四郎
一　三石五斗七升五合三勺　加右衛門
一　四石一斗二升九合四勺　孫右衛門
一　二石六勺　善三郎
一　六石六斗一升五合一勺　作兵衛
村高合　八十六石四斗七升六合三勺

この草高帳の百姓名を第9表と対照させると、野谷村四郎左衛門は道場にてのちの浄蓮寺、馬狩村与左衛門は

のちの信称寺、加須良村五郎右衛門はのちの蓮受寺、内ヶ戸村助市は享保二十一年（一七三六）に道場株を荻町へ移し、やがて明善寺を称した道場、(9)鳩谷村半九郎はのちの法蓮寺、飯嶋村与左衛門はのちの敬勝寺であることが判明する。荻町村平吉は四郎左衛門・半九郎・与左衛門と同様に垣内をもっているから、恐らく本覚寺であろう。長瀬村の草高のなかに浄楽寺が見当らぬのは何故か判然しないが、ともかく道場主は名請百姓として、しかも俗名によって草高帳に登載されたことを知りえた。草高の外に垣内引とあるのは、道場境内の除地分をさす。これは金森治下では除地としてあつかわれたが、天領に編入された直後元禄七年から八年にかけて実施された検地のさいに、寺号ないし道場名にて名請の上、道場主の高の内とされた。しかるに元禄十二年代官伊奈半左衛門のとき、同十年に遡って境内地が除地として回復されたのである。この除地を第9表の高と対照すると、野谷村・鳩谷村・飯嶋村の道場は正確に符合し、馬狩村・加須良村の道場には境内引の記載を欠くが、元禄八年検地水帳（『大野郡史』所収）と照合するに、草高帳は何らかの事情にて記載もれとなったと考えざるをえない。荻町村道場の除地は第9表のそれと僅かにくい違う。何れかの誤写・誤植によるものか。

さて、これらの道場主は農民としていかなる地位を占めたかというに、内ヶ戸村助市の如き弱少な道場主もなかにあったが、ほどなく断絶しているから、微禄したのであろう。そのほかは重立ち百姓であった。村最高の高持でなくとも、上位よりいくらも下らぬ重立ちであったことが、前掲史料によって明らかである。しかも、野谷村四郎左衛門は草高を独立に記載された家抱二軒を従属せしめ、馬狩村与左衛門と加須良村五郎右衛門の草高には、「家抱共二」の註記が附されている。(10)他の三人も持高の大きさから判断して、また草高帳記載の貢租担当者数と『飛驒国中案内』に大小何軒と村毎に記録された世帯数との差から推測して、無高の家抱をもったと考えられる。小山隆氏によれば長瀬村稗田の五戸はみな浄楽寺の分家であるよしであるから、浄楽寺また有力な重立ち

第46表　近世後期における白川郷真宗寺院の家族員数

所在地			寺名	寺の家族員数	
				文化10	元治2
現白川村	山家	小白川村	蓮光寺	15	11
		椿原村	斎入寺	20	13
		加須良村	蓮受寺	20	13
	大郷	荻町村	明善寺	16	6
		飯島村	敬勝寺	12	11
		鳩谷村	法蓮寺	5	8
		野谷村	浄蓮寺	15	8
		馬狩村	信称寺	14	17
	中切	長瀬村	浄楽寺	17	19
		平瀬村	常徳寺	27	28
		尾神村	称名寺	12	11
現荘川村		中野村	心行坊	14	8
		中野村	光輪寺	3	7
		牛丸村	蓮勝寺	10	8
		新淵村	宝蔵寺	13	9
		黒谷村	浄念寺	6	11
		寺河戸村	遊浄寺	8	13
		三尾河村	西願寺	8	5
		六厩村	了宗寺	3	5

（小山隆氏作製）

百姓であったと考えなければならない。したがって貢租の面からみた草高帳当時の村落共同体は、高持百姓、高持ちで村方にても貢租担当者と認められている家抱、高持ちであるが主家を通して貢納する家抱、無高で従属度の高い家抱によって階層的に構成され、貢租担当者たる家抱も多かれ少なかれ特定の親方百姓と主従関係を結んだとみてよい。道場主はこのような村落構造のなかで、家抱を従属せしめる有力な重立ち百姓であった[11]。

かように道場主は大きな高持百姓であったから家族員数も比較的多かったことを、文化十年（一八一三）と元治二年（一八六五）の『飛騨国浄土真宗照蓮寺末寺宗門人別帳』（照蓮寺文書）が明らかにしてくれる（第46表）。この宗門人別帳は昭和二十二年高山別院炎上のさい惜しくも灰燼に帰したので、道場の家族構成を全部についてつかむことができないが、小山隆氏が「山間聚落と家族構成」（『年報社会学』4輯所収）にて紹介された家族構成の例示をみるに、白川郷の中切および山家地方の道場は明らかに大家族形態をとるのである[12]。前掲引用のなかに、もし兄弟あれば兄は名主問屋を勤め、弟は寺役をなすとあるのは、白川郷特有の大家族形態、つまり次三男・子女の分家出婚を認めず、いずれも終生家にとどまって大家族をなしたことと、世代間で僧と農の分業が行われたこと（註6参照）を想起するなら、容易に理解することができよう。

以上の事実は『笈埃随筆』の記述に符合する。これは飛騨国真宗坊主の性格を理解するための重要な手がかりであるばかりでなく、また真宗僧侶の源流の一つ——領主的大坊主分に対する名主的地侍的道場主——を示すものである。真宗の教説が地方の葬送儀礼と結びつきながらその生活のなかに定着する過程で、信心の沙汰をする会合の場所としてどこでも道場が開設されたが、飛騨では、重立ち百姓の宅地内に道場が建設され、重立ち百姓自ら道場主としてこれを管領した。宗教的権威を掌握することは一般の人々よりも高い文化と霊能を身につけることであり、重立ちの村落支配のために有効であったことは論ずるまでもなかろう。年一回秋の収穫が終った頃照蓮寺から廻檀してくるのを道場に迎えてもてなし、その主宰によって報恩講をいとなんだ。この報恩講はもと道場主の家の報恩講であったとしても、これには家抱など従属百姓が加わり、また家抱でなくとも道場主を手次とする家々がここに参集して、村の報恩講ないし門徒団の報恩講として現象した。廻檀の僧の後について高山から小商人も幾人か入り、収穫祭と重なる報恩講は年間最大の賑々しい行事であった。しかし畳々たる山を隔てているので門徒の葬儀には照蓮寺を煩さず、道場主が導師の勤をなしたことは前掲の引用にみた通りである。死導の担当は寺請制度が実施されたのちは宗判の権能をもたらし、かくて俗道場ながら門徒もちと認定され、やがて本山に願って寺号を免ぜられると、領主の側でも「元来宗判マテ仕候道場故。聞届有之」[13]、新寺建立禁止の時代にも寺号の公称を許されて、照蓮寺末寺の名実を一層充実せしめたのである。寺号を免ぜられれば必ず法名を与えられ、宗判・願書等表立ったことには何寺誰と法名を書いたが、内々には領主・本山・世間一般に俗名をよび、何寺何右衛門といった。寺号許可ののちも俗体にして俗名を保ったのは、彼らの生活の基礎が自営の農業に置かれたからであろう[追補6]。

註

（1）例えば、美濃晃順校定・解説『寛永五年正月上野組調製、鹿島半郡人別帳、附解説』、六八頁参照。

（2）John F. Embree, *Suye Mura: A Japanese Village.* University of Chicago Press, 1939, p. 232. なお熊本県球磨郡の毛坊主は、相良藩による真宗禁制のなかでひそかに真宗を維持する必要が生み出した産物であった。すなわち他郡から潜入して布教する僧侶では需要を満しきれないので、部落々々において俗体のまま肩衣をかけて仏前の読経から説教までする毛坊主が出現したのである。部落に一幅か二幅しかない絵像はこの毛坊主の保蔵するところであり、法座開筵の時掲げられた。法座は部落の若衆組によって厳重に立番監視され、参詣者は無灯の忍び姿で咳一つにも気を配りながら聴聞した、という（『熊本県球磨郡真宗開教史』、六一頁）。

（3）『中外日報』昭35・11・29号、同30号。（補註33）

（4）『中外日報』昭35・12・13号。（補註34）

（5）福岡県早良郡早良町の徳勝寺（本願寺派）の寺伝によれば、天正年間開基以来、代々「半俗とて坊主にあらず俗人にあらず、頭は半分のばして帯は前に結び、扇子は前でなく後でなく横にさして総べて僧と俗の中間にありたるが」、第四世道永の代に本山から庵号木仏を許可された、という（『福岡県寺院沿革史』、四〇五頁）。これまた毛坊主の例とみなすことができる。その外、柳田国男「毛坊主考」、『郷土研究』２の１（大３・３）所掲の事例を参照せよ。しかし毛坊主は真宗にのみみられたとするものではない。例えば紀伊名草郡明王寺村では毛坊主に類する者を供僧とよんだが、これは真宗でないようである。『紀伊続風土記』巻十七、一の三七一頁をみよ。また、竹内利美『中世末に於ける村落の形成とその展開』（伊藤書店、昭19・8）、一四四〜一四六頁参照。

（6）半農半僧というより僧を兼業とする如き生活形態がとられ、寺も牛馬を飼い、平均以上の大きな経営をする者が多い。平瀬の常徳寺などは居村中へ農休みの日を指令する権能をもっていた。こうした営農の必要上、一代おきに僧になり、中間の世代は専ら農を営んだ例が、長瀬の浄楽寺・平瀬の常徳寺にみられる。馬狩の信称寺にもこのしきたりがあるという。もっとも、かかる世代間の僧農の分業は、世代の間隔・家族員数・寺及び農業の規模などによって規定されるので、いつも行われたわけではない。なお、半農半僧ともいうべき形態はアメリカの開拓時代にもみられた。すなわち、開拓草創の時代には、農村の人口密度が稀薄で交通も不便だったし、それに激しい農耕作業に明け暮れして時間的経済的な余裕も少なかったから、専任の牧師を雇って教会生活を盛りあげることはできなかった。そこで同じ農民のな

かから心得のある者を選んで先達とし、農耕の傍ら片手間に牧会を担当させた。これが俗人牧師 lay clergy とよばれるもので、その存在形態においてわが国の毛坊主に類似したもののある点は興味深い。

（7） 柳田国男「毛坊主考」、『郷土研究』2の1（大3・3）。

（8） 児玉幸多「飛驒白川村の大家族制度とその経済的基礎」、『歴史学研究』10の5・6（昭15・5、6）。

（9） 内ヶ戸村から荻町村への移転について、『飛驒国中案内』荻町村の条に、「一ヶ寺は内ヶ戸村に有之、玄西といふ、道場を当村照蓮寺領分の百姓与助といふものへ道場名代を譲り、則延享年中〔明善寺〕と改」とあり、光輪寺文書のなかに、

書遣申一札之事

先達御相談申候通内ヶ戸村助市義相続人無之門下迚も拙者一人ニ而御座候得者寺役等茂相勤リ不申依之去ル寅年ヨリ相談之上其方江右助市道場名代譲リ申度双方立会之上御願申候得者御吟味之上　上様江被為仰上候処ニ願之通被為仰付向後荻町村助市ト御免被遊御公儀表差障リ無之旨此度出高山御坊ニ御申付有之候ニ付則助市道場相伝之御名号一幅幷御検地節境内御除地之御書面相渡シ申候処ニ為御礼ト金六両三歩只今請取申候処実正ニ御座候然上ハ子孫ニ至迄毛頭構無御座候間永ク其方ニ而御信仰可被成候為後日証人加判一札仍如件

享和二十一年辰二月　〔宛名、差出人名欠〕

という一札が発見されたから、「案内」の玄西道場とは蓋し助市道場のことであろう。助市家系断絶のため、享保二十一年（一七三六）残された門徒――宝永三年の草高帳により内ヶ戸村彦右衛門と判定――が道場名代を六両三分の礼で荻町村の与助へ譲渡した。それについて道場相伝の御名号（本尊）と除地書面の受渡しを内容としたのは、本尊は本山との系譜的本末関係を立証し、門徒団における地位を保証するもの、また、除地書面は領主恩免の道場たることを証明するものであるからである。この除地は公儀（代官所）の承認を得てうけついだ。荻町村百姓与助の道場は、内ヶ戸村助市の名代をうけて荻町村助市と称することとなり、かくて、助市道場は担い手と立地を改めて存続したのである。

（10） 『明治四年飛驒国大野郡野谷村保木脇村馬狩村大窪村大牧村宗門人別改帳』（岐阜県庁蔵）によれば、野谷村浄蓮寺は高〇・七三二石と一・三〇五石の二戸の門屋を有し、馬狩村信称寺は高〇・六三七石と無高の二戸の門屋を有することが判明する。なお馬狩村の三郎左衛門家は二戸、彦兵衛家は一戸の門屋を有する。彦兵衛の門屋は草高帳の時代に無高であるとすれば、明治四年の状態は宝永三年と大差なきようにみえる。家抱を門屋とよびかえたのは実質的な変化が

あったためかどうか分らないが、別称をもってよぶことが必要な事態が生じたのであろう。

(11) 現在でも有力農民たることには変りがない。そのことは註(6)を参照。なお、隣村大野郡清見村上小鳥の弘誓寺は、「昔道場にして七郎左衛門と云ふ人の所有なりしが、今より十三代前に真宗の寺となり、且つ檀徒は僅かに二三十戸のみなるを以て、此の組中には最も多く農業を営みて活計をなす」有力農民で、「老婦は語りて戸口に出で、板木をカンカンと鳴らしたり。礼を述べて辞し去らんとすれば、三人の若き婦人は皆背に田蓑を著け、足に「ターッケ」を穿ち、門前の渓水にて手を洗ひ、食事に帰り来るを知れり」、と農耕に従事している有様が描写されている(林魁一「飛驒国荘川村紀行」、『ドルメン』3の9、昭9・9)。

(12) 家族員数の最も多い平瀬常徳寺の家族構成(文化10)を上に例示する。常徳寺の持高は判明しないが、平瀬のうちでは共有山への入会権は最も大きく、例えば、共有山で栃や栗の実を拾うために、常徳寺三人・坂本家二人、他の五戸は一人という割合で人を出すことができた。その上養蚕の規模も比較的大きかったから、多人数の家族員を要し、かつこれを養いえたのである(常徳寺住職高島正氏談)。

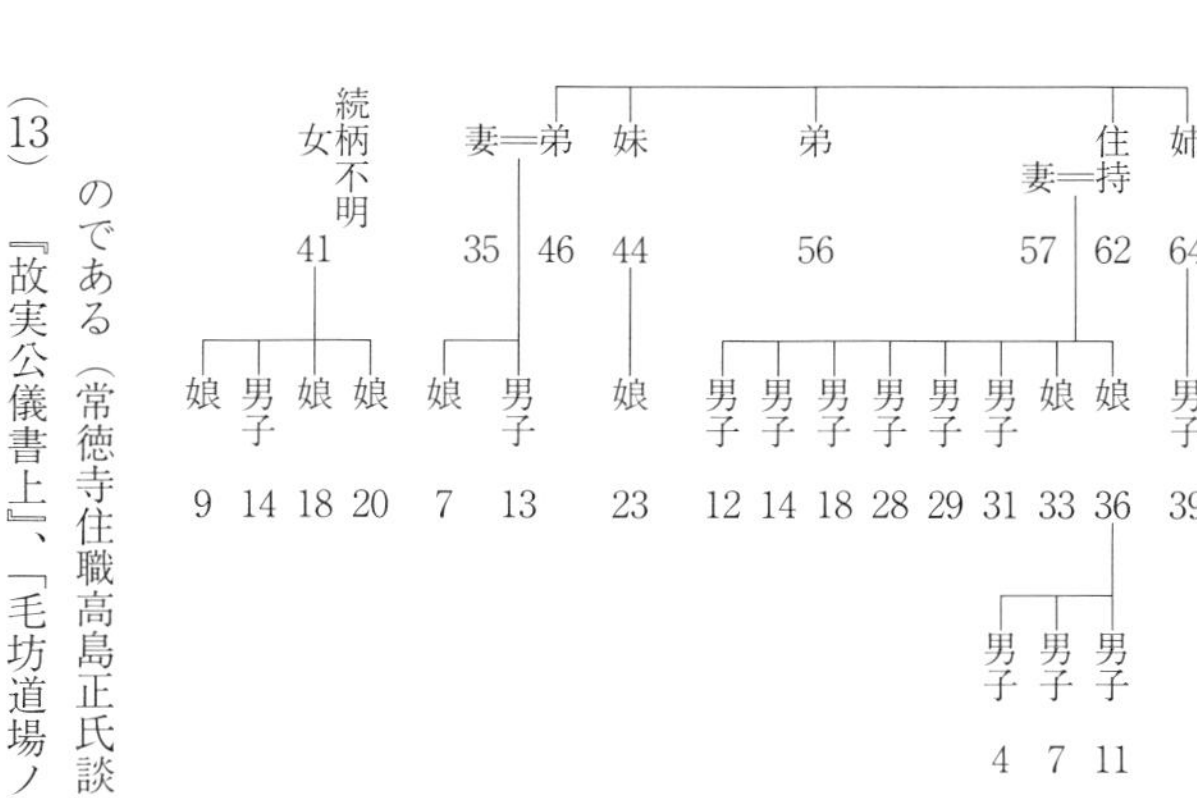

(13) 『故実公儀書上』、「毛坊道場ノ事」(真宗全書本)。なお同書「総道場幷自庵申替ノ訳」に、「宗門印形幷寺役法用相勤候へハ。一寺ニ相違無御座候」、とある。

『笈埃随筆』に毛坊主たちは何れの村にても筋目ある長百姓であるとあるから、次に彼らの政治的地位を明らかにしておきたい。それには白川郷の領有形態から述べなければならぬ。

十五、六世紀における白川郷の覇者内島氏は、天正十三年(一五八五)八月、金森長近の飛驒征討を迎えて降

を請い、かくて旧領を安堵されたが、その居城保木脇の帰雲城は同年十一月大地震によって破壊され、内島氏も一挙に潰滅した。その後、長近は客将石徹白彦右衛門に対して飛騨攻略における先陣の功を賞し、内島の旧領小鳥・白川にて千五百石を給した。彦右衛門は越前石徹白に育った累代の照蓮寺門徒であって、知行地の中心中野村に居を定めたという(1)。ところが、天正十五年九州征伐の軍に従うため金森長近・可重の父子が出陣することとなり、その虚に乗じて三木・広瀬の浪人が一揆を起す憂が大きかったので、浪人どもも大半照蓮寺門徒であることに注目して、照蓮寺を白川の中野村から高山城下へ移転せしめ、その門徒統制力により一国の留守居たらしめようとした(2)。かくて照蓮寺明了と金森方との間に起請文が取交されたのであるが、このとき長近に代って起請文を認めた彦右衛門は、照蓮寺門下の村落へ来住した者はすべて門徒にひきなおすべきことを約し、かつ同日附で中野のうち手作分屋敷・飯島嘉念坊屋敷二百文などを照蓮寺に寄進した。これらは何れも照蓮寺の所有地であったらしいから、その領主権（貢租徴収権）を寄進されたものと理解すべきである。

照蓮寺は高山移転後、慶長三年（一五九八）放火によって炎上した。その再建を助けるため、慶長十四年七月、大野郡三枝郷中切村と吉城郡荒城郷東門前村とで百石の寺領が領主金森氏から寄進された。ところで、明了の後嗣了心に男子がないため金森重頼の息を養い、東本願寺宣如の女を請うてこれ（宣心）に配したのであるが、寛永十八年入輿のさい金森家より二百石を加増し、替地として新たに白川郷において合計三百石を寄進された（石徹白氏は彦右衛門歿後継嗣なきため、寺領寄進までに彦右衛門室養老料百石を除いて所領をひきあげられたが、前出の石徹白氏寄進地は除地として安堵され、新恩の三百石とは別扱いにされたのであろう）。かくて照蓮寺は真宗寺院としては例の少ない寺領もちの寺となった。ところが『白川嘉念坊由来伝説聞顕物語記』は金森氏以前に白川の寺領が成立していたという異説を伝える。これには問題があるにせよ、『飛州志』巻五「光耀山照蓮教

寺」の条に、「是御朱印ヲ以テ賜ル地ニハ非ズ古来寺務ノ事蹟分明ノ故ヲ以テ下シ賜ル処ノ免許ノ地也」と指摘されているように、門徒の掌握と内島氏との提携を通して、照蓮寺の領主的地位が金森入国以前から確立していたことは事実であろう。その地において金森氏は寺領として百姓付一六ヵ村三百石を寄進したのである。

第47表　飛驒照蓮寺寺領

	新石高	旧石高
荻町村	42.919	43.919
赤谷村	36.401	38.896
海上村	12.786	19.402
尾神村	13.396	14.492
牧村	5.707	7.414
平瀬村	12.650	21.797
椿原村	11.982	23.195
芦倉村	10.545	28.490
岩瀬村	16.873	13.506
中野村	12.930	19.907
尾上郷村	1.429	3.323
福島村	3.294	7.414
御母衣村	9.226	10.172
木谷村	22.429	27.703
有家ケ原村	5.249	22.770
小白川村	10.324	25.097
計	石 236.561	石 300.000

平塚武一郎「照蓮寺寺領」による。

しかるに、元禄五年（一六九二）金森氏の出羽上山転封により、飛驒国一円は天領となった。このとき寺領もまた召上げられたが、本山を動かしての運動の結果、元禄十年になって再び寺領として下附された。しかし金森治下の旧慣をうけついで、高山代官所支配内の寺領として下附されたのであるから、朱印地ではなかった。寺領の広さに変りはないが、元禄検地の結果石高に異動を生じ、白川郷の内三百石は二三六石五斗六升一合の高に減額された。それは金森氏が甚しい打出しによって表高を水増ししていたためである。寺領の村々および新旧石高は第47表の通り。このうち荻町村だけが村高の一部である。

寺領以外の白川郷村々にも照蓮寺末寺が存在したから、寺領以外すなわち代官所支配地たる料所の行政組織にふれておこう。享保十三年（一七二八）の「増免延期歎願書」（光輪寺文書）は、川上郷・白川郷（寺領を除く）・小鳥郷・小鷹利郷の百姓代および名主の連署連名をもって提出されたが、これによれば百姓代は各村に、そしていくつかの村を組合せた範囲に名主が置かれたことが判明する。白川郷に名主が三人——南から六厩・三尾河・黒谷・寺河戸・惣則・一色の六ヵ村を一括して一人、野々俣・町屋の二ヵ村で一人、新淵・猿丸・中畑・牧戸・

牛丸・森茂・長瀬・保木脇・野谷・馬狩・大窪・大牧・鳩谷・加須良・飯島・内ヶ戸・島・牛首・荻町の一九ヵ村に一人――置かれている。いかなる理由でこうした区域を画して名主設置の範囲としたかは全く明らかでないが、時代によって名主を出す村も異なり、また村の組合せも変更されたことは確かである。

さて、寺領一六ヵ村の方は如何であろうか。児玉幸多氏の紹介にかかる安永四年（一七七五）二月の高山御坊に対する「七分増免請書」をみると、左の人々が連署連名している。

中野組惣代岩瀬村　仁右衛門㊞
中切組惣代尾神村　長　吉㊞
椿原村惣代　長　吉㊞
小白川村惣代　三右衛門㊞
赤谷村与頭　佐治兵衛㊞
尾神村与頭　六郎右衛門㊞
椿原村与頭　安　兵　衛㊞
小白川村与頭　彦右衛門㊞
中野村名主　源右衛門㊞
高山御坊御輪番所

これで推測されるように、寺領全体に一人の名主が置かれ、配下を左の通り四組に分かってそれぞれに与頭と惣代が一人宛置かれた。(3)

1岩瀬・赤谷・中野・海上・尾上郷　→上切組　〔与頭〕赤　谷　〔惣代〕岩　瀬
2尾神・福島・牧・御母衣・平瀬・木谷　→中切組　尾　神　尾　神

3荻町・有家ヶ原・芦倉・椿原	→下切組	椿　原	椿　原
4小白川		小白川	小白川

前掲安永四年の史料にある中野組とは上切組、椿原村惣代とは椿原村に居住する下切組惣代の意味であるから、この点を整理して右の下段に示しておいた。小白川村は下切に含まれることもあったが、有家ヶ原・芦倉・椿原の山家三ヵ村よりもさらに北に離れているだけでなく、小白川村は全部蓮光寺門徒、山家三ヵ村はみな椿原村斎入寺の門徒であって社会的にも少なからぬ距離があったため、小白川村を単独で一組とすることの方が便利だったのであろう。こんにちの中切なる呼称は、荘川に沿うて寺領一六ヵ村を上流から上切・中切・下切と地域的に区分した組編成に発するのである。

それでは、名主や与頭・惣代に就任したのはいかなる人物であったか。まず、名主の中野村源右衛門は元禄七年八月『白川郷芦倉村御検地田畑御竿請帳』奥書にある中野村肝煎源右衛門の家系を践む者であろう。寛政十年（一七九八）源右衛門から高山御坊輪番所へ差出した書面（光輪寺文書）の冒頭に、「白川郷御寺領十六ヶ村之義前々より一組ニ而古来より私方ニ而名主役被仰付代々相勤来候」とあるのは、少なくとも白川郷にて寺領が寄進されたとき以来、源右衛門の家系が肝煎あるいは名主の地位にあったことを推測せしめる。ところで源右衛門とは第9表から知りうるように中野村光輪寺に外ならず、俗姓を市村という。『斐太後風土記』はこれを保木脇城主内島氏の後裔と伝えるが（上巻六七二頁）、『光耀山照蓮寺略記』は照蓮寺祖嘉念坊善俊に三島から随従した市村太郎右衛門の直系となす。『珉江記』の記述（巻一）によれば、嘉念坊の飯島道場時代には道場の家老のごとき地位にあったということである。そのような前生をもてばこそ、源右衛門家は代々寺領名主を命ぜられたのであろう。もっとも照蓮寺の高山移建後、中野の旧地は懸所心行坊を称し、明了の次男正円が留主職にとどまって以後

その系統が次第相承した。ここに明了に至る照蓮寺代々の影像を安置し、鏡餅代として本坊より毎年金二百疋下附され、白川郷末寺一六ヵ寺は掛所附としてこれを扶翼した。(4) かように心行坊は高山照蓮寺と一体の存在であるから寺領名主にならず、旧家司といわれる源右衛門家が代って名主を勤め、本山に対しては「白川御門末惣代」を称したものと考えられる。なお、光輪寺は白川郷中最も早期に寺号を授与され、また、文化十一年（一八一四）の「御掛所附分割帳」（光輪寺文書）によれば、白川郷照蓮寺末寺中もっとも多数の門徒を有した。

次に与頭と惣代をみよう。前掲安永四年の文書を吟味するに、椿原村惣代（下切組）長吉とは斎入寺であり、尾神村与頭（中切組）六郎右衛門とは称名寺、小白川村与頭彦右衛門とは蓮光寺であることが判明する。寺領内に末寺が六ヵ寺所在するが、そのうち享保年間に道場株の移転した荻町村明善寺を除き、他の五ヵ寺は何らかの村役についている。すなわち、名主一・与頭二・惣代一であり、あと一ヵ寺の平瀬常徳寺にしても、『安永三年新田検地帳』をみると、尾神・福島・牧・御母衣・木谷の五ヵ村を六郎右衛門（与頭称名寺か）が案内しているのに、平瀬のみは作左衛門すなわち常徳寺が検見使の案内者として記載されているのである。また文化四年（一八〇七）の記録では、作左衛門は平瀬村五人頭として名が出ている。前掲宝永三年の『草高帳』は天領に属する村々のそれであり、寺領の草高帳を見出しえないため、これら道場主がどれだけの持高を有したかを明らかにしがたいが、天領の道場主の例を想起し、かつさまざまな村役に就任していることから考えて、天領の道場主と同様の地位を持高の上でも示したと考えるのが自然である。ともあれ、道場主は寺領内のさまざまな村役についた有力な農民であったことは確かであろう。天領についていえば、前出享保十三年の願書では、長瀬村弥右衛門（浄楽寺）・野谷村四郎左衛門（浄蓮寺）がそれぞれ村の百姓代として連署している。別の文書によれば他にもそうした例がみられることと思う。

註

（1）『珉江記』巻四。石徹白彦右衛門は白山中居神社の神主であったが、また照蓮寺門徒という二重性格をもち、中石徹白村なる道場（のちの威徳寺）を管領したか、少なくともその有力な外護者であったらしい。

（2）『白川照蓮寺濫觴記』、および同『由緒略記』。

（3）寺領一六ヵ村のうち荻町村は、寛政六年（一七九四）独立して名主を置くことを許された。荻町にて名主を命ぜられたのは彦右衛門なる重立ち百姓であるが、荻町村一ヵ村で名主を置く運動を推進したのも蓋し彦右衛門であろう。これ以後一五ヵ村の方は名主源右衛門の居村名によって中野組とよばれたらしい。文化四年（一八〇七）に源右衛門が管下の村々から排斥され、本山において名主役を放たれたとき、代ってこれを荷ったのも荻町の彦右衛門で、源右衛門の復職まで二〜三年間、寺領の政治の中心は荻町へ移った。その後一五ヵ村は上切・中切・下切でそれぞれ名主を置くことに改まったらしく、安政五年（一八五八）の大地震被害届によれば、下切四ヵ村では椿原村の四郎兵衛、中切六ヵ村では牧村の佐助を名主とした。しかしこの両人も、荻町村の彦右衛門も道場主ではない。上切では、源右衛門家がひきつづいて名主の地位にあったのであろう。

（4）『由来伝説聞顕物語記』。

道場主が経済的にも政治的にも村落の指導層であり、俗的権威が道場主たることで一段と深められ、聖俗両面の権威によって居村を支配した例は飛驒の毛坊主に限らない。(補註35) 一、二管見に入った事例を掲げておこう。

まず井上鋭夫氏の研究によれば、飛驒白川郷と共通した地理的僻地性と経済的後進性をもつ越中五箇山では、天文二十一年（一五五二）の十日講員連判状などから推定される通り、道場坊主は城を構え、郷村共同体（惣）の頂点に立って名主百姓を支配する村殿であった。彼らのうち下梨の道場市助（瑞願寺）の如き、近世初頭およそ百年ばかり十村として五箇山を支配したことは顕著な事実である。また、福井県三国町水居法受寺（大谷派）は、部落の基幹家系A（通称面屋）の最も古い分家であるA₁の嫡男が蓮如に帰依して開いた、と伝える。また、

寛永五年（一六二八）の『鹿島半郡人別帳』所載の西光寺や乗念寺は馬の外に地之者や下人を抱えているが、これは有力農民でなければなしうるところでない。さらに、加賀江沼郡随一の僻村ともいうべき真砂の宮本家は、明治初年には副戸長や地主惣代をした家で、遡って寛文検地では村で二番目の高持であったが、また蓮如筆と伝える名号幅をもつ道場でもある。これらの事例は、時代性と地域性を少しずつ異にするとはいえ、村落のオトナ百姓が自ら道場を開き、あるいは分身をして開設せしめ、俗的権力に加うるに宗教的権威をもって、一族ならびに自立しゆく傘下の耕作農民を統制し、また対抗関係にあるオトナ衆に対して優位を占めようとしたことを推定せしめる。(1)

桜田勝徳氏の調査によれば、美濃西北山間の徳山村本郷は三組に分れていて、九月の節句にそのうちの一組が年番として酒を造る番に当る。酒を醸す家は各組できまっており、此家をサカモトとよんだ。キタデ組では禰宜の家すなわち村山重太郎の家が酒元、中ミゾ組では江口太郎左衛門、クダリ組では江口太兵衛の家が酒元であった。この両江口家は共に道場坊で、また昔は大庄屋を勤めた家柄である。なお、本郷で伊勢の大麻を受けるのは江口太兵衛家に限られていた、という。(2)大庄屋であったからには財力も一際抜ん出ていたと考えられるが、さらに神事面でも中心的な家が道場坊だったのである。しかし真宗（大谷派）の道場であるから、鎮守の禰宜などにはならなかった。

第48表　近江杉野下村の持高別軒数（明2）

田畑反別計	軒　数
1　反未満	6
2　〃	*15
3　〃	19
4　〃	11
5　〃	5
6　〃	*1
計	57

＊　毛坊主各1を含む。

『明治二年近江国伊香郡杉野下村戸籍』（杉本区有文書）に記載された田畑反別を広狭別に分析したのが第48表であるが、ここに長照寺下道場毛坊主仙新治と了福寺下道場毛坊主報土治（何れも大谷派）の二軒が含まれている。後者は二反未満層に属するけれども、前者は最高

の六反未満層にあり、旧藩時代には村の横目や惣代をしたことが文書にみえる。仙新治（現在、専心寺）を中心とした白谷組を称する同族団は、戸数二〇戸、実測一四〇町歩余の共有山を所有して現在に至る。専心寺では寺から分家した者が白谷組の山組を構成すると伝承するが、もって杉野下村（現在、木之本町杉本）における毛坊主仙新治の社会的地位を察することができよう。同様な例はほかにも多数発掘することができると思う。[3]

なお、道場主の社会的地位を知らしめるのは開創伝承であって、「国々ニテ建立ハ多ク其所ノ郷士或ハ大キナル百姓ニテ、其家頼下百姓等辻本トナ」[4]った、とあるように、道場主にして地侍的名主あるいは没落土着せる落武者たちの系譜をひく者が少なくなかった。[5]その例は郡史などに頻出するが、『寺院明細帳』によって三重県下高田派寺院のなかから例をさがしてみよう。

〔所在〕	〔寺号〕	〔開基〕	〔開基年代等〕
員弁郡 東員村	大雲寺	大山内匠頭高保嫡子	正慶二年
四日市市 川尻	善性寺	川尻城主有山某落城し出家	永禄十一年
〃 波木町	了信寺	当地庄官の末孫	もと真言宗
〃 東富田	蓮光寺	富田城主南部甲斐守忠次	
〃 浜田	崇顕寺	浜田城主田原氏の一族丹羽弥八	もと天台宗
鈴鹿市 国府町	要泉寺	織田信長の末裔	
〃 上田町	西願寺	山城市田郷主平信長の幕下北岡某	元亀三年
〃 神戸町	宗休寺	北条藤右衛門	弘治四年
〃 竹野町	正運寺	武野領主伊東丹波守出家し寺勢をあぐ	
〃 山辺町	勝光寺	神戸矢田部の住人飯田和泉守	元禄十年

鈴鹿市　柳　町　金光寺　源頼朝の家臣加藤景廉　もと天台宗
〃　長法寺町　正楽寺　駿河守盛遠の舎弟浄全中興
鈴鹿郡　鈴峰村　深広寺　江州長浜城主仲野武蔵守中興
〃　〃　蓮乗寺　藤原秀郷の末裔専念坊
亀山市　布　気　清福寺　下野国高田長岡庄基の息
〃　川　崎　西願寺　楠氏の末裔清水某　もと天台宗
安芸郡　河芸町　信光寺　上野城主分部左京三男中興
〃　〃　浄光寺　京極高昌の子松千代（誓祐）敗戦により
〃　豊里村　久善寺　工藤祐経の末孫了善
〃　芸濃町　浄源寺　佐藤義清敗戦し出家
〃　〃　林光寺　尾州浪人谷口某
〃　〃　澄源寺　豊臣家臣春日部実勝、大坂落城により
〃　〃　成覚寺　平維盛屋島に敗れ逃れて出家　もと真言宗
〃　安濃村　来照寺　当地の城山城主生桑弾正頭
〃　〃　恵日寺　熊谷権左衛門尉
〃　〃　西林寺　佐々木範綱（徳善）
〃　〃　正法寺　俵藤太秀郷の末孫実勝
〃　美里村　光現寺　与原城主牛場左衛門尉本政（覚全）
津市　一身田町　隆崇寺　北畠家臣末孫栄空
〃　〃　玉保院　下野真壁城主椎尾春時家老但馬国行

津市	一身田平野	明覚寺	本地の住人村田十郎左衛門信清	
〃	白　塚	薩摩寺	伊豆薩摩の家臣	永正年中
〃	神戸町	松仙寺	志摩的屋住的屋美作守	
〃	本　郷	浄蓮寺	小島若狭守舎弟	
〃	島　貫	円福寺	笹原大忠の男義作	天保年中
一志郡	久居町	照安寺	多気の落人堀五郎大夫（誓元）	
〃	〃	西蓮寺	和州寺田伊賀守家臣、戦に敗れて出家	
〃	美杉村	西念寺	多気の落人富田勘五郎	
〃	〃	光福寺	江戸旗本鳥居百輔の息（智全）	
〃	嬉野町	真性寺	当地在住の浪人小平次	
〃	一志町	青巌寺	飯高郡船江城主本多伊予守親氏の舎弟彦兵衛	
〃	〃	満昌寺	山城国山崎の住人三良重徳	天正年間
多気郡	多気町	明通寺	明津与十郎	
度会郡	玉城町	三縁寺	田丸城主弾正正弼の弟祐光	永正年中

『寺院明細帳』記載の開創伝承を決して鵜呑みにするわけではない。もし何某が某寺を開創したというその個々の事実に関心があるのならば、どうしても厳密な検討が必要であることはいうまでもないが、ここでは個々の事実ではなく伝承の類型こそが問題なのである。個々には信頼が置けなくとも、もし全体を貫くパターンが見出された時、それまで荒唐無稽として排することは穏当でない。類型的な説話が作られた場合でも、開基はかかる身分の者であったろうと想像し、またそうした身分の者でなければならないと信じたことに意味を見出すのであ

る。このような、史料の歴史学的操作でなくて民俗学的処理ともいうべき立場から、煩をいとわず挙示した。通覧して敗戦没落帰農武家が多いことに驚かされる。そのような伝承ばかり寄せ集めたのだから当然のことともいえようが、開基の俗縁を明記せる比較的少数の寺の殆どすべてが右のように武士の系統を称するのである。これは説話の類型化のせいであるとしても、なおかつ注目に値する問題である。ことに、敗戦没落武家がさきに例示した道場坊主と同系の小領主ないし地侍であったとするならば、彼らはもともと多かれ少なかれ坊主的・道場主的性格を併せもっていたと考えなければならない。彼らは敗戦によって武家として伸びる可能性を奪われ、農民となるのでなければ僧侶としての性格を純化する外に道がなかったのではあるまいか。彼らにおける真宗教説の理解は深いものであったとは考えにくいが、[6]ともかくここから日本宗教史の興味ある問題が展開するのである。

註

（1）井上鋭夫「一向一揆の本質」、伊東多三郎編『国民生活史研究』4（吉川弘文館、昭35・10）、二九〇〜三一三頁。米沢康「五箇山の毛坊主」、『加能民俗』4の1（昭32・12）、二頁。

（2）桜田勝徳『美濃徳山村民俗誌』（刀江書院、昭26・7）、七七、九八頁。

（3）徳島県美馬郡美馬町郡里の坊僧部落は、近世初期に佐藤九郎という人によって開かれた土地で、その子孫が蕃殖して集落をなし、享保年間には一五戸、互に本家分家という関係によって結ばれていた。この部落はすべて安楽寺（本願寺派）の門徒であるが、御寄講・報恩講など真宗部落ならどこにもみられる部落行事の外に、蓮如忌と先祖の法事を部落共同で行う点に特色がある。この法会は毎年一回各戸交替に当番となって行われる。当番に当った家は先祖が蓮如から下附されたと伝える六字名号を本家から迎え、安楽寺の僧を招いて読経説教を聴聞し、そのあとで部落の諸種の行事をきめる慣例である（千葉乗隆「近世の一農山村における宗教」、『龍谷史壇』44号、昭33・12、七五頁）。ここに興味のあるのは、蓮如下附と称する六字名号を本家がもっていることで、恐らく古くは蓮如忌は必ず本家へ集まってとり行ったことであろう。そして、もし手次寺が遠くて往来に不便であれば、本家が六字名号を開基仏として道場化したことと推測される。かくして世俗的権力と宗教的権威が共に長く本家へ集中することになったと考えられるのである。

（4）『紫雲殿由縁記』、真宗全書本三七一頁。（補註36）

（5）笠原一男「中世村落における真宗教団の発展と一揆運動の必然性」、『歴史学研究』一三五号（昭23・9）。

（6）山形県高橋願行寺（大谷派）二世は俗姓塚目孫右衛門という侍であったが、戦傷によって隠居して願正坊の遺跡をついだ。しかし彼は師僧の何宗であったかを知らず、とにかく遺骨を高野山へ納めたらよいと思ってはるばる北陸路を辿ったが、師僧が浄土の三部経というものを読み、また「帰命无量」の言葉で始まる唱えごとをしていたと語ったところから、本願寺に間違いないといわれて、遂に山科の本寺へ納骨することができた、という話が記録されている（願行寺蔵『願正御坊縁起』）。

第四節　重層的寺檀関係

（一）二種の重層的寺檀関係

こんにち最もありふれた寺檀関係は、第三節行徳寺の例でみたように、寺で門徒とみなす家について、その家の葬儀はいうに及ばず年忌・月忌マイリ・中陰マイリ・枕経に至る万般の仏事を主宰し、また年一回の秋マワリ（在家報恩講）には必ず寺から訪問するという関係であろう。第一節で説いた寺檀関係の設定も、こうした一家一寺を前提とした議論であった。しかし各地の慣行を広く調査するとき、かような単純な寺檀関係の框からはみ出る事例が少なからずみられるのである。すなわち、

㈠　寺で門徒とみなす家について、その家の葬儀ならびに希望によって年忌を主宰し、また秋マワリには必ず寺から訪問するが、月忌マイリ・中陰マイリ・枕経および年忌の若干は他の寺が担当するもの。および、

㈡　寺で門徒とみなし秋マワリには必ず訪問するが、他の特定寺院を指定してこれに常時葬儀の導師をも依頼

し、月忌マイリなどもその寺やその寺の関係寺院が担当するもの、がある。

第一節で論じた一つの家の成員が性別によって二ヵ寺以上に分属するのを並立的寺檀関係とかりによぶなら、右の(一)と(二)つまり一つの家の全成員が位相の異なる宗教サービスを求めて二ヵ寺以上に共属するものを、これに対して重層的寺檀関係とよぶことができる。

(一)の例として福井県坂井郡三国町加戸の本流院(高田派)について述べてみよう。本流院の門徒は九頭龍川以北なかでも坂井平野に多数散在しているが、そのうち三国町覚善(戸数四二)と同町浜地(戸数五〇)は村落の殆ど全戸が本流院門徒であって、それぞれに鳳生寺・願教寺と称する同寺の下道場がある。この両寺は所在部落に限って本坊門徒の法事に関与し、ことに月忌マイリ・中陰マイリ・枕経等は専らその担当するところである。これは部落の門徒の依頼によるのであるが、同時に、本流院によって許されたその内附あるいは下請けともみることができる。この二道場の外に本流院は旧境内地たる門前近接地に心海寺・実明寺という二つの寺中を抱えており、この両寺中は覚善・浜地以外の門徒、なかでも加戸・三国・芦原などの門徒に対する寺役の下請けを認められている。かようにして、覚善・浜地・加戸などの本流院門徒は本流院門徒でありつつ、同時に特定の寺中あるいは下道場の信徒でもあるわけで、ここに重層的寺檀関係の一典型を指摘しうるのである。

福井県の高田派寺院について同様な事例を多数指摘することができるが、一々挙げることをさし控えたい。ひるがえって真宗他派寺院ではどうであろうか。山形県村山地方に関する明治五年調製の『真宗一派本末明細帳』(山形専称寺蔵)には、一一七ヵ寺の真宗大谷派・本願寺派寺院が記録されている。そのうち無檀の塔頭(寺中)一〇ヵ寺は、本坊に従属してはじめてその生活を全うしえたのであるから、それらの担当する寺役の下請けがある筈であり、部分的ながら重層的寺檀関係の存したことを知るのである。また、同じ頃の調査にかかる『加賀寺

院明細帳』坤巻（尊経閣文庫蔵）に登載された三一五ヵ寺の大谷派寺院のうち、東本願寺直末は一三九ヵ寺、他は孫末であるが、後者のなかに三四ヵ寺の無檀寺院があり、門徒一戸以上一〇戸以下の小坊は二八ヵ寺を数える。これらは重層的寺檀関係に組み込まれて、本坊あるいは上寺の寺役を下請けしなければ生計をたてえないことは明らかであろう。

かように、公簿から推測しても㈠の意味の重層的寺檀関係は決して例外的な現象でないことが判明するが、さらに実地踏査によってこの現象の一層広汎な分布状態を確かめることができる。というのは、『寺院明細帳』へ登載されていない道場ないし毛道場・俗道場が北陸地方などの村々に夥しく存在し、多くの場合、有力寺院の下道場として所在村落の本坊門徒について寺役の下請けを行ったからである。例えば、本流院下道場たる覚善の寺は明治五年まで鳳生庵といい、浜地の寺は明治十三年頃まで願教坊を称し、何れも明治初年の寺院明細帳に登載される資格を欠く存在であったが、明細帳への登不に拘らず本流院の下請けたりしことには変りがなかった。また、前掲の『加賀寺院明細帳』には、加賀の東本願寺直末中最も多数の門徒をもつ金沢専光寺について、加賀国内に下寺二二ヵ寺、寺中・下道場計七ヵ寺の外に、六人の下役僧の名が記載されている。下役僧は専光寺の役僧を派遣駐在せしめたものともいえるが、支坊とよぶのが一層適切な単なる出張機関ではないのであって、実は世襲の下道場なのである。寺号を許されていないので僧侶個人の身分であるかのような表現で登録されたが、寺号の有無によって本坊の寺役の下請けから生ずる本坊・下道場の身分関係に相違があるのではなかった。そのことは、寺号をもたないばかりでなく、道場主が僧侶でないためこの寺院明細帳に存在の跡を全く留めなかったいわゆる毛道場・俗道場があり、同様に重層的寺檀関係にあみこまれていたことを推知せしめる（第六章第五節参照）。

われわれは、大坊の経営の内部に包摂される譜代の従属的僧侶のうち、その境内ないし至近距離にあってとく

に密接な関係を有するものを「寺中」、多少とも離れた村落所在のものをば寺号の有無にかかわらず「下道場」とよび、寺中・下道場を抱える側を本坊という。この用語に従えば前掲の下役僧も下道場というべきである。したがって上述の限りでは、㈠の重層的寺檀関係の存在は本坊・寺中下道場の関係を前提としている。(1)

以上の点を門徒の側から観察してみよう。寺中については、それが一軒であるか二軒以上あるか、別に下道場があるかないか、また門徒が本坊へ行くには必ず寺中の取次ぎを要する慣習であるか、それとも直接本坊へ行くか、によって一様でない。奥能登の正願寺・慶願寺のように寺中が一軒で、しかも下道場がなければ、本坊門徒のすべてが寺中の信徒となっており、門徒は寺中の仲介を経ずに直接本坊へ来て用件を告げる(A)。しかるに、寺中が二軒以上ある時は多く下道場もあり、下道場所在村落以外の門徒が寺中の信徒になっている。本流院のように門徒が直接本坊と交渉をもつ寺では、大体寺中の信徒が互に重複しており、特定の門徒は特定の寺中の信徒というように配属されていないが(B)、第五章で述べる酒田浄福寺（大谷派）や折立称名寺（福井県・高田派）のように、家単位か部落単位ではっきりと分配されている場合には、門徒は手次あるいは手先の寺中へ立ち寄り、もし遠方の門徒ならばここで草鞋を脱ぎ、服装をあらためて、その案内で本坊へ伺候する(C)。これを領り檀家という地方がある。(2)寺中の介在にかような程度差がみられるのである。

下道場の存立する村落では大体常に重層的寺檀関係が発現するが、寺中があるからといって必ずしも重層的とならない。ことに門徒が寺中に信徒として固定的に配預されておらず、そして遠隔のため寺中の月忌マイリ・中陰マイリ・枕経を受けないときにしかりである。もし信徒として分配されておれば(C)、これらのサービスを受けない家でも、年忌などで本坊を招かなければ必ず手次の寺中に依頼することになるから重層的といえるが、(A)(B)にして月忌マイリ等の寺役の下請けがなく、ただ単に本坊名代として年忌あるいは葬儀に寺中を迎えるのでは重

層的というに不充分である。また、大部分が寺中に分配されていても、若干の本坊直檀がある場合、直檀については重層的とはいえない。

註

（1）重層的寺檀関係の中世末的形態は、『九十箇条制法』（長松寺蔵）にみえる大坊主分―下坊主―門徒の関係である。いわく、「大坊主分ヲモチタランヒト、日々ニ出仕セラルヘキコト肝要ナリ、サハナクシテ、門徒ノ出仕、下坊主ノ出頭无沙汰ノヨシヲ、サシタテマウスコトシカルヘカラス、マツワレ〳〵カ出仕ヲカ、スシテ、マウスヘキコト肝要ナリ」と。

（2）「明治10・3長野県伺」、伊達光美『日本宗教制度史料類聚考』（巌松堂、昭5・4）、七一三頁。

しかしながら、このような重層的寺檀関係は必ずしも本坊・寺中下道場の関係を前提としない。下道場でない寺が下道場同様に他の寺の門徒の仏事に参与して、㈠の意味での重層構造が現われることも少なくないからである。それはまず第一に、手次寺から遠く隔った門徒が、近辺に手次寺の下道場がない場合、同じ宗派に属する近辺の他の寺（多くは小坊）あるいは他の寺の下道場に月忌マイリなどを依頼するとき現われる。これまた福井県の高田派寺院にて多数みられるが、一例を挙げるなら、坂井郡坂井町上兵庫勝光寺の福井市鮎川所在の門徒に対して、鮎川願生寺が月忌マイリをしている。願生寺は勝光寺からの内附として鮎川門徒の仏事への関与を認められたわけではないが、門徒の依頼を受けて寺役の下請けをしていることは事実であり、このために勝光寺と特殊な身分関係を結んでその門徒の寺役に参加することの承認をえたこともあったかと思われる。とにかく鮎川の勝光寺門徒はその門徒であると同時に、願生寺の信徒として重層的寺檀関係をもったのである。広島地方の本願寺派門徒では、師匠寺（手次寺）が遠方にあるとき、葬儀は別として年忌法要などを最寄りの寺に委託する。これ

をケキョウ寺（化教寺か）という。師匠寺の門徒でありつつ、ケキョウ寺の信徒となっているという、二重の関係がここにもみられる。

第二は、村落から町方などに移転して手次寺から遠ざかり、そして手次寺の下道場も近辺にないとき、最寄りの同派寺院に月忌マイリなどを依頼した場合である。この場合も月忌マイリをする寺では手次寺から内附として寺役の下請けを許されたのではなく、単に門徒の依頼に応じたまでであり、また上掲の場合と違って必ずしも手次寺に対して何らかの承認を求めることもなかった。承認の有無にかかわらず門徒は寄留地における関係寺院の信徒であり、ここでも寺檀関係は重層構造を示すのである。かような例は都市で多数みられるが、村落でも珍しからず、例えば石川県鹿島町徳前などでエンカ寺[1]と称するのは寄留地で信徒となった寺に外ならない。門徒が譜代の関係であるのに対して、信徒は一代限りのあるいは一時的の関係にすぎないから、寺院維持のための寄附を信徒には依頼しにくいとされているが、もし移転先が手次寺を招待しえないほどに遠隔地であれば、信徒もエンカ寺の門徒となり、換言すればエンカ寺が手次寺となって、重層的寺檀関係は消滅する。

このように、㈠の重層的寺檀関係には、本坊・寺中下道場の関係を前提とするものと、しないものとがある。そして第五章第六節で説述するように、下道場のなかには本坊の門徒を奪ってかあるいは譲渡されて独立するものがあるので、また、移住者の増加に伴なってエンカ寺関係が再生産されるのに加え、エンカ寺を手次寺になおす傾向も一般的にみられるので、㈠は少なくとも一部では解体の方向に歩んでいる。解体すればするだけ、寺門徒団が地域的にまとまって部落門徒団に接近し、また部落門徒団が寺門徒団へ移り行くのである。本章第二節で言及した石川県鹿島町芹川泉福寺・徳前仏乗寺の若衆お講とカカお講にも、こうした動きが観取される。

加賀市塩浜は砂丘を耕す一二〇戸（昭28夏）の部落である。[2]一戸を除き他は悉く真宗で、これに九ヵ寺が関係し

ているが、部落には明治十五年頃小松市から移転した観照寺（大谷派）一ヵ寺しかなく、しかもその門徒は僅かに九戸にすぎない。しかし、それ以外の部落の人々も、葬儀と年忌は別として、中陰マイリや月忌マイリなどをみな観照寺に依頼している。のみならず、宗祖と本山前住職と一月二度の命日を始めとして、観照寺でオザのある度毎にムラ人はここへ参詣して説教を聞くのである。そこで、年頭礼・盆礼および秋初穂などを手次寺同様に観照寺へも持参することになり、なかには、遠い手次寺へ行かずに正月や盆の挨拶を部落の寺ですませる家もある。大谷派には本山護持のために門徒の懇志を吸い上げる相続講なる制度があり、講金取扱の賞典としてその額に応じて手次寺の寺格堂班を昇進させることになっているのだが、塩浜では区の会合のさい、「観照寺は門徒も少ないことゆえ、このムラの相続講金は観照寺扱いにしよう」と決議された。ここに窺われるように、塩浜の大多数の人々は観照寺の信徒にすぎないのにかかわらず、寺はムラの寺として、鎮守の宮同様ムラ全体で守り立てていくべきものと考えられている。事実、本堂維持費はムラ一円に割当てられ、また世話方三名・責任役員二名の役職は、観照寺の門徒であるなしを問わず、部落全体のなかから選任されている。かように二重の寺檀関係がみられるばかりでなく、経費が手次寺とムラの寺と二重にかさむのを契機として、「在所に寺があるのに何故遠い手次寺が必要なのか、お経は誰に読んで貰っても同じではないか」、といった気持が強まる。かくして塩浜の部落門徒団は寺門徒団への傾斜を孕んでいる、といわなければならない。

註

（1）エンカ寺・化教寺の外に手伝寺の称があり、門徒の側でもアズカリ檀家の外に墓檀家・半檀家の称がある。『大谷派宗憲草案理由書』（大12）、参照。（補註37）

（2）『農村と寺院』（教化研究別冊、昭29・5）、一一一～一一四頁。

さて、㈡の重層関係は、本坊・寺中の間ではいかなる場合にも出現しないが、本坊・下道場の間ではときにみられた。例えば、柳田国男氏の「美濃越後往復」（明治44年の記事）に、

此村（私註福井県大野郡西谷村）には寺二箇所あり。大野町の真宗寺（私註真宗寺院の意なるべし）の門徒も多し。この方は春秋二度の戒壇廻（私註廻檀なるべし）の外には僧侶はやって来ず。ただ道場の番人が諸事をまかなふのみ。寺は近くに在っても雪中には交通絶え、戒名をもらふだけにも一通りならぬ辛苦をするといふ話を聴く。

（『柳田国男先生著作集』6、「北国紀行」二一一頁）

とある春秋二度の廻檀とは、春マワリ（オトキハジメと同じ）秋マワリ（オトリコシと同じ）のことで、こうした恒例の機会には手次寺がやってくるが、交通の不便な山深い土地のこととて、葬儀の如き予定しえぬものはその都度手次寺の来訪を乞うこともできず、下道場の番人がとりおきするのである。しかし、葬儀まで委ねてしまうと下道場の門徒となってしまいやすく、ことに交代に番をする道場でなくて世襲の下道場であれば、その傾向は顕著であった。白川郷の毛坊主が毛坊主ながら門徒をもったのは、おそらくこのような事情によるものであろう。照蓮寺からの廻檀がこんにちなお継続されていることのなかに、そうした背景を窺うことができる。彦根藩にも毛坊主が夥しくみられたが、明治三年の同藩書上げ（国会図書館蔵『社寺取調類纂』所収）のなかに、

近江国伊香郡唐川村　　　　伊香郡杉野村
小本寺　　　　　　　　　　毛坊道場
一長照寺下　　　　　　　　藤　蔵
一境内　　　　百四拾坪
一滅罪檀家　　三拾三軒

右　　　　　　　　但右長照寺檀家ニテ手次罷在候　　　　　　伊香郡杉野村
　　　　　　　　　　　　　　　　　　　　　　　　　　　　　毛坊道場

一長照寺下

一境内　　　　二百坪　　　　　　　　　　　　　　　　　　又右衛門

一滅罪檀家　　一拾三軒

　　　　　　但右長照寺檀家ニテ手次罷在候　　　　　　伊香郡杉野村

浅井郡丁野村　　　　　　　　　　　　　　　　　　　　　　毛坊道場

中本寺

一本覚寺下

一境内　　　　二百五拾坪　　　　　　　　　　　　　　　猪三郎

一滅罪檀家　　三拾七軒

　　　　　　但右中本寺本覚寺檀家ニテ手次罷在候　　　　伊香郡杉野村

右　　　　　　　　　　　　　　　　　　　　　　　　　　　毛坊道場

一本覚寺下

一境内　　　　二百坪　　　　　　　　　　　　　　　　　孫三郎

一滅罪檀家　　拾軒

　　　　　　右中本寺本覚寺檀家ニテ手次罷在候　　　　　伊香郡杉野村

浅井郡中野村　　　　　　　　　　　　　　　　　　　　　　毛坊道場

一了福寺下

一境内　　　　二百坪　　　　　　　　　　　　　　　　　覚右衛門

一滅罪檀家　拾二軒
　　但右了福寺檀家ニテ手次罷在候
　　　　　　　　　　　　　　伊香郡杉野村
一了福寺下　　　　　　　　　毛坊道場
一境内　百四坪　　　　　　　　三　郎　介
一滅罪檀家　三拾一軒
　　但右了福寺檀家ニテ手次罷在候
右　　　　　　　　　　　　　伊香郡杉野村
一了福寺下　　　　　　　　　毛坊道場
一境内　百坪　　　　　　　　　喜　四　郎
一滅罪檀家　拾九軒
　　但右了福寺檀家ニテ手次罷在候
右　　　　　　　　　　　　　伊香郡杉野村
一了福寺下　　　　　　　　　毛坊道場
一境内　百五拾坪　　　　　　　治　　太
一滅罪檀家　拾四軒
　　但右了福寺檀家ニテ手次罷在候

など、檀家（門徒）何軒とあるのに対して、実は中本寺某或は小本寺某の檀家を手次している旨註記されているのが多数ある。これらも本寺と称する寺の下道場であり、遠隔のため所在地の本坊門徒について葬儀まで委託さ

れていたと考えられる。[補註38] 前記八件は何れも明治に入ってから本坊門徒の譲渡をうけて独立した（昭33・8調査）。同様な事情にあった他の道場も、前後して独立したことであろう。そこで柳田氏の例のように、明治末年に至ってもなお独立せず、本坊下道場の間で㈡の重層関係が維持されたことは、あまり数多くないのではないか、と推測される。

㈡の形態は相互に独立の寺院の間でもみられる。[補註39] その一例として、福井県坂井郡金津町清間（せいま）の折立称名寺門徒に対する中川西光寺・井江葭安養院・加戸常楽寺（何れも高田派）の場合を挙げよう。折立から清間まで山道で十数里も離れているので、不慮のことたる葬儀には喪家の来駕要請に応ずることが到底できない。そこで上層数戸を西光寺、中層一〇戸を常楽寺、下層一八戸を安養院に委ねて、それらの家に関しては葬儀の導師を含む一切の仏事を管掌せしめたのである。しかし、あらかじめ予定をたてうる秋マワリには、称名寺が手先の寺中西生寺を供として清間門徒を歴訪するから、西光寺らは清間のアズカリ同行（信徒）に対して秋マワリの要はない。ここに寺檀関係を支える一本の綱が残されているが、そのようなことでは間柄は疎遠になるとみえて、近年交通の便が加わったのに清間から称名寺の報恩講にすら参詣する者は多くなく、却って西光寺らの報恩講にまいるという。西光寺らは称名寺の門徒の一部についてかように幅広い下請け関係にあるが、決してその下寺とか下道場といったものでなく、それぞれ寺中を現にもつか曽ってもった相当の規模の独立寺院であり、また何れも直接間接に称名寺の親類でもある。けれども清間門徒に関する限り、これまた一種の重層的寺檀関係に外ならない。こうした例も多くはないが、管見に入ったものを同じく高田派からとると、本山専修寺の山内院家であった三重県一身田の智慧光院・玉保院などにもみられる。山内院家のこととて本山の法務式務の為にかなり多忙であり、また明治になって寺務所が設置されるまでは手次下寺院からの礼金や季節の志で裕福であった上に、末寺中最も格式

が高かったから遠方の門徒まで直接掌握することはせず、これをばそれぞれ適当な有力寺院へ托した。智慧光院では三重県三重郡の門徒を日永の興正寺・日野の顕正寺に、また津の門徒を同所の上宮寺・彰見寺にあずけていたが、住職が欠けた時代にそれら自身の門徒にひきなおされてしまった。玉保院にも同様の例があったことは、天明三年（一七八三）改の『庵芸郡一身田御山内玉保院宗旨御改載記』に明らかである。それによると、

久居領　堀江村　　　　死導宗判共正源寺へ預
林崎代官所　岸岡村　六軒　死導ハ玉垣蓮花寺ニ預置
亀山領　岸岡村　三十一軒　同右
神戸領　高岡村　十八軒　死導は宝珠寺へ預置
亀山領　国府村　二十八軒　死導は亀山誓（昌脱カ）院へ預置
御代官領　庄野宿　一軒　死導ハ善性寺へ預置
　井生村　十六軒　宗判死導共家城採蓮寺ニ預置

などとあるが、何れも預けたままその門徒にひきなおされてしまっている。また、明治十三年の『更正寺院明細帳』（大谷派宗務所蔵）によれば、石川県鳳至郡能都町覚照寺（大谷派）に三九〇戸の門徒があり、そのなかに左記の如く二〇戸の預かりと六戸の預けが含まれていた。

十戸　当国珠洲郡野々江村慶西寺ヨリ預リ
四戸　同国同郡小木村法融寺ヨリ預リ
三戸　同国鳳至郡皆月村善行寺ヨリ預リ
一戸　同国鹿島郡七尾町長福寺ヨリ預リ

一戸　同国同郡中村真正寺ヨリ預り
一戸　加賀国加北郡木津村正楽寺ヨリ預り
三戸　当国珠洲郡小木村法融寺へ預ケ
三戸　同国鳳至郡鵜川村蓮光寺へ預ケ

宇出津は港町のこととて戸口の移動が比較的多く、入寄留・出寄留について葬儀の導師権を他の寺から預かったり、また預けたりしたものであろう。他の寺へ全く送り込んでいないのは縁組などと異なる全戸移動であるために、前住地あるいは手次寺の手が届く地域に還帰したときには、元通りの寺檀関係に復するという期待がそこに窺われる。しかし、宗門改が明治三年で終熄し、預けとか預かりとかの事実が年々再確認されなくなると、預かった寺ではその信徒を己自身の門徒にくみいれてしまい易かった。このように㈡の重層関係は、本坊・下道場の関係を前提とするものも、また独立寺院の間のそれも、全体として殆ど解消したとみることができよう。その結果ここでも、寺門徒団と部落門徒団があるいは一致し、あるいは少なくとも互に接近したのである。

〔重層的寺檀関係と宗門帳の記載〕　重層的寺檀関係において、宗門帳に記載されたのはどの寺であろうか。さきに引用した玉保院文書は、重層関係㈡のなかに、(a)檀那寺が宗判権を保留して死導のみ預ける場合(補註40)と、(b)死導宗判ともに委託する場合(補註41)があったことを示している。宗門帳には一ヵ寺しか記載されないから、記載された寺が重層関係㈠における本坊であることのほか、重層関係㈡の(a)における宗判のみもつ寺であることもあり、また同じく㈡の(b)における死導宗判ともに委託された寺であることもあるわけである。土地の所有権が分化しているとき、検地帳は分化した所有者のどれかをおさえて登録しなければならなかったように、宗門帳また重層的寺檀関係を単純化して記録していることを知らなければならないのである。いつも単純な寺檀関係ばかり

念頭において宗門帳を読んではいけない。

しかし近世初期には重層的寺檀関係を反映した宗門帳記載様式をとる藩もあった。芸州藩はそれであって、塔頭が本坊に連印する制度を立てていた。しかるに元禄十四年（一七〇一）九月この旧習を改めて本坊のみ捺印することにしたため、門徒ばかりでなく末寺さえもっていた仏護寺十二坊は、寺内僧でないことを申立てて強硬に反対し、藩当局の裁きでおさまらず興正寺・日光輪王寺門跡まで介入する大紛争に発展したことは、山中寿夫「藩の寺院統制と安芸門徒」、『芸備地方史研究』37・38（昭36・5）、一一～一七頁に詳しい。

(二) 二段の重層的寺檀関係

かように、(一)の重層的寺檀関係は一部では移住によって再生産されつつも、より多く解体傾向にあり、また(二)のそれの如きこんにちまで維持されるものは尠ない。しかし真宗教団の構造的理解にとって、この種の寺檀関係のもつ意義は小さくないのである。

岐阜県揖斐郡徳山村は真宗が圧倒的に多く、しかも福井県鯖江の誠照寺派の門徒が大部分を占める。しかし村内には寺がなく、その代りに部落毎に道場があって、交代勤務の道場坊又は道場番がおり、葬儀の時などには直綴を着て僧の代りを勤めている。誠照寺派の手次寺は隣村根尾村の千年寺で、葬儀に門徒を訪問するのかどうか、依拠した桜田氏の前掲報告では明らかでないが、ともかく春夏秋には門徒を巡廻歴訪してくるから、少なくとも(二)の重層的寺檀関係がここにもみられるとしてよい。のみならず鯖江の本山からも春マワリ・秋マワリにやって来、とりわけ秋マワリには師僧（本山住職か）が伴僧をつれて各部落を廻るのである。ムラ人は師僧の一行を土下座して迎えいれ、師僧が道場へ泊る日は最大の歓迎をし、道場で酒を飲み踊りを踊って一年中一番の大騒

ぎをする。この「おまわり」と伴僧だけがやってくる春マワリのさいに、幼児たちは僧からお剃刀を頭に当てて貰って人に成る式も行われている、という。[1] このように、徳山村の誠照寺門徒では本山・手次寺・道場という二段の重層的寺檀関係がみられるのである。また、手次寺は本山からいえば末寺であり、末寺の門徒も結局は本山の門徒であることを、右の例はよく示している。誠照寺は明治四年の書上げでは門徒一、三六五軒というから、本願寺門下の大坊程度であり、末寺も五〇ヵ所位のこととて冥加金も多からず、したがって本山の体裁を保つためには末寺の門徒をも巡廻する財政的な必要性があるわけである。徳山村を秋マワリで訪れるのも寄附勧進のためであった。多数の末寺を擁する他の本山は末寺の上納金で充分まかなっていけたから、直接に末寺の門徒へまで金穀の寄附を求めて歩かないが、そこでも末寺の門徒は本山の門徒と考えられたことには変りがない。

右の点を明らかに示す一つの契機は、本章第一節でふれた葬儀の導師関係である。導師の機能は、私見によれば(A)死者の剃髪と法名の授与、(B)その他の葬送儀礼の主宰、の二つに大別することができる。手次寺の僧はその門徒ならびに一部の信徒（重層的寺檀関係(二)における）に対して概ねこの両様の役割を遂行するが、生前に法主から帰敬式（ききょうしき）（オカミソリ）を受けた者[2]の葬儀には(A)の必要がない。前掲徳山村の誠照寺派門徒は師僧の「おまわり」を迎えた時にオカミソリを受けてあるから、その葬送は俗人の道場番でも主宰しうるのであろう。オカミソリは在俗の男女が帰敬の誠を表せんため、僧侶得度の式に準じて剃髪の略式を請うときに許される（『宗規綱領』第四編第四款）。しかして得度の儀式は必ず本山祖堂にて行われ、度師（法主）剃刀を受度者の頭上に加える式、俗服を法衣に改めさせた上で度師薫香の袈裟を受度者に被らせる式、度師が受度者に法名を与える式、度牒を与える式、という連続した四つの式からなる（『宗規綱領』第四編第三款）。かくて得度式とは、俗人としては一度死んで僧侶としての新しい生命を与えられる一種のイニシエーションであることは明瞭である。略儀ではあるが、

オカミソリの骨子は得度にひとしい。そして、僧侶を度し度牒を授与することは法主の大権の一つであるように、帰敬式また法主の大権事項の一つではあるが、法主の継嗣あるいは連枝など特別の資格を具えた人々に限って代理することもできる。してみれば、生前に帰敬式を受けなかった門徒をその葬送にあたって剃髪し、かつこれに法名を授けることは、法主の権能の一部を委譲されて常時代行することに外ならないといえよう。末寺住職はその門徒に対して二字法名を与えうるが院号法名は与えることができず、戦死者など院号を受ける資格をもつ者のために本山に申請して下附をうける慣例、あるいは二字法名すらあらかじめきわめて事務的な手続きで本山から交付を受けておき、門徒に葬儀があるとそれを用いる高田派の慣例また右の推測を助ける。法主の染筆をえた野袈裟で葬棺を掩う慣行（黒田浄光寺など）も、この文脈のなかで理解することができる。したがって、単純な寺檀関係とみえたものも実は本山・末寺という重層構造をもつのであり、本坊・寺中下道場などによる重層的寺檀関係はさらにその上に本山を据えた構造を考えなければならないのである。そして、このピラミッドの頂点に位する法主は門末に対して生前に出俗入真をえしめる存在であり、末寺住職は死後に出俗入真をえしめる存在であって、後者は前者の内附として成立する。さらに後者の内附として寺中下道場などによる下請けがあるという具合に、二段の重層的寺檀関係がみられる。これを一貫するものが本山・末寺・寺中下道場という構造連関であるのである。こうした点は末寺関係および本末関係として次章以下で詳論したい。

第49表　得度式・帰敬式を受けた人数（大谷派）

	得度式	帰敬式*
明20	403	4,982
明21	417	4,870
明23	317	4,824

＊ 本山祖堂におけるもののみ。

註

（1）桜田勝徳『美濃徳山村民俗誌』（刀江書院、昭26・7）、五七、五八、一一六頁。（補註42）

（2）　得度を受けた人数・オカミソリを受けた人数の大谷派年計の一端は、第49表の通りである（大谷派『本山報告』による）。

第五章　末寺関係

第一節　組

前章で住職家と門徒群との関係を考察したので、本章では門徒群に支えられた住職家が互にどのような関係をもつかを分析してみたい。第一章で述べたように、末寺は地域毎に同派の寺と組を編成している。宗門からいえば内政の必要上組を設け、当該末寺からいえば同派寺院の協力を確保する必要上、組を組織するなり、あるいは既存の組へ参加する。末寺として教団に加わることは、地元の組への加入を伴なうといって差支えない。それゆえ末寺（住職家）相互の関係としては、まず組の考察から始めなければならぬ。

組の組織はすでに近世史料に現われる。近世には、本山と末寺より以上に藩の宗教行政が何らかの地域組織を必要とした。そのことを『加能越三州寺号帳』（日附欠）の記載様式から推知することができる。すなわち、この書上げは加賀藩の領国内の寺院をまず宗派別にし、宗派のなかでは加賀・越中・能登に国分けし、さらに各国の内部では特定触頭寺院の触下ごとに一括し、大体最寄りの原則で数ヵ寺宛一組に編成してあるのだが、真宗東派の末尾に能登の御預地寺庵三二ヵ寺が登載されているのである。もし本山と末寺の要請に応ずるのなら、預地たると領内たるとを問わず全く最寄りで組を組む方が便利であろうと思われるのに、両者をきびしく区別したのは

全く藩の宗教行政の要請から出たと考えざるをえない。越中については、東の新川郡と西の礪波郡の中間に介在する婦負郡が富山藩領であるために、この『寺号帳』から脱落している。これまた同様に理解されよう。そうなると、領国全域にわたる組の編成もまず何よりも藩の寺院統制のためであった、とみなければならない。

さて、一組に含まれる寺の数を吟味するため『寺号帳』に加工して第50表を作成した。そのうち勝興寺与力と前掲御預地は組の規模が他とかけ離れて大きいので例外として排除すべきであると思われるが、これらを含めて合計を求めてもなお、五ヵ寺組が最も多くて全体の三分の一を占め、四ヵ寺組・三ヵ寺組・六ヵ寺組がこれにつづき、三ヵ寺組ないし六ヵ寺組で約七割を占める。(1) 越中における東派の触頭善徳寺の延宝六年（一六七八）『寺所本末幷組合付之帳』には、『三州寺号帳』と大同小異の組分けが記録されているが（第50表左欄）、そこでは寺号

第50表　加賀藩真宗寺院の組編成

組内の寺院数	延宝六年善徳寺触下	『三州寺号帳』東派						『三州寺号帳』西派				合計
	延宝六年善徳寺触下 越中	専光寺触下 北加賀	本蓮寺触下 南加賀	瑞泉寺善徳寺触下 越中	長福寺触下 口能登	本誓寺触下 奥能登	御預地 能登	照円寺触下 加賀	勝興寺与力 越中	光徳寺触下 口能登	松岡寺触下 奥能登	合計
2	1			1						1		2
3	5		5	7		4						16
4	6	2	2	6	4	2		1	2	1	1	21
5	14	2		15	9	11				6	1	44
6	13		1	10		1			1	2		15
7	5	1		6		2			1			10
8	4	5		2					2			9
9		1		1				1	3			6
10		1		1					3			5
11	1	2							1			3
12									2			2
15									1			1
16									1			1
20									1			1
22									1			1
25									1			1
30									1			1
32							1					1
計	49	14	8	49	13	20	1	2	21	10	2	140
外に	2ヵ寺			30ヵ寺		2ヵ寺				2ヵ寺	1ヵ寺	

を書きあげて一括するときに、〆五人組とか〆六人組とかの表現を用いていることを想いあわせる時、組の制度は庶民における五人組の制度を寺に適用したものではないかと考えられる。そう思って捜してみると、事実五人組の称呼を用いた例がある。すなわち、三重県鈴鹿市秋永真昌寺（高田派）で発見された元禄四年（一六九一）三月十一日附達の写に、

五人組江被仰出候書付之写

		〔現在の組〕
下野庄	西蓮寺	24の乙
御　薗	誓覚寺	24の甲西
三　宅	蓮生寺	24の乙
長法寺	正楽寺	24の甲西
秋　永	真昌寺	24の甲東
円応寺	慈敬寺	24の甲東

右之通被仰付候於組中不宜儀在之者相談之上加意見宜斗納不用族於在之者役者迄可相達若其分ニ捨置外ゟ於相聞者組中之可為越度者也

とあり、六ヵ寺（六人）でも五人組とよばれていることは農庶の五人組と全く異ならぬし、相互監察・相互督励の任務が課せられている点も同じである。そこで、「組寺とは地域的に接近した数箇の同宗寺院が連帯・警戒・検察・扶助の相互目的を達成するために結合した五人組類似の寺院組合であ」る、という豊田武氏の指摘は肯綮に中るといわなければならない。(2) 右の達が藩の寺社奉行から発せられたものか、それとも本山専修寺から出されたものか、何れとも考えうるが、とくに藩政にとって必要だったし、また本山にも便利な制度であった。(補註43) もし最

寄りに同宗同派の寺がない場合には、他宗寺院とも組合わされた。例えば、伊賀上野の大仙寺（高田派）は上野界隈で唯一ヵ所の専修寺末寺であったから、広禅寺（曹洞宗）・心念寺（浄土宗）・法輪寺（臨済宗）・威徳院（不詳）と共に組合をなし、組合頭は広禅寺であった(3)。寺組合の行政的意図はこうした事例において最も強烈に示される。要するに、藩の寺院統制の必要上、五人組の制度が寺院にも適用せられ、組の構成寺院数は必ずしも五ヵ寺に限られないにせよ、五ヵ寺を標準としたことは第50表をはじめ諸々の史料に徴して明らかであろう。

組の制度化には藩の意図が優先したにせよ、最寄りの五ヵ寺を片端から機械的に組合わせたのではなかった。例えば『寺号帳』では奥能登町野郷一四ヵ寺は三組に分属しているが、この三組に他からの混入がないところをみると、一四ヵ寺を一括して掌握した上でその内部を地域の便にしたがって三分したことが窺われる。一四ヵ寺は一団となって町野組を称したこともあり、寛延二年（一七四九）の「町野組寺庵中由来書之覚」は、組頭合鹿福正寺へ組中寄合ってまとめたものである。そしてこの町野組こそは、永禄八年（一五六五）に鳳至郡内を四組に分かった時、正誓を代表者とした東部の組の系譜をひくものであろう。かように寺院間にはりめぐらされた既存の結合関係を前提とし、これを念頭に置いて五人組の組編成がなされた。町野郷一四ヵ寺は地域的に一括されやすいし、それに三組に編成するには手頃な数であるからやや特殊な例に属し、どこでもこれほど実情に即しえたとは考えられないにせよ、地元の事情を能う限り考慮するのでなければ組編成の実効は上らなかったはずである。而して一度組として編成されると、制度的な拘束を受けて組内の交際がより一層濃密となる。それゆえ、組内の協力関係は組編成の前提であると共にまた結果でもあるのである。

組が一定数の寺と一定の地域を掩って成立し、寺社奉行の台帳に登録されたのち、その地域のなかに後れて寺院化するものが現われても、それらは相当期間帳外れとされたことは第二章第二節でふれた通りである。帳外れ

でも全然放置しておくことができないから、藩ではこれらを台帳の末尾に一括して記録したらしい。延宝六年の善徳寺触下組合書上げと『三州寺号帳』の善徳寺触下分を比較すると、組の数は同じであるのに、後者には組寺の末尾に三〇ヵ寺（新川郡一二ヵ寺・礪波郡一五ヵ寺・射水郡三ヵ寺）も書き並べてあり、貞享二年（一六八五）七月の上新川郡書上げ（善徳寺文書）によれば上新川郡だけでも帳外れが一〇ヵ寺あったことから、これを推知するのである。このような帳外れも、公簿登録の運動をしてやがて地域の組のなかに組みこまれていく。そこで近世には、本山によって末寺として認められることは地元の組へ参加することを自動的に随伴するのでなかったわけである。だいたい寺院の所属を示すにも、例えば高田派某とはいわず、一身田高田専修寺末寺某と称し、浄土真宗高田派とは宗旨の称に外ならなかった時代であるから、本末関係の設定と維持が中心であって、本山の率いる教団に加わるという意識は稀薄であった。だから教団への参加をまず地元の組への参加において具体化することも、そこでは重要でなかったし、また必要でもなかった。ただ、組に加入することは藩公認寺院の特権であって、特権をもつ寺は帳外の寺をこの点で差別しようとしたし、帳外の寺は早く公認されて組の正員になろうとしたから、当事者には組へ加入するかしないかはやはり重大な関心事だったのである。

鈴木宗憲氏の報ずるところによれば、富山市郊外の本願寺派末寺十数ヵ寺は婦負北組を称するが、旧名を橋北組という。この組の寺院のうち、本山から消息を下附された宝暦年間の橋北講中十二寺組以来の寺を「講寺」と称し、もと一二ヵ寺あったが退転して現在八ヵ寺位に減少している。その他に新しく成立した寺が四ヵ寺ほどあり、講寺（甲寺）に対して「乙寺」という。この甲寺乙寺全体で、つまり婦負北組として各寺順番に宿を引受けて春秋二回の大寄講を行っている。しかし寺の報恩講のさいには組全員が参加するのではなく、乙寺は乙寺相互に、講寺はこれまた講寺相互に――但し駒見（こみ）郷と寒江郷の二つに分れて――協力しあっているという（昭34・9

著者宛て私信）。ここに橋北組の正員であった一二ヵ寺と、それ以外の新立寺院との差別が一脈糸をひくように残されている。新立寺院は近世では帳外れとして組にも加入できずにいたことであろう。しかるに明治九年以降、寺号を有するものはすべて一ヵ寺にとりあつかい、全く地域的な組の編成を教団の主体的な意志によって実施したとき、帳外れもすべて組の正員として参加することになったが、地元ではそれでは納得できないので、講寺・乙寺の区別を組内に設けて参加を認めたものと推測される。

帳外れには新立寺院のほかに「寺家」なるものがあった。延宝六年の『寺所本末幷組合付之帳』によれば、三六頁に紹介した帳外れとは別に、

一直参　越中礪波郡城端拝領地　善徳寺
　寺家四ヶ寺御座候へ共御帳外ニ付寺号不書記
一直参　同　井波拝領地　瑞泉寺
　寺家四ヶ寺御座候へ共御帳外ニ付寺号不書記
一直参　射水郡高岡地子地　聖安寺
　寺家四ヶ寺御座候得とも御帳外ニ付不書記
一加州津幡弘願寺下寺　同　戸破村百姓地　西蓮寺
　寺家一ヶ寺御座候へ共御帳外ニ付不書記
一加州金沢専光寺下寺　同　黒川村地子地　西養寺
　寺家一ヶ寺御座候へ共御帳外故不書記

などとある。「寺家」とは後に詳述する寺中に外ならぬが、本坊の従者として寺内的存在にすぎない寺中は当然帳外れとされ組員とはみなされなかったのである。しかし、先述の事情によって明治九年以降組の編成に加えら

れた。この点を奥能登の町野組についてみると、寛延二年町野組一四ヵ寺の区域に、昭和二年の寺院録では二二ヵ寺が登載されている。両者の差八ヵ寺はすべて上記一四ヵ寺のうち七ヵ寺の寺中であり、右の寛延二年にはすでに成立していたばかりでなく、寺号さえもっていた（第51表）。しかし呼名としての寺号にすぎず、公には一ヵ寺と認められたわけでないから、公簿に登記されなかったのである。かようなわけで明治以降の組は、旧来の組寺によってあるいは乙寺、あるいは本坊従者として低く遇せられた存在を含むこととなり、同じく組の成員であるといってもさまざまな要素がみられることになった。

ここで明治九年の改革にふれなければならない。この年真宗四派が連合して『宗規綱領』なる四派共通の法規を制定し、近世を通じて存した中間的本末関係を廃棄することを規定すると共に、二五ヵ寺以下をもって一組とする組の制度を定めた（第六編）。あたかも、従来の末寺統轄が各藩にて触頭と定めた地方有力寺院を経由し、藩の寺院統制機構にいわば便乗する形で行われたのに代って、本山寺務所の出張所を要所に設置し、これにいくつかの府県を管せしめ、各府県に適宜総組長をおいて組長を督励せしめるという中央集権的官僚機構が出現しつつあったが、組の制度はこの新しい機構の末端組織として重要な使命

第51表　町野郷寺中の開基年代その他

所在		本坊	寺中	開基年代	庫裡御堂坪数	境内畝数（備考）
柳田村	合鹿	福正寺	聞信寺	1686	35 坪	2セ29
		〃	祐顕寺	1683	45	3 20
	河内	光明寺	明力寺	1865	31.5	2 14（本坊境内）
	長尾	願成寺	成栄寺	1654	28	2 04（本坊境内）
	石井	光栄寺	仏性寺	1686	20	1 09（本坊境内）
	神和住	真念寺	善唱寺	1597	?	4 01
町野町	金蔵	正願寺	正楽寺	1683	22	4 15（本坊境内）
	〃	慶願寺	円徳寺	1686	ナシ	（本坊兼住）
	鈴屋	長光寺	光顕寺*	1716	20	2 21（本坊兼住）

明治13・7『更正寺院明細帳』による。　＊明治初期に届出をしなかった為，廃寺となり，寺中８ヵ寺には含まれていないが，その実は存し，戦後正式に復活した。

をおわされたのである。例えば本願寺派の組長心得[4]第一条に、「組長ハ総組長ノ指揮ヲ受本末ノ気脈ヲ通暢シ本山及出張所ノ須達告報等ヲ迅速ニ回達シ誤解等ノ者之ナキ様注意スヘシ」とあり、組がいかなる意図のもとに置かれたかを雄弁に物語っている。つまり、近世に藩の寺院統制の手段として設けられた組が、明治初年以降は本山による末寺統制の手段として再編されることになったのである。この目的のために組織の合理化を一歩進めて、本山が一ヵ寺と認めた寺である限り、身分の上下尊卑にかかわらず、もれなく最寄の組の成員たらしめることが要請された。教団組織のかかる決定的な変化は、地方割拠から中央集権国家の形成という、政体の大転換を背景として生み出されたことはいうまでもなかろう。

組は近世以来のいわば旧慣をひきつぐものであるにしても、右にみたように本山の意図に照して必要欠くべからざる制度と認定され、本山の主体的な決断によって実施されたのである。それゆえ、実施にあたり本山が必要とする機能を組に負わせ、これを集中的に組長の任務とした。すなわち、㈠組内末徒の諸願伺届等を定規に照して奥印し総組長へ差出すこと、㈡組内僧侶の行状を督励すること、㈢本堂荘厳向及法用衣体等違犯なきよう組内一般に注意すること、㈣異義を主張し門徒を誘惑する者あらば具申すること、㈤組内僧侶の県外旅行には必ず他行証書をもたせること（前掲組長心得）、などがそれである。こうした行政事務の処理過程で、組が行政の受けとめ手に終始することなく、やがて多少の自治活動を展開することは必至であった。がんらい組の具体的な範囲は地方の便宜と末寺の多少にしたがって自治的に決定されたのであるから[5]、組内部の自治的協力的活動は大きく育てられることになった。かくて組は、もともと本山の意図によって設けられた制度であるにしても、個々の寺院にとっては第一次的な社会関係の累積する近隣にも比すべき最も身近な集団となった。近世でも同じことがいえるが、近世よりも教団における組の重要性が加わっているから、個々の寺院の第一次的環境としての組の重要性

は何歩か前進したといってよいであろう。

右の点を端的に示すのが組の規約である。高田派では明治二十一年八月に末寺組合法を定め(6)、それに基づいて組内規約を作製せしめた。内容は組によって一様でないから、それぞれに特色があって興味深いが、いまその一例として福井県第三組の規約を挙げよう。福井県下に高田派寺院が約五〇ヵ寺あり、九頭龍川以東の坂井郡下二五ヵ寺をもって第一組、その南方福井市以西一三ヵ寺をもって第二組、福井市の東、足羽・大野両郡の山中一三ヵ寺をもって第三組とした。この組編成そのものは明治九年以降のことであろうが、その原型ともいうべきものはすでに近世初頭に見出される。すなわち、慶安三年（一六五〇）十月平山円光寺の門徒出入を契機として、越前末寺から本山に提出された請書が四通あり、越前代表の一通を除く他の三通は、ほぼ近代の三組に対応するのである（第52表）。この原型は一向一揆の軍事編成や領有関係に規定されつつ、近くの寺が一団となるという形で出現したのであろう。組はすぐれて藩の行政目的に奉仕するものであり、あるいは、すぐれて本山による末寺統制—教団統制の機構であるにしても、福井県高田派寺院の場合の如く、組を構成する寺院の間の内部発生的な提携協力の関係が何ほどかまずあり、その大小のまとまりが組として法制化され、法制化によってさらに内部関係の密度が加わったと考えねばならぬ。

第52表　慶安三年十月請書署名の越前高田派寺院

	寺号	明治以降の所属組
一通	本流院	1
	常楽寺	1
	安養院	1
	松樹院	1
	勝光寺	1
	円光寺	1
	称名寺	2
一通	仙福寺	2
	勝鬘寺	2
	勝林寺	2
	常円坊	?
一通	聖徳寺	3
	称名寺	3
	専福寺	3
一通	法光寺	3

さて、第三組組内規約は一六ヵ条からなり、諸願伺届等の手数料・転檀復檀・得度試験・教区布教・会議・説教場・参詣心得・会計・懲戒の諸項目にわたって規定している。この規約は本山の認可を経て実施するものであったから、本山が組を設けた意図

が条文に滲透していることはいうまでもないが、また組寺相互のフォーマルな関係相をも窺わしめる。左に引用しよう。

福井県越前国第三組組内規約(7)

第一条　各寺ニ関スル請願伺等ハ実費ヲ支払其外取締組内へ対スル義務トシ別段手数料ヲ要セス

第二条　転檀諸請願者有之トキハ取締請願者ノ理由ヲ篤ト尋問ニ及ビ精々訓誡ヲ尽スト雖モ本人承伏セス不得止トキハ可成本山直門徒ノ手続ヲナスモノトス法務取扱ノ義ハ別院輪番ノ所轄トシ遠隔ノ地ハ組内住職分ノ中ニテ代勤可致事

又本山直門徒請願者アルトキモ前義ノ手続ヲ以テ取扱ヘキ事

復檀出願者アルトキハ願人ノ事実ヲ取調差支無之義ト認ムルトキハ取締ヨリ復檀ノ手続ヲナスモノトス

第三条　組内規約何条ニ不拘過失ニヨツテ違反スルモノハ取締ヨリ教誡ヲ加へ又教誡ストモ猶改サルモノト予テ知テ違反スルモノト認ムルトキハ本山及ビ地方庁等へ総テ諸願伺届等ノ手続ヲ不成者ト可得意事

第四条　徳義ヲ失シ本人ハ勿論組内ノ名誉ニ関スル等ノ所行有之トキハ其事実理由ヲ取調速ニ総務所へ上申ヲ遂ケ何分ノ所分ヲ請ヘキ事

第五条　得度試験出願者アルトキハ地方ノ都合ヲハカリ仮験査場ヲ設ケ正副取締幷ニ立会一人出席ノ上明治十一年七月達ノ年齢ニ応スル科目ヲ以テ試験施行スヘキ事

第六条　当組内ノ義ハ別ニ教区ヲ不定一組内ヲ一教区トナシ各寺住職協議ノ上各地方へ派出シ布教拡張スヘキ事

第七条　組合会議ハ定期臨時ノ二種ニ分チ春会（四月十日）秋会（九月廿日）ヲ定期会トシ本会ノ法方タルヤ各寺正副住職ハ勿論衆徒分タリトモ出席ヲ乞者アルトキハ之ヲ許シ本末間ノ事務ヲ調理シ組内僧侶ノ興学門徒布教ノ法方等ヲ議シ或ハ数条ノ議案ヲ編成シ各員ノ議決ヲトリ私論ヲ離レ厳護法城ノ団結精心ヲ増長セシムルヲ以テ本会ノ旨義トス若シ会員暴論ヲ吐キ本会ノ妨害ヲナスト認ムルトキハ取締ヨリ会場退席ヲ命スルコトモアルヘシ

但シ住職分ニシテ事故ナク本会ヲ欠席スルモノアルトキハ其理由取調第三条規約法ニ照準シ所分スルモノトス

第八条　大野説教場ハ直轄ノモノト雖トモ其ノ実第三組末寺共同ニ係ルモノナレハ組内住職分ノ中ニテ該場監督一人ヲ選定具状受命ノ上監督ノ見込ヲ以テ一人ノ留守居ヲ置キ都テ監督ノ指揮ヲ受ケ留守居百事調理スルモノトス

第九条　各寺堂内参詣席ノ義ハ宗祖大師ノ制禁ニ照準シ男女ノ席ヲ分界スヘキ事

但シ群参ノ節ハ此限ニ非ス

第十条　勤行及ヒ説教中参詣人ニ於テ雑談幷ニ吸煙等ヲナスモノ往々有之教義上且ツ門徒ノ品行ヲ乱ス者ヘ対シテ住職ヨリ深ク教誡ヲ加ヘキ事

第十一条　従来ノ習慣トシテ布教者出座ノトキニ当テ世話方ヲシテ大声ヲ発シ冥加ノ支度ナゾト喚或ハ教師法話ニ切ヲナシ切中前段ノ如ク冥加ヲ喚ハシメ自然売談同容ノ体裁ヲナシ教義上ノ風儀甚ダ不宜自今如此所業決テ無之様各寺住職深ク注意致スヘキ事

第十二条　組合末寺ノ祖師忌幷ニ法事年回ノ義ハ宿寺住職ハ勿論参会ノ僧侶ト雖モ知恩報徳ノ素意ヨリ修スルモノナレハ該会中ハ互ニ法話ヲ開キ或ハ梵唄ノ練磨ヲナシ其他本末間ノ都合ヲハカル精心上ヨリ各自ノ意見ヲ吐露シ決テ雑談ノタメニ他ノ誹ヲ挙ル等ノ義ニ運(ママ)ハサル様精々道徳ヲ旨トシ如法ニ相営ムヘキ事

但シ説教中ハ宿寺住職余間ヘ着席ノ上傍聴スヘキ事

第十三条　組内一年間入費予算額

金十九円九十六銭也

内訳　金一円　　筆墨紙料

金四十八銭　　本山ェ諸願伺費

金三円四十八銭　　郵税幷ニ脚夫費

金十五円　　正副取締旅費

但シ集会費幷ニ席料ノ義ハ其都度割賦スル事

第十四条　右組内費割賦法

三円　称名寺　聖徳寺　専福寺

二円　法光寺

一円三十七銭五厘　真浄寺　西方寺　正行寺　栄照寺

七十銭　香葉寺　光照寺　浄善寺　西生寺　誠諦寺

〆

第十五条　組入費募集期限ノ義ハ前半期分春期会当日募集ノ期限ト定メ後半期分秋期会当日出金タルヘキ事

但シ出金ノ都度取締ヨリ必ス領収証相渡スヘキ事

第十六条　此規約ヲ変更或ハ訂正スルトキハ本山ノ認可ヲ得テ後実行スヘキ事

右の規約には、本山直門徒の取扱（第二条）、大野町に建てられた大野説教場の運営（第八条）、各寺堂内参詣の風俗（第九・十条）、説教に対する賽銭勧進の風俗（第十一条）、報恩講における互助（第十二条）、など興味深い点が少なくない。しかしここでとくに注目したいのは、組内費割賦における四等の格付けであって、すでにふれたように近代の組にはさまざまな分子が含まれることのこれは反映に外ならぬ。念のため慶安三年請書署名寺院と最近の寺格（本山から許された寺の格式）を添えて一覧にすれば、第53表をえる。称名寺ら三ヵ寺と共に連署しなかった法光寺も、越前代表の任になければ一枚に連署したことと思われるので、近世初期にはこの四ヵ寺で一組をなしたと考えることができる（第52表参照）。他はすべて何らかの意味でこの四ヵ寺に従属する寺院であったから、四ヵ寺の組合は間接的には他の九ヵ寺をも含んだわけである。しかし従属寺院のなかに独立するものも現われ、また組の制度が改まってこれらの旧従属寺院もまた現に従属身分に止まるものをも、一様に組の正式の成員たらしめた。だが組内では依然として身分差に基づく序列があるわけで、それが費用負担額の差として現象し

たのである。福井県の他の組でも同じ事情があったから、第一組では半額を平均割・他の半額を席割（堂班＝本山から許された僧侶個人の格式、の高下に応じた賦課）とし、第二組では約四割を堂班割、約六割を門徒戸数割とした。第三組の割賦にも、それが四等に刻まれたことから知りうるように、身分差だけでなく門徒戸数の考慮が加わっていることはいうまでもない。

組には組の会議とか協力布教とか、組全体の協力活動もあるが、組内の特定寺院を中心として結集される協力もあり、個々の寺院にとっては何よりもこれが重要なのである。そうした毎年恒例の機会は報恩講であり、恒例でないものに葬儀・特別法会がある。さて、奥能登町野郷二三ヵ寺は近代には南の旧宇出津町・旧三波村の五ヵ寺と一組にされ、さらに現今では旧南志見村の七ヵ寺をも含んで七尾教区の第八組を構成するのであるが、何分広範囲にわたるので右に挙げた協力関係は比較的近い数ヵ寺の間に限られる。組全体を大組というのに対してこれを小組と称し、旧町野町では町内八ヵ寺が小組をなす。しかしながら、協力関係は必ずしも対等とはいえない。この点を七月十九・二十日にいとなまれる正願寺の報恩講引上会を例として説明してみよう。正願寺は小組内の慶願寺・長光寺・本覚寺・通敬寺に参詣の案内をすると、寺中を抱える前二者は寺中を供に従えてやって来、正願寺の寺中を含めて八ヵ寺が参集した。正願寺も前二者の報恩講引上会には案内を受けて寺中を率いて参詣し、ここでも八ヵ寺、小組全員が参会したから、正・

第53表　福井県高田派第三組の内部序列

寺号	慶安3年	組内割賦	昭和30年寺格*
		円　銭	
称名寺	○	3 00	上座3等
聖徳寺	○	3 00	准上座2等
専福寺	○	3 00	准上座格3等
法光寺	○	2 00	院家首席1等
西方寺		1 37.5	院家2等
真浄寺		1 37.5	院家2等
栄照寺		1 37.5	老分1等
正行寺		1 37.5	老分1等
浄善寺		70	中老1等
西生寺		70	中老2等
光照寺		70	中老2等
誠諦寺		70	大衆分
香葉寺		70	大衆分

＊上座・准上座・准上座格（以上各3等）・院家首席・院家・老分・中老（以上各2等）・大衆分と次第する。

慶・長の三ヵ寺は対等であるといえよう。しかるに、本・通両寺は自坊の引上会に正願寺らに参加を乞わず、せいぜい葬儀の導師である長光寺位を招き、本・通両寺双方で招きあって、二〜四ヵ寺の小さい規模で引上会をいとなんだ。寺中三ヵ寺はただめいめいの本坊の参詣をうるだけで、最も小規模の引上会をつとめる（第9図）。この関係は本坊寺中相互間の協力を除いて戦時中に廃れたが、寺院間のフォーマルな協力関係の様相を窺わしめる事例である。葬儀の導師関係にもこれとほぼ同様の関係がみられる（第10図）。すなわち、寺中は必ず本坊を導師とし、本坊は他の本坊と互に導師になりあう関係

第９図　町野町真宗寺院における報恩講引上会の合力関係

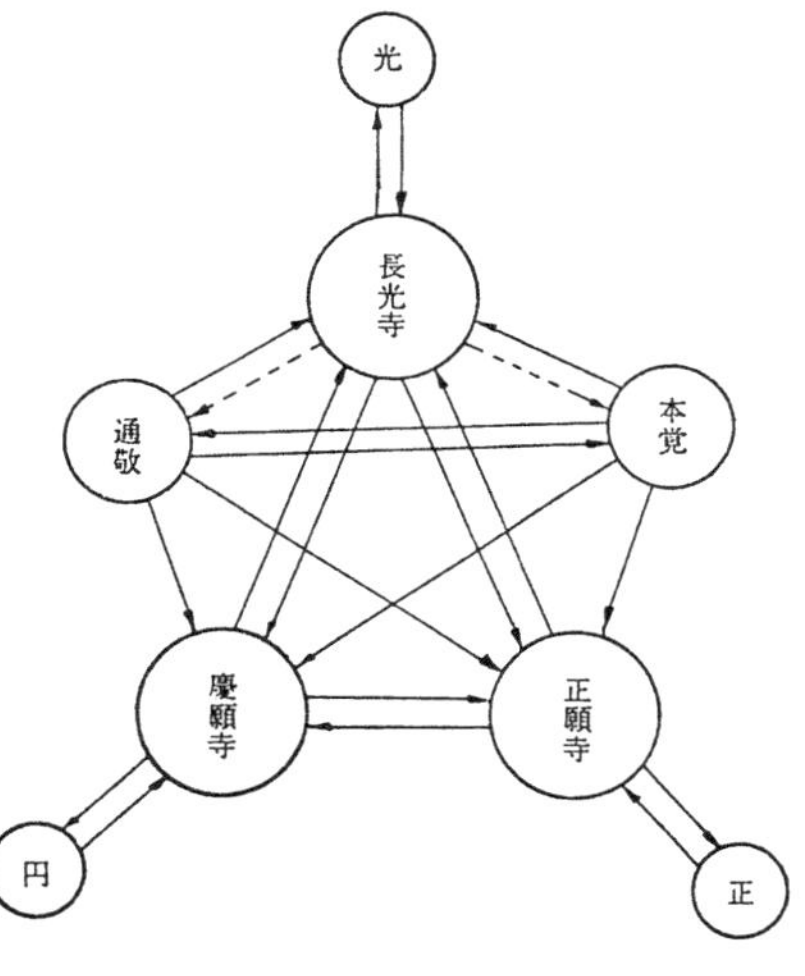

（大谷派七尾教区第八組小組８ヵ寺。寺中の寺号は頭文字で示す。）

第10図　町野町真宗寺院における葬儀の導師関係

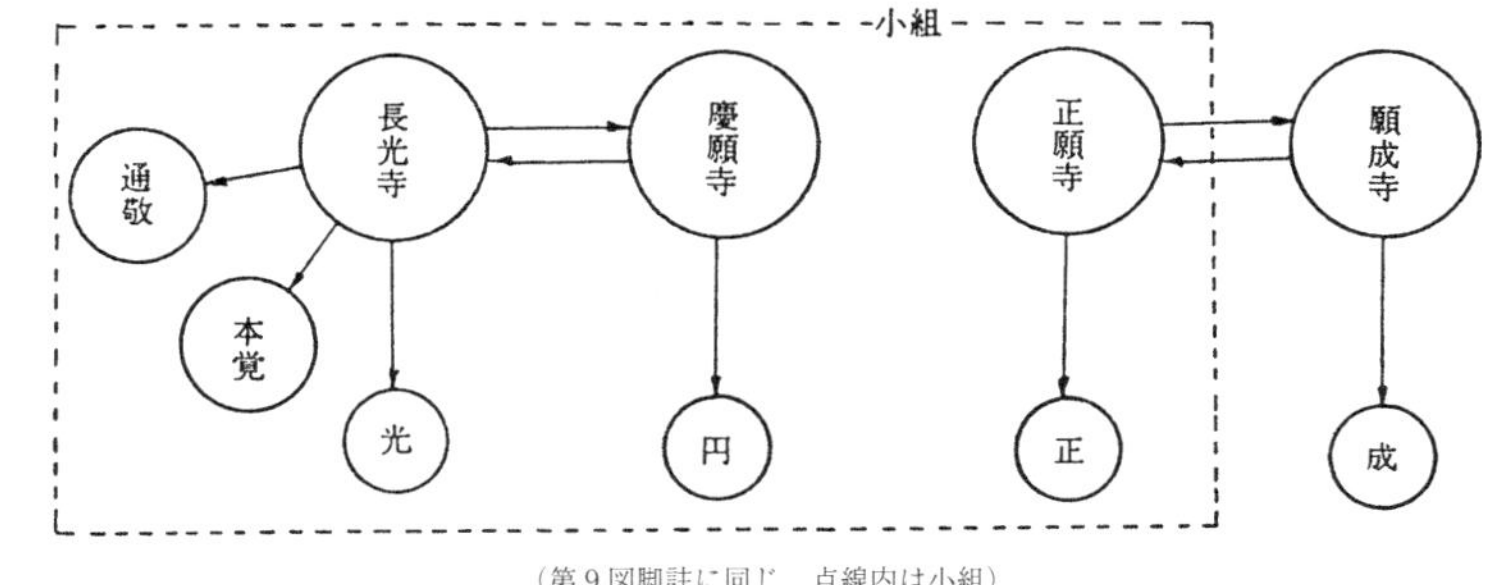

（第９図脚注に同じ．点線内は小組）

(相導師(あい))にあり、[補註44]本・通両寺のごとく寺中でなくとも比較的微力な小庵は、有力寺院に導師を頼むが相導師にはなれない(片導師(かた))。組を構成する寺院の協力関係には、かように対等関係あり、上下関係あり、あるいは兄事追随の関係もある。この点をさらに子細に検討することが末寺関係を解明する鍵であるので、複雑な構成をかなりティピカルに示すと考えられる福井県高田派第一組について、節を改めて論じたい。(8)

註

(1) 今日の組の規模を大谷派について例示すれば、全国平均一組当り二二ヵ寺で、最大は一一五ヵ寺(ただしこれは例外的に大きい)、最小六ヵ寺となる(『真宗』六九五号、二二頁)。
(2) 豊田武『日本宗教制度史の研究』(厚生閣、昭13・12)、二八頁。
(3) 『伊州阿拝郡上野大仙寺由緒記』(大仙寺蔵)。
(4) 明9・7・28付達書48号、『本山日報』明9第9号所載。
(5) 明9専修寺寺務所達41号、高田派宗務院蔵。
(6) 松山忍明編『高田史料』4(上品寺蔵)。
(7) 明22・7・4第三組副取締金森顕真より出願、同7・11認可。明34・12『末寺組合簿』(高田派宗務院蔵)所収。
(8) 昭和三十四年八月に福井県高田派第二組について調査を試み、第一組でえた結果の妥当性をテストした。

第二節　組寺関係の諸類型

最初に、昭和三十二年十月に福井県第一組全寺院二一ヵ寺(もと二五ヵ寺)を歴訪して恒例法会と協力関係について行った調査の結果を要説しよう。

(1) まずどのような法会がみられたか。頻度の高いものから挙げると、報恩講・永代経・御正忌・盆会・修正

第54表　福井県高田派第一組寺院の主要な恒例法会

寺院＼法会		報恩講	永代経	御正忌	盆会	修正会	彼岸会
本坊	本流院	D_2	C_2	C_1	C_1	C_1	C_1
寺中	心海寺	D_2	C_1				
寺中	実明寺	D_2	C_1				
下道場	鳳生寺	D_2	A	A			
下道場	願教寺	D_2	A	A			
	常楽寺	B	A	A			
	松樹院	B	A	A	A	A	
	円光寺	B	A	A	A	A	(A)
本坊	安養院	D_1	C_1	C_1	C_1	C_1	(C_1)
寺中	法音寺	D_1	C_1				
	西光寺	B	A	A	A	A	A
本坊	勝光寺	D_1	C_1	C_1	C_1	C_1	(C_1)
寺中	栄教寺	D_1	C_1				
	信行寺	B	A	A	A	A	(A)
	法円寺	B	A	A			(A)
	遠成寺	B	A	A	A	A	(A)
	宝林寺	B	A	A			
	顕正寺	B	A	A	A		A
	要願寺	B	B	A			
	勝願寺	B	B	A		A	
	願教寺	B	A	A	A	A	
上欄整理	A		12	14	7	7	2 (4)
	B	12	2				
	C		7	3	3	3	2 (1)
	D	9					
合計		21	21	17	10	10	4 (5)

〔備考〕
A：単独執行。
B：協力をえて執行，但し本坊寺中などを含まず。
C：協力をえて執行，但し本坊・寺中等のみ
　C_1　本坊寺中のみ。
　C_2　本坊寺中下道場のみ。
D：協力をえて執行，但し本坊寺中などを含む。
　D_1　本坊寺中を含む。
　D_2　本坊寺中下道場を含む。
彼岸会の（A）（C_1）は，永代経と兼ねてつとめる。

会・彼岸会・宗祖降誕会・太子会・釈尊降誕会・涅槃会、の一〇種であるが、宗祖降誕会以下は全体で一件ないし二件の少数にとどまるので頻度一覧表（第54表）からは省いた（これらの法会の説明は次章第二節をみよ）。

(2)　全寺院であまねくみられる法会は報恩講と永代経であり、御正忌（宗祖正忌）も寺中たる四ヵ寺を除く全寺院でみられる。寺中は本坊の御正忌法要に参加するので自坊ではつとめない。なお、第一組で現に寺中をもつ寺（本坊）は、本流院・安養院・勝光寺の三ヵ寺のみである。

(3)　盆・正月（修正会）の法会は約半ば、彼岸の法会は五分の一の寺院にてみられる。このとき寺中が本坊の法会に参加すること前と同じ。寺中・下道場（何れも本坊従属の寺院）や、住職が教員として通勤している寺院ではこれらの法会は行われていない。その外の寺でこれらの法会を欠く事情は充分に明らかでないが、なかにはかつて執行した寺もある。とにかく、民間の年中行事に即して一年を四つに区切るこれらの法会は、この地方の真宗寺院にとってミニマム・エッセンシャルズではないと考えてよさそうである(1)。

(4) そうすると、報恩講・永代経・御正忌の三つが寺院活動のミニマム・エッセンシャルズだということになるが、永代経や御正忌では主に本坊・寺中下道場の間で協力がみられるにすぎない（第54表C）のに対して、報恩講だけはどの寺院も他の寺院との合力（同じくBとD）を伴なっている。換言すれば、報恩講以外の法会は従属寺院を抱える寺ではその協力をえて、これをもたない寺では独力で執行されるが、報恩講にかぎって他の寺の参加を求めている。従属寺院をもつ寺でも報恩講だけはそれ以外からも参加をえているのである。

以上の考察から、報恩講における合力関係を吟味することがわれわれの問題に接近する捷径であることが明らかになった。そこで報恩講をとりあげ、必要に応じて永代経等の合力に言及することとしたい。

註

（1）大谷派大聖寺教区三六ヵ寺について行われた調査によると、ほぼ全寺院で報恩講と永代経をつとめているが、修正会（二九ヵ寺）・盆会（二四ヵ寺）・春彼岸（一三ヵ寺）・秋彼岸（一〇ヵ寺）の頻度はそれぞれ括弧内の通りに落ちるから、本文で述べたのと同じ傾向を示すといえよう。なお同教区では報恩講をつとめるので一月の御正忌はなく、三～四月に蓮如の「御忌」（一七ヵ寺）がある（『農村と寺院』、二一～二三頁）。また、本願寺派の『全末寺実態調査』（昭34・11実施）の結果によれば、報恩講（九八・一三％）と永代経（八五・〇七％）はきわめて高い執行率を示し、春彼岸（七七・一％）・秋彼岸（七四・二九％）・盆会（六九・九八％）も盛んに営まれているが、ここでは修正会は挙げられていない。一月の御正忌も特別に執行しない（『中外日報』昭35・8・16号）。しかし、以上の実例で、高・大・本三派の、したがってまた真宗諸教団共通の、主要な年中行事が何であるかを知ることができたことと思う。なお、『真宗』六九〇号、三八頁所載の「大谷派教勢調査結果」を参照せよ。

㈠　報恩講の互助

報恩講は宗祖親鸞の恩徳讃仰のためその正忌を期して執行される真宗寺院最大の法会であるが、正忌（高田派

第11図　福井県高田派第一組寺院における報恩講の合力関係

合力をうける側／合力する側	報恩講の日取	9・3〜4	10・9	9・15	9・18	11・10	9・19〜20	9・27〜28	11・18〜19	10・3〜4	9・14	10・1〜2	11・2〜3	11・17〜18	11・4〜5	10・23〜25	10・26〜28	11・8〜10	11・17〜18	10・23〜24	10・6	11・10〜11
所在地		E	e_1	e_2	e_3	e_4	J	M	N	A	a_1	I	S	s_1	d	h	o	r	k	y	t	g
三国町　加戸	E		△	△	△	△	◯	◯	◯	◯		◯	◯				□	□				
〃	e_1	▵		○	○	○	▫		▫													
〃	e_2	▵	○		○	○	▫		▫													
覚善	e_3	▵	○	○		○	▫															
浜地	e_4	▵	○	○	○		■	■	▫			■	■		●							
加戸	J	◯	□	□	□			◯	◯	◯		◯	◯	□	□	□						
嵩	M	◯					◯		◯	◯		◯	◯		□	□					□	
梶浦	N	◯	□	□		□	◯	◯		◯		◯	◯									
芦原町　二面	A	◯					◯	◯	◯		△	◯	◯				□	□		□		
〃	a_1							▫		▵								○		●		
金津町　中川	I	◯					◯	◯	◯	◯			◯		□	□						□
坂井村　上兵庫	S	◯					◯	◯	◯	◯		◯		△		□						
〃	s_1												▵									
三国町　三国	d															○	○	○				
〃	h						▫	▫				▫	▫		○		○	○				
〃	o	▫								▫				○	○	○		○	○			
〃	r	▫								▫	○			○	○	○	○					
芦原町　北潟	k																○			○	○	○
〃	y																		○		○	○
〃	t							▫											○	○		○
〃	g											▫							○	○	○	

◯ 七ヵ寺間の組結合
○ その他の組結合
△ ▵ 主従結合
□ ▫ 与力結合
● ■ それぞれ組結合，与力結合における雇傭関係

では一月九日から十六日）にはこれが本山で執行されるので、末寺ではその前に引上会をつとめて正忌に本山へ参詣するのが原則である。しかし福井県は本山から遠いので参詣せず、それぞれ自坊で重ねて正忌に法会を執行する。遙拝の意味をもつのであろう。だから報恩講と御正忌と、厳密にいえば二度の報恩講がつとめられることになる。引上会としての報恩講は九月から十一月にかけていとなまれ、ちょうど収穫期にあたるので部落によっては収穫の予祝あるいは収穫祭の意味もあるためか、御正忌よりも遙かに盛大である。その日取りは協力関係にある寺で互に重複を避けつつ、本流院の九月三日を最初、円光寺の十一月十九日を最後として、九月中に六ヵ寺・十月中に七ヵ寺・十一月中に八ヵ寺がそれぞれ一日ないし三日ずつ勤める。その合力関係を一覧にしたものが第11図である。これによって次の諸点が判明する。

(1) まず、本流院(E)・常楽寺(J)・松樹院(M)・円光寺(N)・安養院(A)・西光寺(I)・勝光寺(S)の七ヵ寺の間に双務的な協力関係がみられること（○印）。

(2) 次に、小文字で寺号を示した信行寺(d)・法円寺(h)・遠成寺(o)・宝林寺(r)の四ヵ寺、ならびに顕正寺(k)・要

願寺(y)・勝願寺(t)・願教寺(g)の四ヵ寺の間でも同様に双務的な協力関係がみられる。また、心海寺(e_1)・実明寺(e_2)・鳳生寺(e_3)・願教寺(e_4)の間にも同様の関係を指摘しうること(○印)。

(3) 但し、心海寺ないし願教寺は本流院と密接な関係をもつ。安養院と法音寺(a_1)、勝光寺と栄教寺(s_1)も同様である。双務的な協力関係ではあるが、(1)や(2)と異なる点は、それらが少なくとも形式的に対等の関係において合力するのに対し、これは主従的身分関係においての提携であること(△と▵印)。

(4) 以上を骨子としつつ、集落・親類・友人・派閥の諸関係がこれに交錯して現実の合力組織ができあがっていること(○印および□と□印)。なお、この外に組外から同派あるいは他派寺院の参加もあるが、それはすべて親類(姻戚)たる寺である。また同部落の寺院でも宗派を異にすれば合力関係は全くない。これとは平常の交際すらあまりみられないのである。

以上の四点を逐一説明する。

第一組を構成する寺院二一ヵ寺は、『高田派寺院録』にはあたかも対等互格の寺院であるかのように並列的に登載されており、本山においては何れも独立寺院としてとりあつかっているが、地元で組の正員とみなす充分な独立寺院は前掲(1)に挙げた本流院ないし勝光寺の七ヵ寺に限られる。慶安三年の請書にはすでに西光寺を除く六ヵ寺の名がみえる(第52表)。西光寺は越前専修寺の事件に連座して長く六ヵ寺との正式の交際の外にあり、明暦二年(一六五六)まで帰参を許されなかった(専修寺文書七)ので右の請書にはまだ名を連ねていないが、これをもっても七ヵ寺は古くから互に独立の寺院であることは確かである。他面、現在の第一組の地域内で七ヵ寺のほかに独立の寺院が存在したことを近世文書からつきとめることができない。七ヵ寺の門徒は寺の所在地を中心として概ね第一組の地域内に広く散在しているが、最も多数の門徒を擁する本流院で約四百戸、松樹院が三百戸、

第55表　福井県高田派第一組独立身分七ヵ寺の寺格・堂班など

寺　号	寺格（昭和32）	住職堂班（同）	内陣着座	導　　師
本流院	上　座　3　等	特別上座3等	——	——
松樹院	准上座1等	上　座　1　等	右1	9月3日日中
勝光寺	准上座3等	上　座　2　等	左1	9月3日逮夜
安養院	准上座格2等	上　座　3　等	右2	9月4日晨朝
西光寺	准上座格2等	上　座　3　等	左2	9月3日初夜
常楽寺	准上座格2等	准上座格1等	左3	
円光寺	院家首席1等	准上座1等	右3	9月4日満座

勝光寺が二五〇戸、常楽寺・安養院・西光寺が二二〇～二三〇戸、円光寺が百戸余りといわれ、寺格または門徒数の大小に応じた格差を示す。寺格を基点として住職各人の堂班が決定されるが、組内における住職相互の序列も堂班の高下に従い、他の寺の報恩講に出勤したときこの序列に応じて内陣に着座するはもちろん、勤行の導師もまたこの序列によって担当がきまる。ただし自坊の報恩講にはその寺の住職は内陣に着座せず、したがって導師をつとめないから、たとえば本流院の報恩講には第55表のような順序になる。

次に信行寺・法円寺・遠成寺・宝林寺の四ヵ寺は旧三国町にあり、双務的な互助関係をもちつつ、信行寺と法円寺、遠成寺と宝林寺は相互により密接な協力関係を結んでいる。そのことは、報恩講を三日間つとめる時には右の二ヵ寺が相互に全期間出勤し、他の二ヵ寺は第二・三日目の二日間を限って出勤することから推知することができる。この四ヵ寺は現今では一応の独立寺院であるが、少なきは二〇戸、多くも五〇戸の門徒しかもたぬ小坊であるばかりでなく、信行寺はかつて本流院の下道場であったのが明治三年に独立、法円寺は松樹院の下寺であったとも云われ、真偽未詳なるも何れかの下道場か下寺であったことはまず間違いないと思われる。この両寺はもとから三国町にあったのに対して、遠成寺と宝林寺は松樹院の寺中として嵩にあり、明治二十五年本坊の羈絆を脱して三国港に移転独立したものである。かように少なくとも旧藩時代には何れも従属寺院であったから、現在においても第一組の充分な正員とはみなされず、独立寺院間の報恩講づきあいにも加えられていないのである。そこで地理的に近く、かつ身分

的に接近せる四ヵ寺にてイネ（ユイ）をしている。しかし四ヵ寺が一つの同類意識に結ばれているのではなく、信行寺と法円寺では遠成寺と宝林寺を新参の、それも自分たちより一段低い従属身分のなりあがりと貶し、遠成寺と宝林寺はこれに対して宿怨ともいうべき根深い対抗意識をもっているから、報恩講の交際はやむをえざる苦痛であって、勤行が終るとソソクサと帰院する慣習は久しい以前からとのことである。ところで、報恩講を晴がましく執行するには堂班の高い前記七ヵ寺の何れかに結びついてその出勤を仰ぐことが必要であり、それに僅かな自坊門徒のほかに近在の信徒を多数動員するには、三国に門徒をもつこれら有力寺院を迎えることは甚だ有効なのである。四ヵ寺がそれぞれにそうした必要を満すべく七ヵ寺のある寺に結びついていることは第11図にみる通りであるが、信行寺と法円寺が常楽寺・松樹院・西光寺と結び、遠成寺と宝林寺が本流院・安養院と結んでこの間に交錯のないことは偶然ではなかった。信・法両寺が遠・宝両寺と対立的であることからも想像されるとおり、この結合は七ヵ寺の間に戦前に存した派閥にそれぞれ結びついて生じたもので、派閥模様が変化したのちも四ヵ寺の側の必要に基づいて旧来の結びつきが存続しているのである。この外に、信行寺が願教寺(e4)の出勤を得ているのは、互助関係ではなくて賃傭いとして布施を出すのであるから、報恩講の互助からは除かれねばならぬ（●印）。形だけでも一寺の住職であってしかも賃傭いに応ずるのは、寺格の低い従属身分にしか、それも多くはみられないが、このほかに寺をもたぬ僧侶が一組の地内にも数人いて、専ら賃労働を提供する。これを役僧とよぶ。彼らは僧侶社会における最下級の労働者であって、(補註45)特定寺院へ専属する者から全くフリーな立場の者までいろいろある。組内でも寺中下道場を除く一五ヵ寺は寺の規模に応じて特定・不特定の役僧を雇傭するが、寺と寺との間の互助関係を論ずるさいにはこうした役僧の存在を捨象してよいのでとくにふれることはない。なお、法門寺が勝光寺とも互助関係にあるのは派閥関係と中学の同級生たりし友人関係により、また遠成寺が北潟の顕正

寺とも互助関係をもつのも中学同級の友人関係による。のちこの間に縁組関係が生じた。

顕正寺・要願寺・勝願寺・願教寺の四ヵ寺は坂井郡北部の旧北潟村に集中し、門徒七〇戸ないし九〇戸の小坊であって実力ほぼ伯仲する。のみならず、何れもかつて福井市仙福寺の下道場であったものが明治の中頃に独立したという共通の来歴と、さらに住職が中・高校教員であるという共通の生活地盤のために、明らかな同類意識をもつ。彼らはいまでは独立寺院であるけれどもその来歴のゆえに上記七ヵ寺の交際に加えられていないので、同類意識を基礎に四ヵ寺の間で緊密な互助関係を結んでいる。それと共に、親類あるいは友人関係によってそれぞれ七ヵ寺のうちの一ヵ寺や他の同格の寺に結びつき、報恩講の営みを盛大にしている。仙福寺の下道場であった時代には、四ヵ寺間の互助に加えて何れへも仙福寺がきて終始導師を勤めたはずであるから、四ヵ寺以外から参加する寺、とくにそのうち七ヵ寺に属する寺はもと報恩講における仙福寺の役割を果すものであったことが知られる。三国の四ヵ寺が七ヵ寺に結びつく過程にも同じ伝統が作用したと思われる。しかし、三国では七ヵ寺に属する有力寺院がこんにちでも重要な導師を勤めているのに対し、北潟の四ヵ寺では、それぞれが結びついている有力寺院の方から仲間外の者だからとて重要な導師の役を辞退されるので、今では四ヵ寺の仲間で重役を勤める傾向が著しい。これは三国の四ヵ寺のような内部的派閥がないことを反映している。顕正寺が有力寺院でもない三国の遠成寺と結びつき、ほかに七ヵ寺の何れとも結んでいないのも同じ根拠から理解することができる。

心海寺ら四ヵ寺の互助関係は本流院との関連において説明されなければならぬ。この五ヵ寺間の整然たる互助関係は、心海寺ら四ヵ寺の間ではほぼ対等であるが、本流院と右の四ヵ寺の間は、助力の量においても質においても単なる交換関係ではなく、かつ四ヵ寺の互助は本流院から切り離されてそれ自体として存立するものではない、という点に特色がある。心海寺ら四ヵ寺それぞれの報恩講はただ一日であり、かつ相互に他の寺へ参詣した

ときには余間へ出勤し、自坊では下陣へ出る。内陣へ着座するのはもちろん本流院であって、しかも本流院が終始導師を勤める（内陣・余間・下陣の配置は第12図参照）。本流院のほかに内陣に着座するのは、心海寺と実明寺では常楽寺と円光寺、鳳生寺では常楽寺、願教寺では円光寺であるが、これらは一度も導師とはならない。他方、本流院の報恩講は二日間にわたり、その全期間心海寺ら四人が出勤して外陣で役席を勤めるのみならず、法会の前に仏具を磨き、法会中は組内の出勤者の接待をし、かつ本流院の門前に居住する心海・実明両寺（寺中）の妻女は本流院の台所の手伝いをする。しかるに、心海・実明両寺の報恩講には本流院の妻女が手伝いにゆくことはもとよりなく、本流院の下女がいた時代には下女を遣したかも知れぬが、いまは心海寺と実明寺とで相互に台所を手伝いあうに止まる。また、本流院が心海寺ら四ヵ寺へ出勤するのはただ一日であり、本堂での着座はいうまでもなく、客座敷においても最上席で接待されるのである。かように、本流院と心海寺らとの間は対等の互助関係ではなく、提供しあう助力の量も質も異なる。異なったままで、しかもこの関係が資料的に確認できる限りでは少なくとも近世以来継続されているのは何故であろうか。それは、心海寺ら四ヵ寺が寺号を公称する紛れもない一ヵ寺でありながら、そして宗門法では明治九年以降独立寺院として公認されながら、その実において本流院の経営の内に殆ど全く包摂される従属寺院であるからである。何れも一戸の門徒もなく、寺中の心海寺と実明寺は日常的に本坊たる本流院の法務を助け、門徒の法事執行などで本坊住職が外出するさいにはこれに扈従し、近在の本坊門徒の月忌マイリを許されてその布

第12図　真宗寺院本堂内部の概念図

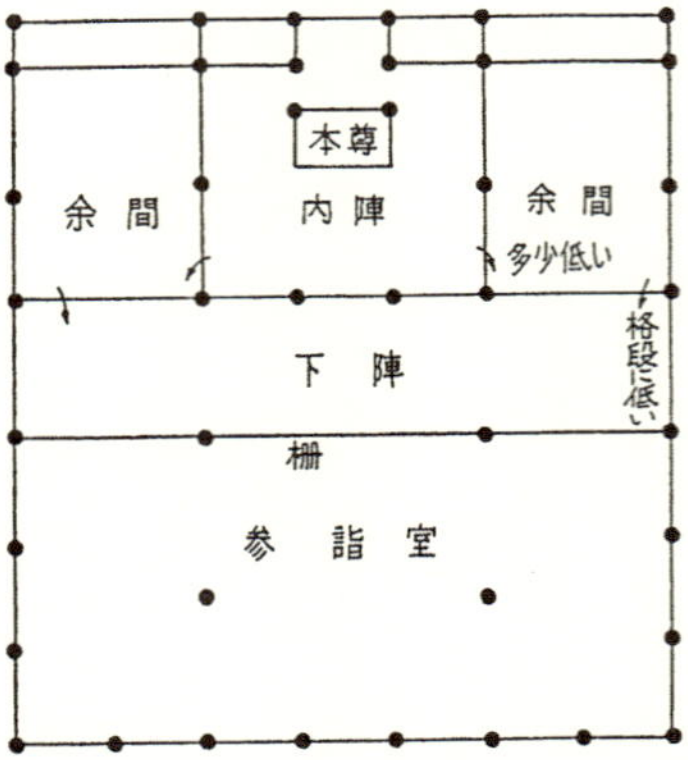

施などにより生計をたてている。彼らの僧としての活動は全く本流院の経営の内部に包摂され、かつ内部で生活の保障が与えられるので、その活動は本流院の内部に限定されてもいるのである。下道場の鳳生寺と願教寺は報恩講・永代経などとくに重要な法要に限って本坊に出勤し、所在部落の本坊門徒の月忌マイリを担当して、その限りにおいて本坊の経営に包摂されるが、それだけでは充分な生活保障が与えられないので、彼らの僧としての活動は必ずしも本坊の経営の内部に限定されていない。このように、寺中と下道場では本坊に対する依存度＝従属度に差がみられるけれども、寺中も下道場も共に寺としての存立の基礎は本坊にあるのであるから、本坊に対しては等しく従者の身分に立つとみてよい。この身分関係が本流院と心海寺らとの間の等量交換的ではない協力として現われたのである。次に、寺中下道場四ヵ寺相互間の協力も、共通の主人たる本坊との関連において成立していることに注意したい。もちろん、彼ら自身の報恩講においてそれぞれが自ら互助の中心となっているという面も無視できないが、また本坊が自己の経営に属する従者を率いて、従者それぞれの寺（家）の報恩講を主宰するという面が併存するのである。この面は、本坊が寺中下道場では終始導師を勤めることや、本坊がこれら従属寺院へ出勤するときも寺中の一方ないし双方が扈従することなどから推断することができる。なお、本流院以外の有力寺院としては、常楽寺と円光寺の一方ないし双方がこれら四ヵ寺の報恩講に出勤して内陣へ着座するが、常楽寺は心海・実明・鳳生の三ヵ寺に対しては部落あるいは同村のつきあいと親類づきあいが重なったものであり、円光寺は心海・実明両寺に対してはそれぞれ親類づきあいと布教師としての招待、願教寺に対しては同村のつきあいと布教師としての招待の意味をもってであって、いわば立会いのごときものにとどまり、独立寺院へ出勤したときのごとくに順次導師を勤めるのではない。しかし、本流院の経営の外部にある者が本流院を媒介とせずに（本流院の依頼によらず）直接その寺中下道場の報恩講に加わることは、これら従属身分の者が互助の

中心をそれぞれに形成する面もまた同時に存することを示している。

安養院と法音寺、勝光寺と栄教寺も本坊と寺中の関係であるから、等量交換的でない両者の協力は上述と同様に主従関係の機能とみなさねばならない。三国の遠成寺と宝林寺はかつて松樹院の寺中であった。また常楽寺にも西光寺にもそれぞれ一ヵ寺の寺中があったが、大正の初めに本坊の羈絆を脱して渡道した。寺中退転の前まではやはり同様の協力関係を示したに相違ない。円光寺はもと三国町平山にあり、安政五年に合併した境内の西照寺なるものは円光寺の寺中に外ならない。それゆえ元来の独立寺院七ヵ寺は、大小の規模の差を従者の数に反映させつつ、何れも一ヵ寺以上の寺中を擁し、あるいはまたこの外に下道場を抱えて、本坊・寺中下道場の主従関係に規定された合力組織をもったのである。この合力は概ね本坊の経営への従者の参加という形で示されるが、それはたんに報恩講のさいばかりでなく、本流院の例について略述しまた第54表に掲げたように、永代経その他主要な法会にみられ、ことに寺中の参加はかかる恒例の法会に加えて朝夕の日常的勤行にもみられるのである。

以上通観すれば、有力七ヵ寺・三国四ヵ寺・北潟四ヵ寺・本流院の従者四ヵ寺はそれぞれの内部において相互に対等の関係にある。もちろん全く互角というのではない。七ヵ寺の間に先述の如き格差があり、三国ではほぼ互角であるのに新旧に基づく優劣意識が内部で作用しており、また北潟では願教寺が比較的低く、本流院の従者では寺中が下道場よりも高いという差がある。しかし彼らの間柄は原則的に対等である。例えば円光寺の門徒数は本流院の四分の一、松樹院の三分の一、勝光寺・常楽寺・安養院・西光寺の二分の一足らずでしかないのに、旧来の独立寺院としては同じ身分に属するのである。それに対して身分を異にする者の間は原則的に不平等である。例えば、七ヵ寺のうちで最も門徒の少ない円光寺と、旧従属身分たる三国・北潟計八ヵ寺のなかでは最も門徒の多い要願寺とは、門徒数において僅かに一〇戸ほどの開きがあるのみで、その差は殆どネグリジブルという

べきであるのに、社会的には旧来の独立身分と旧従属身分の差に由来する大きなギャップが両者を隔てている。そこで、大小の格差を含みつつ、しかも同じ身分に属するものとしての対等の結合関係を「組結合」とよびたい。この意味で七ヵ寺、三国四ヵ寺、北潟四ヵ寺、本流院の従者四ヵ寺はそれぞれの内部で組結合をしている。三国の寺と北潟の寺は相互に組結合をなしうるが、それぞれの内部に組結合があるので外部の寺とそれを結ぶ必要が少なく、両集団を横ぎる互助関係は僅か一例を見出しうるにすぎない。本坊を異にする従属身分相互間にも組結合が生じうるが（例えば心海寺と法音寺、法音寺と栄教寺の間の如き）、具体例はみられず、却って旧従属身分との間に協力関係がある（法音寺と宝林寺、栄教寺と遠成寺ならびに宝林寺）。両身分の差は小さいからこれも組結合に準じたものとしておく。組結合に対して本流院とその従者四ヵ寺との関係、安養院と法音寺、勝光寺と栄教寺との関係、つまり本坊と寺中下道場との間の結合を「主従結合」とよびたい。[補註46]「同族結合」という呼称もあるが、こんにち本坊とその従者との間に出自関係の相互認知という意味での同族意識が僅かしか認められないので、誤解をさけるために事実に即して「主従結合」とよぶ。以上組結合と主従結合の組合せによって第一組における寺院関係の骨格を再構成しかつ説明することができるが、しかしこの二つの結合類型をもって寺院の相互関係がすべて説明し尽されるわけではない。というのは、三国四ヵ寺と北潟四ヵ寺がいかにして第一組のなかに定位されるかが右の二類型では充分に明らかにならないからである。いいかえると、これら旧従属身分の寺が独立身分の寺との間にもつ組結合でも主従結合でもない第三の結合が、とくに旧従属身分の寺において重要な意味をもつからである。この第三のものを示す適切な用語が見当らないが、信行寺文書や小山青巌寺文書等にみえた与力の語をとりあげて、かりに「与力結合」とよんでおきたい。独立身分の寺と旧従属身分の寺との与力結合では、報恩講に出勤したばあい相互に相手の内陣に着座し、前者は後者において導師をするがその逆はない

（独立身分相互間および旧従属身分相互間の組結合では、相互に内陣に着座し、かつ導師を堂班の高下の序列に従ってしあう）。また独立寺院と従属身分の寺の与力結合（常楽寺と心海・実明・鳳生三ヵ寺の間の如き）では、前者は後者の内陣に着座するが後者は前者の余間にすわり、導師関係は相互にない。旧従属身分の寺の与力結合は従属身分からの脱却とともに主従結合に代替して現われたと考えられる。しかし現今の従属身分の寺にも与力結合があるから、旧従属身分の寺の場合も独立前からこの種の結合があったとみてよいが、そのばあいの与力結合は主従結合に対して補充的な意味においてのみ存在するものであり、かつ比較的後期の発生とみられるから、組結合と主従結合に対比して与力結合は第二次的な意義しかもたないといえよう。ともかく、本坊・寺中下道場の「主従結合」と、独立身分・旧従属身分・従属身分という三つのレベルそれぞれでの「組結合」と、そして独立身分と旧従属身分、独立身分と従属身分の間の「与力結合」の三つが複雑に交錯して、現在の第一組二一ヵ寺の相互関係が現前するのである。各寺についていえば、旧従属身分は組結合と与力結合をもち、独立身分ならびに従属身分は主従結合・組結合・与力結合の三つをもつか、もったか、或はもち得るのである。

主従結合が解体して与力結合や組結合に移ったり、組結合が与力結合に移ったことは、近世初頭までにはみられたことと思うが文献的挙証を欠く。近世以降寺檀関係が固定した結果、寺院相互の勢力関係また固定し、同一の寺院の間で結合の性格が変化した例をみない。それに、明治以降信行寺が本流院の下道場たる身分を脱すると共に相互の交渉がなくなり、遠成寺と宝林寺が松樹院の寺中たる身分から独立するや経営を通じての交渉は全く絶たれたから、主従結合から組結合、ないし与力結合へという変化の具体例を指摘することができないのである。なおヨリキについては、萩原龍夫『中世祭祀組織の研究』（吉川弘文館、昭37・3）、四二九頁参照。

もう一つ。昭和三十二年に檀家数を基礎として根本的に改訂された現行寺格では、独立身分が院家首席以

第13図　福井県高田派第一組寺院の寺格の昇進

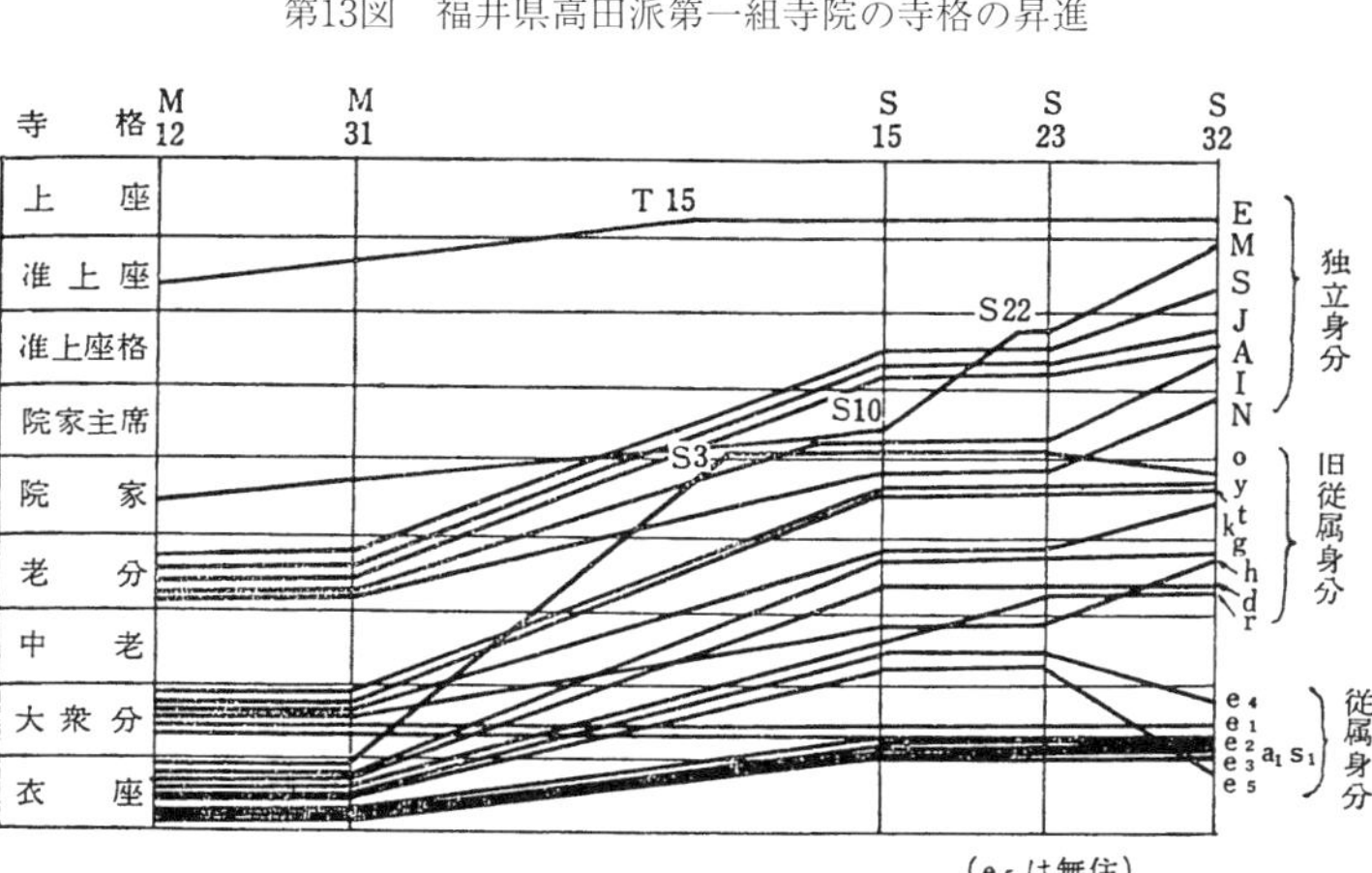

上、旧従属身分が院家・老分、従属身分が大衆分で、この階層区分は福井県第二・第三組でも妥当する。ところが、第13図にみられるように、明治十二年現在では独立身分の大部分が老分で、旧従属身分・従属身分はともに大衆分ないし衣座であった。その頃はまだ後二者の社会的差等は小さかったと考えてよい（なお第53表参照）。

(二)　葬儀の導師関係

報恩講以外で寺の伝統的相互関係を明らかに示すものは、前節でふれたように葬儀の導師関係である。寺は葬礼の専門家ではあるけれども、本山専修寺の場合を除き自己の家の葬儀は他の寺に頼む慣習であって、頼む寺と頼まれる寺は慣行的に一定している。だから住職あるいは寺族が死亡すると格別の僉議や手数を須いずして特定寺院に葬儀の導師を依頼し、後者の側も死亡通知を受けたときには導師を引受ける心構えができているということになる。しかしこの導師関係は寺檀関係のようには必ずしも明確ではない。某寺の導師をするというので某寺についてそれを確かめるとそうでないこともあったり、某寺に導師をして貰うというのでさらに某寺に会ってそれを質すとそう

でなかったり、当事者間の記憶すらくい違うことがままある。それはこの地方の真宗寺院では、住職はじめ男子寺族の導師をする寺と、坊守（住職の妻）はじめ女子寺族の導師をする寺とが分化し、少なくとも分化し得、さらに亡者が幼児であるときにはまた一段格の低い寺に依頼するという慣習があるために、記憶が混乱し易く、そして葬儀は十年か二十年かに一度しかなく、導師の名は喪家の葬儀帳には記録されてあるとしても、その間導師関係の記憶を相互に新たにするような交際が行われていないために、記憶がうすれ易いからである。それで最近の葬儀の導師を長い慣習に基づいた導師と思いこんでいることが多い。相続人が長く他出していたりあるいは養子であるときにはこうしたことになり易いのであるが、その時の事情で——例えば亡者と導師たるべき者が叔父・甥など近い親族関係にあるとか、導師たるべき住職が若年のゆえをもって導師を辞退するとかで——、慣行上導師をすべき寺がこれを引受けないことがあるので、ある特定の葬儀の導師が必ずしも慣行通りではないのである。そこで当事者の証言が一致しないばあいには第三者によって吟味しなければならないが、それでも不確かなときには総合判断によって伝統的な形を復元するより仕方がない。この操作によってえた結果を当該寺院にただすと、はじめの陳述を斥けて著者の推定が他の事実に適合するからむしろ正しいのであろうと同意され、ある住職の如きは著者の推定を手控えに記録して今後この通りにやろうともらしたほどであった。このことからでも寺の導師関係がいかに混乱しやすいかが明らかであろう。総合判断によって修正した導師関係を一覧に供したのが第14図である。修正前のものも点線で附記した。これによると次の諸点が判明する。

(1)　独立身分の七ヵ寺のうち、常楽寺・円光寺・安養院・西光寺の四ヵ寺は男女ともに本流院を導師とし、松樹院・勝光寺の二ヵ寺は男だけ本流院を導師としつつ、女については相互に導師をしあう。そして本流院は男については松樹院、女については勝光寺を導師としている。相互に導師をしあう関係を相導師といい、交換しあわ

第14図　福井県高田派第一組寺院の導師関係

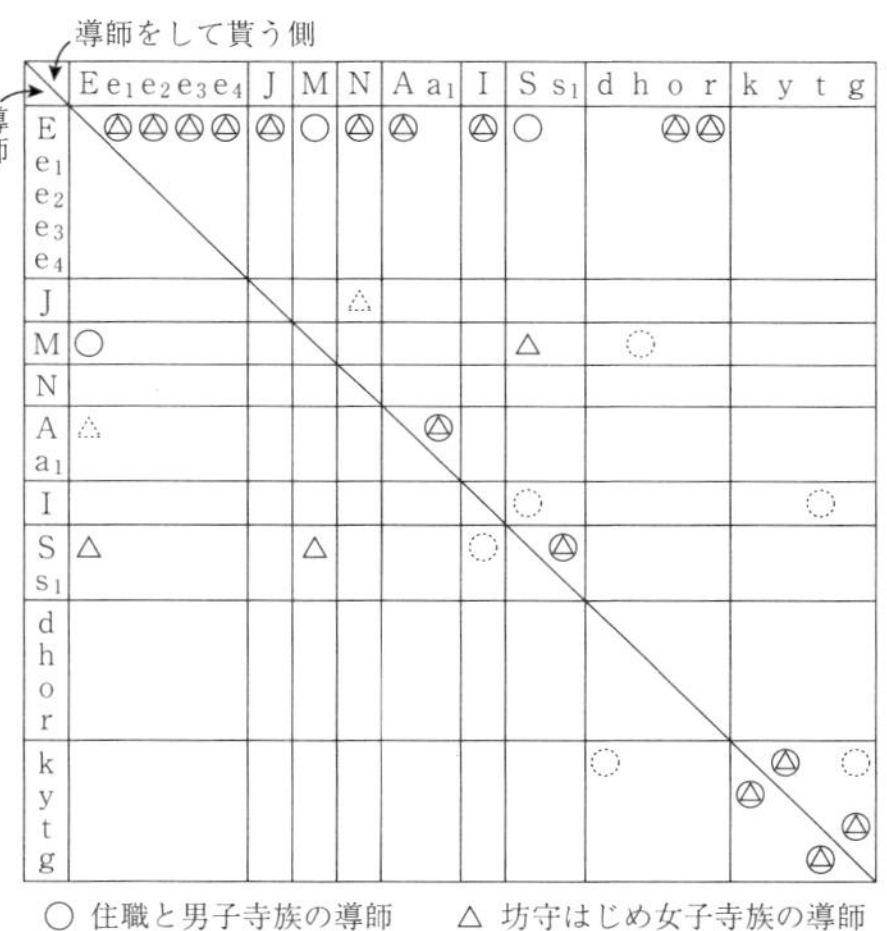

○ 住職と男子寺族の導師　△ 坊守はじめ女子寺族の導師

ぬ一方的な関係を片導師という。本流院と松樹院は男について、松樹院と勝光寺は女についての相導師であり、本流院と勝光寺も相導師といえぬこともないが、他はすべて片導師である。

本流院の女子寺族の導師を安養院がすると、安養院でも本流院でもいっていたが、本来は勝光寺がしたのであろう。戦前勝光寺と本流院は派閥的に対立していたので不和であり、他方安養院が孤立した本流院を助けて親密な間柄にあったから、昭和二十六年に先住の母が死亡したとき勝光寺を無視して安養院に依頼したと思われる。また、勝光寺の男子の導師を本流院がすると本流院ではいっているが、勝光寺でも西光寺でもそれは西光寺なのだという。これは本流院が正しい。本流院の先住は勝光寺先住の甥であったから近親者として導師を遠慮すべきであり、のみならず両者は派閥的に反目していたから勝光寺は同じ派閥の西光寺に依頼したのであろう。また西光寺の男子の導師を勝光寺がすると勝光寺ではいうが、西光寺では男女ともに本流院に頼むといい、本流院また同じ。ただ勝光寺は西光寺の子供の導師をしたことは事実らしく、それに西光寺が勝光寺の男の導師をしたことがあるので、男について西光寺と相導師だと勝光寺が誤解したのであろう。また円光寺では女子の導師は常楽寺だというが常楽寺では否定している。昭和二十年に死亡した坊守の導師は常楽寺がつとめたことは事実だが、それが慣例

ではない。円光寺の現住は養子であり、それに坊守の葬儀当時不在であったから慣行を学ぶ機会がなかったのであろう。慣例ではおそらく本流院と思われる。本流院の方でも確かではないが、本流院と考えるのが最も妥当である。

葬儀の導師は「往生のオヤ」であるから、寺院間の導師関係は上下関係に相即して結ばれる。独立身分の七ヵ寺は身分関係としては相互に対等であるといえるが、先述のごとき格差があるからそれが導師関係に反映するのである。そして導師の男女別配分によって、本流院を首座とし、松樹院を次位、勝光寺を三位とする七ヵ寺の序列が示されている。

(2) 旧従属身分の三国四ヵ寺のうち信行寺と法円寺の導師関係は結局納得がいくところまで確かめられなかった。おそらく確かめえないことと思われる。しかるに遠成寺と宝林寺は、その独立にあたって本流院の後援をえたので、男女ともに本流院を導師とする。報恩講の合力関係においてもこの二ヵ寺が本流院に結びついていることは前述の通り。両寺は松樹院の寺中であった時代には松樹院を導師とした。北潟四ヵ寺も仙福寺の下道場であった間はこれを導師としたに相違ないが、独立後この四ヵ寺は居住地区によって東と西の二組に分れ、それぞれの内部で、すなわち東では勝願寺と願教寺が、西では顕正寺と要願寺が相導師関係にある。三国の遠成寺と宝林寺が相導師になっていないのは、本流院に強く結びつき、その後楯によって松樹院や三国の信行寺・法円寺に対抗する必要がいずれにもあったからである。

(3) 本流院の寺中下道場は男女とも必ず本坊を導師とし、法音寺・栄教寺またそれぞれの本坊を導師とする。従属身分の寺の導師は、本坊の側に事故があっても他の独立身分の寺に導師を変えることはない。この点は門徒同然である。事故あるばあいには他の寺（あるいは寺中）をして代理せしめざるをえないが、それはあくまで代

行なのである。しかるに独立身分および旧従属身分の寺の導師は一応慣行的に一定しているけれども、故障があれば他の寺に依頼し、しかもそのばあいは必ずしも代行とはみなされない。だから、慣行を守りえないことがあると、旧来の導師関係が混乱し易いのである。

さて、以上みてきた導師関係のうち、北潟の相導師は組結合に対応し、他の寺への移動を許さぬ片導師関係は本坊・寺中下導場の主従結合に対応する。三国では内部の派閥によって導師関係に組結合が反映せず、むしろ本流院との与力結合の面が遠成寺と宝林寺にあらわれた。独立身分の七ヵ寺は遠成寺や宝林寺と同じように、相導師と固定的片導師の中間をとっているから、導師関係からみると組結合というよりは本流院を中心とする与力結合に近いが、一般にそうした性格が戦前までかなり強かったといえる。本流院は第六葦で詳述するようにこの地方の末寺掌握のために中世末期本山専修寺の連枝（本山住職の近親）が入った寺で、近世には法主（本山住職）の猶子となり、さらに連枝の入寺があったという、福井県下の高田派きっての名門である。それで一組では比肩すべくもない別格の寺院として長く尊崇され、明治年間までは本流院住職が他の寺の報恩講に参勤しても一般独立身分の住職とも同席せず、「御連枝様（ごれつしさん）」の控席は別にしつらえられたものであった。組の会合で同席するときは本流院のみ正座に坐り他は両側に居並んだ。また、他の寺の内陣に着座するときも一般の独立身分の住職は本尊の左右に堂班の序列によって坐ることは前述の通りであるが、本流院住職のみはとくに御代前向席（のちに祖師前向席）という連枝待遇ないし法主代理の座席が許されていた。だから七ヵ寺を組結合とみることができる半面、また本流院を中心とする与力結合ともみなしうる面があった。それが伝統的な葬儀の導師関係のなかにとくに強く温存されているのである。かように七ヵ寺の間にも与力結合の性格が認められることは、与力結合がたんに第二次的な意義しかもたないといってよいかどうか、疑いを残させるものである。

㈢　組内の派閥関係

以上、報恩講の合力と葬儀の導師関係から、すなわち慣行を通して寺関係の態様を考察してきたが、いかに停滞的な社会とはいえ寺院社会また人間のつくる社会である以上、慣行的に一定した結合に終始するわけではなく、すでに若干言及したように、寺院間の対立抗争あり提携同盟あり、したがってまた派閥的な動きもある。そうした親疎愛憎の動きが慣行的な結合を規定し、また慣行によって規定されつつ現実をかたちづくっているのであるから、次にさしさわりのない程度に組内の派閥関係を述べておこう。

本山専修寺では福井県の門末掌握のために明治二十年福井市に出張所を置き、やがて規模を整えて明治三十八年これを専修寺別院とした。その管理者たる事務長あるいは輪番は准連枝級の本山役員が派遣されていたが、大正に入った頃から地元の末寺住職のなかから輪番を任命することになり、まず本流院、つぎに第三組の筆頭折立称名寺、つぎに第二組の筆頭黒目称名寺、松樹院・勝光寺の順序に輪番に就住した。本流院は下野専修寺（本山専修寺の遺跡）に安置される宗祖親鸞感得の秘仏一光三尊仏を迎えて、十七年目毎に恒例の開帳法会を執行しうる数少ない寺院の一つであったが、大正八年の開帳にあたり、本山別院が設置されているのだからまず別院で開帳すべきであるという意見が高まった。前回の明治三十六年には本流院で一月余開帳したのち、福井仙福寺で一月たらず、第三組友兼専福寺で一週間、最後に別院の前身福井出張所で二週間の開帳があった（上品寺蔵、高田史料五）。いま最初に別院で開帳することは、別院が交通の便利な福井市にあるだけに、本流院における開帳の収益と、そして何よりも権威を損うものであったから、本流院はこの案を葬むるべくかねて昵懇の西光寺に本流院の希望を強力に支持するよう依頼した。しかるに末寺会において西光寺は却ってまず別院で開帳すべきであると

主張したため、さように衆議一決して本流院の希望は完全に潰え去った。西光寺としては本山出張所たる別院がある以上はまず別院で開帳するのが至当であるという正論を述べたまでであって、盟友たる本流院に対してとくに含むところがあってのことではなかったが、本流院は信義に反するものとして激怒し、以後、自坊の報恩講のさいにも西光寺の隠居に案内して西光寺を無視する態度に出たから、西光寺また立腹して、両寺は報恩講の交際すら絶つに至った。そして盟友変じて仇敵の間柄となったのである。

たまたま、大正十年に教学刷新のため大規模な布教講習会が本山で開かれ、また、愛知県の高田派寺院が布教団を組織して好成績をあげていたのに刺戟されて、大正十一年頃安養院・折立称名寺・黒目称名寺が発起人となって福井県の布教団を組織した。独立身分たると従属身分たると、また住職たると衆徒（住職以外の僧侶）たるとを問わず、県下高田派僧侶にして教師の資格ある者をすべて団員に加え、折立称名寺を団長に選出した。事業は農閑期に托鉢をしその募金で別院にて布教講習会を開くことであった。ときに本流院は高田派の最高教育機関たる真宗勧学院綜理として三重県一身田にあったから入団しなかったが、大正十三年辞任して帰国すると共にその加入をめぐって布教団が分裂するに至った。というのは、寺格や門徒数に大差があり独力では到底本流院に対抗できないと考えた西光寺は、布教団を梃子として本流院に一泡ふかせることを画策し、団則に「故なくして加入せざる者には法務の交際をたつ」旨の罰則を附することを提案した。「法務の交際を絶つ」とは年中行事としては報恩講の交際をしないということで、合力がなければ報恩講の執行は事実上不可能になるから「村ハチブ」に相当する厳しい罰則であった。布教団の発足当時在国する者で不参加を予想されるものはなかったことを思うと、これは明らかに本流院を対象とする規定であった。もし本流院がこの規定にふれて交際を絶たれたならば、その寺中や下道場は本流院の経営内部にあることとて依然交際を維持することはやむなく承認されるとしても、

三国の遠成寺や宝林寺は本流院と交際を続けるわけにいかなくなる。しかし遠成寺や宝林寺はその独立にあたって本流院の援助をえたという恩義関係はともかくとしても、前述の如く社会的に本流院の後楯を必要とし、また三国にある本流院の門徒数十戸を信徒として支配しているから、本流院との交際を絶つならばこれらの信徒へ出入ができぬことになり、経済的にも相当の打撃をうけることは必至である。このような点から罰則を附することに一部の強い反対があった。また、精神的結社に罰則を設けることは自家撞着であるという安養院らの正論もあった。翻って本流院は、大坊住職に通有の「見識高い」人で上座に坐ることを当然と心得る尊大な態度があり、それでいて上座に坐る者に期待される「気前のよさ」に欠けたため、一般住職間の人気は必ずしもよくなかったが、面と向って本流院を非難する力をもつ者はなかったから、「このさい本流院を懲しめてやろう」という意地の悪い考えが多くの人々の気持を捉え、西光寺の不条理な提案が総会で採択されてしまった。他方、本流院としては明らかに自分を対象にした罰則をつきつけられてやむなく加入する屈辱に堪えられないから、罰則を削除しない限り加入するわけにはまいらぬという態度を明らかにした。そこで本流院と報恩講のつきあいをもつ第一組寺院の有志は事態を収拾するために協議し、罰則を除く以外に解決策なしとの意見に賛成する者の連判状をもって布教団の総会に出かけることにした。賛成者は安養院とその寺中法音寺、常楽寺・円光寺、本流院の寺中下道場四、三国の遠成寺・宝林寺・信行寺、北潟の顕正寺・要願寺、勝光寺寺中の一四ヵ寺で、第一組でも西光寺はもちろん、本流院と因襲的な対抗関係にある松樹院、西光寺の親類願教寺、松樹院の親類勝願寺、酒を呑ませてくれる関係で松樹院の子分になった浄徳寺（戦後地震で廃絶）と法円寺、および本流院の叔父であるのに反感を懐く勝光寺の七ヵ寺が反対した。賛成者は本流院派ともいえるが、本流院を支持せざるをえないその寺中下道場と遠成寺・宝林寺、本流院を積極的に支持して第三者からは本流院の子分とさえいわれた安養院とその寺中以外

は、主として組と布教団の円満という立場から賛成したのである。しかし安養院・心海寺・実明寺が代表として総会に携えた一四ヵ寺の提案が否決されたので、一四ヵ寺側としては退団のほかなく、安養院と円光寺が肝煎になって布教団類似の結社を本流院を含む一五ヵ寺で組織した。かくて布教団は二つに分裂し、新たに派生した方は小規模ではあるが托鉢の成績がよく、三国の遠成寺などで講演会を開いて意気旺んであった。これによって第一組は事実上一五ヵ寺と七ヵ寺に二分され、報恩講のつきあいもそれぞれの内部で行われたのである。

本流院は早くも明治四十三年に「従来ノ由緒アルニヨリ」県下の末寺において御代前向座着席を許されていた。そこで第一組の分裂後、七ヵ寺の側では西光寺が松樹院に勧めて本山十万人講への献金によって上座の堂班を獲得させ、さらに「上座ハ末寺ニ於テ御代前向座着席スルコトヲ得」という明治四十一年の告示を楯として向座着席の資格をとらせ、一五ヵ寺側で本流院が向座に着席するのと同様に七ヵ寺側では松樹院を向座に据えて対抗した。本流院も大正十年に上座別格主席という最高の堂班を獲得したのに加えて、松樹院を制圧するため大正十五年に寺格を上座に進められたが、これまた十万人講への献金によってえたのであろう。本山財政の要請にもとづくかような売爵制度は、末寺間の競争意識・対抗感情に媒介されるとき、所期の目的を遺憾なく達成しうるという、まことに痛ましい末期的症状がそこに示されている。ともあれ抗争三年の末、法主の「尊慮」を体して下向した本山役員の斡旋により本流院と西光寺は和解し、本流院を含む一五ヵ寺が布教団に合流して事が落着した。そして報恩講のつきあいも旧に復したが、分離中の協力関係が三国四ヵ寺の報恩講に残存していることは既に述べた通りである。また本流院と西光寺、本流院と松樹院の敵対意識もにわかに払拭しうるものでないから長く尾をひいた。布教団も以後正規の活動を再開したが、総末寺の七割を占める三重県の動向で宗門の指導方針が決められるため、福井県の布教団は本山内局（宗門政府）に対して自ずから批判的野党的結社としての性格を強

め、盛大に赴くにつれて宗政の癌となったので、内局は布教団の内部に存する拭いきれぬ対立感情を利用して活動を不振にしむけ、結局昭和十年頃で自然消滅した。

右に述べた一五ヵ寺と七ヵ寺の分裂をわれわれの用語で整理すると、前者の骨格は本流院と安養院の組結合、本流院と心海寺ら四ヵ寺ならびに安養院と法音寺という二つの主従結合、本流院と遠成寺・宝林寺それぞれとの与力結合からなり、後者は西光寺と願教寺ならびに松樹院と勝願寺・浄徳寺・法円寺それぞれとの与力結合、西光寺・松樹院・勝光寺の組結合からなっている。主従結合でも勝光寺と栄教寺のばあいのように政治的分裂の単位とならぬものは、法会の合力面でも結合が弛緩しているのであろう。そのことと、与力結合が主従結合や組結合と並んで政治活動の強力な単位となっていることを指摘しておきたい。

こんにち世代があらたまってかつての派閥模様が変化し、変化したのみならず独立身分の七ヵ寺が両派に分れて相軋るという派閥関係はもはやないといってよいが、変化しつつその断片はあり、また新規の対抗関係も個別的にはみられる。しかしそれらにふれることは控えなければならぬ。ただ最後に現在の組の集会に言及しておきたい。

第一組では組の親睦のために護法会と名づける活動をしている。独立身分の七ヵ寺それぞれが年一回宛護法会の宿坊をつとめ、酒と料理を出席者に提供する慣例であって、以前は勤行と説教ののち「オトキ」の意味で酒食を出したが、戦後はかなり俗化して護法会とは云いながら専ら共同飲食とそれにつづく頼母子講の機会となっている。調査当時、頼母子講は七百円と三百円の二通りがあり、二年を一期として、例えば本流院は一口宛・西光寺は七百円一口と三百円二口入っており、心海寺と実明寺は三百円一口宛加入していたが、北潟の寺には加入しないものもあった。寺では十一月から四月まで報恩講・秋マワリ(在家報恩講)・年頭礼・葬儀などが集中し、

八月には盆礼と墓参があって収入も多いが、五・六・七・九・十月は家計が苦しく、ことに六・七月はピンチなので小さい寺ではこの頃になると目の色をかえて掛金を落そうとする。学校勤務による固定収入をもつ北潟の寺以外の小坊では、それだけ頼母子講の必要性があるわけである、旧従属身分の寺は八ヵ寺で年一回の宿坊をするのがせいぜいで（したがって八年に一度）、頼母子講の参加者が少なければ誰もしなくてよい年もある。従属身分の六ヵ寺は宿坊となることを全く免除されている。彼らも護法会の会員ではあるが、本坊の扈従ともみなされるからであろう。組の総会は年一回芦原温泉などで開かれ、得度・住職就任・堂班昇級などの披露をするが、このときも頼母子講が行われる。宴会の費用は膳部代五百円を参加者全員から徴収し、酒代や芸奴の花代は別に独立身分の七ヵ寺だけで出す。なかでも本流院・松樹院・勝光寺などの有力寺院が多額の負担をする慣例である。座席も本流院の現住職（調査当時三十七歳）が上座を、松樹院の現住職（三十歳）が次席を占め、これに独立身分の六十歳前後の老僧がつづく。したがって宴席もまた堂班の高下によって規定されるのである。そして総会でいろいろと発言するのも独立身分の七ヵ寺であり、従属身分はもとより、旧従属身分の者も、酒の勢に乗じてでもなければ遠慮して意見を出さない。組長はこれまで七ヵ寺に限られ、別院輪番となる者もしかりであった。戦争直後本山にては堂班を廃し、年長順に着席するという大改革を行ったことがある。固定した寺院社会一般もこれによって新しい息吹をとりもどす契機を与えられたが、組という一種の聚落関係をもつ社会では、旧来の寺格やそれを支える門徒の数をぬきにして単に年長順で前後をきめることは、実行甚だ困難であった。だから、宴席で年若い本流院が下座についても否応なく上座におしあげられてしまう。しかし下座につこうとするからおしあげられるのであって、始めから上座を占めたならいろいろ陰口を叩かれるばかりでなく、酒の座が乱れてくると面罵されるかもしれない。そうしたことのなかに、時代の変化に対応する聚落的な寺院社会の変化が感知される。

組を構成する寺院相互間の関係は、組の総会においてひとしく一票を行使しうるという意味で形式的には組結合にほかならぬが、しかしその実際において独立身分・旧従属身分・従属身分という少なくとも三つの層があり、各層の内部および各層相互間で組結合・主従結合・与力結合の三つが錯綜して、具体的な組が構成されていることを一つの事例によって説明した。そして、同じ身分の寺院間における提携協力を組結合、独立身分と従属身分の間の経営協力に基づく結合を主従結合、同上の間の経営協同を伴なわない結合ならびに独立身分と旧従属身分の間の結合を与力結合と規定した。また与力結合は発生的にはかりに二次的であるとしても、その重要性は必ずしも二次的ではないことにも言及した。

×　　×　　×

主従結合は経営協同とそれに基づく身分差による寺関係であり、組結合は共通の身分と居住近接によるやや儀礼的社交的な寺関係であるのに対して、与力結合は経営の必要に支えられまた儀礼面にも投射されているとはいえ、より政治的な結合であるといえよう。しかも前二者が寺関係としてより固定的であるのに対し、これは住職のかなり個人的な結合であって、比較的動きやすいものとみられる。したがって、与力結合には前二者と全く同一平面で論じえぬ要素が含まれている。前二者と全く同一平面にある、つまり固定的な寺関係としての与力結合は、かつての上寺下寺（中間的本末）関係にこれを見出すことができる。寺中下道場は本坊の経営に包摂される隷属寺院であるが、これに対して下寺は一応独立の経営をもちつつ特定の上寺にその下寺として政治的に従属する寺をさす。文献上の用法はかなり混乱しているけれども、事実について分類を試み、それぞれに比較的難のない用語を学術語としてあてると右のような理解に達するのである。冒頭にもふれたように、明治九年に中間的な本末関係が否定されて上寺に対する下寺は解消したが、組という地域的な寺院社会のなかで生きてゆくために

は、微力な小坊は有力寺院に政治的にときには経済的に依存する必要が存続した。かくて旧来の上寺下寺関係に代ってかなり個人的な与力関係が生じた。また、本坊の羈絆を脱した旧従属身分の寺にも同様の必要があり、ここでは本坊・寺中下道場の主従関係に代って与力関係が登場したのである。もちろん、明治初年以前でも上寺下寺関係のように固定的でない与力関係があったとみてよいから、そうした与力関係をもって明治以降の出現と考えているわけではないが、江戸時代には与力関係はおおむね上寺下寺関係などの形で制度化されたと考えたい。

以上現代における組寺関係の類型として、主従結合・組結合、および与力組合の三つを挙げた。前節で論じた町野町八ヵ寺の関係にこの概念を適用するならば、正願寺・慶願寺・長光寺は組結合、正願寺と正楽寺、慶願寺と円徳寺、長光寺と光顕寺は主従結合、長光寺と通敬寺および本覚寺とは何れも与力結合といえよう。与力結合は前二者とややレベルを異にする点をもっているが、しかしもともと同じレベルのものであったと考えてよい。寺院社会はきわめて特殊な社会であるとしても、右の考察から、組結合と同族結合という家連合に関する二類型説に、一つの検討の手がかりが与えられることであろう。

〔附記〕　寺院間の通婚関係にふれるところがなかったから多少言及しておく。通婚は同じ身分の内部で行われる傾向が顕著であるが、上層ほど通婚圏が拡がって、独立身分の如きは組内の同じ身分相互で親類の交際を現にもつものは僅か一件（本流院と勝光寺）にすぎない。しかるに、第二組・第三組の独立身分との親類関係が七件もあり、さらに福井県外および他派へ拡がっている。旧従属身分では組内に三件（勝願寺―要願寺、顕正寺―遠成寺、遠成寺―宝林寺）あり、組外の同じ身分とも三件みられる。従属身分では組内に四件（心海寺―実明寺、実明寺―鳳生寺、栄教寺―蓮生寺、蓮生寺―心海寺）ある。組外の同派寺院とはないが、ここでは

在家との親類関係が著しく、その点で旧従属身分がこれに次ぐ。このように身分内婚と身分による通婚圏の広狭、在家との通婚の多少が注目されるが、身分間の通婚もなくはない。組内に限っていえば、独立身分と旧従属身分の間に二件（勝光寺―願教寺、松樹院―勝願寺）と旧従属身分と従属身分の間に一件（宝林寺―法音寺）あり、のみならず、独立身分と従属身分との間にすら二件（円光寺―心海寺、常楽寺―実明寺）みられた。しかし後者は何れも主従関係ではなく、また特殊な事情によるものである。要するに、通婚は組結合において最も多数みられ、与力結合でも多少指摘しうるが、主従結合では記憶と文書による限り、かつて一件もその例をみなかったのである。

第三節　近世の本坊寺中関係

前節で指摘した組寺関係の三つの類型のうち、とくに主従結合をとりあげ、その実態を資料的に究明しうる江戸時代についてこれを考察したいと思うのであるが、下道場は台帳だけでは発見しにくいし、下道場をもたなくとも寺中は抱えている、というのが普通であるから、主従結合を本坊寺中関係に限定して考察することとしよう。そこでまず、どのような寺に多く寺中が成立するかを吟味することから始めたい。

㈠　寺中の成立と分布

第56表は石川県鳳至郡（輪島市を含む）の大谷派寺院に関する統計である。これを根拠にして真宗寺院を全国的に概観することはできないが、依拠するに足る資料の少ない折柄[(1)]、一つの手がかりとして考えてみることにし

第56表　寺中を有する大谷派寺院の門徒戸数別分布（石川県鳳至郡）

門徒戸数	寺院数	内，寺中もち寺院			
		計	イ	ロ	ハ
0	1				
1 ～ 30	13				
31 ～ 60	23				
61 ～ 90	13	1		1	
91 ～ 100	8	2		2	
101 ～ 150	24	6		6	
151 ～ 200	9	6		4	2
201 ～ 250	6	5		4	1
251 ～ 500	8	8		8	
501 ～ 900	2	2	1	1	
合　計	107	30	1	26	3

(イ)　明治3年編製『能登鳳至郡本末寺号其他明細帳』による。
(ロ)　上記の明細帳にはみえないが，『大谷派旧寺中調』には記載されているもの。
(ハ)　(イ)にも(ロ)にもないが，現状において寺中を有するもの。

よう。この表の狙いは、門徒数の多少別に寺院分布を検討し、さらに寺中をもつ寺院の数を内数で示して、寺中もち寺院の比率を門徒数の大小に関連させて考察することにある。寺中のなかには、明治三年編製の『能登鳳至郡本末寺号其他明細帳』にもまた旧幕時代の「寺号帳」から書き抜いた『大谷派旧寺中調』（大5・10、大谷派宗務所記録掛編）にもみえず、ただ現状において存在を知りうるものがあるが、これらも明治以前に成立していたことは疑いをいれないので、第56表の寺中もち合計は少なくとも近世末のそれを示すと考えてよい。また門徒数も明治三年の明細帳からとった。この数は公称であるから、実際よりも二、三割がた少ないのが常識であって、これをそのまま信用することはできないが、そうした留保を含んだ上で近世末の状態を窺わしめるものとしてこの数字を利用したい。そこで第56表をみると、門徒数九〇戸以下の寺院で寺中をもつのが僅か一例しかない。この一例の門徒数は六一戸にすぎないから、特殊な歴史的事情による例外とみなすのが適当であろう。しかるに、九一戸から一五〇戸までの層では二五％の寺が寺中をかかえており、一五一～二〇〇戸の層では六七％が寺中をもっている。そして二〇一～二五〇戸の層では八三％、二五一戸以上の層では一〇〇％となる。そうするとこの地方では、門徒一〇〇戸内外以下の寺院は寺中を設置してその補佐を受けずとも、住職一人で本堂を中心とする平常の法務および門徒に対する寺役を遂行し得、他の寺の住職や衆徒の合力は、恒例・臨時の大法会や葬儀のさいなどに求められるに

止まった、と考えてよい。そして、仏供の調進、本堂内外の掃除、門徒の接待などは、坊守（住職の妻）やその他の家族員がこれを行ったのである。したがってこの程度の規模の寺院経営は、主として家族労働による家の企業として維持されたであろう。このうち、六〇戸およびそれ以下の門徒しかもたない寺では、門徒からの収入だけで生計をたてることが困難であるから、家族労働によって経営を維持するばかりでなく、農耕に従事したりあるいは布教師となって各地を廻り、これらの収入に強く依存したことと思う。一〇〇戸内外の寺院では住職一人は寺院活動に専念しなければならぬが、住職のほかに男子がいても二人以上の僧侶が専心従事するだけの仕事の量がないときには、多少の農耕を伴なったに違いない。ところが一五〇戸を超えると家族労働で運営することが困難になり、ことに寺の格式が法務と寺役における機能分化を要請し、僧侶身分の従者をおく必要が次第に強まる。二〇〇戸以上の寺院では、寺中がなければ専任ないし兼務の役僧を雇傭していて、平常時でも家族労働だけでは経営が困難である。いわんや門徒数が三〇〇を超えると、常時従属的僧侶を何人か抱えていることが絶対に必要となるのである。したがって本坊寺中関係は門徒数が数百戸以上の寺、すなわち大坊に出現するといってよく、この関係の考察は必然的に大坊の内部構成の分析という形をとる。

第56表を右のように解釈するなら、門徒一〇〇戸というのは、家族労働で経営することがまだ充分可能な規模であり、かつ住職家の生計の維持に必要な収入を生み出すことのできる最低の規模であることが判明する。大正元年に文部省が示した寺院創建に関する要件の一つは、檀徒一〇〇戸若しくは信徒五〇〇名（戸主）以上をもつ、ということであった。[2]また大正十一年の調査によると、一寺院あたりの檀徒戸数の全国平均は一〇四・三戸であるから、[3]檀家一〇〇戸という規模を日本の寺院の最低の標準と考えることができるように思う。もちろん、檀家一〇〇戸に対する寺役（儀式の執行・供養など、寺僧の側から個々の檀家に対して行うサービ

ス）の濃度、すなわち寺僧の労働量も、また、法施（寺役）に対する反対給付としての檀家の側から寺僧への財施（仏餉米・灯明料・布施など）、すなわち寺僧の収入額も、共に宗派により地方によって一様ではないから、檀家一〇〇戸が最低の標準だというのは漠然たる大凡の目安にすぎない。ことに寺院経営だけで生計の維持に必要な収入をあげうるかどうかは、法施の多少に加えて生活程度とも関連する問題であるから、この推論にはなお一層の留保を附けなければならないであろう。門徒一〇〇戸台の寺院はもとより、二〇〇内外の寺院でも、既存の寺中が廃滅の傾向にあること、門徒三〇〇戸をもって僧侶専業の適正規模といわれていること等、生活程度の高まりと財施の減少を反映するものである。

註

（1） 山形県村山郡に専称寺の末寺が四九ヵ寺あるが、そのうち寺中もちは五ヵ寺で、何れも門徒二百戸以上の寺である。しかも門徒二百戸以上の寺の小計が七ヵ寺であるから、その七割が寺中をもつことになり、寺中もちの全然ない二百戸未満の四二ヵ寺ときわ立った対照を示している（専称寺蔵『真宗一派本末明細帳』）。また、旧富山藩に真宗寺院二二〇余あり、そのうち七〇余は寺中であったから、本坊ないし単立寺院は一五〇ということになる。このうち門徒七〇戸以上が九〇余ヵ寺でその寺中は七〇軒計り、門徒七〇戸以下はこれに対して五九ヵ寺、うち寺中もちは僅かに四ヵ寺にすぎなかった（『神仏分離史料』続下、四九一～五二二頁）。このように地方的な資料はいくらかあるが、全国的な展望を与える資料は未発掘である。

（2） 長谷川正観『宗教法概論』（有信堂、昭31・5）、一八〇頁。

（3） 文部省宗教局編「寺院仏堂教会檀徒信徒及不動産ニ関スル統計」（『宗教制度調査資料』18輯、大15・3）、三頁。

さて、大坊においては住職を補佐せしめるため、農家の下男に比すべき役僧を置き、或は抱百姓・門百姓に比すべき寺中を設けた。住込役僧はふつう独身であって、抱え主すなわち本坊の世帯に包含されるが、譜代の従者

ではない。これに対して寺中は、本坊の境内に居住し、本坊の世帯とは一応別の消費単位を構成する譜代の従属的僧侶とその家族である。時代により地方によりまた場合によって、あるいは家礼（瑞泉寺文書）・持僧（玉保院文書）・寺内僧[補註47]（仏護寺）・持家（瑞泉寺文書）・寺家（善徳寺文書）・地下（浄福寺公厳の書置）・地中（『本山日報』[1]）・寺中・塔頭（『明治五年三重県高田派本末其他明細帳』）・塔司（瑞泉寺文書）・山内（大味法雲寺・高田専修寺）・脇寺（酒田浄福寺）・前寺（石川県鹿島町附近）・子寺（石川県輪島市）・下寺（福井県坂井郡）・役寺（『城端町史』）ともよばれ、それぞれに寺中の性格の一面が含蓄されていて興味深いが、学術用語としては「寺中」の語を用いたい。真宗以外の仏教教団にも寺中をもつ大坊があるが、そこでは面授附法の弟子による法系相続を眼目とし、かつ、寺中が輪番に本坊の住職に就任したから、本坊と寺中との間に譜代の主従関係が成立するようなことはなかったと考えてよい。しかるに真宗では、住職の地位が俗家における家長の地位と全く同様の仕方で継承され、本坊の家系と寺中の家系とは截然と区別されたから、本坊寺中の関係は譜代の主従的家関係として発現したのである。

寺中の成立事情は多く分明を欠くが、なかにやや事情の判明するものもあるので、それらを拾いあげて整理すると、大体次のように分類することができる。

(A)本坊において、あるいは本坊を中心に、生活を共にした者による創立。これに次の三種がある。

Ⅰ本坊従者を祖とするもの

○浄興寺（浄興寺派本山）の寺中玄興寺の祖井上氏は代々浄興寺の家令であった[2]。

○金沢専光寺（大谷派）の寺中照教寺は、本山東本願寺の姫が近世初頭専光寺の内室として降嫁したとき附け人として本山から差遣された早川瀬兵衛なる者の子八兵衛が、出家開創した（『照教寺伝』）。

○同じく専光寺の寺中発心寺は、大坂夏の陣の鳥居強右衛門の一族で、逃れて専光寺寺内にかくまわれ、のち発

心出家した鳥居某を祖とする（『照教寺伝』）。これと同様の例は後述の酒田浄福寺の寺中普明寺にみられる。

以上の四例は、とくに重く用いられたと思われる従者ばかりで、なかには客分の要素の混淆せるものもある。これらは寺内に居宅を与えられて俗用を補佐していたから、出家すれば比較的簡単に寺中として譜代の関係を結ぶに至ったことと思われる。しかし譜代の従者必ずしも寺中とならず、家司にとどまる者、転絶する者がもちろんあった。また、本坊の前身が武家的性格をもつ場合には、従者のあるものは譜代の家司・寺中となり、他は帰農して主家の門徒となったことであろう。『紫雲殿由縁記』にみえる、「国々ニテ建立ハ多ク其所ノ郷士格或ハ大キナル百姓ニテ、其家頼下百姓等辻本トナリ」（真宗全書本三七一頁）、という記事も一つの傍証となしうるが、さらに直接かつ強力にこの推測を裏付ける事例は『瑞泉寺誌』[3]からえられる。すなわち、井波瑞泉寺は明応年間より越中礪波郡を領する「坊主大名」にて、傘下に「二十七ヶ寺坊号十八人与力付大身五人」を擁し、城下に町家三千余軒あって所在地井波は越中の府ともいうべきところであった。しかるに天正九年（一五八一）佐々成政に敗れて堂塔伽藍残らず炎上し、一まず井波を退去せざるをえない窮境に立ち至った。そして、加能越飛驒などにて三七〇ヵ寺もあった下寺が要を破壊された扇のように散り散りになり、あまつさえ譜代の寺中すら管轄の門徒密集部落へ避難定住した結果、八代准秀が井波へ還住した時には三十数人の侍分のみこれに従い、焼跡を田畑として多くは農民となる有様であった。瑞泉寺が戦敗れて坊主大名の地位を失い、無禄となった以上は、残る僅かな土地を家臣に分け与えて帰農させるより仕方がなかったであろう。しかし家臣の重立ちは帰農せず、入道して法名の蔭に武士名を忍ばせながら、とどのつまり主家の寺中となってしまった。すなわち、侍頭であった上田石見守は仏厳寺と改め、土屋薩摩は誓立寺となり、今村民部は長善院と号した。竹部豊前は譜代の家老の地位に止まったが、次男が妙蓮寺を再興して御堂衆となり、本家の方も本役たる家司職かたがた御堂出仕を許され、その

向きでは照円坊と称した、という具体例を挙げることができる。それでは何故これら侍分の重立ちが寺中に転身したかというと、もともと彼らは瑞泉寺同宿として僧侶的要素をもっていたのに加えて、所領を失いもはや大名でなくなったに拘らず依然として門徒の志によって相続しうる「坊主」であった瑞泉寺は、重だった家臣には封土の代りに門徒を配預してその生活を保障しえたからである。竹部豊前が家司として武士名を主としながら併せて法名をもち、寺中的性格を兼備した理由も、家司給の代りに門徒を配預され、そこに生計の基礎を置いたからである。この例の暗示するところはまことに興味深い。一つの武士団をなす大坊が敗戦によって所領を失い、加えて兵農分離の時潮に漂う時、武家的領主的性格を清算して寺院として自らを純化することになり、かくて一部の家臣が寺中となって本坊（主家）を補佐し、他は帰農して門徒となった。つまり、僧侶的武士団の解体のあとに、本坊寺中の近世的形態が出現したと考えられるのである。もう一つ例を挙げると、松代本誓寺（大谷派）第四世宗信は新田義貞の末男であるが、父討死の後本誓寺に入り、その時従い来った家臣合原佐渡・金松勇之進がそれぞれ寺中覚円寺・本覚寺の祖となったと伝える。(4)これは瑞泉寺（大谷派）よりも古い時代に属するが、なお併せ考うべき事例である。最初に断片的に挙げた四つの事例も、同様の文脈において理解しなければならない。

以上は多かれ少なかれ在地領主的性格をもつ大坊の例であるが、オトナ百姓的性格に彩られた村落寺院でも、構造的にはこれと同一である。ただその具体例はえ難い。しかし幸い井上鋭夫氏の解説によって明らかになった石川県鹿島郡鹿西町乗念寺（本願寺派）の例がある。(5)乗念寺は寛永五年（一六二八）の『鹿島半郡人別帳』によれば馬一疋をもつ百姓分の者であるが、地之者九郎右衛門と下人宗次郎を抱えていたことから、村の有力農民であったことが判明する。地之者は屋敷名子の如きもので、屋敷の地主に対して身分的な隷属関係を結んだ小農民であると推測される。しかし馬をもっているから、屋敷地主とは別の経営を立てていたに相違ない。それに対し

て、下人は主家の屋敷内で別棟別世帯をなしたが、経営はそれ自身のものをもたず、したがって隷属度は地之者よりも深かった。このことは、同じ人別帳の末尾に、「百姓分之者棟壱間ニ銀子三匁馬壱疋ニ付弐匁宛、百姓地之者棟弐匁馬壱匁五分宛、百姓下人棟壱匁宛」とあり、また冒頭の西光寺地之者甚左衛門に、「下人但当分暇遣り」という註記があるので、推定しうるのである。さて乗念寺の場合、地之者九郎右衛門の家系は今日では同寺の寺中を勤めているという。井波瑞泉寺と能登部乗念寺と、規模において大差のあるのを否定できないが、瑞泉寺とその下に就いた国人衆との関係は、規模を縮少すればそのまま乗念寺と地之者との関係になるのである。

なお、法体の従者で長年忠実に勤めた者が子孫相続を許されて寺中となったのもある。例えば、前出浄興寺の寺中勝見寺は本坊弟子賢従の開基するところであるという。(6) 石川県羽咋郡押水町西照寺（大谷派）の寺中満得寺の開祖は、本坊伴僧覚勇で、その孫覚伝に至って宝永三年寺号を許された。(7) また、松任本誓寺（大谷派）の寺中西念寺は本坊第十一世宗誓の弟子浄念、同信誠寺は本坊弟子大円の開創するところであると伝える。(8) また城端町の大覚寺は、藩主前田家から善徳寺に寄進された境外寺有地の大谷御廟番所として嘉永四年に創建された。したがって本坊の境内にはないが、なお地中として境内にある寺中同様のものというべきである。この大覚寺通称墓場御坊の初代は、善徳寺寺中真覚寺第十五代の弟が許されて別家創設したものであるから、これまた法体の従者開創の一例とすることができよう。(9) 以上例示したような従者開創伝承は、時の経過すると共に寺中の方で迷惑がって消され易いためか、あまり頻々と見当らないが、「抑地中下寺之分ハ其始本寺住職某之弟子或ハ家僕剃度仕本寺境内中ニ道場ヲ建テ看勤給仕罷在供(10)」とあるように、実際には最も多いケースではなかったかと思われる。(11)

Ⅱ本坊子弟あるいは縁故者を祖とするもの

○前出専光寺寺中光善寺は、本坊第十世康照の末男賢誓が病身のため寺内に別室を構えて居住したのを開基とす

る（専光寺譜）。――専光寺住職家はいま吉藤を称するが、光善寺が藤分を姓とするところに吉藤の分家であるという意識が窺われよう。
○奥能登町野町鈴屋長光寺の寺中光顕寺開基了意は、本坊何世かの弟である（『町野村誌』）。
○同じく町野町金蔵慶願寺の寺中円徳寺開基円智は、本坊八世順誓次男順法が村の有力者鳥越甚兵衛の娘になじんで生ませた子で、本坊へ引きとって育てられた（慶願寺過去帳）。ただし、本坊六世教順が隠居地を後妻の長子長右衛門に譲って、八石ほどの高持百姓としたのに起源する、という異説もある（慶願寺蔵『当寺小雀』）。何れにせよ、本坊の縁故者が開基したことになる。
○高山照蓮寺（大谷派）寺中真蓮寺は、本坊九世明教と共に内ヶ島氏に攻め殺された兄教心の遺児大進に発す。また同じく専念寺は、本坊十世明心の弟明堅が信州奈良井に創建した専念寺の、第三世西念の次男栄恩――したがって明堅の曽孫が開基した。(12)
○東京下谷の唯念寺（高田派）寺中願寿寺は、本坊二世の弟が開基したという。明治になって本坊が若桜木を姓と定めたので、願寿寺はそのあとをとって桜木谷を称する（唯念寺伝）。
Ⅲ本坊住職の隠居地に発するもの
○照蓮寺中不遠寺は、本坊十三世宣明の隠居地を末子が相続したものである（『珉江記』）。
(B)既存の寺庵が他の有力寺院の寺中となったもの。この場合、寺中になる前からの門徒をもつ例が多い。これに次の二つを区別しうる。
Ⅰ有力寺院を頼ってその山内に移転し、寺中となったもの
○松任の妙蓮寺はもと日蓮宗であったが、慶安年中真宗に改宗すると同時に、檀家を伴なって本誓寺の寺中とな

った、といわれる（『松任町史』）。

○高田浄興寺は上杉謙信の招請により信濃から越後に移って春日山城下に居を占め、上杉氏会津転封の後堀秀治の招きで福島城下に転じ、さらに松平忠輝の高田築城と共に高田へ移った。領主の城下を浄興寺が転々とするおのおのの時点に既存の寺が寺中となっているから、領主の命令によって移転したものもあったと思われるが、また一面、正念寺・浄正寺・西光寺・善福寺などは領主と結びついた有力大坊の傘下に進んで加わったともみることができる(13)。

Ⅱ領主の命によってその外護する有力寺院の山内に移転せしめられ、寺中となったもの

○山形専称寺（大谷派）はもと村山郡高楯（たかだま）にあったが、領主最上義光の帰依を受け、山形七日町に寺地を与えられて移転した。そのさい一山の体裁を整えるため、領内の真宗寺院一四ヵ寺が専称寺の山内に移されてその寺中となった（高檜願行寺伝）。

○肥前一国の惣道場として慶長五年（一六〇〇）鍋島氏によって設立された願正寺（本願寺派）は、慶安年中、佐嘉郡姉川村にあった専称寺を境内に引移らしめて「寺内末寺」とした。専称寺はすでに末寺一ヵ寺を有するほどの寺であったから、鍋島氏の命によって願正寺寺中となり、これを補佐することになったのであろう(14)。

○広島仏護寺（本願寺派）十二坊はもと仏護寺と雁行する有力な寺院であったが、毛利・福島時代の寺院統制によって仏護寺の下にその末寺として秩序づけられ、しかも慶長十四年（一六〇九）広島城下の西寺町へ集合移転せしめられて、浅野時代初期にはあたかも仏護寺の寺内僧のごとくみなされるようになっている(15)。

以上、寺中の成立に関する(A)（Ⅰ・Ⅱ・Ⅲ）・(B)（Ⅰ・Ⅱ）という通計五類を一覧すると、本坊・寺中および領主のさまざまな事情が寺中の成立に関与していることを知るのであるが、寺中の維持は結局本坊の経営がこれ

を必要とするかどうかにかかるのであるから、何よりも本坊の利害がつねに寺中のそれに優先した。そしてこの点に本坊寺中関係の基本的性格が存するのである。なお、寺中の成立事情には俗家における分家創立事情に酷似する要素のあることはとくに注目を要するところである(16)。

寺中をもつ本坊の存在は真宗各派を通じてみられるが、その総数や規模を窺わしめる資料は殆どない。ただ僅かに前掲の『大谷派旧寺中調』なるものが保存されており、大谷派についてはこれによって全国的な展望をもつことができる。もちろん部分的には相当の考証を要する個所もあるように思われるが、旧幕時代の状況を概観せしめる殆ど唯一の資料であるといっても過言でない。これについてみると、寺中の全国総数は八七八、寺中を有する本坊総数は五五八ヵ寺、したがって一本坊あたりの寺中数は一・五七ヵ寺となる。寺中一ヵ寺をもつ本坊は総数の過半六四・二%を占め、これを含めて寺中五ヵ寺以下の本坊が全体の九七・五%に達する。寺中六ヵ寺以上の本坊が残りの二・五%であって、最多一四ヵ寺に至る。詳細は第57表を参看されたい。寺中六ヵ寺以上をもつ本坊の総数は一四ヵ寺、大谷派寺院総数の〇・一%にしか当らない。一ヵ寺以上の寺中をもつ本坊全体としても、大谷派のなかではたかだか五%にも達しない。その意味では、本坊寺中関係の如きは教団の一少部分における現象に違いないが、真宗の教団構成を理解する鍵がこの一つかみの寺院関係のなかに潜んでいるのである。組寺関係の三つの類型のなかから、まず主従結合を選びあげた理由もそこにある。

第57表　寺中軒数別本坊数（大谷派）

寺中＼本坊	実　数	百分比
1	358	64.2
2	129	23.1
3	29	10.2
4	20	
5	8	
6	4	2.5
7	1	
8	3	
9	1	
10	1	
11	1	
12	1	
13	1	
14	1	
計	558	100.0

註

（1）　地中・寺中の区別については、明治九年五月六日附

真宗四派管長代理の教部省への上申書（左掲）が参考になる（『本山日報』明9第4号および配紙、明9・6）。

本宗ニ於テ往吉ヨリ地中寺中ノ名称有之候ヘトモ塔頭塔中ノ名称無之候処自然他宗ニ倣ヒ中古以来称シ来リ候向モ有之候ニ付近年寺名帳ニ地中寺中ノ者ヨリ塔頭或ハ塔中ト記載シ該地方庁エ差出候分モ有之候ヘトモ各本山ニ於テ右之名称ハ不取用例規ニ御座候尤モ地中寺中名称区別之儀者従前本末寺トモ現境内区域中ニ有之候支坊ヲ寺中ト称シ境外之朱印地除地等ニ有之支坊ヲ地中ト称シ来リ候某寺地中寺中ト称スル縁由ハ当時各本山ノ法主ニ帰依ノ者一寺一庵ヲ取立候際末寺之内某寺住職僧侶等ノ紹介ヲ以テ本山へ請願シ本山ニ於テ寺号等認許ノ上旧藩主等へ申立前条之通現境内外ニ起立致候事ニテ其寺号アル者ト寺号ナキモノトハ本山及旧藩主等へ通不之区別ニテ寺号ナキモノハ本山ニ於テ一寺ト見做サス某寺ノ衆徒ヲ以テ看做シ候儀ニ有之殊ニ昨八年末追々寺院境内外区別御取調ノ上各寺院現境内御取立相成候ニ付テハ自然地中寺中ノ名称モ無実ニ属シ候依テ今般相伺御聞置相成候宗規改定中寺院区別第四条之通従前地中塔頭ト称シ来リ候者ニ至ル迄寺号アリテ住職ヲ置クヘキ者ハ総テ一般末寺ノ取扱ヒ可致規定仕候右御下問ニ付此段上申候也

これによると、寺中は境内にある支坊、地中は境外の本坊所有地にある支坊として区別されているが、両者の発音が全く等しい以上共通点があるはずである。それは、境内外を問わず本坊所有地に居住する点であって、寺中も地中、つまり本坊の地の中にあるが、ただ境内にあるため単なる地中と異なる。そこで寺中と地中をこの文章のように区別しないで、境内にある地中すなわち寺中と、境内にない地中に分つ方が解りやすい。ふつう寺中と地中を同義に用いているのは、境内にある地中が圧倒的に多いためであるが、それはまたこの文章のようには寺中と地中の区別をしていないことを示している。なお、地之者が寺中になった例（二八八頁）から、地之者（俗人従者）→地中（僧分従者）→寺中という名辞の変遷が窺われるように思う。この背景に、農民的性格を脱し、寺号も得て、寺院として純化しゆく過程がある。また、諸宗にて用いられる塔頭の語も、人々の造語意識を暗々裡に制約したものと思われる。

（2）『高田市史』第一巻（高田市役所、昭33・5）、三八四頁。

（3）宇野柏里『井波誌』（井波図書館館友会、昭12・5）所収。（補註48）

（4）『松代町史』下巻（長野県松代町役場、昭4・5）、二六九～二七〇頁。

（5）井上鋭夫「一向一揆の本質」、伊東多三郎編『国民生活史研究』4（吉川弘文館、昭35・10）、三〇七頁。なお柳田国男氏は、真宗とは反対に寺の塔頭が変転して俗人の農家となってしまった多くの例を挙げているが、恐らく廃仏毀釈を直接の契機とするものであろう。しかし、もともとそれらの下級僧侶は妻子をかかえ農耕に従事し、農民と選ぶところ

のない生活をしたのではないかと考えられる。柳田「毛坊主考」、『郷土研究』2の1（大3・3）を参照せよ。

（6）『高田市史』第一巻、三八五頁。

（7）金沢善福寺蔵『持家寺号帳』。大桑斉「近世真宗教団の形成」、『金沢大学法文学部論集』9（昭36）、一七頁による。

（8）『松任町史』（石川県松任町役場、昭16・4）、三一九～三二〇頁。

（9）『城端町史』（富山県城端町史編纂委員会、昭34・9）、一一六七頁。

（10）「明8・12・20附真宗四派管長宛勝善寺住職井上朗兼らの願書」、『明8本省達書幷本院達書綴』（高田派宗務院蔵）。

（11）蓮如に仮託して作製された「蓮如上人九十箇条」に、「坊主同宿門徒イツレモナカタガフ事勿体ナキコトナリ」とある同宿とは、坊主の屋敷内に同宿した与力的ないし従者的身分の者で、蓋し寺中の源流かと思われる。彼らには侍的性格の濃い者と僧侶的性格の濃い者と自ずから色彩にはヴァラィアティがあったが、それでいて両者の基本的性格は同一であったとみなされよう。したがって瑞泉寺同宿の国人衆が寺中になったのは、廃業転職という如きものではなかった。また、僧侶的性格の強い法体の従者も侍的要素を多かれ少なかれもっているのがもとの姿であった。「九十箇条」にある次の一条からこのことを知るのである。曰く、「同宿タル人々ハ御前ノ花ヲモタテ掃除ヲモシテ勤行ノ時ハタエス出仕シテ御燈明ヲモ燃スコト専要ナリサハナクテ馬ニ乗リ弓ヲ射テ将棊雙六ニ傾ムキツ仏前ヘ出仕ヲ无沙汰ニスルコトシカルヘカラサル事」と。なお、千葉乗隆氏の御教示によれば、阿波藩の棟付帳に同宿と書いて寺中を指した例がある。（補註49）

（12）『飛驒真宗史編纂所報』4（昭12・4）。

（13）『高田市史』第一巻、三八四～三八五頁、三八七頁。

（14）『佐賀龍谷学会紀要』6号（昭33・12）所収、一向宗由緒、九頁。

（15）山中寿夫「藩の寺院統制と安芸門徒」、『芸備地方史研究』37・38（昭36・5）、一一～一七頁。谷下一夢「本願寺広島別院史」、同上誌、一二五頁。

（16）竹内利美「農村家族の動態―分家慣行を中心として―」、『東北大学教育学部研究年報』2巻（昭28・12）。

(二)　酒田浄福寺の事例

酒田浄福寺（大谷派）に『篠薦山掟』と題する寺中の服務規程等を定めた掟書が保存されている。この「掟」

は正徳五年（一七一五）に始まって以下年序を追うて書きつぎ、安政二年（一八五五）の定に終る。徳川時代の中期と後期の一四〇年を蔽うかかる掟の集成は、蓋し他に類例をみざるところであって、近世の本坊寺中関係を組織的に復元するための好箇の資料となることは云うまでもない。こんにちみるが如き本坊寺中関係の原型は近世初期に完成したと考えられるので、近世の本坊寺中関係を復元することは、本坊寺中関係の原型を再構成する試みに外ならないのである。

(1)　浄福寺と寺中の成立　　浄福寺は九州菊池氏第十九代持朝の弟武明の開基にかかる。すなわち、武明は兄武弘（法名弘賢、秋田浄願寺祖）と共に本願寺八世蓮如に帰依して明順と称し、奥州弘教の命を受けて荘内に至り、袖浦に篠轟山清浄福徳寺を創建した。ときに文明七年（一四七五）であったという。(1)『浄福寺由緒記』にみえるこの記事を全面的に信用するわけではないが、以来庄内随一の名門として秋田浄願寺や山形専称寺など奥羽の諸大坊と縁組を通じたことは、系図に徴して明らかである。(追補7)

浄福寺に寺中が七ヵ寺あった（外に支坊一・末寺一）。そのうち観法寺は後嗣が絶え、信徒数が僅かで維持の見込も立たなかったから近年解散したが、他の六ヵ寺は現存する。一々について来歴を略述すると、まず雲龍寺はもと天台宗道場として現在地にあり、浄福寺の移転を迎えてこれに服属し、以後寺中として存続することになったと伝える。徳念寺はいま菊地を称するが、もと本坊と同姓の菊池を号し、本坊にとくに由緒のある門徒を信徒として預かっていることからみて、あるいは本坊の子弟が開いたのではあるまいかといわれている。普明寺は鈴木を称する。石山合戦のさいに鈴木孫一の一族が密使として矢文消息を携えて当地に来り、本坊の食客として滞在したが、やがて僧となって譜代の関係を結んだということである。長専寺と蓮容寺は何れも藤井を姓とする

が、その相互関係は明らかでない。これらは前田姓の善称寺と共に、開基の従者として扈従し来って定着し、寺中となったといわれる。

これらの寺中が寺号を与えられたのは近世のことである。雲龍寺と徳念寺が最も早く寛永十三年（一六三六）、普明寺・蓮容寺・観法寺がこれについで承応二年（一六五三）、善称寺が延宝三年（一六七五）、長専寺が最も後れて貞享二年（一六八五）に寺号を与えられた。しかし、寺号を与えられたときに忽ち成立したのではなく、その実体はこれ以前から存在したことは、過去帳の亡者の法名の下に手次の僧が記入されていることから推知しうる。すなわち、現存する浄福寺過去帳の最も古い部分である寛永六年の項に、すでに玄知・願誓・玄海・玄照・浄賢、七年の項に浄玄・永弥、前後合して七人の名がみえ、うち願誓は数年後徳念寺、永弥は雲龍寺と称し、他は系譜の脈絡を確定しえないが、何れも寺中の先祖であったことは疑いの余地がない。しかも願誓孫某・永弥女房・願誓母・玄知兄・玄海は、、などと過去帳にみえるから、これら七人の一見役僧かとも思われる僧侶は、実はそれぞれの家族をもっていたことが判明する。そこで、最古の過去帳が成立した頃には、寺号こそまだ与えられていないとはいえ、七ヵ寺はすでに寺中として存立していたことを知りうるのである。なお、寺内にはこれらのほかに俗体の使用人が住んでいたらしく、過去帳にも寺内と冠して藤介・仁介・弥助などの名が出現する。下って、宝暦十四年（一七六四）の掟には松斎・藤太夫・長助三人の名がみえる。これまた寺侍か使用人であったのであろう。

延享四年（一七四七）の古地図によれば、浄福寺の境内約六千坪は南北に長い長方形をなし、その三方を堀が囲んでいるが、南から堀を渡って惣門をくぐると、参道の両側に徳念寺（右手、5間×12間）と雲龍寺（左手、5.5間×12間）が対峙し、その次にそれぞれ蓮容寺（右手、5間×12間）と普明寺（左手、5.5間×12間）が向いあってい

第15図　酒田浄福寺とその寺中の配置

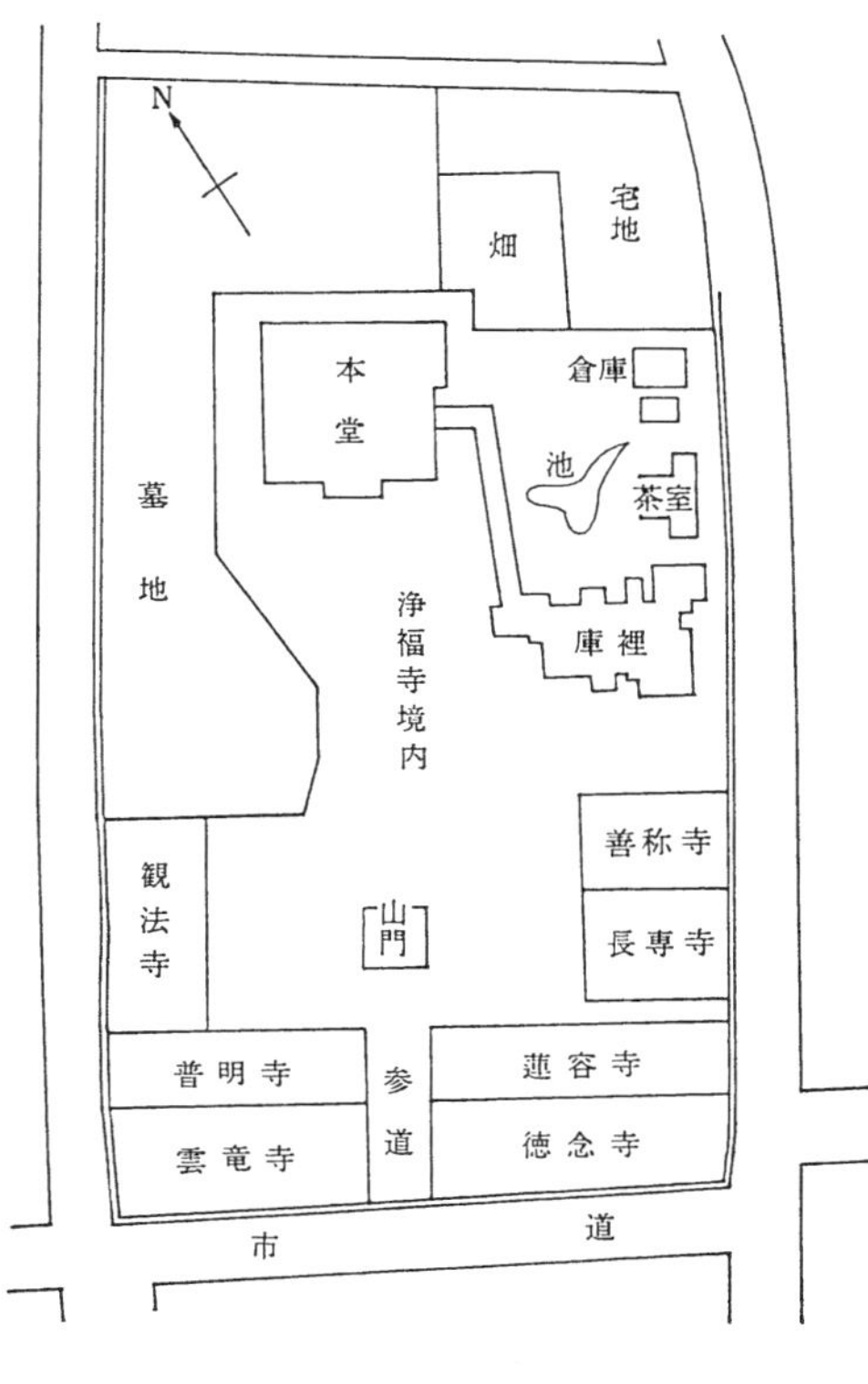

る。そして右手の奥には長専寺（5間×11間）と善称寺（4.5間×9間）が並び、左手の折れ曲った先には観法寺（4.5間×7間）がある。そして前二者の中間に仁兵衛なる小屋があるのは、蓋し俗体の使用人の住宅であろう。これら僧俗の従属者の屋敷（宅地）が境内にて占める面積の総和は、全境内坪数の約六分の一に当る。幕末までに寺中の配置が相当に修正されたが、以上をもって山内の空間的構成の観念をもつことができたと思う（第15図）。

さて、上掲第57表によって明らかなように、六ヵ寺ないしそれ以上の寺中を抱える大坊は全国でもきわめて稀である。東本願寺末寺のうち最も高格の五箇寺とか御坊（別院）ないしは領主の特別の保護を受けた寺院でなくて、かくも多数の寺中をもつのは、浄福寺の外に僅か一、二しか見出しえない。そのことは、他に類例が乏しいほど多数の門徒をもつ事実によって裏うちされているのであろうか、というと、そうではないのである。浄福寺の公称門徒教（現在）は五三〇戸（大部分酒田町内に集中）であるから、これを近世以来の数とみても寺中七ヵ寺に対しては少なすぎる。五、六百戸の門徒に対して一山全体の堂・庫裡の維持ならびに寺族の生活を依存するこ

とは、真宗門徒の比較的多い経済的貢献を考慮に入れてもなおかつ困難であるからである。しかるにこのことが可能であったのは、巨大地主であり豪商であった本間本家はじめその一族が浄福寺の門徒で、本間家によってとくに本坊が強く支えられたからに外ならなかった。浄福寺では本間家に依存するあまり、本間家と末家(ばっか)とよばれるその直接分家だけを本坊で直接とりあつかい、他はすべて寺中七ヵ寺に分属せしめて、寺中を手次として本坊との接触を保たしめる重層的な構成をつくりあげた。これは浄福寺が本間家のいわば菩提寺となることであるが、群小の門徒とは比較を絶した本間家の地位にふさわしい待遇として本間家によって歓迎され支持された体制に違いなかった。もっとも、寺中が事実上すでに出現していた近世初期には、本間はまだ充分に家業の拡大をみていなかったから、本間家の絶大な保護が寺中を七ヵ寺も成立せしめた原因であるとはいえない。むしろ開基に随従した家臣が寺中となったという寺伝の方が寺中の発生を説明しうるように思われるが、すでに成立した寺中が経済的変動にかかわらず現代に至るまで何とか維持されえたのは、本間家の援助によるところが大きかったとみるのである。本坊は本間同族を直檀[2]として掌握することでその経営がなりたったから、それ以外の門徒に依存するところ少なく、それだけ寺中への経済的圧迫が小さくてすみ、かくて多数の寺中の存続を可能としたのである。寺中はかようにして一定数の本坊門徒を信徒として掌握し、本坊と大多数の門徒との接触は寺中の介在によって自ずから間接的であったこと、かつ、寺中が七ヵ寺も存在したことなどが、以下で根本史料として依拠した『篠蕗山掟』の編成を促したものと考えられる。

註

（1）天正十九年永照筆『浄福寺由緒記』（浄福寺文書）。

（2）初期には本間家も徳念寺の信徒で、本坊直檀というものはなかった。いつ頃から直檀の制度ができたのか、将来の調査を要する点である。

(2)『篠薦山掟』の分析

『掟』はその内容の大部分が寺中の服務規程を定めたものである。しかし服務規程といっても、本坊と寺中との間のいわば契約として設定され、設定された規程の範囲内で寺中が本坊に対して義務を負うといった性格のものではなかった。そうではなくて、寺中の服務内容が本坊寺中の主従関係に基づいて漸次定型化され、いわば慣習法として尊重遵守され来ったのに、やがてそれが励行されなくなるに及んで、寺中服務に関する「古来之寺法」「古来ゟ之掟」を明文化して示す必要に迫られ、関連した旧慣も法制化を刺戟されてここに『掟』が作成集積されたのである。であるから、例えば、冒頭にある正徳五年の「定」が納経に対する布施など二、三点についてしか指示していないのは、その時にはそれらだけが明文化の要請をもったにすぎないことを示すばかりであって、ほかに寺中を律する規程がなかったとは考えられない。他はすべて慣習法として存在し、殆ど自明のこととして遵奉されたのであった。しかし、慣習に対する違反が相つぎ、それが本坊にとって好ましい結果をもたらさないと考えられた場合には、さらに慣習を明文化して掟として示す必要が生ずる。かようにして一つの掟は他の掟をよび起し、法制化の拡大と整備が進行して、『掟』が次第に集積され体系化されていったものとみられる。その中には新しい変化に対応しようとする要素も皆無ではないが、全体としてすぐれて保守的であって、「古来之寺法」を強調することが基本の音調をなしている。時代が下ると共にこの『掟』がおおう側面もまた多岐にわたるのは、必要に応じて祖法を明文化した当然の帰結であって、新しい改革を含むものとはいえない。かように全体が把握されるならば、百数十年にわたる掟の集積のなかから掟の内容の時代的変化を探りあてて本坊寺中関係の変質をとらえようとするアプローチよりも、むしろ、時代を異にする掟の分析を通して「古来之寺法」を再構成しようとすることの方がより生産的な作業である、ということになる。『掟』を

分析しようとした最初の意図は前者にあったが、その内容を吟味するうちに後者の軌道に導かれてしまった。かくてこのアプローチにより、本坊寺中関係の原型、とくに本坊に対する寺中服務の原型に遡及する希望が達せられると考えるので、以下資料の時代的前後関係を無視して論理分析的に原型の再構成を試みてみたい（条文の掲載を省略したものについては、記号によって『日本仏教』4号所載の『篠藺山掟』抄を参照されたい）。

(A) 寺中はそれ自身の門徒をもたない。——ふつう寺中は門徒をもたぬ。しかしなかには門徒をもつものもあって、高田浄興寺の寺中九ヵ寺の如き、その一例である。もちろんこの場合でも、本坊の門徒数は八九二戸で寺中それぞれの門徒数（最少五〇戸、最多一八六戸、総計一、一五九戸）よりも遙かに多い。高田本誓寺（大谷派）の寺中八ヵ寺も同様である。ところが稀に、寺中それぞれの門徒数が本坊のそれを凌駕するものがある。その一例、東本願寺末寺のなかでは最も多数の寺中を擁した山形専称寺は、僅かに六〇戸の門徒しかもたないのに、寺中は何れも百戸内外の門徒をもっていた。さらに、本坊は全然門徒をもたず、却って寺中が多数の門徒を掌握する例もないことはない。寺中八ヵ寺をもつ高山照蓮寺がその稀な例であって、寺中は少なくも百戸内外、多きは五百戸に垂んとする門徒をもった（明治初年調）。何れにおいても寺中の門徒は本坊の信徒とみなされる。しかしながらこの四例ともに特殊な事情によって寺中が門徒をもつのであるから、きわめて異例に属すると考えてよい。もっとも、浄興寺のような例は他にいくらか見出しえないわけではないが、寺中無檀のケースが殆どすべてを占める。浄福寺もそうした圧倒的多数のなかの一例である。しかし前述したように、大多数の門徒を寺中に分属せしめてその信徒とし、重要性の低い寺役は手次の寺中に任せていたことを思うと、浄興寺の寺中との差は、寺中がその信徒の一部を自らの門徒としているかいないかという一点に存することが判明し、そこに一脈相通ずるもののあることを知らしめられる。それはともかくとして、寺中二ヵ寺がともに同一戸に関与し、ただ亡

者の男女別によって担当を分かつごく数少ない例を除いて、手次の寺中は家について一ヵ寺に一定している。そうした信徒の数は均等でなく寺中によって差がある。現代から近世を推測しうるとすれば、徳念寺・雲龍寺はそれぞれ約一一〇戸、蓮容・普明両寺はそれぞれ約九〇戸、善称・長専両寺は各五〇戸、近年廃寺になった観法寺は一七戸の信徒をもっていた。これらは信徒であるから、あくまでも自分の門徒というべきではなかった。この点を厳重に戒めた延享五年の掟（6e）が出されてから、僅か一六年にして再び同じ趣旨の警告（12d）が申渡されているのは、違反され易い規範であったともいえるが、また他面、本坊ではこの種の違反に対してきわめて神経質であったとみることができる。

6e 一、寺家面々預之手次私之旦那門徒と称する事甚御寺法を不弁謂候間冥加之実を存右之名目可有用捨事

門徒であるかないかを正式に示すものは、葬儀においてその導師をつとめるかどうかということである。だから、二、三歳の小児の葬儀は格別としても、本坊に内証で葬儀をつとめるようなことがあってはならないと、享保六年にきびしく注意された（2m）。ところで、導師の機能の中核をなすものは死者に対する法名の授与であって、これは導師自らが書き与えるものである。だから、寺中の信徒はあくまでも本坊の門徒であって寺中は僅かにその手次にすぎないという関係は、手次たりとも寺中が法名を書き与えることは許されないという事実に集約的に示されている。すなわち、住職不在の間、寺中の一老をもって看主役とし、葬儀の導師を代行せしめて当座の法名に限って書き与えることを許したが、永く仏壇に安置して祭祀を行うための法名は、宝暦四年の申渡しにおいて看主役たりとも堅く禁じられたのである（8m）。浄福寺のような大坊の住職はしばしば上洛すべき用務をもち、往還に相当の日数を要した。そこで住職の不在に乗じて法名の禁を破るものがあったのであろう。ここに示され、また前出6eに示されているように、預かりの門徒を自己の門徒にひきなおしたいというのが、寺中の強

い潜在的欲求なのである。

2m 一、手次之死去人有之節者先ゟ申来候ハ、早速為相知可申縦先ゟ何様ニ申分ケ候共私ニ内証ニ而致焼香候事堅可為停止事
但二三歳之小児強て先ゟ申分候ハ、可任其意事

8m 一、旦中ニ而表具地へ法名書与へ候事一山住持之外御寺法として延慮可致事ニ候院家留主之節看主役之者当座之法名出遣事ハ格別表具地へ出候事堅相慎可申事

寺檀関係を示すもう一つの公式の機会は、宗門人別改帳にどの寺が捺印するかということである。だから延享五年の掟にあるように、宗判は本坊によって厳重に監督されなければならない（6b）。また離檀しようとする者の処置についても、本坊が深い関心を有するのは当然である（2n・2o）。

6b 一、毎年旦方人別御改印形之節相替候事有之候ハ、早速本坊江可申達候若私之計ニ而後日不念之筋於有是者急度可申付候間可得其意事

こうした本坊寺中の秩序は法衣にも反映した。たとえば、寺中信徒の法事に単独で参詣するときに、一山招請の正式の法事同様に色衣をつけたのでは、寺中自身の門徒であるかにみえるから、従属的僧侶の分際を示す墨袈裟を着用せねばならなかった（6p）。それはまた、略式の法事であるということを示すものでもあった。この二点は、寺中が単独で招請されたときには、正信偈・和讃などを誦する（オツトメヲスル）のはともかく、根本経典である阿弥陀経・大無量寿経・観無量寿経のいわゆる三部経を誦する（オ経ヲアゲル）ことができないという、宝暦四年の資格制限にも示されたのである（8n）。

8n 一、仲間他之手次ハ不及申面々預り之手次中陰幷法事之節願主願候共本坊招請無之法事ニ者内々ニ而三経読誦堅無用ニ候尤其人之手次分之外一切指図かましき事致延慮可申候不和合之端ニ候間兼而相心得可申事

(B) 寺中の生計は本坊に従属することによって維持された。——自らの門徒をもたない寺中は、いかにしてその生計を支えたのであろうか。彼らは本坊から定額不定額の給与を生計の支えとして受けたのでなく、主として信徒の寺役を下請けすることによって受ける各種の布施に依存した。しかし信徒の布施は直接寺中の収入とされたのではなく、一まず本坊へ収納された上で、相当部分が手次の寺中へ本坊から与えられたのである。本坊から給与される面を強調するならば、これが給金ともいえるものであろう。この点に関連するのは正徳五年の定1a・1b・1cおよび6kである。文意必ずしも分明でないが、郷中の葬儀で本坊の名代ならびに伴僧として出向いたときはいわずもがな、およそ布施を貰ったときには本坊へ相違なく渡し、自分の分を勝手に着服してはならない。もっとも、信徒の家へ行って受けた布施はその分け前をとらせる、という意味は汲みとることができる。布施の標準額はもとより、分け前の率も明らかでないが、ともかく寺中の生計は布施の一部を本坊から与えられることによって維持されたことは確かである。

1b 一、野布施納経布施不可寄遠近御用之節者不出本ゟ御堂御番御用相勤候節無相違相渡可申事
但手次往生人御用等ニハ分前相渡可申事同年忌時斎参不出方へハ相渡申間敷事但年忌時斎仲間願越候節其身吟味之上相渡可然事

寺中の居住する屋敷地も本坊の占有に属した。寺中は本坊が領主から恩給された境内地の一隅に居住するものであって、本坊からのいわば内附けとして数十坪の土地を占拠することを許されたのである。その意味で寺中も本坊の地中といわねばならぬ（二九二頁註参照）。寺中が本坊の一部の門徒についてその手次となることを認められていたのと、土地と人との相違はあるにしても、その間に一脈相通ずるものがある。そして、信徒にみられたのと同様に、寺中の屋敷地の使用についても本坊の強い干渉を受けた。例えば、すでにふれたように境内の周囲

に堀をめぐらして一山の境としたが、出入口は南の総門と東の通用門の二つしかなかったから、日常生活に不便を感ずる寺中もあったはずである。しかし、めいめいの屋敷のところへ通り口を設けることは禁ぜられた（8c）。また、屋敷地に盛砂することも許可を要した（8a）。さらに、境内に植えた立木は、かりに寺中が植えたものでも、すべて本坊の所有に帰するという宝暦四年の定めであった（8o）。

8a 一、寺内惣囲之脇江うへ候並木或ハ庭之内ニ而も寺中境内見入立木之分ハたとい自分ニうへ候而も本坊之分ニ候間末々ニいたり自由ニ枝等切払申間敷若枝ニ而も払申度候ハ、此方江許之趣申出許容之上可任其意候此義ハ別而古来ゟ之掟ニ候間兼而相心得可申事

家屋は寺中のものであった。その普請をするために信徒に援助を依頼せざるをえなかったが、信徒はあくまでも本坊の門徒なのであるから、絵図面を添えて本坊へ「寺造立」のことを願い出、許可をえた上でしか信徒から奉加を募ることが出来なかった。これも同じく宝暦四年の定めにみられる（8b）。

8b 一、面々寺造立之願有之手次中江茂相頼申度候ハ、先此方江願出候而奉加ハ不及申許容之上手次中江茂可申出候尤普請之所致絵図此方江為見可申候事

(C) それでは、寺中は本坊に対してどのような奉仕を慣行的に義務づけられたのであろうか。それは一言でいえば、本坊の経営に参加してこれを助けることであって、前項にてふれた代理あるいは伴僧として門徒を訪問することも本坊の経営に参加することに外ならなかったが、この項ではとくに次の諸点を指摘したい。

Ⅰ 平日には晨朝（明ケ六ツ半）・日没（八ツ時）の二度、宗祖・本山前住職・本坊開基・本坊前住職、都合毎月四度の命日には、右の両度（晨朝明ケ六ツ・逮夜九ツ半）に加えて、日中（五ツ半）の勤行のため本堂へ出動して助音すべきこと（3f・9a）。これにつき、各自の内仏の朝づとめはあとにして急ぎ出仕すべきこと

（6c）。遅参の者は本座への出仕は相ならぬ、冥加を思わば後座へ出仕のこと（10・14）。勤行の助音は第一の役儀であるから誠心誠意つとめるべきこと（2l）、などの誡めが出されている。

3f

毎月四度之御命日定

一 御掃除幷惣御花立替
一 逮夜日中乞鐘
一 逮夜　九ツ半
一 晨朝　明ケ六ツ
一 日中　五ツ半
一 平日晨朝　明六ツ半
縦申経日中有之候共右之割付之通可相勤事
一 平日日没　八ツ時
右之通相違無之様可相勤候也
寛保元年酉八月　一老蓮容寺

Ⅱ 毎月二十五日の朝（4d）、四度の命日の逮夜（8j）、および報恩講の期間中、順番に法談を行うこと。

Ⅲ 交替に御堂番を勤めること。近代の慣習では二日交替であった。本堂には小番という常勤の使用人がいたが、寺中は御堂番として本堂へつめて宿直し（2a・8d）、宝物・仏具の保管はいうまでもなく（2b）、さらに花の差し代え、堂の掃除も行い（2d）、また朝夕の太鼓をうつこと（8f）。内陣へ入った賽銭を集めて賽銭箱へ入れること（6g）。宝物の虫干のとき、あるいはどこかで火事のさいは堂を離れてはならない（2f・2g・8i）。と

くに火の元に注意し、蠟燭をつけたままにしておいたり、番部屋で煙草を喫んではならない（8e・13）、と再々戒められた。なお、天候、勤行、一山内のできごと、門徒の主だった法要などを日記風の執務記録簿につけるのも御堂番の任務であった。

Ⅳ　このほか、恒例臨時の法会の前に、本堂の掃除（2e）・花の立て代え・仏具磨き（6m）・内陣廻りの道具の出し入れ（6l）などを惣坊主が出て行うこと。また、年に三度――おそらく盆前・報恩講前・年末の三度――本堂の煤払いをし（6i）、盆には年々新しく灯籠をつくって（張替えてか）本堂へあげること（6j）。

Ⅴ　住職の外出に扈従すること。なかでも正月四日の年頭礼には全寺中が住職に扈従して酒田町内の門徒を戸別に巡廻する。それについて不行儀なこと、無礼にわたることがないよう度々注意が発せられた（6a・8g）。

(D)　門徒をもたぬ寺中が生計を維持しえたのは、(C)Ⅰ～Ⅴの形で本坊の経営に参加し、これに包括されることによってであった。本坊の側から一言でいえば、「元来地中ノ儀ハ无檀无禄ニシテ本寺ノ檀徒ヲ配預シ葬儀弔勤ハ不申ニ及寺役法用等ニ召連レ其懇志ヲ以今日生活ノ道ヲ相立罷在候」[1]ということになる。消費生活の面では本坊と七つの寺中が各別にその単位（世帯）をなしたが、経営の面では本坊と寺中とで不可分の一体をなした。本坊から信徒の掌握を許されている点をみれば、それぞれの寺中が微弱ながら各別の経営体をなすともいえないことはないが、以上でみてきたように、それすら本坊の経営の内側にあり、その内側で消費生活の単位に即した小さい経営が成立したのである。この小規模の経営は本坊の経営を前提とし、かつこれへの参加を通じてのみ可能であった。

かような経営の共同ないし連関を基礎として、本坊寺中の身分関係が成立する。これを主従結合とよぶのである。単に本坊住職と寺中住持との個人的な間柄が主従であるばかりでなく、本坊住職家と寺中住持家との家関係

が主従の分際をもって隔てられ、かつ結合されているのである。(C)で述べた寺中から本坊への奉仕も、限定的定量的な契約に基づくものではなく、専ら本坊寺中の主従的身分関係の機能に外ならなかった。「掟」の条文の至るところにこの関係が反映していることは次にみる通りである。

I 本堂における勤行の助音は寺中の第一の役儀であるが、剃刀をうけて僧侶になったからといって直ちに本座に着座してはならぬ。指図があるまでは後座に着座すべし、と享保六年の制条(2h)にある。

2h 一、寺中かうそりは十五歳ニ相成候ハ、此方へ願可申事但本坐者此方ゟ重而許容可申間夫迄者後坐ニ可為着坐事

II 毎月四度の命日には、朝・日中・夕の勤行に出勤するばかりでなく、その日は精進して一山慎しみのうちに過すべきこと、と延享五年の掟(6f)にあり、その後同じ趣旨の注意が重ねて発せられた(12b)。また、この日は法用の外出すら禁ぜられた(18e)。

6f 一、当寺四度之御命日ニハ一山音曲并見物不可出事

但召仕ハ不及其沙汰事

II 御堂番は寺中の重要任務の一つであるが、寺中の長男でも間にあうからといって勝手に勤務させてはならない。これは本坊から申付けるまで待つこと(2i)。また、御堂番を勝手に交替してはならぬ。その必要があるときは必ず双方から本坊へ願出ること(2c)。

IV 正月四日の檀礼の供に小僧が出る時は、本坊から申付ける。それまでは勝手に顔を出してはならぬ(8h)。——かような次第であるから、寺中の進退は一切本坊の手に握られたのである。

V 寺中男子の剃刀式は十五歳に達したならば本坊へ願出ること(2h)。寺中も上洛して本山住職から剃刀式を授けられたものかどうか。あるいは本坊住職によって剃刀をうけたのかも知れない。ともかく、僧侶身分の取

得のために本坊の許可を必要としたことはたしかである。須坂勝善寺では本坊住職の法名の下の字を寺中坊主の法名の上の字として名を与える慣例があったが、浄福寺にはそのことをみない。しかし、本坊住職が寺中の法名を決めたことは充分に推測することができる。

Ⅵ　本山へ願い事があるばあいには、そのため信徒に金銭的な援助を頼む前に、まず本坊へ願い出て許可を受くべきこと。この順序を弁えないで後から事が顕われたときには、本山への添状を与えられないであろう（7*b*）。

Ⅶ　酒田の町内はともかく、郷中へ私用で出張するさいには、あらかじめ願出て許可を受けること（6*n*）。また外泊したときには、本坊へその旨断わること（12*c*）。

Ⅷ　このような本坊による寺中の身分的統制は、親類たりとも自分の寺に無断で泊めたり、隠し置いたりしてはならぬ（2*q*・12*a*）、という指令にもあらわれているが、さらに縁組すら本坊の指図を仰がねばならぬとされた（2*p*）。但しⅦとⅧには、藩の地方行政における組頭の統制機能が加重されているように感じられる。

2*p*一、寺中仲間縁組等可為無用若不叶筋有是縁組亦者後住之約束等いたし候ハ、此方へ双方ゟ願出免許之上可任其意尤寺外ゟ縁組候共得差図可申事

(E)　最後に寺中の組織をみると、住職不在のさいは一老を看主役としたことはすでにふれたが、住職の在・不在にかかわらず一老・二老ときには三老までおいて、あるいはこれらを通して制条を寺中に伝達させることもあった。一老以下は寺中のうち老僧分の寺格の寺中が交代につとめ（9*c*）、本堂の法務についてとくに重い責任を帯びた（4*f*）ほか、寺中仲間を督励して掟法に違背なきよう努力すべきものとされた（6*q*）。寺中の側でも、意見や希望をまとめて本坊へ具申する必要のあるときには、一老二老を通じて願出たのである（9*b*）。

「掟」は正徳五年から安永四年に至る六〇年間に一四回出されているから、条文の多少を度外視すれば平均して四年に一回宛申渡されたことになる。しかるに、以後七〇年間のブランクが生じた。そして漸く弘化二年（一八四五）に至って復活され、安政二年（一八五五）まで一〇年間に四度も出された。

×　　×　　×

この中絶は第十四世公巌の時代にあたる。[2]公巌は高名の儒僧で、三十八歳のとき「地下の坊主たちよ、檀越のひとびとよ、けふこそ釈の公巌はいのちをはりたれと、思召したまはるべし」という書き置きを遺して上京し、専ら学解に努めたほどであったから、寺門の経営・寺中の統制には全く関心のない人であったに相違なく、これが掟に時代的空白を生ぜしめた最も大きな原因であったと思われる。七〇年もの間掟を示さないことは寺中の勤務を緩やかならしめたと予想されるが、事実、弘化二年以降の掟はこの間の変化を比較的よく反映している。

すなわち、毎月四度の命日の出仕は寺中の義務であったが、嘉永二年（一八四九）の覚によれば、近年我意にまかせて不参がちになっていることが判明する（16*g*）。のみならず、毎日朝夕の出勤も遅参が少なくないので、案内の合図として板木を打鳴らすことにしたと嘉永六年の定にある（17*a*・17*b*）。勤行が始まってから出仕した者は遅参と出勤簿につけ、「願以此功徳」のところでかけつけた者は不参としてあつかい、不参者は古来の掟により三日間本坊への出入をさしとめられることに、同年の定は注意を喚起している（17*c*）。また、御堂番は丁寧に番を渡すこと（17*f*）、法談の当番がその座になって遅刻したときには次の番の者が早速勤めること、これも遅刻のときは罰として法談を二度、当番の者は三度勤めるべきこと（18*a*）、とあいついで申渡され、さらに勤行への不参者に対する制裁も重ねて達せられているのである（18*c*）。こうした箇条が比較的短い年数の間に集中することは、本坊に対する寺中の勤務が著しく崩れてきたことを示すように思われる。寺中三ヵ寺を擁した阿波国郡里

の安楽寺（本願寺派）が、嘉永元年に「寺中僧分定書」を寺中に示して勤務の励行を命じたのは、本坊不如意のため一五年間支坊へ引移って緊縮財政をとっていた間に僧分心得方不行届となったためであるが、かような勤務の弛緩はかなり一般化しつつあったのであろう（安楽寺文書）。それは他方では、本坊の門徒を自己の門徒と僭称し、あるいは人口が増加する酒田のような港町では新しく成立した世帯を自己の門徒として、本坊にかくれて密かにその葬儀を主宰する動きが進行したことを推知せしめる。近世封建社会の体制的弛緩がこうした傾向を支えた。かようにして、寺門内外の条件によって生み出された勤務弛緩の傾向は、浄福寺のなかに含まれる従属的な消費単位が消費の単位として本坊のそれとは別立しているように、経営の単位としても別立しようとする動きであった。それと共に、もし本坊の寺中であることをやめれば、本坊門徒は寺中を見限ってその信徒であることをやめるという、独立を阻む致命的制約の前に立たされた寺中の欲求不満が、ここにあらわれ出ているといえよう。

註

（1）　前掲、明8・12・20附、井上朗兼らの願書。

（2）　公巌は天明五年（一七八五）住職となり、文政四年（一八二一）六十五歳で歿した。詳しくは佐々木求巳『近代之儒僧公巌師の生涯と教学』（立命館出版部、昭11・6）、参看。

㈢　須坂勝善寺の事例

信州須坂勝善寺（大谷派）に天和二年（一六八二）と推定される寺中服務規程が保蔵されている。酒田浄福寺のそれに先立つこと三十余年であるので、とくに注目を要すると思われる。

勝善寺は一万に近い大谷派末寺のなかでもトップレベルに立つ貴族的寺院に属する。末寺中最高の寺格を五箇寺といい、蓮如の子弟が住した門閥九ヵ寺に限られる。次は巡讃地で、のちに献金功労によって昇進できること

第16図　須坂勝善寺とその寺中の配置

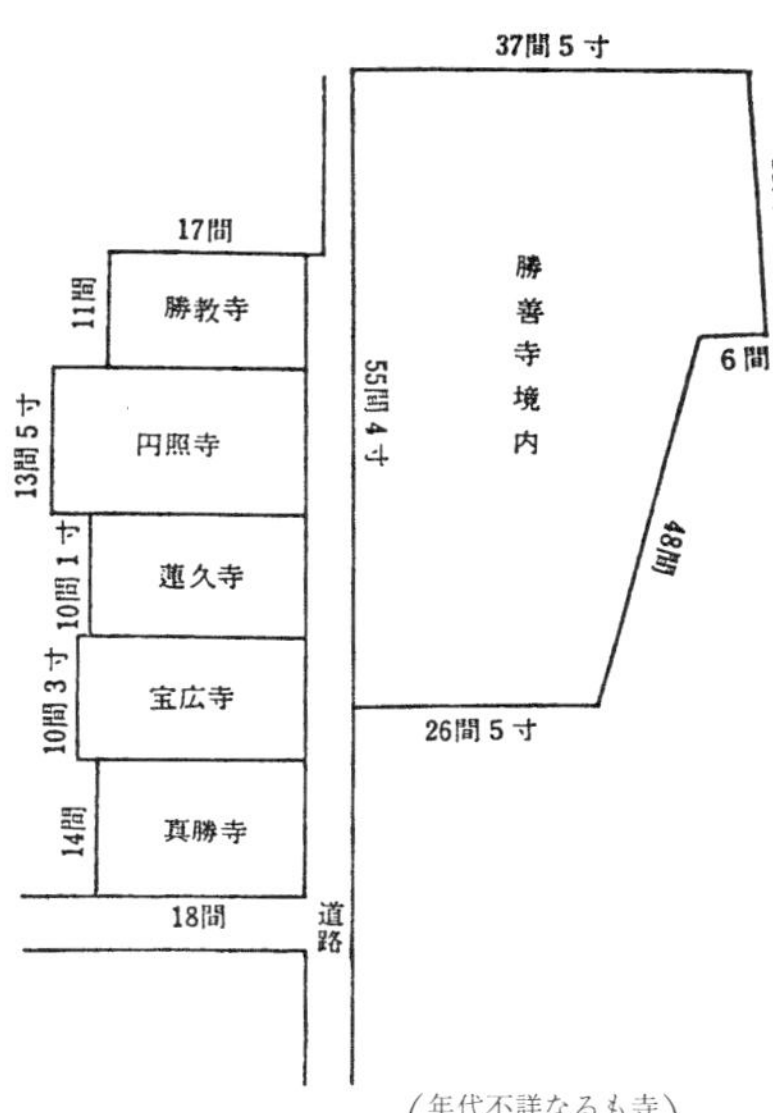

（年代不詳なるも寺中５軒並立の時代）

になったが、近世末期には八ヵ寺しかなかった。勝善寺はこの古巡讃地八ヵ寺のなかでも比較的早く元禄頃に巡讃地に昇進した、信州では他に比肩するもののない高格寺院である。近世には川中島四郡――おそらく北信の高井・水内・更級・埴科の四郡――の東本願寺末寺の触頭として、嘉永六年五月の「本寺幷配下末寺地中書上帳」（勝善寺文書）によれば、高井郡一三ヵ寺・水内郡二六ヵ寺・更級郡二ヵ寺・埴科郡一ヵ寺・小県郡一ヵ寺、計四三ヵ寺を配下にしたがえ、別に越後に六ヵ寺の下寺をもち、山内には寺中五軒を抱えていた。同じ日附の「檀家軒数書上帳」（同上）には、須坂を中心に千曲川東岸一帯から松川の谷にかけて〆五八七軒ばかりの門徒の分布が記されている。この多数の門徒の寺役と日常・恒例・臨時の法務を補佐させるために、寺中を何軒も必要としたのである。

勝善寺が元和九年（一六二三）秋須坂へ移転する前は、南方山際の八丁なる村落にあり、ここで家来六人の居屋敷を含めて五反四畝歩余の屋敷を領主から扶助されていた。慶長三年（一五九八）附の目録によれば、家来として宗助・れんきう・松忍・正教・真宗・浄真坊の名がみえる。宗助は俗人の家扶であって二反二畝歩余の本坊居屋敷の一部に住んだらしいが、他の五人はそれぞれ別に三畝ないし八畝の居屋敷を与えられている。法名で記載されたこの五人こそ勝善寺寺中の前身であった。系図と照合すれば正教は勝教寺祖、真宗は真勝寺祖なること

が判明し、れんきうは蓋し蓮久寺祖、他の二人もそれぞれ寺中の祖であろうと思われる。寺号は勝教寺が慶長九年に、真勝寺・蓮久寺は慶長十九年に免許され、円照寺も慶長年間に許された。宝広寺の寺号免許は不詳なるも、おそらくその頃のことであろう。さて須坂に引移ってから境内地として二一石六斗七升二合の高を請け、その一角で計六石七斗七升二合の屋敷を清念・円照寺・宝広寺・真光寺・宗庵・勝教寺・甚左衛門・彦十郎・助右衛門の九人に高わけした。小は一斗から大は一石六斗にわたるこの分割は、寛永七年（一六三〇）霜月に藩から渡された勝善寺境内地押帳に基づき、同十一年三月本坊第十一世従円の手で縄張地割が行われた結果である。すでに真勝寺も蓮久寺も成立していたから、これを加えると僧八人と家来あるいは門前百姓と考えられる者が三人いたことが判明する。前掲慶長三年の家来人数を目録だけから僧五・俗一と断定することはできないが、八丁から須坂への移転には寺勢の伸長が含まれているように思う。寛永十一年五月には真勝寺も八斗足らずの屋敷の高わけを受けた。そこで彼らは直接領主へ年貢を上納するよう本坊から指示されたが、それは事務的な便宜のあった暫くの間のことで、間もなく前の通り本坊がとりまとめて上納することに復した。寛永十三年に真光寺が本坊の羈絆を脱して旧地八丁村に移転し西派（本願寺）に帰したあと、その屋敷八斗足らずは本坊の高に還元された。清念もその頃西派に走って本坊の傘下を脱したらしく、その屋敷一石六斗余は本坊の高に入った（第58表）。この点は現代の所有権の観念では理解

第58表　勝善寺とその寺中の境内請高

従者＼異動年月	寛永11.3	同11.5	同13.12	？	本坊屋敷地小作
	斗				
清念	16 12				5 60
円照寺	7 96			7 26	
宝広寺	6 05				6 33
真光寺	7 67				
宗庵	7 26				4 54
勝教寺	8 48				9 00
甚左衛門	1 00				
彦十郎	10 06				
助右衛門	3 12				
真勝寺		7 96			
本坊	149 00		16 12 7 67	1 00 10 06 3 12	
境内計	216 72				

（本坊は境内の外に八幡とうしょう畑2石6斗4升などを所有した。）

し難い。寺中が本坊の高のうち幾分かを名請しても、自由に処分しうる寺中の家産となしえたのでなく、それはあくまでも本坊との身分関係を前提とする分給に外ならず、身分関係が変動すれば分給も終るものであった。稍遅れて甚左衛門・彦十郎・助右衛門も転絶したのか、その屋敷はすべて本坊の持高に吸収された。宗庵は円照寺と同じ家であったから、その歿後七斗余の屋敷は円照寺の持高に含められたのは当然のようであるが、これも宗庵の屋敷が一度没収された上で、本坊の発意でまたそのまま円照寺へ分給されたと考えるのが正しい。この宗庵と前出の清念は本坊屋敷地の一部を小作していた。宗庵のあとは円照寺、清念のあとは勝教寺が引きついだ。ところが延宝六年（一六七八）に至って本坊住職の急逝に乗じ、円照寺が策動して小作地を本坊の高から外して両寺中の高に編入してしまった。前々から小作していた宝広寺も同調してこのさい小作地を自坊の高にくみ入れた。自坊の高にくみ入れてもなおかつ勝善寺境内の内としてあつかわれたのだが、蓋し小作料よりも領主年貢の方が地主得分だけ軽かったのであろう。このような寺中側の強引なやり方は本坊によって承引されるはずはなく、後年本坊が常態に復し、それに財政不如意に傾くと、小作地への復元がしばしば日程に上ったのである。また、伝えられるように本坊庶子でも入寺したためか、蓮久寺の屋敷は割渡しを受けながらも本坊の高に含まれ、年貢（借地料）もなくてすんでいた。ところが元文四年（一七三九）十月頃から本坊の勝手元が不如意になったので、翌元文五年以降本坊へ年貢米一俵を上納するように改められた。しかし他の寺中へは屋敷が高わけされているのであるから、右の年貢も領主年貢だけで、地主得分を含むものでなかったと考えられる。高わけをしていないが、これ以後取扱いは他の寺中と大差はなかったといえよう。かように寺中は本坊との身分関係を前提として、分附ないし内附の形で屋敷を分給せられた。しかし年貢は免ぜられず、本坊へ借地料を納めるなり、あるいは本坊を通して上納したのは、境内の全部が年貢地であったからである。上述の酒田浄福寺のように境内を除地

として恩給された場合には、寺中もその恩恵にあずかり、年貢の上納を免ぜられた。

さて、寺中五軒の来歴は殆ど明らかでない。何れも門徒をもたず、本坊門徒の若干を分けもって信徒としたが、円照・蓮久・宝広の三軒では比較的多く、なかでも円照寺の信徒が多かったらしい。寺中の信徒は本坊へ用があってもまず手次の寺中へいき、その案内で本坊へ参上するというしきたりであって、ここでも浄福寺でみた重層構造がなりたっていた。本坊から寺中に対する給与といっても、報恩講などの期間中食事を給する以外に何もなかったから、寺中は毎月の時斎（月忌）マイリに信徒をまわり、それに対する斎米や、葬儀・年忌などの布施に生計の基礎をおいた。しかし、これらも本坊の承認のもとに収納したのであって、本坊寺中の関係をぬきにして生じうる収入ではなかった。信徒が最も多い円照寺はそれだけ豊かであったし、近世初期以来世襲的に寺中の一老とされ、地位も最も上に位した。遠方のため本山の報恩講に出仕できない北信の寺々は、その代りに同じ日につとめられる触頭勝善寺の報恩講に参勤する慣例であったが、そうしたとき勝善寺寺中は法会の会奉行となって権威をふるい、なかでも一老円照寺の勢威は大きかった。もちろんこの一老役にも異動の形跡がある。さきにみた寛永十一年の高わけが寺内の僧には大体八斗前後に均等に分けられているのに、清念のみ一石六斗と約二倍の高を宛行われているから、当時は清念が一老だったと考えられる（第58表参照）。ところが寛永十三年に清念退転屋敷没収となった頃、宗庵屋敷が円照寺に与えられ、円照寺の請高が清念に代って他の寺中の倍となった。これは単に親の遺産をうけついだというものでなく、清念退転によって一老役が清念から円照寺へ移り、一老役地として加恩されたのに違いない。この一老役交替は本坊と清念がしっくりいかなくなったためと想像されるが、確かに本坊寺中には対抗関係として把握すべき一面がある。その後、「円照寺可休了覚事我意を以本坊畑を引分ケ持分ニ仕候事」（寛保三年「勝善寺境内改」）と記録される前掲延宝六年暮の小作畑引分事件が起った。一老

が他の寺中を語らい、本坊の不幸に乗じて小作地の押領に成功したわけで、ここに本坊寺中の対抗関係の露頭をみるのである。

この事件の前年八月に本坊第十一世従円が六十九歳で死去し、事件の年の正月に第十三世晴立が二十九歳の若さで急逝したあと、死亡の直前に生まれた晴立の後嗣（第十四世海秀）とその母である家女房満、そして晴立の兄で第十二世を践んだ当年三十八歳の瑛心が残されたが、瑛心は三十歳位で弟に譲職したところをみると、どこか心身に欠陥のある人で到底住職の任に堪えなかったに相違ない。そこで再び世代に登ることもできず、また晴立の遺児の後見として勝善寺の安泰を保つことも出来なかったらしく、その年の暮に寺中による小作地一件が惹起したのである。そして以後、寺務はかなり紊乱したものらしい。

このことが北信の寺院社会で問題となったのは当然である。おそらく門徒から他のしかるべき寺へ何とかして貰えぬかと相談があったことであろう。しかし勝善寺のようにきわめて格の高い寺で、しかも北信一帯の触頭である寺院の内紛に対して、権威をもって干渉しえ、またその干渉が正当とみなされる寺はそうあるものでない。寺中・下寺・触下の内紛なら、それぞれ本坊・上寺・触頭が関与しえたけれども、勝善寺自身が本坊であり上寺であり触頭であり、しかもなお悪いことに北信では他に比肩するもののない高格寺院であるとなっては、誰もそう簡単に手出しできるものでない。そこで、すぐさまこれに対して適切な処置がとられなかったが、漸く天和二年（一六八二）に至って、越後荒井願生寺・信州長沼西厳寺・同吉田善敬寺の合議による内政干渉がなされたのである。何れも勝善寺の親類にあたる東派寺院で、願生寺は晴立のイトコが嫁した寺・善敬寺は晴立の叔母が嫁した寺・西厳寺は晴立の姉が嫁した寺というように、当時の勝善寺にとって最も近い親類であった。それに、越後の願生寺はもちろん勝善寺の触下でなく、西厳寺も善敬寺も、勝善寺の比較的近くにありながら、その触下に

編入されぬという格の寺であったから、この三ヵ寺の合議は勝善寺寺中および門徒にとって最も権威のあるものだったといえよう。

　このような経緯で天和二年五月に三ヵ寺が寺中に示した一二ヵ条の覚は、寺中服務規程の大綱を掲げたものである。すなわち、

覚

1　一　御堂当番之僧勤行之外庫裡へ相詰毎日之納払帳面ニ記可被申事

2　一　立花掃除番之義可為如先例事

3　一　玄貞儀旦那中葬礼之御児夫僧(ママ)ニ相勤若自分之布施無之時者御児江献上之施物之内三ヶ一取可被申事

　　附御堂番幷庫裡之帳面書記等寺中可為同前事

4　一　御寺七条之袈裟(但萌黄赤地金襴切交)者出置亡者之手次衆着服且亦他家諷経之砌者勝善寺為名代飛檐之僧壱人法服七条可被為着
若飛檐衆不有合節ハ平僧之内上座一人七条はかり可被為着服事

　　附白地金襴錦地切交袈裟者一切不可有着用事

5　一　錠鑰之儀如先年宝広寺門照寺預り置就用所奥江(ママ)出入之節円照寺ニハ正敬寺被指添宝広寺ニハ真勝寺被指添可有出入
候但厳(ママ)敷き分ハ可為無用事

　　附鑰入置ク袋コ(ママ)円照寺預之節ハ正敬寺封付置宝広寺預之節者真勝寺封付置可被申事

6　一　寺中毎月十四日之御日中過ニ不残寄合諸事談合真俗如法ニ可被相勤事

7　一　寺中不寄誰人一□出来之節何も見付次第加異見其上寄合之砌衆中評判ニ而道理次第ニ埒明可被申候若事急ニ候者臨
時ニ被為会合可令衆評事

8　一　衆中何ニテモ誤申義ハ急度被吟味一事不残書付取置三ヶ寺寄合之節可被持出事

　　附若其人口上書仕間敷由ニ候者相残衆中慥ニ証人ニ相立申様ニ断置其故可被申事

9　一　於本坊他所へ夫僧ニ相勤時節ハ寺中何も相談ニ而遣金等可有持参帰宿候者寺中寄合之席ニ而可被勘定事

10　一　火之用心堅可被申付若出火有之候者御堂幷奥ニ有之什物寺中者誰ニテも参着次第早々取出之焼失紛失無之様ニ働可被申事

11　一　旦那中志之法事ハ本坊ニ而執行有之様ニ随分可被申付左候而も願人不令同心寺中ニ而執行有之者其人之身上衆評ニ而相応ニ手次へ持参之施物之内本坊へ可被指上事

12　一　三ヶ寺寄合年中ニ四ヶ度之事

右之通可被相守者也

戊五月廿六日〔天和二年〕　善敬寺

正敬寺　西巌寺

円照寺　願生寺

専重坊〔蓮久寺〕

宝広寺

真勝寺

玄貞房〔蓮久寺〕

右の覚は、御堂当番（1・2）や出火時の心得（10）など寺中服務の原型を窺わしめるが、それにもまして、寺中が本坊住職の機能をいかなる形で代行しうるかという点に関する原型を開示している。すなわち、錠鑰管理（5）や寺中会議（6・7・8・9）の問題であり、亡者取置（4）の問題である。亡者取置はとくに重要な点であって、亡者の手次寺中が本坊の七条袈裟を着用して本坊名代たることを示し、亡者が已の門徒でないことを明らかにすることが要求せられたのである。門徒の法事は本坊にて執行すべきものであるが、たって寺中にて執行

したいと当人が望むときは、手次の寺中へ持参した施物のうちいくらかを本坊へ差上げよという規定（11）も、本坊門徒の建前を崩さない用意であって、寺中のもぐり営業を摘発して容赦なくピンはねをするきたない根性から出たとみるのは正しくない。本坊当主幼弱のときは、えてして本坊に対する寺中の勤務が弛緩しやすいが、それと共に、本坊の門徒で己の信徒となっている者をあたかも自身の門徒のごとくとりあつかうことにもなりやすい。右の覚はこのような傾向に対して具体的な措置を講じたものである。しかるに三年後の貞享二年（一六八五）に至って、勝善寺が東本願寺を離れて仏光寺へ改派した。これは、「寺家末寺門徒之計」（勝善寺系図）であるというから、あるいは願生寺ら三ヵ寺の干渉を排するために、寺中が門徒をそそのかして改派へふみきったのかもしれない。事情はいかにもせよ、改派すれば三ヵ寺の干渉を拒否しうるし、まして改派は幼主の意志でなく寺中らの計画であるからには、本坊寺中の身分的けじめが以後一層崩れていったに違いない。

右の覚と同じ時代に属するものに、専修寺が江戸三ヵ寺に彼らの寺中取締について与えた貞享四年の下知状がある。江戸三ヵ寺とは澄泉・称念・唯念の三末寺であって、それぞれ三軒・五軒・三軒の寺中をかかえていたが、延宝九年（一六八一）に称念寺の寺中が騒動を起したため本山から叱責され、三ヵ寺連名で下知を受けたのである。そのことは他の二ヵ寺も称念寺とほぼ同様の事態にあったことを告げ、ひいては、江戸のような封建時代においても比較的動きが多くまた戸口の増加する町では、本坊の権威でくいとめ難いほどに寺中の勤務が緩みがちであったことを思わせる。

御下知　　江戸三ヶ寺持僧共江各三通シテ渡ス

一　先年従公儀被仰出候御条目之趣幷御触流等堅可相守之事

一　読経声明無油断稽古付勤行当番之僧者前之通香花燈明掃除等至迄急度可相勤惣掃除等住持差図次第寺中一同罷出可相勤事

一　宗旨判形之儀者別而大切ニ営之間住持可相勤持僧者堅判形不可出之事

一　御定之法衣法式急度可相守付本坊ニ而仏事作善法会之節者勿論平生座ニ至迄第一寮主第二寮主之弟子本坊之役者第三持僧之同宿右段々之儀式急度相見ぇ候様次第少茂不可乱之三ヶ寺会合之節右同断之事

一　常々本坊相続之心掛肝要付住持用事有之節者不及違背前々通可相勤候惣而不従住持之下知我ヵ儘之働或挟悪心本坊之妨を不可成之事

一　御門下参詣之節当寺之旦那ニ而無之とて疎略仕間敷候付御門下持僧寮江参本坊江之案内頼候者持僧自身案内可仕若他出又者無拠用事有之節者持僧寮ゟ本坊之役者江相達可申候持僧之同宿直ニ本坊江不可取次之事

一　住持他出之節者持僧番々ニ本坊江相詰用事等可相達付前々之通伴僧使僧等可相勤之事

一　談議説法葬礼等之儀於持僧寮執行いたすへからす卒都婆石塔位牌一切不可書之事

一　対住持職幷上座之僧不可致不礼不作法別而可令崇敬江戸三ヶ寺之事

一　養子幷門嫁姑(マヽ)之節前方本坊江うかかひ差図を請て極之付同宿抱之者本国生国親類等能々吟味之上本方(マヽ)江うかかひ可抱之事

一　仏事作善願之節僧幷施主人数之多少によらす於本坊執行いたすへき様に取持可申付前々之通調菜等ニ至迄自身可相勤之事

右之通堅可相守於違背者急度可為御仕置者也

奉　玉保院僧都判

貞享四丁夘年七月

澄泉寺

称念寺

唯念寺（玉保院文書）

この下知状の内容はさきに酒田浄福寺と須坂勝善寺でみたところに異ならないから縷説を避ける。同様の事柄が以上三ヵ所で同じように主張されている事実をみれば、浄福寺の掟は浄福寺自身の特殊な条件を含んでいるとしても、なおかつ寺中服務の原型を充分に偲ばせるものであるということができる。派を異にし地域を異にしても、真宗教団における本坊寺中関係には共通の性格が明らかに観取されるのである。（補註50）なお、持僧とは侍僧のこと、文意から推して寺中に外ならない。

(四)　薩摩善照寺の事例

(二)と(三)でとりあげた寺中の服務規程では本坊に対する忠実な奉仕がこまかく規定されていて、主従結合の対抗関係を含むきびしい側面がむき出しになっているが、本坊寺中の関係は決してかかる面だけであったわけでなく、寺中に対する本坊の情愛に富んだ配慮も半面に存したのである。こうした側面が近江薩摩善照寺（本願寺派）の天保十四年（一八四三）改の『年中行事録』（龍谷大学本願寺史編纂所蔵）にありありと現われている。

右の年中行事が記録された頃、善照寺は願興寺（慶長年間創）・西教寺（同上か）・大安寺（延宝年間創）・安静寺（元禄年間創）という四軒の寺中を抱え、中川姓の家司があり、外に下男下女がいた。この『年中行事録』はどのような必要なり契機によって記録されたのか不詳であるが、「家司中川家定メ今般御定メ此処ニ御記候」とあり、また文章に敬語を用いていることから、家司が寺中取扱い心得を一種の仕法書として書き出し、住職の認可をえて正式の記録に残したものと思われる。したがって寺中への配慮の事実ではなくて単に行動規範たるに止まるが、前項で述べた服務規程と同様に旧慣に立脚する規範であるから、両者あい俟って主従結合の原型に迫る手

だてとなしえよう。

さて『年中行事録』のうち、寺中塔頭方の見出しの下に記されている箇条を整理すれば、まず原則として次の点が浮び上ってくる。すなわち、寺中には最も大切な本堂まわりのことを一切任せてあるのだから、何よりも心服するように取扱うのが肝要であって、聊かのことでガミガミ叱りとばすことなく、穏かに柔く申付けるように。さもないと面従腹背となり、門外へ出て悪しざまに誹ることになって人気にもかかわる。また、よその子にいくら親しんでも、そのため寺中をなきが如くに取扱ったのでは怨を買うことになろうから、お心得ありたし、ということである。

一　寺中之儀一山無類大切之本堂御預け之儀ニ候ヘハ万事心服致候様御取扱肝要ニ候只表向少事仕落之儀候ともカン〳〵叱り候ヘハ一統服し不申門外ニ出候而悪口謗議却而人機ニ懸リ不宜候条何分厚情心切温柔を以御申付候様可致事

一　外様御末子如何様御親しみ候とも寺中と振替ニ被遊間敷是第一怨を含む事ニ候ヘハ其御心得肝要之事

次に具体的な心得を挙げよう。――善照寺では一年に何度も寺中に斎米を与えた。同じ『年中行事録』によれば、元旦の朝寺中と家司に酒肴と雑煮（改革によって酒肴廃止）を、二日朝節会旧例として酒肴（改革後代りに鰯二尾と白米一升宛）を、そして正月三日間は朝夕の食事（改革後代りに白米一升宛）を給し、正月六日夕方七草粥の代りとして米五合宛、十五日の朝も七日同様五合宛与えることになっており、一回に与える斎米の量は多くはないが、一年に何度となく支給した。その外に、寺中が飯米に窮しているときは貸し与え、葬礼や災難の際には助成してやらねばならない。また、寺中の妻女や娘などを使ったときにはそれぞれ心附をしてやるように、という。

一　寺中扶持方御斎米夫〻定メ之通リニ候ヘども葬礼又災難之節ハ御救ひ可被遣事

一　寺中飯米不足取続之節ハ御米ハ、(ママ)被遣極月御差引可仰付事

一　寺中妻又ハ娘ニ而も御雇い候ハ、夫々御心附可被成事

そのほか、寺中が家や土蔵を普請したときには祝として酒五升、寺中の男子の初節句には酒一升鰑一把、寺中の婚礼には酒三升を与えること、寺中の子女が養子に行ったり嫁入りするときには餞別として、男には扇子と輪袈裟、女には大和紙壱束と風呂敷類を与えること、寺中の葬礼には焼香台に香を載せて進め、別に奥方（善照寺室）より悔みとして丁字麩七〇を女中にもたせること、寺中が若死した場合には、相続人が幼年で当座の間に合わなくても変ることなく撫育すること、など本坊として心掛くべき要点が掲げられている。

これをみると、本坊は寺中の庇護者として立つことが期待されている。寺中は一応別世帯をなすにせよ、一年と一生の重要な節々に本坊から食物や物品を与えられ、また、困窮したときには特別に面倒をみて貰うとすれば、あたかも本坊の経営のなかに寺中の小さい微弱な経営があるように、寺中の世帯は本坊の大きな世帯のなかに包まれていると称するも過言でない状態であった。だから、「本宗ノ儀ハ世襲罷在候へハ（私註寺中は）専家族同様ノ者共ニ候条（私註本坊と）区分無之」と本坊側でも意識している。(1) これが本坊寺中関係のいま一つの側面なのである。もちろん、ここに記された通りには実行されなかったかも知れないが、その場合でも、これらの条項が規範として本坊の行動を規定する限り、本坊の寺中に対する配慮としてとりあげねばならない。

寺中はいくら寺号を称してもそれは呼名としての寺号にすぎず、一ヵ寺の体をなすものでない。却って本坊従者として本坊の経営に包括され、本坊の配慮の下にたつ寺内的存在である。「寺中」や「山内」の語にはそうした実感がひそんでいる。そこで寺中は、本坊の経営組織において本坊をオヤとするコといってもよいであろう。奥能登では寺中を子寺とよび、珠洲郡の一部では本坊を親寺とよぶといわれるが、まさにオヤ・コの意識を投影

した称呼ということができる。善照寺の前掲文書にも、寺中得度のさい対面所において盃ののち実名を与え、本人からの礼物を受けとり祝として末広を一本遣わすとあるが、ここに元服式を思わせるものがあり、本坊は元服親の機能を果したことが知られる。この、義は君臣にして情は父子を兼ねる主従一体の生活意識は、機会ある毎に更新されたはずである。その一つの機会は年頭の盃であった。本坊と寺中が年頭に盃をかわす例は前掲勝善寺にあり、他にも少なくないと考えられるが、善照寺の年頭の盃は本山における酒海に似ている点で特徴がある。[2] それはまず宗祖の像に盃を献じ、そのお流れを住職はじめ寺中・家司一同が次々と頂戴するという形で行われた。元朝の新しい気持でともに宗祖のお流れを頂くところに、主人と従者、雇主と被傭者の利害対立を超えた共同帰属意識が両者を結びつけ、主従関係をオヤ・コないし同胞の連帯意識によって内側から規定したことであろう。寺中の経営のよってたつ基礎は本坊の門徒すなわち寺中の信徒であるが、これらの信徒は寺中が本坊の従者であることを前提とする、その限りにおいての信徒である。これは本坊の要請であるばかりでなく、信徒側の意識にも深く根を下している。ここに寺中の独立を阻む致命的な限界があるが、オヤ・コ意識また寺中の独立を内側から強く拘束したのである。

註

（1） 前掲、明8・12・20附、井上朗兼らの願書。
（2） 北西弘「中世の民間信仰」、『日本宗教史講座』3巻（三一書房、昭34・5）、一二〇～一二六頁。

(五) 井波瑞泉寺の事例

本坊寺中関係の性格については、すでに情義両面から要点を説き尽したと思うので、最後に外形的形態的側面

にふれておきたい。本坊も寺中もそれぞれ家をなすからには、どのような続柄の人々がどの位そこに含まれているかということは、一度は確かめておきたい問題であった。しかしこの種の近世史料も思うようには入手できないので、果してどのような構成となっていたか、容易に明らかにしがたいものがある。ここに提示する井波瑞泉寺の事例は、大きすぎることと、十五歳未満の人々が省略されているために、必ずしも適当とはいえないが、イメージを具体化するためには有用であろう。

瑞泉寺の山内には、本坊・寺中の外に家司・家臣の居宅が櫛比していたらしい。そして、すでに本節㈠で説明したように、家司は寺中的性格を兼備し、家臣は農民的性格を強くもっていたが、何れも寺中となった者と共に元来「坊主大名」たる瑞泉寺の侍分（家臣）であったから、その起源に甲乙はない。しかも、寺中とこれら家司・家臣は機能を分かちつつ、共に本坊を補佐することにおいて一つであった。したがって、後者をも含めて寺内構成を一覧するのが妥当と思われる。さて、『井波誌』（昭12・5）には左に掲げる天保五年（一八三四）の人別帳写が収録されている。

覚

一、壱人　住職　　一、六拾五人（□□□□　廿四人女）家来

〆

一、壱人　家司　竹部豊前　　一、壱人　妻　　一、壱人　倅

一、壱人　妻　　一、壱人　次男　　一、八人（内四人男　四人女）家来

〆

一、壱人　同　中村宮内　　一、壱人　妻　　一、六人（内四人男　二人女）家来

〆

一、壱人　持家　誓立寺
一、二人　伴僧
一、壱人　妻
一、三人　内一人男二人女家来
一、壱人　母
〆

一、壱人　同　仏厳寺
一、壱人　新発知
一、三人　内一人男二人女家来
一、壱人　妻
一、二人　次男三男
一、壱人　母
一、壱人　伴僧
〆

一、壱人　同　妙蓮寺
一、壱人　新発知
一、壱人　妻
一、壱人　娘
一、壱人　母
一、三人　内一人男二人女家来
〆

一、壱人　同　響流寺
一、壱人　新発知
一、壱人　妻
一、壱人　妻
一、壱人　母
一、二人　内一人男一人女家来
〆

一、壱人　同　円実坊
一、壱人　新発知
一、壱人　妻
一、壱人　妹
一、壱人　母
一、三人　内一人男二人女家来
〆

一、壱人　家臣　三宅織江
一、壱人　妻
一、二人　内一人男一人女家来
〆

一、壱人　同　近建治郎
一、壱人　母
一、壱人　女　家来
〆

一、壱人　家臣有元源吾　一、壱人　女家来

〆

一、壱人　同　野崎要左ェ門　一、壱人　妻　一、壱人　伜

一、二人　次男三男　一、壱人　娘　一、二人　内一人男一人女家来

〆

一、壱人　同　岡部六郎太夫　一、壱人　妻　一、壱人　隠居

一、壱人　母　一、二人　次男三男　一、壱人　娘

一、壱人　男家来

〆

一、壱人　同　藤田庄造　一、壱人　妻　一、壱人　妹

一、壱人　男家来

〆

一、壱人　同　宮地新左ェ門　一、壱人　妻　一、壱人　娘

一、壱人　男家来

〆

一、壱人　同　坪坂丈吉郎　一、壱人　妻　一、壱人　伜

一、壱人　次男　一、壱人　男家来

〆

一、壱人　同　金森勇吉　一、壱人　母　一、壱人　次男

一、壱人　男家来

〆
一、壱人　家臣　岡村新之丞　一、壱人　妻　一、壱人　男家来
〆
一、壱人　同　永田清太夫　一、壱人　妻　一、壱人　次男
〆
一、壱人　同　福田金左ェ門　一、壱人　妻　一、壱人　倅
一、壱人　娘
〆
一、壱人　同　高瀬与市　一、壱人　妻　一、壱人　倅
〆
惣人数〆高百八拾三人　内百五人男　七十八人女

右当寺僧侶人数並ニ家中之人数当年拾五歳以上之人高如斯御座候以上

天保五年五月　瑞泉寺

この時の住職は、鷹司政凞子で東本願寺達如の養子となって瑞泉寺に入院した達慮である。内室の記載を欠く理由を詳らかにしないが、家来の女二四人のうち何人かは側室として侍ったに相違ない。この本坊を中核として、家司二・寺中五・家臣一三を数え、それぞれが二世代ないし三世代の家をなした上に、男女の家来や伴僧を抱えていたから、山内の総人口は十五歳以上だけでも一八三人の多数に上ったのである。こうしてみると、瑞泉寺という大きな家（寺）のなかに合計二〇の小さい家が包含され、住職の世帯を中心として、緊密に結ばれていたことがわかる。この問題は第六章第一節でもう一度問題にしてみたい。（追補8）

第四節　近世の上寺下寺関係

明治初年に書上げられた『本末寺号其外明細帳』（国会図書館蔵『社寺取調類纂』所収）は近世における寺院間の系譜関係を記録しているので、これを末寺関係考察の手がかりとしよう。この明細帳を整理すると、奥能登に東本願寺の末寺が一三六ヵ寺あり、うち本誓寺は鳳至郡の、妙厳寺は珠洲郡の、東本願寺末寺触頭として、それぞれ一〇六ヵ寺・二八ヵ寺の触下をもつが、そのほかに両寺を含む一四ヵ寺は少数の寺中をかかえている（第17図）。また、西本願寺の末寺は能登加賀にわたって六九ヵ寺あるが、そのうち松岡寺(2)は奥能登の、光徳寺(47)は口能登の、照円寺(17)は主として加賀の西本願寺末寺触頭として、括弧内の触下をもつ。この三ヵ寺のほかに寺中をもつのがなお三ヵ寺ある。これらとは別に西末寺の名で知られる金沢掛所があり、ここにも寺中がある（第18図）。もう一つ例を挙げると、福井県のうち福井藩・鯖江藩・西尾藩の管轄内に三門徒系の本山が三ヵ寺あり、同じ管内に見出されたそれぞれの末寺を拾い上げて右と同様の手法で図示すれば、第19図の通りとなる。以上三図に一貫してみられる重要な関係は、本山末寺の本末関係と本坊寺中の主従関係であるが、なお触頭とその触下の与力関

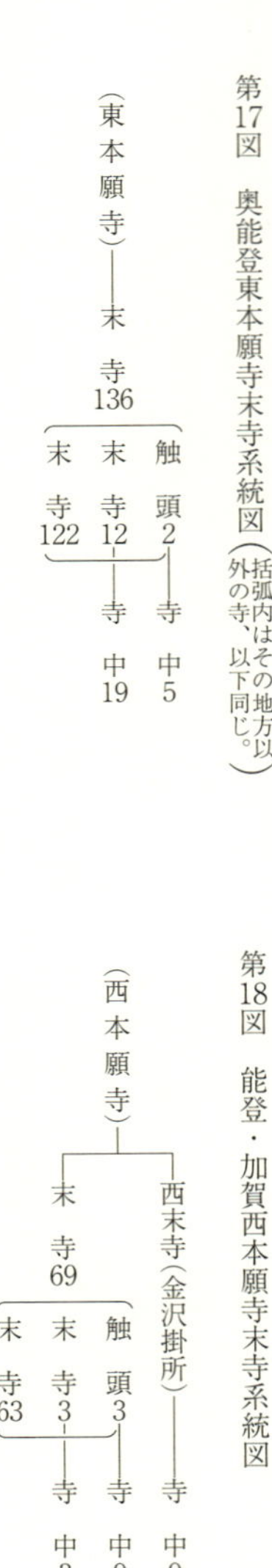

第17図　奥能登東本願寺末寺系統図（括弧内はその地方以外の寺、以下同じ。）

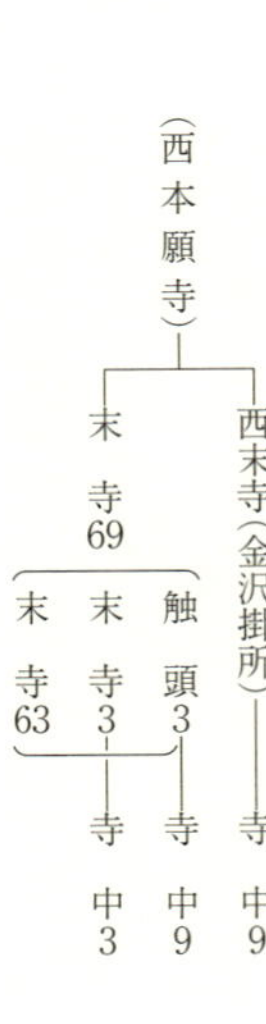

第18図　能登・加賀西本願寺末寺系統図

第19図　三門徒系本末系統図（越前の一部）

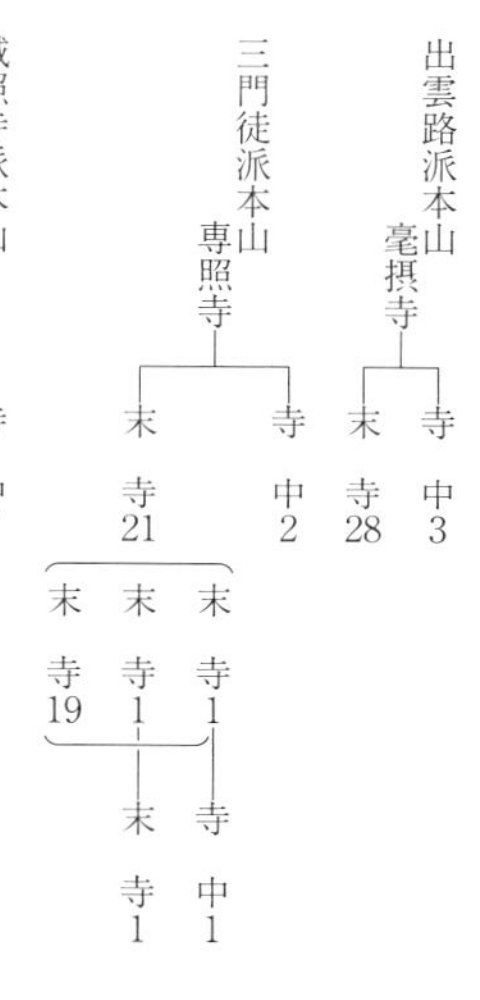

第20図　飛驒本願寺末寺系統図

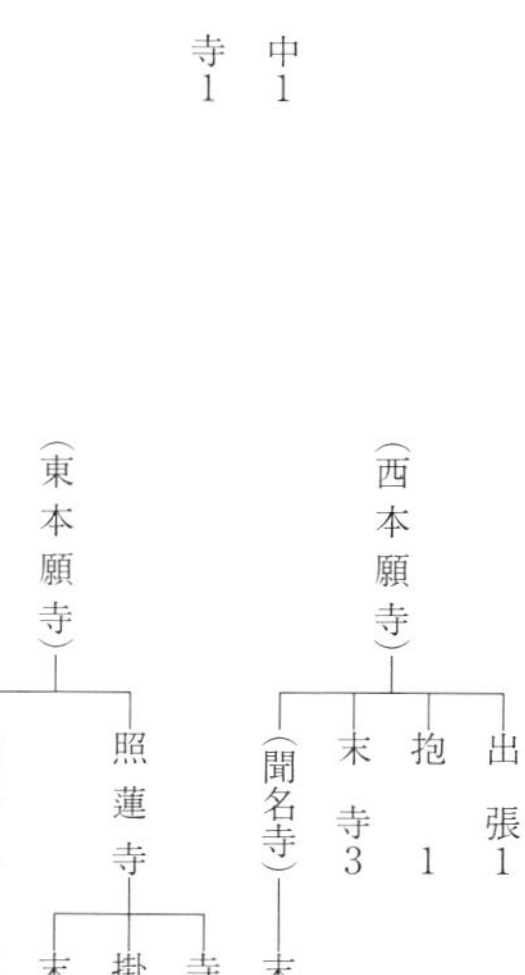

係が併存することは説くまでもない。それと共に注意したいことは、専照寺末寺のなかにさらにそれ自身の末寺を有するものがあることである。この孫末寺には門徒が二一軒あるから下道場でなく、やはり末寺といわねばならない。かような重層的本末関係は以上の諸例のなかでは稀であるが、他の地方では少ない数ではなかった。そこで、飛驒の本願寺末寺を整理したのが第20図である。西本願寺には出張・抱・末寺という直属寺院が少数あるが、他はすべて越中八尾聞名寺の末寺、他方、東本願寺直末は照蓮寺のみでそのほかは照蓮寺の末寺か、越中・加賀方面の東本願寺末寺の末寺である。このように殆どすべてが重層的本末関係に組みこまれる地方もなかにある。山形県村山郡では西本願寺系統は全部直末であるが、東本願寺の方は実に三層の本末関係を示している（第21図）。すなわち、村山郡一帯の真宗触頭（東派西派を含めて）山形専称寺は末寺を四九ヵ寺もち、そのなかにさらに末寺をもつものがあることである。専称寺系統以外は金沢専光寺の末寺であるが、専光寺は加賀(20)・能登(19)・越中(26)・越後(9)・佐渡(4)・出羽(16)・陸奥(5)の七ヵ国に括弧内の末寺をもっており、そのなかにはさらに末寺

をもつものが何ヵ寺かある。[1] 以上五つの関係図のなかから摑み出された諸関係のうち、本坊寺中関係は前節で考察した。本山末寺関係は第七章のために留保したい。そこでこの節では、上来とくに注目してきた重層的中間的本末関係を末寺相互の関係の一つとしてとりあげ、さらに触頭触下の関係にまで論及することとしよう。

さて、重層的本末関係をなすものが全体でどの位あるかというと、寛政十二年（一八〇〇）の西本願寺の記録では、その直末七、五一八ヵ寺に対し孫末が二、三四〇ヵ寺で、孫末のうち興正寺末一、九四三ヵ寺を除けば残りは三九七ヵ寺となり、全体の五%という意外に低い数字に止まる。何故そのように少ないのか、この点はあとで考察したい。重層的本末関係の最も複雑な例は、『故実公儀書上』（真宗全書所収）に収載された西本願寺―興正寺（京六条境内）―東坊（同上）―仏護寺（安芸）―光福寺（同上）―西品寺（同上）―順教寺（同上）―光顔寺（同上）という、八段の層序であろう。得度とか住職継目などの願を差出すときには、この系統を下から順次一段ずつ上ってそれぞれの添翰をもって本山へ願出たのである。

第21図　出羽村山郡本願寺末寺系統図（明治五年真宗一派本末明細帳、山形専称寺蔵による。）

- （西本願寺）―末寺19
- （東本願寺）
  - 末寺6
  - （専称寺）・末寺5
    - 寺中14
    - 末寺49
    - 末寺3
      - 寺中7
      - 末寺5
    - 末寺2―寺中2
    - 末寺4―末寺4
    - 末寺40
  - （専光寺）―末寺10
    - 末寺1―寺中1
    - 末寺9

本末関係は江戸幕府の寺院法度によって制度化され、本末帳において確立されたが、しかしこのとき新たに創始されたものではなく、その原型ともいうべきものはすでに存したはずである。幕府はこの原型を拠り所として本末関係を全国的な規模において編成したのであった。原型というのは寺院間に存した手次関係であ

って、諸願届を本山に提出するさい直接間接に本山と連絡のついている僧に結びつく必要のあったことが、手次関係を成立させた。『紫雲殿由縁記』には、絵像本尊を本山から下附されるとき取次が自分の印をおして渡すので、願出た側では木仏や寺号を願い出るときも同じ僧を取次に頼み、かくてこの関係が固定したとあり（真宗全書本三七一頁）、興正寺はこの方法で多数の末寺をもつに至ったのだと『大谷本願寺通記』にある（真宗全書本一三三頁）。このような取次は本山の寺中ばかりでなく、地方の寺にも多くの例証を見出すことができる。例えば、豊後森町専想寺の開基天然はもと天台僧であったが、端坊明信の勧化を聞きその取次によって蓮如に帰依したので、端坊下寺となったという。(3)『天文日記』天文六年七月十九日の条にみえる尾張かちくりの本願寺門徒は、同国野田正琳寺の取次で本尊を下附されたので野田門徒といわれた。道場段階にて野田門徒と称するものは、寺号を得れば野田正琳寺末寺たるべきものである。また、開基仏の裡書に白川善俊門徒願主釈何某とある飛騨山間の道場は、すなわち照蓮寺の末寺であって、照蓮寺を手次として開基仏をうけたものである。もっと新しい例としては、天保八年中野専照寺炎上のさい多分の浄財を寄進して寺号を允許された春山法教寺がある。これはもともと誓願寺の大檀那で、その取次を経たから同寺の末寺として発足した。(4)地方の手次関係は右の例にみるように、中間的本寺とその門徒の関係から発展した場合が多いことと思われるが、本寺住職が開創してその次三男に相続せしめた場合、本寺住職の隠居地として成立した場合、本寺の子弟或は従者が開創ないし遺跡を再興した場合にも、(5)手次関係が設定されやすかったと考えられる。また、在地権力者の干渉によって、すでに成立している寺院間に新たに手次関係が成立する場合もあったことは、藩主伊達家の庇護を背景とする仙台正楽寺と領内の本願寺末寺二五ヵ寺の例がこれを示している。(6)ともあれ手次関係は紹介する人とされる人との関係であるから、本山へ届くまでにこの関係が二重三重に結ばれることもあり、ときには層また層を重ねた本末関係が出現したのである。

末寺は中間的本寺（中本寺や小本寺）に葬儀の導師を依頼し、年頭・盆には挨拶に罷り出るなど、本寺の門徒と異ならない関係を保つ一方、報恩講を始めとして恒例・臨時の大きな法会には出仕して本寺を助け、また灯明料などの取持（応援）をした。[7] しかしなかには勤務を怠ったり分際を乱したりする者もあったから、その軽重に応じて或は本寺手限りで処分し、或は本山や領主へ訴えて処置を請うた。このような本寺の統制力は、末寺が本山へ寺号・木仏・絵伝・法物・官職・住持相続などを願い出る時に奥書してこれを取次ぐ権能によって支えられたのである（『故実公儀書上』）。しかし末寺住職の任免、僧綱の執奏、教学の伝授、異義取締りなどの権能は中間的本寺に許されず、挙げて本山（法主）が掌握した。本尊・寺号の授与も本山の特権であり、また得度も原則として本山祖堂で法主親裁のもとに行われた。[補註51] 余宗のように師匠が弟子を剃度するのと全く趣を異にする。ここに、本山は宗教的権威の源泉・教権の根源であり、末寺はその流れを汲むもの、中本寺らは僅かにこの流れを仲介するに過ぎないことが示されている。こうした強烈な本山集中主義は真宗本末関係の特色であって、近世に整備された家元制度と類型を同じうするものである。[8] そこで『考信録』巻一（真宗全書本）本寺本山末寺の項が説くように、中本寺・末寺の名目も私称であってむしろ上寺・下寺というのが正しく、本寺・末寺の称はひとり祖山（本山）とその末寺に保留さるべきであるという理解も可能となる。可能となるばかりでなく、概念の混同を避けるためにも甚だ有用であると考えるので、本末関係は本山末寺の関係をさすために限定して用い、中本寺らを上寺・その末寺を下寺とよび、したがって中間的本末関係は上寺下寺関係とよぶことにしたい。本節の標題もかかる意味で用いられた。単に『考信録』にこの理解がみえるばかりでなく、『故実公儀書上』（真宗全書本）にも、本山の末寺どもを預かりおる寺を本山から上寺とも中山ともいい、自分預けになっている寺を上寺は下寺とも末寺ともいうとあって、上寺下寺の語が実際に用いられたことを示している。事実、城端善徳寺触下の『延宝

六年寺所本末幷組合付之帳』のように、いわゆる中本寺の末寺を直参に対して某寺下寺と記録した例がある。本山と中間的本寺の宗教的権威の絶対的な懸隔はいわずもがな、本山は末寺を支配するが中間的本寺はこれを支配せず、ただ本山の末寺を預かるのみであること（『故実公儀書上』）を思うとき、本山に対する末寺と同じ意義において中間的本寺に対するものを末寺とよぶことができなくなるのである。もっとも、中間的本寺を本寺と単称し、もし本寺が上下に重なるときは上を中本寺・下を小本寺とよんで、本山と区別することも一法であるが、本山も本寺も結局同じことである。専修寺などでは第十世真慧の頃専ら本寺と称して下野専修寺を指したが（真慧、永世規則その他）、近世に入ってから本寺の語が一身田専修寺にも適用され、それと共に本山の名辞が後者のみを指すものとして登場した。かかる形で両語併用されたわけであるが、幕末の第十九世円祥以後は本山だけが使用されているという。[9] 他の真宗本山でも中世末までは本寺と称したらしい。本山・本寺の何れも根本道場の意味であるから、これを強いて区別して異なる実体をあてることは混同のもととなるに違いない。むしろ、中間的本末には手次の上での上下を含蓄させて上寺・下寺の称を採用し、本末の語は本山と直末の関係に限定して用いるのが賢明であろう。

『故実公儀書上』に上寺は本山の末寺を下寺として預かるというも、下寺でなかったものを本山の指示によって預かり、下寺として管理するわけではなかった。西本願寺末の江州本行寺が、本山第十二世准如の子准悟入寺の際、もと興正寺系であった相州鎌倉最宝寺の下寺備後山南光照寺系四百余ヵ寺を助成として附与された如きは、本山から末寺を配預された一例であるが（『故実公儀書上』）、かかることはむしろ例外であって、通常己を手次として本山の末寺となったものを下寺としたのである。しかし本山としては、本尊・寺号を下附して系譜関係を締結・強化し、代々己の手で得度せしめてこの関係を更新している以上、いくら手次が中間に介在しても手次

の末寺にあらずして紛れもない己の末寺である。ただ事情によって手次に配預してあるばかりだとみなすのである。この論理が末寺によっても承認されたかにみえるのは、蓮如が布教の第一線に立った時代に己に帰依せし道場を地方のしかるべき坊主に附与したことがあったし[10]、それに何よりも本山の権威を背負って下寺に臨みうる論理であったからであろう。しかしこれは本山本位の論理であるので、本山は時にこの論理をふりかざして末寺の上寺下寺関係に干渉することができた。例えば、京都常楽寺下の近江西性寺（安永七年、一七七八）・近江日野本誓寺下の正覚寺（安永九年、一七八〇）の場合のように、上寺と争論が起ったり、上寺の下寺取扱いに不埒な廉があった場合には、下寺を上寺から離して本山直末とした。また、本願寺からの分離独立を企てた興正寺六世准秀が、下寺千ヵ寺余を直参に引上げられた場合のように、下寺との間に争論がなくとも、本山に抗した処罰として下寺を召上げられたものもある。その半面、本山において必要と認めた時下寺を附与することもあった。その一例はさきに示したが、越中古国府の勝興寺も本山十二世准如の子良昌（准悟の弟）が住職として入った直後、江州本行寺の先例を楯としてか、越中西派の総寺庵を「与力」として付けてほしいと本山に願い出、四百ヵ寺ほどを配預された[11]。この四百ヵ寺のなかには興正寺・常楽寺・超勝寺らの下寺のほかに本山直末も相当数あり、井波瑞泉寺のような院家さえこのなかに見出された。しかし、前歴が他の下寺でも本山直末でも、配預されれば勝興寺下寺と本質的には大きな変りはない。しかるに「与力」という語が用いられたのは、永正元年（一五〇四）の勝興寺あて書状[12]にみえる「越中一国与力」の先格を、東西分派の後西派に留まった末寺について確認するという意味、あるいは確認して貰いたいという意図があったからだろうし、そしてもしこの書状を偽りとみるなら、やはり本来の下寺との差が意識されたので、下寺よりも与力の語が用いられた、と云うことができる。

そこで与力と下寺の区別をたてて次のように理解することは有益である。すなわち、従属度の最も高い寺

第22図　与力と下寺の区別

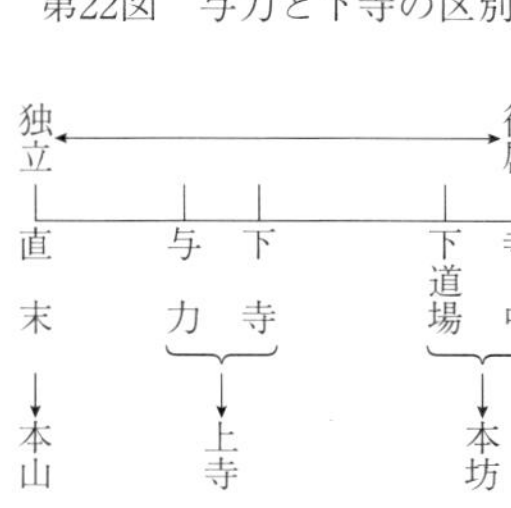

中・下道場を一方の極とし、独立度の最も高い本山直末をその対極におく尺度を想定するなら、第22図のように下寺の方が寺中・下道場に近く、与力はこれに対してやや直末に近い、と。これには外にも根拠がある。[補註52] それは、相模国最宝寺と三崎最福寺の間に本末をめぐる争いがあり、紛争数年の後、寛文八年（一六六八）に本山役人の調停によって最福寺は本山直末となり、同時に最宝寺に対して与力ということで決着をみた事件である。[13] なお以上のほか、直末・下寺をおおってその間に触頭・触下の関係がはりめぐらされているが、図の錯雑をさけてこれを省いた。近代以降、上寺下寺、与力、触頭触下のフォーマルな関係は法制上解消して、そのあとに有力寺院の庇護を頼むインフォーマルな指導追随の関係があらわになった。これを与力結合とよぶことにしたので（二七九～二八〇頁参照）、近世については上寺下寺関係・「与力」関係・触頭触下関係を共に与力結合に含めて近代と対応せしめたいと思う。近世の与力結合には、下寺でも与力でも触下でもない寺と有力寺院の間にインフォーマルに成立したものをも含めるが、やはり問題となるのはフォーマルなそれである。本節はこの意味で近世における与力結合の考察に外ならない。

さて、末寺を諸国の上寺に配預してあるという本山側の論理＝自己主張は承認されるにせよ、歴史的事実として配預した例は右にみたようにきわめて稀であって、本行寺は本山連枝の入寺にあたって与えられた特例であり、また勝興寺はそれに加えて先例を再興されたものである。そして逆に末寺の下寺を本山直末に召上げるという傾向の方がより著しい。もともと非本願寺的な明光系の最宝寺から多数の下寺を奪って本行寺につけたのも、また勝興寺与力の一件も、これらが本山の藩屏たる連枝寺であったことを想起するとき、本山による下寺召上げ

の一変型といってよい。興正寺下寺一千余の引上げも、当然の処罰というより、本山に対する反抗をこよなき口実とした強奪の印象を拭いきれない。高田瑞泉寺の下寺に勝念寺というのがあったが、これが異義を唱えたので上寺から本山へ訴え出たところ、勝念寺は糺明の上永牢となった。しかるに、これというのも上寺の取締が適切でないからだといって、勝念寺を瑞泉寺から召上げて直末とした（『故実公儀書上』）。この事件また、本山では下寺引上げの機会をいわば虎視眈々と狙っていたことを察知せしめる。そして下寺を引上げるために、下寺はもともと本山から配預したものであるという論理が強調される必要があったのであろう。上寺下寺関係の原型をさきに述べたように手次関係とみるとき、大多数の寺は手次関係に入らなければ本山へ結びつくことが出来なかったと考えられ、また事実、「直末門徒甚無之、皆門徒ノ門徒タリ」と『紫雲殿由縁記』（真宗全書本三七一頁）にあるのに、末寺の大部分が直末であるのは、右にみたように本山の側で常に上寺下寺関係を崩す方策を講じたためだと思われる。さきに掲げた奥能登の東本願寺末寺系統図には上寺下寺関係があらわれていないが、寛延二年（一七四九）の「鳳至郡寺庵本末幷村名」（正願寺蔵）によれば、郡内一〇八ヵ寺のうち直末は四九で、二〇ヵ寺はその下寺、三九ヵ寺は郡外末寺（口能登と北加賀）一二ヵ寺の下寺であり、しかも上寺下寺関係が第23図に示した

第23図　能登鳳至郡東本願寺末寺系統図

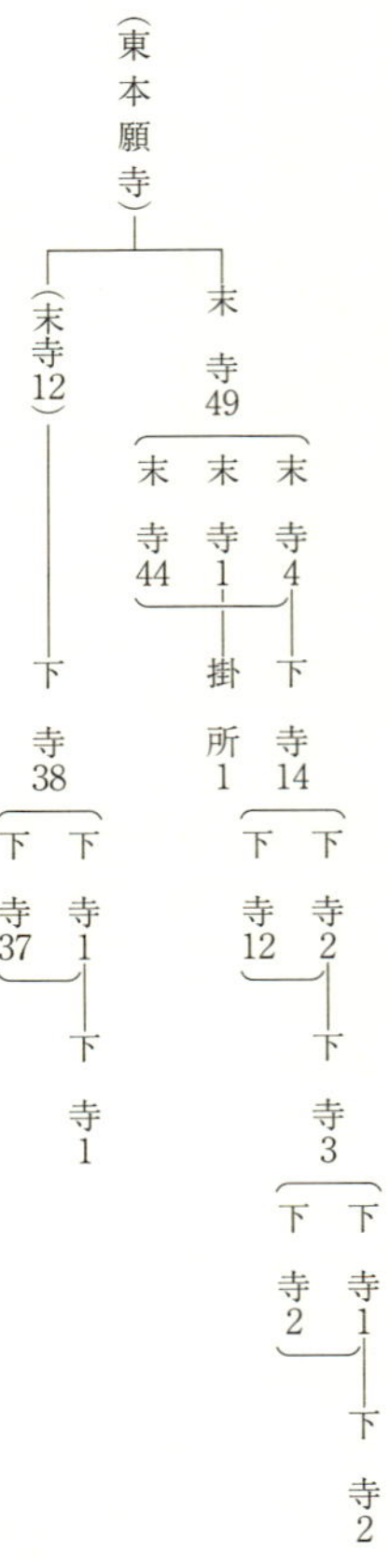

ように二層も三層も重なっているのである。かような末寺相互間の上下関係が本山集中主義に基づいて整理され、幕末にはさきにみた第17図の如き状態に達したのであろう。同じような動向は他の地方にもみられたことと思われる。石川県鹿島郡鹿西町能登部乗念寺（本願寺派）はもと七尾光徳寺の下寺であったが、文化九年（一八一二）十二月直参となった時に、光徳寺から「其の方従来末寺に候処今度御本山為御馳走令離末候間以来可為直参候」という書付を貰ったというが[14]、己の下寺を離して本山の直末たらしめることが本山に対する「御馳走」となりえた事実は、本山の側に下寺引上げの強い欲求があったことと、末寺側の落度に乗じてその下寺を取上げるばかりでなく、本山への忠誠披瀝の一形態として下寺を差上げさせたことを告げる。鳳至郡の上寺下寺関係の解消にはあるいはこうした手続きがとられたのかもしれぬ。

下寺召上げの本山側の論理はすでに説いた通りであるが、それでは何故末寺からその下寺を取上げる必要が本山にあったのであろうか。――上寺のぴんはねやありうべきごまかしを排除することは本山の収入をふやすための一方策であった。このことは疑いを容れない。しかし、下寺をそのままにしておいても、下寺をもつ末寺の冥加金を増額することによって収入の増加を図りえたはずであるから、こうした財政上の理由は充分な理由とはいえない。そこで、末寺統制の行政的要請に一半の理由があったのではないだろうか。次にこの点を吟味してみよう。

各藩では領内の有力寺院を触頭[15]に任命して、その下寺はいうに及ばず同派の他の直末寺院、あるいは出羽村山郡における専称寺の如く同宗他派寺院や、時には他宗寺院をも管轄せしめ、藩の上意を下達し、諸願届を下々から上達する機関として用いた。そしてしかるべき有力寺院がないときには、領主が一寺を建立してこれを触頭とすることもあった。例えば、鍋島氏が慶長五年（一六〇〇）、新たに肥前一国の惣道場として願正寺を創建し、領

内の西本願寺末二三八ヵ寺（直末一四二ヵ寺、末寺の下寺九六ヵ寺）を統轄せしめた如きである。本山でも指令を下達するときこの機関を利用した。そのさい、触頭の下寺や直末に対しては触頭から廻状などをもって通達したであろうが、他の寺の下寺、ことに己の管轄区域外の直末の下寺が己の管内にあるとき、これに対する通知は上寺からしたか触頭からしたのか、その点如何であろう。もし常に下寺が上寺の最寄りに散在するのなら、上寺から簡単に通知をなしうるが、上掲金沢専光寺の下寺のように七ヵ国に分散している状態では、よく時宜をえた連絡をなしえたとは考えられない。そこで出羽村山郡の真宗触頭の専称寺が専光寺下寺へも通知をしたと考えるのが常識に適合する。他の地方でも、おそらく同様であったであろう。上寺と同じ触頭管内にある下寺の場合でも、上寺下寺関係はすでにみたように法義取次の関係であったから、近接居住以外の社会的要因が強力にこの関係の設定に参加して、地図の上に上寺と下寺を連結するならば、その線は複雑に交錯しよう。そこで、やはりそれらの下寺へも触頭から通達するのを便としたと考えられる。かくて、触頭は管轄区域内にある己自身の下寺を藩の宗教行政と本山の地方行政の作用の上で強く掌握しえたが、その区域において触頭でない寺は下寺を行政的に管轄する機能を触頭に奪われ、ただ法義取次の面で下寺を指導統率する作用を残すのみとなった。しかして下寺と遠く離れている場合には、この残された権威の維持にも困難があったから、本山の要請があればこれをも放棄して直末に差上げて差支えなかったものもなかにあろう。そういう状勢を背景にいくらかの離末金――毎年進納すべき懇志を数年ないし十数年分とりまとめたものといえる――をとって上下関係を清算し、下寺を直末として差上げるものが現れた。寛永三年（一六二六）の末寺帳では四国一円に七九ヵ寺の下寺をもつ阿波郡里安楽寺が、宝暦七年（一七五七）にその下寺である讃岐国安養寺および安養寺の下寺二〇ヵ寺の離脱を認め、離末金と引き替えに離末証文を与えている。また、その後、安永・明和・文化の各時期に二〇ヵ寺ほどを離末させたのは、(16)

領外遠方の寺かどうか、不詳であるが、まず同じ文脈で理解してよいものと思う。前掲鳳至郡の例では、下寺五九ヵ寺のうち三分の二（三九ヵ寺）が郡外一二ヵ寺に分属し、すでに上寺下寺関係廃止の好条件を備えているが、残り三分の一（二〇ヵ寺）は郡内の僅か四ヵ寺の下であり、そのうち最も多数の下寺をもつ本誓寺は、下寺を差上げて直末たらしめた後も、鳳至一円の触頭として旧下寺に対する行政的支配権をば依然行使することができた（第24図）。三河佐々木の上宮寺は、嘉永元年の『末寺配下覚』（同寺蔵）によれば、三河（五二）・尾張（一九）・美濃（二）・遠江（三）・駿河（二）・江戸（七）にそれぞれ括弧内の数の、合計八五ヵ寺の下寺をもっていたが、その外に触頭として三河の直末一九ヵ寺を配下におさめており、『覚』はこの配下について、「右配下ト申者本山之直末ナレトモ本山用幷中山用惣而廻状順達致ス触下ニ候本山江諸願事之節者末寺同様添状差出ス大方者末寺同様ニ候」と説明している。かように、直末にしたところが触頭にとっては「大方は末寺同様」のものであったから、本誓寺は郡内外の下寺をすべて本山に差上げても大した打撃を蒙らなかったことであろう。これが下寺の直末化を可能にする末寺側の理由であった。本山としては、下寺を引上げて法義取次面の指導追随関係を単純ならしめるならば、触頭による行政的一円支配[17]を前進させることとなり、それは一方では触頭の地方本寺化を促進する危険をはらみつつも、触頭を本山が地方出先機関として掌握する限り、本山の末寺統制を強化せしめる所以となった[補註53]。ここから末寺召上げの行政的要請が生まれる。明治初年に至って、中央集権国家の出現に伴ない、上寺下寺関係を宗門法において廃止した淵源も、遡ればここにあるのである。

下寺召上げには財政的行政的要請以外の要因も参加した。『紫雲殿由縁記』の記事はこの点一つの手がかりを与えてくれる。すなわち、金宝寺には播磨宍粟郡御名村に西光寺という下寺があった。「御剃刀頂戴ノ取次モ当寺拙僧致レ之、法名モ存了ト任二古例一授名ス」、という紛れもなき下寺であったが、これが離末して本山直参にな

る企らみを起し、寛文元年（一六六一）頃から上寺へ出入もしないので、延宝四年（一六七六）に本山へ訴えた。ところが本山では、直参にしないと東方へ改派するおそれがあり、ことに余他の末寺共を引率して出走するやも計り難いので、本山の御為第一と得心して直参に差上げてほしい。尤も西光寺は其方与力として永代に随附申付け前々の通り疎意なく馳走をいたすよう証文を書かせよう、ということであった。これに対して金宝寺は、本山のように門徒が六十余州に瀰漫していても改派を痛く思われるのですから、下寺の多くが東派へ帰し、また先年京都でも二ヵ寺直参に差上げて残る門徒とて少ない私にとって、痛みは一入強いことをご推察下さいと抗弁したが、結局本山へのご馳走として直参に差上げざるをえなかったのである（真宗全書本四一一〜四一二頁）。改派は単に上寺と和合を欠く時だけでなく、組寺と争いがある時や、本山・触頭の処置を快く思わない時にも起ったから、下寺を直末にすればとて改派が根絶されるわけでなかったが、本山としては外聞・実儀ともにわるい改派を少しでもさせないように配慮したことは当然であろう。そこで上寺との間に争いが起ると、上寺の下寺取扱いに落度がなくとも、つまり上寺処罰の意味でなくて、下寺の不満を一まず解消させ改派を一時的であれ防遏するために、直参に引き上げたのである。西光寺のように下寺の方でもこれを心得ていて、願が聴かれざれば改派も辞せずといった態度に出る者があったことと思われる。本山では直参が一ヵ寺でもふえればそれだけ冥加の上納も増すし、また行政的にも好都合であったから、下寺の底意がみえていてもこれを不問に付して、上寺説得の口実に用いたことであろう。

右の事件はまた、下寺の側に直末化の強い欲求が働いていることを知らしめる。そうした欲求の明らかに観取されるのは、宝永元年（一七〇四）に本山へ提訴された伊勢家所村の明顕寺（専修寺末）と柳谷村西念寺の争いである。明顕寺の訴えるところによれば、明顕寺五代以前の善明が柳谷村へ罷越して門徒となし、俗道場をとりた

てて師弟の約束を結んだのが西念寺であって、西念寺の寺号が免許されるときも明顕寺からこの寺号を書付けて出願させた。西念寺は毎年正月十五日を嘉例として年頭の礼を明顕寺につとめ、また剃髪も明顕寺にてし、葬儀の導師はもちろん、年忌なども明顕寺から参詣している紛れもない下寺であるのに、新儀を申しかけ明顕寺を離れて本山直末たろうとしている、というのである（玉保院文書）。この一件はいかに落着したか不詳であるが、下寺の欲求と本山の欲求とが結びついて上寺の抗議をはねかえし、直参化が成就したことが少なくないのである。

さて、上寺下寺関係は近世における与力結合の一典型であることはいうまでもないが、その解体のてことなった触頭触下の関係も与力結合の他の一典型である。というのは、その支配下の寺は直末でも本山へ諸願届を提出するさいに触頭の添状を要し、もし不埒な廉があればその咎を受ける点では下寺同様であったからである。触頭以外の寺の下寺は、その上寺の添書と併せて触頭の添書を要したのであろう。飛驒白川組一八ヵ寺のうち照蓮寺下一六ヵ寺を除く他の二ヵ寺は他国末寺の下寺であったが、ともに触頭照蓮寺の配下にあり、本尊その他の下附年代が照蓮寺下寺のそれと並んで触頭の『御免申物記録』（安永六年）に収載されていることから、右の点を推測するのである。こうして触頭の配下は、直末と下寺の別、上寺の如何にかかわらず、ひとしく触頭支配の下に立った。のみならず同じ触頭の配下は、上寺の異同・下寺と直参の別を抜きにして地域的に組を編成し、上意下達の単位を形成したことはすでに本章第一節でふれた通りである。加賀藩越中東派触頭善徳寺（延宝六年）の『寺所本末幷組合付之帳』の一部を抄出すれば、右の事情がさらに分明となることであろう。

（前略）

一直参　寛保三年六月十九日余間御免　礪波郡高宮村百姓地　随順寺

一越中城端善徳寺下寺　貞享三年三月十九日西方江致改派候　宗馬村百姓地 聴信寺

一同　右　荒木村地子地 正円寺

一加州金沢専光寺下寺　宝永八年三月廿四日申刻飛檐御免　梅原村地子地 以速寺

一越中今石動道林寺下寺　是安村地子地 浄国寺

〆四
：五人組

近世の上寺下寺関係を以上のように理解することは、近世初期以来この関係に大きな変化があったことを含蓄するものである。幕藩体制の政治構造に相即して触頭の支配が滲透し、触頭—触下の関係が上寺下寺関係を部分的に駆逐するに至る前は、上寺は行政面においても強力な下寺統制権を有し、むしろ中本寺の語がふさわしい状況にあったのではあるまいか、と思われる。例えば、文明十六年（一四八四）十一月の日附のある佐々木上宮寺『門徒次第之事』（同寺文書）を披見するに、上宮寺は三河で六四ヵ所・尾張で一六ヵ所・伊勢で二五ヵ所の直接間接の門徒（末寺）をもち、さながら一小教団の観がある。上宮寺を含む三河三ヶ寺・越中聞名寺・武蔵報恩寺・同善福寺・信州勝善寺・同本誓寺など何れも地方教団の中心をなした。蓮如はこうした地方教団の首長に真俗両面にわたる権威を一応承認しつつ、これを己の傘下に組みこむことによって、本願寺教団を大きく組織したのである。かくて中本寺として位置づけられた大坊主は地方において確固たる権威をその末寺に対して保持し、一向一揆のさいには一つの戦闘組織となったものと考えられる。かように推測するにはいくつかの根拠がある

第24図　触頭と触下の関係図

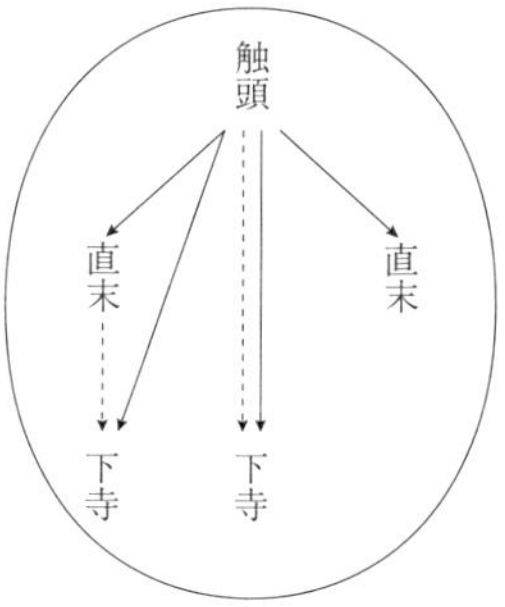

触頭
直末
直末
下寺
下寺

圏内は特定領内の寺院。
実線と点線の区別は第25図と同じ。

第25図　上寺下寺関係の変化

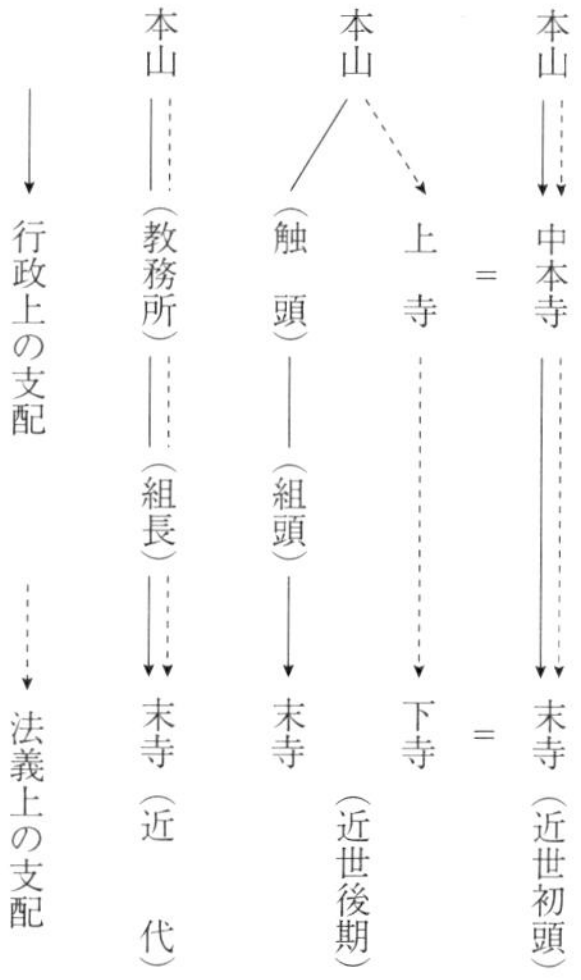

本山 ＝ 中本寺 ＝ 末寺（近世初頭）
本山 上寺 下寺 （触頭）（組頭）末寺（近世後期）
本山（教務所）（組長）末寺（近代）
行政上の支配
法義上の支配

が、常識的に考えても、中本寺といい中本寺末寺といい、あるいは本山直末という以上、さように表現することが最も適切な社会的事態が存したと考えねばならない。それが触頭体制の確立におされて次第に上寺下寺と称すべき状態に移行したが、中本寺（上寺）の側では依然としてしきりにその手次下を末寺とよぶ一方、本山や触頭ではむしろ積極的にこれを下寺というので、ここに中本寺—末寺、上寺—下寺という二系統の名辞が混乱するに至ったと推定しておきたい。こうした変化が大体近世初期に起ったとすれば、近世初頭・後期の状況を第25図のように理解できよう。明治以後この体制がさらに大きく変るが、(補註54) それについては節を改めて考察したい。

註

（1）浜田侍「享保時代加賀専光寺の末寺」（『宗史編纂所報』8号、昭9・10）所収「享保十八年専光寺末学覚帳」による。なお、江戸時代に十ヵ寺以上の末寺をもった大谷派寺院は左の通り（明22・1調査、大谷派宗務所文書による）。

江戸　報恩寺(20)	山城　西方寺(13)	河内　本泉寺(30)	河内　慈願寺(29)	河内　光徳寺(12)	河内　光善寺(10)
河内　願得寺(22)	摂津　光遍寺(14)	大和　教行寺(56)	大和　常念寺(14)	近江　弘誓寺(25)	近江　宝満寺(21)
近江　順慶寺(10)	近江　唯念寺(21)	近江　願慶寺(13)	近江　妙琳寺(12)	美濃　満福寺(31)	美濃　西願寺(25)

美濃　*願証寺274	美濃　安養寺(34)	美濃　報土寺(32)	尾張　聖徳寺(52)	尾張　珉光院(11)	尾張　光明寺(48)
三河　*本証寺(68)	三河　*上宮寺(28)	三河　*勝鬘寺(44)	伊勢　本宗寺(15)	伊勢　法泉寺(16)	加賀　*専光寺(71)
加賀　本覚寺(10)	加賀　勧帰寺(10)	能登　光琳寺(10)	能登　*長福寺(13)	越後　浄興寺(55)	越後　本誓寺(83)
越後　真浄寺(10)	岩代　*長命寺(19)	陸中　本誓寺(33)	陸奥　*真教寺(23)	羽前　*専称寺(98)	羽後　浄福寺(10)
羽後　浄願寺(17)	渡島　専念寺(14)	讃岐　福善寺(12)	石見　明清寺(14)	肥前　*正法寺(22)	肥前　高徳寺(10)
筑後　*真勝寺(26)	豊前　浄喜寺(27)	豊後　光西寺(59)	肥後　*延寿寺(59)	肥後　*光明寺(19)	肥後　光徳寺(10)

括弧内は末寺数、右肩の＊は触頭。美濃願証寺の末寺数は触下数を誤記せるもの。他の資料と対照するに、右の末寺数に充分な信頼が置けないことが判明するが、全体を一覧せしめる調査が外に見当らないので、暫くこれによって概略をつかむことにしたい。

(2)　『明如上人伝』、三三六頁。

(3)　谷下一夢「本願寺広島別院史」、『芸備地方史研究』37・38（昭36・5）、二二三頁。

(4)　中村九郎右衛門『中村家小史』（昭9・9）、五〇頁。

(5)　本寺の子弟や従者の分立には、全く新しく開創することもあったと思うが、むしろ廃絶あるいは衰微した寺庵の名跡を再興するという形をとる方が多かったのではあるまいか。その一例、奈良県橿原市高殿町の常願寺（興正派）寺伝には、「慶長十七年に至つて磯城郡香久山村南山浄福寺浄徳は其（私註常願寺の）衰微を憂へ、役僧を遣はして法務を執らせて居た。其の為に全く浄福寺の末寺の様になつてゐた云々」とある（『奈良県高市郡寺院誌』、四七六頁）。

(6)　千葉乗隆「近世真宗教団の本末構造」、『近世仏教』2（昭35・10）、一九頁。

(7)　千葉前掲論文二六頁に引用された、相模国最宝寺に対する与力末寺三崎最福寺の諸役がその一例である。（補註55）

(8)　西山松之助『家元の研究』（校倉書房、昭34・10）、二五～二六頁。

(9)　生桑完明「専修寺と本山・本寺の称呼」、高田講座2集（『高田派宗報』五五六号附録）、及び松山忍明「高田専修寺の史的研究」、『布教講習録』（専修寺刊、大11・7）。なお、本寺から本山への推移には、本末関係の整頓、道場の寺号公称、（中）本寺の併立などにより、（中）本寺よりも一段と高い地位を示すために他宗派をまねて本山の称を採用する、という事情があったものと考えられる。

(10)　富山県西礪波郡福光町法林寺の大谷派光徳寺蔵『縁起之記録』に、「然ハ上人（私註蓮如）金言ヲモチテ加賀越中両国

ノ間ニ廿箇寺余是本尊崇敬ノタメ砂子坂ノ末寺ニ被下候」と伝承するのが、その一例。

(11)『故実公儀書上』所収、「直参引上ノ趣意并例証」。および宇野柏里『井波誌』(昭12・5)など。

(12)荻原樸編『雲龍山勝興寺系譜』(明27・10)、一二葉裏。

(13)千葉乗隆「近世真宗教団の本末構造」、『近世仏教』2(昭35・10)、一三頁。

(14)『能登部町誌』、五一頁。

(15)東本願寺末寺中諸国触頭(但し江戸御坊支配下の関八州伊豆出羽奥州を除く)一覧

河内　八尾御坊(大信寺)
和泉　堺御坊
摂津　大坂御坊、天満御坊、茨木御坊
播磨　姫路御坊(本徳寺)
近江　赤ノ井御坊、長浜御坊、五村御坊
伊勢　桑名御坊(本統寺)
三河　吉田御坊(誓念寺)、勝鬘寺、本証寺、上宮寺
尾張　名古屋御坊
美濃　平尾御坊(願証寺)、小熊御坊、竹ヶ鼻御坊
飛驒　高山御坊(照蓮寺)
越前　福井御坊(本瑞寺)
加賀　専光寺、瑞泉寺、善福寺
能登　本念寺、長福寺、本誓寺、妙厳寺
越中　城端御坊(善徳寺)、井波御坊(瑞泉寺)、永福寺
越後　新井高田御坊、三条御坊
信濃　勝善寺
常陸　願入寺
安芸　広島御坊(明信院)

石見　顕正寺
豊前　四日市御坊
肥前　正法寺
肥後　熊本御坊（延寿寺）、光明寺
筑後　柳川御坊（真勝寺）、久留米御坊（順光寺）、光円寺

（『東本願寺史料』4、元治1・7・19の記事による）

西本願寺末寺中諸国録所触頭一覧（寛政年間）

録所

関東十三ヶ国支配　江戸築地御坊
紀州一ヶ国支配　鷺森御坊
越前一ヶ国支配　福井御坊
播州一ヶ国支配　亀山本徳寺
河州国内ニテ支配　久宝寺顕証寺
越中一ヶ国支配　古国府勝興寺
防長両国支配　萩清光寺

触頭之分

大和　田原本御坊（留守居）浄照寺、畝火御坊（留守居）信光寺、御所御坊（留守居）円照寺、今井御坊（留守居）称念寺、高田御坊（留守居）専立寺
和泉　尾崎御坊
摂津　大坂津村御坊、堺御坊
伊勢　桑名法盛寺
尾張　名古屋御坊（留守居）一国支配
三河　平地御坊（留守居）光顔寺今ハ本宗寺と改号、桑谷御坊（留守居）長善寺常善寺
遠江　浜松御坊本称寺
甲斐　等々力村御坊一国支配（留守居）万福寺

近江　八幡御坊
美濃　岐阜御坊輪番、黒野御坊留守居光順寺
信濃　塩崎康楽寺留守居、小山普願寺
加賀　金沢御坊照円寺
能登　府中光徳寺
越後　高田瑞泉寺、長岡西福寺西入寺徳宗寺
丹後　田辺瑞光寺、宮津留守居仏性寺
因幡伯耆　西国支配鳥取御坊真宗寺
出雲　松江明宗寺、神門願楽寺
石見　佐波浄土寺
美作　津山妙願寺
備前　岡山光清寺
備中　松山正善寺
備後　山南光照寺
安芸　広島仏護寺
阿波　徳島東光寺
讃岐　塩屋御坊、高松勝法寺
土佐　高知山真宗寺
筑前　博多福岡万行寺光専寺徳栄寺三ヶ寺にて一国支配
筑後　柳川西方寺
豊後　高田専想寺
豊前　四日市御坊、小倉御坊内永照寺、中津明蓮寺
肥前　長崎大光寺、佐賀願正寺
肥後　隈本一国支配順正寺西光寺

（千葉乘隆氏の紹介にかかる龍谷大学図書館蔵『本願寺通記』第一冊による）

(16) 千葉前掲論文、二八頁。

(17) なかに触頭の管轄に属さず、しかし自ら触頭でもない有力寺院があった。これを「一本立」と称し、寺社奉行から「直観」を受けた。例えば加賀河北郡津幡弘願寺など（『本末寺号其外明細帳』）。なお、触頭類似のものに註(15)にみえるように録所とよばれるのがあった。触頭よりも配下統轄権が幾分強いもののようであるが、ここでは触頭に準じて取扱っておく。なお、『故実公儀書上』の「録所触頭ノ事」をみよ。

第五節　宗門法上の従属寺院

本坊寺中関係の原型をかりに近世初期に求めるにしても、中期にはもう解体を始めたことは第三節の事例によって窺いえたことと思う。それが明治以降どのように展開したか。また、近世の上寺下寺関係が明治初期にどのような改革を加えられたか。以下においてこの点を考察したい。そこでまず本節では、宗門法で寺中・下道場・下寺など従属寺院に関する規定がどのように改められたかをみることとしよう。

(一)『宗規綱領』における従属寺院

明治六年以来の大教院分離運動において同盟した西本願寺・東本願寺・専修寺・錦織寺の真宗四派が、宗規をとりまとめて提出せよとの教部省達に応じて、従来の規則と維新以来の宗門の大改革とを体系的な成文法に結晶せしめ、四派共通の『宗規綱領』を制定したのは明治九年三月のことであった。それは真宗教団が初めて定めた体系的な宗門憲法であるばかりでなく、後年の法規の母法として長く真宗宗門法の骨格となった根本法規であ

る。

さて、『宗規綱領』はその第六編本山末寺権義区別第一款寺院区別において、まず一宗の寺院を本山と末寺に分かったのち、末寺を本山別院・一般の末寺・諸道場・末寺支坊の四類とした。第一の本山別院は法主兼住の寺院であって、その称呼ならびに規定が太平洋戦争後まで踏襲されたことは周知の事実である。第三の諸道場は本山直属（直参道場）、一箇の末寺に所属するもの（某寺下道場）、数ヵ寺に共属するもの（総道場・立会道場）の三種があるとされるのみで、特別の規定を欠く。蓋し従来道場と称し来ったものの総称であって、なかには一寺の体裁をなすものもあれば、また微々たる一民家にすぎないものもあった（明11・7「道場処分之儀ニ付伺」、配紙）。そこで、明治十一年の改正で諸道場の一部は一般末寺に編入され、他は説教場として末寺の範疇から除かれたことはやがて説くとおりであるが、小規模な一般末寺とは実質的な相違のない道場もあり、また、一般末寺というも元は道場であったから、さまざまな道場を一括して末寺の一種とすることには充分な根拠があるのである。第四の末寺支坊は本坊の寺号を冠して某寺通寺あるいは掛所と称するもので、太平洋戦争後の宗制・宗憲が支坊の称を一種の寺号とみて一般寺院に編入するまで、この区別が踏襲された。ところで第二の一般の末寺というのは、「従前連枝或ハ門地ト称スルモノヨリ寺中塔頭ト称スル者ニ至ルマテ各寺号アリテ住職ヲ置クヘキモノ」（第四条）をさし、大多数の末寺がこれに該当する。大谷派（明11・5、甲21号）や本願寺派（明19『寺法細則』）でのちに別院の一種と規定された別格別院も、『宗規綱領』を文字通り解釈すればむしろ一般の末寺に包含されたのではないかと思われるふしがあるが、かりにそれらの貴族的寺院を除外するとしても、一般の末寺には実に多種多様な末寺が一律に投入されている。単に規模の大小・寺格の高下などのいわば量的な差ばかりでなく、本山直末と孫末（直末の下寺・寺中・下道場など）という本山に対する身分関係において直接間接の差をもつ末寺

が、同一の範疇においてあつかわれ、本坊寺中・上寺下寺といった重層構造の現実が反映していないのである。そこで、「一般の末寺」の規定は、寺号あって住職を置く以上はすべて本山直属たらしめて上寺下寺等の関係を一掃し、本末関係を最も単純な形に整理する意図に出たものであるといわなければならない。それは坊官制の廃止と寺務所の新設という本山内部の改革（第七章第五節）に続く末寺統制面での根本的改革であって、有力寺院をして地方の末寺を支配せしめた触頭制に代る寺務出張所の開設、領国の框を打破せる全く地域的な組の編成、総組長・組長の設置などと呼応する新しい制度であった（例えば、高田派では中間的本末関係の廃止と組の設置は同じ日に達せられた(1)）。

それではかかる改正の理由は何であったか。『宗規綱領』の第六編本山末寺権義区別序はその点について、

事故ニヨリ上寺ノ紹介ヲ経ルアリ経サルアリ地方ニヨリ上寺ノ羈絆ヲ受クルアリ受ケサルアリ紛々冗々殆ト規律ナキモノノ如シ往々上寺ハ甲県ニ在リ下寺ハ乙県ニ在リ其地隔絶ニシテ毫モ相関渉セサルアリ而テ其関渉スル者ハ或ハ本末ノ権義ニ於テ相抵触シ統轄ノ順序ヲ立ルニ至テ害タル少カラス

と説明している。詮ずるに、上寺下寺というもその関係の内容は区々であって一律に規定しがたいが、上寺下寺関係は往々本山末寺の権義・統轄の順序に少なからぬ支障をきたすということである。この点はすでに触頭制との関連において前節で論じた。そしてこうした改正理由を支えた論理は、「僧侶師弟ノ分限ハ各本山法主ヲ以師トシ末寺一般僧侶ヲ弟子トシ宗教中本末ノ中間ニ師ト称スヘキ者無之(ママ)(2)」という点にあり、また、「本宗僧侶得度ノ師ハ独リ本山法主ニ限レルヲ以テ本寺本山ト称スル者ハ必ス一派中ニテ一寺タルヘシ」（第三款本末権義第一条）という点にあった。右は能化所化関係の論理を拡大して治被治の関係に及ぼし、中間的本末関係排除の論理とするものである。この論理の飛躍を可能としたのは、版籍奉還から廃藩置県をへて新たに確立された一国の中央集

権的政治体制であり（『明如上人伝』、四四五頁）、そして何よりも、政治の時流を教団発展の勝機として積極的にこれに対応していった教団首脳部の開明性であった。彼らは、「政府も廃藩して政令を一途に出して居る、ソコで吾吾本山も斯くせねば門末へ本山の意志が徹底せぬ[3]」と考えたのである。しかしこの論理の飛躍を必要とした事情はまた別にある。それは大教院分離運動においても結局本山に同調しなかった興正寺が、明治七年九月に別派独立の届出を西本願寺に送ったことであった。西本願寺の重役赤松連城は、廃藩のさいに禄高数万石の大身の家老に独立を認めて華族に列せしめた例と、独立を許さず平民たらしめたがために流血の惨事をみた例を引いて、興正寺の独立を許して諸侯（本山）たらしめるのが妥当であると主張した[4]結果、西本願寺の方針はさように固まったが、しかし二千もの下寺を率いて独立されては大きな痛手であるので、自衛上興正寺下寺の切り崩しを図ると共に、切り崩しを合法化するためには、独立を許す前に中間的本末関係の廃止を『宗規綱領』の如き権威ある共通規則のなかに明文化する必要があったと推測されるのである[補註56]。

註

（1） 明9『本所達控』（高田派宗務院蔵）。
（2） 明9・9・23附教部省に対する五派管長伺、『本山日報』明9第16号所載。
（3）（4） 赤松連城談『摂信上人勤王護法録』（興教書院、明42・4）、所収。

(二) 『宗規綱領』に対する反応

この画期的な共通宗規の実施は、時期・施行細則ともに各派に委ねられ、各派において実施可能な規定から順を追って施行した[1]。右に述べた寺院区別の規定を最も早く実施したのは高田派であって、明治九年六月二十九日附で、従来末寺のうちに上寺下寺あるいは中山孫末塔頭寺中等区々の呼称があったが、寺号があって住職を置く

ものを一般末寺とし、上寺下寺などの称は本山では以後使用しない。但し、旧上寺下寺が旧来の縁故によって相互に扶助し義務を尽すのは妨げないと指令した。これはとくに本山では用いないと限定していることや但書から知られるように、上寺下寺関係の破棄を命じているのではなく、ただ本山において従来の孫末を直末として取扱うことを声明したものにすぎない。しかし、例えば本山へ諸願届を提出するさい、これまで上寺や本坊住職の奥印を要したのをあらためて、従来の直末同様に組長の奥印を以て提出せしめるのは右の必然的帰結であるが、こうした手続上の変更は上寺下寺・本坊寺中の関係を実質的に変化させるてことなることは必定であるから、右の通達が単に形式的な変革に止まったと理解してはならないであろう。さらに明治十一年寺院明細帳の更正にあたり、最も規定のあいまいな、そしてなお中間的本末関係を残している諸道場の処分が必至となったので、高田派では寺号の有無にかかわらず一寺の体裁を備えるものは（寺号なき場合は新たに之を附して）一般の末寺に編入し、また同様に寺号の有無にかかわらず一寺の体裁をなさぬものは説教場として末寺の範疇から外し、かくて末寺たる限り中間的本末関係を排除する方向に徹底した(2)。木辺派の実施期日は明らかでないが、大谷派では九年九月一日から(3)、本願寺派では十一年四月一日から(4)、本末権義区別を実施し、道場については両派ともに高田派とほぼ同様の処理を行った（配紙、明11・8）。なお、明治九年に本願寺派から別立した興正派も宗規綱領を四派本山にならって施行した(5)。

実施当初はよしんば形式面だけの変革にみえたとしても、下寺・寺中などを本山直末として召上げられた上寺・本坊では、この改革にどのように対応したであろうか。結論的にいってそれには次の三つの型がみられた。

(A)　『宗規綱領』が明治九年四月教部省によって認可された直後、中坪安養寺（大谷派）から左掲の如き願書が提出された。われわれはこれを通して対応の一つの型にアプローチすることができる。

上寺下寺之名分取消之儀ニ付願

本派内寺院之義ハ一般御本山末寺ニ有之候処末寺内ニ於テ古来上寺下寺之名分相立候ヨリ所謂封建之勢ヲナシ終ニ一箇ノ本末寺ニ似タル者往々有之候右ハ元来取締上ノ都合ニ依リ上下ノ分限相立候義ト被考候得共近来ニ至リ自然凌上侮下ノ弊習ヲ生シ候ヨリ百事穏当ナラス啻ニ取締上ノ不都合有之而已ナラス布教筋ニ於差支不尠方今之時勢不可然儀ト奉存候就而ハ当寺義別紙三十四箇寺従来下寺之名分ヲ以取扱来候ェ共今般右名分御取消之上総テ御本山直末寺ニ被成下度奉願候爾ル時ハ従前之弊習一時ニ脱却シ御取締上ニ於テ万々御都合ニ可有之且門末ノ儀モ今後親ク御教育ヲ蒙リ幾層之幸福ヲ奉得候義(ママ)ニ付至急ニ御詮議之上右之趣御採用被成下度奉願候也

但従来之縁故ヲ以当寺相談向ニ付懇志取持等之儀ハ従前之通相心得候様頼置度此段御聞置被成下度候也

岐阜県下美濃国郡上郡中坪村
安養寺住職　佐々木厳峻(補註57)

明治九年五月四日

寺務所長
権少教正篠原順明殿

(『大谷派配紙』)

右の趣旨は、上寺下寺の間自然凌上侮下の弊習を生じ、取締の上でも布教の上でも不都合が少なくないのみならず、方今の時勢に適合しないから、従来下寺の名分をもって取扱ってきた三四ヵ寺を名分取消の上本山直末にして戴きたい。なお従来の縁故で懇志取持の儀はこれまで通り尽力するよう頼んでおきたいから、この点お含みおき戴きたいというものであった。この願書に対して、「願之趣神妙之儀ニ付致採用候事、但今一応及指揮マテ従前仕来之通可致候事」、と指令され、かつ当時の大谷派宗報というべき配紙に全文掲載された。これよりやや後れて、同九年六月に同じく岐阜県安八郡墨股村満福寺からも下寺名分取消願が出され、安養寺同様の指令をうけた(配紙)。前節註(1)に掲げたように安養寺は三四・満福寺は三一の下寺を抱えていたが、願書の文面から推

察しうる通り、この下寺の殆どすべては本坊の経営に包摂された独立不可能の下道場ではなく、一応独立した経営単位をなすところの、学術用語でいう下寺であった。下寺が直末になれば、㈠従来諸願届の奥印を与えるさいに本山への冥加金の幾分かをいわば上寺得分として収納した特権と、㈡上寺の法会に下寺を召集し、そして懇志を献進せしめた特権を喪失し、㈢さらに下寺をもつことによる政治的社会的勢威が失われるから、一般的にいって上寺は下寺の独立を歓迎する筈はなかった。そこに安養寺住職らの願書の、版籍奉還における薩長土肥四藩主の奏請に匹敵する政治的意味をみることができる。しかし、上寺下寺関係は触頭制の圧迫のもとにすでに近世において解体の歩みを進めていたから、新しい政治体制のもとで断然廃止されることは避くべからざる時運といわねばならぬ。それに下寺の参加は次に述べる興正寺などごく少数の名刹大坊を除いて、上寺の経営のさほど大きな部分を占めていなかったから、下寺の独立は上寺の経営に大きな打撃を加えることはなかった。それゆえ、不承不承ながら本山の指令に従うという大勢であったのであろう。(追補9)のみならず、上寺下寺関係が崩壊に瀕していたところでは、むしろ体裁よくこれを整理する好機とされたに相違ない。上寺下寺関係の解体が一般に早かった伊勢の例を挙げると、加村照安寺は高田派が『宗規綱領』のこの規定を実施する直前に、先方の頼みで菓子料として三円贈って中本寺たる小山青巌寺から離末している（照安寺過去帳）。とにかく、下寺の直末化については抵抗らしい抵抗の跡が記録されていないのである。なお、『宗規綱領』に加わらなかった仏光寺派では依然中間的本末関係を維持し、昭和十二年頃になって漸くこれを解消した。(補註58)

(B)　しかるに下寺を手放すことを肯じない若干の上寺があった。かねて異安心や末寺争奪をめぐって本山と反目確執し、遂に独立を企てるに至った興正寺は、教部省の沙汰によって本末の名分を立てることを明治五年六月あらためて表明せしめられ、下寺の剃度住職諸願は興正寺から本願寺へ申立てること、そのさいの冥加は従前通

り上寺が半ばをとって、直末の半額相当分だけを本山へ納付すること、などの条約を西本願寺との間に結んで一時休戦状態に入ったが、(6)間もなく大教院分離運動において本山と隙を生じたので、西本願寺の主張する信教自由の線に乗って明治七年九月別派独立の届を本山に送り、『宗規綱領』の制定された年の九月に下寺約二千のうち同志の者約三百を引率して別派した。(7)もし逡巡して別派しなければ、『宗規綱領』の実施と共に下寺を悉く剝奪される運命が待っていた。興正寺のように夥しい数の下寺を有する大坊では、下寺の懇志や冥加金が大きな財源であるから、下寺を悉く収奪されたならば経営に致命的な打撃を蒙らざるをえない。のみならず、かつて末寺を率いて蓮如の門に投じた帰参の歴史からみても、興正寺は上寺以上の本寺的地位を占めていた。下寺を失うことはこうした地位を全く喪失して、寺格は最も高いとはいえ本山の単なる一末寺になりおわることに外ならない。それゆえ上寺下寺関係の廃止は、下寺を手放すわけにいかない興正寺を独立に追いつめる効果をもったわけで、西本願寺が興正寺の独立に追いうちをかけたことが判るのである。これより稍後れて、同じく西本願寺に属した毫摂寺（出雲路派）と証誠寺（山元派）が明治十一年二月に、東本願寺に属した専照寺（三門徒派）が同十一年十二月に、それぞれ括弧内の派名を公称して別立したが、明治九年八月すでにそのことが予測されているから、(8)上寺独立の時流の中で伝統の復興を実現したのであろう。大教院分離反対運動において興正寺や仏光寺と提携した高田浄興寺（もと大谷派）また、『宗規綱領』の上寺廃止に反撥して独立運動を起したことは左の文書に明らかである。(9)

明治九年東本願寺は宗規綱領という規則を発布し、従来の派内に在った中本山の名称を廃し、之に属する末寺を取去って悉く本山直轄に移そうとしたが、此規則は当浄興寺にとっては教如上人の念書と違背は勿論のこと、真宗開闢の根本寺としての意義を失い、一般末寺の地位におち、古来の従属末寺を奪われ、遂には寺基を危からしめる結果に立至る恐れあるが、

宗規綱領はすでに四派管長会議の上に成ったものであるから、浄興寺の申立てに依って改正し難い事は明らかである（中略）。玆に於て浄興寺の選ぶべき道は一派独立より外無かった。斯くして浄興寺第二十四代稲田勝芸外地中十二ケ寺僧侶及び総檀徒倶に誓って一派独立を念願し、明治十三年初めて一派設立の請願書を主務省に呈出して八回に及ぶ（下略）。

これら下寺の直末化に抵抗した大坊は、何れも一派の本山たりしか、あるいは本山たらんとする、そしてそれだけの特殊な由緒をもつ有力寺院であった(10)。浄興寺も真宗開闢の根本寺を称したことは前掲の由緒沿革に著しい(補註59)。

(C)　しかるに、寺中・下道場の直末化には一般に強い抵抗があった。前出浄興寺は下寺五〇ヵ寺の外に寺中一二ヵ寺を抱えていたが、その寺中全部を率いて一派独立を請願したところから察するに、下寺の離反は抑止できなくとも、寺中だけは完全に掌握下に置き得たのである。だから、その激しい抵抗には寺中直末化絶対反対という要素があったに違いない。単に抵抗が強いばかりでなく、『宗規綱領』の制定以前から早くも抵抗の動きがみられるのである。管見に入っただけでも、それは少なくも二つの事情に根ざすものであった。その第一は、明治八年三月地租改正事業の一環として社寺境内外区画の取調が行われた際、派出された内務省官員が本坊の境内を割いて（分与せしめるか貸与せしめて）寺中の境内を別に設け、境界の杭を打ちこれを記帳した。従来寺中の境内とてあるわけでなく、たとえ須坂勝善寺のように屋敷として高わけした場合でも、寺中の名請の上をさらに大きく本坊の屋根が蔽う形で処理された（第三節参照）。しかるに今回の境内区分はさような余韻を残さない絶対的な区分であったから、寺中は地中、すなわち本坊境内のうちに居住するものであるという伝統的通念からすれば、「全ク独立一寺同様之姿ニ而条理ヲ以テ論スレハ地中何寺境内ト地中之字ヲ下スタニ不相当(11)」、という状況にたち至ったことである。その第二は、明治七年七月に、寺院住職の資格は教導職試補以上と定められたので、僧侶を試験して合格者に証書を交付することになったが、この証書は「本人学業之浅深銓衡監定之証書」であるか

ら地中下寺等の区分を記載しないと指令され、たとえ寺号を称するも「末夕一寺ノ御扱ヒハ拝承セス」という存在が俄かに「一寺独立ノ景況」になったことである。[12] これでは「末派之苦情モ不尠」と真宗教務院は苦慮し、明治八年の末各派本山に照会して、旧来の本坊寺中関係の温存を図るか、それとも寺中の独立を認めるかについて回答を求めた。これに対する各派協議に基づく結論が『宗規綱領』において示されたわけである。しかし、性格を異にする上寺下寺と本坊寺中を、単一の上寺下寺なる概念に包括して、一挙に解消させようとしたところに明らかな無理があった。

さて、高田派の明治九年六月通達第40号にいう上寺下寺は、『宗規綱領』同様上寺下寺・本坊寺中下道場の汎称と考えられるが、本山において上寺下寺の称を以後用いぬこと、ならびに相互の間で旧慣を保持するは差支えないと指令するに留まって、著者が限定した意味での本坊・寺中下道場の関係を保護する条項を設けていない。しかるに、本願寺派・大谷派ではかなり事情を異にする。木辺派は未調査であるが、本願寺派は明治十一年三月の達書第49号[13]において、『宗規綱領』の寺院区別に本派限りの但書を追加し、「一般の末寺」を規定した第四条には、「但寺号アリトイヘトモ実際末寺支坊タルヘキ者ハ此限ニアラス」とし、「末寺支坊」を規定する第六条には、「但第四条但書ノ趣旨ニヨリテ従前寺号ヲ称スル者トイヘトモ今後某寺支坊某寺ト称シ一般末寺ト区別スヘシ」[14]とした。元来末寺支坊は本坊たる当該末寺の出張所であって特別の寺号を称しないのが通例であったから、寺号を称しその実末寺支坊たるべきものは稀にしかみられない。にもかかわらずわざわざ設けられた第四条但書は一体何を意図したものであろうか。思うに、本坊がもつ管理権の大小深浅の差を除いて世襲の留守居を置く支坊と下道場とは性格的に同一であるので、事実上本坊との関係を保持すべき寺号もちの下道場を、「寺号アリトイヘトモ実際末寺支坊タルヘキ者」として一般末寺から区別し、またさような形で従属関係を公認してその存続

を保護しようとしたのであろう。しかしそれでは、下道場よりも本坊に密着した寺中をどのように取扱ったのであろうか。疑問なきを得ないが、これまた末寺支坊の隠れ蓑を利用したと考えておこう。なぜなら、寺中を「境内中ニ有之候支坊」とよんだ例が現にあるからである。[15]尤も、下道場を末寺支坊の名で存続せしめたという解釈もあるいは穿ちすぎかも知れぬが、この但書はそのように用いられうる含みのあることに注意したいのである。こうした修正は上寺の要求に因るものであろうが、高田派では何ら法規自身の修正に至らなかったのは、上寺の反撃がなかったことを意味するのではなく、修正をもたらすまでに上寺の世論が政治的に結集されなかったにすぎない。

註

(1) 明9・8第89号、『大谷派配紙』所載。
(2) 明11・7・14第17号「寺院明細帳更正ニ付心得書」、昭14改訂『高田派達令類集』、一八〇〜一八二頁。
(3) 明9・8第90号、『大谷派配紙』所載。
(4) 『本山日報』明11達書53号。(補註60)
(5) 明10・5艮2号、『大谷派配紙』所載。
(6) 松本白華稿『筐底秘冊』(松任本誓寺蔵)。
(7) 『本山日報』明9第12号。
(8) 『葵山遺稿華園家乗』1(興正寺、昭2・4)、二六四頁。
(9) 「真宗浄興寺派の由緒沿革」昭27宗教法人認証書類(文部省蔵)。
(10) 奈良県橿原市御坊町の信光寺(本願寺派)は、旧幕時代には七四ヵ村に八三ヵ坊の触下並びに下寺預かり寺をもち、触頭畝火御坊と尊崇された宏壮な一大霊域であったが、明治維新後の宗制改革によって衰退その極に達し、現今、檀家僅かに四〇戸という(『奈良県高市郡寺院誌』、三二五頁)。信光寺が『宗規綱領』によって致命的な打撃を受けることが明らかであるにもかかわらず、自ら抵抗らしい抵抗を示さなかった理由の一つは、もともとそれ自身に親鸞にまで遡り

うる特殊の由緒があるわけでなく、ただ本山西本願寺のいわば出張所として権威を与えられたにすぎなかったから、もし本山の命令に背く行動をとるならば、元も子もなくしてしまう懼れがあった、という点に求められることであろう。

(11) 明8・12・28附真宗教務院発各派本山宛照会、『明9本省達書幷本院達幷往復』(高田派宗務院蔵)、所収。

(12) 前掲、明8・12・20附井上朗兼らの伺。

(13) 『本山日報』明11第6号。

(14) 大谷派では昭和四年発布の『宗憲』において附属寺(次項参照)なる末寺の一種を廃し、これを末寺支坊に編入した。末寺支坊は本坊の門徒を信徒とするものであるが、それに二種あり、一つは単に末寺支坊と称するが、他は寺号をもつゆえに某寺支坊某寺という(昭4「末寺条規」)。旧附属寺は後者に外ならない。本願寺派では最初から寺中下道場をかかる形でとらえ、本坊との関係を維持せしめたのであろう。

(15) 『本山日報』明9第4号。

(三) 大谷派の附属寺

上述の点について最も手ひどい修正を加えたのは大谷派であった。当初は寺中・下道場等をも寺号ありかつ住職を置く限り一般の末寺とみなすことにしたと考えられるが、「宗規改正ノ主義ハ主従師弟ノ名分ヲ廃スルニ止マリ従来ノ縁故ヲ以テ互(ママ)相敬愛スルハ規則上ノ措テ問ハサル所ニシテ却テ道徳上ノ勧奨スル所[1]」というのがその基本的な態度であって、初めから高田派などよりも従来の縁故を尊重することにおいて積極的であった。そして遅くとも明治十九年九月発布の宗制寺法に明文をもってこの趣旨が打ち出された。それは宗規綱領の修正というべきもので、寺法第一章寺院区別を宗規綱領のそれと比較すると、諸別院または一般末寺に附属する従属的な寺を附属寺として一般末寺から分かったことが注目されるのである。寺法第四四条は、(一)「一般末寺中無檀小庵等独立ノ体裁ヲ保チ難キ寺院ニシテ他ノ寺院ノ附属寺ト為ラントスルモノ及ヒ」、(二)「明治九年宗規綱領発布以前

地中或ハ下寺ト称セシ者従来ノ縁故ヲ以テ旧本坊ノ附属寺ト為ラントスルモノハ之ヲ許ス」といい、㈡では本坊・寺中関係を対象とするが、㈠では本坊・下道場関係の外に一部の上寺下寺関係を念頭に置いたことは、後の附属寺認可願届書式から推知することができる。(2)しかし上寺下寺関係を復興温存せしめようとしたのではなく、むしろ弱小の末寺を保護することに狙いがあった。本坊寺中関係についても以上の文脈では本坊の利益の保護を強調したが、寺中保護の側面も無視できないのである。それは、「今日ノ如キ既ニ本支ノ区分ヲ廃シ甲乙各立ノ一寺トナル此ヲ以テ乙寺（註寺中）モ亦使役セラル、ノ義務ヲ免ル豈愛顧セラル、ノ権利ヲ希望スルノ理アランヤ（中略）爾リトイヘトモ乙寺ニシテ若甲寺ノ愛顧ヲ離レハ忽チ憂ヲ糊口ニ懐クニ至ラン実ニ憫然ノ儀ト存候」(3)という文章からも察知することができよう。さらにまた、独立の一ヵ寺として公認されることは本山課金や組内課金について一ヵ寺としての義務を負うことに外ならなかったから、微力な小庵では一般寺院の取扱いを受けることは必ずしも望ましいことばかりではなかった。その意味で附属寺の規定には旧下寺ならびに寺中・下道場保護の意味があるとしなければならない。ことに第四四条の、「附属寺ト為ラントスルモノハ之ヲ許ス」という表現は、附属寺制度が上寺・本坊の要求に応ずるよりは、旧下寺・寺中等の保護を意図したことを思わしめるのである。

しかしさような規定では上寺本坊の不満を買うことは必定であり、従属寺院を抱える大坊の支持を失っては宗政上少なからぬ支障を来すとみえて、明治二十一年九月には上寺・本坊の保護に強く傾いた『附属寺取扱条規』が制定された。(4)この改正において、まず附属寺たるべき寺院については、㈠附属寺たることを許されるものの条件に加えて、㈡必ず附属寺たるべきものの条件が明示されたこと、そして㈠と㈡とは旧下寺・下道場と寺中との差、つまり従属度の差に対応するものであったことに注目しなければならない。㈠は前掲の㈠に相当するが、なお明細に規定されて、「無檀小庵等独立ノ体裁ヲ保チ難キ寺院ニシテ旧本坊及ヒ中山又ハ縁故アル寺院等ノ附属

寺トナリ永世其保護ヲ受クヘキ契約ヲナシタル向ハ調査ノ上之ヲ認可シ其附属寺タルコトヲ許ス」（第一条）ということになった。㈡のうち、「明治九年宗規綱領発布以前地中ト称セシモノニシテ現今尚其本坊ノ旧境内ニ居住スル者及ヒ旧境内ニ在ラスト雖モ其門前等接近ノ地ニ在リテ旧本坊檀徒ノ法用等ニ従事スル者ハ必ス本坊ノ附属寺トナルヘシ」（第二条）、というのは前掲の㈡に相当するが、次の、「寺院明細帳更正以前某寺道場又ハ通所ト称シ留守居アリテ住職ヲ置カサリシ者ハ必ス該寺ノ附属寺トナルヘシ」（第三条）、とは全く新しい規定であって、本坊とは別の寺号を有するがその実末寺支坊たるもの（本願寺派では一般末寺から外して末寺支坊に含めたもの）を対象としたと考えられる。すでにふれたように、寺中は本坊の旧境内に居住するか門前等近接の地にあって、本坊の経営に全く包摂された従者である。支坊は本坊の旧地、あるいは本坊所在地とはかなり離れたところに門徒が多数密集する場合、そこに本坊出張所として設置され、役僧が派遣されて留守居をしたから、本坊経営の一環をなすもので、独立寺院たりえない。だから両者は必ず附属寺たるべしとされた。下道場は本坊門徒が数十戸密集する村落に置かれて彼らに対する寺役の下請けを許され、本坊との空間的な隔りのために寺中のような日常の勤務をしないという点では支坊に似ているけれども、支坊では人事や財産（建物・敷地など）に対する本坊の発言権は大きいが、下道場では下道場自身やこれを維持してきた村方の発言権の方が大きいという違いがあり、村方に支えられる分だけ本坊の経営の外にはみ出る要素があるのである。それでも生計の基礎は本坊の経営にあるのだから、希望によって附属寺たることを許された。旧下寺（門徒あり）のなかには部分的に旧上寺の下道場役を果すものがあり、小庵の場合それが相当のウェイトをもつので、旧上寺との関係を維持することが必要になってくる。このときも附属寺たることを許されたのである。附属寺たるものの条件は右の如くであるから、一般末寺同等の資格を認められなかった。その住職の進退には所属寺住職の薦挙具状を必要とし（第六条）、また、附

属寺の本山宛諸願届伺は所属寺住職の連署を要すとの規定（第七条）によって、本坊・上寺の支配権が確認保証された。また附属寺の堂班は飛檐以下と限定され（第九条）、さらに附属寺住職は正副組長の選挙権・被選挙権をもたず、視察となることを得ず（第八条）との規定において、附属寺は寺号を有するも独立寺院同様の公民権を認められず、あくまでも本坊や旧上寺に従属する不完全な寺院としてその資格を制限されたのである。それと共に、報恩講冥加金を始め総て本山および組内等の課金は一般寺院の半額負担とし、他の半額は所属寺から補助するものとして（第五条）、義務をも独立寺院の半ばとする一方、本坊・旧上寺の保護を義務づけたのであった。[5]

かくて附属寺の制度が完成し、より現実に即した寺院区別をえたのであるが、個々については必ずしも実情に即応しえなかったことはいうまでもない。例えば、必ず附属寺たるべしとされた、本坊の経営に完全に包括されているはずの寺中のなかには、旧本坊の境内に居住しているが「地跡内陣地檀家二百戸余独立仕来旧本坊檀家ノ法用等ニハ従事不致」寺もあり、それでも「旧本坊之旧境内ニ現存スル限ハ可為附属寺儀ト可相心得」という事態も稀にはあった。[6]そしてこの『附属寺取扱条規』の第一条（旧下寺・下道場）については附属寺認可願書、第二・三条（寺中・支坊）については届書を提出せしめ、寺中・支坊は一定期限後届出の有無に拘らずすべて本坊の附属寺とすると定めたから、上記の例の如きも悉く附属寺たらしめられるという不条理なことになったのである。また、この事例の処置に関する伺いに対して、附属寺たるべき儀と心得べしと指令され、なお、「独立ノ一寺タラン事ヲ企望スル者ハ旧本坊住職ト熟議之上可願出候事」と註記されていたが、『附属寺取扱条規』そのものでは永世の身分であるかの印象が強く、従属関係を解消して独立寺院となる道が充分に開かれていないという不備があった。それは財力のある旧寺中をも飛檐の階級に釘づけすることになり、募財に狂奔していた本山当局にとっては堂班を餌に献金を奨励する妨げとなった。そこで明治二十三年九月更に改正が加えられて『附属寺条

規』の制定をみたのである。(7)

改正の要点は、附属寺たるべき三種の寺――たりうるもの一種(旧下寺・下道場)、たらざるべからざるもの二種(寺中・支坊)――を何れも附属寺たりうる三種として宗制寺法の線に逆行せしめたこと(第八条)、それらのなかで附属寺たらんと欲する者は出願の上認可することとし(第一条)、既に附属寺たりしもので一般末寺たらんとするときはこれまた出願の上許可を受くべく、所属寺(附属寺をもつ寺)は附属寺の独立願書に理由なく同意を拒むことができないとしたこと(第十条)、それと共に、旧寺中などにして旧本坊を疎略にしあるいはその門徒を誑誘して和合を破り安寧を妨げ、または住職等を軽蔑して秩序を紊るなどの所為があるときは、とくに命じて旧本坊の附属寺たらしめることがあると規定したこと(第十一条)、などである。これによって本坊・寺中関係のうち保持すべきものには法的施設を備え、かつ解消すべきは解消にまかせつつ、両者とくに旧寺中側の徳義的態度を要請して実情に即応せしめようとしたのである。なお、附属寺の権義について、本山ならびに組内課金の半額を宥免し、宥免の半額分は所属寺にも負担せしめないと改正した外は、全く「取扱条規」が踏襲された。明治二十九年六月に「附属寺条例」が定められたが、その内容は「附属寺条規」の線を一歩も出るものでも退くものでもなかったのである。(8)

註

(1) 明10・10、「寺院区別第四条ニ付伺」に対する指令、『大谷派配紙』所載。

(2) 『本山報告』43号(明22・1)、四頁。

(3) 前掲「寺院区別第四条ニ付伺」、『大谷派配紙』所載。

(4) 『本山報告』39号(明21・9)、一頁。

(5) 大谷派の堂班は院家・内陣・余間・飛檐・外陣・平僧の六等に大別されるが、飛檐以下と余間以上では大きな格差が

あった。この点は第七章第四節で述べるが、明治以後の慣例でも、飛檐以下へは寺務所長（宗務総長）の名で許状を発し（例授）、余間以上は寺務所長稟としたこと（稟授）は、判任と奏任の差にあたる。附属寺が飛檐を越えられぬという規定の意味は、このような慣例を知るときに初めてよく理解されると思う。

（6）「附属寺ニ付伺並指令」、『本山報告』45号（明22・3）、七頁。

（7）『本山報告』63号（明23・9）、四～七頁。

（8）大正五年十月の調査によれば、大谷派で寺中たりしものが八七八ヵ寺あった。そのうち所在不明二〇一を除くと、独立認可をえたもの六四、附属寺の認可をえたもの一一二四で、残りの四八九ヵ寺は何の手続きもしていなかった。なお、大正十三年七月調査の無檀徒寺院・無檀無信徒寺院は寺中・下道場が大部分を占めたと思われるが、本願寺派にそれぞれ四九四ヵ寺・〇寺、大谷派にそれぞれ四〇四ヵ寺・五六九ヵ寺、高田派にそれぞれ三八ヵ寺・八ヵ寺あった（文部省宗教局編『宗教制度調査資料』17輯、大14・3）。附属寺条例は『本山事務報告』33号（明29・6）、七～八頁をみよ。

四　附属寺制度を支えたもの

前項でみた通り、大谷派が大きな流れとしては『宗規綱領』の線に沿いながらも、細部ではかなり思いきった修正を加えたのは、末寺の現実的要請を無視できなかったからである。この項ではそうした修正を不可避にした寺中もち末寺の現実を観察してみよう。再び奥能登町野郷の事例を用いる。

金沢藩が明治三年十二月に編製して弁官に提出した『本末寺号其外明細帳』は、明治政府のもとにおける最初の寺院明細帳であるが、そこには寺中は記載されていない。旧幕時代の『寺号帳』（大谷派宗務所蔵）では奥能登の寺中は法名にて現われるが、そうした形にても登載されていないのである。しかるに、明治十三年七月の『更正寺院明細帳』（同上）において初めて寺中が正式に登場する。しかも某寺寺中の肩書を附けず、寺号にて本坊と同列に並んで登載されている。この変化は前掲『宗規綱領』において、寺号を有するものはすべて本山の末寺と

し、本坊下寺等の呼称を廃すると規定された本末制度の一大改革を反映するものであることはいうまでもない。しかし、『更正寺院明細帳』の記載を注意して読むと、そこにも従属関係がしみついているのを見落すことができない。例えば次の諸点である。

(1) 本坊は広壮な本堂と庫裡をもっているのに対して、寺中は両者の一棟に合体せる——より正確には両者未分化の——庫裡御堂であり、その上第51表に掲げておいたように規模が小さい。正願寺寺中で二二坪、長光寺寺中で二〇坪であった。慶願寺寺中は明治十二年暮の火災のため烏有に帰して、『明細帳』には本坊に合併されたとある。なかには、福正寺寺中のように四五坪という例外的に大きなものもあるが、殆ど全部二〇坪台の小さい建物であった。

(2) 寺中の境内は本坊に比して格段に狭小であるのみならず、寺中自身の所有地でないのが多い。正願寺寺中の境内は四畝一五歩で本坊住職家の所有地（本坊境内は三反二二三）を借地せるもの（第26図）。慶願寺寺中は焼失のため本坊に合併されて境内がないことになっているが、焼失前を示す壬申戸籍の記載をみると、本坊住職家の所有地に居住したことが判明するから、正願寺寺中と同じことになる（本坊境内は一反四一七）。長光寺寺中の境内は二畝二一歩で助友波之助の所有地であった（本坊境内は二反四一三）。町野郷の寺中九軒のうち、この明細帳で境内を所有していたとみなしうるのは二軒あるが、それも果して寺中の所有というべきかどうか、疑わしい。というのは、寺中も不充分ながら一寺の体裁をもつ限り、それ自身の境内といいうべき一団の土地をもたぬのは不条理だという内務官僚の見解から、これらの寺中にも境内が区画された。そのさい本坊境内の一角に居住する状況を、本坊所有の境内ないし本坊住職家所有の屋敷を借地するものとして法的に整理したが、須坂勝善寺の寺中のように本坊高請地の内を分与されて名請している場合には（本章第三節参看）、地租改正のさい己の名

第26図　本坊・寺中の境内関係の一例（金蔵正願寺）

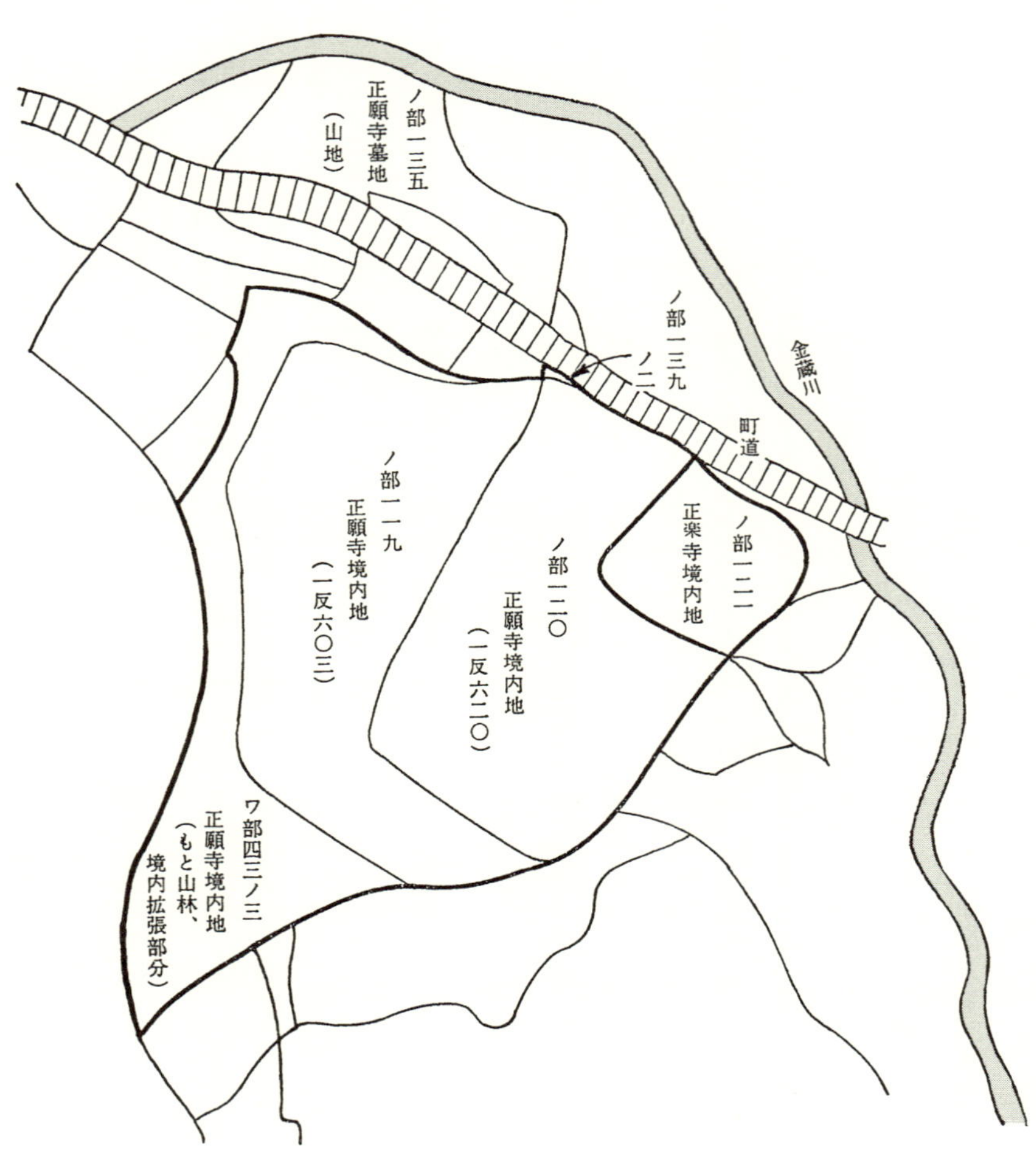

本坊――正願寺，寺中――正楽寺
細い線は各筆の境界を示す。太線は境内境界。何れも現況について。

で登記したはずであり、寺中の所有というのもこのような経緯をもつのではないか、と考えられるからである。また、本坊が借地してその借地に寺中を居住せしめた場合、明細帳の上ではその借地関係を本坊から切り離して寺中自身の借地としたと考えられる。長光寺寺中の例は或はかかるものであったかも知れぬ。前掲第51表の註記は不完全であるが、町野郷では同様の例が他に二件ある。

(3) 正願寺寺中は世襲のK姓が住持となっているが、慶願寺寺中・長光寺寺中は本坊兼住である。これをもって後者には世襲の僧がいなかったのだと考える必要はない。いたとしても、両寺中に教導職試補以上の資格をもつ僧がなければ、当時の法律はこれに住職を公に称することを許さなかったからである。寺中は従属的僧侶であるから素養もふつう至って低く、ときには坊主剃刀すら受けていないこともあったであろう。そこで教導職に補任されようもない僧が寺中に少なくなかった。しかし寺中とて形式的には本坊に並ぶ寺院となった以上、教導職に補されている僧でなければ寺中住持になれず、かくて本坊住職が表面上寺中を兼務したのである。

(4) また、本坊八ヵ寺は何れもかなりまとまった数の門徒をもっている(門徒三百戸以上一、二百戸以上二、百戸以上三、百戸以下二)。けれども寺中はみな一戸の門徒ももたない。この点も、寺中の小さい建物や境内の貸借関係・兼務関係などと共に、本坊寺中を一つのセットとみなさなければならぬことを示している。

以上のような現実において『宗規綱領』をうけとめるとき、いかほど本山が寺中を直末とみなしても、本坊からの独立は形だけの、紙の上での独立でしかなかった。それでいて独立の幻想だけは与えられた。こうした現実と宗門法との大きな乖離は、本坊からみて不都合きわまるものであった。この本坊の不満が宗門政府を動かして附属寺の制度をつくらせたのである。正願寺・慶願寺・長光寺の寺中は何れも町野村誌に附属寺として説明されているから、おそらく手続きをとってこの認可を受けたのであろう。少なくとも、地元では寺中を独立の一ヵ寺

とみなさず、新しい附属寺なる概念で従来からの従属関係を説明していることは注目に値する。

×　×　×

すでにふれたように、大谷派では『宗制寺法』の寺院区別において附属寺の制度を設け、旧来の本坊寺中下道場関係の事後処理を行ったのであるが、本願寺派や高田派ではどうであったろうか。高田派は明治二十年二月に宗制寺法の認可をえた。その寺法第六章寺院区別によれば、派内の寺院は本山の別院、一般末寺、末寺支坊の三類に分かたれ、『宗規綱領』の寺院区別から諸道場を除いたものに全くひとしい。すなわち、本坊・寺中下道場関係についてはさきに紹介した程度の考慮しか払わず、その存在を宗門法として承認ないし保護する如き配慮を何ら加えなかったことは明らかである。明治十九年に宗制寺法の認可を受けた本願寺派では、『寺法細則』第一章寺院区別において別格別院を除くほか末寺を高田派と同一の要領で分かったが、ただ前掲の但書を末寺支坊に附記すると共に、一般末寺についてはこの中別格末寺と称する者ありと但書を加えている点で高田派と異なる。すなわち、本坊・寺中下道場の問題については明治十一年の態度がそのまま踏襲され、支坊というべきほどに本坊の経営に包摂された寺中・下道場は末寺支坊として一般末寺から区別され、かつ本坊との統属関係が承認されたのである。

大谷派・本願寺派・高田派の三者にみられるかような態度の差異は種々な要因によることであろうが、一つの重要な条件として、大谷派では本坊・寺中下道場関係の存続せるものが多く、『宗規綱領』を文字通り実施することは避くべからざる弊害をもたらす事態にあったが、高田派ではわざわざ従属寺院に関する規定を何らかの形で設けるに及ばぬ現実であり、本願寺派では事情は大谷派にほぼ等しかったが、宗政担当者が積極的な「進歩主義」を一貫したということが考えられる。少なくとも、北陸・東北地方を始めとして大谷派大坊には寺中を有す

るものが甚だ多く、他方高田派ではきわめて稀にしかさような大坊をみないことは事実である。尤も越前の高田派寺院にはその例が比較的しばしばみられるが、高田派寺院の七割が集中する伊勢では寺中などは実に寥々たる存在であって、高田派の根本方針はこの点についても伊勢の実情を中心に決定されたのであろう。

大谷派の附属寺の制度は昭和四年に至って廃され、依然本坊との従属関係を保たねば存立しえぬものはその支坊となることに改めて、二重関係の解消に一歩を進めた。したがって改正後の支坊には、㈠従前からの支坊（留守居を置く）、㈡旧附属寺の二種がある。後者の元住職は世襲助勤と改称された。太平洋戦争後、かかる支坊も支坊を称する一ヵ寺と認定され、二重関係は制度上全く姿を消した。しかし実際にはなお附属寺が存在することはいうまでもない。なお本節㈡の註(14)を参照せよ。

第六節　従属寺院の独立

近世以来解体の歩みを続けてきた上寺下寺関係は、地元社会における庇護関係であるよりはむしろ本山に対する手次関係であったため、一旦本山においてこれを認めず下寺を本山直末として取扱うようになれば、上寺の反対がかりにあったとしても、この関係の解消は急速に進行したと考えてよいであろう。だから前節でみたように、上寺の門徒を預かりそれに相当強く依存している小庵の場合を除いて、この関係を保護する処置が宗門法において講ぜられることはなかった。しかるに問題は本坊・寺中下道場の関係である。これは手次関係に加えて、より以上に経営共同ないし連関の関係であったから、いくら本山がこの関係の廃止を指令しても、寺中や下道場で本坊の経営の外部に出て生計を立てうる見込がつくまでは何ともならなかった。寺中・下道場も、配預された

本坊門徒を己の門徒にするか、他に門徒を求めるかして自己の経営をもち、本坊の羈絆から脱しようとしないわけでなかったが、本坊の従者であることを前提としてのみ自己の信徒となっている本坊門徒を、己の側にかかえこんで独立を図ることは寺中・下道場にとって自己矛盾であり、また道義的にも躊躇された。それに、本坊に従属してさえおれば年間の食糧を月忌米（月忌マイリに対する報酬）などの形で確保できるし、随時布施の現金収入もあり、部落では中層以上の生活ができたから、経済的には独立へと追いつめられていなかった。したがって、『宗規綱領』の規定にかかわらず依然としてこの関係が存続し、そしてまた、それが宗門法の条項に反映したことは前節でみた通りである。しかし今や宗門法が公然と寺中・下道場の独立を認めている以上、旧来の道義意識も変質し始め、機会があれば独立を企てることは従属寺院にとって当然のこととなったから、この関係も徐々に解体に向って歩んだ。

㈠　明治・大正期の事例

『宗規綱領』の直接的影響によって寺中が独立した例は須坂勝善寺にみられる。北信大谷派寺院では、勝善寺の外に吉田善敬寺・長沼西巌寺などが寺中を抱えていたが、当時東本願寺の高級官僚となっていた阿部慧行が善敬寺寺中の出で、そこに詳しい情報が入ったためか、善敬寺寺中が首謀者となって信州の寺中を集め、独立について協議した結果、触頭の寺中として一頭地を抜いていた勝善寺寺中に独立の魁たらしめ、他の寺中はそれに追随することになった。この約定に基づいて勝善寺寺中が独立を決行したが、寺中の信徒はそれぞれの手次を離れて本坊直檀となったので、折角独立しても糧道を絶たれたことになり、この挙はみじめな失敗に帰した。これをみて他の寺の寺中は独立を断念したばかりでなく、勝善寺寺中五軒のうち、信徒の少ない二軒は本坊に詫を入れ

て従属関係を回復し、附属寺の制度が成立するや認可をうけて附属寺となったのである。勝善寺寺中たりし他の三軒はこの変節をみて大いに怒り、親類関係にある者とさえ以後交際を絶った。しかし信徒を失っては生活に窮することは必至であり、とくに二五〇戸ほどを信徒としていた旧一老円照寺の困窮は甚しかった。須坂町内の旧信徒のなかには彼らの窮状を憐んで時斎(じさい)(月忌)マイリを依頼したり、また葬儀の伴僧に頼む者もあったが、これでは暮しが立たないので、みな書記など勤め人に転身した。そして、円照寺の如きは関東大震災後浅草徳本寺へ本堂を売却して、全く廃寺となってしまった。しかし、彼らの境内はもと高請地で明治以降は彼ら自身のものとして登記されていたので、独立後も住居を他に移すことはなかった(勝善寺住職井上演良氏談)。

明治初年の『加賀国寺院明細帳』(金沢市立図書館蔵)によれば、石川県小松市の本覚寺(大谷派)には三、九四七軒の門徒があり、寺中が三軒あった。住職和田家の系統断絶の後、東本願寺重役としての功労により明治十三、四年頃入寺した渥美契縁は、寺中が何軒もあると本坊寺中ともに困難が多いとて、明治十五年頃寺中三軒のうち二軒と主従の縁を切り、一軒だけを残して一老とし、労力不足分は役僧をもって補い、一老をしてこれを統轄せしめるという、いかにも本山きっての手腕家らしい合理的な組織にきりかえた。本坊の傘下から排除されたKとGは、本坊門徒の密集する村落へ移転して下道場めいた形をとったようであるが、いまは旧本坊と何らの関係をもたない。今日、Kは加賀市塩浜にあって寺格国巡讃に達し、Gは能美郡寺井町粟生(あお)にあって寺格由緒に列している。

福井県三国町嵩の松樹院(高田派)には二軒の寺中があり、山門に至る参道をはさんで本坊の所有地に相対峙して存立していた。ところが、本坊住職に「機嫌のとりにくい人」がつづき、オヤコの温情関係が褪色して主従のきびしい関係のみ顕われ出たので、寺中は死中に活を求めて独立するに如かずと考えるに至った。しかし彼ら

は全くの無禄無檀のこととて直ちに決行することもできず、暫く時機を窺いつつ、三国町部の本坊門徒のなかに格別の支持者を獲得し、また松樹院に対して含むところのある某寺を保証人に頼むことに成功した。本山では本坊寺中の関係を認めないのであるから、独立について何ら本山の認可を必要としないことはいうまでもないが、ただ地元の法中（組内寺院）や地域の高田派門徒から、すでに松樹院の寺中ではなく微力とはいえ独立の寺院であるとみなされるためには、しかるべき有力者を保証人に頼む必要があったわけである。かくて明治二十五年二月に独立を宣言し、本坊所有地をたちのいて三国港に出た。ここにはすでに多少の支持者がある上に、港町のこととて比較的移住者も多く、新たに門徒を獲得できる見込があったからである。保証人となった某寺も、三国の門徒に彼らが月忌マイリ等のかかわりをもつことを認めて、その独立を実質的に後援したことであろう。

右の三例は、たまたま著者の手許に集まった事例のうち幸い時点をほぼ明らかにしえたものであるが、図らずもそれぞれ異なった型を代表している。すなわち、『宗規綱領』の直接的影響による独立、本坊の経営合理化のための寺中排除、本坊との感情的疎隔による独立という、互に異なる型が示されているのである。それぞれの頻度はもとより把握すべくもないが、おそらく第三の本坊との不和によるものが比較的多いことであろう。(1)

以上は何れも明治前期に属するが、明治後期からとくに大正期に入ると、これらとは大分趣を異にした独立事例があらわれる。それは寺中が北海道移民のあとを追って、あるいはその招きによって渡道独立した事例であり、北海道移民の多い北陸にその例が少なからず見出される。福井県の高田派第一組のなかにも、加戸常楽寺寺中Rと中川西光寺寺中Sの二件を数えることができる。彼らは、本坊との抗争の末その門徒を奪って独立したのではなく、「本坊の足を引っ張る以外に伸びようがない」寺中の狭く限られた将来性を自覚して、積極的に新天地に発展の道を求めて本坊の傘下を離脱したのであった。これなら門徒を奪われる心配がないから、本坊のむし

ろ歓迎するところであって、寺中も円満に主従の縁を絶つことができた。そして北海道で多数の門徒を獲得し、本坊に匹敵する寺格に達したものさえある。

以上のようにいくつかの例を挙示することができるが、本坊の支配が最も直接かつ強烈に作用する寺中にとって、渡道の場合を除いて成功裡に独立を敢行するだけの準備を積むことは極めて困難であった。本坊に辞任を申出れば同意を得ることは出来ようが、本坊の傘下を離れた寺中には生計の道はたたない。そこで本坊門徒をかすめて出ようとすれば、本坊からきびしく拒否されるし、門徒もそうやすやすと寺中について行かぬ。寺中から下道場に転ずるにも本坊の承認が前提であり、これは小松本覚寺のように本坊からきり出してくれるのでなければ、有利には展開しないであろう。しかして微力な寺中にとって転業しうるだけの資本の蓄積は期待しうべくもない。他方、本坊に従属しておれば何とか生活は保障される。そこで不平を懐き、どうしようもない欲求不満を抱えながらも、身を捨てて九死に一生を求めるが如きは、嵩の松樹院寺中のように余程の条件が揃わねば実行不可能であった。それ故、寺中独立の事例はあまり多くないのである。

しかるに、本坊から離れた地点に設立された下道場の場合、その独立は比較的容易であった（補註61）。日常的な接触がないから本坊の監督も寺中ほど行き届かぬことであろうが、それにもまして、下道場はがんらい本坊の経営からはみ出す部分をもっており、しかも所在村落の道場として一般の支持を受け、地元の本坊門徒との結びつきは本坊以上に親密であるために、独立への道は寺中ほど険しくなかった。独立は下道場にとって社会的にも経済的にも有利であるばかりでなく、地元の門徒にとっては、遠方の本坊へ参詣する労力を免れ、また本坊と下道場と二重の経済的負担から解放されることであったから、本坊とさほど親密でない中・下層の家々や比較的若い層は下

道場の独立を支持する方へ廻りやすかった。であるから、これらの人々が本坊住職の態度に不満をいだいて感情的に離反するとき、下道場の独立は容易となる。ことに、本坊・下道場の一方ないし双方が養子であって、歴史的な情義関係に暗いとき、あるいは両者の間を感情的な反目が冷く隔てるとき、下道場は独立にふみきりやすかった。

〔支坊の独立〕　下道場よりも従属度の高い支坊（兼帯道場）の独立傾向さえ、すでに近世からみられる。『紫雲殿由縁記』によれば、金宝寺（西本願寺末）は京の西竹屋町・油小路三条などに兼帯道場をもち、留守居としてそれぞれ順加・宗珍という僧をさし置いてあった。宗珍は親の代からの者であり、順加は本坊の伴僧をしていた関係で留守居にしたのである。しかるに順加は、己に預けられた西竹屋町兼帯道場を奪って自庵道場（自分持の道場）となさんと企て、また宗珍もこれにならって油小路三条の道場をわがものにしようとした。寛永十五年（一六三八）のことであるらしい。この計画は本坊の弾圧によって未遂に終ったが、京都のような町部では、早くから独立の可能性がみえていたことを思わせる事件である（真宗全書本、三六九～三七〇頁）。

明治以後に独立した例を一、二掲げておこう。その一つは奈良県橿原市和田町の称讃寺である。これは「興正寺門徒今井順明寺の下寺となって寺務万端同寺から取扱ふこととなり、代々留守居の僧を置いた」。すなわち順明寺の支坊というべき存在であったが、前節(二)で述べた事情で、興正寺が西本願寺の傘下を脱した明治九年に、興正寺を離れ同時に本坊順明寺をも離れて西本願寺の直末寺となった(2)。この事例においては、独立がいわば改派と同時に実現したことから察するに、西本願寺側からの勧誘と説得が背後に力強く働いたと想像される。また、支坊といっても本坊が設置した支坊ではなく、かつて総道場の名義を掲げたことが示すように、土地の門徒が相より相集まって創設した道場として、むしろ村落生活に深く根を下したものであったことが、独

立を一層容易ならしめたと考えられるのである。

事例その二。福井県三国の勝授寺（本願寺派）は、如道が足羽郡大町村で開基した専修寺の後身であるが、如道の遺跡が廃滅に帰するのを歎いた大野地方の門徒の手によって、天正十一年（一五八三）春旧地に支坊が設けられ、近世には勝授寺から二老あるいは三老が半年ないし一年交替で留守居に派遣されていた。しかしそう頻々と交替したのでは、門徒との馴染みが薄くて万事うまく運ばないので、本坊の見込のよい僧の常勤とすることに改まった。けれどもその当座は妻帯して世襲することを許されず、結局交替期間の長い本坊差遣の留守居という形であったが、明治に入る頃には世襲に移行した。しかるに明治二十五年頃、当時の留守居が支坊屋敷に私に家屋を建築したので、支坊乗取りの企てありとみて本坊はその退去を命じた。これに対して、支坊を護持してきた大野郡の門徒は大いに反撥し、本山執事に本坊の不法を訴える歎願書を出すや、勝授寺またこれに応じて喧々囂々の争論となったのである。勝授寺が明治二十六年三月本山監正局に対して差出した届書には、支坊留守居の不埒の数々が列挙されている。これを通してわれわれは、留守居に課せられた義務の数々と許された権限の範囲を知ることができよう（勝授寺文書）。

(1)「支坊」の票札を破棄し、自儘に自分の姓名を書いた表札を掲げていること。かつ、支坊の事務処理において「支坊」の名称を用いず、みだりに永伝寺と詐称していること（この支坊は俗に永伝寺とよばれた）。また、決して自分の寺と心得ませぬと誓約しておきながら、本坊へ協議もせずに梵鐘を鋳造したこと。

(2)支坊報恩講は本坊にて指示せる日限を守るべきところ、許可をもえず、自儘に執行していること。また、門徒葬儀のさい、本坊よりかねて渡しておいた法名を用うべきであるのに、自分の手で法名をきめ、勝手に取行っていること。

(3)　本坊住職が毎年支坊へ滞在している間、これに従って勤行すべきところ、自分独りで勝手に勤行していること。

(4)　支坊留守居は、陰暦正月・同七月・本坊報恩講の年三回以上必ず本坊へ参勤すべきであるのに、一回もその義務を尽していないこと。また留守居は支配門徒から寄せられる初穂米・永代経志・葬儀その他仏事の布施等総上りの二割以上を三季として、正月・盆・報恩講に上納すべきはずのところ、その義務を尽していないこと（支坊は明治二十九年で四七四人の本坊門徒を支配していた）。

(5)　寺檀不和のためさる寺から離檀した人々の庭参り（月忌マイリ）をしているというが、その葬儀などを執行している以上、これを自己の門徒となして終に本坊から独立しようという奸策に相違ないこと。

以上である。その後曲折があったが、明治二十八年暮に至って和解がなり、双方の代理者の間で仮定約がとり交された。和解条件は左の通り（勝授寺文書）。

(1)　大野地方の本坊門徒の法務は、一切留守居に永く一任のこと。

(2)　留守居の説教停止処分を速やかに解くこと。

(3)　留守居が将来寺号を得たいと願出た時は許容すること。

右三項にわたる本坊の譲歩に対して、支坊留守居は、

(4)　年々冥加金として金一〇円を本坊に納めるものとし、公債証書額面二百円を本坊総代に委託して、その利子で冥加金を納めること。

(5)　本坊が秋廻り（在家報恩講執行のための巡廻）などで大野へ出張した時には、これまで通り宿泊一切留守居においてお世話すること。

第59表　寺中・下道場の独立（福井県高田派）

		第一組	第二組	第三組	計
現在	本坊	3	3	3	9
	寺中	4	3	4	11
	下道場	3	2	0	5
	単立寺院	12	7	6	25
	計	22	15	13	50
明治初期	本坊	6	4	4	14
	寺中	8	3	4	15
	下道場	7	2	4	13
	単立寺院	3	5	1	9
	計	24	14	13	51

(6)　本坊報恩講のさい出勤して奉仕すること。

関係者の姓の記載を避けるため留守居と右に書いたが、留守居の称はこの仮定約に用いられず、また支坊の語もない。その代りに勝授寺下寺と表記されていることは、この争論を契機として支坊から下道場へ転身したことを示すものでなくて何であろう。しかし、支坊は表面の名にすぎず、その実大野門徒によって護持されてきた一個の道場であるというのが大野門徒の主張であったから、下道場に転身することは名を実体に即応させたにすぎないといってよい。本坊はこのさい、葬儀の導師権さえ毎年一〇円の冥加を代償として譲り渡し、秋廻りに寺檀関係の最後の一線を保持する状態となった。だから、門徒の側で本坊の秋廻りを受けなければ実質的には直ちに離檀が成りたち、この下道場は容易に自らの門徒を獲得していける立場にある。『大野郡誌』によれば、「恵伝道場」檀中約八〇戸とあり、右の推測が実現したことを窺わしめる。こうした動きを背景として寺号を望んだが、寺号獲得は門徒を完全に奪って独立することを可能ならしめるので、本坊の同意がえられず、太平洋戦争後に至って漸く達成されたのである。

さて、試みに福井県の高田派寺院について、現在本坊・寺中下道場関係にあるものと、明治初期にそうであった寺の数とを比較すると、寺中の独立四件（渡道二、三国町へ移転二）に対して、下道場の独立は八件を数える（第59表）。第二組の調査は不完全であるから或はこれ以上になるかも知れないが、確かなところでも八件ある。

八件のうち四件は、坂井郡芦原町北潟にあった福井市仙福寺下道場四の独立である。そのうち顕正寺の文政十三年（一八三〇）五月附『覚』をみると、檀中名元の欄に北方浦の与三兵衛ほか四四人の名が書き上げられ、「福井立矢仙福寺門徒四十五軒右之通り永代之割ニ御座」と説明されている（顕正寺文書）。かように、北潟にある仙福寺門徒は顕正寺ら四道場に永代割りふられ、その檀中（門徒）と称するも不当でない状態であった。これは単に顕正寺の主張たるに止まらず、北方浦の庄屋・長百姓、同じ下道場の勝願寺、仙福寺の門徒総代が連署して保証するところである。同じ『覚』によって顕正寺の堂宇を検するに、五間に六間半の本堂と四間に七間半の庫裡があり、これらを廊下がつなぎ、外に土蔵があるという、一ヵ寺と称するも遜色なき結構を具備していた。他の三道場も大同小異と考うべきことは、現状に徴して明らかである。さて、本坊では遠隔のため北潟門徒との間柄が充分親密になりえず、中間に介在する下道場の方が地元の門徒と日常的な親交を結んで、彼らの権利は永小作権の如く強かった。そこで明治の中頃本坊は何がしかの礼金をとって門徒を下道場に譲り渡し、独立を許したのである。この礼金は、門徒支配の住職権を買いとる代金とも、また下道場の従属的身分を脱する身代金とも解釈することができる。

他の四件は何れも第三組に起った。赤坂法光寺の下道場Jは、すでに明治十四年八月、宗規に違背して葬儀をとりあつかった廉により本山から取調べを受け、懲戒として僧侶の交際を絶たれた(3)。蓋し、『宗規綱領』に力をえて本坊の門徒を横領する企てを実行に移したのであろう。その頃折立称名寺下道場Eも不都合の所業あり（右と同じか）、交際をさしとめられた(4)から、これまた早くより独立運動を起したものと思われる。それが漸く大正の末期に、所在部落の本坊門徒三、四〇戸を自己の掌中に収めて独立を達成した。これについてあらかじめ本坊に相談があったものとみえ、称名寺は、㈠該部落の門徒に従前通り秋初穂を本坊へ納付させること、㈡Eが旧本

坊法会に出勤するときは内陣に入らず、余間にこぼれること、の二条件を約束させて独立に同意した。新たにEの門徒になった家の先祖の骨や過去帳登載の法名を、独立とともにEへ引き渡すわけでないから、称名寺では依然としてこれらの祭祀を継続せねばならぬ、というのが秋初穂（仏供米）請求の理由であるが、結局、制度として結晶する前にうやむやに葬り去られ、Eの門徒はかくて事実上二重負担を逃れおおせたのである。また、Eが称名寺の下道場であった間は、本坊へ出勤すると最も低い下陣に坐ったのであるが、独立してしまえば、いかに寺格に差があっても、形式的には対等の寺として内陣へ出るものである。しかし旧本坊に対して遠慮する意味と、またEよりも格の高い称名寺寺中が相変らず外陣に出勤するのであるから、それらとの釣合を慮って、内陣と外陣の間をとって余間出勤としたのである。これは太平洋戦争後も暫く遵守されたが、その後組内の他の独立寺院同様、内陣に着座するようになってしまった（称名寺住職佐々木規夫氏談）。

滋賀県東浅井郡湖北町丁野本覚寺（大谷派）は、伊香郡木之本町杉野に『壬申戸籍』当時四〇戸の門徒をもち、門徒の一人猪三郎という毛坊主に代々寺役の下請けをさせていた（一四八〜一四九頁参照）。この毛坊道場は安覚寺という寺号を許されてあったが、公称の段階に至っていなかった。しかるに『宗規綱領』の規定に刺戟されてか、明治九年七月県庁へ寺号の通称を願出ることになり、門徒がなくては通称が許されないので本覚寺に分檀を請うた。大体希望が容れられそうであったので、熟談を遂げず勝手に本坊門徒二戸を自らの門徒として書類を作製したことから、本坊の怒にふれて一悶着を来した。そこで、「貴寺檀家之帰依ヲ以相続仕来り候道場」（明9・11附本覚寺文書）であるのに料簡違いをしたことを陳謝した一札を入れ、五戸ほど分檀して貰ったらしい。その後本覚寺の本堂再建のさい必要な材木を寄進して、杉野の門徒を全部譲渡された。本堂工事の年代から推して、この下道場の独立は明治十一年頃と思われる。杉野は高時川が渓谷をうがって流れる上流にあり、丁野まで

四里、川を流す筏に乗って出たものであるから、杉野から本坊へ参詣するにも、また本坊から杉野の門徒を廻檀するにも不便が多かった。このことが、独立を容易にした重要な条件であって、感情問題から無理押しに独立したのではない。それだけに独立と共に両者の交渉がばったり途絶えてしまうことなく、本覚寺に葬儀などがあると、同じ組寺でもないのに安覚寺から出かけ、また安覚寺やその門徒の法事には導師としてではないが本覚寺を招くというように、こんにちでも交際が続いている。そして安覚寺の方でも、本覚寺は本寺（ほんでら）、こちらは分れ寺の如きもので、仏サマの分れの関係だからいつまでも切れないだろうというのである（昭33・8調査）。

三重県一志郡の雲出川南岸一帯に一、四九八軒の門徒を有した小山青巌寺は、塔中三軒と末寺一四ヵ寺を従属させる中本寺であったが、末寺の大部分は自らの門徒をもたないところから察するに、青巌寺の下道場というべきものであった。しかるに明治以降この関係は全く解消して、僅かに他の寺との立会下道場一軒を残し、他は独立するか廃絶した。後年廃絶に至ったものの多くは明治初年すでに無住となり、本坊の兼帯となっていることは左表(5)にみる通りである。

系譜	所在―旧称	寺号	住職	境内坪数	滅罪檀家	現状	整理
一 本山 専修寺末	一志郡小山村	青巌寺	祥明	七八〇坪	一、四九八軒		本坊・上寺
一 右 青巌寺塔中	（本坊境内）	慈照軒	祥明兼帯	○	○	廃	寺中
一 同　右	（同右）	松臨軒	清亮	○	○	無住	寺中
一 同　右	（同右）	至誠軒	祥明兼帯	○	○	廃	寺中
一 中本寺 青巌寺末	一志郡高野村	光太寺	智亮	二一一	○	独立	下道場
一 同　右	同右	浄泉寺	太道	一七六	○	独立	同右

一 中本寺 青巌寺末	一志郡高野村	薬師寺	祥明兼帯	二八六	○	廃	同右
一 同右	一志郡小山村	栄昌寺	同右	八○	○	廃	同右
一 同右	一志郡其村	長円寺	同右	一九二	○	独立	同右
一 同右	一志郡片野村	正蓮寺	龍諦	四四○	○	独立	下道場
一 同右	一志郡平生村	光明寺	大庵	三七八	○	独立	同右
一 同右	一志郡日置村	薬師寺	祥明兼帯	一二九	○	柳含寺との立会下道場	同右
一 同右	一志郡小戸木村	西林寺	了岸	三八七	○	独立	同右
一 同右	一志郡三ケ野村	地蔵院	智眼	二一四	○	廃	同右
一 同右	一志郡中村	西光寺	普賢寺忍秀の兼帯	九五	一○	廃	下寺
一 同右	一志郡森村	明楽寺	祥明兼帯	一三○	○	廃	下道場
一 同右	同右	照安寺	忍常	一八○	三七	独立	下寺
一 同右	同右	見立寺	智成	四八	四四	独立	下寺

下道場の独立はいついかなる事情で実現したのか不詳であるが、本坊の門徒を己の門徒として独立したことはいうまでもない。

下道場には一本坊に専属しないものが少なくなかった。青巌寺の前掲資料にある日置村薬師寺がその一例で、そこでは著者の立場から立会下道場とよんでおいたが、一般には立会末寺というようである。立会下道場は二ヵ寺以上の本坊に従属するので、独立の可能性は専属下道場の場合よりも複雑であった。しかし、奈良県高市郡のように興正寺末寺が多く、西本願寺からの圧迫干渉でその本末関係が動揺していたところでは、自ずから下道場ないし支坊の独立少なからず、いきおい立会下道場また独立の好機を摑みえたことと思われる。例えば、橿原市

東坊城町の正覚寺（本願寺派）寺伝によれば、「明治十年五月二日櫛羅村専念寺（私註本願寺派）から独立三十二戸譲受け同六月八日曽我村光専寺（私註興正派）から独立し十九戸譲受けた」、とある。[6]

下道場の独立は必ずしもかように首尾よく実現されうるものではない。福井市小丹生のHは福井県丹生郡殿下村風尾勝鬘寺（高田派）の下道場として居村の本坊門徒を預かっていたが、明治十二年に「寺号なくして一寺の体裁をなす道場」と認定されて寺号を許され、かくて一般末寺に編入されるや単立寺院といいふらし、葬儀・年忌法要・在家報恩講を主宰するなど、下道場の分際を逸脱した振舞が少なくなかった。太政官布告と本山の指令とにその効力においていかに大きな差があるかを知らず、『宗規綱領』の規定が封建的身分の廃止を命じ、かつこれを実行せしめる強制力を有するが如くに誤解した為であろうが、また、信徒を門徒にひきなおしたいという下道場の強い潜在的願望が理解の仕方をいかに制約するものであるかをこれは示している。とにかく、『宗規綱領』が従属身分のものにいかなる反響をよび起したかを知る一つの貴重な事例である。他方、Hの行動を探知した本坊では、Hの宣伝が事実と相違することを小丹生門徒に知らしめた結果、明治十五年一月小丹生門徒三五名が檀中契約書に連署して、

一、先祖ノ忌日年回等ノ事
一、毎年報恩講勤行之事
一、譬（ママ）ヒ赤子タルトモ死亡ノ際葬儀ノ事

右の三ヵ条をHに依頼すまじきことを約した（勝鬘寺文書）。こうして小丹生門徒に対する本坊の権能が守られたのであるが、右の三点は、門徒を下道場に配預した場合にいかなる機能を本坊が保留するか、いわば住職権の核をなすものは何であるかを物語っている。

しかしながら、Hは小丹生の住民として同じ部落に親類をもっている。これら親類はむしろHを擁護してその行動を是認したであろうから、分際を超えたHの振舞はその後もくりかえされた。その挙句、Hは本坊からもまた部落の信徒からも難詰せられ、大正四年四月に親族総代の連署をもって本坊および信徒総代に対する誓約書を書かされるに至った。骨子は明治十五年の契約書と同一であるが、ただ本坊に対して下道場の義務を尽し、Hおよび家族の死亡のさいには本坊に導師を依頼することを明記している点が目新しい（勝鬘寺文書）。かくてHは、いまなお下道場に止まっているのである。

かように下道場の独立は、たとえ本坊の目をかすめえても、所在部落の信徒の帰服をえられない限り成功しなかった。下道場は村の道場として村一統によって支持されると共に、またこれによって強く統制されたからである。

最後に、下道場を本坊が追放した例を挙げておこう。三門徒派の帆山円照寺は、本坊の誓願寺が応永九年（一四〇二）寺基を帆山から新出へ遷した時、地元門徒の要望によって廟所と開基導願の像を旧地に遺し、役僧をして給仕させたのに発端する。しかるにこの帆山道場に世襲の住持ができ、明治二年には寺号も許され、さらに寺格も院家に昇って自立の機を窺うに至った。そこで、誓願寺開基像と、本坊門徒の遺骨を収納する廟所を擁して独立する前に、これらを誓願寺に移して円照寺を本坊の傘下から分離させる計画が進められた。たまたま昭和五年に円照寺が単独で開基六百五十年忌法要を営んだのに乗じ、誓願寺の由緒を奪って独立せんとする野心の現われとこれを目して、本坊は円照寺の分離を決行しようとした。ところが円照寺はもちろん附近の門徒の反対にあって成功せず、結局本山の斡旋裁断によって解決をみた。かくて、開基像等の遷座は実現したものの、本坊の処置に反撥した附近の門徒十数戸は円照寺の分離と行を共にし、本坊の企図は不完全にしか達成されなかった。(7) 分

離というも本坊の側から露骨に云えば追放である。下道場の独立を阻む地元門徒は、また本坊による追放の成功を阻む存在でもあった。門徒にもたれる真宗寺院は、その進退ともに門徒に制約されるのである。

註

(1) 別派独立した興正寺は、三二九頁に京六条境内と註記されているように、西本願寺の境内にあったから、いくら二千の下寺を抱えていても本質的には本山の寺中というべきものである。したがって、これをもって最も大きい寺中独立の例とすることが出来よう。ここでも前述の通り、本坊との不和が独立の第一理由であった。また、時代を詳かにしないので本文から省いたが、金沢専光寺旧寺中Hの例がある。Hの先々代は本坊の一老をしていたが、本坊と感情的に疎隔を来したので、かねて布教を通じて懇意にしている石川県能美郡方面へ行けば、多数の本坊門徒が自分について来ると目論んで独立を決行した。しかし本坊では対抗策として小松市に専光寺説教所を設置し、これに能美・江沼・小松方面の門徒を掌握させたので、Hにつく者がなく、こと志と反して長い間窮地に立った。専光寺一老としてのHを尊敬しても、専光寺を離れたH、況や専光寺に弓を引くHは、門徒にとって無価値に等しかったからである(早川仙樵氏談)。

(2) 『奈良県高市郡寺院誌』(奈良県高市郡役所、大13・10)、二五六頁。

(3)(4) 明14諸達書控(高田派宗務院蔵)。

(5) 資料は主として、明3・9『久居藩本末寺号其外明細帳』、『社寺取調類纂』所収による。

(6) 『奈良県高市郡寺院誌』、五九六頁。

(7) 『中村家小史』、五〇~五一頁。

(二) 太平洋戦争後の動態

昭和十六年発布の『高田派宗制』は、「一般寺院相互間ニ於ケル本寺末寺ノ関係ハ之ヲ許サズ」(第二一六条)と規定して、従来暗黙のうちに認めてきた本坊・寺中下道場の関係にきびしい態度をとったが、戦後昭和二十三年改正の『宗制』は、宗門を同朋教団として再生せしめる見地からこの趣旨を受けて、「一般寺院は本山専修寺の

末寺であって、一般寺院相互間には従属などの関係はない」（第一九一条）と明快に規定した。これが宗議会の机上のプランに終らなかったのは、同年の宗規で堂班を廃止し以後年長順によって法要座席をきめることに改めた大改革と相俟ち、また当時滔々たるデモクラシーの風潮に投じた為である。こうして本坊住職は威信の失墜を免れず、他方、寺中下道場は漠然たる解放感を味わったのであった。それに戦中戦後の食糧統制も本坊にはとくに不利であったし、また戦後の農地改革や経済変動による旧地主層の没落は間接的に本坊に大きな打撃をもたらし、従前いわゆる三季（年頭礼・盆礼・報恩講灯明料）の収入で安定していた寺院経済がはげしく動揺するに至った。寺中・下道場も同じ事情によって多かれ少なかれ打撃を受けはしたが、経営の規模が小さいだけに打撃も比較的軽微であったばかりでなく、本坊を煩わさないで寺中ですます葬儀や年忌がふえたから、世帯も小さく交際範囲も狭い寺中は、戦後数年間独立寺院を凌ぐゆとりがあると評されたものである。こうした経済事情も、寺中・下道場をして本坊何するものぞという対抗意識を懐かせた。また、寺中をもたぬ独立寺院のなかに、他寺の寺中にも独立寺院なみの報恩講案内を出したり、末席ながら内陣出勤を認めたりして、寺中に迎合する者も現われた。これらの諸条件が互に補強しあって、主従関係、ことに本坊と常時密接な協業関係にある寺中との主従関係を弛緩せしめる方向に作用したのである。本坊に対して反抗的であった福井県坂井郡坂井町兵庫勝光寺（高田派）の寺中S[1]は、この時機をとらえて独立を図り、これまで居住してきた本坊借地の無償譲与を要求して容れられるや、昭和二十三年五月門徒総会の席上、「一坊一ヵ寺トシテ独立ヲ声明」した。しかし、本坊門徒がS[1]を支持してこれと行動を共にしたわけではないので、S[1]の収入は忽ち細まり、自ら窮地に立ったS[1]はやむなく一部の門徒に運動して独立の声明を取消し、再び従属関係に入った。このように本坊寺中の主従関係は弛緩しても、寺中が本坊の経営の外側で自己の経営をもちえない以上、つまり、寺中の本坊離反を少なくとも一部の門徒が支持

し、単に支持するだけではなく進んで寺中の門徒となるのでなければ、寺中の独立はかちとられないのである。すなわち、さきに下道場の独立についてみたのと同様に、寺中の独立もただ本坊対寺中の関係だけからは成否何れとも決定されるものではなく、これに第三者、すなわち本坊門徒や部落の信徒の去就が介在してくる。その点を更に立ち入って考察してみたい。

すでに述べた通り、奥能登町野町金蔵正願寺・慶願寺には各一軒の寺中がある。ここでも寺中はそれ自身の門徒を持たず、本坊に従属してその経営に包摂されることによって生計をたてている。そこに本坊寺中関係を成り立たせる第一原因があるのだが、こうした本坊寺中関係を包みこむ聚落社会自体も基本的に共通する構造をもっていたことが、この関係を支える有力な条件であったと考えられるのである。

戸数約百戸の金蔵は、昭和十五年頃三つの大きな組に改組されるまで一二の組に編成されていた。各組は有力な手作地主を世襲の組親としてその家号によってよばれ、組親の下に半面（つら）のマコヤを含めて数戸の子組がついたが、組の戸数には大小あり、また地域的な屋並編成ではなかった。マコヤを各組に適宜割りふったかにみられることから、これはもと貢納の単位として組織されたと推測され、旧幕時代この地方で長く実施された地割制度においては、鬮組としても機能したのであろう。明治以後も、組親は貧しい子組のために税金や借金の面倒をみてやらねばならず、また鎮守日吉神社の秋祭に各組からくり出すキリコ（灯籠）の費用と人足を半分負担せねばならなかったから、経済力のある地主でなければ組親たりえなかった。しかし組は組親の政治勢力の地盤であったので、財力の許す限りなるべく多く自分の組にとりいれようとして、金蔵にある三つの寺もそれぞれ組へ編入され、寺中は本坊と同じ組に属せしめられた。正願寺とその寺中を自分の組へおさめた井池氏と、慶願寺とその寺

中を傘下におさめた東氏とは、長く金蔵の二大勢力であった。

組親・子組の関係はどちらかというとフォーマルな政治経済面で力強く機能したが、これと異なりつつ構造的に重複するものに、比較的インフォーマルな政治経済面で作用する親作小作・エボシ親子の関係があった。右に述べた組親たちはかなり大きく手作すると共に、川べりや山間の生産性の低い田は小作させていた。小作田は反当二石もとれないのにその過半（一石二斗位）を小作料として納めさせたから、小作人は食う米にも困って親作に借米するが、これを返却できるはずがないのでアニ（長男）を親作の下男に住みこませ、一年一石二斗位の僅かな給料をあてにするより仕方がなかった。男子がなければ娘を下女として出した。こうして親作は一町歩位の手作でも家族労働力のほかに五、六人の下男下女を使ったのである。組親は子組の面倒をみなければならぬので、小作をさせるときも、また下男を使うときも、自分の子組を先とした。ところが昭和初年の不況期に、この部落の有志で設立した製材会社が潰れて、多額の出資をしていた一部の親作が土地を手放し、かくて手作が部分的に解体したが、残った親作も手作の不利を慮って規模を縮少したから、下男下女の数も激減した。半面、これまで親作の経営に従属して存立した小作人の経営が、小作地の拡大によって親作の経営を離れ、自立化への傾向を強めた。しかし高率小作料のもとでは依然親作への依存が続いたことであろう。

組親は世襲であったが家運に消長があり、没落して子組の世話にもキリコの負担にも堪えなくなると、子組のなかの有力者と交替した例もあった。それに、一二組という固定した、そして限られた框のなかでそれぞれに組親が置かれたから、組親はおおむね財力家であるがその全部が常に財力家であるわけでなく、また財力家がすべて組親であったのではない。されば、組親必ずしも親作ではなく親作また必ずしも組親ではなかった。そして、組親と子組は常に親作小作の関係で結ばれたわけでない。しかし組親はかつて親作であったか、あるいは現に親

作であり、子組に属する若干の家はその小作であったのである。

かように組親は必ずしも財力家と一致せず、いわんや財力に加えて政治力のある人と必ずしもいえなかった。そこで、納税・借財関係の庇護以上の、より多面的な社会的庇護を得たい者は、組親とは別にその時々の有力者をエボシ親に頼んでコとして貰った。この関係を設定する年齢に制限はないというが、その名称からして古くはコの元服のさいに結ばれたのであろう。誰しも常にオヤをとるわけでなく、またオヤ・コの関係は家によって固定したものでなかったが、オヤは実子同様にコの面倒をみ、コは実子以上にオヤへ義理を尽すのが、この制度の理想（理念）型であった。だから、コにとって組親よりもエボシ親の方が近い関係とされた。

かくて、金蔵全戸を包含するものとしては組親・子組、大部分を覆うものとして親作・小作、一部に関するものにエボシ親・エボシ子という、三種のオヤコ関係が家々を結びつけ、組親・親作・エボシ親が親分家の家運に隆替のあるところから分化しつつも、また顕著な重複を示し、そうした親分家の連合体として金蔵なる聚落社会が存立し来ったといえよう。そしてかようなオヤ・コ関係を基軸とする社会構造が、すでに述べた本坊寺中関係の背後にあって、これを包みこんだのである。この土地で寺中をコデラとよぶのは、小寺の意でなくて子寺であることは、かくて明らかであろう。本坊寺中の関係は、親作が手作をした時代の親作小作の経営連関よりもさらに深い経営の共同を基盤とし、エボシ親・エボシ子にみられる身分的支配庇護と従属奉仕の関係を内容とした上に、関係が世襲的固定的である点、本山への届出には本坊の奥印を必要とした点など、組親・子組の関係を思わせる。そのように考えると、本坊は寺中に対して親作・エボシ親・組親の地位を未分化に併せもつものということができる。本坊寺中関係の基礎は経営関係にあることはいうまでもないが、寺および門徒の所在する部落の社会構造と、そこに支配する社会関係観がこれを支持したと考えねばならない。

さて、戦時中の改組によって一二の組が廃され、代って地域的に編成された三つの大組（部落と称する）が町政の末端組織として登場し、日吉神社の祭礼に奉献されるキリコも、戦中戦後の物資不足のため旧組から出す慣行を改めて各大組から一個宛出すことになり、旧組の機能が少なくとも表面的には全く剝奪されると共に、組親の機能も退化した。しかも、昭和十年代に農地調整法によって国から資金の融通をうけ、他出した地主の土地を買って自作農に上昇した家が何軒もあるのみならず、米穀統制の実施以後小作料が金納となって、親作小作関係の変化を促進した。エボシ親子にしても、戦時中の召集徴用と就業機会の増加によってこの関係を結ぶものが減少したが、こうした旧慣に徹底的な打撃を加えたのは、いうまでもなく戦後の農地改革であった。農地改革そのものは、不在地主の所有地の解放から着手されたので円滑に進行し、それまで金蔵の八割が小作農であった（自作地主・自作農は二〇戸ほど）状態から、俄かに自作農が大多数を占める状態へと変化したことは、全国的趨勢と軌を一にする。これによって親作小作関係は殆ど一掃され、また、エボシ親エボシ子の関係を新たに成立せしめる基盤は失われたのみならず、すでに存したオヤ・コ関係にしても庇護従属の色彩が著しくあせたことは否めない。かくて家々は平等の権利を主張し始めた。井池・東両家の没落後は組親の合議によって区の意志が決定され、それが旧組の解消後も依然として継続されたのであるが、これを不満として、農地改革が終ろうとする頃、青年団の発起により区政の大改革が断行された。改革の要点は、区長を区民（世帯主）の直接選挙によって選任すること、および区長を補佐ないし掣肘するために選挙で選ばれた一二人の委員で構成する委員会を設けることであった。昭和二十四年に行われた最初の公選の結果、区長に当選したNはもと小作農、委員一二名の内訳は旧自作七・旧自小作二・旧小作三であって、オヤッサマ（自作地主）によって区政が左右された体制から大きく飛躍したことが窺い知られる。

　このような部落構造の変化は、戦後の時代思潮と相まって本坊寺中の関係に直接間接の影響を与えないではおかなかった。しかし、農地改革が直ちに本坊寺中の関係を平準化したというのではない。農地改革法では社寺の所有地は耕作者に解放されることになったが、寺の田畑は仏供米田として、ないし寺の維持に必要な基本財産として、あるいは寺族の生活扶助のために寄進されたものであるし、ことにしばしば、住職家の所有地をその保全を確実ならしむるために寺へ寄附したという事情があるので、なるべく住職家に還元する努力が払われた。正願寺では先代が寄進した田二反三畝二三歩と畑二八歩を住職家の有に復し、慶願寺でも同じ事情で寺有になった畑七畝一七歩を住職家の有にもどした。他方、正願寺寺中には専有財産なく、ただ住持家が二畝一七歩の田地を自作していたが、これに加えて、おそらくそれまで小作していたと考えられる畑一畝二九歩の解放を受けた。慶願寺寺中住持家は畑一反四畝五歩を自作していたのに加えて、改革によりさらに畑四畝一四歩の解放を受け、合計一反八畝一九歩を自作することになった。かように本坊には多少とも寺有財産があり、改革の際おおむねそれは住職家の有に帰したが、農耕をしないのでそのほかに新たに買得することはなかった。しかるに寺中の側では寺有財産は全然なかったが、住持家には多少の財産があり、これを耕作して生活の補いとしたばかりでなく、この外に小作もしたから、改革によって所有面積がふえることになった。かくて農地改革は寺中にとって幾分有利だったといえる。しかし、農地改革の影響はこれに止まらないのである。もちろん、本坊は余宗寺院のように小作料収入に依存する地主ではなかったから、この改革によって大打撃を蒙り、本坊寺中の財力差がその意味で小さくなったわけではないが、これまで本坊を支えてきた地主層の没落は確かに打撃であった。それに、農家における農地改革の顕著な平準化作用は、旧小作人もオヤッサマのいうなりになっていないで自分達の利害を主張する態度をもたらし、これが寺中にも反映した。そして、本坊寺中の譜代関係をみる見方も変化して、寺中の身分的

隷属を当然とする意識が後退し、こうした関係観の変化また寺中の意識に微妙に投影した。

制度的にみると、附属寺の制度は昭和四年の宗憲において廃止されたが、特別の手続きを用いなかったから、寺中の意識や態度に影響を与えるところはごく少なかったと思われる。しかるに昭和二十年十二月、戦争中の宗教団体法に代って『宗教法人令』が公布された結果、各寺院は宗教法人の登記をすることになり、寺中も本坊同様に登記手続をしたが、これはたとえ無檀でも一ヵ寺は一ヵ寺だという寺中の意識を強化した。

本坊寺中の主従関係は、両者のパーソナリティの組合せによって、温情的庇護と献身的奉仕によって輝きを帯びることもあり、また逆に、冷酷無情な取扱いと面従腹背的な怠業によって陰湿なよどみを示すこともある。現実は常にこの両極の中間にあるとはいえ、本坊の側では寺中にかけた温情を忘れぬが、寺中の記憶に沈澱しているのはややもすれば本坊の無情な取扱いばかりであるということになりやすいから、一般に後者の極が卓越する。ことに社会全体の体制がパーソナルな主従関係を脱した時代においては、とりわけしかりであろう。本坊なくして寺中のなりたちえぬことを承知していても、寺中は単に本坊に扶養されているのではなく、本坊の経営に必要な恒常労働力の多くを荷っているのであるから、寺中としては服従に追いつめられながらも、なお内心に不満と不服従の思いを懐く。こうしたコンプレックスは寺中のパーソナリティに共通の陰影を与え、戦後の価値観・社会関係観の変化に敏感に反応した。

かくて本坊に対する寺中の慎みの態度にもかなりの崩れが現われた。例えば、本坊の仏供米を寺中が炊かなくなるとか、本坊に扈従して門徒の家へ行っても、昔ならば本坊は奥座敷に通り寺中は次の間に控えたが、いまでは奥座敷で本坊と同席して憚らないとか、主従関係というよりは与力関係というべき外観を呈するに至ったことである。こうした主従の別の崩れには、慶願寺では先住死亡（昭18）後数年間、寺中の補佐に年若い住職が強く

依存しなければならなかった、という事情も介在している。一部の老人はこうした寺中の態度に眉をひそめるが、壮年層以下昔の寺中の勤務を知らない世代は、むしろ寺中に同情的である。従来寺中に与える布施の額は本坊の半額であったが、寺中は本坊と同等以上の労力を費しているのに半額とは不条理だと考える人が多くなり、少なくとも七割前後、ときには本坊と同額を与える者さえ現われている。寺中は本坊よりも頻繁に門徒を訪れ、門徒も寺中をさほど尊敬せぬとしても親しみを感じており、それに本坊と違って地元に親類があるので、寺中は本坊よりも強く部落や門徒に密着しているのである。こうした人間関係の近さも門徒の同情を獲得する上に有利であった。門徒の同情こそ本坊に対する寺中の態度の変化を支える大きな柱である。たとえ部落の社会構造が変化し、社会関係観が変化しても、門徒の同情がなければ寺中も大胆になれなかったはずである。総じて本坊寺中の間柄には相対の慣習が支配しているので、一をもって他を断ずることはできないが、程度の差こそあれ、戦後の社会変動の影響を受けて、主従関係が変質し崩れをみせていることは、一般的な情勢であるといえよう（昭33・8調査）。

このような一般的情勢のなかで、本坊が率先して新しい関係をうちたてた稀な例がある。稀ではあるが一つの方向を示すものとして附記しておきたい。酒田浄福寺では第三節で述べたように寺中が七軒あるが、寺中が強制された思いで本寺の晨朝に奉仕するのは言語道断であると痛感し、『篠﨟山掟』において繰返し強調された晨朝出勤を昭和二十七、八年頃廃した。この思いきった処置に寺中すら驚き、かつ戸惑い、浄福寺の親類には反対が少なくなかった。また、寺中は本坊では悉く外陣に坐って勤行を補佐するものであったが、報恩講・永代経・正月・彼岸・盆その他臨時法要に出勤すると、鐘叩きの一人を交代に外陣へ残して他は本堂内陣に着座することを許した。こうした改革を民主主義的と評して賞める人もあり、迎合的だと中傷する人もあったが、浄福寺住職

の改革の動機は、民主主義などという時の流れに棹さすものでなく、もっと深いところから発していた。すなわち、内心に不平不満を懐きながら生活の必要のために儀礼的形式的に本坊につながっているのでは、こうした体制はいつかはみじめな末路を迎えざるをえないだろう。そこで、むしろ一山を聞法の場として法義を中心に結ばれていくという方向をとらねばならぬ、と決意したことであった。幸い寺中に本山の教学部長もした優秀な学僧がいるのを指導者として勉強会を開き、『歎異鈔』の講義などを聞いて共に学んできた結果、これまでにない親密な人間関係が本坊寺中の間にうちたてられるに至った。寺中の勤務を大幅に縮減し、かつ独立一ヵ寺の如き待遇を与えているが、門徒を分割したのではないから、本坊寺中の関係が事実上解体したわけでない。しかし法義聴聞という共通の場において本坊もなく寺中もない関係をつくり、ここに勤務縮減を正当とする根拠をもつと共に、寺中の側にわだかまりやすいコンプレックスをこれによって処理していることは、問題解決の一方向として注目すべきものをもつといえよう。こうなると、本坊寺中の関係はもはや主従結合とよぶことができない（昭33・10調査）。

第六章　大坊をめぐる合力組織

本坊・寺中下道場の関係は解体への方向を辿りながらも解体しきれず、弛緩しつつ存続している。昭和三十四年九月の大谷派統計によれば、全国でなお五九三の無檀寺院があり、しかも富山県一八七、石川県一五九、新潟県一〇一、福井県二六と、八割まで北陸地方に集中するところからも推測されるように、これらの大部分が従属寺院と考えてよい。したがって、主従結合は弛緩しつつあるといっても量的にみてなおかつ無視しえぬ関係であり、質的にみれば後述するようにきわめて重要な関係である。そこで形の上では独立しながら、実質的には依然従属的地位にある寺中・下道場が、本坊を中心とする合力組織のなかにどのようにくみこまれているか。本章ではその現状を典型的な事例について詳細に観察することが必要と思われる。この合力組織は本坊・寺中下道場で完結するものでなく、頻繁に門徒が参加しまた時々他の寺院も加わってくる。その意味で自ずから、第四章寺檀関係および第五章末寺関係の、より事例研究的な考察ともなることであろう。

第一節　本流院の寺院構成

寺中・下道場を含む大坊の具体例として、福井県坂井郡三国町加戸の本流院（高田派）をとりあげたい。手始めに文政十三年（一八三〇）作製の『由緒書』に要点を語らしめ、つぎにその解説の形で沿革と寺院構成を述べ

よう。

坂井郡加戸村
小和田山円福寺本流院
但中興以来以院号為通称

覚

一、宗旨　浄土真宗高田派
一、本山　勢州一身田高田専修寺
一、寺格　専修寺連枝格
一、衣体飛色直綴紫五条袈裟裏菊浮織紋紫地大紋八ツ藤差(ママ)貫等免許
一、開基名慶良始名慈道(なりつね)俗姓波多氏剃髪して自慈道と名乗律宗を信じ其門ニ帰入す当国三国湊におゐて一道場を建立し此ニ住今之信行寺筋目是也、其後当流開山親鸞聖人越後之国府へ左遷之折節不図面謁におよび念仏法門之旨趣を聴聞することをえて直に其意を受得し遂に師弟之契約をなし慶良と改名し直に越後之配所江供達聖人在府五年之間師事不怠其後聖人勅免によつて帰洛之砌慶良当国に帰り今之寺地に一寺を建立し円福寺と称候
一、慶良より後光恵代にて嗣子無之ニ付本山中興第十世真恵上人之おい真孝を以嗣とす于時永正十三年也真孝入寺ニ付本山より初而連枝之寺格免許依之当寺においてハ真孝を中興と相定候真孝より当住に至る迄九代累世連枝格ニ而血脈相続候
一、当住名円耀年四十
一、堂内正面本尊阿弥陀如来　左壇開山親鸞聖人之像　右壇本山善知識　左右余間皇太子七高僧
一、堂十一間四面
一、堂之東之方ニ八畳間　同西ノ方ニ八畳間　同後之方十九畳間
一、庫裏表之方　上壇八畳間　十畳間　十二畳間　十五畳間

一、庫裏奥之方　内仏間十四畳　居間八畳　同六畳　次之間十畳　茶之間六畳
一、別座敷　居間八畳　二之間六畳　三之間六畳　縁側十一畳　外ニ四畳半間
一、表玄関二間半　表玄関之間八畳　使者之間四畳半
一、小玄関九尺　小玄関ノ間八畳
一、台所　八間ニ十四間
一、土蔵　二ケ所
一、堂前石手水鉢壱ツ　石灯籠壱対
一、表門
一、裏門
一、長屋二間ニ十一間
一、門外制札一ケ所
一、寺地三反一畝　先々より除地但御朱印ハ無之候　外ニ持山三ケ所
一、塔頭二ケ寺
　　　　　　　　　　　　　　　　　　　　　　　　心海寺
　　但先々より除地
　　　　　　　　　　　　　　　　　　　　　　　　実明寺
一、当寺末四ケ寺
　　　　　　　　　　　　　　　　　　　三国湊　信行寺
　　　　　　　　　　　　　　　　　　　覚善村　鳳生庵
　　　　　　　　　　　　　　　　　　　浜地浦　願教坊
　　　　　　　　　　　　　　　　　　　荒井村　堅住坊
一、檀越名元左之通（略）
　右此度御改ニ付書付差上申候

文政十三年寅五月　　　　本流院　印

さて、解説はまず、⑴累世連枝格の内容を説明して本流院の沿革の大要を述べ、ついでこの寺の構成を明らかにするために、⑵門徒の数と分布、⑶寺中と下道場、⑷親族関係、⑸境内と建物、を順次考察して、合力組織を組成する主な要素をとり出しておきたい。

⑴　沿革　本流院の名が見出される最も古い記録は、専修寺十世真慧が一時住した近江坂本の妙林院に対する毎月番役の書上げ（専修寺文書日附欠）である。二月称名寺（三）・三月勝鬘寺（二）・四月専西寺（廃）・五月専福寺（二）・六月円福寺（一）・七月専光寺（廃）・十一月加戸西坊（常楽寺・一）・十二月聖徳寺（三）・二月折立南坊（称名寺・二）・五月法光寺（三）、の円福寺が本流院の旧称であるが、この記録は本流院が名のある越前高田門下の一つとして存立していることを告げるのみで、とくに傑出した寺跡であるとは考えにくい（寺号の下に附した数字は、越前寺院とみなしうる寺の現在の所属組を示す。以下同じ）。しかるに、本山十世真慧の甥といわれる本流院真孝が入寺して、一向一揆における高田宗徒の中心となり[追補10]（『朝倉始末記』）、また越前専修寺の勢力を制圧する拠点となるや、寺格が高まって越前高田末寺を先導する地位に上った。そこで、真孝の院号をもって以後通称としたのである。永禄四年（一五六一）十月の、本山に対する年頭礼と御飯米に関する請書には、本流院を筆頭に常楽寺（一）・折立称名寺（三）・聖徳寺（三）・北ノ庄専福寺（二）・安養院（一）の五ヵ寺が名を連ねているが、本流院の擢ん出た地位を明瞭に示すものは、円光寺門徒の出入に関して本流院応仙以下、常楽寺（一）・称名寺（二）・安養院（一）・松樹院（一）・称光寺（一）・円光寺（一）の七ヵ寺が連署した慶安三年（一六五〇）の本山請書である。ここに、門徒が寺を引退いて他宗の寺へいくのは許さないが、仲間の他の寺へつくのならとやかくいわない。まして本流院へつくのならば何の異存も申さない、という一ヵ条が含まれてい

る。応仙は真孝の孫にあたる人であるが、門徒の掌握において本山専修寺の出張所の如き取扱いを地元の寺院社会から受けていることが知られる。

さて中興真孝（十三代）以後、応順・応仙・秀応・応実・円実・円導・円乗と血脈相承して由緒書当時の円耀（二十一代）に至る。十二代の光慧以来の系譜と歿年が明らかであり、かつ本流院寺族墓地にはこの間の代々の住職の墓碑が苔むして現存するのに対して、開基慶良から十一代慶鷗までは世代すら明瞭を欠くのは注意を要する点であろう。これは、円福寺という古木に、本流院という貴種が接木されたことを反映するもので、本流院は真孝以後新しい歴史を刻み始めたといわなければならない。それ以来、真孝の所縁によって連枝格の寺格を許された。八級に分かれた近世の高田派寺格のうち、連枝格は最高のものであった（『諸宗階級』）。由緒書記載の衣体も連枝格を示すものである。

寺院を代表するのは住職であるから、寺格が連枝格であるというのは、住職が連枝格であることに外ならぬ。すなわち、寺格は一度免許されると固定して寺院の存続する限り自動的に維持されるのではなく、住職の世代毎に住職の資格として更新されて初めて寺格の継承が可能となる。寺格の連枝格は、「九代累世連枝格」を内容とするのである。それでは本流院の代々はどのようにして連枝格――連枝（本山住職の子弟）に亜ぐもの、准連枝――の身分を与えられたのであろうか。かりに本流院住職たる故に自動的に与えられたとしても、本山住職の子弟に準じた身分を許されるということは、本山住職との間に特殊な身分関係を結ぶ手続きを必要とするように思われる。そのような観点から史料を捜索したところ、円耀は十歳にして本山十八世円遵の猶子となったことを松山忍明編『高田史料』3（伊勢上品寺蔵）によって知ることができた。そこで本山住職の猶子になるとは、連枝格の身分を与えられることではないか、円耀の円も円遵の猶子としてその円を与えられたものではないか、と推断

する。応順以下円乗までの歴代については直接史料を欠くが、おそらく円耀同様に本山住職の猶子となって連枝格の寺格を維持し、応順の応は本山十一世応真の応、円乗の円は本山十七世円猷の円であるまいか。尤も、円乗までは速証院円乗などと三字院号であるのに、円耀以後は摩尼珠院円耀などと四字院号になっているので、猶子の制は円輝以後のことかと考えられないわけではないが、高田派の他の有力寺院を調査するに、四字院号は近世中期以後功績のあった僧侶に許された新しい慣例であることが判明するから、猶子と結びつけるのは妥当ではない。かくて、本流院住職は代々本山住職の猶子となって連枝格の寺格を継承したと推論しておこう。円耀以後は記録があるので、これによって検討することができる。すなわち、円耀の養子円礼は本山十九世円祥の次男であるから、生まれながらの連枝であって猶子などの手続きを必要としない。しかし円礼が二十三歳で夭折したので、その後に生まれた円耀実子円暁が九歳で得度するとき、本山二十世円禧の猶子となった。円暁は知的障害のため世代を継がず、その長子円誠が再度寺務を管した円耀のあとを襲ったが、法主の猶子となったという記録を欠くのは猶子制の廃された明治に入ってから得度したためであろう。猶子の慣例はこれ以後絶えた。また、連枝格・准連枝並の名称が明治八年をもって廃され（『高田史料』4）、真宗四派連合の寺格改正において連枝をも一括して内陣上座と改称された。

明治二十一年、専修寺では寺法制定にさいして内陣上座を上座・准上座・准上座格に分ち、上座は連枝、准上座および准上座格は准連枝ないし准連枝相当と定めたとき、円誠は終身准上座格二級に列せられた。さらに明治三十六年、連枝准連枝を上座の上におしあげて、連枝・准連枝・上座・准上座・准上座格の五階級に細分されるや、円誠と小山青巌寺の清水谷純祥（円祥曽孫）が上座に、松阪本覚寺の中山弘教（円祥孫）・河原田常超院藤源真崧（円祥孫）・一身田玉保院水沼寛厚（円祥曽孫）・同智慧光院玉樹真龍（円祥曽孫）・津上宮寺岩崎清均（円

祥曽孫）らが准上座に列せられた。連枝は津彰見寺の長谷部円祁（円禧子）、准連枝は円祁子真珪（円禧孫）・智慧光院玉樹真凝（円祥孫）・津上宮寺岩崎慶聞（円祥孫）であったと推定される。この外に当時の准連枝級の僧としては黒田浄光寺と三河妙源寺（何れも円祥孫）があった。また同年、本願寺連枝の次男で豊橋聖眼寺の住職となった深妙院尊勝も准連枝に列せられた（これは専修寺二十二世堯猷妻が西本願寺大谷家から入って両家が親類となったためである）。但し何れも個人の資格（堂班）であるから、法主の子か孫か曽孫かにより、同じ孫でも法主の子女の嫡系か庶系かにより、また年齢によって異なるわけで、寺自体の格差からは右に掲げた堂班の高下を説明しがたいが、この時代に上座以上の高級僧侶を出した寺は、近世風にいえば連枝格といえる。以上のうち本流院と最後の二ヵ寺を除いて他はすべて伊勢所在の寺であるから、血統上の高級僧侶を出した寺は圧倒的に伊勢に集中していることが判明する。円誠は法主との血統関係からいえば他人に等しいが、法主猶子（准連枝）の嫡子という意味で上座に列せられたのであろう。代々法主の猶子と

第27図　明治期における専修寺法主の派内の親族

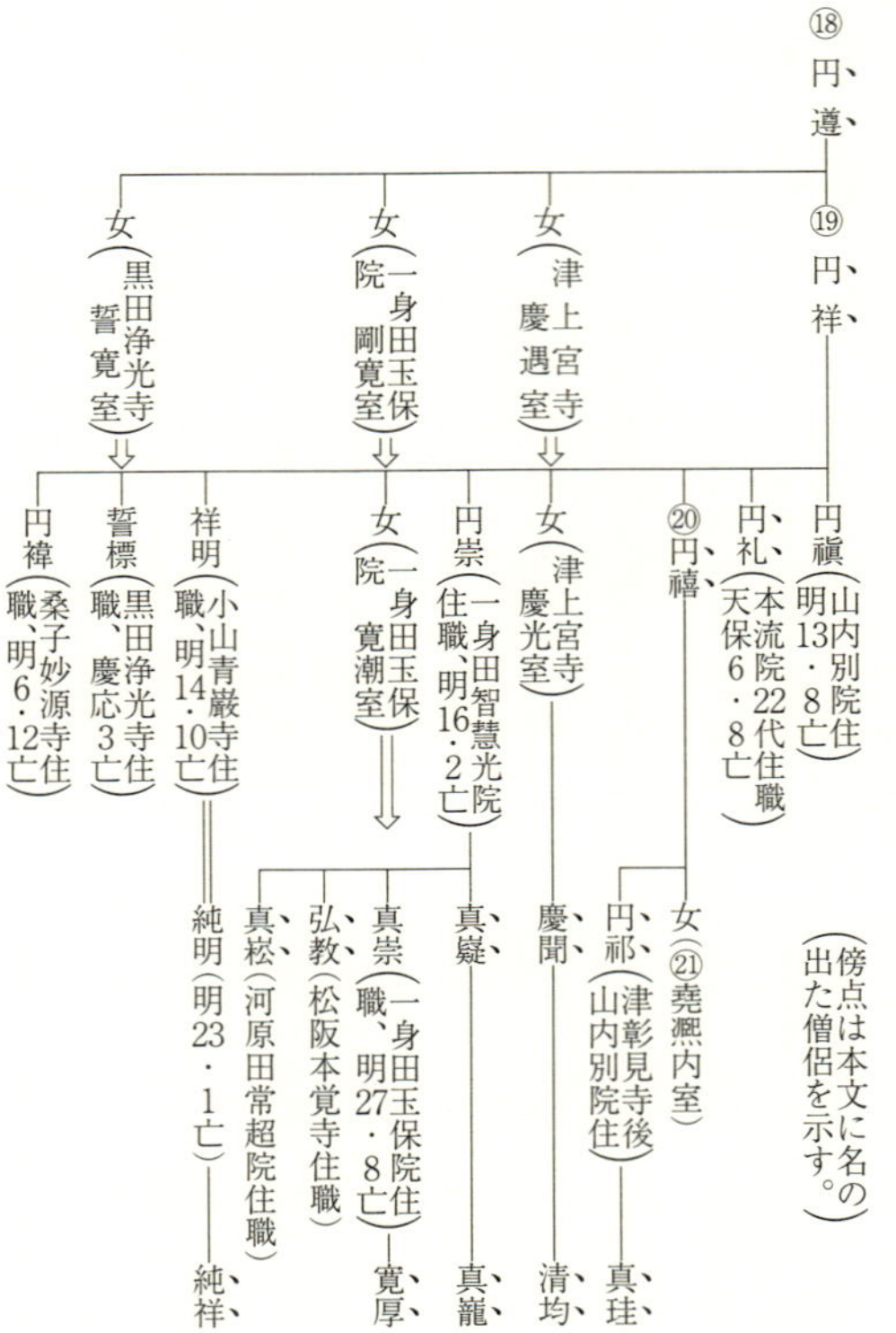

- ⑱円遵
  - ⑲円祥
    - 円禛（山内別院住　明13・8亡）
    - 円礼（本流院22代住職　天保6・8亡）
    - ⑳円禧
      - 女（㉑堯熙内室）
      - 円祁（津彰見寺後山内別院住）——真珪
    - 女（津上宮寺慶光室）
      - 慶聞——清均
    - 円崇（一身田智慧光院住職、明16・2亡）
      - 真凝——真龍
      - 真崇（一身田玉保院住職、明27・8亡）——寛厚
      - 弘教（松阪本覚寺住職）
      - 真崧（河原田常超院住職）
    - 女（一身田玉保院寛潮室）
    - 祥明（小山青巌寺住職、明14・10亡）＝純明（明23・1亡）——純祥
    - 誓標（黒田浄光寺住職、慶応3亡）
    - 円禕（桑子妙源寺住職、明6・12亡）
  - 女（津上宮寺慶遇室）
  - 女（一身田玉保院剛寛室）
  - 女（黒田浄光寺誓寛室）

（傍点は本文に名の出た僧侶を示す。）

なる慣例を有した高田派末寺としては、本流院のほかに三河の妙源寺が記録されるばかりであるが、越前と三河にこの例が一ヵ寺宛みられることは、猶子制が門末統制の方便でもあったことを推測せしめる。前記血統上の高級僧侶は交代に本山本尊の鍵取役たる維那に補されるのが慣例であって、明治四十一年には玉樹真嶷（維那長）・清水谷純祥・中山弘教・水沼寛厚の四人と共に、秦円誠も維那に任ぜられた。明治四十三年に円誠が寂したのち、交代して藤原真崧・玉樹真寵・岩崎清均・秦英元（円誠嗣）が維那に補された（維那長のみ留任）。越前第一組にて寺格本流院に亜ぐ松樹院の住職すら、本山の式務関係では維那の下僚たる典座（明41）、堂班（身格）では准上座（明43）に列せられるのがせいぜいであった。

明治四十三年九月、英元は住職に就任すると同時に堂班准上座に列せられ、国許御代前向座着席を許されているから、本流院の寺格は准上座であったとみてよい。住職個人の堂班は寺格を代表するが、法主の親族や功績顕著な僧侶には寺格以上の堂班が与えられた。さきにふれた明治期の連枝ないし准上座はすべてその例で、松樹院住職の准上座は蓋し功績、他は族縁によるものである。もっとも族縁といい功績といっても、それには大体献金がつきまとっていた。英元が同年の暮に上座に進められ、さらに大正十年に至って上座別格首席という連枝准連枝以外での最高の堂班を許されたのも、従来の由緒によるとはいうものの、直接には法主の手許金として一千円を献上したこと（明43）、ならびに大正八年設立の十万人講財団への献金（大10）によるものであったと考えられる。大正十五年に寺格また最高の上座に列せられたのも同じ事情による。献金による昇進制度は末寺間の競争意識を刺戟し、この時期以後寺格も堂班も大いに動いたが、結果的にみると全体として斜め上に横すべりしたにすぎなかった。けれども、寺格上座という寺は依然としてきわめて少数であったのである。

太平洋戦争後高田派は一時（昭23～27）寺格も堂班も廃止してデモクラシーの時潮に即応したが、年齢による

序列の決定に対する不満が末寺僧侶間に起り、また本山財政もこの改革によって窮地に立ったので、昭和二十七年にこれらを復活し、更に昭和三十二年には門徒戸数を基礎にして寺格を認定しなおすという大改革を行った。末寺は従来寺格堂班の高下に応じて本山に対する負担金を賦課されてきたが、負担力は結局門徒戸数の大小によって規定されるのであるからとて、門徒戸数＝負担力から逆に寺格をきめたところにこの改革の意義がある。かくて、本山との族縁によって寺格がきめられた長い歴史に終止符を打ったわけであるが、この改革の源流は負債支払の必要に基づく明治十九年以降の献金昇進制度に発しているとみなければならない。だが、この新しい寺格認定でも本流院は最高の上座を保持した。高田派末寺で上座は他に一ヵ寺、折立称名寺（三）あるのみ。准上座は八ヵ寺、松樹院（一）・称名寺（二）・聖徳寺（三）・勝光寺（一）・玉保院・誓元寺・青巌寺・彰見寺であり、両者計一〇ヵ寺のうち六ヵ寺が越前寺院、他の四ヵ寺は伊勢寺院である。高田派六三五ヵ寺の六三％を占める伊勢寺院に対し、僅か八％（五一ヵ寺）にすぎぬ越前寺院が門徒戸数の上でいかに優勢であるかが知られよう（昭28）。なお本流院の現住職（英元嗣）の堂班は特別上座で、他に折立称名寺住職などが比肩しうるにすぎない。

(2)　門徒の数と分布

最前、門徒戸数を基準にして寺格を認定した最近の改革にふれたから、本流院の門徒戸数とその地理的分布をみておきたい。『由緒書』の正本には「惣門徒亭主分名前」が残らず書上げられたはずであったが、入手したのは控えであったため全く省略されて、総数も分布もこれを明らかになしえないのは遺憾である。そこで戦時中に宗教団体法に基づいて作製された門徒名簿によるならば、総計四二六という数字をうる。この外、信徒（おもに東京・大阪・北海道等へ地元から出た旧門徒）を信徒名簿で集計すると一六五に達するが、これら他出者に寺の費用の負担を期待できないということである。第一組の他の寺院でも、本流院は通称

第28図　加戸本流院の門徒分布

○本流院の所在地　＿道場所在地

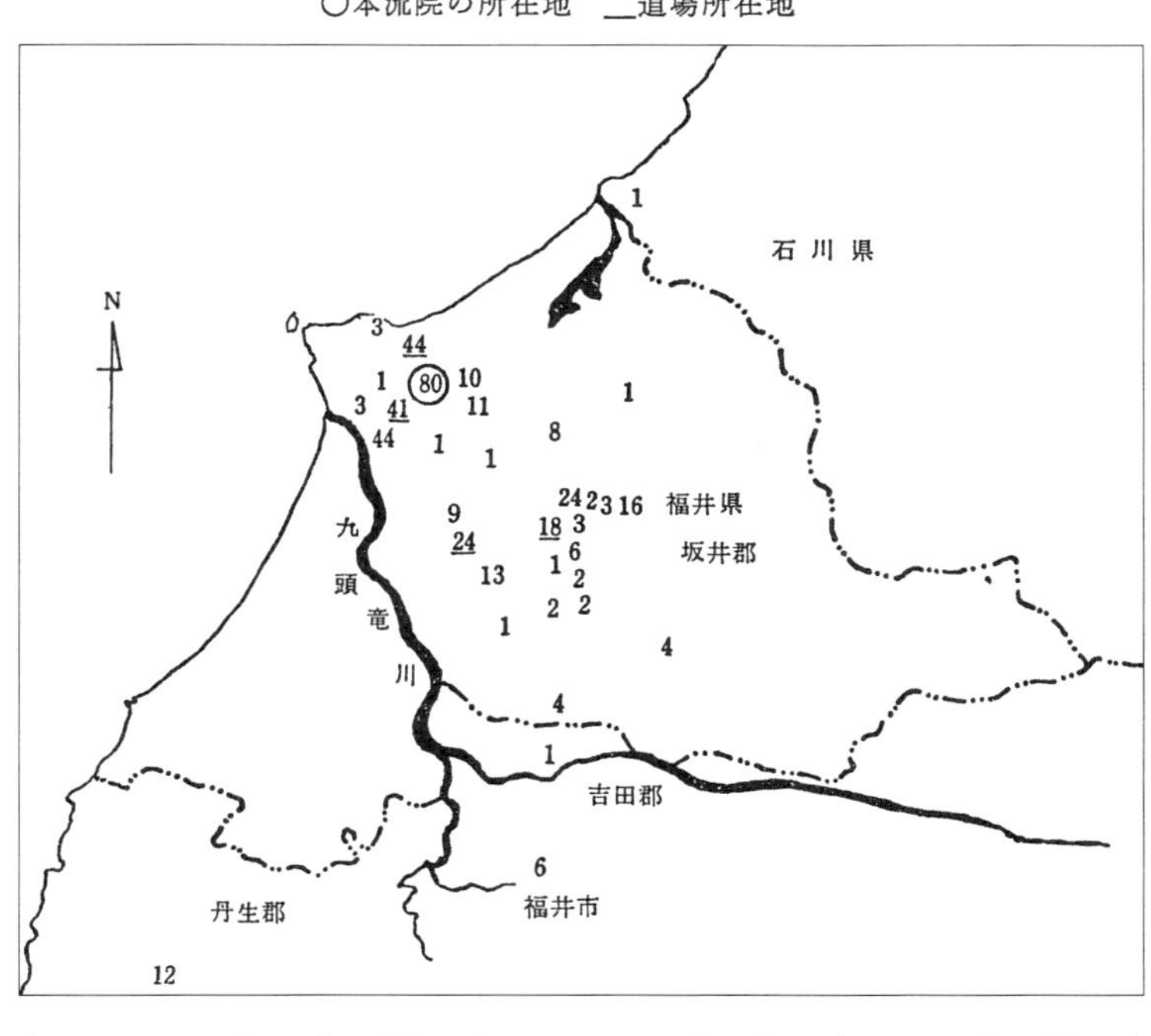

五百戸、実は四百位であろう、少なくとも三五〇はかたいと推測しているが、本流院で永代経の仏子袋（ぶっしぶくろ）（仏餉袋か）を配布した数は二六三、これに米の志納を望み得ないために袋が配布されなかった町方約八〇を合算すれば、三四三となる。また、後述する三尊仏開扉のさいの動員予定数は四〇五（第67表）であったから、この外部からの推定はほぼ当っているとみてよい。明治十二年調の『明細帳』では檀家四六八戸とあり、現在数を調査時昭和三十二年の実況によって四百とおさえると約七〇の差となるが、これは主として県外への転出による減少とみてよいであろう。

それでは、約四百の門徒はどのように分布するであろうか。これを地図に示したのが第28図である（第67表に対応する）。

地元の加戸に総数の二〇％、加戸を除く一里以内の地域に四三％、坂井平野の中央、木部・大関方面に三二％の門徒が分布し、百戸以上の門徒を有する他の寺と比較するとき、分布が集中しているといえる。これは門徒の掌握のためにきわめて有利な条件であって、本流院の実力は単に門徒戸数の多さにあるのではなく、かように比較的集中した分布条件に負うところが大きい。ただ一ヵ所だけ隔絶しているのは丹生郡殿下村別所の一二戸であるが、これには本山の直参門徒が帰属したという特殊事情がある。木部・大関・伊井など坂井平野の米作一本の農村地帯を本流院では「里向」とよび、これに対して、坂井平野の北に連なる丘陵地帯、すなわち加戸・覚善などを「山つき」といって区別している。「山つき」のさらに北は日本海に面する漁村になるが、特別の名称はない。これら村部の門徒から集められる秋初穂によって、寺族の生活と寺の運営に必要な米穀が確保され、また恒例・臨時の法会・儀式・事業の際に、村や町の門徒から金穀が進納されるが、こうした点は次節以下で具体的に説明することにしたい。覚善・浜地および関中ではもと部落の全戸が本流院の門徒であって、移住者も本流院に帰属せねば村住みの資格を与えられなかった。土ぐるみ門徒という意味からかような状態を土門徒と称する。今日、これらの部落ではごく少数ではあるが他寺の門徒も混在している。なお、門徒所在部落のうち、門徒戸数が多いか、比較的豊かな部落には、寺役の下請けをさせるために下道場を設けた。すなわち、覚善（門徒四一戸）、浜地（同四四戸）、東荒井（同二四戸）、上関（同一八戸）の四ヵ所に世襲の下道場がある。上関の下道場はまだ寺院化の過程にあるが、他は明治初年に寺院化を少なくとも形式的には完成した。また、東荒井の下道場は住持家の退転によって殆ど廃滅したが、他の三ヵ所ではいまに存続している。その詳細は項を改めて述べよう。

本流院門徒の居住する各部落には一名以上の寺世話方が置かれ、寺の維持のために特別の尽力をする仕組になっているが、寺元加戸の寺世話方（五名）はとくに肝煎とよばれ、寺山の管理とか、寺に金穀の必要なときの工

面とか、寺の経営面全般に尽力する。寺に対する年頭礼・盆礼・報恩講蠟燭料の収納と記帳も、少なくとも部分的には肝煎の手でなされる。のみならず、門徒総代三名のうち二名はこの肝煎のなかから指名された。他の一人も加戸に最も近い覚善の門徒から指名されたのは、本山や県庁などへの願書・届書を作製するとき、門徒総代の連署を手軽に確保せんがためであったが、これでは門徒全体を代表する上に偏りが大きい。そこで昭和十五年宗教団体法によって寺院の法人格が強調され、門徒との協力経営が重視されたとき、本流院では門徒を寺元の加戸・寺元から一里以内の圏・一里以上の圏という三地区に分かち、それぞれから一名宛の総代を選出することに改めた。しかし総代の権限がこのさい強化されたわけではないから、総代は依然として形式的な重役たるにとどまり、実際の権能は加戸の肝煎によって掌握されているといってよい。

(3) 寺中と下道場　『由緒書』の塔頭(たっちゅう)二ヵ寺は著者の用語でいえば寺中、末寺四ヵ寺は下道場である。塔頭も寺中も同じことだが、混乱を避けるために術語としては寺中を用いる。そして寺中や下道場をかかえる側を本坊とよぶことはすでに断った通りである（末寺の語をいろいろに用いるが、著者は本山に対する語としてその使用を限定し、いわゆる中本寺〈上寺〉に対するものは下寺、本坊に対するものは下道場とよぶ。この点は三三一〜三三二頁を参看）。

さて、由緒書に現われた上記六ヵ寺の概略を明治十二年の『寺院明細帳』によって素描してみよう（第60表参照）。寺中・下道場ともに（もと）いずれも無檀だが、寺中は下道場に比して概ね創立が遙かに古く、ほぼ本流院の中興時代に開創されたこと、寺号免許も早いこと、寺格も一段上であること、本寺の近接地しかもその所有地に居住すること、などをこの一覧表から読みとることができる。心海寺は明治四十年頃土地を購入して移転し

たが、なお本坊の至近距離にあることには変りがない。それでは寺中の始祖が本坊とのいかような関係によって寺中となったのであろうか。この点詳かでないが、本坊の子弟か従者が開いたものに違いない。下道場のうち鳳生寺の開基法雲は、同寺『過去帳』（嘉永六年整理のもの）によれば「加戸従本坊来」った。これだけでは本坊の弟子か子弟か判然としないが、『明細帳』には「本流院第十三（ママ）世住職応順亡三男」とあるから、本坊の子弟によって鳳生寺が開基されたことになる。また願教寺は本坊同姓であることと、浜地ではアジチ（分家）とよばれていることから、本流院の隠居分家として成立したと臆測する者、またかかる伝承ありと称する者もある。この点堅住寺は不明。

信行寺を列外として、他の下道場の創立は寺中に後れること約二百年、大体一七〇〇年前後のことであった。この二百年の間に寺檀関係が固定し、下道場設立を必要とするほどに寺役の量が増大したとみられるが、それは武士団的な中世末の寺院形態から、寺檀関係を中軸とする近世的な寺院形態への推移を暗示するように思われ

第60表　本流院の寺中・下道場明細

所在	山号	寺号	開基	開創年代	寺号免許	寺格	境内	門徒
加戸	真導山	心海寺	大浣	永正12（一五一五）	寛保2（一七四二）	大衆分・嘉永6永代昇進	一〇三坪（秦円暁私有地）	無
加戸	津梁山	実明寺	誓明	文明13（一四八一）	不詳	大衆分・嘉永7永代昇進	一三七坪（秦円暁私有地）	無
覚善	弥天山	鳳生寺	法雲	延宝8（一六八〇）	明治5（一八七二）	衣座・文政13永代昇進	一三二坪（天井徳静私有地）	無
浜地	海宝山	願教寺	願教	正徳中（一七一五頃）	不詳（明治13？）	衣座・年時不詳永代昇進	二八九坪（村持共有地）	無
荒井		堅住寺	慧雲	不詳	不詳	衣座・天保8永代昇進	一二五坪（村持共有地）	無
三国	慈道山	信行寺	慶良	建保1（一二一三）	元禄11（一六九八）	衣座・年時不詳永代昇進	一二一坪（九五坪官有地 二六坪波多野持）	四戸

る。下道場は寺号の免許も後れ、長らく庵号・坊号を称していたが、明治初年に至って漸く寺号を公称することを許された。鳳生寺の過去帳に、

コノ年（明治五年）九月十三日戸籍ノ御改ニ付庵号ハ真宗ノ寺ニ越前ノ中ニ当寺バカリコレニヨリテ足羽県庁ヨリ如何ト尋ネ候ニ付此方ヨリ寺号ヲ願ヒ向後鳳生寺ト庵ヲ寺ト申サフラフ

とあって事情明白である。他の二ヵ寺が坊号を寺号に改めたのもよく似た事情によるものであろう。この引用では県庁へ願い出ただけで庵を寺と改めたとあり、本山への出願にはふれていないが、寺号はがんらい本山から免許されるもので、本山から許された寺号を領主が認めたとき公式の文書にも使用することができた（公称許可）。そこで、県庁へ出願するにあたって本山から寺号を請いうけたとみなければならない。寺中の実明寺では、呼名としての寺号（呼寺号）にすぎず領主公認の一ヵ寺の体裁を具備するものでないと考えて、明治八年廃寺を出願したが、藩庁へ提出された前掲『由緒書』に寺号をもって登載されている以上、公称が許可されていたことは明らかである。寺格も下道場は寺中より一級下で、上座・院家・老分・中老・大衆分・衣座・平僧と次第するなかの大衆分（寺中）と衣座（下道場）という差がある。最末席の平僧は神社の無格社と同じで、無格を一つの社格だといえないのと同様に平僧は寺格とはいえない。格のない小庵がすべて平僧であるからである。道場は創立後百年余り平僧であったが、近世末に至って漸く衣座に昇進した。すでに衣座であった寺中はおそらくこれに刺戟されて昇進運動をし、一階級上の大衆分に昇進したのが明治になる直前であった。

寺中は本坊の至近距離にあるのに対して、下道場は本坊とは別の、多少離れた部落に設置されている。本坊に対する下道場の従属関係、ことに寺中のそれとの差がこの空間的配置の様相に集中的に現れていることは、のちに具体的にふれたいと思う。ここで注意しておきたいのは、寺中が本坊の所有地に居住するのに対して、下道場

は自己の私有地かあるいは村持共有地に居住することである。寺院境内の所有者は地租改正の一環たる明治八年の「境内外区画取調」によって確定されたのだが、道場住持の私有か村持ちかをどのように判定したのであろうか。この問題に答えるだけの用意はないが、ともかく下道場の境内は本坊の所有地ではないこと、また神社によくみられる村持ちの形態があることに注目しておこう。この点は、下道場が本坊の都合に従ってというよりは門徒側の希望によりかつその負担によって建てられ、いわば部落の施設として維持されたという、下道場の性格に関連する特徴である。(1)

さて、信行寺は、所在地名によって三国岩崎道場とも、また開基の俗名によって慈道道場ともいわれた。全くの無檀のことと七左衛門を称する代々の道場主は船大工で渡世をたてたが（信行寺文書）、堂の修復など臨時の出費は独力で支弁しえないので、開基の縁故（前掲『由緒書』）によって本流院の下道場となり、七左衛門はその門徒となって募財の便宜を与えられた（信行寺文書）。生計の基礎が僧侶活動にない点で上記の三道場と異なるが、寺として維持される為には本流院の経営に多かれ少なかれ包摂されねばならなかったから、下寺ではなくやはり下道場というべきであろう。しかるに、道場主は俗体であったため明治三年無檀無住寺院として廃寺処分に直面し、かくて興廃とも本山に委ねるべく本山直末となって本流院から離れた。このさい旧来の道場主は本流院から離檀して信行寺の門徒となり、翌年別に住職が任命されて維持を全うしえた。かくて信行寺は本流院の支配下を去ったのであるから、以下の説明ではこれにはふれない。廃滅の堅住寺また同じ。

この由緒書には記載されていないが、当時にも本流院の門徒のなかで道場役をつとめていたのが上関に一軒あった。庵号や坊号すらなく、また代々の道場主は俗体の毛坊道場であったから、「末寺」のなかに含めて記載するに足る存在とはみなされなかった。しかし事実において早くから道場であったことは、本山十二世堯慧が慶長

十三年（一六〇八）に書き与えた六字名号の道場仏があることによって推知される。代々道場主の家柄であるとて家号をドウジョウとよばれたらしく、明治以後は姓を道場と称する。長く俗道場であったが、当主に至って初めて得度し、僧侶としての修練もうけ、仏間・参詣室を改築して広くし、寺院化のプロセスにある。地元の上関附近ではもとより、本流院さえもこれを下級の道場ないし准道場として遇している。しかし、僧侶活動だけでは生計がなりたたないためか、こんにちなお八反五畝ほどの田畑を耕作しており、半農半僧の域を脱していない。けれども、先代までは農家の片手間仕事に道場役をつとめていたことを思うと、寺院化の方向に一歩前進したことは明らかである。次節以下でこの道場も本流院の合力組織のなかに登場することであろう。なお、本章第三節および第四節に出てくる役僧伊藤某は、三国町居住の本流院門徒の得度せるもので、生前には本流院の報恩講や特別法要には出勤していろいろ手伝いをしていたが、譜代の役僧ではなく、また専属役僧でもない。

さて、本流院とその寺内の人的構成は如何であったか。この点を明らかにする元治元年五月の『不残人別御改書』（本流院文書）を掲げてみよう。文政の『由緒書』の三四年後であるが、本坊住職は同一人である。

一、七十四歳	本流院
一、六十三歳	妻 ひさ
一、二十九歳	嫡 光普照院
一、三十歳	嫁 美寿
一、九歳	孫 田鶴丸
一、七歳	次男 知丸
一、三歳	三男 実丸

〆　七人

塔頭両寺人数左之通御座候

一、四十一歳　心海寺

一、　妻　きく

一、二十二歳　子　霊丼

一、七十八歳　母　みわ

一、十　四　歳　娘　みさ

一、七　歳　次男　恵鏡

一、五　歳　一学

一、三　歳　娘　みよ

一、三十一歳　実明寺

一、二　歳　子　左仲

一、　妻　まさ

一、八十六歳　祖母　ふさ

男女総〆　拾九人

右之通御座候以上

元治元子年五月

加戸村　本流院法印

本流院勝手方家来人数

一、五十六歳　要人（支配人）
一、十二歳　外吉
一、三十歳　はつ
一、十七歳　とく
一、四十一歳　今助（下男）
一、五十一歳　わさ（下女）
〆

これによると、本流院（住職家）は二夫婦三世代七人の家族、寺中の心海寺（住持家）は一夫婦三世代八人、実明寺（住持家）は一夫婦三世代四人のそれぞれ家族をなし、この三つの家族が一団として書き上げられたあとに、勝手方家来として熊坂生まれの高橋要人の家族四人と下男下女各一人が書き出されている。以上は本流院の経営の中核部分をなすものであって、本流院はその内部に従属的僧侶の家族二と俗的従者の家族一その他を含むことが判明する。そこで、最も狭義の本流院は書上げにみえるように住職その人、やや広い意義における本流院は住職家、さらに広い意義の本流院はこれらの従者を含む寺内の総体をさすといえる（最広義の寺はこれに下道場や門徒一般を加えた法人としての寺であることはいうまでもない）。第三の意義からすれば両寺中は本流院の内部的存在であって、寺中の語にはこうした実感がひそんでいる。（補註62）これも寺中と下道場を区別する重要な点である。寺内の従者のうち勝手まわりの俗人は必ずしも世襲でなく、寺中のように法務と寺役の要所要所に深く関与していないから、主家の都合によって改廃されやすく、使用人頭である支配人（ダイドコロオヤジともいう）の

如きは明治中期にはすでに存在しなかった。下男下女は太平洋戦争後までいたが、まもなく一人もいなくなり、今では必要に応じて出入りの者を使っている。出入りの者は譜代関係ではなく、双方の都合で異動が生ずるが、加戸の下層門徒がこの関係に入ることには変りがない。現在七名、これまた、寺の経営のなかで労働力として果す役割は決して小さくはないのである。

(4) 親族関係　次に、本坊・寺中・下道場それぞれの親族関係をみておこう。それには明治以降の系図を参照するのが便利である(第29図)。

この系図が示す事実を摘録しておくと、まず本流院は、派内では本山の山内三ヵ院の一つ慈智院、県内では出雲路派本山(末寺四七)・山元派本山(末寺一一)・大谷派超勝寺といった同派少なくとも同宗に属する高格寺院から坊守を迎えた。なかに鯖江士族を妻とした世代もあったが、これは門徒の不満を買って退寺を余儀なくされた一つの大きな原因となったほどであるから、例外とみなしうべきことがわかる、相続人以外は一家を創立するなり他家へ入ることになるが、左掲の系図に現れた限りでは、男子二人が独立し、女子二人と男子一人が在家へ入り、男子三人と女子二人が同宗の寺へ入っている。寺は同派一・本願寺派四で何れも県内にあり、本流院より概して格が低いとみられるが、五人も同宗寺院へ入ったことは注目されてよい。親類の交際は祖父の世代以下の主要なものに限られ、現住職の世代に属するものがとくに重い。

これに対して寺中・下道場の縁組関係は明瞭な差異を示している。住持の系列(嫡系)に他の寺から入ったのは、養子と嫁を合して心海寺で二件、実明寺でも二件、鳳生寺では一件を数えるにすぎず、願教寺に至っては一件もない。他は残らず在家から入ったのである。近代系図に関する限り、かように在家から入った件数の方が多

第29図　本流院および寺中・下道場の近代系図

○男　△女　＝夫婦　―親子　＝養子　◎△現在の家族員、圏内の数字は住職・住持の世代数を示す。

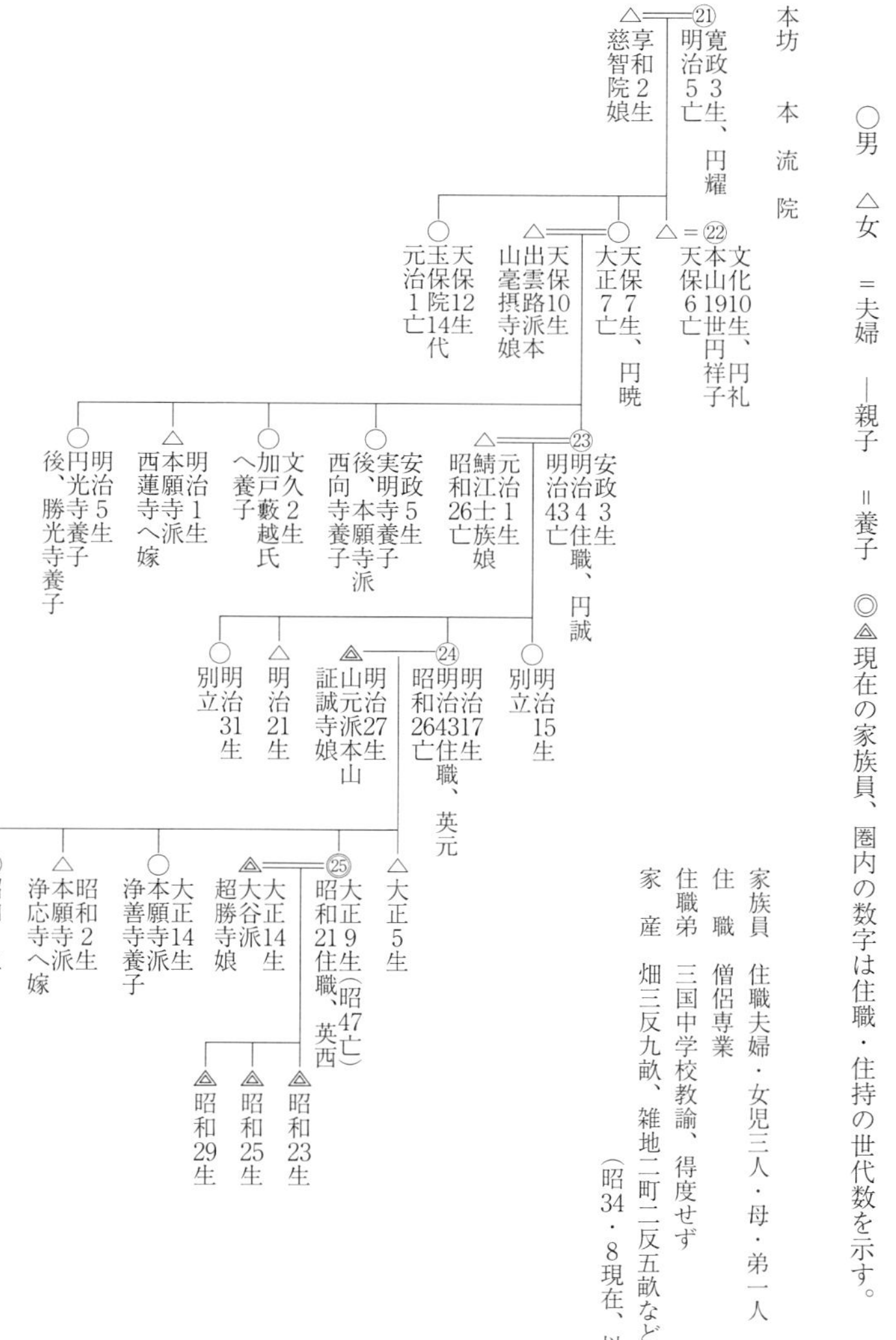

家族員　住職夫婦・女児三人・母・弟一人
住　職　僧侶専業
住職弟　三国中学校教諭、得度せず
家　産　畑三反九畝、雑地二町二反五畝など
（昭34・8現在、以下同じ）

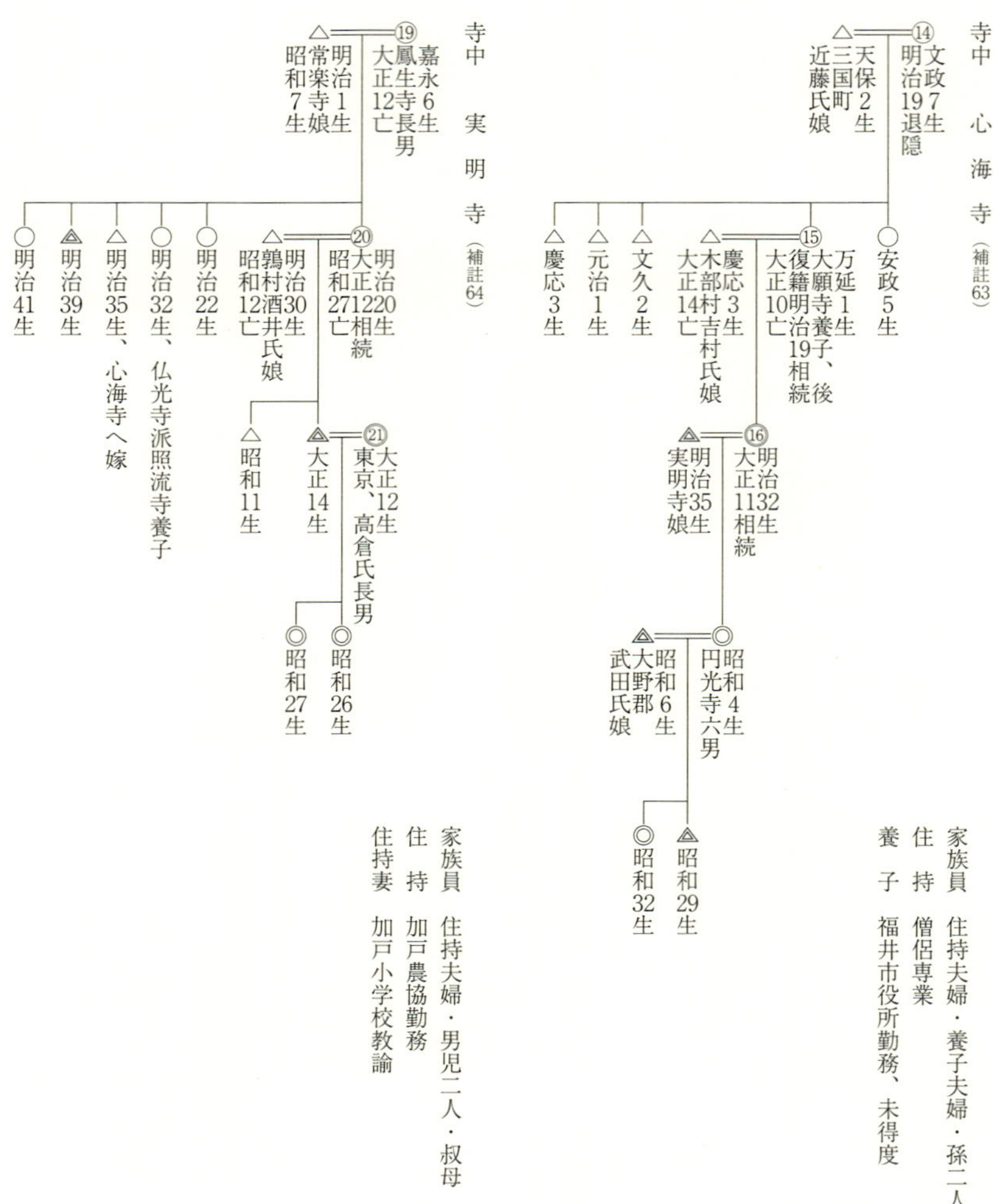

家族員　住持夫婦・養子夫婦・孫二人
住　持　僧侶専業
養　子　福井市役所勤務、未得度

家族員　住持夫婦・男児二人・叔母
住　持　加戸農協勤務
住持妻　加戸小学校教諭

下道場　鳳生寺

下道場　願教寺

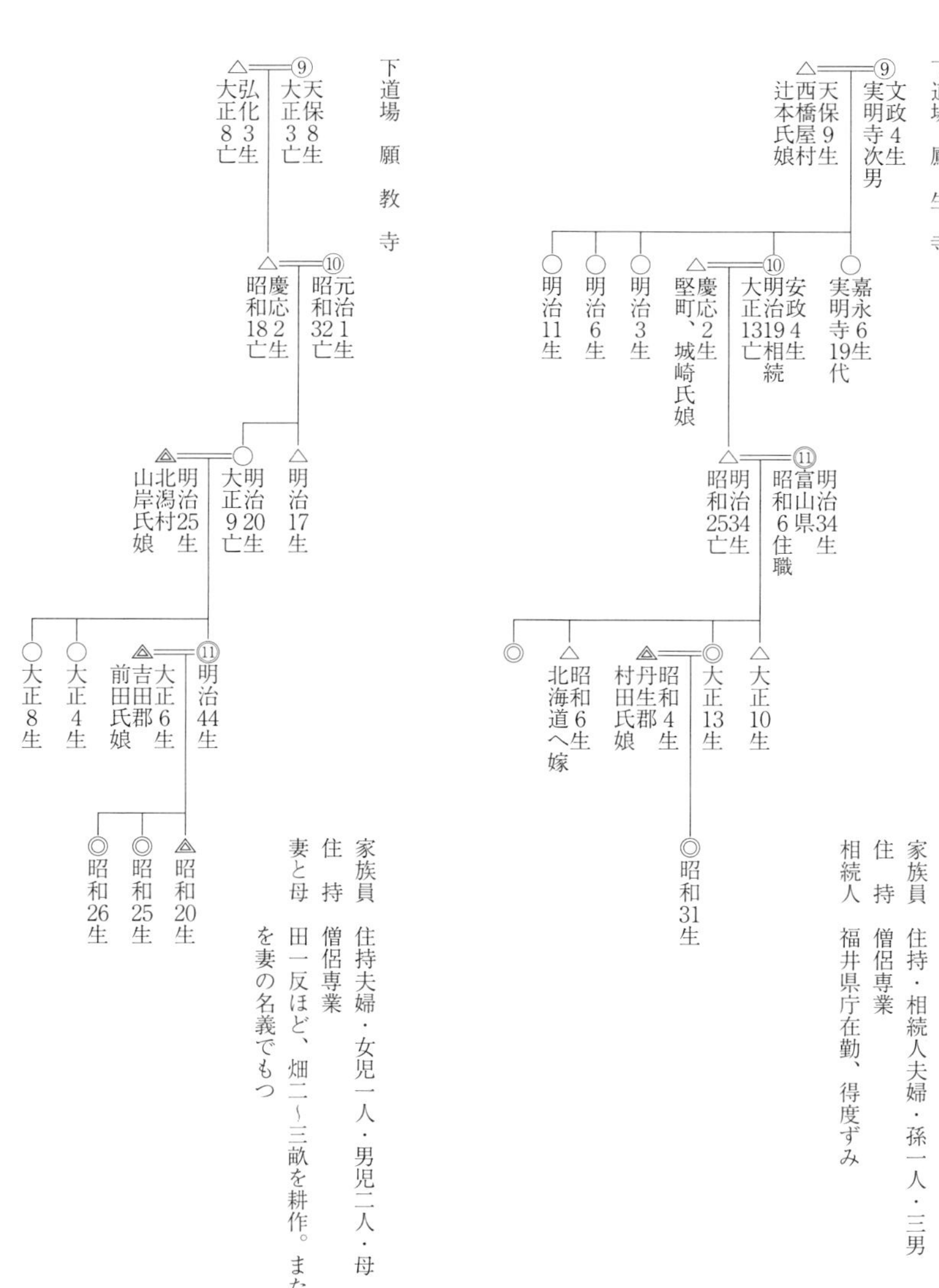

家族員　住持・相続人夫婦・孫一人・三男
住　持　僧侶専業
相続人　福井県庁在勤、得度ずみ

家族員　住持夫婦・女児一人・男児二人・母
住　持　僧侶専業
妻と母　田一反ほど、畑二～三畝を耕作。また漁業権を妻の名義でもつ

いことに一つの特色がみられる。相手方が寺である場合にはおおむね本流院を本坊とする同じ仲間であることがもう一つの特色であって、常楽寺・円光寺といった派内の独立身分の寺から入った例や、本坊の次男が一時ではあるが入ったことなどは、きわめて特殊な事情によってしかるのみで、常態とは考えられない。寺中・下道場から他家へ入った者についてみると、仲間の寺へ入った少数の例を除いて、すべて在家へ入っていることもわれわれの注目をひく。これらの諸点が本坊の縁組関係と異なる様相である。したがって親類も在家が多く、寺院で親類関係にあるものは概して寺格が低い。こうした差異をもつ本坊と寺中・下道場との間には親族関係がみられないのは当然であろう。堅住寺は住持家が早くも戦前に退転したために親族関係を調査することができなかった。本流院の合力組織のなかからも姿を没したことはいうまでもない。

親族は寺の合力組織のなかでは僅かに周辺的な地位しか占めないが、住職家の祝儀・不祝儀や寺族の縁組・就職問題、そのほか訪問・助言など慣行として表面にあらわれないインフォーマルなレベルでの互助において、少なからぬ重要性をもっている。なお、現在の家族構成・兼業などを第29図に附記しておいた。

(5)　境内と建物　　由緒書に「寺地三反一畝先々ゟ除地」とあるが、境内外区画取調のとき定められたと考えられる台帳面積は五反六畝余（一、六九六坪）で、実測は一、八四三坪に達した。除地なるにより取調のさい官有地に編入されたが、境内地無償譲与を出願して昭和二十四年に実現した。境内の東北隅と東南隅の二ヵ所に墓地があり、前者は寺族墓地で、十二代光慧と十三代真孝の五輪塔各一基を中央にして、その左右に歴代住職の石塔が居並んでいる。さらに境内の東に接してもと神明神社の社地、白山神社の社地であった山林があり、明治の末年、神社分祀後本流院住職家の所有に帰した。その南半分は門徒の墓地に使用されている。

さて、由緒書にあるようにこの境内に十一間四面の本堂以下が櫛比していたが、嘉永七年火を発して山門以外は残らず焼失した。本堂のみ翌年再建され、庫裡その他の再建が後れて、こんにちみる規模は漸く昭和十年に完成を告げた。現状でいえば、十一間四面（廊下を含めると十五間四面）の南に面して建てられた本堂（一三二坪）、行事のさい法中の接待や門徒の会議・控室・受付などに使用される庫裡（二階建九二坪）、同じく行事のさい炊事のために使用される水屋（二二坪）、玄関（一五坪）、法主等貴賓を迎える書院（一七坪）、布教師を宿泊させる附書院（九坪）、寺族住宅に用いている西書院（二階建六九坪）、その外鼓楼（二階建）、経堂、鐘楼、土蔵、山門などの宏壮な建物が折り重なるように立ち並んでいる。そしてこの周囲を塀と亭々たる巨樹がとり囲む景観は一派の本山と称するも遜色がない。ことに坂井平野に丘陵が接する縁辺の一角、街道から見上げる高みに巍然として聳えるのが本流院であるから、その盛観は推して知るべしであろう。これらの建物は本流院の寺有財産であって、住職家の私有ではないが、寺有の意味は住職家を除外した門徒集団の所有ということではなく、住職家を中核とする法人としての寺の所有の謂であるから、住職家の用益権は大きい。

しかるに寺中・下道場は単に境内が狭いばかりでなく（第60表）建物も小さい。鳳生寺の如き、堂と庫裡が一棟に合体したいわゆる庫裡御堂のみで、心海寺・実明寺でもこれに土蔵や別棟の客間を附設しているにすぎない。庫裡御堂の構造にはいろいろな様式があるが、在家の仏壇と仏間が拡大され、参詣室もかなり広く設けられて（以上堂の部分）、これらが建物の半ばを占めると思えばよい。庫裡御堂の規模は明治十七年の寺院明細帳では両寺中とも五間に八間であったが、少し宛拡張されて、例えば実明寺は六六坪余、そこに十畳二間つづきの参詣室、その奥に六畳の内陣（仏間）、一番奥に六畳と四畳半の客室、これを右側とすると左側に、八畳二間、十畳の居室などを含んでいる（第30図）。これで明らかなように寺族の生活の場（庫裡）と宗教活動の場（御堂）を一

棟に含むのが庫裡御堂であって、庫裡と御堂が合体しているというよりは未分化とみなす方が正確であろう。寺中らの主要な建物はこの庫裡御堂一棟であって、土蔵や物置、客間や部屋の別立はこの庫裡御堂の機能の部分的分化とみてよい。部分的分化はみられても庫裡と御堂との本格的分化はみられない。そこに寺中らの建築物の特色がある。願教寺・堅住寺では本堂と庫裡の二つが建物として別立しているが、それは思うに、本堂を部落の集会場として利用し、その修繕費も部落で出し、境内がまた村持ちであたかも部落の道場の観があることと関連がある。庫裡もこの堂に堂守の住宅を附け足した如きもので、独立寺院の結構とは同日に談じうべきものではない。なお、庫裡御堂あるいは本堂は寺有、附属建物あるいは庫裡は住持家有として分けて登録されているのは、建物造成維持の事情が異なることにもよるが、また一ヵ寺として法的に公認される必要および寺族の生活保障の要請に応じたものと考えられる。

第30図　庫裡御堂の一例（加戸実明寺）

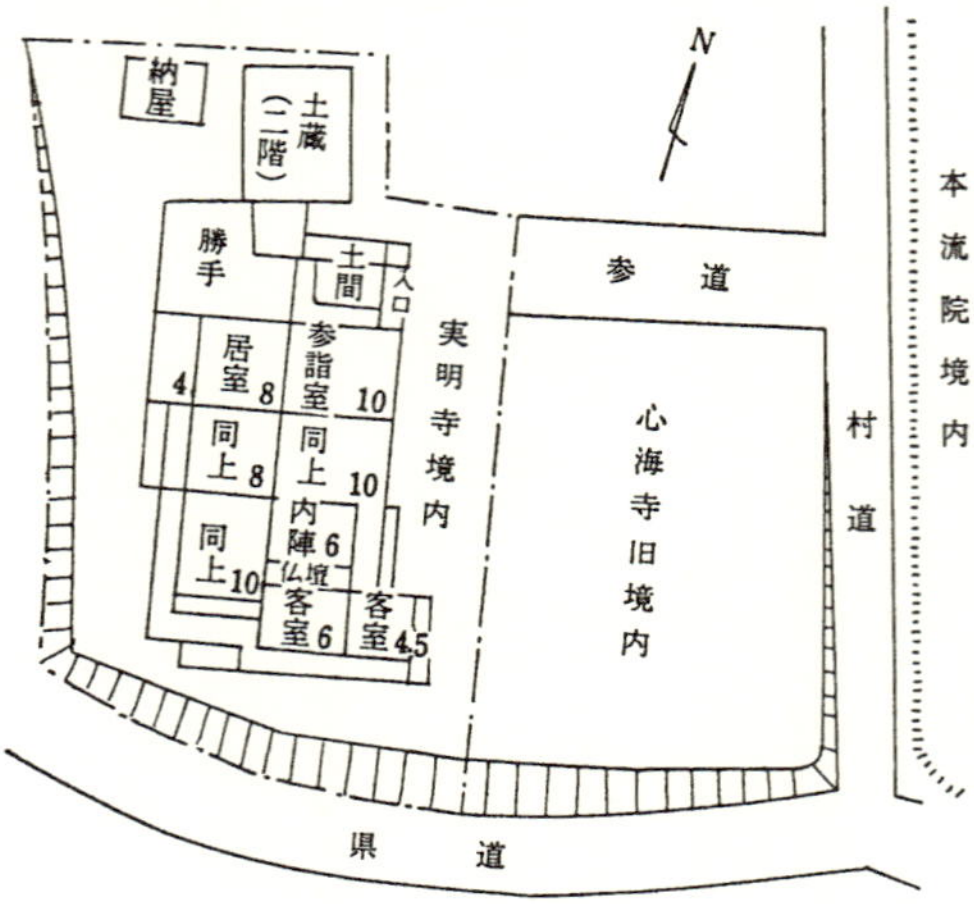

寺中・下道場は小さい喚鐘を廊下等にとりつけているが、大きい釣鐘は備えつけていない。がんらい釣鐘は彼らには禁じられていた。明治になってその禁がとけた後も、新鋳にはまとまった費用がかかるし、常に本坊の合力組織のなかに組み込まれている寺中には釣鐘をもつ必要がないので、今にとりつけていない。願教寺には供出前まで釣鐘があったが、寺の側の必要よりは海難・火災などの急に備える村側の必要に

応じたもののようである。下道場は所在部落の要請によって強く規定されるので一概にいえないが、建築様式や建物の大小・種類のなかにも、彼らの従属的身分が投影していることは以上の説明によって明らかであろう。寺中・下道場は本坊との統属関係のなかでとらえなければその本体に迫りえないように、彼らの建物も本坊の建物群に結びつけて、その機能的一環をなすものとして理解しなければならない。本流院の合力組織の考察においても、その建物や境内の背景に寺中・下道場の建物や境内を考えておかねばならないのである。

本流院の合力組織は、「累世連枝格」という寺格に結びついた慣例のなかに制度化されている。慣例が発動されるときに、本流院住職はじめ寺族、寺中・下道場、門徒総代・肝煎・寺世話方、出入りの者、一般門徒および本流院住職の親族を素材とし、建物・境内を場として合力組織が形成される。これらの要件がどのように結びあうかは、慣例の種類によって一様ではない。そこで以下、年中行事、特別法要、葬儀の三つについてこの点を記述してみよう。

註

（1）「村持ち」というのは村の共有地に道場を建てたものもあろうが、それは多く廃堂を再興して道場とした場合であり、むしろ個人持の地所が道場仏に寄進され、道場が半ば村の施設であったから寄進地の年貢諸当を村にて負担したものが、村持ちと称されたのではあるまいかと思う。この点、『全国民事慣例類集』（司法省蔵版、明13・7）、一二四五頁、第二篇財産第三章土地ニ属スル義務（加賀国石川郡）、参照。

第二節　年中行事と合力組織

この節では、年中行事のどのような折目にどのような関係の人々がどのように関与して、本流院の合力組織をつくっているか、ということを問題とする。年中行事の種類によって、合力組織の規模に大小あり、内容に異同があるからである。根本資料として本流院住職の筆記になる「行事雑般控帳」（昭32・1以降）を用い、これを聴取資料によって補足した。但し儀式の詳細にはわたらない。

一月一日　修正会。五時半太鼓、両寺中出勤晨期勤行。加戸の門徒が部落の神社へ参った足で、三々五々、勤行中の本堂へ参詣してくる。

午前中里向と覚善の門徒の年始参り。年賀は元旦が原則で、遅くとも五日までに来る。参賀者は十時前後に到着してまず本堂へ参詣してから、中等以上の者が西書院へ通って住職と坊守に年頭の挨拶を述べ、礼物を差上げる。他の者は住職の居間へ伺候するのを遠慮して中等以上の者に礼物を託するのである。参賀者の控室にあてられた庫裡の玄関では、肝煎が受付めいた設備（会所（かいしょ））をしつらえて、新しい年に年忌を勤むべき人名の書き出しを各部落の寺世話方に渡している。会所で住職家から振舞われた祝酒（二升）を参賀者がてんでに戴いてから、里向の門徒は庫裡の納骨の間でオトキにつく。ところが、覚善の門徒だけは納骨の間に隣る内仏間でオトキにつき、そのさい坊守が挨拶に出て酒の酌を一わたりするという、特別の待遇が与えられている。寺に対する何か特別の貢献があったのであろう。オトキ用の米は別に持参しないが、これは年末に秋初穂として米を進納してあるからである。オトキが終ると門徒は両寺中へ挨拶にまわり、本坊の半額程度の年頭礼をおいて帰途につく。寺中ではオトキはない。

こんにち年頭礼は現金か現金と米のくみ合せが主で、米のみ、あるいは現金に何か米以外の品物をそえることは至って少ない。年賀には門徒ばかりでなく、寺中もくるが、寺中の礼物は礼物一般のなかでは質量ともに第一

第61表　本流院における年頭礼の形態と分量

形態	分量	昭　26	昭　31	昭　34
現金	1,000円			1
	500円		1	3
	300円		3	10
	200円	6	48	**77
	150円		** 7	4
	100円	**99	63	68
	70円	2		
	50円	36	22	16
	30円	10	4	2
	20円	13		
	10円	1		
米	6升		1	
	2升	1		1
	1升	1	2	2
現金と米	200円・1升		1	3
	100円・2升			1
	100円・1升	12	13	13
	50円・1升	1		
金と品物	500円・反物	1		
	500円・食品	*2		
合計		人 185	人 165	人 ***201

* 両寺中
** 上関の道場を含む。
*** 外に13人で一括1,250円あり。

級の部類に属する。下道場も年賀に来るべきものと思われるが、鳳生寺も願教寺も来ない。願教寺はその代り春先に鯛などを持参するので、「お蔭で食べてゆけます」という謝意を窺いうる。上関の道場は最近道場らしくなったばかりなので、年賀では一般の門徒なみに扱われているし、また門徒なみの年頭礼しかしない。それでは参賀者がどの位あり、いかほど年頭礼を持参するのであろうか。記録は不完全だが、昭和二十六年・三十一年・三十四年の「御年玉控」を分析した第61表を参照されたい。昭和二十六年の年頭礼総計は一八五人（元旦だけで一四五人）、現金一六、三六〇円（同じく一一、八〇〇円）、白米一斗六升（同じく一斗六升）、その外に心海寺から鶯餅一折、実明寺から卵二〇個など進上された。寺中の年頭礼が記帳されたのは、前後を通じてこの年一回きりであるという。三十一年には一六五人、現金二一、〇七〇円、白米二斗二升、その外にそば粉などがあった。三十四年は二一四人、現金三二、四一〇円、白米二斗二升。二十六年には五〇円から百円に中心があったのが、三十一年になると百円から二百円のレベルへ高まり、三十四年には二百円により多くの比重がかかるに至った。物価の高まりを反映するものであることはいう

までもないが、年頭礼の増額は物価の上昇に後れ、かつ一まわり小さいから、物価があがるにつれて寺院の収入は相対的に減少することになる。

なおこの日は葬儀は別として、門徒の年忌法要の依頼には応じない。九月三日の報恩講のさいも同様である。

一月二日　六時晨朝、御堂番実明寺。御堂番は両寺中が交代で十日宛勤務する。すなわち、実明寺は一月一日から十日までその任にあると、十一日から二十日まで心海寺が御堂番ということになる。毎朝坊守がつくった仏供（下女がいた頃は下女が仏飯を炊いた）を受けとって本尊に供え、晨朝の勤行がすむとこれを撤するのも、喚鐘叩き・灯明とぼし・内陣の扉の開閉・勤行の助音なども、一切御堂番の任務である。日没時の勤行は住職の出勤をまたずに御堂番だけでつとめるならわしであったが、近年廃れてしまった。下道場にはこうした勤務はない。

一月四日　加戸地区年始参り。トシノミ（年の実）として参賀者が蕎麦を持参する慣例であったが、戦後廃れた。年頭礼を持参する者が少なくなり、近年は僅か五、六人にすぎない。持参の有無にかかわらず、大根煮しめのオトキを参賀者に給する。

一月五日　三国の門徒の年始廻り。但し住職は出向かず、寺中一人を毎年交代に差遣し、寺世話方へは砂糖一袋、その他一般門徒へは茶碗と仏供の餅きれをもって全戸歴訪せしめる。尤も三国から本流院への年始参りとしては、一月二日頃ごく少数あるにすぎない。覚善の鳳生寺の方が三国に近いが、下道場を代理として差遣することはなく、これも必ず寺中に限られる。なお、寺から門徒へ配る餅きれは本尊に供えた正月の鏡餅の一片であって、新しい生命力を宿したこの餅きれこそお年玉というべきものであった。仏供のお下りを大切に取扱い、心して食する態度には常にこうした観念が底流をなしている。しかるにこの意識が稀薄になり、餅きれを経済的

価値の尺度で測るようになると、これに付して茶碗などを配るようになり、餅の意味が忘れられていく。しかし必ず餅きれを添えるところは注目せねばならない。

一月七日　朝加戸地区の年始廻り。両寺中供。下道場は供に出ない。⑴肝煎五人へ砂糖一袋、⑵これら以外で加戸の有力な家々――本流院門徒一一戸、加戸常楽寺門徒四戸、加戸西向寺門徒三戸、計一八戸――へ菓子袋、⑶それ以外の本流院門徒へは茶碗と仏供の餅きれをもって年賀に歩く。⑴⑵は全戸訪問するが、⑶の一般門徒はそのうち一部分の家々しか訪問しない。⑴は肝煎として尽力し、⑵のうち自門の者は経費の割当をするときとくに重い負担を負ってくれる。他門の者にはそれほど期待できないが、寺中の月忌マイリをうけて本流院の信徒となっており、本流院へ年頭礼に来るので寺からも挨拶に廻っておくのである。⑴も⑵もオヤッサマ（自作地主）級の有力戸である。⑶のうち訪問する一七戸は大部分が中層で、下層も少数含まれている。これらに限ってとくに訪問するのは日常の生活関係の近さによるものと思われる。しかし、がんらいこの行事は年頭の嘉例として行うものであるから、何とも説明のつかぬケースがあることは否めない。住職一行の訪問を迎えた家ではすぐ、り藁を土間に敷き、そこに手をついて年賀を受けたということで、年神の来訪を迎える意識が一脈尾を引いているのを感ずるが、このような作法は終戦後全く廃れ、昔語りとして伝承されるのみである。以上の訪問は八時頃から一時間半ばかりで終る。⑶の残りへは出入りの者が配って歩く。

加戸と三国以外の寺世話方、秋初穂を一斗以上進納する門徒、および殆ど全戸本流院門徒で地理的にも近い覚善と浜地の区長に対して、砂糖一袋宛一般の参賀がすんでから出入りの者に配らせる。このとき、茶碗一個と仏供の餅一きれ宛一般の門徒へ配布するよう、世話方に委託する。

一月九日　朝、出入りの者がオシチヤ用の餅を搗く。オシチヤは九日午後五時後夜の勤行から始まって十六

日まで七昼夜、宗祖親鸞の祥月命日（新暦）を記念して行われる法会であるので、御七昼夜と俗によばれるが、正式の名は御正忌である。

午後一時から慶信講秋廻り。加戸は一四五戸の大聚落であるので東西の両区に分れ、東区は更に千代組・慶信組・南組・稲葉組の四組に分かたれる。この四組とも一、二戸を除いて他はすべて本流院の門徒であり、本流院も両寺中も東区の区域にある。そこでこの組編成がそのまま千代講・慶信講・南講・北講（稲葉組）となって、本流院の門徒組織に組みこまれている。西区も四組に分れるが、そこに散在する本流院門徒は全部で一四戸にすぎないので、一括して西講とよばれる。かくて加戸八一戸の門徒は、千代講（二〇）・慶信講（一八）・南講（一五）・北講（一四）・西講（一四）の五講に分れている。各講は寺門徒団の構成単位たる講中に相当するといってよい。加戸の肝煎五人もこの五講に対応するものである。さて、加戸の秋廻り[追補11]（在家報恩講）は一月に入ってから講毎に半日を費して勤められる。しかし講としてまとめて一回ですますのではなく、住職が両寺中を従えて毎戸三、四〇分の比較的簡単な勤行ながら講の家々を次々と巡回する。もっとも、その年に年忌法要のある家は年忌を勤めるとき報恩講をかねて行うので除かれるが、このことは在家報恩講が近い先祖の供養に圧倒されることを知らしめる。この加戸秋廻りの初日が九日の慶信講なのである。

秋廻り中に各講の世話方にオシチヤ十五・十六日の蠟燭料集めを依頼する。東京や大阪の門徒から送金のあった戦前にはこのことはなかったが、戦後送金が絶えたので加戸の門徒から集めるのである。かように寺元の門徒は慣習になくとも寺の必要のために随時備えねばならぬ。そこで寺では寺元の門徒を優遇するわけだし、また寺元の世話方は肝煎として特別の重責を担うのである。

一月十日　午後一時より千代講秋廻り、両寺中供（以下同じ）。帰院後後夜勤行、両寺中出勤（以下同じ）。

一月十一日　午後一時より北講秋廻り。帰院後後夜勤行。御堂番交代、この日から心海寺。

一月十二日　休養。後夜勤行。

一月十三日　午後一時より西講秋廻り。帰院後後夜勤行。

一月十四日　午後一時より南講秋廻り。帰院後後夜勤行。

一月十五日　午後二時より日中の勤行、暫くして逮夜。八時より初夜、ひきつづいて後夜の勤行。両寺中出勤。御伝鈔上巻を住職が拝読したあと、下巻を御堂番でない寺中（実明寺）が代読する。布教師は招かず、逮夜・後夜、毎回一席ずつ寺中が説教をする。十六日晨朝・満座も同じ。

加戸・覚善・浜地はもとより、荒井・蛸方面からも参詣があり、三〇人位は本堂で通夜をする。もと後夜の説教がすんだあとでこの人達に粥を給与したが、粥は人々の常食から姿を消したので、数年前から甘酒を一斗ほどつくって与えている。両寺中にも夜食を給する。

一月十六日　午前七時から晨朝勤行。両寺中出勤。説教が終ると本堂で両寺中を手伝わせて餅撒きをする（五〜六臼の量）。満座は午後一時半から勤め、これがすむとオシチヤの行事が全部終了する。

この日オ講参りといって加戸の門徒が講単位に当番をしてオトキについたものだが、今は廃れている。かつては一月ばかりでなく毎月の十六日に部落（講中）毎に当番をしてお講をつとめた。一・二月は加戸、三月は荒井、四月は覚善、五月は農繁のこととて休み、六月は関中が当番で、戦争中は本流院報国会の月例行事もこの日行われたが、戦後の食糧不足の時代に六月を除いて全く廃った。毎月十六日のお講は大谷派寺院における二十八日のお講に相当するものである。両者ともに親鸞の命日を記念するもの、新暦・旧暦の差あるにすぎぬ。

下道場はこのオシチヤには参加せず、短期間ながら自坊のオシチヤをつとめる。ところが、寺中は本坊のオシ

チヤに全面的に参加するので、別に自坊のオシチヤをつとめない。寺中が修正会・盆会・彼岸会などをもつとめないのは同じ理由による。寺中・下道場ともに本坊の譜代の従者であるが、下道場は本坊の経営の周辺にあるのに対して、寺中は全くその内部的存在であることが判る。

一月十七日　午前七時晨朝、つづいて中興真孝の忌日法会を営む。両寺中が出勤し、そのうちから説教をする。これがすむと、「真孝上人のオウヤマイ（供養）」といって、寺中に二升宛米を与える。布施というよりは、命日の御斎料の意味であろう。この日の供物は団子が建前だが、いまは餅ですます。昔は団子を撒いたものである。真孝の木像は左余間（東余間）の東端に安置されているが、前掲の由緒書には現れていない。

二月三日　内講（ないこう）。内講とは本山二十世円禧が加戸の門徒に下附した消息（天保十二年六月二十八日附）をテキストとする住職の親講である。聴聞者の集まる宿を依頼しておくと、午後二時頃そこから迎えにくる。両寺中が供。加戸の門徒しか集まらぬことは消息の性格からいって当然であろう。この際は布施がなく、賽銭の半ばを本坊がおさめ、残りの半分を両寺中に与える。ほかに本山への蠟燭料を集めることから窺いうるように、法主の消息は手次寺を介してではあるにせよ、本山と門徒との結びつきを更新強化する作用がある。本流院のような大坊の住職は殆ど説教をしないから、内講が門徒に法義を説く数少ないフォーマルな機会であるが、戦後内講の宿をひきうける者が減ったので、ときに本流院で執行することも起るようになった。

二月六日　浜地の年始参り。浜地の初集会のさい参賀の人数を予め摑んでおいて、オトキの準備をする。以前は全部来たが、最近は五、六人しか来ない。浜地の門徒はもと三国町滝谷寺の檀家であったものが帰属したと伝え、「客同行」といってオトキに洒一升を振舞うなど特別の取扱いがされている。

二月十五日　御書幡（ごしょひもとき）。かつて加戸の若衆組に紛争が生じたとき、法主の消息を請うて「本流院下修和会」

なるものが加戸東区の本流院門徒の青年会として成立したという。御書には明治二十五年四月の日附があるから、修和会の成立年代を知ることができる。青年団を退く中層以上の青年（但し嫡系）の家が修和会の宿となって費用を負担し、本流院と両寺中を招待して御書を拝読する行事が御書播である。御書ヒモトキ（紐解）とは元来新製作の御書の拝読とそれに関する演説を内容とする行事であるが、若衆組の在来の行事と習合して年中行事のなかに組み込まれたことは明瞭であろう。

二月十六日　午後二時内講。要領は二月三日の内講に准ずる。

三月十五日　涅槃会。釈迦の涅槃像を本堂の柱にかけて寺中が図説する。参詣者は僅か数人。

三月十九日逮夜から二十四日晨朝まで　五日間、彼岸をかねて春季永代経を執行する。先々代まで永代経は三月・六月・八月の年三回、各一ヵ月宛つとめたが、戦前これを各十日間とし、さらに戦争中に七日間としたが、六月は農繁期で参詣が少ないことを理由に昭和十七年から三月・八月の二回とし、近年一回五日間に短縮した。この期間中、晨朝五時半・説教一席、逮夜午後一時半・説教二席、初夜七時半・説教二席。布教師を招待する。

葬儀のあとで進納される永代経志三千円以上の者は法名軸に記載し、三十年忌まで毎年永代経の案内状を出す。同じく一万円以上は内仏安置の小形過去帳に記載して常時読経し、五十年忌まで永代経を案内する（三千円未満は特別の記帳もせず、案内もしない）。命日が八月十九日以降のものは翌年春の永代経に、三月二十四日以後のものは八月の永代経に、部落毎に同日にまとめて案内を出すのである。そしてこの法名軸と過去帳は期間中右余間の壇上に安置し、その前に門徒一戸から一袋（米五合入）ずつ寄進された仏子袋を積みあげ、また仏供として小餅を供える。そして仏子袋のほかに蠟燭料若干を進上したものにはこの小餅を五箇ずつ、また蠟燭料が米の場合は米一升につき石鹼一個のオヒキを出す例である。仏子袋の米と蠟燭料としての米を合算すると、春秋と

もに四、五俵に達する。

寺中はまえもって仏具磨きをし、永代経の全期間出勤。下道場三人は所在部落の門徒が参詣する日を限って出勤する。寸志として寺中には五百円と米三升ほど、下道場には助勢の一席あたり百円の計算で現金と米若干が給与される。米は永代経の期間食事を給する代りと本坊ではみなしている。八月の永代経のさいも同じような勤務と給与がある。寺中らの先祖は本坊の永代経では法名載出の上読経の対象とされるということはない。その葬儀のさい原則として永代経志を出さぬからであろう。そこで寺中らは仏子袋や蠟燭料をもってこない（但し寺号をもたない道場はこの点門徒と同じ）。本流院の先祖もこのとき読経の対象にされない。永代経はあくまで門徒の先祖供養を目的とするものである。

四月七〜九日　心海寺永代経。本坊と実明寺が三日通して出勤する。本坊は法礼として五百円を心海寺からうける。実明寺への法礼はおそらくその半額であろう。

六月四日　花まつり。甘茶をわかして誕生仏にかけて貰う。

六月十四〜十六日　実明寺永代経。本坊と心海寺が三日通して出勤する。法礼も前記と同じ。寺中の永代経は年一回で、それぞれの信徒が参詣する。下道場も永代経をつとめるが本坊・寺中ともに参加しない。

六月十六日　午後一時頃中村（関中）お講参り。昔はこのころ六月の永代経が執行された。その当時には他の部落の門徒も参加したことと思われるが、こんにちでは中村だけの行事となっている。

七月二十八日　昼前から里向の門徒の盆参り。原則は二十八日だが、加戸盆参りの八月十五日に参詣する者も少なくない。盆参りは年賀に対応する行事であるから、昭和二十六年・三十一年・三十三年の控えによって加戸をも含んだ人数と額を一覧表にしてみた（第62表）。記帳は完全でないし、また、しばしば報恩講の蠟燭料の

なかに混入されるので、これでどうこういうことは出来ないが、表の示すかぎりでは年頭礼よりも一段と少ない。総計をあげると、昭和二十六年には一三二人、現金一一、七三〇円、白米四斗三升、三十一年には一二六人、現金一九、〇三〇円、白米二斗二升、三十三年には一三六人、現金二二、四九〇円、白米一斗四升の進納があった。進納の単位額が増加していることは年頭礼同様である。

第62表　本流院における盆礼の形態と分量

形態	分　量	昭　26	昭　31	昭　33
現金	1,000円		1	1
	500円	1	3	1
	300円	1	4	7
	200円	6	33	*58
	150円		7	6
	100円	78	52	42
	70円	1		
	50円	13	3	4
	40円	1		
	30円	1	1	3
	20円	1		
	10円	10		
米	6升	5		
	1升	1	1	6
現金と米	200円・1升		*2	1
	100円・1升	*9	19	7
	50円・1升	2		
	20円・1升	1		
合　計		人 132	人 126	人 136

＊ 上関の道場を含む。寺中は記帳もれ。

参詣者はオトキがすむと逮夜勤行（両寺中出勤）に参列し、住職の説教を聴聞したのち、両寺中へ挨拶に立ちよる。寺中への年頭礼・盆礼ともに大体本坊の半額が標準である。但し現金のみ。

加戸以外の門徒の墓地はそれぞれの部落にあるので、盆には月忌マイリを託してある近くの下道場が墓経をあげ、寺中が出向くことはない。

八月十三日　盆会の準備として午後一時から両寺中が本堂の仏具磨きをする。下道場はこない。夜、近在から多数の老若男女が境内に集まって盆踊りをし、いよいよ盆だという感じをもり上げる。

八月十四日逮夜から十九日晨朝まで　五日間、永代経をつとめる。その要領は三月の永代経に同じ。始めの三日間盆会と重複しているのでこの点だけ摘録してみよう。

八月十四日　両寺中出勤して逮夜の勤行が終ってから、直ちに納骨堂で正信偈をあげ、寺族墓地では正信偈（中興真孝の前）・歎仏偈（先住の前）などをあげる。ついで境内にある門徒の墓地へ廻り、平島家総墓を始めとして、とくに本坊の墓経を願う家の墓へ両寺中を従えて詣でるが、他の一般の墓経は寺中にやらせる。

八月十五日　朝寺族墓地にて読経し、午後納骨堂で正信偈をあげる。

この日午後加戸の盆参りがあり、本堂に会所を設けて盆礼を受け、そのあと本堂で酒肴を出す。寺中もこのとき盆礼を品物で持参する。覚善・浜地の下道場は盆参りに来ないこと年賀と同じ。覚善と浜地の一般の盆参りもない。

九月二日　報恩講を迎える準備として、寺中・下道場五人で本堂仏具の磨きものをし、荘厳をととのえる。これは一老心海寺の指揮による（一老は必ず寺中の年長者を命じ、下道場にはさせない）。また本堂と境内の掃除を出入りの者にさせる。

九月三日日中より四日満座まで　報恩講。

全期間出勤の案内をするのは、一組の独立身分の寺全部、すなわち松樹院・常楽寺・勝光寺・西光寺・安養院・円光寺。旧従属身分では本流院と特殊関係のある遠成寺と宝林寺に三日の日中と逮夜を限って案内する。昭和三十四年から顕正寺もこれに加わった。この外、親類法中として、坊守の里超勝寺、弟の養子先浄善寺、妹の縁付先浄応寺（何れも前出）にも全期間の案内をする。もと独立身分の寺では寺中や寺男を供に随えて出勤したが、戦争直後の食糧事情によってこれを廃止し、住職が単独で出勤することに改まった。親類法中は供はつれないが妻子を具してやってくる。報恩講こそ、親類つきあいの、ことに里がえりの機会であるのは、盆・正月には門徒の参詣があるのでお互いに忙しく、在家のように往来する余裕がないからである。親類法中として案内するのは

何れも住職の世代の親類であることが注意をひく。彼らはたとえ同派の僧侶であっても組内法中に伍して内陣に着座することなく、余間にこぼれる。派を異にすればなおさらそうであるが、本流院住職また余間出仕という点からみると、報恩講というものは招待された組内法中が本流院のために勤めるもので、親類法中はむしろ住職と並んで組内法中の奉仕を受ける立場にある者ゆえ、遠慮して余間にこぼれるのであろう。がんらい報恩講は宗祖親鸞の祥月命日を記念するものであるから、一月の御正忌と重複するわけであるが、一月は本山で営まれる御正忌のいわば遙拝法会、九月のは本流院自身の報恩講であると理解するならば重複はない。重複はおかしいというのでは決してないが、法会の執行の仕方に歴然たる差異がある以上、単なる重複とみるわけにはいかないのである。御正忌には寺中以外の他の寺の合力なく、住職は自ら導師を勤めるが、報恩講では独立身分の寺の住職が堂班の高い順序に導師をし、本流院住職は全くその圏外にある（第55表参照）。

寺中・下道場計五人は全期間出勤し、ことに寺中は重要な任務を担当する。すなわち、寺中のうち一老は他の四人を指揮して出勤法中の着席順序を案内し、また読経中拍子木で唱和の足並を揃えるという、実質的には頗る重い役目を負う。三日の夜住職が御伝鈔上巻を拝読したあとをうけて下巻を拝読するのは、御堂番でない寺中（いまは年の若い実明寺）の役である。これらは下道場に委任しない。また法中の接待も主として寺中の任務である。

出勤法中の方で報恩講を勤めるとき、本流院住職は案内を受けて同じ期間だけ合力を返すから、法中に対しては期間中酒食を提供するだけで法礼は出さない。寺中・下道場の報恩講にも行くが、これは助力の交換とは理解されていないらしく、彼らに対しては法中同様の酒食の外に寸志を与える。しかしその額は昭和三十一年まで三百円で、下道場が他の寺へ雇われて行ったときの役席料よりも少ない。「当寺下塔中道場は御恩報謝の心にて仏

事を勤むべきを以てなり」、と本坊はその理由を説明しているが、これを主従関係の機能とみる時初めてよく理解される。他面、本流院は法中の報恩講へ出勤しても法礼を受けず、寺中・下道場のそれにも同様であるが、寺中が自坊報恩講のあとで鶏卵や松茸を持参するのは礼の意味であろう。

三日の昼、加戸以外の門徒のオトキ、四日には加戸の門徒のオトキがある。その斎米を加戸については出入りの者に集めさせ、覚善では特定のオヤッサマに依頼して集めてもらう。この外の部落からは集めない。このように加戸の寺元で処理しきれない用件は、土門徒でもあり比較的近くでもある覚善に依頼するのである。なお、報恩講は参詣が最も多く、それにオトキがあるので、出入りの者を七名も動員する。オトキのある年始参りと盆参り、参詣の多いオシチヤと永代経でも出入りの者は一名しか使わない（盆まえのみ掃除のため三名）。報恩講がいかに大きな行事であるかがこれだけからでも窺い知られよう。

報恩講には蠟燭料として懇志があがる。しばしば盆礼が混入しているが、これを分離することは困難であるので、含んだままの額を合計すると、昭和三十年には五七、二五四円、三十一年には五七、七二〇円、三十二年には六二、六五九円となり、この外に賽銭がそれぞれ四、八八〇円、六、二一四円、七、七〇〇円に達する。年頭礼と盆礼に比べると総額において二倍から三倍の大きさであるばかりでなく、進納者の数も一段と多い。新年や盆には参詣せず、参詣しても礼物を進納しない者が少なくないことは、前掲の進納者数を門徒数とつきあわせてみれば一目瞭然である。しかるに報恩講には殆ど全門徒が参詣し、参詣しない者も蠟燭料を託するように思われる。その一端は昭和三十二年報恩講蠟燭料の内訳を示した第63表に現われている。三季すなわち、年頭礼（昭34）・盆礼（昭33）・報恩講蠟燭料（昭32）を便宜上括弧で示した年度について合算すると、現金一一六、三九九円、白米五斗八升、その他品物若干となる。かつては三季の収入で寺院経済がなりたったものであるが、今日これが減少

第63表　本流院における報恩講蠟燭料の形態と分量（昭32）

形態	分　量	人数
現金	500円	12
	300円	31
	250円	1
	200円	*102
	150円	19
	100円	162
	70円	1
	50円	33
米	1升	2
現金と米	200円・1升	4
	100円・1升	16
蠟燭	1包	1
合　計		384

＊上関の道場を含む。

して到底年間の支出をカバーすることができないため、葬儀・年忌の布施への依存が強まったことは顕著な事実である。なお、充分寺院化していない上関の道場は別として、寺中・下道場は報恩講の蠟燭料をもってこない。

以前、九月の初旬はまだ農繁期へ入っていないので門徒の賑々しい参詣を期待しえたが、近年稲刈が早まったため報恩講の日取を変更してほしいという希望が強くなり、昭和三十四年から八月二十九・三十両日にくりあげることになった。

九月二十一日から二十六日まで　秋の彼岸会。但し晨朝勤行（両寺中出勤）のみ。戦後参詣者が減少して僅か数名になったので、これまで御堂番が晨朝後行っていた説教をやめた。その為か参詣が一人もなくなってしまった。

これ以後、法中、寺中下道場および親類の報恩講に出勤することと、門徒の秋廻りが主な日課となる。まず出勤すべき報恩講の日程を一覧にしておこう（Ⓐ独立身分・Ⓑ旧従属身分・Ⓒ従属身分・Ⓓ親類。三国町の村部は部落名、他は市町村名で所在を示す）。

九月七～九日　Ⓓ浄応寺報恩講　（丸岡町）
十二～十四日　Ⓓ超勝寺報恩講　（福井市）
十五日　Ⓒ実明寺報恩講　（加　戸）
十八日　Ⓒ鳳生寺報恩講　（覚　善）　両寺中供。

十九～二十日　Ⓐ常楽寺報恩講（加　戸）
二十七～二十八日　Ⓐ松樹院報恩講（　嵩　）
三十日～十月一日　Ⓓ浄善寺報恩講（福井市）
十月一～二日　Ⓐ西光寺報恩講（金津町）
三～四日　Ⓐ安養院報恩講（芦原町）
九日　Ⓒ心海寺報恩講（加　戸）
二十七日　Ⓑ遠成寺報恩講（三国町）
二十八日　Ⓑ顕正寺報恩講（芦原町）
十一月二～三日　Ⓐ勝光寺報恩講（坂井町）
九日　Ⓑ宝林寺報恩講（三国町）
十日　Ⓒ願教寺報恩講（浜　地）両寺中供。
十八～十九日　Ⓐ円光寺報恩講（梶　浦）

組内法中（Ⓐ六ヵ寺、Ⓑ三ヵ寺）に対しては受けた助力の量に等しい量の助力を返すが、寺中・下道場（Ⓒ四ヵ寺）の報恩講は一日だから等量交換にならない。また、サービスの質においても異なるものがあり、本流院はこれらの従属寺院では終始導師として報恩講を主宰する。組内法中の寺では最も重い導師の役を担当するのが通例である（詳しくは第五章第二節参照）。また親類法中（Ⓓ三ヵ寺）のうち坊守の里へは時間があれば妻子をつれて遊びかたがた行く。三日間出勤することもあり、都合で一日しか出ないこともあり、組内つきあいのような義務感はない。

この報恩講の日程は農耕暦の変化のため近年若干変更されたが、原則として毎年固定している。固定している

から、寺では報恩講の日程を軸として予定表を組む。もちろん念のために法中は相互に書面で案内をしあい、寺中・下道場は本坊へ自身で出頭して依頼し、本坊の方では彼らに会ったとき注意を促すのである。秋廻りの日程も差支えのない限り前年の例が踏襲されているが、部分的修正は毎年あり、寺中が編成して報恩講の初日に参詣の門徒に通知する。いま昭和二十四年の秋廻り日程表によれば左の通り（坂井郡下は郡名を省略）。農繁期に町方を早くすませたのち、寺々の報恩講が終った十一月中旬以降十二月一杯、あたかも農家では収穫が終った頃、寺中一人ないし二人を供に村々を巡廻するのである。これは新嘗の夜子孫を来訪する祖霊巡行の信仰と遙かに脈絡を通ずる行事であるとみるのは、あまりにも飛躍した想像というべきであろうか。

十月七日頃	吉田郡森田町町部（供二人）
十五〜十六日	三国町町部（供二人）
十七日	丸岡町町部（供一人）
十八日	福井市町部（供一人）
二十六日	春江町町部（供二人）
二十七日	三国町陣ヵ岡（供一人）
十一月六日	金津町町部（供一人）
十一日	芦原町町部（供二人）
十五日	金津町宮谷（供一人）
十六日	三国町滝谷（供二人）
十七日	三国町梶浦（供一人）
二十〜二十三日	丹生郡殿下村別所（供一人）泊

二十五日　坂井町島田（供二人）泊
二十六〜二十七日　坂井町関中（供二人）泊
二十八日　朝、坂井町小路(こうじ)、午後同町上関（供二人）。上関ではまず道場の報恩講をつとめてから一般の門徒をまわる。泊
二十九日　上関（供二人）泊
三十日　坂井町安光(やすみつ)および金津町河原井手(かわらいで)（供一人）泊
十二月一〜二日　金津町伊井（供一人）泊
三〜四日　坂井町上兵庫（供一人）
六〜八日　坂井町荒井（供一人）泊。まず下道場堅住寺の報恩講をつとめたのち巡回する。
九日　坂井町蛸（供一人）泊
十日　上野(いわの)総報恩講（供二人）
十二日　千代(せんだい)総報恩講（供二人）
十四日　覚善若衆総報恩講（供二人、外に鳳生寺も供）
十六日　連道(れんどう)総報恩講（供二人）
十七日　覚善総報恩講（供二人、外に鳳生寺も供）
十八日　芦原町舟津（供二人）
十九日　坂井町東十郷（供一人）
二十二〜二十三日　三国町覚善（供一人、尤も昔は二人だった。外に鳳生寺も供）
二十五〜二十六日　三国町浜地（供二人、外に願教寺も供）

一月の加戸の秋廻りについてはすでに述べた。さてこれで判るように、下道場は所在部落以外へは供をしない。

それに対して寺中はどこへでも供をする。元来は寺中が二人とも随行すべきものであったのを、食糧事情の悪化した終戦直後一人を原則とすることに改め、希望によって両寺中が随行することにした為（昭22・5総代会議決）、部落によって供に一人と二人の差が生じた。一人のときは住職の指名によって何れが扈従するかがきまる。右にみたように、里向や遠方の秋廻りには行先で宿泊することが多い。以前はオヤッサマの家を宿としたが、戦後は世話方の家で泊まるようになり、世話方必ずしも前のオヤッサマでないから、住職と寺中二名を同時に泊めうる家が少ないことも、供を一人に限定せねばならぬ理由であった。下道場所在部落では、寺中と下道場が随行するわけであるが、自ずから従者としての役割に分担がみられる。寺中はオカミ（本坊住職）の荷物の持ち運び・衣たたみ・お茶くみ等身の廻りの給仕をし、下道場は仏前の灯明とぼし・香たき・勤行開始時刻の打合せなど雑用にあたるのである。

総報恩講にふれておこう。これは真宗門徒の多い部落なら大体どこでもみられる部落門徒団の行事としての報恩講であって、内容からみると御伝鈔拝読が中心をなし、時期的には浜地では十一月二十二日、蛸では十二月第三日曜、荒井では十二月二十四日というように、収穫祭と合体した門徒の行事である点に特色がみられる。しかし、本坊が出勤するのは加戸と覚善のみで、他から要請されてもまず時間の都合がつかぬ現状である。覚善や浜地では広い家屋をもつ中層以上の門徒を順番に宿として部落一本で勤められるが、加戸は大聚落であるためか部落一本の総報恩講はなく、カイチ毎に分れて行う。カイチというのは、すでに述べたように加戸は行政的に二区八組に編成されているが、この編成とは別に道普請や総報恩講の活動単位として、カイチとよばれる千代（千代組に対応）・蓮道（慶信・南・稲葉の三組を合せた地区）・上野（西区に相当）の三つの地域区分があるのである。千代では大抵の家が宿をして必ず本流院が参詣。蓮道では部落費を一軒並以上出す家が順番に宿をし、宿の

手次寺が参詣するが、殆ど本流院の出勤となるのはいうまでもない。上野ではもと一軒並以上出す家について抽籤で宿をきめたが、いまは屋並に宿をし、宿の手次が出勤する。ここには本流院門徒は少なく、概ね常楽寺（高田派）や西向寺（本願寺派）の門徒であるから、本流院が参詣することは多くない。このカイチ毎の総報恩講はカイチの祭の如きもので、その区域の青年が中心になって世話をするが、青年のいない家でも宿をしなければならぬ。このように加戸の総報恩講は三つのカイチに分れながら、それぞれのカイチでは戸主（老人）の報恩講と青年のそれとが作用の上で合体しているのに対し、覚善では部落一本とはいうものの、別に青年団の行事として若衆総報恩講なるものがある。

この外年末の行事としては、十二月に秋初穂（御飯米ともいう）の進納がある。三国・芦原・福井等町方の門徒を除き、農村地帯の門徒は秋の収穫調整後、米穀あるいは代金を寺に納める。これが秋初穂とよばれるものである。覚善などは米三俵相当の秋初穂を現金で持参する外に御飯米として一斗ほど米を添えるので、秋初穂と御飯米は別趣のもののように思われているが、秋初穂はいうまでもなく本尊に対して捧げられる新米であり、御飯米も寺族の食糧ではなく仏餉米であるはずだから、両者は全く同義のものというべきであろうが、戦後の供出強化のさい金納に改め、寺族の生活を慮って現物の形を一部に残したため、何か異なるもののように思われるに至ったのであろう。その後食糧事情の緩和によっておおむね現物納に復帰し、それ以来寺族の食糧以外は売却して現金化している。そこで、覚善の金納は今日ではこの手数を省くという意味をもっている。秋初穂の量は家によって一定していて、現在では下層二升、中層で三～七升、上層で八升～一斗という開きがある。戦前は最高が一斗五升ほどであったから大分減じたことになる。それにこんにち一斗も納める家は第64表にみる通りあまり多くない。加戸・上兵庫・滝谷・東十郷などではめいめい持参し、他は部落でまとめて持ってくる。昭和三十三年の

例では、加戸は十一月三十日に持参しているが、他は十二月初旬であるから、大体秋廻りがすんだあとということになる。白米が主であるが、寺での保存の都合を考えて玄米で進納する家がなかにあり、また糯米も進納される。これで正月の鏡餅がつくられ、やがて切って門徒に配られるのである。また大豆も味噌原料として秋初穂に加えられている。秋初穂の形態と分量に関するＡＢ二表は何れも昭和三十三年の控えによった。第64表（Ａ）は各自持参せるもの、第65表（Ｂ）は部落で一括せしもの。これにも記帳もれがあるように思われるが、大概の状況は察することが出来よう。

第64表　本流院における秋初穂の形態と分量（昭33）Ａ

形態	分　量	加　戸	上兵庫
米	1斗	5	4
	9升	2	
	8	3	1
	7	5	
	6	3	3
	5	3	4
	4	5	
	3	15	1
	2	22	
	1	3	
現金	900円	1	
	400	2	
	200	1	
合　計		70人	*13人

＊ 外に大豆各人１升宛

十二月三十一日　「真孝上人のオウヤマイ（供養）」として両寺中に米三升と豆腐代百円を与える。両寺中が中興に随身した歴史を伝えるものであろうか。逮夜勤行があり、両寺中出勤。なお、この日ではないが、十二月の末に正月を迎える準備として両寺中が仏具磨きをし、内陣の掃除をする。

第65表　同上，秋初穂の形態と分量（昭33）Ｂ

部　落	進　納　日	白　米	玄　米	糯　米	大　豆
		斗	斗	斗	斗
浜　地	12月1日	5.8		2.	
舟　津	12月1日	2.4			
上　関	12月2日	8.			1.3
関　中	12月2日	14.5	1.5		2.1
伊　井	12月8日	6.	2.	.6	.7
蛸	12月9日	4.			
東荒井	12月10日	12.		1.6	.9
安　光 / 河原井手	12月14日	1.85			
島　田	12月16日	1.2			

午後十一時半から除夜の鐘を百八、もと寺男、いま住職が撞いている。これで一年が終る。

ついでに月例行事にふれておこう。毎月五度——十一日逮夜から十二日日中まで本流院前住職命日、十五日逮夜から十六日日中まで宗祖親鸞命日、二十一日逮夜から二十二日晨朝まで聖徳太子命日、二十六日逮夜から二十七日晨朝まで本山前住職命日、二十九日晨朝本流院中興真孝命日——、つまり聖徳太子、本山の開山と前住、本流院の中興と前住の命日法要が毎月つとめられる。出勤寺中は御堂番だけであるが、とくに丁寧に読経されるのである。この五度の月例法要のなかに、和国の救主聖徳太子から宗祖をへて本山前住に至る法燈、本山と末寺という本末の血脈（けちみゃく）、本流院の世代、この三種の系譜関係が示されている。宗祖木像は本堂内陣左壇、本山前住絵像は同じく右壇、太子と中興の木像は左余間、本流院前住絵像は右余間に常時祀られ、本堂には他に内陣中央の本尊と左余間の七高僧絵像があるばかりであることも、本堂が何を祭りいかなる社会関係を体現しているかを雄弁に物語っている。なお、真孝が入寺にあたって捧持し来ったと伝える聖徳太子の木像は、旧二月二十二日加戸の祭礼のさいに開扉される例であったが、おそらく明治末年の神社合祀を契機として、この行事が全くすたれてしまった。

以上、年中行事の節々における合力組織を通観すると、その中心に常に本流院住職が立っていることが判明する。総報恩講・お講・内講・御書繙のように部落やカイチの門徒の側にイニシアティブがあるとみられるものや、寺中・下道場・門徒の報恩講のようにそれぞれの家がイニシアティブをとるものでも、それは舗設に関してのみいいうることであって、儀式を主導し主宰するのは必ず住職である。唯一の例外は本流院の報恩講であろ

第66表　秋廻り・御堂番以外で寺中が出勤する恒例の本流院行事

月	日	行　事	参　加　者	
1	1	修正会	住職・寺中2人	出入1人
1	5	三国門徒の年始廻り	寺中1人	
1	7	加戸の年始廻り	住職・寺中2人（供）	
1	15～16	御正忌	住職・寺中2人	出入1人
1	17	中興命日	住職・寺中2人	
2	3	内講	住職・寺中2人（供）	
2	16	内講	住職・寺中2人（供）	
永代経の前		仏具磨き	寺中2人	
3	19～24	春永代経	住職・寺中2人・下道場3人	布教師・出入1人
7	28	里向門徒の盆参り	住職・寺中2人	出入1人
8	13	仏具磨き	寺中2人	掃除のため出入3人
8	14	盆会	住職・寺中2人	
8	14～19	秋永代経	住職・寺中2人・下道場3人	布教師・出入1人
9	2	仏具磨き	寺中2人・下道場3人	
9	3～4	報恩講	住職・寺中2人・下道場3人・組内法中9人・布教師・出入7人	
9	21～26	秋の彼岸	住職・寺中2人	
年末		仏具磨き・内陣掃除	寺中2人	
12	31	歳暮法会	住職・寺中2人	

う。これらの法務を執行するさいには必ず寺中らの補佐があり、住職単独ということがないのも見逃しえない。強いて例外を求めるなら、法中の報恩講に参詣するときのことが指摘されるが、これももともとは寺中か寺男が随行するものであった。ことに本流院の本堂で行われる法務については、寺中らの補佐が不可欠である。

住職補佐の規模には、平日の勤行・一部の秋廻りの如く寺中一人をもってするものと、その他の秋廻り・修正会・御正忌・中興祥月命日・内講・里向の盆参り・盆会・彼岸・歳暮法会のように寺中二人をもってするもの、さらに、永代経・報恩講の如く下道場三人

をこれに加えるものまで、三段階に分けることができる。あとの二つの法会には布教師も加わる。報恩講にはこれらのほかに組内から九ヵ寺を招待し、さらに親類法中も加わって、年中行事のなかでは最も大きい僧分の合力組織ができあがる。動員される出入りの数も最も多い（第66表）。最も小さいのは、御堂番が単独で勤める平日の日没勤行であったが、これは沙汰やみになった。それで、蛸の総報恩講に寺中一人を代理として差遣するのが最小といってよかろう。

年中行事には現われないが、門徒の年忌法要にも寺中を一人ないし二人随行させるし、葬儀には寺中の外、片摺（すり）（伴僧三人）・両摺（伴僧四人）・本格（伴僧六人）という式の規模に応じ、下道場なり他の役僧を召集指揮してこれを主宰するのである。ただし、貧者や幼児の場合、とくに簡略な葬儀ですませたいということであれば、寺中に導師として着用する五条袈裟を貸与して代行せしめる。もちろんいつも本流院住職が主宰者であるのではない。組内法中の報恩講に出勤するのは他の寺の合力組織に参加してこれを助ける最もよい例であるが、これとても本流院住職が他に比肩する者のない高い堂班を有するため、主宰の意味が全然ないとはいいきれぬ。寺中・下道場の報恩講や永代経に出勤するのは、合力というよりは主宰の意味が濃厚である。

法務ではないが加戸の年始廻りには寺中二人の随行があり、三国の年始廻りには寺中一人をして代行させる（住職代理はどの場合でも寺中に限られ、下道場にはこの役をさせないことに注意）。ところが年頭礼と盆礼のために門徒が伺候するときには寺中の補佐はなく、代って肝煎の補佐がみられると共に坊守が前面に出てくる。坊守の補佐はフォーマルな形をとらないが、坊守の人柄や門徒扱いによって住職家の人気が左右されるというも過言ではない。肝煎はじめ寺世話方の補佐は報恩講など大法会のさいに顕著になるが、それが一層露呈されるのが次節の特別法要である。

特別法要において年中行事のいかなるものをも凌駕する大きな合力組織が現れると予想されるが、すべての特別法要必ずしもしかりとはいえないから、最も代表的な特別法要をとりあげることが得策である。そこで一光三尊仏の開扉法要を分析するとしよう。これは下野専修寺（一身田専修寺の旧地）の本尊一光三尊仏を一身田の本山その他で一七年目毎に開扉する行事の一環として本流院でも行われるもので、福井県下の高田派寺院では他に二組と三組に各一ヵ寺この例をみるのみであり、またそれらとて本流院のように長期間（明治・大正期には一ヵ月以上）開扉しなかった。三尊仏の出開帳は徳川中期に始まった慣例であるから、蓋し累世連枝格のゆえに本流院でも開扉されることになったのであろうし、その頃は越前で他に開扉の例はなかったと推測される。門徒数を五百としても、なおかつそれには不相応に宏壮な本堂・庫裡その他さまざまな設備は、開扉を行う規模を標準にして建設されたと考えなければ理解がつかないのである。

さて開扉には僧俗多数の協力が必要であるので、本流院自身の動員能力を根幹とするにせよ、第一組寺院一同の共同主催として行うのが当今の前例であった（二組・三組の開扉寺院も組の主催行事の宿坊たるに止まったのであろう）。そこで昭和二十六年四月に開扉をひかえてその前年、この方針が組の会合で提案され可決されたのであるが、欠損を生じた時は本流院の負担とし、余剰が出た時は仲間で分配しようという虫のよい共同主催案を提唱する者があったので、(追補12) 断然前案を撤回し、本流院が独力でこの大法要を執行する方針をきめた。しかし欠損は必至とみて門徒に会計を一任し、財産収入とてないから、予算百万円を門徒一戸三千円の負担によって確保す

る計画で開扉に臨んだのである。以下、「本流院議事録」・「開扉重要記録」などによって一五日間の経過を辿ってみよう。

四月二十八日（日）　三尊仏到着。三尊仏が安置されている福井別院まで本流院住職が実明寺・鳳生寺および門徒総代三名・世話方五名・御輿人足八名を引具して出迎え、トラックとバスに分乗して春江町大石・坂井町東荒井で小憩しつつ、三国町の小憩所へ午後二時に到着した。ここから本流院の開扉行事中に入るのである。すなわち車を捨て、出迎えの兵庫勝光寺・加戸常楽寺・三国遠成寺・三国信行寺・三国法円寺（何れも高田派）や雅楽員*が加わって行列をつくり、三国・加戸・覚善・浜地・梶・崎・木部の門信徒から出た天童稚児の一隊を先払いとして、奉迎の幟がはためき群衆堵列するなかを覚善をへて加戸に入る。こうして奉迎の梵鐘が打鳴らされ、号砲轟くうちに本流院境内に到着。住職は行列の途中より先行して衣体を整え、山門石段のところで奉迎して本堂の中央本尊の位置に案内すると、これで初日の日程は終り、開扉はいよいよ翌朝から始まるのである。

＊　行列に参加した雅楽部というのは、加戸・東荒井の有志で組織している楽団である。楽器や装束を自弁しなければならず、手当も慰労会の費用として消えてしまうから、オヤッサマでないと加入できない。なお、出迎えの寺は本流院の遠縁にあたる勝光寺を除き、行列の通過する三国と加戸の高田派寺院である。三国宝林寺は都合で出ることができなかったのであろう。

さてここで開扉事務所の組織をみておこう。

所長　本流院住職（三十二歳）
顧問　平野吉右衛門（三国町、門徒総代）
副長　山崎歳右衛門（加戸肝煎、門徒総代）

副長　小林　誠（東荒井、門徒総代）
同　山本　市太郎（三国町、世話方代表）
各部委員
法式恭敬部　実明寺（一老）　上関の道場
奉迎送部　心海寺　願教寺
参拝部　伊藤順明（三国町、役僧）　外一〇名
伝道部　鳳生寺
庶務部　井上重平（覚善、世話方代表）　外五名
会計部　小玉守平（加戸）　外九名
営繕部　加藤惣七（加戸、肝煎）　外二名（開扉期間中は調度部となり、加藤外三名）
募財部　西善蔵（加戸）　外五名
接待部　四名
台所部　一名
総務部　山崎才右衛門　ほか里向世話方一同
企画部　住職弟（昭26・3得度、二十七歳）　外一名

これを一覧すると、住職・その弟・寺中・下道場・役僧・肝煎・門徒総代・世話方・加戸の有力な門徒など、法人としての本流院の主要構成員をもって開扉事務所を組織していることが判明する。僧分の者でなければ不都合な役割がいくつかあるが、本流院はその経営の框内に七人もの僧侶を擁しているから、にわかに他寺の系統の僧を依頼する必要がない。一組の共同主催案を撤回しえた理由もここにある。

ところで開扉事務所の役員だけでは行事は円滑に回転していかない。その下に手足となって働く多数の人員が

必要である。そこで四月二十九日から五月十三日に至る出動人数が各部落別にわりあてられた。部落単位に出勤の日をきめ、門徒一戸三日出勤を基準として、毎日の合計が八〇人内外になっていることが第67表から知られる。遠近にかかわらず三日宛という計画がいかほど実行されたか多少疑わしいが、ともあれ四〇五戸（三千

第67表　三尊仏開扉中の本流院門徒出勤割当表（昭26）

所在		門徒数判定	4/29	30	5/1	2	3	4	5	6	7	8	9	10	11	12	13
三国町	加戸 千代	20	20									20					20
	加戸 慶信	18			18				18							18	
	加戸 北	14		14				14						14			
	加戸 南	15					15			15			15				
	加戸 西	14				14					14				14		
	覚善	41	8	8	8	9	8	8	8	8	9	8	8	8	9	8	8
	嵩	1			1				1							1	
	浜地	44	9	8	9	9	9	8	9	9	9	9	8	9	9	9	9
	梶浦	3				3					3				3		
	宿	3			3				3							3	
	三国	44	9	8	9	9	9	8	9	9	9	9	9	8	9	9	9
坂井町	蛸	9				9					9				9		
	東荒井	24	24									24					24
	上兵庫 小角	5		5				5						5			
	上兵庫 新宮	8		8				8						8			
	徳分田	2		2				2						2			
	上新庄	5			5					5					5		
	上関	18			18				18							18	
	島田	6			6				6							6	
	小路	3					3			3			3				
	関中	24					24			24			24				
芦原町	今市	1	1							1							1
	中番	1		1				1						1			
	芦原	11		11				11						11			
	舟津	10		10				10						10			
金津町	金津	8				8					8				8		
	宮谷	1					1			1			1				
	伊井	16	3	3	3	3	3	3	3	3	3	3	3	3	4	4	4
	河原井手（安光）	5				5					5				5		
丸岡町		4	4								4						4
春江町	春江	4				4					4				4		
	西長田	1				1					1				1		
吉田郡	森田町	1				1					1				1		
丹生郡	殿下村	12	3	2	2	2	2	2	2	3	2	3	3	2	2	2	3
福井市		6					6			6						6	
石川県	江沼郡	1	1									1					1
	小松市	2	2									2					2
計		405	84	80	82	77	80	80	77	87	81	79	74	81	83	84	85

円の寺割のときは三三〇戸）の門徒が交代に朝三時頃から夜遅くまで勤務したのである。遠方の門徒は宿泊せねばならなかったであろうが、庫裡はそのために充分の広さをもっている。役員はおそらく全期間出勤して、役員・一般門徒の協力のもとに開扉の法要が展開されたのである。

四月二十九日（天皇誕生日）　開扉午前五時、閉扉午後五時、以下同じ。

三尊仏の少しでも近くに席を占めようとすると、まだ夜の暗いうちに参詣しなければならぬ。それで午前一時頃から来る人もあり、開扉の頃にはさしも広い本堂も参詣人で埋まる。門徒の当番は三時頃から庫裡の台所で炊さんを始め、参詣の希望者にオトキ（朝食）を給する準備にとりかかる。やがて五時になると供奉してきた野州専修寺の輪番が三尊仏の帳をあげる。早朝の静寂のなかにきりきりと帳のきしむ音が一きわ「有難く」聞えるという。

開扉勤行における内陣着座は、本山維那・本山録事・野州輪番・供奉僧が左側、本流院住職・松樹院・勝光寺・住職弟が右側。役席は外陣から右余間に移され、句読心海寺・折釈実明寺・会奉行鳳生寺・鐃鈸願教寺と上関道場・銅鑼伊藤順明という分担であった。このように本流院の経営内の僧分を総動員したほかに、関係の深い役僧を雇い、さらに、三尊仏は野州専修寺の本尊であり、専修寺は本山の有であるから、供奉してきた本山と野州の式務・寺務の係員が加わり、組内で本流院とともに縁故の深い寺院の合力をえて、開扉勤行を組織したのである。もっとも毎日の開閉扉勤行には組内法中の参加はなく、合力の規模はこれより幾分小さかった。

門徒は人足として動員されるばかりでなく、また割当に従って供物の餅を供えなければならぬ。このような点をみると、門徒は単なる寺院経営の対象たるに止まらず、また住職に協力して寺院経営を支える経営構成員であることが理解される。

第68表　三尊仏開扉中の仏供調製割当表（昭26）

講中	4/29	30	5/1	2	3	4	5	6	7	8	9	10	11	12	13	
三国町 加戸 千代	○										○					2
三国町 加戸 慶信		○					○									2
三国町 加戸 北								○								1
三国町 加戸 南										○					○	2
三国町 加戸 西				○							△					2
三国町 覚善			○						○						○	3
三国町 浜地					△			○						○		3
坂井町 蛸				○												1
坂井町 東荒井	○									○						2
坂井町 上兵庫 小角						○										1
坂井町 上兵庫 新宮												○				1
坂井町 上新庄													○			1
坂井町 上関			○										△			2
坂井町 島田							○									1
坂井町 小路					○											1
坂井町 関中					○						○					2
芦原町舟津												○				1
金津町 伊井		○												○		2
金津町 河原井手*					○				○							2
計	②	②	②	②	③ △1	①	②	②	②	②	② △1	②	① △1	②	②	
其の他 個人					① △1	△2	③	②	②	①	①	①	③		③ △1	
其の他 団体		①				②	①	③		②	①	①	③	②	△2	

○ 鏡餅　△ 小餅　数字は件数　* 坂井町安光を含む

第68表は法式恭敬部の実明寺が立案した割当を一覧にしたものである。門徒数と供物の量をつきあわせてみると、大体門徒一〇戸に対して鏡餅一重という基準があるようにみえる。最下欄の「其の他」は、割当のほかに自門他門の個人や団体から献進された供物を示す。餅だけ数えあげたが、菓子（五月六日・十一日個人より）、饅頭（五月七日個人、五月十一日・十二日団体より）、麩（五月十三日個人より）も寄進された。個人のなかに本流院と遠縁にあたる勝光寺（五月四日小餅・八日鏡餅）が見出される。団体のうち他門としては、加戸常楽寺下（四月三十日鏡餅）・勝光寺下（五月四日鏡餅）・長畝与河松樹院下（五月四日鏡餅）・牛山他門徒（五月六日鏡餅）・楽円西向寺下（五月六日鏡餅）・池上神明境内（五月八日鏡餅）・嵩他門一同（五月九日御餅）・浜四郷村下野十六

日講中（五月十一日鏡餅）・水居婦人会（五月十二日鏡餅）があり、部落全体か一部か（寺によるもの、団体によるもの、地域によるもの）の別があるとしても、二件を除いて何れも加戸から約一里以内の近い距離にある。自門他門混淆するものは、島田婦人会（五月五日鏡餅）・加戸婦人会（五月十一日饅頭）・蛸婦人会（同日鏡餅）・加戸村遺族互助会（同上）・加戸村消防団・同防犯隊（五月十二日鏡餅）・小路婦人会（五月十三日小餅）があり、殆ど自門のみの団体としては、東荒井楽人一同（五月八日鏡餅）・覚善婦人会（五月十二日饅頭）・関中婦人会（五月十三日小餅）がある。以上煩をいとわず団体を挙げたのは、寺の法要のさいに動く団体のさまざまな類型を提出しておきたかったからである。なお、日々の供物の多少とその日の法要とに関連がみられる。

四月三十日（記事なし）

五月一日（水）

この日一日だけで一般参詣者が二万名余に上った。バス従事者の談によると法要期間一五日で延一五万人というから、この日は平均の倍も参詣があったことになる。特別の法要とてなかったが、あるいはメー・デーなりしためか。

五月二日（記事なし）

五月三日（憲法記念日）　午後二時から本流院門徒総供養法要。

開扉法要は本流院の主催であるから第一組寺院を招待する必要はなかったが、本流院としては一歩譲って門徒総供養には招くことにしたのである（実はこうして他の寺を招待するので、他部落の他門からも供物の献進があるのだ）。本流院を除く第一組の独立身分六・旧従属身分八、計一四ヵ寺のうち、後者の一ヵ寺が学校勤務の関係から不参だったのを除き、全部出勤。寺中二へは直接招待を出さず、本坊扈従として、それぞれの本坊から寺

中へ通じてもらったのは、本流院住職の寺中取扱いに関する方針に基づく。法要の導師には本流院の側で遠慮して、本流院住職を除いて組内で堂班の最も高い松樹院に依頼した。

さて、法要が終って、これらの出勤法中一三ヵ寺には法礼として一律に五百円を、なお持参した香典の額の金員を慣例により御菓子料として包み返した。供の寺中・本流院の寺中・下道場・役僧へは、法礼として三百円宛、ほかに御粗末料として二百円を与えた。御菓子料がないのは彼らは香典をもって来ないからである。しかし別に御粗末料を出したのは、彼らと本坊の交際は対等でないから与えたのだ、と説明されているが、法礼と御粗末料合計五百円は出勤法中の法礼額に等しいところをみると、同額を与えながらこれを二つに分けてそこに身分差を含蓄させたともいえよう。

この日は参詣者が多く、各地の門徒はいうに及ばず、他門の参詣も加わって群参堂に溢れた。

五月四～十日（記事なし）

五月十一日（土）　午後二時から戦歿者追悼法要。

かねて坂井郡各町村の遺族互助会長あて案内状を発送してあったので、当日は「空前の盛況」と記録されるほどに多数の参詣者で本堂も境内も埋めつくされた。内陣に入って近くから三尊仏を拝するためには、百円以上の冥加金を志納せねばならないが、遺族全部にこれを免除して内陣参拝を許したことも、夥しい参詣をもたらす所以であった。

出勤招待は独立身分全六ヵ寺（うち安養院は病気のため不参）と、旧従属身分のうち本流院と特殊関係のある信行寺へなされ、このほかに勝光寺の寺中が供として随行した。また、加戸の本願寺派西向寺も本流院住職と親交があるのでとくに招待され、本山維那・録事・本流院住職弟も出勤した。これをみると、十一日の法要は三日

のそれとかなり性格に差があることがわかる。すなわち、三日の法要は一組全寺院の招待による門徒供養であったが、十一日のは本流院ととくにかかわりのある寺院を招待しての戦歿者供養であった。三日のは組内法中に依頼して供養をしてもらうという意味が強く、十一日のは本流院が中心になって参加者を組織し供養をするという意味が強いように思われる。これらの出勤法中には法礼各五百円、勝光寺寺中及び本流院寺中・下道場・役僧へは法礼各三百円・御粗末料各二百円、計五百円宛を与えた。ここにも前述同様の身分差を反映した取扱いの差がみられる。そのほか酒食の饗応があったことはいうまでもない。特別招待の西向寺は当日蠟燭料として五百円進上したので、法礼のほかに御菓子料としてこれを包み返した。

なお開扉期間中に西向寺から香料五百円の進納を受けたので、西向寺で折柄開扉中の聖徳太子像に対して本流院から七百円の香料を（返しとして）寄進した。また、加戸の常楽寺から三百円の志納があったのに対し、開扉中の同寺親鸞聖人像香料として五百円を進上した。三尊仏開扉の余慶を受ける西・常両寺の側からまず本流院へ寄進があったわけだが、このような贈答の金額にも本流院が一きわ高い格と実力をもっていることが示されるのである。それがきざな振舞とはみなされないで、大坊にふさわしい態度として承認されるのは興味深い。金額の具体的な判断は会計係がして住職の決裁を経る。

五月十三日（月）　午後三時より御名残法要。

加戸の常楽寺・嵩（だけ）の松樹院・親類の勝光寺が内陣左側、本山維那・録事・野州輪番・供奉僧が右側に着座して、初日の開扉勤行とほぼ同じ規模で、法要が執行された。導師は本流院住職。法要にひきつづいて、東荒井の楽人が三尊仏の前で千秋楽を奏し、これをもって開扉行事を終った。

招待三ヵ寺と維那へは法礼五百円・御粗末料二百円を包み、本山録事・野州輪番・供奉僧・寺中・下道場・役

僧へは法礼三百円・御粗末料二百円を与えた。そのほかに、一五日間の慰労の意味でこれらの出勤者に酒食の饗応をしたことはいうまでもない。期間中寺内にくり出された警備隊の幹部および出勤警察官にも慰労した。
以上一五日間の行事を通して、法会における合力組織だけに着眼すると、そこに左の四種の異なる組織が析出されてくる。その何れにおいても、寺中・下道場・役僧を含む本流院の最大法会組織が常に中核をなすことは注意されるべきであろう。

A 初日の開扉、最終日の閉扉勤行――本流院自身の最大法会組織構成員＋本山・野州の係僧＋本流院にとくに関係の深い組内法中二～三ヵ寺、計一四～一五人。最上席は本山維那。維那は本山でも末寺僧侶中最上席を占める。

B 本流院門徒総供養法要――住職・衆徒を除く本流院自身の最大法会組織構成員＋組内法中全員、計二一人。これは前述の報恩講の組織よりさらに一まわり大きい。それに旧従属身分・従属身分計七人が加わるからである。最上席は松樹院。

C 戦歿者追悼法要――本流院自身の最大法会組織構成員＋組内独立身分など＋本山係僧、計一六人。つまりAとBとの中間形態である。最上席は本山維那であるが、本流院住職が導師。

D 平常開扉閉扉勤行――本流院自身の最大法会組織構成員＋本山・野州の係僧、計一二人。四種のうちでは最も規模が小さい。本山維那が導師。

五月十四日（土）

午前七時三尊仏出発。門徒の見送りをあとに芦原町二面の安養院へ着き、ここで福井仙福寺からの出迎えを受ける。仙福寺は親類の安養院で一切の引き渡しをうけてから、トラックで一路南下して福井の自坊へ三尊仏を迎えたのである。

さて、一五日間の収支は左の通りである。

収入　合計　一、四九三、九四五円五四銭　米四七俵三斗

内訳　自門志納*　八八七、五二〇円
　　　　米四五俵三斗
　　他門志納　四六、七〇〇円
　　　　米　二俵
　賽　銭**　五四一、六三七円四四銭
　雑収入　一八、〇八八円一〇銭

* 百万円を目標とする寺割によるもの。一戸三千円という標準通りの部落もあり、また収入割によって家毎に差等をつけ部落として目標額を調達したところもある。ほかに未納が二八、三五〇円あり、また米も三千円の内に含めて計画されたのであるから、現金だけで判断できないが、負担に部落差があるように思われる。とくに一戸負担額の大きいのは加戸と覚善である。第69表をみよ。

** 賽銭の内訳は、内陣参拝約二七万円、香会所（お香を売る所）約一六万円を筆頭に、図説所・阿弥陀仏前・聖徳太子前・釈迦涅槃像前がこれに加わる。雑収入とは読経志である。

第69表　自門志納の本流院門徒所在地別内訳（昭26）

所在	金額	米	所在	金額	米
	円	俵斗		円	俵斗
三国町 加戸(1)	237,800	13.	芦原町 本荘村	15,000	
三国町 覚善(2)	134,900	4.	芦原町 芦原	34,300	
三国町 浜地	98,500		芦原町 舟津	6,320	2.
三国町 梶浦	7,000		金津町 金津	6,400	
三国町 三国	40,100		金津町 宮谷	300	
三国町 三国滝谷	9,150		金津町 伊井	13,700	6.2
坂井町 蛸	20,700	2.	金津町 河原井手	6,500	
坂井町 東荒井	52,500	2.	丸岡町	6,500	
坂井町 上兵庫 小角	3,000	3.2	春江町	8,500	
坂井町 上兵庫 新宮	11,500	2.3	吉田郡森田町	5,000	
坂井町 上新庄	16,000		丹生郡殿下村	12,500	
坂井町 上関	37,500		福井市	17,000	
坂井町 島田	11,000		石川県	1,000	
坂井町 小路	6,500		遠方小計	17,800	
坂井町 下関	2,000				
坂井町 関中	28,050	10.			
坂井町 安光	3,500		合計	887,520	45.3

外に(1)莚30枚、(2)燭台2あり。

支出　合計　八七〇、七六三円五〇銭
このうち各種の礼金を摘記すると左の通り。
一金　一六万円　本山冥加金（初日二万円、二日目以降一日一万円）
一金　五千円　野州専修寺香料（三尊仏を本尊とする野州専修寺への香料）

一金　一万二千円　維那御礼（一日七百円、一六日分）
一金　八千円　野州専修寺輪番御礼（一日五百円、一六日分）
一金　五千円　本山録事御礼（一日三百円、一六日分）
一金　五千円　野州供奉僧御礼（同右）
一金　一万円　野州勤番（警固の俗人）二人礼（同右）
一金　一万五千円　図説礼（一日千円、一五日分）
〆　二三万円　本山・野州への礼
一金　五千円　兵庫勝光寺殿（本流院の遠縁、開扉中の出勤礼）
一金　五千円　嵩　松樹院殿（旧同村、この寺の門徒が沢山寄進したから開扉中の出勤礼も増額されている）
一金　一千円　加戸常楽寺殿（同部落、開扉中の出勤礼）
〆　一万一千円　法中礼
一金　五万円（本流院住職）
一金　一万円　舎弟殿（内五千円読経礼、五千円寸志）
一金　五千円　御後室様（寸志として、住職母）
一金　五千円　令夫人様（寸志として）
一金　一万円　心海寺（内五千円謝礼、二千円特別礼、三千円読経礼）
一金　一万円　実明寺（同右）
一金　八千円　覚善道場（内五千円謝礼、三千円読経礼）
一金　八千円　浜地道場（同右）
一金　八千円　上関道場（同右）

一金　八千円　伊藤順明（同右）

〆　一二万二千円　寺族、寺中・下道場・役僧への礼

寺族への謝礼と、寺中・下道場・役僧への謝礼の出し方に微妙な差のあることに注目されたい。寺族としては住職母・妻・女児二人・弟二人、計六人いたが、母と妻は準備と接待その他万般にわたって蔭の力として協力しているし、弟二人のうち開扉に備えて得度した上の弟は、企画のほか内陣出勤にも参加した。この三人に対して寸志と、内陣出勤に対して別に読経礼が進上されたのである。同じ読経礼でも寺中・下道場・役僧に対しては三千円と、二千円の開きがある。彼らのなかでも、寺中は下道場・役僧よりも上席であり、かつ協力の範囲も広いので、特別礼なるものが附加された。

そのほか諸経費をさしひいて六二三、一八二円〇四銭、それに開扉法要後の収入を加えて総額六四一、九八二円〇四銭の残金が会計から住職に委託された。この剰余金で納骨堂を改築することになり、鉄筋コンクリート造りの新しい納骨堂がその年の十月に完成した。伝統を維持するために損失覚悟で敢行した開扉行事が、門徒の協力によって思わぬ副産物を恵んでいったのである。

以上の経過をみると、開扉行事を本流院として行うということは、住職の個人的事業でもまた住職家の私的事業でもなく、法人としての本流院の事業であること、法要面では住職が中心だが、財政面ではむしろ門徒に中心があることが理解される。それでは、財政面を通して門徒は住職と並立する地位にあるのか、それとも住職の機能分担として財政を担当するのかというと、現象面では前者に強く傾くが、住職の発意によって門徒が会計をもつことになった点や、最後に残金を住職に委託したことを思うと、むしろ機能分担ではないかと考えられる。また、開扉行事に使用された境内・建築物はすべて寺有であって、寺族住宅たる西書院すら寺有に属する。寺有財

産の造成維持は殆ど門徒の合力に負うので、寺有財産の使用管理に対する門徒の発言力は大きい。例えば、前住職が西書院なる事務室を現住職に明け渡して書院（客殿）を隠居所として使用するにつき、門徒総代会の議を経た如きである。しかし住職家とて寺有財産への貢献がないのではない。昭和二十二年に梵鐘の新鋳資金として住職が二千円を寄附したのはその一例であって、費用総額約五万六千円の二八分の一にすぎないが、一戸平均の負担の約一〇倍、寄附額としては最右翼に連なるものであろう。すなわち、財産について住職は門徒団によって抱えられる面と、これを率いる面との両側面があるが、むしろ後者がより強いように思われるのである。少なくとも浄土宗寺院のように、究極のところで檀家は寺僧に対して優位に立つ(1)とは断定できない。それは住職の交替毎に檀家の補任権が多かれ少なかれあらわになる余宗寺院と違い、世襲制によって特定寺院と特定住職家とは不可分の関係にあるからである。

註

（1） 竹田聴洲「村の民俗と寺の経済―ある無名村落寺院の場合―」、『京都大学文学部読史会創立五十年記念国史論集』（昭34・11）、一四四五～一四六二頁。

第四節　葬儀における合力組織

次に、特別法要のうち恒例法要ではないもの、すなわち葬儀における合力を分析しておこう。住職家の葬儀のうち、住職と坊守のそれは住職家の儀式というよりは法人たる寺の儀式として執行される。住職および住職候補者の結婚式また同様である。死亡や結婚は個人的事件であると共に家の事件であるが、寺では単に住職家の事件

たるにとどまらず、実に法人としての寺の事件でもあるからである。住職ないし住職候補者の配偶者選択に対する門徒側の容喙は、このような構造に合法性の根拠をもつ。住職候補者の学校教育に対する門徒の財的援助と干渉もまた、同様に理解されなければならぬ。

さて、昭和二十六年二月十二日に死亡した本流院前住職の葬儀に焦点を置き、記録によっていくつかの側面に照明をあてたい。

(1) 発病以来の見舞は明らかにしがたいが、昭和二十四年七月に心臓病のため臥床したさいに受けた見舞は左の通りであった。

1、寺中と下道場四ヵ寺（うち寺中二ヵ寺は大鯛を持参した）

2、世話方五人（加戸三・浜地一・荒井一）

3、その他縁故者五人

このときは近傍の縁故の深い者、以上一四人のみで親類は全くみられないが、記録も充分でないのであろう。死亡前には関係者多数の見舞があったと思うが、全然記帳されていない。

(2) 二月十二日午前十時半死亡。同日夜は庫裡の納骨の間で寺族や親族が通夜をし、十三日は本堂で門徒が通夜をしたのち、十四日に葬儀を執行した。

葬儀の前後に組内および親類寺院の住職や縁故のある役僧が読経のためにてんでに来訪する。これは一種のユイであって、読経をうけた分量だけ、また先方に不幸が起ったときに読経しかえす慣習であるため、克明に記帳されている。それを整理したのが第70表である。

これによると、組内二〇ヵ寺のうち不参は北潟の願教寺のみで、その他は少なくとも一回、同じ部落の常楽寺

は二回、寺中は三回、下道場および親類の勝光寺（故人の従弟）は各々五回も読経している。寺中が下道場より回数が少ないのは、葬儀の采配を振るうために多忙だったからである。外に役僧が一、二回来ている。組外はすべて他派の寺院で、親類・友人・同部落などの縁故で大体一回宛読経に来た。故人の嫁の里にあたる超勝寺が来

第70表　本流院「各寺院読経控」の分析（昭26）

	寺号	身分・所在	2/13	2/14	2/15	2/17
組内法中および関係役僧	心海寺	本流院の 寺中・加戸	イ	ハ＋イ		
	実明寺	寺中・加戸	イ	ハ＋イ		
	鳳生寺	下道場・覚善	イ＋ハ	ニ＋イ＋ハ		
	願教寺	下道場・浜地	イ＋ハ	ニ＋イ＋ハ		
	上関道場	下道場・上関	イ＋ハ	ニ＋イ＋ハ		
	伊藤順明	門徒・三国		ハ＋イ		
	常楽寺	Ⓐ・加戸	イ	イ		
	友田浄円	常楽寺門徒・島田	ハ			
	松樹院	Ⓐ・嵩	ハ			
	円光寺	Ⓐ・梶浦	ハ			
	信行寺	Ⓑ・三国			ハ	
	法円寺	Ⓑ・三国			ハ	
	遠成寺	Ⓑ・三国			ハ	
	宝林寺	Ⓑ・三国		ロ		
	安養院	Ⓐ・芦原			ハ	
	法音寺	安養院寺中・井江葭			ハ	
	西光寺	Ⓐ・中川			ハ	
	勝光寺	Ⓐ・上兵庫	イ＋ハ	ニ＋イ＋ハ		
	栄教寺	勝光寺寺中・上兵庫			ハ	
	顕正寺	Ⓑ・北潟			ハ	
	要願寺	Ⓑ・北潟			ハ	
	勝願寺	Ⓑ・北潟			ハ	
	願教寺	Ⓑ・北潟				
同部落	西向寺	本願寺派・加戸	ロ			
親類及び関係寺院	専照寺	三門徒派本山・福井		ハ		
	超勝寺	大谷派・藤島				
	偏超寺	超勝寺寺中・藤島		イ＋ハ		
	浄応寺	本願寺派・丸岡	ハ	ハ		
	永宮寺	大谷派・金津		ハ		
	西蓮寺	本願寺派・福井				ハ
友人	勝授寺	本願寺派・三国				ハ
	興源寺	本願寺派・本荘		ハ		

Ⓐ 独立身分　Ⓑ 旧従属身分
イ 大無量寿経　ロ 観無量寿経　ハ 阿弥陀経　ニ 偈文・正信偈

ていないのは、何かの事故のためだとしか考えられぬ。以上を通観すると、寺中・下道場・組・親類・友人・同部落の関係にある寺から読経があったこと、このうち回数の多いのは寺中・下道場と組内の親類であること、親類や友人関係は世代の移るに従って動くが、寺中・下道場・組・同部落の関係は動かず、したがって世代と共に動く関係と動かぬ関係が併存あるいは重複しつつ本流院を囲繞していることが知られる。この点は葬儀全般についていいうる。

(3) 次に葬儀当日持参された組内法中の香典を第71表によって比較すると、本流院の寺中・下道場は三百円、独立身分の寺は五百円。但し勝光寺は親類であるから擢んでて多い。松樹院は五百円を三百円と二百円に割って、後者を御夜食料の名義にしている。これは通夜をする人に出すトキとしての夜食が原義であって、主に親類が持参するものとされている。親類でもないのに松樹院が夜食料を包んだのは、寺の香典はそのまま御菓子料として布施に添えて返されるので、香典の多寡はきわめて儀礼的な意味しかもたぬから、むしろ香典の額を標準より少なくして、その差額だけ実質的な夜食料とし、あわせて同村つきあいの意味をこめたのであろう。そうとでも解釈する以外に道はない。本流院従者のうちで寺中だけは夜食料二百円を香典に添えることで下道場との区別をつけている。常楽寺は別に夜食料二百円を持参したが、これは部落つきあいの意味であろう。勝光寺の豆餅四臼は夜食の本来的な形態を保存している。見舞二百円を添えた独立身分の四ヵ寺は何れも死亡前に見舞を贈る機会をもたなかったものと思われ、本流院の従者・勝光寺・常楽寺らは生前にすませたとみてよい。他の従属身分・旧従属身分の寺は大体二百円の香典を標準にしたようだが、とくに世話になった者は三百円、あまり懇意でもない者は百円であるらしい。読経同様、役僧身分の者が二人参詣している半面、組内の住職に不参者が一人あった。

(4) さて、願教寺を除く組内一九ヵ寺と役僧三人の出勤のもとに、本流院の本堂にて葬儀が執行された。これを

主宰する導師はもともと松樹院に一定しているが、現住職弱年のため隣寺の誼みで常楽寺が導師をした。導師には野布施二千円、他は独立・旧従属・従属の身分差にかかわらず一律に七百円の野布施、外に斎の料理が粗末だからその補いという意味の御粗末料として一律に三百円、そして御菓子料として香典の全額をそのまま渡したことは、第71表に示された通りである。もっとも、勝光寺への御菓子料のみ香典の半額五百円であるのは、親類に対する御菓子料は香典の全額でなくてその半分とするという基準によったものと思われる。このほか、当時組長であった円光寺へは、使僧礼すなわち法主代香の礼として別に五百円を包んだ。これをみると、葬儀は組内法中全員および関係役僧の参加によって行われること、参加の仕方には導師としての参加とそれ以外の諷経僧としての参加の二つがあり、それが野布施の金額に反映していることが明らかになる。葬礼のうち内勤は本堂内陣で行われるが、本来埋

第71表　本流院葬儀における組内法中との香典・布施の受授（昭26，円）

寺　号	本流院へ			本流院から					
	御香料	御夜食料	御見舞	野布施	御粗末料	御菓子料	使僧礼	礼	家内礼
心海寺	300	200		700	300	300		700	500
実明寺	300	200		700	300	300		700	500
鳳生寺	300			700	300	300		700	
願教寺	300			700	300	300		700	
上関道場	300			700	300	300		700	
(伊藤順明)	200			700	300	200		700	
常楽寺	500	200		2,000	300	500			
(友田浄円)	200			700	300	200			
松樹院	300	200	200	700	300	300			
円光寺	500		200	700	300	500	500		
信行寺	100			700	300	100			
法円寺	200			700	300	200			
遠成寺	200			700	300	200			
宝林寺	300			700	300	300			
安養院	500		200	700	300	500			
法音寺	200			700	300	200			
西光寺	500		200	700	300	500			
勝光寺	1,000	豆餅4臼		700	300	500			
栄教寺	200			700	300	200			
顕正寺	300			700	300	300			
要願寺	100			700	300	100			
勝願寺	100			700	300	100			
願教寺									

葬場にて執行さるべき野勤は柵外の溜りに棺を移して、内勤にひきつづいて行われる。

組内法中は葬儀当日の出勤でひきとるが、本流院の寺中・下道場および役僧は、当日はもとよりその前後も使役された。そこでこれに対して七百円宛礼が与えられた。このほか、寺中の妻女は本坊の台所の手伝いに動員されたから、五百円宛与えられた。また、導師の初七日礼として、謝礼千円・布施三百円・菓子料二百円、計千五百円が支出された。

(5) 葬儀はあたかも組の行事の如く、組全員の参加によって行われるが、また喪家の重要な事件としてその親類友人がこれに参加することは在家と変りがない。そこで次に香典帳によってこの点を吟味したい。親類を、喪家から婚出した子女の婚家および子女の別立せる家(A)、喪家へ婚入した者の生家(B)の二つに分かち、かつ喪主である現住職の世代、死亡した前住職の世代、前々住職の世代に分かって整理してみると、次のように概括することができる。

現住職代(A) 妹の婚家である丸岡の本願寺派寺院、その親類および深い生活連関にある家々等(計一一)から香典が届いている。うち寺院が七で何れも真宗に属する。しかし妹夫婦と役僧、および別立せる姉以外は必ずしも葬儀に参列したわけではないと考えられる。上の弟はこのときまだ養子に行っていない。

現住職代(B) 坊守の生家たる藤島の大谷派寺院、その親類および深い生活連関にある家々(計八)から。うち寺は七で何れも真宗寺院。これまた坊守の兄夫婦と寺中以外は会葬したのではないと考えられる。いずれも遠隔の地にあるからである。葬儀のあとで伝聞して悔みを遣した者も少なくない。

前住職代(A) 前住職妹の婚家およびその親類、兄の子、計一〇人から。いずれも在家である。

前住職代(B) 前坊守の生家たる横越の山元派本山およびその親類八人から。そのすべてが真宗寺院である。

前々住職代　(A)は四人、うち寺は三、何れも真宗寺院。(B)は三人、うち一人は曹洞宗住職。

以上の親類のうちで葬儀参列者とそうでない者とを区別しえないのは遺憾であるが、福井県北部の親類は多く会葬したことと思われる。香典の額は親疎によって一様でないが、概ね五百円以下、その外に近い親類は御夜食料を持参した。この二つの合計額のほぼ半ばを香典返しとしているが、それほど近親ではないのに会葬してくれた寺には、布施を出さぬ代りに全額を香典返しとしたようである。親類寺院の寺中や役僧に対しては香典を上廻る金額を返しているのも注目される。

このほかに友人・教え子・取引の関係によって香典を贈ったのが八人あり、うち寺（真宗寺院）は六。以上、親類・友人など計五一のうち、寺は三一であるから、第一組の法中一九人に加えて少なくとも一〇人内外の真宗僧侶が葬儀に参加したと推測される。

(6)　『寺院親族御香料控』には右のほか関係を明瞭にしがたいものが四〇人ほどあるので、以上をもって全体を断ずることはできないが、この四〇というのは比較的一時的な友人・知人・取引関係が殆どそのすべてである。したがって別帳に記録さるべきものが混入したともいえるものであるから、かなり継続的な関係は上記によって悉くあらわにされたといってよい。ことに本流院の葬儀に直接間接に参加する親類の範囲は、これを確かめ得たということができる。しかし親類が会葬することによって葬儀がなりたつのではない。葬儀にとって不可欠なのは、儀式面を担当する導師はじめ組内法中の参加と、諸準備から後片附に至る一切の雑役をひきうけるいわば舗設担当者の存在であり、親類友人等の会葬は伴奏の如きものである。在家では組・講中・葬式仲間が舗設に当るが、寺では門徒がこの重い任務を担当するのである。会計も門徒の代表（世話方）が管理する。門徒や法中の香典だけでなく、住職家の親類や友人の香典をも一手に受けとり、諸費用はすべてここから支出するのである。

第72表　本流院葬儀香典見舞の分析

		現　　金	仏共米
Ⅰ　法　　中		円 8,600	升
Ⅱ　親類およびその関係者	現　住（A）	8,100	
	現　住（B）	2,200	
	前　住（A）	3,300	
	前　住（B）	2,650	
	前　々　住	2,500	
	小　　計	18,750	
Ⅲ　門　　徒 （内，加　戸）		82,170 （16,270）	239 （122）
Ⅳ　その他個人 （内，加　戸）		21,000 （6,520）	4 （3）
Ⅴ　諸　団　体 （内，加　戸）		2,500 （700）	
合　　計		133,020	243

さて、香典帳によって葬儀の収支をみるに、収入一三三、〇二〇円、支出一二五、四四八円で、第72表の収入内訳に示した通り、門徒香典が支出の約七割をカバーし、仏供米は殆ど全部門徒の寄進にかかっている。さらに地域別に細かくみると、福井市や三国町の門徒には香典を持参せぬものが多いが、そのほかはすべて持参したこと（総計三七三人）、加戸・覚善・舟津・東荒井・上関・島田・関中・河原井手・伊井・上兵庫など米作地帯から、香典と共に広く仏供米が進上されたこと（総計一三九人）も明らかになる（第76表）。また、第72表Ⅳその他個人（他門）のうち加戸が金額において三割を占めるが、Ⅲ門徒のうちでは加戸は僅かに二割を占めるにすぎないこと、仏供米の点では人数・量ともに加戸の門徒の貢献は大きいが、一人当りの現金・仏供米を綜合するならば、加戸以外の門徒との間に大差がみられず、加戸の他門との間に著しい差が見出されること（第73表）は、近隣の家が金穀をもちよるというよりは門徒がそれを調達して、寺の葬儀を執行することを明らかに示している。この特徴は附として掲げた寺中の葬儀と比較すると、さらに一層明瞭になるであろう。

　葬儀後、門徒のなかでも雑役をとくに依頼した男一〇人・女一〇人には人夫料を、そのうち出入りの男三人には別に遺品料三百円を給し、また両寺中には遺愛の品形見分けの代りとして墨袈裟を与えたが、最も労することの多かった肝煎などの重役は念珠一輪と慰労の酒食を与えられた外、何ら報酬らしい報酬もうけないのである。これらの事実は、住職の葬儀を住職家の個人的な行事とみるときには理解し難い。しかし冒頭にふれたように、

法人としての寺の行事とみなすときこれをほぼ理解することができよう。けれども、在職中に死亡したときには法人の代表役員たる住職のことであるから、法人葬をもって報いられることは当然であるとしても、ここで挙げた例のようにすでにその職を退いた者の葬儀をも寺として執り行うのは何故であろうか。さらに前住職のみならず、坊守・前坊守・候補衆徒（住職候補者）の葬儀をも寺として執行するのは何故であろうか。これは住職を単に法人たる寺の機関とみたのでは解釈がつかない。住職の地位はいわゆる ascribed status であって住職家の相続人が住職に就任するものときまっており、適任者を選考して住職に据えるのではない。寺と住職家はいわば particularistic tie によって結びつけられている。そのことを考慮しないと、住職家の嫡系の葬儀が何故法人たる寺によって執行されるかが分らない。寺が法人を意味するばかりでなく、否それ以上に住職家をさし、また住職をさす理由もそこにある。本節では能う限りこの三者を区別しているが、なおかつ区別しきれないで、表現としてはまま不正確になっている理由もまたそこにある、というも強弁ではなかろう。

(7) 昭和三十二年四月十五～十六日の二日間にわたって七回忌が営まれた。その時の模様を添記しておこう。組内招待寺院は報恩講の交際をしている八ヵ寺、つまり独立身分六ヵ寺全部と旧従属身分のうち二ヵ寺で、後者は十五日の一日だけ招待するという報恩講にみたのと同様の取扱差が設けられている。同じ部落の西向寺は他派であるために招かれていない。親類としては、超勝・浄応の両寺に加えて、前住歿後福井浄善寺へ養子に行った弟が招かれたが、余間出仕たることはいうまでもない。かように出勤法中の顔ぶれも出勤の仕方も報恩講と全く同じであることは、報

第73表　本流院葬儀の香典における加戸と加戸以外，門徒と他門の比較（昭26）

	現金		仏供米	
	人　数	1人当	人　数	1人当
	人	円	人	升
加戸以外の門徒	294	224	78	1.5
加戸の門徒	79	206	61	2.0
加戸の他門	56	116	2	1.5

恩講と年忌に共通するもののあることを思わせる。すなわち先述の如く報恩講は本流院自身の報恩講であるが、それは宗祖感恩の法要であると共に、これに托して住職家はじめ門徒一同の先祖を祀る行事ではないかと推測されるのである。

さて、この法事の出費総額は九二、三二五円で、収入は一戸三百円を基準とする寺割（門徒に対する賦課）の集金が八二、八七〇円、法事当日の蠟燭料が二三、二八〇円、差引き一三、八二五円残った。寺割集金の合計と葬儀の門徒香典総額がほぼ等しい（第72表）ことから、葬儀の香典も一種の寺割として賦課されたのではないかと思われる。もし葬儀収入の六割余に上る門徒香典が全くの自由裁量に任されたならば、葬儀の執行にも差支える事態が起るかも知れない。そこで、葬儀の規模について計画をたてるためにも、門徒に香典の基準を示し、少なくとも寺割に準じた形をとったに違いないと思うのである。年忌支出の九割を寺割でカバーしえたのも同じ理由によるのであろう。葬儀における他門・法中・親類の香典にあたるものが記録されていないが、これは皆無だったはずはない。おそらく年忌見舞の形で当日持参され、法中・親類へは大体お菓子料の形で返された以外は、当日の蠟燭料のなかに含められたものであろう。ともあれ、葬儀とは一まわり規模が小さいとはいえ、ここでも組内法中が儀式を主宰し、門徒が舗設を担当したことが知られる。ただ葬儀では門徒の重立ちが帳方を司ったのに対して、この度は住職家自身が会計をにぎり、その収支を門徒に報告した、というところに差異がある。門徒が帳方を担当するのは葬儀の他に三尊仏の開扉があるばかりで、殆どすべての事業は右にふれたように住職が会計を担当して門徒に報告をする、という形をとっている。

なお、別に懇志として一口一千円で計四一、〇二〇円を集め、これにて年忌の直前に前住職の画像を完成した。これは以来、本堂の西余間にかけられて月例法要の対象になっている。寺族墓地の石碑は歿後三年で建てられた

が、慣例としては盆に参詣するにとどまり、月例法要は本堂で執り行われる。他の寺族の月例法要は庫裡の内仏の間にて行われるのに対して、住職のみ本堂で祀られるのである。

附　実名寺の葬儀

本流院先住職が他界した翌年、寺中実明寺の先住持が他界した。いまその葬儀を分析して、本坊のそれとの差および両者の関係をみておきたい。

第74表　実明寺葬儀における寺院・役僧との受授（昭27，円）

		実明寺へ			実明寺から		
		香典	夜食料	見舞	野布施	粗末料	菓子料
(A) 1	本坊*	500	200	300	2,000	300	500
	○心海寺	2,000				300	
	○鳳生寺	200		200		300	
	願教寺	300		200	500	300	300
	上関道場	300		200	500	300	300
	伊藤順明	300		200	500	300	300
(A) 2	○常楽寺	500	酒1升 200			300	
	友田浄円	100 米1升			500	300	100
	松樹院	200					
	野村顕教				500	300	
	○円光寺	500	300			300	
	遠成寺	200			700	300	200
	宝林寺	300			700	300	300
(B) 親類	勝鬘寺	300					
	聖徳寺	500		300		300	
(C) 本流院親類	超勝寺	200					
	浄応寺	200					
(D)** 同部落 同村	西向寺	300			700	300	300
	等覚寺	300					
	遐代寺	200					

○：組内の親類寺院。* ほかに永代経志 3,000 円，御家内 500 円，下男下女 200 円が実明寺から捧げられている。** 同部落は加戸，同村は旧加戸村を指す。

読経については控えがないので直ちに葬儀の合力をみると、寺院一六・役僧三人から香典を受けている（第74表）。寺院は、(A)第一組寺院九、(B)組外の親類として高田派第二・第三組各一ヵ寺、(C)本坊の親類二ヵ寺、(D)同部落本願寺派一ヵ寺、同村大谷派・浄土宗各一ヵ寺となり、役僧は何れも高田派寺院に属する。してみると、(a)組内つきあい、(b)親類つきあい、(c)本坊寺

中関係、(d)村つきあい、の四つを軸として寺院関係を分析すべきこと、数の多い(A)に焦点を置くべきことが予想されるが、実は(A)自体(a)ないし(d)の組合せなのである。第74表の寺号の左に○印を附したのは組内の親類寺院(b)であり、その他は殆どすべて本流院を中心とする上下統属関係(c)につながる。親類関係と重複するものをも加えると、(A)1欄全部と、(A)2欄では遠成・宝林両寺が(c)である。後二者は本流院の下道場ではないが、それと報恩講つきあいをしている旧従属身分であって、本流院を媒介とせずしては実明寺の合力に加わらなかったと考えられるのでこの範疇に含めてみた。残る松樹院は全く村つきあい(d)とみなければならない。かように、組内法中のなかでさらに他の関係が重なる者のみ実明寺に香典を贈っている。参加寺院のなかでは組内の比重が大きいにしても、組内全員の参加をみた本坊と比較するとき、そこに大きな差が見出されるのである。更に葬儀の実際を野布施・粗末料・菓子料からみると、導師はもちろん本坊たる本流院であるが、会葬者に松樹院がみられず、親類寺院また一歩退いた立場にあることが判る。そこで、本流院が自己の下道場役僧三と他の役僧二および旧従属身分の組内二ヵ寺を率い、さらに派を異にするが同部落の誼みで西向寺の諷経をも得て、寺中実明寺の葬儀を執行したとみることができる。しかも葬儀が実明寺の堂（堂はないが、庫裡御堂の堂にあたる部分）ではなく本坊の本堂で行われたことを思いあわせるならば、本流院が自己の経営に関係をもつ従属身分や旧従属身分の寺およびこれに準ずるものを集めて、経営の一員である実明寺先住持の葬儀を営んだともいえることがわかる。本流院でみたような組内法中による葬儀ではない。本流院では勝光寺が親類としてよりは組内としての取扱いをうけたのは、遠縁であるためばかりでなく、組内の葬儀という意味が強いからであった。実明寺にとって鳳生寺や円光寺は遠縁というべきであるのに、なおかつ親類として扱われていることも、この葬儀の意味が本坊の場合と同じでないことを示している。組ではなく本流院を主宰者とする葬儀であるからこそ、松樹院は参加しなくてもよいの

第75表　実明寺葬儀香典見舞の分析（昭27）

	現　金	仏供米
法　中	円 7,500	升 1
親　類	13,850	
信　徒	57,720	178
（内，加　戸）	(18,100)	(151)
その他の個人	8,470	13
（内，加　戸）	(4,470)	(13)
諸　団　体	1,400	
（内，加　戸）	(100)	
合　計	88,940	192

だし、また、遠・宝両寺は諷経僧、友田は伴僧として招待を受けなければ、香典をもって会葬することはなかったと思われる。

本坊が主宰するといっても儀式の主宰者たるに止まり、費用万端を負担するのは喪家たる実明寺住持家である。それではこの葬儀費用はどのようにして調達されたのであろうか。一口にいって、喪家の生活費から捻出されたのではなく、専ら香典に依存したと考えてよいことを第75表から察知することができる。実明寺は門徒をもた

第76表　香典持参者数の地区別本坊・寺中比較
（本流院先住は昭26，実明寺先住は昭27歿）

	門徒数判定	本流院			実明寺		
		金・米	金	計	金・米	金	計
加　戸	81	61	18	79	71	* 9	80
覚　善	41	30	13	43	1	37	38
嵩	1		1	1			
浜　地	44		41	41		39	39
梶　浦	3		5	5		3	3
宿	3		1	1		1	1
三　国	44		25	25		26	26
蛸	9		9	9	?	?	?
東荒井	24	19	3	22	2＋?	?	2＋?
上兵庫	13	8	4	12	2＋?	6＋?	8＋?
徳分田	2		2	2		2	2
上新庄	5		3	3		3	3
上　関	18	3	16	19		17	17
島　田	6	2	4	6		6	6
小　路	3		2	2		3	3
関　中	24	5	22	27		23	23
安　光	2		2	2		2	2
今　市	1					1	1
中　番	1	1		1		1	1
芦　原	11		13	13		11	11
舟　津	10	5	6	11		10	10
金　津	8		7	7		8	8
宮　谷	1	1		1		1	1
伊　井	16	3	14	17		16	16
河原井手	3	1		1	1	2	3
丸岡町	4		4	4		3	3
春　江	4		2	2		2	2
西長田	1		1	1			
森田町	1					1	1
殿下村	12		12	12		13	13
福井市	6		2	2			
石川県 江沼	1		1	1			
石川県 小松	2		1	1		1	1
合　計	405	139	234	373	77＋?	247＋?	324＋?

＊ 外に裁縫関係11人あり。

ないが、本坊の門徒がすなわちこれの信徒であり、信徒の香典現金が収入の実に七割近くに達する。仏供米も八割余り信徒の寄進にかかる。金額や米の量は本坊の場合(第72表)に比べると一まわり少ないが、しかしさきにみた葬儀の規模を思いあわせるならば、充分な金穀が集積されたということができよう。ところで本坊の場合に比べてなお二つの顕著な特色があることに注目しなければならぬ。その第一は、香典を捧げた門信徒の数を地区別に示した第76表で明らかなように、地区別の香典人数では本坊寺中の間に大差はみられないが、仏供米を添えた門信徒の数およびその分布、香典の金額(これはこの表に出ていない)の点では、看過しえぬ差があるということである。それが本坊よりも一まわり小さい香典総額となって現われた。ただ加戸だけは本坊に匹敵あるいは凌駕する勢を示している。それは、信徒のなかでも加戸六二・覚善一・三国四・芦原三・舟津七(外に、加戸の他門で三、何れも戸数でいう)は実明寺に月忌マイリを依頼してとくに密接な関係をもっているのだが、このうち加戸の月忌マイリ依頼信徒はそれ以外の信徒よりも多額かつ多量の香典を進上し、本坊に対する如戸門徒の香典を凌ぐものがあったからで、これが第二の特色である。

それでは、何故加戸の月忌マイリ依頼信徒たちがかように特別の負担をするのであろうか。この点は寺元部落と実明寺とのかかわりに関する前記の特色を考察すれば明らかになる。すなわち、信徒香典現金の三割(二割)・他門香典現金の五割(三割)・信徒仏供米の九割(五割)・他門仏供米の全部(八割)を加戸の信徒あるいは他門が占め、括弧で対比せしめた本坊の場合の比率を何れの点においても凌駕することは、実明寺の香典は一応広く信徒一般から集められるものの、加戸居住者への依存が本坊よりもはげしいことを明瞭に示している。単に比率のみならず、人数・総額・一人当りの何れにおいても他門香典現金を除く他の三点(自門現金・仏供米、他門仏供米)では何れも本坊に匹敵ないし凌駕するのをみるならば、右に指摘した傾向は一層疑いなき事実として迫っ

てくる（第72表と第75表、第73表と第77表を比較せよ）。つまり、本坊住職らの葬儀は法人としての寺によって営まれるのに対して、実明寺は本坊の経営内の一坊であるからここにも同じ考え方が信徒一般からの香典寄進という形で示されているにせよ、また同時に、加戸という部落に一戸をかまえ、ことに年忌・月忌マイリ等を通じて直接間接に加戸の殆ど全戸に関係を有する家として、その家の葬儀の遂行を助けるために部落の各戸から金穀をもちよるという面も併存するのである。その背後には、本坊では受けた香典の額を勘案して喪家への香典額をきめるという慣例は親類の場合以外に全くないが、実明寺では加戸に限ってこの慣例によっているという事実があることを附言しておかねばならない。加戸以外の信徒の葬儀に行くときには、かつて貰った香典の額にかかわらず本坊の香典額の半ばを標準として持参するから、そこでは本坊扈従の意味が強いが、加戸ではいわば在家同様のつきあいをしていることになる。加戸の信徒総代が帳場をにぎるのも、単に信徒が会計をもつということばかりでなく、組の代表が会計の世話をするという意識がみられる。この点も在家と共通している。これらは加戸では寺中が充分に寺とはみなされていないことを示しているが、同じ観念は寺中の住持をよぶのにふつう寺院住職をさすゴインサン（御院主様）の称を用いず、オジュッサン（御侍僧様或は御住持様）というところにも現われている。住職とはもと住持職の約語であり、住持たる地位・得分・権能をさしたが、近代以降は住職も住持もともにその人をさすようである。しかるに本節で本坊住職・寺中住持と意識的に使いわけているのは、寺元での慣用に従ったのである。寺元部落でこのように寺中をみているばかりでなく、寺中自身も多かれ少なか

第77表　実明寺葬儀の香典における加戸と加戸以外，信徒と他門の比較（昭27）

	現金		仏供米	
	人数	1人当	人数	1人当
	人	円	人	升
加戸以外の信徒	244＋?	145±	6＋?	1.3±
加戸の信徒	80	205	71	2.1
加戸の他門	49	91	7	1.9

れ心理の底ではこの観念を支持しているのであって、例えば導師たる本坊に対して野布施等々の外に、御家内五百円・下男下女二百円を心附けとして添えているのは、一ヵ寺としてではなく門徒としての勤めとみなしうる。寺中はかように一面では在家的・門徒的存在なのである。組内法中が全員集まらず、ただ本坊が関係者を率いて葬儀を執行するという儀式面の特徴にも、この性格が反映している。寺中住持はせいぜい本坊の経営に含まれた役僧たるにすぎない。譜代の役僧であるからその家を役僧家、あるいはさきにふれた意味で住持家といってよいが、住職家といったのでは性格がぼやけてしまう。住職家に従属することによって寺の内に位置を占めるが、それ自らが寺を宰領しうるのではない。下道場またしかりである。かような寺内的存在に近代の宗門法が一ヵ寺の資格を単に形式的に与えたところから、さまざまな混乱が生じ来った。

第五節　寺中と下道場

以上三節にわたって述べたほかに婚礼のさいの合力組織も重要であるし、また寺中の報恩講・永代経・婚礼などを葬儀について試みたのと同様の手法で分析し、いわば背後から本流院の合力組織に照明をあてることは興味ある作業であるが、すでに以上の記述によって、寺檀関係と末寺関係（組関係・与力関係・主従関係を含めて）の具体相が事例的に充分に明らかにされたと思う。そこでこれらを割愛し、その代りに寺中と下道場の差について、これまで言及されなかった局面を観察しておきたい。

寺中は本坊至近の距離にあって、平常といわず恒例行事といわず、常にかつ一切の本坊の法務に参加し、本坊住職の法用外出に扈従し、時には本坊の名代として出張するのに対して、下道場は本坊とは離れた部落にあり、

本坊のとくに重要な法会に出勤するばかりで、日常的な協業関係はない。本坊へ出勤しても寺中より軽い役割と地位しか認められぬ。また、本坊住職に扈従する機会が限られ、その名代たることはめったにない。そこで寺中と下道場には収入の面でも顕著な相違があるものと予想されるが、如何であろうか。

(1)年頭礼・盆礼　門徒が正月と盆に本坊へ礼に来ると、寺中へも廻って本坊の半額見当で年玉や中元を置いてゆく。しかし下道場へはその部落の門徒だけしか礼に来ないから、部落の道場ということでいくら手心を加えて寺中よりも多く包んでも、参詣の人数に大差があるため下道場の収入は寺中に遙かに劣る。

(2)常斎（じょうとき）　月々の命日の月忌マイリは全く本坊の関与するところでなく、寺中・下道場に委任されているが、下道場の月忌マイリの区域は所在部落に限られるのに対し、寺中のそれは下道場所在村落を除き、加戸・三国・芦原・舟津など近まわり一円にわたる。寺中二軒の間の分担は、ごく少数が家としてどちらか一方に固定している外、亡者の性別によって（例えば、男は心海寺・女は実明寺というように）きまるか、あるいは喪家から両寺中交替に（この前の亡者は実明寺に頼んだから今度は心海寺にというように）依頼するか、この何れかであるので、両寺中の月忌マイリの件数には大差がない。実明寺の件数は、昭和二十二年まで加戸一六六・三国三五・芦原一七、計二一八件であったが、現在は約一八〇件。心海寺もほぼこれに等しいという。他方、下道場の鳳生寺は約百件といわれ、願教寺は一五〇件ほどである。月忌マイリ一回の布施が米五合であるから、亡者一人につき一年一二回で六升の常斎となり、月忌マイリ百件あれば年六石、これで年間の食糧が大体自給できる。もし二百件もあればかなりの部分を売却することができる。常斎は十一月の末頃一年分をまとめてか（加戸・覚善）、あるいは盆と正月に分けて（浜地）進納されるが、この額にも寺中と下道場とで顕著な差が認められるのである。

(3)報恩講収入・永代経志・秋初穂でも、また、

(4) 葬儀・年忌の布施などでも、寺中は下道場よりも関係する範囲が広いから、それだけ収入も多い。

これら各種の収入の総和が寺中と下道場でどの位の開きを示すのか明らかでないが、少なくとも、下道場は本坊の経営の内部からだけでは充分な生計費を獲得できないことは確かである。だから本坊以外の寺から依頼があれば役僧を勤めて収入を補足しなければならないし、また本坊でもこれを認めている。下道場の僧侶活動にはこのようにして本坊の経営からはみ出す部分があり、一般に寺中よりも下道場において独立例が多数みられたのもこの故であると考えられる。ところが寺中は他の寺の臨時的役僧を勤めることを禁じられているから、彼らの僧侶としての活動は全く本坊の経営内部に限定される。こんにち実明寺が農協書記として勤務しているが、これは寺中の随行が原則として一人に改められて従前ほど寺中の労働力を必要としなくなったことと、構造的のみならず時期的にもほぼ対応するものであって、がんらい僧俗両面の内職が認められなかったとみなければならぬ。本坊にとっては本堂における日常的勤行と門徒に対する寺役のために寺中二人を常に掌握している必要があり、少なくとも格式がこれを必要ならしめる。その代りに年頭礼・盆礼・常斎・永代経志・秋初穂・布施等の自用分を許して、寺中の生活を保障しているのである。他方、下道場をも常備要員としてその活動を拘束すべき必要は少なく、多数の役僧を要する報恩講・永代経および一光三尊仏の開扉法要などに備えるだけでよかったから、下道場を全面的には拘束しない代りに、下道場に与えられた自用分は、寺中の生活を脅さないように地域的に制限されているといってよい。そこに下道場が本坊の経営からはみ出すいわば必然性がある。同じく本坊譜代の従者であるが、寺中と下道場とで、本坊の経営に対する関与度＝従属度に、またそれから生ずる財力と格とに、かかる差がみられるのである。

このような寺中と下道場との差は、決して本流院のみの特例ではなく、両種の従属寺院をもつ本坊ではどこで

もみられる。その一つとして金沢専光寺（大谷派）を挙げておこう。

明治初年の『加賀国寺院明細帳』によれば、檀家六千軒を有する専光寺に掛所一・下寺七・下役僧六・末寺多数が属していた。掛所とはのちの用語では支坊という。下寺七軒のうち五軒は本坊至近の地にあるから寺中というべく、他は遠方に離れているもので下道場とみなしうる。下役僧も同じく下道場だが、寺号を称しないのでとくに区別されたのであろう。末寺は著者の概念では下寺といわねばならぬ。これらのうち、下寺は明治初期にすべて離れ、下道場は三人を残して他は独立、寺中はうち二軒独立して、その頃からのものでいまに残るのは、寺中三軒と下道場三人にすぎぬ。のち寺号なき下道場二人は寺号を与えられ、近年の名簿（昭28・2、後堂日記）では右の明細帳に記載されもしなかったものがさらに二軒、しかも寺号をもって下道場のなかに加わっている。専光寺では以上五軒をこんにちでも下役僧とよぶ。ところが明細帳に下役僧が記載されたのとほぼ同じ形式で、すなわち所在地と道場主の名でこの名簿に列挙されるのが外に四三人あり、彼らは道場とよばれている。これも著者の概念では下道場といってよい。したがって専光寺には寺号もちの下道場五と寺号のない下道場が四三（戦後このうち少なくとも一五軒が寺号を受けた）あるということになろう。門徒が加北・石川・能美の三郡に広く分布するので下道場も多い。

三人の寺中は交代で本坊に詰めるが、加賀大谷派末寺中最も多いといわれる通称八千戸の門徒を僅か寺中三人では処理しきれるものでない。そこで専属の役僧を六人も雇傭している。役僧は寺中のように譜代ではなく、専属といっても大体その身一代の関係で終るが、なかに親子二代にわたる者もある。寺中、ことに寺中のうち法臘最高の僧が指名される一老は、これらの役僧を指揮して法務や寺役を処理するのである。晨朝は他行者を除いて全員出勤し、下陣前列に寺中、後列に役僧が着座して、近くにある東本願寺の金沢別院よりも規模の大きい勤行

がおこなわれるが、昼と日没時の勤行は寺中と役僧が交代で勤務する詰番だけでつとめられる。詰番はまるきり本坊へ詰めきりであって、その間信徒の仏事に出ることができない。しかし、朝出（午前中のみ勤務）の者には昼食が給与され、昼出（午後から翌朝まで）の者には朝夕両度の食事と少々の宿直手当がつく。その外に給金の如きものはなく、さりとて自身の門徒もないから、専光寺門徒の葬儀・年忌・月忌マイリからの収入で生活をたてるのである。

専光寺の住職は戦前までは余程有力な門徒でないと葬儀を親修せず、殆どすべて寺中・役僧に代行せしめた。こんにちでも年忌や月忌マイリは全くこれらの従者に委託されている。しかし役僧は本坊詰を原則とするので金沢旧市内に出張範囲が限られ、郡部は専ら寺中の担当である。門徒の多い村々には下道場があり、本坊名代として出張した寺中を迎えてこれを補佐する。

下道場は平常の法会には本坊へ参勤しないが、報恩講その他大きい恒例・臨時の法会には出勤し、寺中の指揮をうけて立ち働く。これらは専光寺門徒を配預されてその月忌マイリなどを任されているが、僧侶としての収入源はおおむね居村の信徒に限られるから、僧侶専業になりにくい者もあり、今日なお寺号を持たぬ者が少なくないことから察知されるように、半農半僧の形態に止まる者が多いのであろう。

専光寺の経営は本流院より遙かに大きいから、寺中・下道場のほかに六人もの常勤役僧を抱え、しかも下道場の数は五〇にも及ぶ。法務とは別に、事務処理のための寺務所が俗人の庶務係三人・会計係（台所オヤジ）二人・女中一人をスタッフとして構成されている点も、専光寺の経営がいかに大きいかを示している。また、法務について役僧および多数の下道場を指揮してよきにはからう権能を許されているためか、寺中に本坊補佐の自信と矜持さえみられることは、他に類例の乏しい点である。しかし、譜代の常勤を至近距離に置き、大法会のために

臨時に必要な員数を門徒の分布する村々に配置して、これらに寺役の下請けを許すという構造は、専光寺と本流院に共通してみられる。したがって、本流院の経営規模を拡大すれば専光寺に至るといいうべく、さらにその延長線上に一派の本山を望見することができるであろう。なぜなら、本山は一派の単なる宗政本部ではなく、その傘下に大小多数の末寺を収める巨大な一寺院であるからである。かくて、大坊の研究は本山理解のためにも基礎的な意義をもっているということができよう。

本流院らの本山専修寺はその傘下に六百有余の末寺を擁する。ひとしなみに末寺といっているが、厳密にいえば本流院における寺中と下道場の別がみられるのである。すなわち、明治五年の明細帳に一八ヵ寺みられた本山塔頭なるものは本流院でいう寺中であり、それ以外の末寺はすべて下道場とみなしうべきものである。というのは、(A)明治初年まで塔頭が毎日交代で本山の朝夕の勤行を補佐し、塔頭が追々廃滅に帰したのちも山内三ヵ院の維那職には交代出勤の制が維持されている。また、本山の近辺にある三重県第一組・第二組に本山年忌のさいの全員出勤制がみられるのは、塔頭の勤務をひきついだものといえる。他方(B)、特別法要や葬儀などには上記のほか、伊勢各組代表、あるいは伊勢末寺全員と他国各組代表、あるいは全国末寺全員の出勤が求められる。こうして(A)と(B)との間には寺中と下道場の間にみられた様相差が見出されるからである。同様にして、仏光寺派本山仏光寺の境内六院家は寺中に外ならず、滋賀・大阪・京都等に散在する三三九（明35刊、仏光寺名所図会）の末寺は下道場ということができる。出雲路派本山毫摂寺の山内にある三役寺は寺中、他の末寺は下道場、三門徒派本山専照寺の門内子院二も寺中、他の末寺は下道場、また誠照寺派本山誠照寺の塔中七も寺中、他の末寺は下道場とみなすことができる。けれども、本流院や専光寺の寺中・下道場は門徒をもたないのに、専修寺等諸本山の末寺、いいかえればその寺中・下道場は門徒をもっている。この根本的な差異はどのように説明することができる

であろうか。そこで明治五年の明細帳を点検すると、専修寺の項に、

一檀家　諸国末寺江分配仕罷在候ニ付各寺ヨリ可申上候

同じ頃の東本願寺明細帳にも、

一檀家　当国並諸国掛所且末寺江附属

とある。すなわち本山では、末寺の門徒なるものはもともと本山の門徒であり、これを各末寺に分配附属せしめているにすぎないという見解をとっている。(1) 同じような観念は末寺の側にも見出され、「御門下之儀者惣テ御預ケ之旦那ニ而御座候」(玉保院文書)と考えられた。本山塔頭などでは本山の直門徒を預かったのだという伝承すら今に存している。そこで右の見解は、分配とか預けとかの歴史的事実の有無にかかわらず、本山側のあつかましい自己主張として片附けてしまえない本末関係の基本的性格につながるものを含んでいると考えたい。ひるがえって本流院らの寺中・下道場をみると、門徒と称しうべきものはもたないが、特定範囲の本坊門徒に対して月忌マイリなどを許されているのは、これらの点で本坊門徒を預かっているともいえなくはない。この様相は下道場においてとくに著しい。かくて、末寺がもっている門徒は、本山にとっては本山から当該末寺に分配してあるわけだし、末寺の寺中・下道場ではこれを信徒として預かっている。つまり、同じ門徒に、本山(法主家)─末寺(住職家)─寺中・下道場(住持家)の三者が同時にしかし異なった形で関与しているわけである。本山は門徒から最も遠く隔っているが、しかし最も根源的な権威者であり、これは帰敬式(生前の剃髪式)を行いうるところに示される。末寺は死者の剃髪を委ねられ、この点を軸として門徒を掌握しているが、門徒に最も近いのは月忌マイリなどの最も軽い権能しか許されていない寺中・下道場であろう。いま、門徒をめぐって本山がもつ権能を法主権・末寺に委任されたものを住職権・末寺からその寺中・下道場に委ねられたものを住持権とよぶなら

ば、住持権について本坊・寺中下道場の主従関係が現われたのと同様に、住職権について本山・末寺の間に主従関係が現われるといってよいであろう。そして法主権の淵源をなすものは本山自身の法燈を除いて外にない。そのように考えると、末寺はそれぞれにそれ自身のピラミッドの頂点を形成しつつ、全体として本山を頂点とする大きなピラミッドのなかに包含されている。この包括ピラミッドは、毫摂寺や証誠寺のばあいには本願寺所轄として明治六年から数年間さらに規模の大きいピラミッドのなかに与力結合的に結びついたが、そうでなければ完結したピラミッドとして日本の教界にそそり立ったのである。かようにして、大坊の構成と作用に関する理解は、本山の構成、したがって一つの宗派の構成に関する基礎的な知見を備えてくれるのである。この知見は現代の宗門法の分析からは到達しえない。

もとより、本山の研究は大坊の研究によって代置されうるというものではない。何故なら本山は単なる巨大寺院ではないからである。とくに、本山だけがもつ法主権の根拠は大坊の研究からは到底解明しえないものであろう。しかし、複雑にして尨大な規模をもつ本山の研究は綜観的研究などと呼号してあれこれつつきまわしていたのでは、まさに蟷螂の斧をかざすが如きもので、いつまでたっても要領をえない。そこで分析の要点をつかんでその部位を鋭く攻めるということでなければならぬが、大坊の研究はこの点で見方や着眼点を教えてくれるのである。もちろん、大坊には大坊独自の問題点があり、決して本山研究の予備的段階に尽きるものではないが、本山を分析の圏外に敬遠した大坊研究では、大坊そのものも、またひいては真宗教団も遂に分明にはならないであろう。

註

（1）　末寺が自坊に廟所を構えて門徒の骨を納めるのを本山として禁じ、大谷の祖廟へ納骨させている理由は、すべて門末

は祖師の弟子門徒であってこれを末寺に預けてあるに過ぎないからであると、『故実公儀書上』（末寺ノ内自坊ニ廟堂不相成幷大谷納骨謂）は説いている。一般門徒の大谷納骨は、中本寺の地方的権威を押えて本願寺の権威を滲透させる上にきわめて有効な方法であるから、これを普及させる一つの論拠として「総テ門末ハ祖師ノ御弟子門徒故」、と主張されたのであろう。

門徒を末寺に預けてあるとの本山の主張は、宝暦十一年（一七六一）八月西本願寺長御殿が発した『六ケ条御式目』の冒頭にすでに現われている。

一、凡御末派之寺ニ致出生候者ハ先御本山江得度自剃刀之儀願出御免之上寺之住職と相成候事故其寺付之門徒御預ケ被致成候事ニ候間御寺法正格ニ相守門徒中江教化之儀無疎略様ニ相嗜可申事（傍点著者）

第七章　本末関係

第一節　末寺役と本山の権威

遠方の末寺は年一回の報恩講に、近くの末寺はこのほか年頭・盆・両度の彼岸にも、本山へ参詣してその都度志を捧げ、また秋初穂・麦初穂などを献ずべきものとされた。これは一方では門徒の手次寺に対する義務と軌を一にし、他方、上りの幾分かを割いて本坊へ進納すべき下道場（三国勝授寺の例、三七四〜三七五頁参照）の義務と性格を等しうすることは、とくに注目を要する点である。一例として、三重県鈴鹿市磯山町専照寺（高田派）に残存する明治二十九年の進納受取証を紹介しよう。

（日　附）	（献　物）	（名　目）	（受納者）
一月十三日	米二俵、大根四俵	報恩講仏供米	本山進納所
二月十三日	金四十二銭	明治廿九年度年玉志	同　右
二月十七日	米四升四合	御飯米	同　右
三月一日	金四十銭三厘	御冥加	同　右
三月二十九日	金五十銭	彼岸会灯明料	同　右

八月二十四日　金五十五銭五厘　盆供志　本山進納所
八月二十四日　金二円三十銭　麦初穂志　同　右
十月二十五日　金五十五銭七厘　彼岸会灯明料　同　右
一月十三日　大根四俵　本山内事局

本山進納所は表（専修寺）の収納を掌り、本山内事局は奥（法主家）の収納を掌る。両者は底で通じあっているが、直接法主家へ進上するときには後者へ渡すのである。何れも進納の度毎に、「被進納及披露候処奇特之至弥法義相続無油断様との御事に候也」と木版で刷った受取りが渡された。文中の法義相続に油断なきようとは本山の教誡でもあるが、進納の受取り状にこれが明記されていることは、本山末寺の関係が寺檀の関係同様に法施と財施の交換関係であるという一側面を告白するものとして興味深い。もちろん法施の内容は本山とその末流とで同一ではない。本山は宗教的権威の源泉として太陽の如く、末寺は本山の光に照されて初めて宗教的行為者として輝き出ること月に等しい。末寺は本山の光を背後に背負うことによって、先祖供養などの宗教的サービスを門徒に提供することができる。かくの如く、本山から末寺への法施は末寺からその門徒への法施と内容を異にするが、機能的には吻合している。こうした上から下への法施が下から上への財施と対応するのである。一対一の限定的定量的な対応ではないが総体として対応する。かくの如き構造がこの受取りの文言に露頭をみせていることに注意したいのである。門徒の場合、寺への進納の額は志と称しながら、門徒団の共同体的統制による一定の基準がしばしばみられたように、末寺から本山への進納の額も一見自由裁量のようにみえるが、実はそうでなく、大部分について一定の基準があった。例えば右の年玉志は末寺僧侶の堂班によって差があり、最も低きは五銭、最高一円で、その額により扇子料・中啓料・末広料・束本料・束巻料と名称も異なったが、新しい年の弥栄を寿ぐ

原義は一つである（第78表）。しかして年玉志を納めない寺には各組の取締（組長）において本山並びに地方庁への諸願書に奥印進達してはならぬと規定されたのであるから、志とはいえ義務的な賦課に異ならなかった(1)。

専修寺末寺でも、前章で述べた本流院の例のように、年頭礼の日が門徒の地域毎に一定しているのであるから、多数の末寺門徒を有する本山では必ずこの定式があったはずである。その一例として明治十七年一月に示された年賀定日を左に掲げよう。旧暦一月四日を初日とする関係上年々異動があり、一月中旬の報恩講（御七昼夜）の節その年の伊勢国末寺参賀日が掲示される定めであった(2)。

一月三十一日　准講師助教　通夜講　御飯講
二月一日　奄芸郡末寺幷門徒中　茶所講　御廟講　唯称講　至誠講　永願講　灯明講　和讃講
二月二日　安濃郡末寺幷門徒　知恩講　真明講　女人講　歓称講　至心講　廿二日講　誠満講
二月三日　鈴鹿郡末寺幷門徒　樹心講　和順講　勇進講　歓喜講
二月四日　河曲郡末寺幷門徒　十九日講　納所両講
二月五日　一志郡末寺幷門徒
二月六日　飯南郡以南末寺幷門徒　賽銭方
二月十四日　掃除講中
二月十五日　布教場知恩講　開明社
二月十六日　三重郡以北末寺幷門徒
二月二十五日　御内仏殿女人講

まず学階を有する者の年賀があり、ついで各郡毎に順次末寺門徒の年賀を受け、その間に通夜講以下本山直属の講社の年賀を受けるというスケジ

第78表　専修寺年玉金額基準

堂班	年玉金額	名称
准上座格以上	1円00銭	束巻料
院家首席	70	束巻料
院家	50	束巻料
老分	25	束本料
中老	15	末広料
大衆分	7.5	中啓料
衣座	5	扇子料

但し無檀寺院はその格の三分の一
（明22. 5. 3改正）

ュールであった。伊勢国末寺は各組毎に賀表と年玉志をとりまとめて総代のみ出頭し、他国でも別院や出張所のある地方は総代が同様の要領で別院等へ参賀したが、そのほかは賀表・年玉を郵送することでこれに代えた。年頭に直接間接に賀表を法主に呈し、法主またこれを受ける定式を整えていることには、年の初めにあたって本末関係を互に確認しあう意味が含蓄されている。盆は仏教的潤色を受けて正月との対応関係があいまいになっているが、もともと盆供志にも同じ意味があったと思われる。

末寺は年賀のほか恒例の報恩講・十万人講法会に前番と後番の二組に分れて参勤するばかりでなく、大きい臨時の法会にも香典をもって出勤することを命ぜられた。一例として、大正十一年五月十八日から二十三日まで五昼夜つとめられた専修寺第二十一世堯熙の三年忌をとってみよう(3)。伊勢国第一組すなわち本山の旧寺中と、同第二組すなわち一身田の近傍寺院とは、法要の全期間出勤、南伊勢・伊賀・志摩の末寺および福井・新潟・福島・長野・滋賀・京都・大阪・長崎・和歌山の諸府県末寺は前番(五月十八日逮夜より二十一日晨朝まで)、北伊勢末寺および岐阜・愛知・静岡・神奈川・東京・茨城・栃木・北海道の諸府県末寺は後番(五月二十一日日中より二十三日まで)出勤と定められ、上座三五円以上ないし衣座一円以上という僧侶の格差に応じた香典の献納が要請された。この香典で年忌費用をまかなうことは、前章でみた末寺の仏事が門徒の寺割醵金によって遂行されるのと同様である。このような出勤および献金がどの位励行されたか明らかでないが、遠方の末寺にとって規定通りの出仕が困難であったことはいうまでもなかろう。しかし、不参は然るべき理由があって然るべき手続きをとれば容認されるにしても、出金懈怠の方は願書が受理されぬという制裁を受けたに相違ないから、大体予定通りの集金が可能であった。末寺では少なくとも基準額を完納できるよう門徒に適宜割賦したのである。こうして定額以上の献金をすると、献金奨励の意味でそれぞれ栄誉的な賞典が与えられた。参勤者に対しては「御斎非時ヲ

下サル」だけで特別の報酬がなかったことは、参勤が末寺の義務とみなされたことを示している。

右の例のように前番後番に分けてであれ、ともかく全国末寺の総出勤を命じえた前提条件は交通機関の一定の発達整備であったが、明治期には到底これは不可能であったとみえて、明治四十二年三月に七昼夜というより大きい規模でつとめられた第二十世円禧五十年忌ですら、北伊勢末寺住職を前番、南伊勢末寺住職を後番とし、他国末寺は各組の総代が二名宛期間中に参勤することでよかった。伊勢国末寺も三昼夜の比較的軽い仏事には、各組一名か二名の総代の出勤にとどまった。しかし伊勢国一組二組だけは年忌には必ず召集された。

註

(1) 明21・8起『公達簿』、高田派宗務院蔵。
(2) 明17・1附号「達書控」、高田派宗務院蔵。
(3) 大10・1起『公達簿』、高田派宗務院蔵。

専修寺の年忌録を一覧するに、歴代住職・内室およびその子女、つまり法主家の家長夫妻および家族員たりしものが年忌の対象となっており、歴代は祖堂で、内室は本堂で、子女は始め本堂やがて法主家の内仏殿で祭られるという差が存する。なお、猶父・養父・実父などとして専修寺法主家と深甚なる関係を有した近衛家歴代と有栖川宮家歴代の名もみえ、住職子女と同様な手続きで祀られている。これら以外で年忌録に現れる善導大師等法脈上の祖と、明治天皇・昭憲皇太后等天皇家の代々は本堂で祀られる。かようにみると、本山で執行される年忌なるものは、法主家の先祖および死者供養の意味に加えて、専修寺の法脈を今に伝えた先人と法脈の相承を外護した政治的首長および猶父・養父を記念するものであり、その儀式の規模の大小によって、全部あるいは一部の末寺を召集したのである。

右のうちとくに重い儀式が執行される祖堂は、親鸞の木像を中央に安置し、以来歴代の絵像を両側に配して専修寺の法脈を視覚的に歴然と示している。しかしてこの法脈を伝えてきたのが法主家であるから、祖堂は本願寺においてはもちろんのこと、専修寺においても法主家の家廟に外ならない。もっとも血統相続の点では本願寺に及ばないが、専修寺の法脈にも事実上血統がたたみこまれているし、血統で繋がらなくとも、第二十一世堯熙が華族としての類別編成のさいに「私始祖ハ即親鸞ニテ」と明言しているように、何よりも家の系譜の上で親鸞は紛れもない先祖である。こうした法主家の祖廟が一派結合の焦点になっていることに注目せねばならぬ。[1][2]

「真宗高田派達令類集」（昭14・6改訂）所収の毎月本山勤式によれば、月並仏事として、宗祖・中興（第十世真慧）・本山前住職・聖徳太子・前内室のそれぞれ逮夜・命日の勤行があり、前三者は祖堂で、後二者は本堂でつとめられる。何れも専修寺と法主家にとって法燈ないし血統の上でとくに記憶すべき先人である。なお、同書の本山別時法要によると、年中行事には修正会（年初）・讃仏会（春秋彼岸）・歓喜会（盆）という一年を四分する時期につとめるものと、聖徳太子・源空・宗祖以下専修寺歴代・前内室および明治天皇の祥月命日の勤行がある。そのほかに降誕会・講千部法会・十万人講法会・永代資堂講・秋法会もあるが、年中恒例法会三七回のうちの法会には仏教ないし真宗本来の面目を窺いうるであろうか。まず、十万人講法会は大正八年に始められたもので、門末出資者の先祖供養を営むことにより、本山の財的護持を堅うせんとする趣旨は、従前からある永代資堂講と異ならぬ、次に、講千部法会の原義は称名の助業として経典を読誦することにあり、ここに辛うじて純仏教的行事の面影が伝えられているが、全体のなかで占めるウェイトは小さい（第79表）。以上の年中行事のうち最も盛大なのはいうまでもなく一月の宗祖正忌（御七昼夜）であって、期間も最も長期の七日間にわたり、門末多数正当（祥月命日の供養）が実に二八回を占めることは一驚に値しよう。ところで、これら季節的法会と正当以外

第79表　専修寺の年中法会一覧

法会名	期日	本堂	祖堂	月並	法会名	期日	本堂	祖堂	月並
△修正会	1月1～3日	○			13堯真正当	10月26～27日		○	
△讃仏会	3月彼岸中	○			14堯秀正当	1月12～13日		○	
△歓喜会	8月14～16日	○			15堯朝正当	9月30～10月1日		○	
△讃仏会	9月彼岸中	○			16堯円正当	9月11～12日		○	
太子会	4月10～11日	○		○	17円猷正当	2月3～4日		○	
源空正当	3月6～7日	○			円超正当	7月16～17日		○	
△1宗祖正忌	1月9～16日		○	○	18円遵正当	12月8～9日		○	
2真仏正当	4月19～20日		○		19円祥正当	12月17～18日		○	
3顕智正当	8月11～12日		○		20円禧正当	6月14～15日		○	
4専空正当	1月11～12日		○		21堯熙正当	5月21～23日		○	○
5定専正当	8月21～22日		○		21世内室正当	6月21～22日	○		}○
6空仏正当	6月3～4日		○		22世内室正当	8月21～22日	○		
7順証正当	8月4～5日		○		明治天皇正当	7月29～30日	○		
8定順正当	3月1～2日		○		降誕会	5月　21日		○	
9定顕正当	7月6～7日		○		講千部法会	4月1～2日		○	
10真慧正当	12月8～10日		○	○	△十万人講法会	}10月1～3日		○	
11応真正当	7月11～12日		○		永代資堂講				
真智正当	7月29～30日		○		秋法会	10月1～31日		○	
12堯慧正当	2月24～25日		○						

△　門末の参詣がある法会。
1～22…本山歴代祥月命日，数字は世代を示す。世代数の記入なきものは，歴代に準じて取扱われる者。
月並……月並仏事の対象となるもの。

の賑々しい参詣に、ふだんは閑静な専修寺も、また専修寺の門前町として発達した一身田も俄かに活気づくのである。そこで年中行事全体のアクセントは、宗祖以下歴代および宗祖への道を開いた高僧の祥月命日を記念することによって、法脈の一系相承を示す点にあるといえる。この点は死者供養に重点のある年忌の場合よりも一段と著しい。それを主軸として、前内室の正当に示されるように、法脈と合体せる専修寺住職家の先祖供養と、永代資堂講に代表される門末の先祖供養と、先帝正当にみる如く政治的秩序の反映を周辺に併せもっている。毎月の月並行事がそのうち前二項に限られているのは、焦点の所在をよくあらわしている。

註

(1)　「類別録御改正願」、『明12～15本省地

方庁諸山往復其他御実印書類』、高田派宗務院蔵。
（2） 上原芳太郎『本願寺秘史』、一四六頁。

末寺は本山に志を捧げ、また出勤して上記の如き意味をもつ法会の遂行を助ける。これを義務——末寺役——とする観念は、高田派ばかりでなく各派を通してどこでもみられ、もし懈怠すれば制裁が課せられるのである。この制裁が正当として支持され積極的に本山護持が叫ばれるのは、本山こそ末寺を成立せしめ維持せしめる存在根拠であるからであり、最高究極の宗教的権威者であるからである。この点で本山は単なる大坊と異なる。それでは本山の宗教的権威（法主権）はどこから湧出し、どのように継承されるのであろうか。これは本末関係の理解にとって最も基礎的な問題点である。この問題に対する解答は、一般庶民には閉されたものとして本山の秘庫奥深く蔵せられ、僅かに本山重役のみこれに接近しうるというものではあるまい。問題が重要であるだけに却って客観的な形を与えられ、志のある人々なら誰にも感知し触知しうるものとなっているに相違ない。このような予感から本山の伽藍とそこに安置された仏像に注目しよう。

真宗諸本山の伽藍構成は、本堂と祖堂の併立をもって特色とする。本堂は阿弥陀如来を中心に七高僧（龍樹・天親・曇鸞・道綽・善導・源信・源空）・聖徳太子などを配し、祖堂は宗祖像を中心として列祖（歴代）の像を並べる。このうち阿弥陀如来像こそ本山の本尊で、他は教法弘通の恩徳報謝のために安置するのみ、と宗制などでは説明されているから、本山の宗教的権威は本堂にまつる阿弥陀如来から発するというべきかもしれない。しかし祖堂の方が本堂よりも大きく、寺域の中心にあり、重要な法務・式務はここで行われ、かつ日常の給仕も祖堂に重点があるのを思うとき、祖堂の本尊たる宗祖親鸞の木像に注目しなければならない。ましてや、本願寺ではかつて祖堂一宇よりなく、その中央に宗祖真影を安置し、左右に歴代法主の影像・南北両余間に十字・九字の

名号を掲げたこと、[1]また専修寺では明治初年まで如来堂に対して祖堂を本堂とよんだことを想起するならば、[2]この理は一層あらわになることであろう。真宗においては、阿弥陀如来の衆生済度の本願が親鸞という歴史的具体者を通して顕現発揚された。そこで如来と親鸞は「体」と「用」の関係において、また「高祖ノ本地ヲアンスレハ、天親曇鸞綽和尚、光明大師ト示現シ、実ニハ西方弥陀尊」[3]と歌われたように、本地と垂迹の関係において捉えられる。のみならず、神と人の中間に介在するカリスマ的霊能者が神と同一視されて祭りの対象となるように、弟子一人持たずといった親鸞が信仰の対象となり、如来に対する信仰が親鸞に対する信仰のなかに具体化されたことは、日本人の宗教意識にとって当然の帰結であったといえる。この意味で親鸞こそ本山の宗教的権威の直接的源泉とみなければならぬ。真宗諸派すなわち真宗諸本山の抗争史は、親鸞の宗教的権威を独占しようとした歴史に外ならない。

さて、親鸞の宗教的権威は、親鸞歿後は何者かによって代表されなければ社会のなかに定位され難い。この作用を果すものがいうまでもなく本山祖像である。それゆえ、祖像は火に投ずれば燃え時々刻々の風化作用によって朽ち果つべき木片にすぎないのに拘らず、生きた霊の木像として神聖視される。実に、「祖師御滅後、右御遺命ニマカセ、右ノ御木像ヲ、正真ノ祖師ニ等シク、御本山御影堂ニ致安置、本願寺ノ御住持職ト奉崇」[4]る木像なのである。かように歴史的具体者とそのシムボルとの一致度が高いほど具体者の権威はシムボルに乗り移り易いから、この祖像が宗教的権威の源泉であるとすらいえる。少なくとも本山の宗教的権威の焦点であることは間違いない。具体者とシムボルとのこの一致は、シムボルをもつ集団が一致していると認めかつ信ずるところに成立するのであるから、一致度とは要するに承認と信仰の強度ともいえる。しかし、さらにシムボル自体が具体者とこの一致を要請しうる属性を与えられていることがある。本山祖像はまず親鸞に似せて作製されたという点でこの

性格をもっている。けれどもそれだけなら、何故とくに本山の祖像が「有り難い」のか、何故末寺に安置された「御開山」（祖像）が有り難さでそれに劣るのか説明できない。そこで本山祖像は親鸞が自ら作製し形見として遺したものでなければならない。諸本山ではさように伝承し主張している。それについて興味深い話がある。本願寺四世善如の時、安置の祖像を盗まれた。後を追いかけて取り戻したが、すでに首を持ち去られて身体だけしかない。そこで首だけ新たに作らせ、新しい首では諸人の信仰も浅かるべしとて、親鸞の遺骨を砕き、粉末にしてこの首に塗りつけた。これが「御骨の御影」と称される西本願寺の祖像である、と。[5] 本山が自己伝来の祖像を「正真ノ祖師ニ等シク」するためにいかに苦心したかを、このエピソードはよく物語っている。

宗祖の影像に対する信仰、これが本願寺の故実であることを指摘した村上専精氏は、木像神聖観から法主神聖観が導き出されたと論ずる。すなわち、「初めは宗祖の影像を以て真に本願寺の住職の如くに之を崇敬し、歴世の法主は其の影像供奉の用人たるが如く思ひしに、木像ものいはずの習ひにて、ものいはぬ木像よりは、ものいふ人を恋ひ慕ふは人情の然らしむる所にして、遂に法主神聖の観念を惹起するに至れるものならん」、と。[6] かくして、親鸞の宗教的権威を今において代表する者は、祖像であると共に法主である。すなわち、如来の本願が如来の代官たる親鸞によって歴史の中に定着されたのと同様に、本山代々の住職（法主）が「御開山の代官」として、あるいは「親鸞位」にある者として、親鸞の権威を実際に発動させるのである。それでは法主が何故に「御開山の代官」としての合法性を主張しうるのであろうか。親鸞の弟子真仏に発する専修寺はこの点について師資の法脈相承を強調し、親鸞の血統を嗣ぐ本願寺はそれに対して血統の嫡系相続を第一義とするようにみえる。だから、「教如公ヲ別人ト思カヤ、悪口雑談スルハ、祖師先師ヲ悪口雑悪スルナリ、勿体ナシ〳〵、慎メヤ」、と云われるのである。[7] 仏法相承において法脈を重視することは当然であるだけに、血統を中心とする考え方はまこと

に奇異な感じを人に与えるに違いない。そこで本願寺を中心にこの問題を考察したいと思う。すなわち節を改めて、宗教的権威に関する本願寺の観念を窺わしめる中世末の本願寺一家衆を分析することとしよう。

註

(1) 上原芳太郎『本願寺秘史』、一四五頁。
(2) 「専修寺境内図」、『明8〜11地方庁諸山往復本省其他御実印書類』、高田派宗務院蔵。
(3) 明和二年書写高田親鸞聖人奉讃六十四首本の一。
(4) 「末寺身柄御弟子ノ古実」、『故実公儀書上』、真宗全書本。
(5) 「祖師聖人御木像之事」、『真宗故実伝来鈔』巻上、真宗全書本四二一頁。
(6) 村上専精『増訂真宗全史』(丙午出版社、大7・3)、八二〇頁。
(7) 『紫雲殿由縁記』、真宗全書本三四一頁。

第二節　中世末の本願寺における一家衆

ここで中世末とは、本願寺八世蓮如の継職(一四五七)から九世実如・十世証如を経て、十一世顕如の石山落城(一五八〇)に至る約一二〇年間とする。時あたかも、本節で問題とする一家衆が蓮如期以降の本願寺教団の飛躍的展開に並行して急激に増加し、顕如の末年を以て教団と一家衆の双方に新しい様相が萌し始めたばかりでなく、また一四六七年に応仁の乱が勃発し、一五八二年に石山を攻めた織田信長が非命に殪れるという、まさに近世への脱皮を遂げんとする過渡期に相当する。しかりとすれば、教団分析の便宜のために設定した時代区分は、同時にまた一般史の大勢に照応するといえよう。一家衆が登場し活躍する時代の全般的背景としては左の如ききわめて簡単な概説をもって満足し、詳細は史家の考証にゆずることにしたい(1)。

さて、もともと祖師親鸞の廟所として発足した本願寺に拠ってこれを遺弟の本寺となし、留守職を宗主化する企図が三世覚如によって実現に移された。けれども、四世善如・五世綽如・六世巧如・七世存如を通じて寺勢は振わず、関東・北陸・東海に地盤を確立した専修寺に比肩すべくもなかった。また汁谷仏光寺では名帳絵系図によって雲霞の如く衆人を集め、世の耳目を聳動させていた頃、本願寺は「人跡絶へて、参詣の人一人もみえさせ給はず、さび〳〵とすみておはします」[2]という状態であった。しかるに八世蓮如（一四一五〜一四九九）四〇年の苦心経営によって、教勢はいわゆる先進地域たる近畿・東海・北陸を蔽ったのみでなく、仏光寺経豪・越前横越証誠寺善鎮・近江木部錦織寺勝慧など来り投ずる者少なからず、北陸・三河の地では高田門徒の多くが本願寺に従った。かくて真宗の勢力を一つに結集する偉業が成就されたというも過言でない。また、教団組織・教理・儀式の三点において蓮如が後世に及ぼした甚大な影響は何人もこれを否定することができない。蓮如子九世実如は父の雄大豪壮な開拓のあとを承けて、寺制を確立するなど守成の功をなしたのであるが、その頃すでに萌しをみせていた本願寺の貴族化は、実如孫十世証如を経、証如子十一世顕如に至って頂点に達した。すなわち、証如はさきに関白九条尚経の猶子となって摂家猶子の権輿とされたが、のちに勅願所に列せられ、顕如は遂に永禄二年（一五五九）門跡に陞されたのである。また、証如の『天文日記』全巻には、遠近の諸将に音物を通じて和与を保ち、一方諸国の門徒衆に本山番衆の勤務・武具の調達を命じて防衛怠りない状況が報ぜられている。本願寺としては諸将と友好を保って領内の門徒化を進めると共に、戦国の動乱に処して自衛を完うする必要に迫られたからである。さらに顕如に至って、織田信長の石山城攻撃にも容易に屈服しないだけの軍備をもつ大名的勢力となっていた。こうした背後に、蓮如によって平明化された真宗の教義が、先進地域に広汎に生起しつつあった中小名主層を忠実な信奉者・支持者として獲得する一方、これら富農の上に立つ坊主や土豪に後生御免あるいは門徒

放ちなどの宗教的統制を加えて、本願寺の指令に献身せしめた事実があった。この後いくばくもなくして近世的支配体系が確立し、それと共に本願寺は東西に両分されて新たな事態が展開することになるのである。

註

（1）代表的なものとして、辻善之助『日本仏教史』中世篇之五（岩波書店、昭26・4）、笠原一男『中世における真宗教団の形成』（山喜房佛書林、昭32・4）などがある。一家衆は笠原一男氏のすぐれた諸論考において最もよくとりあつかわれている。

（2）『本福寺記録抄』、真宗大系18巻、九八頁。

㈠ 本願寺一家衆の構成

一家衆（いっけしゅう）とは、蓮如の子孫など中世における本願寺法主の親族をいう[1]。あたかも天皇家における皇族の如く、法主との血縁関係の近さが最も重要な要件であるが、しかし一家衆の内部構成は必ずしも血縁の遠近だけで組立てられていない。例えば、「本願寺作法之次第」に超勝寺実顕と瑞泉寺賢心は末々の一家衆とされている（『蓮如上人行実』一二三頁）。血縁の上では何れも蓮如の女の息男であるのに、両名が末々の一家衆といわれるのは、本願寺を本家とする系譜関係において超・瑞両寺ともに外縁にあるからであろう。すなわち、蓮如の女の息男という如き個人を辿る血縁関係の外に、蓮如の女がどの家に入ったか、そしてその息男が代表する家はいかなる家であるか、といった個人を包む家相互の関係が、その個人の地位をきめる上に大きく作用しているのである。この意味で一家衆の内部構成は、血縁上の親疎に加えて、系譜上の内輪外周の別によって組織されていたと考えなければならない。

然らば一家衆はいつ頃から出現したのであろうか。『本福寺跡書』に、「東山大谷殿様ニ。御代々御座ノ御トキ

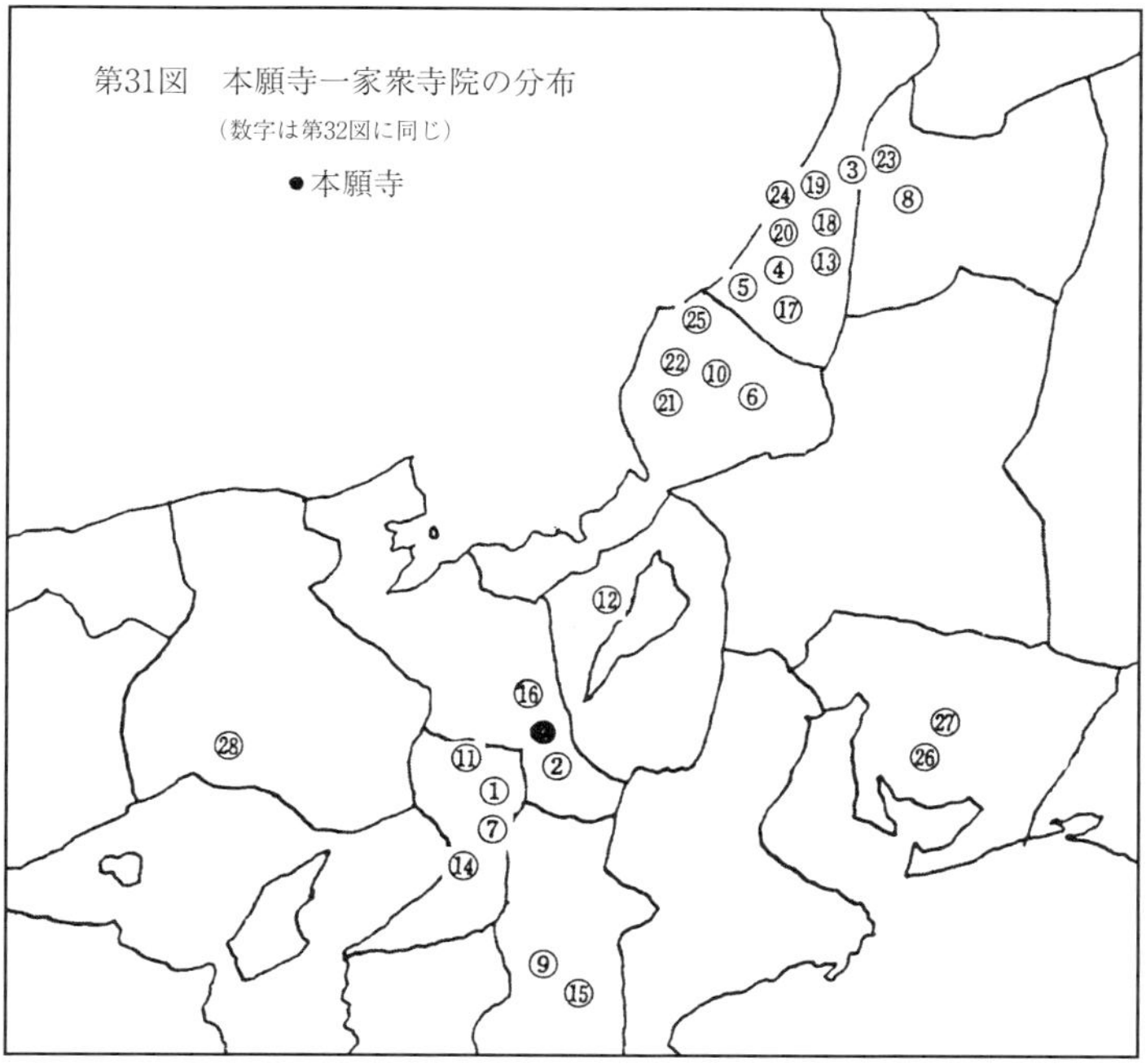

第31図　本願寺一家衆寺院の分布
（数字は第32図に同じ）

● 本願寺

マテハ。国々ニ御一家御座ナカンナル間。[2]」とあり、上様代々東山大谷殿に御座の時は存如までの時代を指すことを論拠として、一家衆の出現を蓮如以降のこととした例もある。確かに、本福寺の所在する江州堅田方面に一家衆の力が伸びて行ったのは正しく蓮如以後に属する。そして右の引用文を含む全体の文脈が、一家衆の横暴と苛酷な門徒統制及びこれに対する末寺の悲嘆を痛痛しいまでに切実な筆致で伝えているが、さように本寺の権威を笠に一家衆が末寺を収斂したのも、蓮如以後に属する。しかしそのことは蓮如以前に一家衆がいなかったことを意味しない。『本福寺明宗跡書』に、

蓮如上人マデハ。御一家ノ坊ココモトニハ。マレニ御座候ニ。アマタ御座候テ。タメヒツメ御本寺様ホドニ。アツカワヌト思召テ。御意以外悪者也[3]。

とあるのは、この推定を支持するものであろう。のみならず、長禄元年（一四五七）蓮如の父存如の葬送に一家衆が参会したことを報ずる記録が「実悟記」にある（『蓮如上人行実』、一四六頁）。このとき参集した一家衆の範囲は

もとより明瞭でないが、存如の二弟はいうまでもなく、おそらく存如の叔父頓円・周覚の子孫も幾人かは集まったことであろう。したがって、一般に一家衆の出現を蓮如以後に求めることは妥当を欠くといわねばならない。

さて、一家衆は法主の親族が教線を開拓していくところに出現し、かつ増加した。いくら数だけ増加しても禅寺の喝食などになっているのでは意味が少ないが、本願寺では要所に配置して教線を開拓せしめた。例えば、「大谷一流系図」は越前藤島に超勝寺を開基した綽如二男頓円の下に、「籠居賀州粟津住号本蓮寺」（『蓮如上人行実』、三〇四頁）と割註しているように、頓円は妻と不和になったので超勝寺を長子如遵に譲り、妻子と別れて加賀粟津に住み本蓮寺と号した。この寺は末子蓮覚に与えた。これなどは隠居分家の例ともいえる。また、蓮如六男蓮淳は父から附嘱された顕証寺を長子実淳に、自ら開基した長島願証寺を次男実恵に継がせた。このように分家を派出する形で教線の拡大がなされたのである。蓮如の子弟は何れも師父開拓の地盤を委託され、門徒の一部を分与されて新寺の住職となったが、子弟の派遣にはもちろん地方門徒の要望が前提をなした。門徒の懇望により七歳にして大和飯貝へ下向した本善寺実孝の左掲手記(4)のごとき、一家衆がいかに門徒に奉戴されて地方に勢力を扶植していったかを示す好個の例である。

其後又〔吉野衆の〕申事に、飯貝に坊主なく候間、我等〇（蓮如の子、実孝）を下候へかしと、各申上候之処我等を御下しある可事は、やすく思召され候へ共、食物あるまじきよしを〔蓮如〕被レ仰候つるを、いろいろ被レ申候て、則我等を御下しあるべきよし、御領状候、これは我等二歳の時の事候、乍レ去此門徒之分にてはよろづ成まじきよし被レ仰候て、やまと一国より飯貝へ与力す可きよしを被二仰付一候、則そう国も其心得にて候つる、然者此門徒中の事は、我等が事につきてははなれぬ事に候之間、とにもかくにも、此門徒衆に我等もかかり候はではかなはぬ事候存置候つる、其後われら七歳之時、飯貝へ罷下候時、前住様〔実如〕も、御下向候て、其通弥被二仰付一候了。

（括弧内私註）

第32図　本願寺系統の諸家、および蓮如の子女
（「大谷一流諸家文脈系譜」および、「大谷一流系図」により作成）

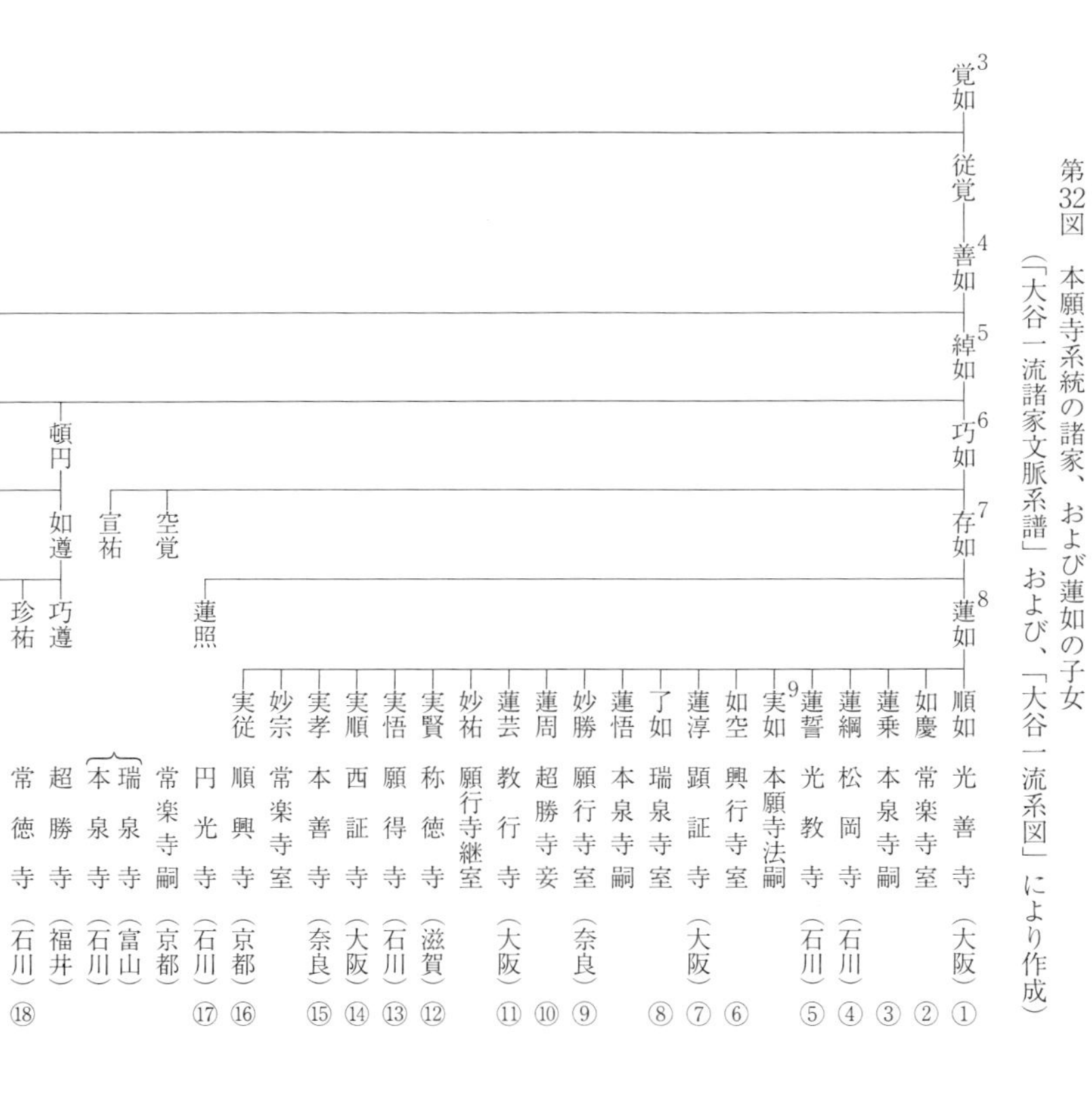

蓮如は教線の拡大と共にその要所に多数の子弟を配置したので、本願寺の勢力は確実に滲透していったが、半面、こうしてもたらされた一家衆の蔓延は却って他日の患となる懼れがあった。そこで実如は永正十六年（一五一九）親疎の式を定めて、「当分御連枝一孫ハ末代一門タルヘシ。次男ヨリハ末ノ一家衆一烈(列)ナルヘシ」(5)とした。思うに、蓮如及び実如の子弟の嫡系は一門、その庶系及び存如以前の世代の子孫は一家とされたのであろう。反古裏書も通記もこのような区別を念頭に置いて前後の記述を進めている。しかし、一門から分かたれた一家衆は末々の一家衆ともよばれたから(6)、一家衆

善性
存覚
巧覚
綱厳
玄頓
玄教
玄真
玄昭
周覚
蓮覚
蓮実
永存
如順
善栄
順慶
蓮実
蓮真
蓮慶
真桂
実円
賢誓
顕誓
了顕

善福寺（石川）⑲
本蓮寺（石川）⑳
興行寺（福井）
西光寺嗣（福井）㉑
照護寺（福井）㉒
善徳寺（富山）㉓
照台寺（石川）㉔
専修寺嗣（福井）㉕
勝鬘寺嗣（愛知）㉖
厳照寺（富山）
証誠寺嗣（福井）
弘願寺（石川）
光現寺（石川）
常楽寺（京都）
錦織寺（滋賀）
毫摂寺嗣（福井）

は一門と一家を含める汎称としても使われたわけで、本節の標題も広義の一家衆に外ならぬ。『天文日記』では広義の一家衆は内一家・外一家とも区別されているが（天文18・2・26）、おそらく一門・一家の別に相当するものであろう。また、兄弟衆・一家衆という区別も散見し、総称として惣一家衆の語が用いられた例もある。(7)兄弟衆の嫡系が一門となったことはいうまでもない。このほか内陣一家衆と惣一家の区分もなされたが、(8)近世の寺格に内陣之一家と余間之一家があり、これに関する『真宗故実伝来鈔』(9)の説明から遡って推断すれば、ほぼ内一家と外一家の区別に対応するもののようである。なお、『天文日記』にみえる遠近之一家衆（天文15・11・20）というのは地理的な距離の遠近によるものと解されるが、(10)遠方（越前・加賀・越中）にある一家衆は多く外一家であり、近国の一家衆は大体内一家であった。しかし、外一家とよばれるのは系譜的に外縁であるからであって、地方在住の故ではない。このように一家衆は一門と一家、あるいは内と外の二群に分かたれるが、その間の区別は服制、(11)本堂出仕の着座次第などに表現された。

内一家の順位は臘次によって決定されたようである。(12)実如孫証如の代においては一家衆の一老は顕証寺蓮淳で

あったらしい。[13] 蓮淳はさきに述べたように蓮如の六男で、円如の室すなわち証如の母は彼の息女である。内一家の最年長であったばかりでなく、証如の外祖父として石山本願寺に常住してこれを輔佐した。

一家衆は一般の坊主衆と厳重に区別された特権的エリート層をなした。例えば、「四海の信心の人はみな兄弟なり」といって「みなと同座」[14]した蓮如にして、なお次の如き挿話が伝えられている。

御一門の椀とて昔より椀、各別聊も下輩の人にもつかはれざる椀、御入候事にて候。当時も御入候由候。この椀を興正寺の蓮秀（私註蓮如歿時十九歳）の前へすゑ候て、蓮秀たべられたる事候き。これを御覧ぜられ、蓮如上人大いに曲言の由被仰、其椀をめしよせられ、御前にて火ふき竹にて御手づから悉く打くだかれさせ給ひ候き。[15]

蓮秀は後に勢望ならぶものなく、「存覚上人ノ遺風ヲ以テ根本仏光寺ノ名ヲ内ニシテ、外空覚（私註巧如二男常楽寺主）ノ聟ニナリ[16]」、衆人これに媚び諛うたというから、蓮如の晩年にはすでに一頭地を抜いて人の注目を集める存在であり、この野心満々たる蓮秀の意を迎えて一家衆以外には厳禁されている椀を彼の前に据える者があったのであろう。しかしながら彼は蓮如の門下に投じた興正寺蓮教（仏光寺経豪）の長子、帰参の大坊主[17]であって一家ではなかったから、蓮如は立腹してたちどころにその椀を破砕したのである。

さて、このように一家衆と峻別された蓮秀がのちに「一家之列」に入れられている。すなわち天文二年（一五三三）、さきに山科を破却し石山に脱出せんとする証如の一行を路に扼して攻撃を加えた日蓮党が、諸兵家と連盟して盛んに大坂を攻めた。数ヵ月を経て三好氏・木沢氏等の策により和議が成立したのであるが、教行寺実誓および弟賢勝、興正寺蓮秀はこの間に周旋して大いに功労があった。実誓は教行寺蓮芸（蓮如子）の長子、もとより内一家として内陣に坐したが、弟式部卿賢勝もこの功によって内陣一家の列に進められ、別立して名塩教行寺の祖となった。蓮秀はとくに許されて天文四年十二月十八日に「法冑之列」に加えられた（『私心記』）。『大谷

本願寺通記』はこれを「御一家成[18]」とよび、天文五年四月二十九日の日記に証如は左のように記録している。

従興正寺門徒坊主衆幷惣門徒、就二去年興正寺ヲ成一家たる一、為礼五種十荷来。使ハ端坊、東坊、堺阿弥陀寺也。

しかしながら、永禄八年蓮秀子証秀が内陣着座を許されるまで[19]、興正寺の圧倒的な勢威にもかかわらず、一家衆としては周辺に位するにすぎなかった。われわれはこの点に関する二、三の確証を用意している[20]。

興正寺と同じように法冑の列に加えられた事例に、宗祖三百五十年忌に先立って吉水の真像を献進した功による慶長十七年（一六一二）の摂津光専坊の例があるが[21]、中世末には興正寺の一例を数えるばかりである。一家は系譜の原理に基づくものでありながら、非親族の門末には殆ど閉鎖された集団であったという構成上の特質は、一家衆の機能と密接に連関し、また宗教的権威に関する観念ともかかわるものであって、この点について後に詳しくふれる筈である。

一家衆は時の法主に因んだ名を与えられた。法嗣に限って如・光の両字を配する例は蓮如の時代に始まったようであるが、法冑名字の制もこのとき定まったらしい[22]。事実、蓮如（兼寿）一三子のうち法嗣たりし順如（光助）〔夭〕・実如（光兼）を除き、全部が実名に「兼」を、法名に六子は「蓮」、五子は「実」を頂いている。五子は実如の代に得度したからである。蓮如九男称徳寺実賢の子実誓は、名乗（実名）を所望して天文五年二月五日に教清と賜わったし、実如三男本徳寺実円子は、同年二月二十八日証如から得度をうけ、三月一日「名乗又名ほしき」旨申して、名は中将、名乗は教澄と賜わった（『天文日記』）。何れも証如の実名光教の教を冠せられている。このように子でもないのに法主の一字を入れた名を与えられることは、法主の猶子となることではあるまいかと思われる。例えば、勝興寺実玄は実如の猶子であり、同顕栄は顕如猶子、顕幸も同じく顕如の猶子であった[23]。

一家の列に入らぬ有力門末たる大坊主は、本願寺に参勤した際も一家衆と待遇の差別があったが[24]、法主の一字

はこれらの大坊主にも賜わった。文明十四年（一四八二）仏光寺経豪が末寺を率いて門下に帰投するや、蓮如はこれに蓮教という法名を与え、興正の寺号を復せしめた(25)。また大永五年正月二十八日、実如の病篤く命旦夕に迫ったとき、後事を諸子に託し、さらに実英を召して加越の講和を命じたという『大谷本願寺通記』の記事のなかに、次のような割註が附されている(26)。

実英未レ詳二何人一。已冒二実字一。則法胄。或大坊主之属歟。

何者かを明らかにしないが、法主の字を冒しているところから通記はこれを一家衆でなければ大坊主と推定するのである。すなわち大坊主も法主の字を冒した。しかし彼らが法主の猶子とされたという確証はない。

最後に、一家衆は次第に増加したわけであるが、一体どの位の数であったろうか。蓮如他界の折、葬送に参集せる一家衆の数を「三十五人計り歟」と「空善記」（『蓮如上人行実』、五〇頁）は報じている。由来、葬送には最も多数の縁者が参集するものであるが、ことに在職期間長く、その間赫々たる偉業を成就して本願寺を決定的に隆盛ならしめた蓮如の葬儀には、一家衆はもれなく参集したことであろうから、この数字をもって蓮如末年における一家衆の総数に近いものとみて差支えない。『天文日記』（天文18・2・26）の記事に、「一家衆悉内衆七人外衆十人」とあるが、一七人は本寺詰の一家衆総数であって、決して地方在住の一家を含めたものでないことは明らかである。同じく天文二十二年九月九日の日記によれば、内外一家衆とその女房衆より能を沙汰したが、人数は六九人とある。これには女房衆が含まれているから、一家衆は約半数か。『私心記』永禄四年三月二十一日の項は、宗祖三百年忌の大法会に参加せる一家衆一四人の名を挙げ（内一家か）、その外に「末ノ一家、其後ロニ著座五十人許」としている。本願寺が門跡に列した直後の宗祖大遠忌のこととて、空前の大法会だったと考えなければならないから、これによって十一世顕如の初期における一家衆の総数を摑むことができよう。なお、一家衆の名が

第33図　天文十年当時の一家衆推定生存者

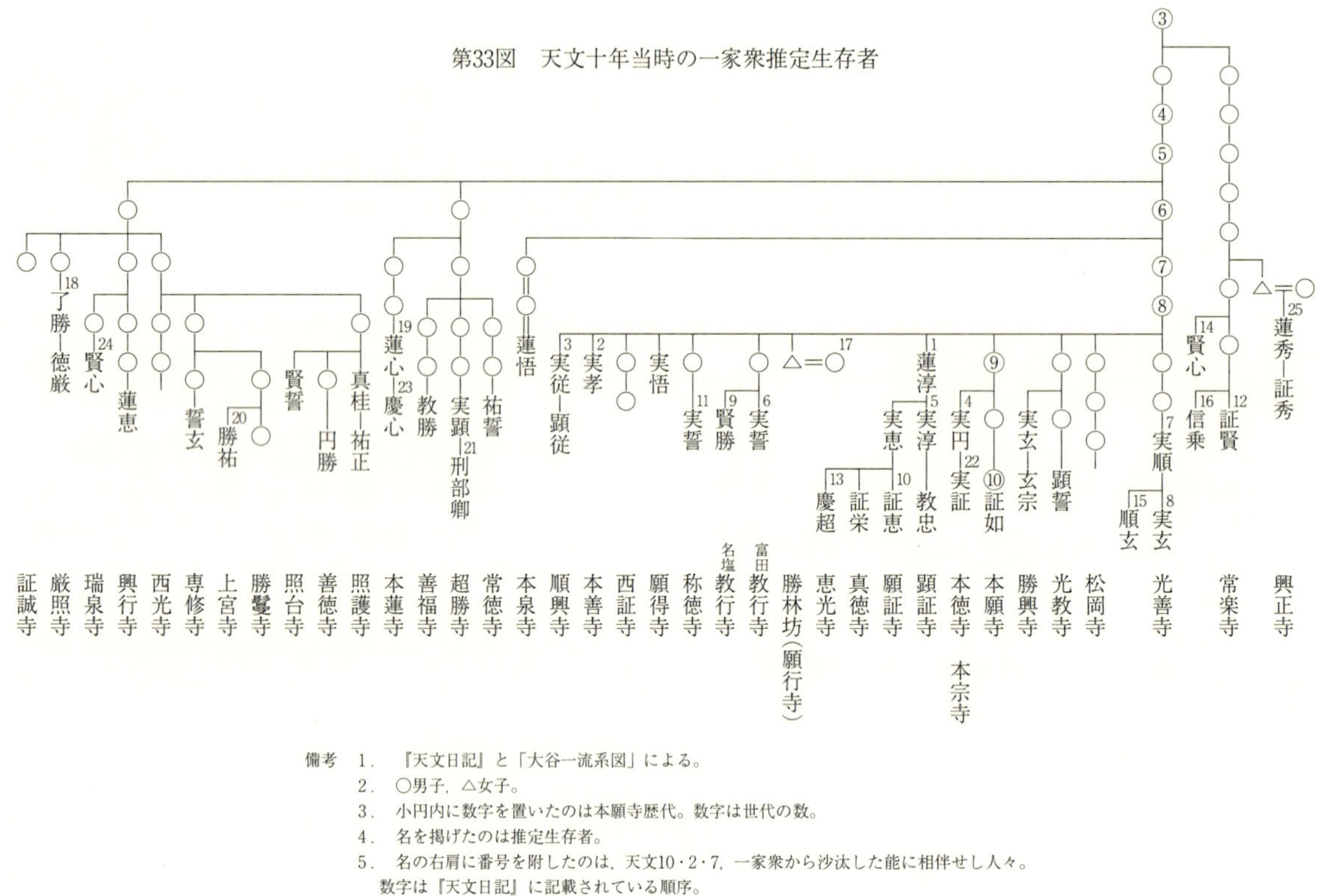

備考　1.　『天文日記』と「大谷一流系図」による。
2.　○男子，△女子。
3.　小円内に数字を置いたのは本願寺歴代。数字は世代の数。
4.　名を掲げたのは推定生存者。
5.　名の右肩に番号を附したのは，天文10・2・7，一家衆から沙汰した能に相伴せし人々。数字は『天文日記』に記載されている順序。

最も多数記録されている天文十年二月七日の相伴衆を、系図によって示せば第33図の如くである。(27) 人名に附した数字は記載の順序であるが、相伴した一家衆についての序列を示すとすれば、またこれを手がかりとして一家衆の構成が知られる。

註

(1) 長沼賢海『日本宗教史の研究』（東京教育研究会、昭3）、二九五頁。
(2) 『本福寺跡書』、真宗全書本七一頁。
(3) 『本福寺明宗跡書』、真宗全書本九一頁。
(4) 『皆成院実孝上人御書』、本善寺文書、東京大学史料編纂所蔵。
(5) 異本反古裏書（真宗全書本三九二頁）。同じ事件を通記は次のように説明する。「茲夏宗主（私註実如）。預察二親族蔓延一。却為二他患一。（法冑作二門下患一。出二堅田記一。）定二連枝家後裔親疎式一。当今連枝嫡流。永為二一門一。次子以下為二枝末一家之列一。」（真宗全書本三五頁）。
(6) 前掲超勝寺実顕と瑞泉寺賢心を『通記』は一家衆とよび、「本願寺作法之次第」は末々の一家衆に含める（真宗全書本三四頁、『蓮如上人行実』、二二二頁）。
(7) 『私心記』天文18・2・10。「空善記」（『蓮如上人行実』、五〇頁）。
(8) 『天文日記』天文18・8・22。一家内陣衆については『蓮如上人行実』、一八七、一八九、二〇〇頁参看。
(9) 「当家衆僧名目」、『真宗故実伝来鈔』巻下、真宗全書本四三八頁。
(10) 『天文日記』天文22・11・6の条に「至後日近所一家衆有来儀。雖然樽者依令停止之、不被出之。」とあるのを参看（傍点著者）。
(11) 実如の頃までは、報恩講の期間、末々の一家衆は袴をつけることができなかった（「本願寺作法之次第」、『蓮如上人行実』、二二二頁）。
(12) 「本願寺作法之次第」、『蓮如上人行実』、一九〇頁。
(13) 「本願寺作法之次第」、『蓮如上人行実』、一九一頁。第33図参照。
(14) 「空善記」、『蓮如上人行実』、三五～三六頁。

(15) 「本願寺作法之次第」、『蓮如上人行実』、二一〇頁。
(16) 『紫雲殿由縁記』、真宗全書本二一五頁。
(17) 大坊主とは、多数の門末を擁するもの。従って『大谷本願寺通記』のいう「冒二中本寺一者」（真宗全書本三六頁）であろう。
(18) 『大谷本願寺通記』、真宗全書本二七六頁。
(19) 昔者将レ進二内陣一者。必先入二法冑之数一。（『大谷本願寺通記』、真宗全書本二七六頁）。
(20) 天文五年正月二十三日、証如は光応寺蓮淳のもとへ朝飯を食いに行った時、相伴は次の如くであった。（　）内私註。「朝飯（中略）相伴者、大方殿（証如母）愚身（証如）、あこ（証如子）、ひがしむき、中山西向、近松西向、光応寺（蓮淳）顕証寺（蓮淳嫡子）願証寺（蓮淳次子）これなり。（中略）点心、相伴者先度のに、左衛門督（蓮如末子実従）、刑部卿（超勝寺実顕）両人被出候。コレハ点心之時より相伴。其次献より興正寺被出候。」また同年六月十一日には、「下間周防索麺可振（舞脱カ）よし申して先日より申候。今日振候□（舞脱カ）□（へば）一献出、内儀にて一家衆男女こと〴〵く喚候。刑部卿、興正寺迄被出候。」および天文十年二月七日（第33図により記載の順序をみよ）など、『天文日記』の記事（傍点著者）。
(21) 『大谷本願寺通記』、真宗全書本五四頁。
(22) 案。諸法冑等名及字。必取二宗主名字一字一者。自二此時一始。（『大谷本願寺通記』、真宗全書本三三頁）。
(23) 荻原樸編『雲龍山勝興寺系譜』（塩田幸助、明27・9）。
(24) 「田舎遠国より上洛ノ一家衆は、実如の御時は、初は御上にて供御下され候。其後も細々御亭にて実如相伴に、五三日あひ候て、被下侍し事也。同遠国より上洛候大坊主衆も同前に、於御亭御相伴にて飯を下されし事也」（「本願寺作法之次第」、『蓮如上人行実』、二一一頁、傍点著者）。
(25) 『大谷本願寺通記』、真宗全書本二七頁。
(26) 同右。
(27) 『天文日記』、および『私心記』天文10・1・29の記事参照。

㈡　一家衆が果した役割

前節において一家衆の構成を問い、内部構成、一家衆ならざる者との差別、一家成、人数と増加の事情などを考察した。そこで、このような構成をもつ一家衆が本願寺に対していかなる役割を果したかが次の問題であろう。

(1) まず一家衆は本願寺において枢要の法務に参画し、恒例の行事に参加して法主を輔けた。

宗祖親鸞像厨子の開閉は本寺（本山）住職の役であったが、家臣下間氏が一時これを代行し(1)、のち蓮如子順興寺実従が鍵役となった。法冑の司鎰これより始まると記録されている通り(2)、鍵のことは以後家臣の手を離れた。永禄元年（一五五八）には顕如の命によって光教寺蓮誓の子顕誓が祖厨啓閉に当ることになった(3)。挙げるべき例証に乏しいが、鍵役はきわめて重要な役目であるから、内一家の高輩でなければ命ぜられなかったのであろう。また御堂の勤行のさいには一家衆何れも順次に着座して助音するものであったし(4)、法主差支えのさいには早引の調声・早引の後の短念仏の調声をするのが古いしきたりだったという(5)。これらは御堂衆（御堂の奉仕にあたる坊主衆）には許されない役であった。

毎年十一月二十八日の祖忌には一家衆はさまざまな役割を荷った。まず、七日間の法会が始まる前の十一月二十日に、一家衆総がかりで祖堂の掃除が行われる(6)。内陣の掃除には法主親しくこれに臨んで自ら祖像を拭い、内一家の一両人をして手伝わしめた(7)。祖像を納める御厨子の掃除は内一家の任であり、御厨子を載せた仏壇は末一家衆に割り当てられたようである(8)。権威の序列が掃除の分担に反映している。次に、報恩講の期間、覚如の定めた報恩講私記を法主が朗読し(9)、内一家の長老が念仏の調声にあたる(10)。念仏と六首和讃の讃出をした人は、『天文日記』と『私心記』によれば、次の如く内陣一家に限られていることが注目される。

（年号）	（二十八日日中式間の念仏）	（式あいの和讃）①	②	③	④	⑤	⑥
天文2	順興寺	教行寺（富田）	順興寺	常楽寺（二首づつ）			
3	同右	順興寺	教行寺（富田）	光善寺（二首づつ）			
4	光応寺	光応寺	順興寺	教行寺（富田）	光善寺	顕証寺	光応寺
13	？	同右	同右	願証寺	同右	教行寺（富田）	本善寺
14	？	同右	教行寺（富田）	同右	同右	順興寺	光応寺
15	？	同右	順興寺	光善寺	常楽寺	教行寺（富田）	本徳寺
16	？	同右	教行寺（富田）	常楽寺	光善寺	順興寺	光応寺
18	光応寺	同右	同右	願証寺	称徳寺	同右	同右（？）
20	？	本善寺	教行寺（名塩）	光善寺（？）	顕証寺	教行寺（富田）	順興寺
21	？	同右	教行寺（富田）	称徳寺	教行寺（名塩）	顕証寺	同右
22	順興寺	順興寺	教行寺（名塩）	常楽寺	光善寺	称徳寺	教行寺（富田）
永禄2	同右	同右	山（？）	同右	同右	同右	同右

報恩講満座の二十八日には、点心と斎の相伴のために一家衆並びに坊主衆（常住衆と当番衆）が出席する。山科破却の傷痕未だ癒えぬ天文二年にしてすでに「御相伴衆百人許」[11]もあったから、後年これを遙かに凌駕したに違いない。二十九日の朝は、「精進ほどき」・「精進明」に近一家男女が出席した[12]。また、報恩講の期間中一家衆が斎・非時を出すこともあり、天文四年には十一月二十二日の斎を「北郡三ヶ寺」で、非時を光応寺・顕証寺・

超勝寺で出した（『私心記』）。そのほかの機会にも一家衆のいとなむ斎があった。[13]

前住実如の祥月命日二月二日にも斎があり、一家衆と坊主衆が相伴したことを『天文日記』は報じている（例、天文7・2・2）。また、実如十七回忌の厳修された天文十年二月二日には、近所の一家衆は残らず相伴するよう申付けられた（『天文日記』）。このほか、死去した親の供養・年忌の志として門徒が斎をいとなむ際にも、ところにある数人の一家衆は相伴した。[14]『天文日記』は多くのかかる事例を残している（例、天文6・10・24）。斎という共同飲食が祭祀の重要な部分であることはここに於ても変りがない。

十二月二十日には恒例の煤払いがあり、ここでも一家衆は法主を輔佐して働いた。例えば次の如くである。[15]

一家衆も各袴ばかりにて出申候。上段もいづくも、げゞをはき申、御住持御出候時、一家衆上段の左右に並ゐ、そとすゝを御住持上（聖）人の上をはかせられ、御帰候へば、各上段をば一家衆御堂衆同前（に）殿（天）上より下はき申候。

法務輔佐と結びついた一門衆の重要な役目として、本寺の法燈断絶のさい浄土の本書の口伝を幼主成長ののち返伝したことを挙げなければならぬ。近世の史伝『安永勘進』（第八世蓮如上人の記事）を援用するならば、

祖師聖人ヨリ面授口決ノ。真宗相承ノ大事ハ。如信上人ヨリ蓮如上人マテハ。本山御別当職唯授一人ノ御口伝ナリシヲ。蓮如上人尊慮ヲメグラサレ。末代ニ至リ。万一本山断絶スルコトアラントキノタメトテ。御連枝御一族ノ内ニテ。法義ノ器量ヲ御見立アソハサレ。御口伝ヲ御分チナサレ。御本書相伝ノ家ヲ御立ナサレ候。常楽寺光信顕証寺蓮淳教行寺蓮芸光善寺光淳ナリ。

とあり、蓮如の代に近国の一門衆が御本書相伝の家として指定されたことが窺われる。この制度が間もなく実際に生かされる時がきた。すなわち、実如から直授を受けなかった証如へは光応寺（顕証寺）蓮淳が返伝し、また証如から直授のなかった顕如へは、順興寺実従が返伝したのである（『安永勘進』）。

(2) 一家衆はこのように本寺の重要な法務並びに行事において法主を助けたほか、教団外に対しては樽俎接衝

の要務に当った。時あたかも群雄攻防をこととした証如および顕如の時代においては、かかる外交の任務はとくに重大であった。天文五年五月十二日、二条関白および猶兄九条公の来訪を迎えて、証如に従って相伴に出たのは、外祖父光応寺蓮淳とその嫡子で叔父に当る顕証寺実淳であった。同月十五日御礼に参上したとき、介添として一門の長老光応寺が随行した。また、天文六年六月初旬、証如は甘露寺大納言と白川公を自邸に迎えて饗応の限りを尽したのであるが、交歓の眉目なる十献の席へ相伴に出たものは、光応寺・本宗寺実円・顕証寺・興正寺蓮秀ならびに家臣であった（何れも『天文日記』による）。もちろん、一家衆自身が困難な外交を直接担当したのではなく、多くそれらは家臣の奔走によって遂行された。しかしながら、政治的なかけひきは別として、本願寺外交の安定軸となったのは法主とこれを支える一家衆である。

一家衆はこのほかさまざまな面で法主を輔翼した。しかし重要な行事の催される度毎に本寺へ集まったのではなく、もちろん年間の幾分は自坊で過したであろうが、本寺の境内や近傍に邸宅を給与されて常住する者が多かったようである。すでに山科時代に、「一家衆のあり所数ヶ所させられて、すゑ中居のやうなる所まであり。めしつかひ候もののあり所も候て、在寺中過分に候」ほど優遇され、「御仏事などには又各まいりつどひ」、ことに北陸の門末が大一揆小一揆に分れて干戈を執った錯乱の時代には、寺を焼かれて一所に集まるものが多かったと伝えられる。(16)いま、光応寺蓮淳の次子長島願証寺実恵の動静を追跡して、かかる事態の一例とすれば次の如くである。天文五年一月十三日上洛して礼金百疋を捧げ、内儀で肴一献をもって証如にみえてから、三合三荷（十五日）絹一疋（十八日）の献物、帯一長の返礼（二十日）、父光応寺方での朝飯の相伴（二十三日）、証如の母にして実恵の姉なる大方殿の来訪を宿坊祐光坊に迎える（二十五日）など、法主家と懇親を重ねるほか、実如忌の斎に相伴し（二月二日）、本宗寺実円子の得度に立会い（二月二十八日）、また、門徒のつとめる斎に相伴したり

重要な法務に参画した。しかるに不幸病に冒され、三月十六日には息男兵衛督の上洛が報ぜられる。四月二十七日次男民部卿が父の枕辺を訪れた時には病すでに篤く、五月四日、内室・二子・乳母・家臣伊豆にみまもられて四十一歳の短い生涯を閉じた。兵衛督は本寺で父の葬送をすませた後、「於田舎中陰アルベキ」ため、五月七日下国した。長島は伊勢の尾張境にあるが、遠国から上洛する一家衆はだいたい長期間本寺に滞留しているから、右に述べた事例はあながち長期滞在の特例ではないようである。ことに証如の外祖父蓮淳の如き、何れの斎・点心・能その他の行事にも名前を列ねていて、年中の殆ど全部を本寺で過したとしか考えられぬものさえある（『天文日記』）。

(3) 次に、法主と一家衆及び一家衆相互の交誼に目を転じたい。いま例を常楽寺証賢にとろう。天文五年正月三日、証賢は年頭の祝儀として五十疋、弟兵部卿は二十疋を証如に献じた。証如は二月二日、実如祥忌の斎に相伴するために出勤した証賢へ、下間上野守を使として返礼扇二本、弟へは同一本を遣している。同年七月十日には盆の祝儀として五十疋を証如に寄せ、十一月十九日には報恩講の礼として同じく五十疋を献上している。親疎によって額の多寡はあるが、一家衆は何れも年始・盆・報恩講に礼物を法主に捧げて扇や帯の返礼をうけた。通常、献物に比して返礼が少ないのは、法主は一家衆に対して法施をなすばかりでなく、寺を与え宿坊を与えてその生活を全面的に保護しているからである。ここに本末関係の一原型が示されている。しかし、親族としての交際もあった。天文十六年一月十四日、証如の小童茶々深曽木（みそぎ）（髪置の式）の祝には、本宗寺・順興寺・恵光寺・超勝寺・興正寺・常楽寺・教行寺（富田）・教行寺（名塩）・光善寺・光応寺・称徳寺・本善寺が太刀・樽を献じ、ほぼ同等の返礼を与えられたのはその一例である（『天文日記』）。

一家衆の幼童が得度を受ける時には、普通、上洛して本寺で法主から授けられたが[17]、一家衆はこれに立ちあっ

た。例えば、天文五年三月二十八日、土呂本宗寺の子が得度を受けるときに、光応寺・順興寺・顕証寺・本宗寺が立会い、式はてて後「一家近妻夫づゝ」よんで一献を調えた。この日得度を受けた教証の、その子が天文十八年二月二日に得度を授けられたが、出席した一家衆は「内陣之一家」であった（『天文日記』）。

一家衆に不幸があったさいには一家衆はだいたい会葬している。[18] また、故人の志のためにいとなまれる斎にも相伴したが、その最も著しい例は、光応寺室妙蓮の死後証如の姉慶寿院がいとなんだ斎であって、『天文日記』には「一家衆悉坊主衆四十四人」と記されている（天文11・1・18）。年忌にも一家衆の何人かが集まった。[19] なお、一家衆が死亡するとこれを本寺に注進したようである。[20]

一家衆が本寺へ参集して親睦の能会を催すこともあった。天文十年二月七日、一家衆二七人が御堂に出席して、白鬚・実盛・三井寺・船弁慶・とうゐい・山うば・鵜飼・桜太鼓・通小町・誓願寺、以上一〇番の能を沙汰した。三番すぎて一献、其後湯漬汁三菜十、少したって又一献出た。そのあとはただ盃折で能過て暫く後まで酒があったというから（『天文日記』）、一同靄然たる交歓親睦の雰囲気が察せられよう。一家衆相互の交際も、大規模なものはこのように本寺を要として行われたことを知るべきである。

(4)　右においてわれわれは、一家衆が本寺の要務に参画する諸相を分析し、法主を輔佐しつついかように本寺の運営に携わったかを論じたのであるが、次に筆を進めて、末寺門徒と本寺との間に立っていかなる役割を果したかを考察しなければならぬ。まず地方教化から述べる。

越中井波に瑞泉寺を開基して、親鸞由緒の北国に他日雄飛する礎石を定めた五世綽如は、二子を越前に下してそれぞれ超勝寺・興行寺を開かしめ、その子弟は越前に蔓延し加賀に伸びた。さらに六世巧如の息宣祐は瑞泉寺の遺跡をつぎ、山を越えて加賀二俣に本泉寺を開いた。[21] 八世蓮如の次男蓮乗は大叔父宣祐の養子となり、三男蓮

綱は加賀波佐谷の松岡寺を、四男蓮誓は同じく山田の光教寺を蓮如から附嘱され、七男蓮悟は兄蓮乗の子となって二俣本泉寺を承け、また新たに若松本泉寺を開創した（第32図参照）。波佐谷蓮綱・山田蓮誓・若松蓮淳（悟の誤か）の三人は本山表で「賀州三ヶ寺」あるいは「北郡三ヶ寺」とよばれて鄭重に取扱われたが、後年加賀一向一揆の砌松岡寺蓮慶（蓮綱子にして実如婿）・光教寺顕誓（蓮誓子にして実如婿）・本泉寺蓮悟は地元で三山の大坊主とよばれ、加賀門末に君臨する大勢力であった。これらの一家衆を地方に下したのは、本願寺の傘下に地方の念仏教団を吸収し、また大坊主の反本願寺的行動を制約するためであった。そこで一家衆は、「本寺の住持」が「上人の御代官」(22)「御開山の御名代」(23)であるのと同様に、法主の代官・名代として地方門末に臨んだ。帰国のため暇乞に伺候した四、五人の一家衆に向って、「いかなる薦(こも)かけたるやうなるところまでも、家々門々へ御遣（出）被成候て、仏法の義を御勧化なされたく思召候へども、又さすがさやうにもなりまいらせぬ御身体にて候ほどに、一家衆かまへてねんごろに法義すすめられ候へ、頼入せられ候」と、実如が確かにいったという(24)。賀州三ヶ寺が、「自門徒の事は不及申候、他門徒直参の人にても候へ、俄事などに入候事候へば、法名を出し(25)」申すことを蓮如からとくに許されたのは、蓮綱や蓮誓は子弟中年長であったことよりも、加賀は遠国で直接門末を掌握することが困難で、誰かに法主権の一部を代行させる必要があったためであろう。

右の最も著しい例は越中勝興寺である。蓮如は勝興寺の遺跡を越中土山の坊に移してまず次男蓮乗を住職と定め、四男蓮誓これを継ぎ、のちに蓮誓の子実玄が襲職した。永正元年実玄は本寺（住職は実如）より左の如き通牒に接したという(26)。偽文書の疑濃厚なるも、参考のために掲げる。

為御意申下候北国ハ雪積候得者参詣之つかへに成申ニ付御本寺遠国ニ御建置難成候其地御坊北国之本寺ト御定諸式御本寺同格越中一国与力ニ御付被成候偏ニ為仏法興隆候（下略）

『雲龍山勝興寺系譜』はこのことを記して、「是レヨリ勝興寺ヲ録所ト謂ヒ越中四郡ノ坊主分ハ寺法国法渾テ策配スル処トナリ住職ノ任免身体ノ賞罰共当寺ノ住職之レヲ所断ス」と説明している。この文章から、「北国之本寺」、「諸式御本寺同格」の具体的内容は、要するに越中の末寺門徒を配預されたことであることが窺われる。前掲飯貝本善寺は大和一国を与力としてつけられた。思うに、多くの一家衆も何がしかはこれと相通ずる立場を保有したのであろう。「賀州三ヶ寺」の法名一件もかかる観点から把握しなければならない。

(5)　地方教化は本寺のために門末の懇志を集める機能に連なる。蓮如は、他力の信心をしかと心中に蓄えて仏恩報謝の念仏を申すことと、往生一定の嬉しさのあまり、「師匠坊主の在所へもあゆみをはこび、こころざしをもいたす[27]」のが当流の儀をよく弁えた信心の人であると勧説頗る切であるが、当時多くの門末は、「一流の御勧化のやうをもさらに存知せず候。ただ手つぎの坊主へ礼儀をも申し、また弟子のかたより志をもいたし候て、念仏だに申し候へば肝要、とこころえたるまでにてこそ候へ[28]」というのが争えぬ実情であったろう。このことはひるがえって、一家衆の門徒教化は門徒の懇志吸収と表裏したことを物語っている。もちろん、直接その衝に当るのは一家衆でなくて、北国駐在の下間氏らであった。例えば、蓮如の年忌に行われる斎・非時の助力をするために、加州若松本泉寺蓮乗並蓮悟内者下間大進・井堰六郎左衛門、波佐谷松岡寺蓮綱内下間上総・同源十郎・井楪左衛門、山田光教寺蓮誓内下間下野が召出された由記されている。[29]『天文日記』によれば、加賀各郡の門徒が莫大な年貢を惣の代表に托するなり、あるいはかわし（為替）などで遠く石山に送っているように、一家衆による地方門末の教化は門末と本寺の結びつきを強めて本寺の財政を霑す結果となった。

(6)　地方教化と相関連するなお一つのことは、坊主および門徒の統制である。本願寺の教線が伸長して次第に大きな門徒団が構成されるにつれて、本寺と門徒団との関係は単なる宗教的・経済的関係に止まらなくなる。す

なわちこれまた一つの政治関係として、これを確保し維持するための政治的配慮がなされなければならぬ。一家衆はかかる面においても少なからぬ意味をもち、法主の意を体して、外、地頭・領主に対する門徒農民の対捍を抑止し、内、本寺への随順を育成するに与って力があった[30]。前掲勝興寺文書はすでにこのことを暗示するものであるが、大永三年（推定）実如が加賀江沼・能美両郡へ宛てた書状に、「其国みだれがわ敷よし聞及候間、去年以二若松を一申下候つる[31]」とあり、若松とは本泉寺蓮悟その人をさす。また教如が、「其表之事、近年余無二正体一猥ニ付而、国之様体為レ可二聞届[32]一」家臣数輩を越前に下向させたが、書翰は一家衆に宛てて書かれている。何れも地方門末の統制が一家衆の任務であったことを伝える。しかし他方では、本寺の指令に従わず、却ってその地位を利用して地方争擾の源となる一家衆もあった[33]。

中央において本寺枢要の行事に参画して法主を輔けた一家衆は、かくの如く地方に下っては本寺の藩屏ないし出先機関として、門末の教導・懇志の調進・門下の統制にあたった。巨大な本願寺教団の拡充と維持の背後に、また四年にわたる対信長戦をも可能ならしめた教団結束の要点に、門徒団の忠誠と献身を確保する枢軸としてかかる一家衆の活動があった。われわれはこれを本願寺において一家衆が果した役割と考える。

註

（1）「本願寺作法之次第」、『蓮如上人行実』、二一八頁。
（2）『大谷本願寺通記』、真宗全書本四〇頁。
（3）『大谷本願寺通記』、真宗全書本一一九頁。
（4）「本願寺作法之次第」、『蓮如上人行実』、一九九頁。
（5）「本願寺作法之次第」、『蓮如上人行実』、一九〇、一九八頁。
（6）『天文日記』天文16・11・20、同20・11・20、同21・11・20等の記事。
（7）『私心記』天文18・11・20の記事。

(8) 『天文日記』天文15・11・20、但し、なお同13・11・20参照。
(9) 「本願寺作法之次第」、『蓮如上人行実』、九六頁。
(10) 『私心記』天文4・11・28の記事。
(11) 『私心記』天文2・11・28の記事。
(12) 『天文日記』例えば天文13・11・29、同20・11・29。
(13) 『私心記』天文14・8・19の記事。
(14) 「本願寺作法之次第」、『蓮如上人行実』、二一四頁。
(15) 「本願寺作法之次第」、『蓮如上人行実』、二二四〜二二五頁。
(16) 「本願寺作法之次第」、『蓮如上人行実』、二一二〜二一三頁。
(17) 「本願寺作法之次第」、『蓮如上人行実』、二〇八頁。
(18) 例えば、「願証寺実恵の葬送」。『天文日記』天文5・5・6。
(19) 例えば、「順興寺実従の息女一周忌」。『私心記』天文13・10・2。
(20) 例えば、「勝興寺実玄の訃」。『私心記』天文14・3・24。
(21) 笠原一男『真宗の発展と一向一揆』(法藏館、昭26・4)、六〇〜六四頁。
(22) 「本願寺作法之次第」、『蓮如上人行実』、二四一頁。
(23) 「栄玄記」、『蓮如上人行実』、二六四頁。
(24) 「栄玄記」、『蓮如上人行実』、二六六頁。
(25) 「本願寺作法之次第」、『蓮如上人行実』、二〇八頁。
(26) 荻原樸『雲龍山勝興寺系譜』、一二葉裏。
(27) 稲葉昌丸編『蓮如上人遺文』(法藏館、昭12・1)、九六頁。
(28) 稲葉昌丸編『蓮如上人遺文』、五七頁。
(29) 「本願寺作法之次第」、『蓮如上人行実』、二四三頁。
(30) 笠原一男「一向一揆の本質」、『史学雑誌』58の6(昭24・12)、その他。
(31) 日置謙編『加能古文書』、五〇七頁。

(32) 牧野信之助編『越前若狭古文書選』、三九五頁。
(33) 『紫雲殿由縁記』、真宗全書本一二四、一二八、一三一頁。

(三) 宗教的権威の問題

前節において指摘した重要な任務を遂行するために、一家衆は特別の訓練をうけた。例えば、蓮如子実悟は永正十三年(一五一六)弟実従と共に慶聞坊龍玄から『教行信証』を請け、「三月二十八日より請始て、同四月二十八日果畢」[1]ったと伝えられる。これは宗学の研鑽というべきものでなく、口伝の伝授を受けたにすぎなかったと思われるが、『教行信証』や浄土の本書の相承は至重のことで、一門衆にしか許されなかったらしい。実悟は永正十五年、弟本善寺実孝・順興寺実従と共に浄土の本書四帖疏を読もうとしたところ、「師匠なく候し、よみ様存知の人なくて」[2]断念せざるをえなかった。しかしまだ蓮如在世の時代であり、読み方を知っている人が全然いなかったわけでない。ただ、すぐ教を乞いうる人が近くにいなかったばかりであろう。けれども他方で、聖教も読めぬ一家衆が少なくなかったことはこの頃の文書に頻出している。[3]例えば、教行寺実誓(蓮芸子)と光善寺実順(光淳嗣)の両人はともに御本書相伝の家であったが、報恩講の和讃を勤めるよう申付けられ、「不堪之由」返答したところ証如の許しがなかったので、やむなく稽古してともかくも任務を果したと『天文日記』にある(天文12・11・23)。一家衆ばかりでなく法主にもその点問題があった。実如往生の仏事・斎も営まず、ひたすら酒色に耽って御勧化の日は一日もなく、祖忌二十八日にも念仏勤行がないのに、歌舞酒興のない日は一日もないと嘆じた『紫雲殿由縁記』は、「証如公モ、昼夜酒宴女色ニ耽ケリ玉ヘハ、云何御心底無覚付」(真宗全書本二〇四頁)といっているが、このような人々にしてなおかつ正統の口伝を承けて本寺の住職たり、一家衆たりえた

のは何故であろうか。ここに作用する心意を掘り下げることによって、本願寺教団における宗教的権威の特質を明らかにすることができる。

さて、実如が中世の家督相続・遺跡相続の慣習に立って、「開山聖人の御家をつぎ御留守まうす事は、器量[4]なくては一大事」だと考え、嫡子を得度させて法嗣とすることを躊躇したときに、蓮如は、「昔よりその例ある事を、勿体（いはれ）なし、その上へ器量はいらぬこと也、それはわたくしなり[5]」と答えている。かかる見解はただに法嗣のみならず、一家衆についても該当するところであって、「栄玄記」はこれを次のように表現している。

証如上人より御一家衆へ御書なされ候に、法義のことあまりあそばされ候はこれなく候。其故は、御開山の御ち（血）のみちを続ぎ、御本寺様の一家と候て、法義のあるまじき人にてはなく候ほどに、さてわざと法義の事あそばされず候。御億意のよし京都にてひとの御物語候。（『蓮如上人行実』、二七〇頁）

ここにおいては、一家衆を教諭することがことさらに控えられている。何故ならば御開山の血のみちを継ぐ一家衆ともあろうものが、法義を弁えない筈はないからである。しかりとすれば、親鸞の血のみちを継ぐこと自体が教義宣布と門末教導の資格を、したがって宗教的先達としての権威を賦与するものでなければならない。かかる宗教的権威に関する観念は浄土信仰の特質と無関係でない。

前住上人仰られ候、前より御相続の義は別義なきなり、たゞ弥陀をたのむ一念の義より外は別義なく候、これよりほか御存知なく候、いかやうの御誓言もあるべきよし、仰られ候。[6]

ただ阿弥陀如来を頼みまいらせるばかりであるとする透徹した救済の論理には、器量はいらぬ、教諭に及ばぬという論理と相通ずるものがあるからである。必要なことは次の如く説いて、日々の糧のために労しなければならぬ庶民に、かつて庶民には望みえなかった来世の希望を与えることであった。

まづ当流の安心のおもむきは、あながちにわがこゝろのわろきをもまた妄念妄執のこゝろのおこるをもとゞめよ、といふにもあらず。たゞあきなひをもし、奉公をもせよ、猟すなどりをもせよ。かゝるあさましき罪業にのみ朝夕まどひぬる（あさましき）我等ごときのいたづらものをたすけん、とちかひまします弥陀如来の本願にてましますぞ、とふかく信じて、一心にふたごゝろなく弥陀一仏の悲願にすがりて、たすけましませとおもふこゝろの一念の信まことなれば、かならず如来の御たすけにあづかるものなり。(7)

ここでは、法主は「如来の代官」として「信心の行者」に臨む、親鸞同等の地位に立っている。法主の仰せのまにまに烏をも鷺とする態度が賞揚されたことは(8)、かかる心意を見定めずして理解することができない。親鸞の地位に立つための要件は、親鸞の血のみちを継ぐ法主であるか、その代理としての一家衆であることであって、修行研学のきびしき学識の博さはもとより、信心の深ささえ問題でない。一家衆の地方下向には、門末が法主や一家の幼童を請い受けて住職に迎えたことが少なくなかったが(9)、この背後にも同様な心意が働いている。門徒がうやうやしく奉戴して信仰の生ける象徴としたのは、まさに「御開山の御ちのみち」を継ぐ者であった。法主に代って地方教化にあたる一家衆が殆ど血縁者に限られて非血縁の介入する余地のなかったのは、一つには蓮如が多数の子弟を有して敢て他より求めるまでもなかったことによるけれども、また一つには、宗教的権威の伝受を決定するものが血のみちと観念されたことによるのではあるまいか(10)。かかる観念の強調は、蓮如が多くの子弟に恵まれたという内部的事情と、血脈（けち）（法脈）の正統をもって本願寺に対抗しようとする高田専修寺に対する論理として、「本願寺ハ祖師血脈（私註血統）ノ嫡嫡相承不レ入二余塵一、他寺ハ弟子ノ末伝枝条ノ一箇也可レ知(11)」と主張しなければならぬ外部的事情とに基づくことはいうまでもない。

このような宗教的権威に関する独特の観念は、真宗の教義にどのように反映しているか。消息のなかに開示さ

れた蓮如の教説を点検するならば、却って「信心のことなんどはそのさたにおよはず候て、京都の御一族を笠にめされ候こと、これひとつおほきなる御あやまりにて候。（中略）御一族にて御座候とも、仏教の御こゝろえあしくさふらはゞ、報土往生いかゞとこそ存じさふらへ。」とあり、開山の血のみちを継ぐものが自ずから法義を相承しているという主張はあからさまに否定されている。しかし一般門末は、「あれらさまは京都の御一族にて御座さふらふあひだ、さだめてなにごとも御存知あるべく候ほどに、われらがまふすことはおよばぬ御ことにてこそ候へ。[12]」という態度であったらしい。だから、血のみちの論理はむしろ門末によって広く支持された観念といわなければならない。その一例は『紫雲殿由縁記』にも見出される。『由縁記』の校訂者が参看した富田記は、「唯我慢ニ驕リタカフリ、同行ヲ虐ケ財施ヲ貪ラル丶」一家衆を非難して、「血脈ト尊敬スルモ、法ヲ大節ニ信仰スルカラナレハ、何ソ血脈計ニ驕慢セラル丶コトコソ痛哉」（真宗全書本一二八～一三一頁）、と慨嘆しているが、ここに漏らされた血統と法義との乖離に対する嘆声のなかに、血統を通して自ずから法が伝えられていなければならぬ、という強い期待がこめられている。

宗教的権威と血のみちの提携は、一家衆における縁組関係を分析することによってさらに確かめることができる。蓮如の遺言によって、「兄弟中仏法世間に毎事同心に京田舎ともに可二申談一の由、既に御前において御返事申上」げた実如・蓮綱・蓮誓・蓮淳・蓮悟の五人が、先師歿後一ヵ月をへた明応八年五月二十五日に、「兄弟中申定条々」を定めて停止すべき条項を掲げたなかに、

一、他人を養子にする事一家之疵也。自今已後者各成二其心得一、公私共如レ此次第堅可二停止一事。[13]

とある。このように一家衆のうちから養子を選ぶよう申合せているのは、一家衆として一寺を代表する住職が養子でもあれ血のみちを継いだ者でなければならぬという主張に外ならず、ここに血のみちを通じて宗教的権威が伝

第80表　本願寺一家衆子女の縁組先

から／へ	系図其二		系図其三		系図其四		系図其五	
	嫁	婿・養子	嫁	婿・養子	嫁	婿・養子	嫁	婿・養子
系図　其二	21	5		1		1	1	3
其三	3				1		1	
其四	5				5	1		
其五	3	1	1		4		13	1
その他同宗	5	2	7	1	2	1	13	6
他　宗	1							
公　家	1	1						
武　家	3				1		3	
尼・出家	3	1			2	2	5	3

承されるとする観念と、さらにかくまでも高揚された本願寺および一家衆の教団における地位の堅固さを読みとることができる。いま、かかる事態の傍証として「大谷一流系図」（『蓮如上人行実』二九〇〜三一二頁）により一家衆子女の縁組先を分類すれば、第80表の通りである。系図其二は蓮如の子女およびその子孫、其三は三世覚如から出た常楽寺の系統、其四は六世綽如から出た超勝寺頓円の系統、其五は同じく興行寺周覚の系統である。(14)記載に明瞭を欠く箇所もあるので大凡の数字であるが、一家衆相互間の通婚がきわめて頻繁であり、しかも同じ系統の内部で縁組を結ぶ事例がさらに大きな比重をもつことも観察される。一家衆は大抵子女に恵まれたから、自ずから一家衆外にはみ出す縁組も多少みられるが、一家衆の家へ入るものは殆ど一家衆の子女に限られていた。

このように、一家衆は法主家を中軸とする同族的系譜に連なりつつ、同時に血縁関係も濃厚であり、ここに深々と宗教的権威が湛えられていた。非血縁を養子や一家成の形でとり入れることを極力避ける努力の根底に、宗教的権威に関する上述の如き独特の観照があったのではあるまいか。(15)同族団は無条件に血縁を第一原理とするものでは決してない。そこで非血縁を広く包擁しようとすることもあり、そうしたところでは、それだけの生活の必要とこれに対応する論理と心意があるはずである。また一方、血縁に限ろうとする傾向の顕著な事態にあっては、やはりそれ相当の理由とそれにからまる異なった心意も働いているに相違ない。本節は本願寺一家衆の構成と機能を分析して、血縁を固執

する同族団の一事例をここに見出し、血のみちと宗教的権威との提携のなかに、その論理と心意をつきとめたつもりである。

註

（1）「実悟記」、『蓮如上人行実』、一五八頁。
（2）「本願寺作法之次第」、『蓮如上人行実』、二一七頁。
（3）しかし、これはひとり一家衆にのみ限ったことでなく、中世の僧侶には恐ろしく無学なものが多かったようである。例えば『沙石集』第七巻、「愚痴之僧文字不レ知事」を参看。
（4）中世の家督相続・遺跡相続について有力な条件となるものが継ぐべき人の「器量」であった。この点、和歌森太郎『中世協同体の研究』（弘文堂、昭25・8）、三一～三五頁参看。蓮如もこれを無視したのでないことは、応仁二年附の実如に対する御影堂御留守職譲状に、「就二法流一無沙汰之子細在レ之者、於二兄弟中一守二其器用一可二住持一者也」（『蓮如上人遺文』、五〇九頁）、とあるに徴して知られよう。
（5）「空善記」、『蓮如上人行実』、一二九頁。
（6）「実悟旧記」、『蓮如上人行実』、七四頁。
（7）『蓮如上人遺文』、七二一頁。
（8）「栄玄記」、『蓮如上人行実』、二六一頁。
（9）蓮如の子弟は多くこれに該当するほか、証如が裁決した専光寺住職の後任の如きもこの例である（『天文日記』天文7・11・15）。
（10）ウェーバーはこれをある氏族のカリスマ的資質に対する信仰という意味で、》世襲カリスマ《(Erbcharisma) ——世襲王制および世襲聖職制——とよんだ。Max Weber, *Gesammelte Aufsätze zur Religionssoziologie.* Band. 1, s. 270. 柳田国男氏は、本願寺初期の上人は十七歳位で職についているが、これは生神様的分子の手伝いがなければできることではない、といっている（「毛坊主考」、『郷土研究』2の12、大4・2）。何によって生神様的分子を獲得するか、著者はそれを血のみちと考えるのである。
（11）『叢林集』、真宗全書本三一八頁。

（12）『蓮如上人遺文』、一〇一～一〇三頁。

（13）「空善記」、『蓮如上人行実』、五五頁。

（14）本泉寺実悟が永禄十七年に「日野一流系図」を編纂したのであるが、稲葉昌丸氏はこれに依って大谷一流系図五葉を作製した。いま掲げる系図の区分は氏によるものである。

（15）近世になると非血縁者をも功労・献金などで一家衆にどしどし繰り入れるようになり（第四節(二)参照）、近世末には非血縁者で法主の猶子とされる者も現われた（第三節(三)参照）。しかも連枝とされる者、すなわち法主の養子とされる者さえ現われるに至って、血のみちの観念が薄れたかにみえる。しかし、実はそうでなかった。そのことは、享和二年（一八〇二）、最初の養取にさいして東本願寺から里方鷹司家および関係者にあてた書面のなかにありありと窺われるのである。左に必要な部分を抜き出してみよう（『井波誌』、四四～四五頁）。

一、当本山之義者祖師已来血脈を以寺務被致相続候事寺法之儀定に而門末共専ら血脈を論志候又連枝方義茂本坊相続之ため扣に被立置候事故是亦血脈を論し候事
（鷹司家宛書面の一節）

一、御血脈にあらさる他の御方様を御連枝に被遊候御事於当御本山御先例も無之御事故祖師御代々且者御門末江被対候而も当御代に右□御取斗有之候段御不本意に被思召候得共鷹司関白様より無御拠深重に御願被為在候御儀に而誠に不被得止御事に候就者其方其為心得左之件々申達置候

一、御本坊御相続之儀者祖師聖人以来血脈を以御相続之御儀御寺法御規定之御事に候間縦令如何体之義有之候とも御本山御住職に者難被遊候之事

一、御直連枝之通二代に限り三代目よりは院家之寺跡江被差遣尤院家之御取扱に候之事

但右に付御双方御取遣之御証状写御渡被成候（下略）
（以上、瑞泉寺宛書面の一節）

これによれば、血脈（血のみち）をもって本山を相続するのが祖師以来の寺法であり、連枝とても本山相続の控えとして置いてあるのだから、血脈がやかましくいわれる。今、祖師の血脈を承けない貴族の子弟を連枝にすることは、先例もないことゆえ、まことに不本意ではあるが、鷹司家からの懇請もだしがたく、やむをえず承諾することにした。ついては連枝だからとて本山相続の可能性があるとは考えてはならぬ。血脈でないお方のことゆえ、絶対に本山住職にはなれないと了解されよ。また直連枝同様、孫の代になれば連枝寺を立ちのいて院家寺へ移すことになる。鷹司のお子として例外は許されぬ。この点すでに里方の同意書をとり、その写しを添えてある、という大意がうけとれる。親鸞以来の

血のみちに宗教的権威ありとする観念は、中世末のように一家衆全体について云われていない。その意味では確かに後退した。しかし、本山住職とその候補者である連枝の地位について、血のみちの観念が依然強烈に保持されている。それは血のみちの近世的形態ともいうことができるのである。

本願寺の血のみちに対して、専修寺は親鸞から真仏へ唯授一人の口訣を相伝し、以後連綿伝法相承し来った法脈の嫡系たることを主張する。[1] 例えば、十世の真慧は、「当世オヤノ子ヲ仏法ノ相承トコ、ロヘ候コトイワレザル義ニテ候、仏法伝授候ヘバ、他人モ仏法相承血脈ニテ候ナリ、タトヒ師ノ子ニテ候トモ本師伝授セズバ血脈ノ義ニテアルベカラズ候」（永世規則）と強調した。この主張と相即するように、専修寺の世代には親子関係の明瞭でない者もあり、あたかも血のみちによらず法脈の相承に重点があるようにみえる。しかし子細にみると、これは子女に恵まれぬ世代が少なくなかったために、縁故の深い家から養子を入れたのであって、門下の高足をして後継者たらしめる制度とは大きな距離がある。そこで、専修寺の主張は自己の正統性を力説するためのスローガンにすぎぬ、といわねばならない。しかし、専修寺においては当為として法脈が重視されたことは、疑うべからざる事実である。法主は代々親鸞位に入った、すなわち親鸞の位に就いてこれと合体したと伝承されるのは（『正統伝』巻六）、少なくともさような当為の反省と理解することができよう。本願寺にては法脈は血のみちの蔭に蔽われているが、決して無視されているのでなく、親鸞と三世覚如の間に如信（秘事法門のゆえに親鸞から義絶された善鸞の子）を置いて二世とし、また幼少にして父祖を失った証如と顕如について長じて返伝を受けたと称するのは、みな法脈相承への配慮に出る。[2] 仏法の伝燈であるからには法脈はつねに無視すべからざるものであるが、本願寺では法脈を荷うものとして血のみちが強調され、専修寺では実際は血のみちが充分顧慮されているのに、本願寺を意識して単に法脈にのみアクセントが置かれるのである。宗教的権威に対するこの態度差は、

法主に男子がないとき法嗣をどこから求めたか、という点にも窺われる。近世の本願寺では最も血縁の濃い者を末寺住職のなかから求めるのが常であったが、専修寺では、縁故を辿って能う限り宮家摂家などトップレベルの貴族にこれを求め、附弟として入室せしめたのである。(3)

註

(1) 『高田開山親鸞聖人正統伝』巻六。

(2) 代々の本願寺住職が継職にさいして門下に示した訓辞のなかに法脈相承の旨が明記されている。幕末から明治初年の例であるが、文政十年二月の『広如直命趣意書』には、「前住上人ヨリ面授相承」の語句があり、明治四年九月の明如直諭には、「故大法主より相承しはべるまゝを伝え聞せて」、「面授口決のまゝ一字一句私をまじへず」とある。滝川寛了『広如上人伝化の芳績』(興教書院、大9・4)、一六、一四二頁。『明如上人日記抄』後編(本願寺室内部、昭2・11)、『直諭集』、一頁参照。

(3) 西本願寺と専修寺の世代を左表によって比較せよ。

第81表　真宗本山の世代

	世代	法名	関係
西本願寺	10	証如	9世実如孫
	11	顕如	10世証如子
	12	准如	11世顕如子
	13	良如	12世准如子
	14	寂如	13世良如子
	15	住如	九条兼晴子（室寂如女）
	16	湛如	14世寂如子
	17	法如	13世良如孫
	18	文如	17世法如子
	19	本如	18世文如子
	20	広如	18世文如孫
	21	明如	20世広如子
	22	鏡如	21世明如子
専修寺	10	真慧	9世定顕子
	11	応真	10世真慧子
	12	堯恵	飛鳥井雅綱子
	13	堯真	12世堯恵子
	14	堯秀	13世堯真子
	15	堯朝	14世堯秀子
	16	堯円	花山院定好子
	17	円猷	伏見宮貞致親王子
	18	円遵	有栖川宮職仁親王子
	19	円祥	鷹司輔平子
	20	円禧	19世円祥子
	21	堯熙	近衛忠熙子
	22	堯猷	近衛忠房子

第三節　近世真宗本山の猶子関係

本山住職は法脈を相承するものとして「仏法ノ家督」を保つと共に、末寺門徒の統率者として「世間ノ家督」を併せもった。両者は一つに結びついたもので、もし世間を譲られても仏法の方を譲られない場合には、世代の数に入らなかった[1]。また、第一節で示した本山の年忌と年中行事は、死者供養の意味を別にするならば、「仏法」の相承とこの相承を外護せる「世間」を記念するものであった。このように「仏法」は「世間」と相まって歴史的現実となった。本節では、「世間」において本山の権威がどのようにして維持されたかを、近世の猶子関係に即して考察してみよう。

註

（1）『金鍮記』、東京大学史料編纂所蔵。

(一)　ヤシナイゴの三種

猶子とは一体何者であろうか。中世の武士団についてなされた牧野信之助氏の考察によれば、猶子の名目のもとに養子と同様のものがあり、何れも、あるいは血統相続あるいは族的結合の手段に出たものであるが、養子はどちらかというと血統相続の必要に即し、猶子はむしろ族的結合の拡大強化を図るものであったらしい[1]。和歌森太郎氏はこれに加えて、やや遠縁になった同族の結合（親密感）を更新強化するために仮に親子関係を契約せるものが猶子であると述べ、猶子と養子の概念差は微妙なもので、猶子をヤシナイゴとも訓むことが端的に示して

いる如く、中世には両者はしばしば混同されたことに注意している。(2) 猶子と養子の区別は事実まことにまぎらわしい。ゆうしとようしの発音が似ている上に、両者ともヤシナイゴと訓むから一層厄介である。しかし『大谷本願寺通記』に従って「邦俗称二義子一曰二猶子一」(3) と考えるとき、両者の区別は何ほどか明らかになる。結論的にいうなら、オヤの家の内部に養取されるものが養子であり、家の外部にあるままでオヤコの契約を結ぶものが猶子であるとみたい。前者には相続人として嫡系へ養取されるものと、単に家政の内部で子として養われる庶系の養子との区別があった。また、猶子が家の内部へとり入れられると養子となった。そして養子成のさい養父の側室のなかから准母を治定することが、猶子にはみられぬ特徴的な手続きといいうることも、貴族社会にはあった。(4)

従来ヤシナイゴは養子と猶子と二元的に考えられたが、実はこれに実子――ヤシナイゴに対立する実の子ではなく、広い意味のヤシナイゴの一種としての実子――を加えて考察しなければならない。少なくとも近世ではそうであった。例えば、鷹司政通の二男として生まれ、幼にして興正寺へ入った同寺二十七世の摂信は、明治九年七月九日の日記のなかで次のようにいっている。(5)

一、東京留守載群より聞に来。菊亭殿より聞合予鷹司家実子か、寺内実子か問、予書入遣二三歳の時、興正寺堯揚の実子に参候。決して鷹司実子には無之候。(中略)表向従一位輔熈公は舅子(いとこ)に候事(瑞華院秀子実子の故なり。)(私註秀子は堯揚室で鷹司政通姉、輔熈は政通嫡、摂信兄。)

文中の「寺内実子」は現代的意味の実子でないことは明らかで、今日ならば養子というところであるから、ヤシナイゴの一種としての実子と考えねばなるまい。また、西本願寺二十世広如の四男一女すべて早世せるのち、広如室(鷹司政通妹)の縁故で鷹司輔熈末男を「実弟」として縁約した。これも実子として養取したのである。しかるに入家に先だち夭折したので、弘化三年漸く六歳になったばかりのその妹を迎えて養女とした。これについ

ては、「里方にて本願寺より預れる姫君として躾けられたれば、初めて広如宗主に見えらるゝや、小さき掌を支へ『おもう様（父をいふ）御機嫌よう……只今帰りました』と挨拶せられし」[6]、とあるのみにて実子とは説明していないが、養取の経緯と引用文の内容からして実子と考えたい。そして、実子としてのヤシナイゴは摂信の例のように極めて幼い間に養取されるか、ないしは生家にて養家より預かったものとして躾けられ、生家の実子にあらず養家の実子として取扱われたと理解したい。「御実子は御養子より関係重く、真実の子同様に御取扱申す」[7]ものであった。しかもなお注意すべき特徴が二つある。その一は深重の縁故を有する家から養取することで、興正寺にとって鷹司家は累代の猶父であるばかりでなく、堯揚室秀子と摂信はただでさえ伯母甥の関係にある。また、広如の養子養女は広如室の甥の子にあたる。その二は嫡系への養取という点である。摂信の興正寺世代にのぼりしことはいわずもがな、広如養女はやがて広如自身の甥で西本願寺嗣となった徳如に配された。

尤も実子としてのヤシナイゴにも庶系に止まるものがあった。その一つは本山の家女房所生の法主子女が正室の実子とされた場合であって、嫡出の子女に許された資格が実子成によって与えられる。正室自身が生んだ子がなければ庶出の一人は嫡系を践むが、他はすべて庶系に止り早晩御坊（別院）住職として地方に下った。この事例は東本願寺史料四巻に夥しく収載されている。もう一つは、A家が関係の深いB家の嗣子として入室させる意図でC家の子を実子として養取する場合である。専修寺第十八世円遵（B）の嗣法たらしめるため三歳の鷹司輔平（C）末男を有栖川宮織仁親王（A）「真子」とし、六歳にして専修寺へ入室せしめた如き[8]、また同二十一世堯熙は近衛忠熙（C）七男であるが、専修寺入室の約束のもとに十歳で有栖川宮幟仁親王（A）の実子となり、翌年一身田へ入寺した如きこれである[9]。壬申戸籍も堯熙を実父皇族有栖川一品幟仁親王次男と録している。彼らはヤシナイオヤの有栖川宮家では庶系に属するが、専修寺では法嗣として嫡系に入ったことはいうまでもない。

正室の実子となった庶出の子も、御坊へ入れば嫡系を践んだのである。

以上の例をみればヤシナイゴには養子と猶子のほかに実子[10]とよばれるもののあることが否定できない。それではこの三者はどのような関係にあるのであろうか。まず養子と実子を比べてみると、両者ともに他の家からこなたの嫡系ないし庶系へ養取されていて、実子は嫡系、養子は庶系とはきまっていない。しかし、庶出の子の実子成を別とすれば、専修寺の対本願寺意識に基づく有栖川宮実子成の如き、そのような特殊事情なしには庶系への実子成は稀であったと考えてよいであろう。第三者も実子として承認するだけの深重な因縁をもつ者を養取して生みの子に等しい待遇を与える必要は、一般には嫡系に据えるヤシナイゴにおいて大きかったと思われるから、実子はほぼ嫡系に限られたのではなかろうか。しかし養子も嫡系へ入りえたから、嫡系をふむために養子が実子になる必要はなかった。実子か養子かの別は因縁の親密度によって入家のさいにきめられたままであったとみたい。次に養子と猶子については、和歌森氏があげた山名凞氏の例にみられるように猶子が収養されて養子となった例があるが、近世では如何であろうか。ともあれ猶子→養子の例があったが、養子→実子の例はみられないとすれば、猶子がついに実子となることはないのだろうか。そこで最後に猶子と実子の関係をみると、猶子にして実子となった例がある。東本願寺二十世達如と法嗣宝如の親子は嘉例にしたがってそれぞれ得度の前に近衛家の猶子となったが、天保元年一月、親子そろって近衛家限り奥表ともに実子の取扱いを与えられることになった（天保1・1・16記事）。ときに宝如は十八歳、猶子成の七年後のことであった。宝如夭折によって二十五歳で法嗣となった達如次男厳如（二十一世）は、法嗣となるや直ちに近衛忠凞の猶子とされ、それより二〇日をへて実子とされた（天保13・1・14記事）。このたびは「近衛様限御実子ニ御取扱ニ而、諸家方ハ是迄之通ニ候」といった但書がないが、前回同様に世間体としては依然猶子であるけれども、その内実において実子の取扱いを受けた

のかも知れない。厳如の法嗣現如は安政四年僅か六歳で近衛忠凞の猶子となり、一ヵ月後に実子となった（安政4・11・9記事）。また、西本願寺二十一世明如二十歳のときの親類書上げをみるに、弟として本徳寺昭然が挙げられ、註に明如父広如の実子取扱いとなった為であると説明されている。[(11)] 本徳寺の嫡系は本山住職の猶子となる慣例であったから、昭然またはじめは猶子であり、のち広如女を室としてから実子扱いとなったことと思われる。したがってこれも猶子→実子の例となしえよう。この実子も猶父の家の系譜に編入されたが、すべて猶父の家では庶系に属し実家では嫡系である点に特色がみられる。この点で、有栖川宮と専修寺の間で指摘された実子と微妙な内的関連があるように思われる。

以上立証した実子・養子・猶子という三種のヤシナイゴの存在は、ヤシナイゴには生みの子同様に扱うものから単なる儀礼的な親子契約に至る広い幅があることを示すばかりで、常にこの三つの区別が厳密に行われたと考えてはならぬと思われる。しかし形式を重んじた時代と社会にてヤシナイゴがこの三つに制度的に分化したことは、ヤシナイゴの性格を整理して示すものとして大変興味深い。本節はヤシナイゴを以上三種に区分し、かつそれらの相互関係を念頭に置いた上で、真宗本山における猶子を考察しようとするものである。

註

（1）牧野信之助「武家の族的結合について」、『武家時代社会の研究』、所収。
（2）和歌森太郎『中世協同体の研究』（弘文堂、昭25・8）、七四～八〇頁。
（3）『大谷本願寺通記』、真宗全書本一八頁。
（4）『有栖川宮総記』（高松宮蔵版、昭15・12）、九頁。
（5）『葵山遺稿華園家乗』1（興正寺、昭2・4）、二五二頁。
（6）『明如上人伝』（明如上人伝記編纂所、昭2・5）、一〇頁。
（7）『有栖川宮総記』、一一頁。

(8)「墨化台年譜」、『高田学報』19輯(昭13・1)、二頁。
(9)『新修有栖川宮系譜』(『有栖川宮総記』、所収)。
(10) このような実子は貴族社会だけのことではなかった。東本願寺の家中山本某が「実子貰請度」と願出た一件について
この度限りとして許可した上、
一、侍中之内実子無之輩者、初老ニおよび出生之体も無之候ハヽ、因縁有之者を以養子ニ可願上事ニ候処、近頃格別之近親ニも無之或者外戚等之因縁を以、実子ニ貰請度旨、相願候向も有之不可然思召候、仍而以来者如何様之因縁有之候共、実子ニ貰請候儀者御免無之事
(安政4・4・5記事『東本願寺史料』)
と申達せられたことから、格別の近親であれば実子として嫡系へ養取することが許された場合もあるといえよう。(補註65)
(11)『明如上人伝』、一三三頁。

(二) 摂家と真宗本山

真宗本山のうち、西本願寺は九条家、東本願寺と専修寺は近衛家、興正寺は鷹司家、仏光寺は二条家のそれぞれ猶子であった。錦織寺はもと広橋家猶子、のち京極宮・一条家の猶子となった。(1) 何れも摂門跡(摂家の子弟の入室する門跡寺院)に準じて取扱われるために、摂家の猶子となって特定の摂家を「寺許(てらもと)」(補註66)とする必要があったのであろう。

猶子は近世には原則として累代の関係であった。しかるに猶父をとりかえた錦織寺の事情は充分明らかでないが、十七世以後近衛家の猶子になる例を廃したかにみえる専修寺については若干資料がある。十七世の円猷が伏見宮から入室するさいに、十三世から十六世まで連綿踏襲され来った先例によるべきや否や一応考慮されたが、結局宮家から直接附弟として入室することになった。近衛家で故障をいわない限り専修寺としては宮家から直接の入室を希望したであろうと推測される。その次の十八世円遵が有栖川宮から入室したときに、猶子の件につい

て近衛家に照会した左掲の書状が伝えられている。曰く、(2)

専門主（私註専修寺門跡）近衛家猶子之事以広橋大納言被聞合候処於近衛家猶子之趣者強而無望候併専門より被頼候者きらはれ候儀に而者無之候専門より頼なく候へ者其辺さしかまはれ候事曽而子細無之候也

宝暦元年十月二十三日

すなわち、専修寺から依頼されたならば引きうけてよいが、是非とも専修寺門跡を猶子にしたいという希望はないから、依頼を受けなくとも何ら差支えはない、という返答である。これによって円遵は宮家から直接入室した。十九世の円祥が鷹司家から有栖川宮実子として入るときも同様な問題が再燃したことは、それから五〇年あまりたって二十一世の堯熙入室の内話がおきたとき、「行々ハ有栖川宮御猶子ニ相成哉、又ハ近衛様御実子ながら、御在職之上ハ近衛様御猶子ト申物ニ相成哉、其程難相知候」（弘化3・6・4記事）、と取沙汰されたことから窺い知られよう。しかし結局、堯熙は有栖川宮実子となって入室したことは前節で述べた通りであるが、十七世から二十一世に至る宮家とくに有栖川宮実子の例踏襲の底には、専修寺門跡は近衛家の猶子となるという暗黙の期待が涸れることとなく存続したことに注目しなければならない。このようにして専修寺は近衛家の猶子とならなくなったが、他の摂家に鞍がえしたのではなく、一段格の高い宮家の実子ないし養子として入室した。先例と格式を重んずる公家社会においてもこれなら近衛家の体面を傷つけることはなかったであろう。尤も、仏光寺では幕末に伏見宮末男六十宮を附弟として迎えたとき、寺の慣例に従って二条家の猶子たらしめた（慶応2・7・8記事）。宮家から入室したばあいでも先例により特定摂家の猶子となること、これが原則なのであろう。

かようにして猶子は累世の関係であることが明らかになった。その点はとくに両本願寺において著しい。尤も十世証如以来九条家の猶子になる例は（西）本願寺に伝襲され、東本願寺では十三世から十五世に至る三代はこ

の例に従ったが、十六世以後、分立の祖十二世教如が近衛家の猶子となった前例に復して明治に至っている。この猶子関係の分裂は東本願寺の分立によって起ったのである。その点は、「近衛様トノ御関係由緒」と題する左の粟津文書[3]に的確に記述されている。

当本願寺之儀者東照権現様御取立ニ而、信浄院教如御門主東西分派ニ相成候節、西派同様九条家御寺許御父子之御礼節可成哉之段春日局を以、公辺御様子御内々御伺被成候処、近衛様御事者御摂家御嫡子之御事、信浄院御門主御儀も本願寺御嫡家之御事ニ候へ者、近衛様被為御頼、御父子之御礼節御親ミを被為受候様、御内命被為在候ニ付、右之御趣意を以御願被成候処、永世御寺許ニ被為進成候御事、殊ニ重キ御内意モ有之、御代々御父子之御礼節被為在候ハヽ、御血脈之不寄御厚薄、御隔意無之御親ミ可被為遊候旨被為蒙御懇命、御実子ニ被為成遊候事。

すなわち、分立後も西派同様九条家を寺許としてその猶子の礼をとるべきかどうか、徳川家の指示を仰いだところ、教如は本願寺の嫡家であるから摂家の嫡家である近衛家を猶父とするようとの内命をうけ、かくて近衛家を永世寺許とすることになったというのである。同じ文書によれば、しかるに十三世から十五世までの三代は九条家からこれまでの由緒を申し立てられ、おして父子の礼をとらされて迷惑したが、西本願寺に九条兼晴の三男が入ってから強いてコにするということはなくなった、という。この文書をどこまで信用してよいのか疑わしいが、近世を一貫する両本願寺の対立関係が猶父を誰に頼むかにも反映したことは明らかである。近衛家との往来に関する記事が満載されている『東本願寺史料』に、九条家との交渉を伝える記録がきわめて尠ないこともこの点示唆的である。いま史料の関係で近世末の東本願寺を中心に猶父と猶子、両家の交渉を述べてみたい。某年月日記事と註記した引用は、すべて『東本願寺史料』全四巻（文化十四年〜明治元年）を典拠とするものである。

(1) **童名の名付け親**　門跡の子女が誕生すると門跡の猶父たる近衛家から童名を与えられた。但し、本腹と脇腹と

で差別があった。すなわち、

御脇腹に候得者、君号之儀前以御相談被仰進候上ニ而、更ニ御名之儀御相談被仰進候御振合ニ候得共、此度者御本殿之御事、夫ニ付而ハ安永度被仰進候御次第も有之候故、旁別段君号之儀ニ付而ハ御相談不被為在之、直様御名之儀斗御相談被仰進候事、為後考爰誌之。（安政3・7・28記事）

本腹ならば君号をつけることについて近衛家に相談（依頼）する必要はないけれども、脇腹ならあらかじめこの点近衛家と相談しなければならなかった。何れにせよ、君号の上につく名の方は近衛家に相談をしてきめる。改名のばあいでも近衛家に問合せた（弘化2・5・7記事）。これは西本願寺でも九条家に対して同じことであった（『奥日次抄』、安政2・11・1）。相談するとか問合せるといって名をつけて貰うといわないのは、近衛家の方で適当な名を与えるのではなく、寺の希望を聞いた上で指示するからである。希望の出し方には、「御門主様御直筆ニ而、御名之字二ツ程折紙ニ御認被遊、御文庫ニ入御封被為附、内府様（私註近衛）へ向被進供へハ、御差支無之御字へ御印被為付御返答ニ可被為及候」（天保7・3・16記事）とあるように、希望の名を二つか三つ門跡が折紙に親書し、文函に封をして近衛家へ持参すると、差支えのない字に印をして返される、というのがあり、（補註67）これは多く脇腹所生の子に対して適用されたようである。また、希望の名のうち猶父が一字を選び「済（ナリ）君」などと親書して与えられることもあった（文政8・2・17記事）。これの方が正式なのであろう。他方、近衛家へ相談をしてその了解をえた上ではあるにせよ、門跡の側で名をきめることもあり、これが本腹の子に多いようにみうけられる。本腹でしかも法嗣として生まれた現如の如き、「大御所様（私註達如）ヨリ光養君様と御名被為進候」（嘉永5・7・28記事）と記録されている。つまり本腹・脇腹ともに近衛家から名を与えられる伝統を残しながら、本腹の子の場合には門跡の側の希望がより直接に反映する仕組になっている。そこでこの逆でないことに、すなわ

ち嫡出のばあい近衛家につけて貰い、庶出は門跡手限りでつけるというのでないことに疑問が生ずるが、近衛家に伺いをたてる意味が、名をつけて貰うということと共に、猶子所生の子の名が近衛家にて生まれた子の童名と重なるなどの不都合を避ける為に、文字通り差支えの有無を照会するということにあり、本腹の子にはこの規制を寛大にしたのではないかと思われる。新門跡未亡人の院号をきめるさいにも二つほど希望の呼称を書いて近衛家に差支えの有無を問い合せているが（天保12・4・6記事）、院号は法名につくものでこれこそ寺かぎりで与えうるものであるから、近衛家関係者で院号が重なるのを避ける意図に出たと考えざるをえない。西本願寺の例を附け加えると、二十世広如の子のち明如が九条尚忠より童名猨君（タカ）と染筆にて贈られ[4]、法嗣徳如女も枝君（シゲ）と猶父直筆にて進められた（『奥日次抄』安政5・9・10）。東本願寺で光養君などときめた場合でも、近衛家の染筆をえなければ形が整わなかったに違いない。また、名の与えられる時期にも嫡出と庶出の区別があった。嫡出および誕生後直ちに正室の実子と認められた庶出の子（例、弘化1・12・25記事）の名は、御七夜祝儀の前日位に治定して、祝儀の当日家中・門下へ公表されるのに対し、それ以外の庶出の子は誕生後一ヵ月をへて入殿と宮詣りにも比すべき両堂拝礼の直前に名がきめられ、大体入殿当日披露された。この一ヵ月の間におおむね正室の実子とされたのである。

(2) **猶子成**　門跡の子女はすべて近衛家から童名を贈られる形をとったが、その猶子となりうるのは法嗣（新門跡）と内定せる嫡系男子一人に限られた。猶子成の儀式については、「近世歴代法主御得度考」（『大谷派宗史編修所報』7号、昭9・4所収）が東本願寺十九世乗如の猶子の儀を詳しく報告しているので、左に引用して理解の一助としよう。

御児様の御猶子に附いては、既に御得度の儀が内定すると共に考慮せられ、宝暦五年二月二十二日には下間大蔵卿頼俊が

近衛家に出頭中川雅楽頭に示談し、或は御所様（私註十八世従如か）自ら御成りの上御児様猶子の儀を内々御頼みなされ九月二十一日を以って御猶子関係御決定の日となりしが、差支へありて十月五日に変更せられた。さて十月の五日には御門跡様御児様同道にて近衛内前卿の邸に御成りになり、御門跡様は（中略）下間大蔵卿頼俊飼田大膳辰好を御供とし御供歩行士七人。御児様には（中略）御供歩行五人。（中略）かくて近衛内前卿と御対面となり、愈〻御猶子結びの式となる。最初に御盃土器が出て、次に御雑煮。近衛様一献召上げられ、これを光養丸様へ進められ一献上る。此時御吸物出る。次に光養丸様一献上り、御加へによって更に一献上り、その御盃を近衛様に御返盃なさる。次に近衛様と御所様と御盃事、次に坊官家司一人宛召出されて御盃御肴を下され、御雑煮、御吸物、御酒と次ぎ〳〵に下されて盃事を終った。さて両御所様は更に頼君様（私註近衛家嗣子か）に御対面なされ、御児様は近衛様より御末広二柄、頼君様より御紙入五ツ入、小文画一つを頂戴せられて御退出。御幸町浄慶寺の御休息にて暫く休息あって御還御遊ばされた。此の日前もって近衛様へ下間大蔵卿は左の如き音物を持参した。（中略）而して近衛様よりは中川雅楽頭を御使者として御猶子の故障なくすみしを歓び、左の品々を御届申し上げ黒書院に御披露の上御盃事あって引退した。（下略）

西本願寺では、九条家の使者が折紙に認めた猶子の直書をもたらすと、使者を黒書院に案内し、門跡と法嗣とから直答して挟肴の儀があり、のち奥向にて近親が加わって種々の儀式があるのを例とした。(5) 次に年齢をみると、東本願寺達如法嗣宝如は十一歳で、厳如法嗣現如は六歳で近衛家の猶子となった。いずれも得度前であって、宝如は猶子成の丁度一年後十二歳で、現如はその三年後九歳で得度した。厳如の猶子成は二十五歳で得度の一三年後であったのは、生まれながらの法嗣ではなく宝如夭折によって法嗣になおったからである。猶子成と得度の年齢は西本願寺について概ね明らかにすることができたので第82表に一覧した。猶子成のなかった十五世は九条家の生みの子にして本願寺の法燈を継ぎし者、猶子成の甚だ後れた十七世と二十世は庶系から嫡系になおった者である。猶子成と得度の年齢は本人の健康と両家の都合によっても左右されるので代毎に一様ではないが、

第82表　西本願寺歴代の猶父・猶子成の年齢など

世代	法名	法諱	猶父	猶子成	得度	内室
10	証如	光教	九条尚経	13歳	12歳	庭田重親女
11	顕如	光佐	九条植基		12	三条公頼女（細川晴元養女，六角義賢猶子）
12	准如	光昭	?	?	?	興正寺顕尊女
13	良如	光円	九条幸家	15	15	九条幸家女
14	寂如	光常	九条兼晴	11	11	鷹司信房女（九条兼晴養女）
15	住如	光澄	（九条兼晴子）	—	17	本願寺光常九女（九条輔実養女）
16	湛如	光啓	九条輔実	14	15	閑院宮直仁親王五女
17	法如	光闡	九条植基	37	14	本願寺光常十女（九条尚実養女）（補註68）
18	文如	光暉	九条尚実	10	11	二条宗基女
19	本如	光摂	九条尚実	10	15	二条治孝女
20	広如	光沢	九条輔嗣	31	?	鷹司政熈女（九条尚忠養女）
21	明如	光尊	九条尚忠	8	11	本願寺法嗣光威女（東本願寺光勝養女）
22	鏡如	光瑞	（九条道孝）	—	10	九条道孝女

生まれながらの法嗣についていえば、十歳前後で猶子になり、その後暫くして遅くとも十五歳までに得度すること、猶子成の年齢は少し宛若くなりゆく傾向があること、などをこの表から読みとることができる。

有名な菊亭晴季における藤原秀吉の例が示すように、猶子は猶父の姓を冒すのが原則であるが、僧家の事ゆえただ猶父の家紋を依用するばかりであった。本願寺十世証如が初めて九条家の猶子となったとき八藤紋を贈られたということであり、(6)また元治元年五月東本願寺光勝が将軍猶子の取扱い(7)を与えられて以来、かねて近衛家から贈られた抱牡丹に葵をとりまぜて依用することになった（慶応1・6・9記事）。猶子関係の設定に家紋の依用の相伴なったことはこれにて明らかであろう。こんにちでも西本願寺は九条藤（もっともこれには別の来歴あり）、東本願寺は抱牡丹、仏光寺は二条藤、興正寺は鷹司牡丹を用いている。

猶父としてたてるのは単なる権門勢家ではなく、何か族的な関係が前提とされた。少なくとも同じ氏や同族の中心となる家を猶父と頼むものと考えられた。このことは、証如が九条尚経の猶子となって、ここに摂家猶子の例始まる、と述べた『大谷本願寺通

記』が、これは別に怪しむに足りないといわんばかりに次のように註記したことのなかに窺い知られよう。

考㆓藤原氏系譜㆒。内麻呂有㆓二子㆒。長曰㆓真夏㆒。日野家祖。季曰㆓冬嗣㆒。今五摂家祖。則摂家与㆓我門㆒。本同種姓。猶子之儀亦宜矣。(8)

もっとも事実は大分これと齟齬するようである。まず、九条家の猶子になることは決して当然のことではなかった。その証拠に、尚経の猶子になりたいという証如の希望に対して公家の見識のある人々は反対の態度をとり、そのため容易に勅許にならなかった。これは迂余曲折の末勅許をえたが、その頃藤原の一族であるという自己主張に立った本願寺系図が作られたことも、考えてみれば意味がありそうに思われる。(9) 恐らく本願寺は、貴族社会に仲間入りするためその財力に物をいわせて窮乏生活に喘ぐ高級公家にとりいり、「猶子之儀亦宜矣」という状況を作り出したのであろう。そのような状況は所与の事実ではなく、意図的な作為の事実であるにせよ、なお猶父猶子関係の社会通念に棹さすものであることは注意しなければならない。

(3) **実子成**については達如以降しか知られていないが、すでに述べたように達如が法嗣と同時に近衛家の実子とされたことは、この例がこの時に始まると考えてよいことを暗示している。また、前掲粟津文書「近衛様トノ御関係由緒」の達如・宝如に関する記事も、さように推測せしめるものである。猶子が実子となると待遇や交際にどのような変化が生じたものかまだ充分明瞭ではないが、恐らく系譜に加えられ、生みの子に等しい待遇を与えられたのであろう。

(4) 猶父はしかしながら得度の戒師にはなれない。戒師は僧侶でなければならないからである。けれども適宜高僧を戒師と仰ぐのではなく、家によって猶父にたてる家がきまっていたように、寺によって戒師とすべき寺が慣例として一定していた。東西の両本願寺は青蓮院、専修寺と仏光寺は妙法院の法親王を戒師としたのはこれであ

る。(10)しかし、これらの寺の子弟がみな法親王によって得度するのではなく、あたかも摂家の猶子とされたのは嫡系のみであったように、法嗣として得度する者のみ法親王を戒師と仰ぎえたのである。この慣例は宗祖が叡山で得度し以後蓮如の頃までその支配をうけたことに由来する。しかし、実際の儀式は各本山祖堂の宗祖木像の前で父なる門跡の主宰によって行われ、法親王は極めて形式的名目的な戒師たるに止まった。西本願寺では青蓮院から法諱（実名）と剃刀を贈られる例であった。法諱は得度して僧侶身分を獲得した者が称する名であり、剃刀は除髪のためであることはいうまでもない（カネオヤが鉄漿（かね）つけ道具をオヤコ契約のさいコに贈るのと、まさに軌を一にすることは注目すべきである）。形式的な戒師ではあるけれども、この贈物のなかに法親王が親しく得度式を主宰し、僧侶としての新たな出発をなさしめる原義が含蓄されている。明如は法諱光尊と賜ったが、光の字はいうまでもなく本願寺の通字、そして尊の一字はとくに尊融法親王の諱を頒たれたものであった。(11)東本願寺などでもほぼ同様であったと推断しうる。なお、東西両本願寺では、上に「光」の字を通字とする法諱のほかに、下に「如」の字を通字とする法名を同時に定めたが、後者はそれぞれ手限りにきめたようである。「世間」に関する事柄にはすべて法諱を用い、死後および生前でも「仏法」に関する場合は法名を用いている。長沼賢海氏は前者を出家名、後者を出家の上での遁世名と説明した。(12)

ところで興正寺は近世を通じて西本願寺の末寺であったから、本山において門跡を戒師として得度をうけたことはいうまでもないが、本願寺との深刻な対立感情のために、旧例を回復して妙法院を戒師としたこともある。また錦織寺には他宗を戒師とする例がなく、父子の間で授受した。興正寺以外はそれぞれ本山として最高窮極の宗教的権威をもって任じたのであるから、他家を戒師と仰がない錦織寺の得度方式の方が事理にかなっているのではあるまいか。両本願寺などのように堂々たる本山でありながら天台の青蓮院を戒師としたのでは、いかに形

式的名目的慣行であるとしても宗教的権威の源泉を他に求めることになりはしないか、という疑問が生ずる。原義ではたしかに青蓮院や妙法院を権威としたのであったろう。しかし近世に入るとすでに意味は転化しているようである。すなわち、法親王を名目的であれ戒師に仰ぐのは慣例に従うことであり、慣例に従うこと自体に意味が生じてきている。のみならず、法親王を戒師に頼んでおくと僧綱を申請するときに口添えして貰えるし、また何かと助言を期待することができるという実質的な功徳があった。例えば、かねて幕府から冷遇された西本願寺は、幕府倒壊の前夜明如の戒師青蓮院宮のすすめによって荒神口に架橋し、来るべき新政実現のさいに有利な地位を与えられる工作を行った(13)。戒師が情報を流しまた必要な助言を与えることかくの如くである。他方、宗教的権威は戒師を別にたててもそれによって制約されない。何故なら、法親王から与えられるのは僧侶社会の一員たることを示す法諱であり、僧侶社会で法親王の眷顧と庇護を仰ぎえたことはすでに述べた通りであるが、門末に法義を説くのは法名においてであり、法名は寺限りにてつけるからである（尤も興正寺は幕末まで法諱法名ともに本山たる西本願寺から与えられた）。なお、戒師たる法親王が薨去すると、暇乞と焼香に伺候するはもちろん、十日間精進して慎みのうちに過した（文政7・3・19記事）。戒師は「猶父」ではないが、なお元服親にも比すべきオヤであったからである。

猶父は賀使を遣すのみで得度の儀式には直接関与しないが、その日程が二年ほど前に大体予定されると、東本願寺ならば近衛家に照会して何日と日を決定する（文政5・1・10、同7・1・6記事）。そして得度の前に童惜のため父なる門跡に伴なわれて猶父を訪ねる例であった（文政7・9・8記事、『明如上人伝』、二六頁）。また、得度がすんで大僧都が勅許されると、鳥襷指貫を近衛家から贈られた形で以後着用することができたのである（文政8・4・6記事）。

第83表　東本願寺歴代の僧綱昇進

世代	得度	法眼	大僧都	法印	僧正	大僧正
達20如	?	寛政4・2・19（13歳）	寛政4・8・26（13歳）	寛政5・1・20（14歳）	同上	寛政6・1・13（15歳）
宝如	文政7・9・23（12歳）	同上	同上	文政8・3・27（13歳）	同上	文政10・3・4（15歳）
厳21如	文政11・2・17（12歳）	文政13・10・22（14歳）	権大僧都 天保12・2・4（25歳）	同上	天保13・2・20（26歳）	天保14・1・15（27歳）
現22如	万延1・12・12（9歳）	同上	同上	文久1・2・11（10歳）	同上	文久3・12・24（12歳）

（主に文政9．10．5記事による）

(5)　法嗣が得度をすませると**僧位僧官**を朝廷に願い出て、それぞれの家の前例にしたがい、法眼大僧都から僧正大僧正の極官にまで数年のうちに躍進してしまう。いま東本願寺について第83表により若干例を示そう。三例とも得度後二、三年で大僧正に任官しているのに、厳如の昇進のみ甚だ後れたのは、彼が二十五歳まで庶系にあったためである。それにしても嫡系になおるや否や連年転任して忽ち最高の官をきわめ尽したのは、いわゆるascribed status の好例となしえよう。嫡系と庶系との昇任進級にみられるかくの如き甚しい落差が、家とは異なる框であるにせよ、明治以後も政界財界その他あらゆるところにおいて、直系・傍系の区別のなかに継承されたことは、人のよく知るところである。

さて朝廷に僧綱を願出るにあたり、東本願寺では近衛家に対して「乍此上御心添被成進候様との御口上申入」（文政10・2・28記事）、また、「何分宜御取成被進候様御頼」（万延1・10・7記事）するのである。そのほか内室の里方にあたる鷹司家へも取りなし方を依頼したことであろう。それゆえ僧綱の勅許を蒙ると、早速所司代や官

位方の勧修寺家へ使をもって御礼を言上すると共に、近衛家および鷹司家へも同様使者を派遣した。その一例をあげよう。

一、近衛様江御使　　染小袖直綴白袴　下間宮内卿

時節御口上、且今般新御門主（私註宝如）僧正法印昨夜被蒙勅許畏被存候、就夫段々厚御世話被成進速被蒙宣下候段、全御取計故と深忝被存候、仍不取敢御礼旁以使者被申上候。

（文政8・3・27記事）

西本願寺では門跡の直書をもって九条家へ御礼を申しており、庶系の者のばあいには本人が出むいて御礼を言上した（『奥日次抄』、文久1・2・5、慶応2・3・15）。摂家の猶子になることは本願寺にとって准門跡寺院の慣例に従うことであり、家の格を維持する所以であったが、さらに僧綱の勅許を得るさいに口添えして貰えるという実質的な意味があった。僧侶社会においてまた門末統制の上に門跡の地位と僧綱は重要な機能を果したから、本山にとって摂家の猶子たることには実際的な必要があったのである。

さて転任御礼のために参内したのはもちろんであるが、そのさい近衛家に一旦入り、そこで猶父に対面して挨拶をかわし、さらに準備をととのえて参内した。そして宮中から再び近衛家へ帰館し、祝膳を給されたことなどその一端は左によって窺うことができる。

一、新門様（私註厳如）大僧正御参賀、御供揃卯半刻、近衛様迄長袴着用事、近衛様ニ而袍米織ハナダ青袴一重緋綾カンムリニ改着之事、良等ハ下品ヲ着用（これは坊官の服装についていうか）

一、近衛様御違例御対面ハ今日無之、昼ニ湯漬被下候、夕ニ御料理被下候、一汁香物五菜中酒付、還御寅半刻、還御之節ニ鷹司様御挨拶ニ御成

一、御参内ニ付、献上物御使大進

（天保14・2・20記事）

西本願寺も同様であったことは、明如が大僧正転任御礼として「例に依り先づ九条家に入り、更に準備を整へて参内あり。蓋し是れ九条家の猶子たるに由る。(14)」とあるに徴して明らかである。転任御礼のときだけでなく、およそ参内のさいには猶父の邸をいわば中宿としたらしい(天保1・1・17記事、『奥日次抄慶応』1・1・10)。このことから、宮中に接近するには摂家の猶子という資格が必要であったのではないか、と推測されるのである。

なお、法嗣が大僧正を勅許されると父なる門跡は退官して前大僧正を称した。同時に同一の家から二人の現職大僧正は許されていない。大僧正以下の僧綱は僧侶個人についたものであるのに、その実、家の格と結びついて与奪され、任官も退官も家を単位として考えられたのである。

(6) 法嗣の結婚　法嗣の婚約はまだ幼いうちになされ、やがて相手の娘が縁女として引移ったのち、相当の期間をへて結婚の式を挙げた。宝如の例でいうと、数え年八歳で婚約し、十二歳位のとき縁女の入輿を迎えている。さて婚約のさい、まず近衛家に対して「思召も被相伺度、此段御相談被申上」と相談し、「芽出度御内約御治定可被遊候」(文政3・2・11記事)、と同意ないし許可を得た上で内約を結んだのである。誰が表向きの媒酌人となるのか史料的につきとめ得なかったが、宝如の婚礼のとき近衛内府が相手方への結納を渡しているから(文政8・1・10記事)、猶父が仲人となったのではあるまいか。それも現代的なセンスでの仲人ではなく、相手方の娘をまず己の養女となして、これを東本願寺法嗣の配たらしめるという意味を併せ含んだ仲人であったようである。達如室は鷹司政煕女であり、厳如先室は同輔煕女であったが、何れも近衛家の養女となった。鷹司は近衛の分流であるにしても、近衛家の養女となって格をつけなければ東本願寺へ入輿できなかった、というようなことはおよそ考えられないから、猶父が猶子の室たるべき娘を養女となす慣例に従ったとみなければならぬであろう。すでに述べたように厳如は庶系から入って嫡系を継承したのであるが、そのときにはすでに結婚していた。

そこで厳如が嫡系になおって近衛家の猶子となると同時にその室もまた養女とされた事実は（天保12・12・24記事）、上記の推測の妥当性を証明するものである。現如内室が有栖川宮から入るにつき、近衛家の養女にしてお世話願いたい旨東本願寺から依頼したところ、有栖川宮との内話もあることゆえ此度は直縁とした方がよろしかろう、尤も養女同様にお世話はしましょうという返事であった。そこで再び「万端御養女様御同様之御取扱を以御世話被成進、尤追而御引越後におゐても、万事御養女御直子様御同様ニ御取扱被成進候ハヽ、深御大慶畏入思召候御事に御座候」（慶応2・10・1記事）、と頼みを入れて快諾して貰ったことも、近衛家の養女となって入輿する慣例の存在を推知せしめる（但しこの縁談は成就しなかった）。宝如室及び厳如の継室が伏見宮から入ったときも近衛家の養女となったかどうか、利用しえた史料の限りでは明らかでないが、養女でないとしても右と大体同じこと、つまり養女同様の取扱いで入輿したものと考えてよかろう。西本願寺でも寂如室（鷹司信房女）・住如室及び法如室（寂如女）・広如室（鷹司政熈女）は何れも猶父九条家の養女となって入輿した[15]（第82表右欄）。ここに有賀喜左衛門氏の嫁入婚と親方どり婚の概念を導入するならば、養女にするときには猶父は親方どり婚の親方に近づき、養女にしないときには嫁入婚の仲人に近くなる。しかし猶父猶子の関係が前提にあるから単なる仲人ではなく、全体として親方どり婚に近い婚姻様式といえよう。

なお、門跡の娘が公家へ嫁するばあいにも近衛家の養女となった。広幡三位中将へ縁組した達如女静はこの一例である（弘化2・5・15記事）。広幡家からの結納は養家の近衛家へ納められたので、その日静は近衛邸へ出かけている（同2・8・10記事）。入輿もまず近衛家へ入り、これを中宿として広幡家へ輿入れした（同3・9・15、3・11・1記事）。

(7)　以上述べたように、名付・得度・僧綱・結婚の如き身分に重要な変化を来す折目折目には、必ず猶父に相談

してその助力を仰いだ。そのほか、法嗣の得度後行われる袖留月見祝にはその旨猶父へ通知をし（文政11・6・13、元治1・6・10記事）、近衛家の実子になるのが慣例となってからは、五歳の着袴祝・九歳の紐直褌初祝の件をも近衛家に通知した（安政3・2・10、万延1・9・10記事）。門跡五十歳および六十歳の賀もまた近衛家へ知らせた（文政12・3・12、弘化1・1・21記事）。それぞれ猶父側から祝が寄せられたことと思われる。また、門跡が隠居するときにはまず近衛家の意見をただし（弘化1・12・24記事）、門跡あるいは法嗣死去のさいはこれを報告するのは勿論であるが、発喪・服喪・内室剃髪などについても近衛家に問合せて指示を仰いだ（天保12・4・4、慶応1・11・3記事）。さらに中陰中に近衛家から使者をもって代香があり（天保12・5・8記事）、また門跡・法嗣および内室の百ヵ日にも同様代香があった（万延1・2・7記事）。このとき故人の遺品が生家と共に近衛家へも贈られた（文政5・6・13記事）。一周忌（弘化4・9・27、慶応2・10・28記事）、七回忌（慶応2・10・23記事）にも代香があり、代香の都度、香典や経がよせられた。なお、庶系子女の死去も近衛家へいちいち報告された（文政7・2・6記事）。

かように猶子の生前と死後を通して大小の折目毎に猶父が直接間接に関与した。しかして交渉はかようなフォーマルな機会に限られたのではない。厳如の寺務相続・大僧正転任・正室入輿等の要件が滞りなくすんだので、内祝や礼をかねて猶父と正室の生家鷹司家を招待したが、近衛家へ遣された使者の口上に、後日二条左府・大納言・一条大納言・九条右府・中納言・有栖川宮・上総宮をお招きしたいと思うので、これらの方々をお誘い下されたい、また毎々御迷惑ながら御取持として自身お成り願いたい、なお鷹司左大将をもお誘い下さるようにと、案内に附して鄭重に依頼された（弘化1・5・18記事）。公家社会の交際において万事近衛家を後楯としたことは明らかである。（補註69）

(8)　近衛家の主人が死亡すると東本願寺では寺内の鳴物を停止し、一定期間門跡は慎み精進の日を守った（文政3・4・18記事）。そして位牌を調製して中陰の法事を執行し（文政3・4・26記事）、一周忌（文政4・4・18記事）・三回忌（同5・4・15記事）・七回忌（同9・4・17記事）・三十三回忌（嘉永5・4・15記事）の法事を本堂で執行している。これらは猶父に対する義理であって、前項で述べた猶子側の年忌に対する猶父の配慮に相応ずるものといえよう。さらに、東本願寺は猶父を経済的に助けた。摂家筆頭の近衛家とはいっても家領は僅か三千石足らずであったから、平常はともかくとしても、元服や任官などの儀式を挙行する費用の捻出に窮して東本願寺に合力を依頼せねばならなかった。猶子関係の機能、とくにこの関係を結ぶ猶父側の理由の一斑を理解する手掛りがここにある。例えば、元服のさいの助成依頼として、

続君様御事追々御成長ニ付、昨年ニも御元服被催度思召被為在候処、当時御勝手向不如意ニ付、右御用金之御手当茂出来兼、無御拠御延引茂被遊候処、追々御年齢相後れ候ニ付御延引も難遊、依明年春御元服御内定被遊候儀御座候、就而者甚御頼被御入兼候得共、御先代（私註十九世乗如）ゟ御元服之節も為御助成金五百両ツ、被進、深御満足被遊候、尤是迄右御助成金を以御元服御用金御手当相成、余ハ御親族諸侯方ゟ之御助勢等を以御元服無御滞被催候ニ付、於此度も先之御仕来通不相変金五百両被進候様御頼被仰入候。（弘化2・9・2記事）

十九世乗如の時代以来元服のために五百両宛助成している例によって、家中には倹約を令している折柄にもかかわらず、この度も右の依頼に応ずるほかなく、その年の暮にとりあえず二百両を献じた（同2・12・24記事）。また大納言拝賀費用を手伝ったり（文政2・10・8記事）、その外、備中笠岡御坊海浜にてとれる塩を助勢として年々進上した（慶応1・9・22記事）。かように定期不定期に東本願寺から受ける助勢は、近衛家の台所にとって少なからぬ頼みであったことと思われる。内室の里方鷹司家へは女御入内のさいに金五十両の手伝いをしたり（文政

8・7・26記事)、普請の助成をし(弘化1・12・12記事)、その他へも依頼によって少々の志は進呈しているが、近衛家への助勢に比すべきものは見当らない。達如女静の広幡家入輿にあたって万端世話をして貰ったについて、入輿のとき五百両、以後年々衣服料三百両・手当銀五十枚を近衛家に届けるといっているのは(弘化2・6・4記事)養女のための費用であり、主として静の方へ回付されるにしても、なおかつ近衛家をうるおしたに相違ない。また助勢というわけでなくとも、ときに金の融通もした(文政2・2・27記事)。かような事実をみるとき、猶子はもと氏の結合を更新強化するための制度であったとしても、近世には氏の団結よりも家の利害が表面に出てきて、東本願寺にとっては僧綱勅許をはじめとして貴族社会にて門跡の地位を維持するために摂家の猶父を後楯として必要とし、他面、摂家の側も貴族社会で自己の地位を守っていくための財的な援助を猶子から受けねばならぬ現実的な必要に基づいて、この制度が常に新しく再生産されたのである。後者の側の必要が一層強く感ぜられると共に、猶子から実子へと間柄がより親密にされたと考えてよいであろう。

註

(1) 『大谷本願寺通記』、真宗全書本一一四、一三一、一三八、一四二、一四九頁。および『雲上明覧』。
(2) 小妻隆文「皇室宮家と専修寺」、『高田学報』16輯(昭12・10)、九頁より引用。
(3) 岡崎正謙「江戸時代初期に於ける東本願寺と九条近衛両家の関係」、『大谷派宗史編修所報』6号(昭9・2)より引用。
(4) 『明如上人伝』、一一頁。
(5) 『明如上人伝』、二一頁。
(6) 『楳窓余芳』(真宗本願寺派護持会財団、昭2・5)、三二四頁。
(7) 東本願寺分立の祖教如また徳川氏の猶子の取扱いを受けたと、明治四年一月十日提出の寺格由緒書にあり、厳如の将軍猶子取扱いはその先蹤によるものである由説明されている。『厳如上人御事蹟記』六(東本願寺蔵)四葉裏参照。

（8）『大谷本願寺通記』、真宗全書本三七頁。
（9）辻善之助『新訂日本文化と仏教』（春秋社、昭26・12）、二三〇～二三一頁。
（10）『大谷本願寺通記』、真宗全書本一二四、一三八、一四二頁。
（11）『明如上人伝』、二七頁。
（12）長沼賢海『日本宗教史の研究』（東京教育研究会、昭3）、四五七頁。
（13）『明如上人伝』、七六頁。
（14）『明如上人伝』、五一頁。
（15）『明如上人伝』、七～八頁。および上原芳太郎『本願寺秘史』、四四～四五頁。

㈢ 門跡の猶子

門跡は摂家の猶子となった一方で自分でも猶子をもった。門跡の猶子は「儀同連枝」[1]といわれたが、連枝とは中世末ならば一門衆とよばれた人々、すなわち「宗主昆弟諸子」[2]のことであるから、猶子は門跡の兄弟や子と同等の待遇を受けたわけである。門跡の子でも坊官（家司）となった者や女子は連枝とよばれたかどうか疑わしいが、女子のうち末寺の室となった者（△印）を、男子で末寺の嗣となった者（〇印）と共に門跡の世代別に一覧にしたのが第84表である。なお、東派一流系図と東本願寺史料によって門跡の猶子となった者を確かめ、これを第84表に×印で書きこんでみた。その結果、猶子は門跡の子女が嗣子ないし室として入った大坊の嗣となっていることが判明するのである。

それではどのような地位にある者が猶子として養取されたのであろうか。これには、(A)連枝の嫡子、(B)領主の子、(C)連枝の後裔の三種があり、(A)が最も多数を占めることはいうまでもない。もし門跡の地位が一系の親子の間にのみ伝えられたならば、連枝の子は門跡の甥かイトコに大体限られる筈であるが、兄弟・イトコ等の間で門

第84表　東本願寺歴代子女の入寺先

所在	寺号	12 教如子	13 宣如子	14 琢如子	15 常如子	16 一如子	17 真如子	18 従如子	19 乗如子	20 達如子	21 厳如子	備考
京都	本願寺	○	○	○　○	○		○		○	○	○	本山
長浜	大通寺		○	×		○○	×		×	○	○	長浜別院
八尾	大信寺		○	○（○）			×	△	○	○	○	八尾別院
姫路	本徳寺	△		○		○	×××（×）		×	△	×	姫路別院
井波	瑞泉寺		×	○			×	（○）（×）	（○）	□×	×	井波別院
城端	善徳寺					（○）	×（×）			×	×□	城端別院
福井	本瑞寺	△		（○）（○）			××					福井別院
桑名	本統寺		○	○（○）							○	桑名別院
大垣	開闡寺										×	大垣別院
大洗	願入寺			○			×　×　×		×	×	×	
高田	本誓寺	△						○　×				笠原別院
高山	照蓮寺		△								（○）	高山別院
箸尾	教行寺	△	△				×	△（×）		？		五箇寺
天満	本泉寺			△								同
射和	本宗寺			△				○				同
高田	浄興寺	△										巡讃，のち五箇寺
金沢	専光寺	△	△	△								巡讃
名古屋	興善寺	△										

○は門跡の子女にて嗣となりしもの，△は同じく室となりしもの。×門跡の猶子，□同じく養子にして嗣となりしもの。（○），（×）一時住職あるいは兼務を示す。従如の欄の○△ともに子女ではなく，弟妹。

跡の位が伝えられることもあったため、連枝の子でも門跡からいうとイトコの子に当るのがなかにある。これらのうち嫡子のみオヤコの盃を賜わって門跡の猶子とされ、父なる連枝の住する御坊の相続を許された。古くは連枝の嫡子必ずしも門跡の猶子とならず、また御坊相続を仰付けられるとは限らなかったが、東本願寺十七世真如以後二世の連枝は定例のようになった[3]。かくて連枝住職を例とする寺が何ヵ寺か成立した。第84表の上段はそれである、大通寺・大信寺・本統寺は開創当初から連枝住職の寺であったのに対して、本徳寺はがんらい五箇寺（後述）の随一であり、瑞泉寺・善徳寺・本瑞寺などはもと五箇寺に亜ぐ家柄巡讃地で

あったが、連枝住職を例とするに及んで、格式五箇寺を越えるに至った。これらの連枝寺では二世連枝の子孫は他へ転住する例であり、そのあとへ直連枝が入ってつねに本山との血縁の近さを維持し、いわば本願寺出張所として地方門末に臨んだのである。(4)

連枝の嫡子でなく、本願寺の血縁者ですらなくて猶子とされた例がごく稀にあった(B)。それは井伊家（大通寺）・前田家（善徳寺、嘉永1・10・24記事）・戸田家（開闡寺、万延1・10・10記事）など領主の子弟が領内の本願寺門下大刹に入った場合にみられる。これは領主の子弟を優遇してその外護を確保しようという対領主政策によるわけだが、また他面、それらの寺の住職となるにはいくら領主の子弟でも連枝ないし連枝の待遇をうける者でなくてはならぬことを示している。最後に、連枝の単なる後裔で猶子とされた水戸願入寺の例がある(C)。願入寺に限って連枝の玄孫以下に至るまで代々猶子となりえたのは、本山が水戸徳川家の強引な交渉に屈したためであり（文政7・閏8・23記事）、宗門内では多くの非難をうけた。

門跡猶子のうち、(A)は二世の連枝ともよばれたが、(B)・(C)を含めるとき、准連枝の語がより適切である。それは現代的視点からの整理でなく、近世においてすでにこのような理解のあったことは、「御門主ノ直ノ御子ヲ連枝ト名ケ、其御子ヲ門主ノ猶子トシ玉フヲ准連枝トイフ」由、『真宗故実伝来鈔』(5)に明記されているのに徴して明らかである。しかして、准連枝は連枝でないが連枝の待遇を与えられた者、というよりも、一種の連枝であったと理解するのが事実に近い。幼くして猶子となれば呼名を与えられ（但し君号ではなく、麿号）、直連枝たる父が早世すれば本山に召しよせて養育され、そして得度のさいには門跡の法諱・法名の各一字を賜わり、かつ生前から院号を用いることを許された。その点何ら直連枝と差別がなかったからである。もちろん座席は直連枝より低かったが、それは連枝の間での格差にすぎなかった。つまり、連枝という身分の内側が直連枝と准連枝（猶子）

とに分かたれたにすぎない。

さて猶子関係の設定は、遠くなりゆく同族の結合を回復更新したいという情緒的な要請とからみあい、かつまた慣例維持という形式性の要請に沿うて作用しながら、族的結合を更新ないし拡大しなければならない何か実質的な必要に応ずるものであったと思われる。まず、連枝の入寺を切望する地方門末の要望（例、文政8・2・19記事）に添って法主名代として地方の大坊に住せしめるための猶子であった。『井波瑞泉寺記録』（龍谷大学本願寺史編纂所蔵）はこの点を左のように説明している。

一、御連枝ト申者御本山御境内可令居住事定例事ニ候然処旧格茂有之依願招請有之候得者諸国御由緒有之御坊へハ為御名代住職被仰付候尤京都近国之御坊住職之連枝ハ年頭報恩講壱ヶ年者両度宛上京之事ニ定例ニ候遠国之儀者御法会御太礼等之節上京之事連枝之定例ニ候間其心得尤ニ候尚又不事御用等ニて上京之事茂可有之候得者其節指支申間敷事

一度連枝が入って連枝寺となっても、機会ある毎にその例を再興しておかないと先例が認められないので、代毎に連枝の派遣を願うのが当時の一般的な傾向であった。これは必然的により多数の連枝を必要とするが、直連枝だけでこの要請に応じきれぬときには、連枝の待遇を与えうべき者をば猶子となして地方に下向せしめねばならない。真如以後連枝嫡子が門跡の猶子となる例が確定したのは、一つにはかような本山自体の必要に根ざすものであろう。次に、猶子を門跡の名代として地方に置くことによって門末との接触をより近いものにし、やがて門末の掌握をより確実にすること、つまり教団統制の手段とされたのであった。客観的な法秩序に対する忠誠心を欠く社会において巨大な機構を維持するには、第一次的な社会関係の上と下への連鎖が必要であり、かかるものとして最も効果的であったのはオヤコ関係の設定であった。そこで、それぞれ大きなピラミッドの頂点をなす門末の最高格寺院に、血脈をもって本山相続の控えとして立つ連枝を配置することによって、本願寺はこれらを

包含してさらに巨大なピラミッドの頂点に聳える己自身の地位を堅固に維持することができたのである。専修寺には門跡の子女が少なかった開係から、連枝住職の例をもつ末寺はないが、三河妙源寺・越前本流院などが累世門跡の猶子となったことは、それぞれ三河と越前の中心寺院であることを思うとき、これまた門末統制の効果をもったと称しえよう。

以上、猶子の制度をいわば功利的にその果す機能の面から観察したのであったが、他面、これは門末統制の手段たるに止まらず、原義の示す通りオヤコ関係の契約であって、オヤコとしての親密な交情もまた期待されたのである。前門跡達如の猶子として善徳寺住職になった亮麿（前田家末男）について、

大御門主（私註達如）ニも被及御高年候ニ付、御親子御契約相済候上者、節々御便も御聞被成度との御事に候間、年頭暑寒幷御吉事丈ヶハ御附之御役人ゟ坊官等へ向御伺被仰上候様相成度、（嘉永1・12記事）

とあるのをみよ。節々には猶子から便りをほしいと猶父の側から希望されているのである。また、井波瑞泉寺断絶により東本願寺光晴（常如）の弟常照が入院したが、若くて死亡したあとにまだ八歳の嗣子が遺された。そこで死去の翌年（宝永元年）、時の門跡で遺児の従兄にあたる真如（常如子）がこれを引取って猶子となし、家臣を越中まで迎えにやって京都につれて来させ、手許で養育したのである。やがて十四歳になると得度させ、正徳元年（一七一一）十六歳の時、瑞泉寺嗣として下向せしめた。(6) 連枝の遺児を引きとって養育を加えたこの事例のなかに、猶父と猶子の関係の原型が偲ばれるように思う。それは、よし双方の功利的な必要の所産であるとしても、なお父のごとく、子のごとく、養い養われる親密な生活連関を基底にもったものであろう。

なお、連枝の女が教団外の大刹へ縁組するときには、門跡の養女となった。例えば厳如弟深量院達智の女が厳如の養女となって姫号を君号にあらため、木辺派本山錦織寺へ嫁したのはその一例である（文久1・2・9記事）。

註

(1)「東派一流系図」、『新編真宗大系』19巻、三一～四一頁。
(2)『大谷本願寺通記』、真宗全書本二七一頁。
(3)『安永勘進』第二章御代々連枝之事、第一御連枝名目之事。
(4)「御連枝二世ニ限ル例」、「御坊御連枝方住職」。何れも大谷大学図書館所蔵文書。
(5)『真宗故実伝来鈔』巻下、真宗全書本四三七頁。
(6)「井波杉谷山瑞泉寺由来幷住務血脈次第」、越中立野妙敬寺文書。

(四) 五箇寺の猶子関係

猶子関係は本山に限られるわけでないから、次に末寺側の猶子関係を一瞥しておきたい。それによって本山の猶子関係の特質が一層明らかになろうし、又本末関係の理解にも一つの光を投げうることであろう。

大谷派では連枝寺（別格別院）を除外すれば五箇寺と称されるのが末寺中最も格が高い。五箇寺とは東西分立にさいして教如に従った勅補院家の本徳・教行・慈敬・願得・本泉のいわゆる五箇寺組院家にその名を発し、のち西派から帰参した光善・慧光・真宗、寺蹟再興の願証・本宗、計五ヵ寺を加えて、近世には十ヵ寺を数えた。遠きも播・濃・勢、大部分は摂・河・泉・和・江の近国にあり、本山境内にも屋敷をもって交代に両堂式務の重責を荷った。がんらい蓮如の時代に法流の大事相伝の家柄として立てられ、本山伝燈の間に直授がなされないとき返伝する例であったが[1]、連枝寺と異なって子孫相続を特徴としたから、寺の創始において蓮如あるいは実如の子が入り、また以後も門跡の子女を嗣子あるいは内室として迎えたことがあるにせよ、血統の上では門跡と必ずしも近くなかった（第84表で明らかなように本徳寺はこの点例外であったから、のちに五箇寺の班列を脱した）。しかしそ

第85表A　五箇寺における公家猶子の例

猶　父	猶　子	典　拠
醍醐大納言輝弘	本泉寺	天保2・12・12記事
醍醐中納言	同上	万延1・12・25記事
山本大納言公伊	真宗寺超芸（琢如孫）	東派一流系図（真宗大系19巻）
広幡故前内大臣	同常称院	万延1・12・22記事
烏丸中納言光祖	教行寺遍継（一如曽孫）	東派一流系図
千種大納言有輔	光善寺従玄	五箇寺寺蹟誌（大谷派宗務所蔵）
千種宰相有故	願証寺真高（一如曽孫）	同上
西園寺	願得寺	清沢兼円氏談
徳大寺	本宗寺	同上

第85表B　その他東本願寺門下公家猶子の例

猶　父	猶　子	典　拠
西園寺左大臣致季	大信寺性含（琢如孫，真如猶子）	東派一流系図（八尾別院）
四辻宰相実長	善徳寺性致（一如曽孫）	同上（城端別院）
滋野井大納言公澄	報恩寺性晴（琢如孫）	同上
万里小路大納言植房	専光寺性憲（琢如曽孫）	同上（巡讃）
西園寺前中納言寛季	慈願寺達能（八尾）	嘉永6・3・2記事
滋野井大納言公澄	浄福寺公円（酒田）	佐々木求巳，公巌師の生涯と教学
同　公麗	同　公勤	同上

の嫡系は代々門跡の法諱・法名から各一字宛、あわせて二字を拝領した。「御二字拝領ノ輩ハ御忌ヲモ蒙ムルヘキ仁ノミトイヘル故実」(2)であったが、二字拝領の人必ずしも猶子ではなく、本徳寺以外の五箇寺では、十八世従如（もと十七世真如猶子）を出した教行寺の嫡系にのみ門跡猶子の例が見出されるに止まる（文政6・1・16記事）。そして、却って五箇寺が公家を猶父に立てたいくつかの例が発見されるのである（第85表A）。真宗諸本山は宮門跡や摂門跡に対して准門跡とよばれ、准門跡の先例を相続するには摂家の猶子となることが必要な手続であったように、勅許の院家は「大納言ノ息、大臣ノ猶子ト成テ昇進」(3)する例であった。近世真宗の院家は勅許に准じて本山の私に許した官職であるが、五箇寺はがんらいの勅補院家であることとて、古格を重んじて公家の猶子となったのであろう。

だとすれば、勅許を経ない院家もなしうる限りこの例を踏襲したことと思われる。そこで注意すると、連枝住職を例としたのちの別格別院および巡讃クラス以下の寺にもこのことが見出される。管見に入っただけでも第85表Bに掲げた諸例があるのである。

以上によって本願寺門下でも五箇寺はじめ高級寺院は清華家およびそれ以下の公家の猶子となったことが分る。願得寺は開基実悟夫人の里方でその後も何度か縁組関係のあった西園寺家を猶父とし、また慈願寺については、西園寺家と「兼而内縁御座候ニ付」(嘉永6・3・2記事)と記録されていることから、特別の縁故のある公家の猶子となることを家門の光栄としたわけで、むやみに名家と関係を結んだのではなかったことが推測される。しかして本泉寺などでは累代の縁であったかにみえるが、真宗寺などではそうでなく、全体として末寺の猶子関係は東本願寺と近衛家の間にみたような累代の家関係では必ずしもなかったと考えておこう。なお、東本願寺は庇護者徳川家を憚った外は誰の許可を得る必要もなく直接に近衛家に頼んで代々猶子にして貰ったのであるが、門下の末寺では必ず本山の許可を必要とした(天保2・12・12の記事など)。これは、本末関係すなわち門跡との潜在的な猶父猶子関係が公家とのそれに優先し、前者において差支えなき限り後者が認められること、後者は前者に比べてより周辺的な関係であることを示している。それにしても大信寺性含の如く門跡猶子でありながら、同時に西園寺の猶子となるということはどうして生じえたのであろうか。思うに、まず何らかの所縁で西園寺の猶子となり、のち大信寺の嗣と決まって門跡の猶子とされたのではあるまいか。

これらの寺が公家の猶子となったのは、単に古格の尊重ということだけでなく、家門の栄誉とする意識もあり、さらに寺格を高める手段とする者もなかにあったかと思われるが、これは明和四年幕府によって禁じられた。また、公家を猶父にたてれば、僧綱の勅許を乞う際に何ほどか有利であったかもしれぬ。しかし、僧綱の推

挙は本山を通してなされたし、また五箇寺の官位は法橋・権少僧都という低いレベルに終ったから、この意義をあまり大きく評価してはならないであろう。

さて、連枝の側にもそれ自身の猶子があった。猶子側としてはだいたい寺格を高める方便であったが、その傾向のさらに顕著なものは五箇寺猶子である。五箇寺の嫡子は得度のさい法主の二字を拝領し、次男は一字拝領、養弟猶子も次男に准ずる待遇が与えられたので、さほどの縁故もないのに五箇寺の猶子となって寺格を高めようとする者が現われた。門地が高いだけで必ずしもこれに相応するほど門徒の数が多くない五箇寺(4)にとって、猶子契約の礼金は魅力のある臨時収入の方途であったし、本山式務関係の最高補佐役たる五箇寺の生活保障に対する配慮から、本山もこれに対して幾分か寛大であったらしい。しかしながら、因縁ある者が結ぶオヤコ契約の当然の結果としてしかるべき待遇が許されるのとは異なり、待遇を免許されんがための方便としての猶子成であったところに教団構成の根本を破壊していく胚子がはらまれていた。そこに寺法の要請として、猶子までも次男の格の得度を願うこと然るべからず、向後停止の旨、五箇寺に対して門跡の沙汰が示された所以がある。すなわち、

（前略）各方之儀者惣御末寺之亀鑑とも可相成寺柄ニ候得者、万事堅固ニ被相守、此末御寺法向不相紀(ママ)様御専謹可被申上心得肝要ニ思召、就夫次男得度之儀ニ付而者、文政八年、天保三年御沙汰之趣も被為在候処、猶其後も無拠子細被申上、養弟養子等次男之得度被願上候事不可然思召候、就中近頃ハ猶子迄も、次男格之得度被相願候事有之間敷儀ニ被思召候間、向後御停止被仰出候、尤御連枝方御猶子ニ而も別段御会釈之御免物無之事ニ候へハ、此末難止子細有之猶子被相願候共右ニ被准候事

（嘉永4・12・12記事）

かくて、安政五年本山両堂殿宇悉く類焼の厄にあい、境内に散在居住の五箇寺屋敷また残らず焼亡したとき、宗祖六百回忌を目前にして夫々役を仰付けられていた面々も装束を新調する資力なく、本山またこれを顧みる余裕

がないために、分流取立廃跡再興を名として五箇寺の縁故者に別助音地一ヵ寺宛許可されたが、猶子の特典は復活されなかった。また元治元年兵火のため再び全焼の憂目をみたさいも同様の恩許をもって下附金に代えられた。尤も後の場合は、五箇寺が「拙寺共聊成共御取持可申上候処、頂戴仕候儀ハ不本意之至ニ奉存候」とて下附金を辞退し、その代りに分流取立を願出たのであった（元治1・11・5記事）。これは、内示された下附金の額よりも、別助音のいわば株を一ヵ寺宛恩許され、これを関係者に与えて受ける礼金の方がよほど上であったからかもしれない。しかるに、慶応三年前住達如の三回忌法要会行事を申付けられたときに、「何レモ必至難渋ニテ在京難相成旨申立拝借殿上ラレ候へ共御聞済不相成依テ各ニ猶子一人宛御免許被成候事」（足利瑩含氏手控）となり、先年廃された猶子が一層明瞭な売官の目的をもってここに再興されたのである。しかし、本山への献金次第で高い格が与えられる（買得できる）明治二十年前後以降の露骨な売官制度と比較するなら、オヤコ契約を前提とする売官であったところになお近世的な特色が見出される。

オヤコ契約はかくて方便としての意義を最も強烈に示現することになり、まさに末期的段階に到達した。あたかも五箇寺猶子の再興直後（慶応四年閏四月）、天皇家では猶子の制を廃し、従来天皇の猶子とされた有栖川・伏見・閑院の三宮家は以後天皇の養子として親王宣下あることに改まった。[5] 明治元年四月江戸城を収めて明治新政府がまさにその業を創めんとするにあたり、猶子関係に象徴される徳川家三百年の恩顧から諸大名を解放するために、まず天皇家の猶子制度を廃したものと考えられる。これによって公家武家僧侶からなる貴族＝上流社会の猶子制は急速に解体に向った。東本願寺では旧弊一洗をめざす諸改革の一環として、朝廷における摂関廃止の例に倣って明治五年十一月に五箇寺の称号を廃止し、そのさい諸国僧侶醜態の一根源たる分地（分流）猶子養弟等の称もあわせて公式に廃止した。[6] 呼称を廃するとはこの制度を廃することに外ならない。さまざまな資料からか

第86表　五箇寺の猶子

猶父		関係	猶子				契約の時	出典
寺号	諱		所在	寺号	法名	元の法名		
真宗寺	朗覚	養弟	河内	光徳寺	達昭			(1)
慧光寺	朗誉	同上	南部	本誓寺	達足		天保9. 5約	(1)
同上	同上	猶子	信濃	善敬寺	厳静			(1)
本泉寺	(一実院)	同上	尾張	浄顕寺	厳俊			(1)
同上	朗祐	同上	同上	同上	厳隆		安政6. 2約	(1)
光善寺	朗顕	養弟	越後	長照寺	厳麗		安政7. 3約	(1)
真宗寺	朗云	猶子(三男分)	播磨	円光寺	祐賢		慶応1約?	(1)
同上	勝含	猶子(二男分)	越後	本広寺	厳亮		慶応2. 7約	(1)
教行寺		猶子	同上	西性寺	厳明			(1)
光善寺	朗顕	同上	能登	善慶寺	厳栄	栄運	慶応3約	(2,3)
願得寺	勝寿	同上	加賀	永照寺	厳量	慶俊	同上	(2,3)
本宗寺	勝詮	同上	能登	乗光寺	厳栄	豊栄	同上	(3)
慧光寺	勝淳	同上	同上	真念寺	厳梁	俊梁	同上	(2,3)
真宗寺	勝含	同上	越後	菓城寺	厳誓	本誓	明治1約	(2,3)
本泉寺	勝俊	同上	美濃	宝光寺	厳秀	秀倫	同上	(2,3)
教行寺	勝誓	同上	尾張	正起寺	厳融	融愷	明治4頃?	(3)
慧光寺	朗誉	同上	能登	真念寺	厳誠	俊嶽		(1)
光善寺	勝顕	養二男	越中	超願寺	厳祐		明治15. 8約	(1)
同上	同上	養三男	飛驒	浄覚寺	昌寿		明治29約?	(1)
本泉寺	勝俊	二男分	加賀	西福寺	厳昭			(1)
光善寺	勝良	養弟(三男ノ格)	和泉	南溟寺	哲		明治34約?	(1)

出典　(1)『五箇寺寺跡誌』(大谷派宗務所蔵)。
(2)『東本願寺史料』, 明 1. 4. 8 記事。
(3)　足利瑩含氏手控。

き集めた五箇寺猶子の一覧（第86表）をみると、慶応三年に一つのピークがあり、明治四年頃までとそれ以後とでは、猶子から養子へと名称に変化が生じ、それも急速に廃滅に向っていることが理解されるであろう。

註

（1）『安永勘進』第一章御別当職御相承次第之事、第八世蓮如上人、第十世証如上人、第十一世顕如上人。第三章院家一家之事、第四　五箇寺名目之事。
（2）『大谷派寺法格式故実幷由緒寺院系譜』、大谷大学図書館蔵。
（3）『真宗故実伝来鈔』巻下、真宗全書本四三八頁。
（4）天満本泉寺一、五五四軒、出口光善寺六八四軒、富田教行寺四九〇軒とかなり多いが、なかに鴨慈敬寺一九三軒というのもあり、東本願寺門下大坊と比べる時、寺格の高い割に門徒数が多くない。上記の軒数は『社寺取調類纂』（国会図書館蔵）による。
（5）『有栖川宮総記』、三頁。
（6）『厳如上人御事蹟記』六（東本願寺所蔵）明治五年十一月五日の条に、五箇寺の称号を廃し分地猶子養弟等の称を廃する直接の動機となった改正掛の建議が載せられている。

㈤　猶子関係の変質

明治に入って真宗本山をめぐる猶子関係がどのように崩れ、またどのように維持されたか、この点を吟味して本節を閉じることにしたい。

まず摂家との関係をみよう。資料は主として『明如上人日記抄』二巻（昭2・8、及び2・11、本願寺室内部。典拠は日付で示す）によった。したがって九条家と西本願寺の関係が以下の記述の中心となる。

⑴　西本願寺では明如の子女が明治九年・十年・十四年・十八年に相ついで誕生しているが、九条家から童名を

進められたようにはみえない。尤も明治二十四年十二月に法嗣が童名を改めるにさいして九条家へ異存の有無を照会しているから、童名をつける場合にも都合の問合せ位はしたことであろう。

(2)　明治十八年十一月明如の長子峻麿が法嗣ときまったが、九条家の猶子にはなっていない。しかし同年十二月法嗣の得度式挙行につき九条家へ通報し、九条家から祝として指貫料が贈られた。九条家叙任のせつは本願寺から通常礼服を、本願寺得度のさいは九条家から指貫を、何れも代料十円をもって贈ることに両家の間で約定されたのはこの頃のことであった（これは嫡子に対する祝であるが、次男嶺麿が明治二十五年四月に得度したときも肴料樽代五百疋を贈られた）。このように猶父との交際が保たれたことは他にも例を指摘することが出来る（明23・5・29記事）。

なお上述の法嗣得度のさい、青蓮院から、宮門跡の時代ではないので先格の通りお取扱いたしかねるが、祝儀として剃刀二挺進贈するということであった。そして法諱の方は沙汰やみになった。

(3)　猶子関係を結ぶことは結局行われなかったけれども、本願寺法嗣が九条家を初めて訪問したときに当主道孝と祝盃を交すことで、累代の関係を維持する合意が示されたようである。『明如上人略年表』は、これを「猶子の儀に准じて歓盃あり」（五〇頁）と記している。なお、左の記事（明20・3・26）をみよ。

午後二時ゟ九条家招請につき参上、饗応有之、兼而峻麿得度以降猶子云々之儀有之候得共、従前之通にも難致故、初而参上の節祝盃云々之話、昨春有之候処、其後行違之義有之、彼是致候末、其儘に相成候に付、本日幸御招故、内儀に而従一位公と峻磨と歓盃、礼服等も無之、平服之儘也、依而俄に祝儀目録を差贈、翌日答礼之使可宗勤之、表書院に而直答、別席に而祝酒遣之斗也。

(4)　明如夫人は広如の養子徳如の女（したがって戸籍上は明如の姪、実は従兄の女に当る）であったから、もと

もと西本願寺の人である。そこで明治八年六月一応東本願寺光勝（厳如）の養女となった上で二条家の媒酌によって入輿した。また東本願寺でも、厳如法嗣現如の室木下氏は明治六年四月に本願寺光尊（明如）の養女として婚嫁した。これは明治五年六月十五日に東西両門主兄弟の約を結んで、養子としあう盟約が取り交されたからであるが(1)、明治以前ならば九条家あるいは近衛家の養女となり、かつその媒酌で入輿したことと思われる。このように猶父の機能の脱落がみられるのである。しかし、明如次男が木辺錦織寺へ入ったとき（明27）九条家に、また明如長女が一身田専修寺へ婚嫁したとき（明25）近衛家に、それぞれ媒酌を依頼したことは、媒酌人として依然猶父が頼られていることを知らしめる。

(5) また明如妹朴子が青山御所へ参入するにあたり、まず九条家へ着いて支度を整えた上、九条公同道にて御所へ伺候しているのも、門跡参内の旧慣を伝えるものとして興味深い（明15・7・10記事）。

以上概観したように、九条家とオヤコの契約を結ぶ風は明治以後絶えたが、なお両家の交際のなかに前代の様相が残されているのを見落すことができない。東本願寺でも、明治二十二年家憲制定のさいに三条公・松方伯と並んで累代の猶父近衛公に対し、「此家憲中重要ノ事件ハ御協議ニ預リ御庇護ヲ蒙リ度」(2)と依頼したのは、猶父猶子の交際を維持するものである。しかし、猶父との関係が維持されつつもこれと並ぶ重要な関係が他に生じ、猶父の重要性がそれだけ減ずることになった。こうして猶父猶子の関係は漸く薄まりゆくと共に、両者の上下関係がより対等の関係へと推移したように思われるのである。前掲叙任・得度のさいの贈答の約定にもこれが窺われる。また東本願寺光瑩（現如）の長女が九条家へ婚嫁するにあたり、大宮御所の内意によって九条家猶子の本願寺光尊が媒酌人となったが、前代ならばかようなことはありえず、必ずや宮家か摂家に依頼されたことであろう（明25・5・26記事）。かようにして、摂家との猶子関係は半ば存続し、現実の交際及び猶父に対する年忌法要

の厳修において維持されながら、同時に変質していったのである。

次に門下の猶子関係はどのように変ったであろうか。まず、門跡猶子の語は殆どみられなくなり、この関係を示す必要がある時は、東本願寺では、大垣開闡寺住職大井勝相（厳如猶子）の例にみる如く門跡養男とよばれて系譜にも加えられた。これは天皇家において猶子を廃して養子と改めたのを範とするものである。他方、系譜に加えるほどではないコはなおも猶子とよばれることがあったが、その例はごく稀にしかみられない。[3]しかし門跡猶子は法主代理として地方門末の前に立つ教団統合的機能を荷ったので、猶子の語が廃されてもその実は存続した。そして明治十五年八月連枝の称号復興のさいに直連枝に対する准連枝として再び制度化され、[4]さらに明治二十二年の家憲に於て、「皇子ヨリ皇玄孫ニ至ルマテハ男ヲ親王」とするという『皇室典範』（第三一条）の強い影響のもとに、かつ法主の男系の子孫玄孫に至るまで近親とする安永五年（一七七六）の定式に則って、[5]連枝の子孫四世に至るまで准連枝と規定されたが、内容的に近世の猶子と同じものでなくなったことは明らかであろう。西本願寺では明治二十四年の内範において連枝の嫡男を一等連枝（直連枝）に対する二等連枝とし、また特別の事情ある者を准連枝と規定して、そこに猶子の性格を色濃く残存せしめた。また、明治十五年東本願寺で五箇寺の称号を復すると共に猶子取立の件も再興されたが、すでに猶子とはよばれず、養二男・養三男などといわれたことは第86表にみた通りである。かくて猶子の語は記録の表面から姿を没し、それに対応する語も必ずしも前代の猶子を正確に伝えるものではなくなりつつ、半面、猶子が荷った実質的な機能の幾分かを依然継承したのである。

真宗諸本山をはじめ我が国上流社会の猶子制度は明治維新を契機として甚大な変化を蒙ったが、猶父猶子の漢語を用いず、烏帽子親・鉄漿親、あるいは単純に親分子分の称に従っていた中流以下では、さしたる影響を受け

ることなく依然この慣習が維持された。それは、上流の猶子制度が中流以下の親分子分慣行よりも封建社会の政治形態に直接結びついた制度で、政体の変化によって強く影響されたからである。また、両者は日本人の社会結合の特徴的な様式として共通する性格を根柢にもちつつ、他方で異なる性格を併せもったからでもある。すなわち、前者では家格の維持と向上がオヤコ契約の主な機能であるのに対して、後者では生活の保障が関心の中心に据えられたことである。明治維新は上流社会の家格のあり方に大きな変化を与えたが、中流以下の生活保障の仕方にはこれという変化をもたらさなかったので、親分子分慣行がそこでは依然として存続し、経済の発展によってこの慣行の消長が直接に規定されるままに放置された。一部の農山村でこんにちなおこの慣行がみられることは周知の事実である[6]。しかしながら上流社会の猶子関係にも、単に家格の維持と向上に尽きないより実質的な機能を荷うものがあった。真宗ではそれは教団統合の要点に配置された猶子であって、これは、変形しながらも温存されたのである。

註

（1）徳重浅吉『維新政治宗教史研究』（目黒書店、昭10・2）、一九七頁。
（2）『大谷派家憲』、末尾。
（3）例。『大谷派寺籍簿』によれば、明治四十三年十一月興正寺住職華園沢称の長子が現如猶子となって大谷演澄と改称し、姫路本徳寺へ入ったとあるが、大谷家の戸籍簿には演澄の名なし。
（4）『現如上人年譜』（大谷派宗史編修所、昭10・4）、四一頁。
（5）『院家衆御近親列』、大谷派宗務所蔵。
（6）例えば山梨県など。その文献は、『山梨県秋山村中野・神野―東京教育大学社会学研究室社会調査実習報告―』（昭35・3、謄写版）、一五二頁に詳しい。

第四節　近世の本末関係

第二節および第三節において、本山を中心に「仏法」と「世間」の両面を考察し、それぞれ中世と近世の顕著な事象をとりあげて、本山の権威の由来するところと、それを具体的に支えた諸条件を分析した。そこに自ずから本末関係に対する洞察も示されているが、ここでとくに一節を設けて、比較的観察しやすい近世の本末関係を論じておきたい。

㈠　本末制度の確立

近世的な統一政権の確立過程において、その障害をなす諸大寺に織田信長が徹底的な武力弾圧を加え、これをうけついだ豊臣秀吉は主として政治的妥協によって仏教教団を新しい秩序のなかにおりこむ建設工作を始めたが、周知の通り、その完成は徳川家康をまって初めてなしとげられる。すなわち、徳川幕府は全国の諸大寺につぎつぎと寺院法度を下して教団の内部にまで強力な統制の手を伸し、支配機構のなかにがっちりと組み入れてしまった。そこに示された宗教統制の柱の一つが本末関係の確立である。早くも慶長二年（一五九七）の関東浄土宗法度に、本寺に背いてはならぬと規定されたのを始めとして、本寺の末寺統制権を保護する条項は重要な法度に必ず掲げられた。その最も代表的なものは、寛文五年（一六六五）の諸宗寺院法度における「本末之規式不可乱之」という規定である(1)。宗教行政の実際においても、本寺と末寺の争いは殆ど常に本寺側の勝と裁断された。さて、この趣旨に従って本末の秩序を維持するためには、本末の関係を個々について明確に登録した本末帳の作

製が必要となる。かくて、寛永九年（一六三二）幕府は諸宗本山に命じてその末寺を書上げさせた。しかし、本末関係がまだ充分に確立していないことを反映して、この調査は脱漏の多いものであったらしい。そこで無本寺の寺院にも本末関係を新たに設定せしめ、所属不明のものはこれを明確にさせて、元禄五年（一六九二）にあまねく各宗にわたる本末帳の大規模な改訂を行わせた。このようにして、寺院をすべて本末関係の網のなかに組みいれ、その本末関係を本末帳によって確定し、最末端の末寺から小本寺・中本寺と層序を重ねて本山に至る体統を制度化した。幕府はそれぞれの段階の本寺に末寺統制の権能を保護しつつ、結局のところそれを本山に服属せしめ、こうした大小の本山を自己の支配下に置いた。戦国大名の出現に伴なって成立した地方的本末関係がここにおいて全国的な本末組織へと統合され、また各藩の内部でも本末関係が一層緻密に整頓されて[2]、近世封建社会の成立に対応したのである。

現存する寛永の『諸宗末寺帳』三四巻（内閣文庫蔵）のなかに浄土真宗の書上げは見当らず、また水戸彰考館所蔵の『寺院本末帳』一三〇冊のなかにも、天明六年（一七八六）の『本願寺山城国末寺帳』を除いて真宗関係は皆無である[3]。そのため、近世における真宗本末関係の全貌を復元しえず、僅かに明治初年に書上げられた『本末寺号其外明細帳』（国会図書館蔵）によって推定するのみ。しかし本末帳の作製が真宗においても本末関係の確定を促したことは、「多クハ諸国ノ本願寺末寺ト儀定ハ寛永年中ノ儀ナリ、其旨旧記伝説等ニ委、今ヲ以テ昔ヲ計ルハ故実ヲ失スルノ甚シキ也[4]」、とあるに徴して明らかであろう。『高田浄興寺寺伝』にいう、「もと本願寺と本末の関係は無かったが、慶長年間本願寺が東西に分派の際、東本願寺教如上人の勧誘により同上人より浄興寺寺法を換えざる念書を入れて、浄興寺固有の末寺九十余を率いて東派に入り、以後中本山と称した[5]。」ことは、この寺伝の真偽にかかわらず、本末関係を全国的に組織していった時代の趨勢を思わしめるものである。このさ

い東西両本願寺・専修寺・仏光寺らは本山として認められ、何れも江戸在住の使僧をして寺社奉行と接触せしめた。これに対して越前の三門徒は別立を許されず、おおむね元禄六年（一六九三）、専照寺は天台宗妙法院、誠照寺は同輪王寺、証誠寺は同聖護院、毫摂寺は同青蓮院に服属して、それぞれの院家となった。末寺数は『大谷本願寺通記』によれば、西本願寺八、三五九、東本願寺「凡数万所」、専修寺凡七八百、仏光寺凡六百、錦織寺四〇余、専照寺二〇余、誠照寺凡五〇、証誠寺一〇余、毫摂寺四〇余という。

幕府によって保護された本寺の末寺統制権は、末寺住職の任免・僧綱の執奏・異義の取締・教学伝授・訴願届の進達などを含むきわめて包括的なものであった。しかし幕府は本寺の末寺支配権を創始したのではなく、従来からの本寺の権能を公権力で保護し、かくすることによってこれを支配の目的に利用した。したがって、本寺の権力は教団によって異なったし、また中間的な本寺と頂点にある本山とでは、権力に自ずから大きな差があった。(補註70)真宗ではとくにそれが著しく、はじめ中本寺とよばれたものが変質して、近世後期には単に上寺とよぶ方がふさわしくなったこと、およびこの変化の可能性が最初から存したことは、真宗における本末関係の特色であって、すでに第五章第四節でふれた通りである。

註

（1）　真宗に対する特別の法度は残っていないが、恐らく将軍の代替り毎に提出したと思われる誓詞に、本願寺門末の代表ともいうべき興正寺・本徳寺・顕証寺は、「従本寺被申聞候趣」、「任本寺之下知法式」堅く相守り申すべしと明記しているから、『諸宗寺院法度』がそのまま真宗寺院にも適用されたと考えられる。『本願寺通記』（龍谷大学図書館蔵）三冊之内上、参照。

（2）　芸州藩では、毛利時代から特殊な立場を占めていた仏護寺を寺院統制の中核に据え、それまで本末関係のなかった多くの寺院を仏護寺の末寺とした。山中寿夫「藩の寺院統制と安芸門徒」、『芸備地方史研究』37・38（昭36・5）、一七頁。

（3）　全国的な本末帳の編製には地方的な本末帳の作製が前提となったと思われるが、地方的な本末帳すら残存するものは

多くない。龍谷大学本願寺史編纂所が調査した約五百ヵ寺のうち、末寺帳を所蔵する寺は、文明年間編製の『門徒次第之事』を襲蔵する三河上宮寺を除外するならば、僅か左記の一二ヵ寺に過ぎなかったということである。

寛永三年（一六二六）	阿波安楽寺	『四ヶ国末寺帳』
寛延二年（一七四九）頃	豊前永照寺	『末寺一派寺院帳』
宝暦十年（一七六〇）	出羽専称寺	『自他末寺帳』
明和九年（一七七二）	豊後専想寺	『専想寺下寺帳』
天明三年（一七八三）	石見浄泉寺	『雲石御末寺帳』
天保四年（一八三三）	讃岐常光寺	『常光寺末寺帳』
天保八年（一八三七）	大和称念寺	『大和国内御一流寺院集』
弘化二年（一八四五）	備後光照寺	『御末寺印鑑帳』
安政七年（一八六〇）	備後照林坊	『当院末寺御請印帳』
年次不明	石見西蔵寺	『西蔵寺末寺帳』
〃	石見明清寺	『岩見国御末寺』
〃	備後高林坊	『末寺控帳』

（千葉乗隆「近世真宗教団の本末構造」、『近世仏教』2〈昭35・10〉、二一頁）

（4）『紫雲殿由縁記』、真宗全書本八四頁。

（5）昭27、『真宗浄興寺派の由緒沿革』、文部省蔵。

(二) 本末関係と寺格

真宗教団においても、末寺は必ずしも本山直末でなく、末寺間に上寺下寺の関係がもとはかなり広汎に存在した。かように、本山に対する関係において直末か孫末かという直接間接の差があるばかりでなく、同じ直末のなかにも格の高下がみられた。格が高いとは本山を頂点とする体統において本山により近いことであり、低いとは

より遠いことに外ならない。直属と陪属との差にかかわらず、こうした本山からの社会的距離によって末寺の品等をあらわすものが寺格である。寺格を代表する住職が本山に出仕したとき、寺格相応の座席に坐るが、この座席こそ視覚的に最も端的に法主との遠近を示すものである。そこで寺格の呼称には座席の名に由来するものが少なくない。寺格は本山によって末寺と認定され、末寺群の一員に加わったときに与えられるが、事由によって昇格も許され、寺格に応じた装束や資格なども本山から許される。上寺は僅かにその取次ぎをなすに止まったのである。

住職の座席は寺格によって基本的に決定されたが、また住職個人によって寺格が左右される面もあり、寺格の体系が整備されるまではむしろ後者の重みが大きかったと考えられる。そこで住職個人に着目すると、個人の属性のなかで本山からの距離に関係するものとしては、法主の一族であるかないかということが本山住職の世襲制によって最も重要な属性となる。これはとくに本願寺に著しい。本願寺では蓮如期に一家衆と大坊主の別が顕在化し、やがて一家衆の増加によって実如は一家を親疎に応じて一門と一家とに分かった。さらに顕如が門跡に列せられるに至って、一門衆は相ついで院家に勅補され、ここに公的な権威をもって裏うちされることとなった。しかるに院家の称が特定の寺に固定するに従い、ふつうの院家よりも身近な法主の近親は、証如が晩年准后に任ぜられたこともあって、親王の子弟をさす連枝の称をもってよばれることになった。(1) それと共に、一門から分かたれた一家衆にも、かつての一門衆同様本山にて内陣着座を許されるものと、旧来通り余間着座しか許されぬものとの区別が親疎によって生じた。かようにして、(連枝・)院家・内陣・余間の階級が出現したのであろう。

さて、余間以上は三等地といい、日野家の鶴丸の家紋を許され、得度の前に法主に対して「児の礼」があり、得度がすむと「お盃」を戴く等、法主一族の待遇を与えられた。また、養子をとる時にはとくに許可を必要とし

たことは、実如ら五人の兄弟の「兄弟中申定条々」のうち養子に関する申合せを遙かに想起させる（五一五頁）。僧侶死亡のさい本山へ冥加金を納める慣例は本山にて簡単でも供養したことを思わしめ、もしそうなら余間以上に限られたこれらの手続きまた、法主一族たることを示すものである。高級寺院のなかには法名に法主の一字あるいは二字を与えられる寺、まれに法主の猶子とされる寺もあった。しかるに余間より下級の飛檐以下では、本山出仕の席は余間よりも一段と低い天井張りのない飛檐の間か、あるいはさらに低い外陣であり、僧侶となる儀式も坊主剃刀と称する略式の得度が許されるばかりであった。したがって、飛檐以下は正式の僧侶とはみなされなかったのではないかと考えられる（第五章第五節㈢の註参照）。

寺格は寺の来歴と住職の個人的属性によってきまり、世々継承された。しかしそれは一定不変のものでなく、すでに天文四年（一五三五）、興正寺蓮秀が功績によって一家の列に加えられたように、功績や、五箇寺など名門から継嗣や配を迎えるといった新たな縁故関係が、寺格を高める契機とされた。寺格の体系が整備されるに従って昇進欲も刺戟され、昇進運動の事例が一層しばしばみられたことと思われる。諸国の末寺は、多少の縁故を手がかりとして競って寺格を高める運動をし、法主の子弟および特定の子孫に限って許される格式でもなければ、本山また一定の礼金（官金）を公示してこれを迎えた。東本願寺ではすでに江戸初期に一家(いっけ)取立の官金制度が成立していたのである(2)。積年の借財に悩む時や、大遠忌・御堂再建などで多額の費用を調達する必要に迫られた時、この制度は充分に活用された。しかし、献金によってではあれ、余間以上は法主の一族たる待遇を与えられたところに、単に売官とはいいきれぬ特色がみられる。余間に昇進したときには、同じ地方の余間以上の寺を招いてとくに入座の振舞をする風があったことに、法主の一族に加わるという末寺側の意識が窺われよう。

余間以上の寺院数の増加について、大谷派に若干の資料がある。享和二年（一八〇二）寺社奉行宛ての報告に

よれば（「諸宗階級」、『古事類苑』）、即座院家一八・次第昇進の院家一一三・計一三一ヵ寺であったのが、三四年後の天保七年に一九〇ヵ寺、さらに二一年後に二四七ヵ寺、宗祖六百回忌を厳修したその四年後には実に三一三ヵ寺を数えるに至った。内陣・余間また顕著な増加を示したが、とくに院家の増加はめざましく、まず余間が、ついで内陣が停滞状態に入ってもなお増加をつづけ、かくて院家の内側に寺蹟の複雑な再区分を生むことになるのである（第87表）。上寺は願書の添書権によってその下寺よりも高い寺格を維持しえたが、上寺必ずしも下寺より格段に多い門徒を有したわけでないから、上寺の存在は昇進のために、また昇進礼金の収納のために、却って障害になることもあり、上寺下寺関係はこうした面からも動揺してくるのである。

なお、本願寺の血のみちに対して法脈相承の嫡流たることを主張する専修寺では、余間以上と以下にみたような、法主の一族かどうかで階級を分かつ寺格体系をつくらなかった。そして、老分・中老・大衆分などと全く僧侶個人の法臘によって決定されるかにみえる名称を用いたが、寺格として寺についた格式であることはいうまでもなく、また最高を連枝格、次を院家と称するのは、本願寺と大同小異であった。ここでも一般的な寺格の昇進がみられた。

第87表　寺格余間以上の東本願寺末寺の増加

	間隔	院　家	内　陣	余　間	計
天保７年（1836）12月	—	190	256	391	837
安政４年（1857）１月	21年	247	290	322	859
文久１年（1861）３月	４年	313	395	429	1,137
明治18年（1885）５月	21年	1,342	1,560	666	3,568
明治29年（1896）１月	11年	2,132	1,685	887	4,704

註

（1）明治四年門跡・院家の称が廃止された時、西本願寺で連枝を一門衆、院家を一家衆と改称したことは、遙かに古風を復活せしものである。

（2）柏原祐泉「近世仏教教団の構造的変化」、『近世仏教』２（昭35・10）、四頁。

㈢ 本末関係の性格

末寺は、直属・陪属の差、寺格の高下の差にかかわらず、ひとしく本山の末寺としてその支配に服した。「仏法」の面では本末は師弟関係に外ならなかったが、「世間」の面では主従関係というべき節があった。この事実は、他宗他派からの帰参・勘気・追放など、本末関係の設定と破棄の危機的な事態において鮮明に観取される。延宝三年（一六七五）九月の最尊寺帰依証文をその一例として掲げよう（専修寺文書）。

一札

一今度御当寺江帰依被仰付難有奉存候御事
一御家之御式法之通相守いか様之儀被仰付候共相背申間敷候御事
一以来何様之儀有之候共改宗仕間敷候御事
右之旨於相違仕者仏祖之□(蒙カ)冥□(罰カ)可申候為後日如件

今後宗旨を替えないという誓約を前提として、いかなることを仰せつけられても違背しませんという箇条を理解するとき、これは全き服従を誓うものであって、農商における奉公人の身売証文に酷似していることに驚かされる。最尊寺とは江戸称念寺の寺中のなかに見出される最尊寺ならんかと思われるが、帰依以前に一寺として成立している以上、多少の門徒をもっていたことであろう。しかるに専修寺に帰依して、進退とも一切を本山に委ねることになれば、もっていた門徒も本山に差上げなければならない。門徒をあくまで自分のものに保留しておいて、いかようの指令もお請けしますというのでは話にならぬからである。尤も、帰依と共に門徒を差上げるといっても、本山の直門徒にするのではない。門徒を本山の管轄下に一旦納めた上で、あらためて自己の門徒とし

て配預され、その代りに門徒からの上りの幾分かを末寺役として上納したのである。されば、已の所領を中央の権門勢家に納入してその権威によって保全を全うし、これを本所本家と仰いだ荘園時代の慣行に一脈通ずるものがあり、本山本寺とよばれる所以もまたそこにあるというべきであろう。

右の最尊寺の帰依を遡ること二〇年、承応四年（一六五五）八月に、岩代国会津九ヵ寺の集団改宗があった（専修寺文書）。このときの証文には、宗旨替えをしませんという誓約に附して、

一、御本寺御為悪義仕間敷事

と聊か与力結合的な表現がみられるのは、本山でもこれまで末寺のなかった地方での帰依であるだけに、いくらか優遇したのであろう。しかし、証文の見出しは「奉任御意一札之事」とあり、前掲同様の趣旨を察知しうる。ことに遠方のゆえをもって本山へ出仕しないのでは帰依の意味をなさないから、とくに、

一、五年三年に一度ツヽ八師弟之内ゟ壱人ツヽは御本寺江参詣可仕候下野高田へ折々参詣仕御法話をも聞可申事

という一条を証文に加えて誓約せしめた。

寛文五年（一六六五）、岸田村堂ヶ山村の件について本山の指令に服さなかった安生寺（所在不明）は、遂に領主から所追放の処分を受けた。しかし、これでは一家離散して流浪するほかなかったから、詫をいれて追放を免れ、本山へも誓書を提出した。それによると、問題となった岸田村堂ヶ山村はどのように処置されても不服を申さないこと、どのようなことがあっても本山の利益に反することをしないこと、後々まで忠実に本山へ奉公すること、が誓約されている（専修寺文書）。かように本末の間では常に本山の利益が優先した。法主の門末に対する教諭書においても、「イヨ〳〵以テ法義相続神妙ニ相タシナミ本山崇敬ノ志ヲハケマスヘキモノナリ」[1]、と懇に示された。これは本山中心主義の端的な表現である。

本山の指示に従わないと、安生寺のように公権力によって所払いに処せられるか、本山から勘気を仰付けられた。一例を挙げると、北国の本寺と自認していた越中井波瑞泉寺が、本山住職の弟を迎えて旭日昇天の勢にあった古国府勝興寺の与力とされ、勝興寺の報恩講に参詣せよ、また勝興寺の入用銀を負担せよと指令された。しかしどうしても承引しないので、本山は勘気を申付けると同時に、越中惣坊主衆・惣門徒衆・越中惣御一家衆に対して、「於其地向後者（私註瑞泉寺と）付合有間敷」と指令したばかりでなく、瑞泉寺自体の下坊主衆・門徒衆に対しても、「瑞泉寺と一味不被申」るべしと命じて、勝興寺側で直ちに展開した強引な下寺・門徒だきこみ運動――むしろ強奪と称すべき暴力的奪取――を後援し、瑞泉寺を全く孤立無援に陥れようとした。他方瑞泉寺は本山の嵐のような弾圧を見通して、勘気の飛札が発せられる直前、慶安三年六月に西派から東派へ改派したのである。(2)かように本山は、瑞泉寺の如き有力な一家衆寺院に対しても、生殺与奪ともいうべき強権を揮った。

右の諸点を吟味すると、本末は主従の関係にあるといわざるをえない。少なくとも近世についてはそうであった。明治以後も、岩倉具視と井上馨が東西本願寺の両法主にあてた明治十五年九月の書翰のなかで、(3)

貴宗の若きは他の諸宗に比すれば大に組織を異にし、本末其の職を世襲するを以て、本山法主の門末僧侶に於ける、啻に師弟の誼あるのみならず、自ら父子主従の情義ありて存すと聞けり。（下略）

と述べた事実は存続したが、しかし次第に変化もしていった。この点を次節において考察したい。

註

（1）文化十三年二月「円祥文化宝訓」、『高田学報』18輯（昭12・12）、一一四頁。
（2）宇野柏里『井波志』（井波図書館々友会、昭12・5）。および『勝興寺文書』（東京大学史料編纂所影写本）。
（3）『明如上人伝』、四六三頁所収。

第五節　明治初年の本山改革

㈠　本山の構成―専修寺を中心として―

近世の本末関係が明治以降どのように変貌したかをみるためには、まず明治初期の本山改革を考察せねばならず、それは近世における本山の構成から説き起すことを必要ならしめる。ここでは専修寺を例として分析してみよう。

専修寺十三世堯真の女が豊臣秀吉に仕えた所縁により、慶長元年（一五九六）一身田村の内で寺領三五〇石を寄進され、さらに万治元年（一六五八）津藩主藤堂家より、一身田・大古曽・窪田三村の地三一、一六三坪を境内および門外の道路として寄進された。そしてここに二重の水濠をめぐらした典型的な寺内町が構築されたのである。寺域の中央には専修寺が大きく本堂・祖堂以下の甍を連ね、山門の外には多数の寺中と家臣の邸宅が連なり、さらにこれらを内に包む総門の外には、商工の民屋が並んだ。(1)その構成は、第四章第三節㈠で示した越中寺院の、寺家・家持家来・商売人家などからなる門前を想起し、その規模の大なるものと考えればよいであろう。専修寺は数百の末寺の本山たるのみならず、商工の民を含むこの寺域に領主として君臨した。(2)

寺中はすべて本山の譜代役僧であるが、これを二群に分かって考察することができる。第一群は、十二世堯慧が門跡号を勅許されてより院家に補された高格の寺中であって、智慧光院・玉保院・慈智院らがそれである。

智慧光院（西院）は、本山中興の真慧に随従して下野よりこの地に来った真祐に発し、本山十四世堯秀の内室智光院の位牌を安置した縁由で院号を定めた。当院七世および八世は西園寺家の猶子となり、九世は冷泉家の

息、十世は清閑寺家の息、また十一世は本山十九世息男の入室せるものである(3)。代々門跡の命によって末寺の僧綱昇進事務を担当した。がんらいそれ自身の門徒や下寺はなかったと考えられるが、明治初年で一身田の寺領内七四を含めて一六三戸の門徒があり（壬申戸籍、明5社寺明細帳）、また諸願届を本山に進達する手次下を山内で四ヵ寺、地方（伊勢）で一三一ヵ寺もっていた(4)。

玉保院（東院）はもと下野専修寺の山内にあったが、慧珍の代に本山中興の真慧に従って来り、一身田の草創期に輔佐の功をたてた。上記の西院と東西並び称される名門で、その十一世と十二世の内室に本山の姫が降嫁している（第27図参照）。明治初年で寺領内二三二を含めて六〇六戸の門徒をもち、手次下が山内に六ヵ寺あった（壬申戸籍、明5社寺明細帳）。智慧光院同様、地方に多数の手次下があったはずである。

慈智院（角院）は真慧に従って僧となった徳大寺実胤（空瑣）に発する。真慧歿後表面化した世嗣問題をめぐる抗争において、空瑣は慧珍と共に小坊主分の代表として奮闘し、とくに対外折衝に功績があった。そのためか代々野州専修寺を管し、一光三尊仏の鍵を預かった。また、以来累代徳大寺家の猶子となる。門徒は寺領内四七を含めて一〇九戸、手次下は山内に五ヵ寺あり（壬申戸籍、明5社寺明細帳）、なお越前の諸末寺もこの手次下であったという。

本山と特殊の因縁をもち、また本山にとくに功労のあったこれら山内三ヵ院は、世襲の院家として連枝を除く衆僧の首班にあり、第二群の寺中を率いて両御堂を中心とする日常・非常、恒例・臨時の大小の法会にて法主を輔佐した。祖像厨子の鍵を托されて開閉を掌り、法主に代って仏供を献進したのも彼らである。しかしいくら高格でも本山の役僧であったから、その屋敷には釣鐘を備えず、また御堂風に棟を上げて建てることも許されなかった。

第88表　専修寺寺中の第二群一覧

寺号	*開基年代	**取立の事情　（ ）内推定	*門徒戸数	***手次
成就院	大永元年	？	0	玉保院
常照院	？	（本山12世堯慧内室常照院菩提のため）	0	同上
厚源寺	明応10年	（本山16世堯円女厚源院　〃　）	58	同上
光信寺	？	（本山13世堯真息光信院　〃　）	0	同上
転入寺	？	（本山16世堯円息転入院　〃　）	0	同上
高松寺	天正15年	（本山15世堯朝内室高松院　〃　）	0	同上
献忠寺	文化10年	本山19世円祥女善鏡院　〃	0	智慧光院
三宝寺	天正2年	（智慧光院2世三宝寺真教に発す，同院支流）	0	同上
清光寺	？	（　？　清光院菩提のため）	0	同上
清涼寺	？	（本山16世堯円男清涼院菩提のため）	0	同上
隆崇寺	？	（本山16世堯円養子隆崇院　〃　）	0	慈智院
光寿寺	？	（本山13世堯真養女光寿院　〃　）	0	同上
梅渓寺	？	（本山16世堯円息梅渓院　〃　）	0	同上
妙雲寺	？	（本山16世堯円息妙雲院　〃　）	0	同上
大空寺	元禄7年	（本山16世堯円内室大空院　〃　）	0	同上

*　明5，社寺明細帳。明28，古社寺取調原書。
**　高田派宗務院文書。　***　明5，壬申戸籍。

第二群の寺中は下級の本山役僧である。殆どすべて門跡の内室・子女の位牌所として取立てられ、それに因む寺号を称したと考えられる（第88表）。明治五年で一五ヵ寺あり、本山中興真慧をこの土地に迎えて改宗した浄祐の末孫厚源寺を除いて、何れも門徒をもたない。これらは毎朝本山に出勤して院家の指揮のもとに奉仕し、本山直門徒の寺役などで生活をたてた。この外、一身田の近傍なる豊野の慈光寺は山内法泉坊を兼帯し、寺中同様に朝昏参堂勤仕した。その始祖性祐が本山中興常随の弟子となり、山内法泉坊に住した所縁による（明29古社寺取調、一身田役場蔵）。

院家以下寺中は法務を掌るが、それに対して本山の会計・庶務、寺領行政、および内事（法主家）の諸用に当るのが家臣である。安政三年の『雲上明覧』には、別院として智慧光院・玉保院・慈智院・深解院（玉保院十三世深解院か）の四院家が連記され、その下に家臣の名が出ている。家臣の筆頭たる坊官として、長岡宮内卿・国府谷式部卿・別所治部卿・長岡少

進の名がみえるが、長岡・国府谷は真慧に扈従して下野から来った従者の子孫である。また、安政六年には坊官の下位の御家司に明日香大蔵卿が加えられ、慶応二年の『雲上明覧』では坊官の列に入っている。これは本山十二世堯慧の息に発する家柄である。坊官以下三代以上相恩の家臣が明治八年の調査で五五家あり、最高一八石二斗（明日香氏）・最低四石四斗の家禄を食んだ。(5) 何れも寺中に伍して屋敷を与えられたが、とくに下級家臣の屋敷は境内の北裏に蝟集していた。師檀の関係としては、山内院家の玉保院（三九家）・慈智院（一一家）・智慧光院（六家）に、それぞれ括弧内の数の家臣が属した。

寺中と家臣からなる構成はどの本山にもみられる。いな、どの大坊にもみられたといってよいであろう（第六章第一節で述べた本流院の寺中と勝手方家来を想起せよ）。ただ規模に大小あるのみである。東西両本願寺の如きは専修寺よりもさらに大きかった。西本願寺では世襲の家禄を受けた者が百余名あり、坊官下間家の如きは玄米五一石六斗の年俸をうけた。(6) 寺中も数多く、元禄五年（一六九二）で院家七ヵ寺・地僧二〇ヵ寺を数えた。(7) このうち、蓮如の子弟に発する本照寺・教行寺・光善寺・慈敬寺は何れも地方に自坊をもつ院家であるが、本山の山内に屋敷を与えられ、年間相当の期間を本山にて起居したのである。中世末の一家衆もかかる形で法主を輔佐したものであろう。そういえば専修寺でも、津彰見寺や黒田浄光寺など末寺中で院家に補されたものがあり、それは山内に通所を設けて在勤した。東本願寺では寺中を堂衆とよんだことに端的に示されているように、両御堂の日常的勤仕が寺中の主な任務であった。

註

（1） 藤原義一「浄土真宗の寺院建築」、『仏教考古学講座』9巻（雄山閣、昭12・1）参照。
（2） 牧野信之助『土地及び聚落史上の諸問題』（河出書房、昭13・10）、一三三〜一三四頁参照。

（3）『智慧光院室代々法脈相承記』、智慧光院文書。
（4）『智慧光院旧手次下寺院号』、智慧光院文書。
（5）明13・9・15附『三重県令岩村定高宛常磐井堯煕書状』、宇田家文書。
（6）明30・2・20附『復禄請願書』、佐々木求巳氏所蔵文書。
（7）「山城・近江・播磨・丹波、浄土真宗末寺開基帳」、龍谷大学図書館蔵。

(二) 本山の改革

寺中は院家といえども両堂の勤仕を中心とする「仏法」にかかわるのみで、末寺行政など「世間」のことは中世以来あげて坊官以下家臣によって担当された。したがって末寺僧侶は行政的には悉く坊官の支配下にあったのである。しかるに文久元年宗祖六百回忌が修行された時、摂津常見寺明朗(補註71)らが初めて本山改革の説を唱えた。時代の改革的風潮が真宗教団の屋台骨を揺すぶり始めたのである。これは改革の狼煙に止まったが、越えて明治元年七月、妙誓寺黙雷・徳応寺連城ら防長二州末寺代表が本山西本願寺に上書した建白は大規模な改革の直接の動因となった。すなわち彼らは、朝政一新の折柄、門閥を論ぜず人材を登庸して本廟積年の弊風を一掃すること、具体的には、為法心なく私慾を追うに汲々たる坊官の宗政壟断を排し、有能な末寺僧侶の参加による真俗混和・内外一致の宗門事務局をたて、予算によって健全財政を行うことを要請したのである。根本的な改革を含むこの建白が大きな抵抗なしに採用されたのは、維新政府の樹立を背景にした防長有志の圧力と、それを受けとめた法嗣明如の開明性にあったといわれる。かくてこのさい大いに職制を改革し、旧来の坊官家司のうちから執政を任用したが、その上に総督・副総督を置き、それぞれ連枝本照寺沢依(明如弟)・教行寺摂観をこれに任じて事務を綜理せしめ、執政の下僚たる参政には諸国末寺の人材が登庸された。ここに本山要路は緇素混成の状態となっ

た。さらに明治四年の寺領上知につづく家臣召上げ以後、俗人の従者をして寺務を執らしめることが差し止められたので、実権は全く僧侶の手に帰することとなった。かくて、有能な末寺僧侶を寺務所の官僚とする絶対主義的教団の形成に注目すべき時期を画したのである。(1)

薩長方面に末寺の少ない東本願寺では、藩政改革から維新政府樹立に至る運動を通して本山改革を必然ならしめる契機が成立しなかった。たまたま、明治元年八月に耶蘇教研究のために護法場が開設され、ここに集まった末寺の青年僧が本山の弊政改革を唱えたが、なお家臣の権力は強く、その一方的な弾圧の下にあえなく潰え去った。しかし、廃仏の騒ぎが各地で大きくなるにつれて、本山当局の無為無策に憤慨する有志が諸国から上京して護法場の本山刷新運動と合流し、家臣召上げの好機に乗じて寺務所の開設を要望した。かくて明治四年十月、連枝大通寺勝縁（厳如次男）が執当に、護法場主闡彰院の門弟永順寺舜台・法因寺契縁らが議事に任ぜられて、新しい歩みを始めた。これに対する旧家臣らの烈しい抵抗は忽ち闡彰院の暗殺となり、甚だ多難な前途を思わせたが、改革派は京都府権大参事槇村正直（旧長州藩士）の後援をうけて、翌明治五年三月改正係を置くことに成功し、旧家臣の反対勢力を圧倒して本山の改革を進めた。公権力に結びついて宗門の改革を断行したことは事情やむをえぬとしても、政府を笠にきて法主にまで決定をおしつけ、門末には圧制を以て臨む弊もここに胚胎した、といわれる。(2)大谷派でもまた本願寺派でも、維新における本山の改革を指導した人々によって明治前期の宗門政治が左右されたことは、この本山改革が封建教団を近代教団に転回させる大変革であったことを物語っている。

高田派では家臣団と末寺僧侶との間の確執なしにこの変革が成就された。というのは、すでに述べたように専修寺には三五〇石の寺領があり、この物成のうちで五五名の家臣に扶持していたが、明治四年七月上知によって家中に暇を出すことになり、彼らは一律に七両宛慰労金を貰って農商の渡世に転じたからである。しかし法務に

鞅掌する寺中はそのまま残され、坊官に代って宗政の中核となったのほ、寺中の一人隆崇寺湛空と学僧上品寺忍成らであった。両本願寺では時流に先んじて本山寺務機構の大改革を断行したのに対し、専修寺では改革が避けえぬ大勢となってから、いわば受動的に坊官制から僧侶寺務制へきりかえた。明治期における両者の動きの積極消極の差がすでにそこに予告されている。

以上の如き本山寺務機構の官僚制的改造は、第五章第五節で述べた上寺下寺関係の廃止を促したことであろう。さらに中間的本末関係を衰弱せしめた触頭制が一方において世襲の触頭を領国の中本寺化する傾きがあったので、これも廃止した。代って寺務出張所、やがて教区毎に教務所を置き、ここに本山から任命派遣した所長を据え、その管区を全く地域的な組に編成するという、末寺統制の中央集権的官僚組織を完成するに至る。このような絶対主義的教団への可能性は本山中心主義として早くから存した。もっとも近世には、制度的には全体社会の封建的構成に規定され、技術的には交通通信手段の発達段階に規定されて特異な封建教団として成立したが、維新以後の絶対主義国家の建設と技術的進歩は急速に本山による末寺統制の形態を変化せしめていく。しかし、絶対主義への歩みのなかからこれのアンティテーゼとして自由民権運動が起ったように、あたかも時期的に呼応して、教団にも議会開設の動きが現れた。これも本山改革の一面であるから次に述べてみよう。

西本願寺では、中央集権的な寺務職制が漸次整頓した明治十年に、衆議によって法制の改善を計り、教学振興の長計を樹てるため特選議員を任命した。これは宗議会の濫觴ともいうべき制度であって、ここにも本山首脳部の開明性が示されているが、「衆議に依て可否を決すと雖も、之を行ふと否とは法主の権にあり」(会議条例第八条)、という致命的な制約をもつ諮問機関にすぎなかった。しかるに、明治十二年の寺務所東移事件を契機として施政改革の建白が殺到し、そのなかから公選議員による集会(しゅうえ)開設の輿論が日増しに高まった。これに対して、

意見具申は苦しくないが、寺務施行方法の如きは法主の特権であるから、公選論は採用なり難しと指示された。そこで再び、安心の正否は法主の特権に属し、いやしくも弟子の容喙すべきところではないが、諸般施設の寺務も悉く法主の特権であって公論に決するの義は許されぬといわれるのであるか、という伺いが差出され、これには返答に窮して結局議会開設が決定し、明治十四年六月制定の寺法にもりこまれて同年十月第一回の集会が開設された。会衆は法主特選の会衆と、派内僧侶の総代として教区毎の小集会から公選された総代会衆とからなり、前者には連枝と法主の信任篤き僧侶が指名された。この集会こそ仏教界における宗門輿論政治の先駆であり（補註72）、政府の国会開設に先立つこと約十年であった。

集会の開設は、これまで法主に集中していた「仏法」面の能化としての権能と「世間」面の治者としての権能を分離し、前者は安心の正否を断ずる特権として全き形で保持すると共に、後者に重大な制約を加えるものであった。かくて、さきに寺務施行の枢機を坊官から末寺僧侶の手に奪取したのに続いて、施行方針の決定について門末の輿論を反映せしめる体制を確立したのである。議会制度の実施に当って懐かれた、「一度此公選を以て役員を定むるときは、遂に法主をも公選すべき論底を為（3）」すのではないかという懸念は杞憂にすぎなかったが、末寺僧侶から選ばれた総代会衆の出現は、単に本山の寺務を議するのではなく、本願寺を中心とした一派の宗務を議するのであるという観念を成長せしめ、教導職管長制と相まって団体としての宗派の観念を育んだのである。

高田派では本願寺派の影響を受けて、本山は一派の共有であって住職一人の私有でないという見地から、明治十六年十一月に特選公選議員による全国末寺会議を開いた（4）。本末関係を主従関係とみる観念に固執する限り、末寺僧侶が議会を構成して寺政・宗政への発言権を公然ともつ如きはありえない半面、一たび議会が成立すると、これは本末を主従と理解する積年の観念に打撃を加えていったのである。

他方東本願寺では、門末総会議開設の請願に対して、日本の国体と真宗とは血脈一系相承の点では軌を一にするが、君臣の権義と師弟の分限には大差がある。すなわち、君主あるが故に人民があるのではなく、人民あるが故に君主があるのだが、真宗では門末あるが故に法主があるのではなく、法主の化導を本として門末がある。それゆえ、ことさらに議会を開いて公議輿論をとるべきでない、とつっぱねた。(5)しかし総会議の請願及び寺務改正の建議が諸方から続々提出され、形成頗る穏かでないので、遂に明治十五年十一月に待問所なる諮問機関を置き、さらに翌年特選賛衆二〇名をもって構成する諮詢所を設けた。しかし寺務組織について、「東は多く専制的にして西は夙に共和的なり。彼に貴族的の風あつて此に平民的の俗あり」(6)と東西対比して批評されたように、東本願寺では法主専制・有司専断の傾向が強く、末寺代表を賛衆に含む議制局の開設は、白川党事件のなか、明治三十年に至って漸く実現されたにすぎない。(7)

註

（1）滝川寛了『広如上人伝化の芳績』（興教書院、大9・4）、七〇、一三七頁。『明如上人伝』、第五章・第六章。および森龍吉『本願寺』（三一書房、昭34・9）、第八章、など参照。

（2）石川舜台談「東本願寺改革の動機と槇村正直」、『明治維新神仏分離史料』続篇上、四三〇〜四三三頁。早野平十郎『大谷派本願寺事情聞書』。沼法量『宗門干城慧行』（等観寺刊、大9・12）、など参照。

（3）明12・9・5附「大谷光尊宛桜井能監書翰」（『明如上人伝』、四六二頁）。（補註73）

（4）松山忍明編『高田史料』4、上品寺蔵。

（5）早野平十郎「大谷派本願寺事情聞書」二六〜二七葉。

（6）『中外日報』明36・7・12号。

（7）かようにしてかちとられた議会は他派と同様に末寺一般の声を宗政に反映せしめるためのものであったことはいうまでもない。しかして末寺代表たる議員の選挙被選挙資格はどの派でも住職ないし教師に限られ、一般門徒はこれに対して直接介入できなかった。この状態を目して大谷光瑞（西本願寺二十二世門主）は、「教団の範囲は唯出家者のみに限り、

在家者を教団中に含まず。故に真宗の教団は出家の占有物にして、在家は教団中に入る能はず」、と非難した（『見真大師』大乗社、大11・12、三五九頁）。けれども教団はいかにあるべきかという観点を離れてこの現象をみるならば、本山住職家と末寺住職家の家連合として成り立った近世的教団が、家の框を外しつつ近代的教団へ展開するためにどうしても通らねばならなかった一階梯であることは明らかである。そして近代的教団としての形態的完成は、門徒代表の会議を僧侶代表の会議と同格と認める太平洋戦争後の大改革に至って漸く実現するのである。

（三）本山と法主家の分離

西本願寺・東本願寺・専修寺・興正寺・仏光寺・錦織寺の各本山（法主家）は明治五年三月華族に列せられ、「華族ニ付テ可唱之家号可申出トノ儀ニテ」[1]それぞれ姓を設けた。しかし還俗を命ぜられたのではなく、住職のまま華族となったので[2]、「宗門ニ関係ノ儀寺号ヲ相用一身上ニ関係ノ儀ハ苗字可用事」[3]とされた。すなわち、住職としてはこれまで通り例えば東本願寺光勝と称するが、華族としては大谷光勝と名乗ることになって、教団における社会的地位の表示と、国民社会におけるそれとが区別されるに至ったのである。これによって、従来法主家の家号として用いられた本願寺の意味に変化を来した。やがて住職としても東本願寺住職大谷光勝と称するようになったので[4]、大谷という家号をもつ法主家が、本願寺という団体において住職なる機関を世襲している体裁になり、かくて、「維新以後僧侶ノ族籍ヲ立ツルニ及ヒ一体ノ本願寺両分シテ本願寺ト大谷家トナリ随テ寺院ナル性質モ頗ル面目ヲ改メ」[5]たのである。いうなれば家法人としての大谷家と宗教法人としての本願寺とが、密接な関係を保ちながらも、もはや一体でなくなった。

本山と法主家の分離をさらに一歩進めたのは、本山境内と法主家宅地の分別であった。壬申戸籍では常磐井家は専修寺境内に居住しているが、明治八年十二月境内外区画制定のさいに、本堂（祖堂）・如来堂・経蔵・鐘楼

・説教所・墓地など法務用の施設、および接見所・取次所など寺務用の施設を含む南半分が専修寺境内と決定されたので、かくて境外となった住宅・土蔵などが棟を連ねる北半分を、常磐井家私邸として拝領できるよう出願した。このとき提出された拝領願は、専修寺と常磐井家の関係を知る上にまことに興味深いので、註に掲出しておこう。(6) この事件はただに専修寺だけのことでなく、他の本山にも共通することであったから、本願寺などへ専修寺から問い合せたらしい。東本願寺からの返簡をみるに、「本堂ニ属スル部分者共有之寺地住職住居之建物ニ属スル分者払下ケ私有地ト相成候儀ニ者異存無之」(7) と同意されたが、寺地の分がもし官有地になるのでは大いに差支えがあるから、この点さらに照会なされますように、といい添えられている。本願寺などでは具体的にどのように処置したのであろうか。詳細不明なるも、真宗諸本山の境内が何れも官有地に編入されているから、まず朱印地あるいは黒印地たりし旧境内について専修寺と同様な境内外区画をうけ、住宅の部分のみ払下げを許されて私邸としたのであろう。このように旧境内を寺の境内地と住職家宅地とに分けた例は、世襲住職家をもつ真宗寺院に本山と末寺を問わず広くみられるのである。また、明治十年八月華族としてその家伝来の重器を調査して書付けておくよう所属部長から指示があったので、寺物は除き、全くの私有物で由緒のある品だけ書出すことになり、両大谷家・仏光寺渋谷家・興正寺華園家の間で書式を約定した。(8) ここにも寺有と住職家の私有とを分かち、したがって寺と家を分かつ時の動きが働いているのを感ぜしめられる。西本願寺では明治十三年八月末より約一ヵ月かかって、法主自ら使用人を督して西倉庫・内土蔵・北長蔵の整理を行い、一般什具について寺有・私有の区別を明らかにしたが、(9) それもこの時潮の中で行われたことである。(補註74)

すでに述べたように、本山の歴代はすなわち法主家の歴代であり、本山祖廟は法主家の祖廟に外ならない。まことに、「現今ヨリ論スレハ華族家系ト専修寺法系トハ区別有之様ニハ候得共明治五壬申巳上ニ泝レハ専修寺住

職即家名相続ノ訳ニテ法系ヲ離レテ別ニ家系ハ無之」[10]、といわねばならぬ。否、明治五年以降と雖も、法系・家系の基本的な一線においては本山と法主家は一体不可分であった。しかし、明治初期にあいついで起った上記の事件を通して、両者の間の分界が次第に鮮かに浮び上ってきた。例えば、大谷家の華族としての生活面は、本願寺には直接関係のない部門である。俗姓をたてるにつき、東本願寺光勝は藤原としようといい、西本願寺光尊は藤原の本願寺という意味にてか藤本としようといったと伝えられるが[11]、藤原一族はみな別姓を称しているので、結局、本願寺に最も関係の深い大谷を姓とした。しかし、華族成と設姓が藤原一族の意識をかきたて、直接には日野一族の意識を強めたことは争われぬ。光尊の弟本照寺沢依は、はじめ藤枝（藤本の分枝の意か）と名乗ったのをやがて日野と改称したこと（明8）、菊紋の依用を禁ぜられた後日野家の鶴丸紋をもってこれに代えたことや（明10）、日野一族の会議をしばしば行い、日野一流の祖藤原真夏の法会を執行したこと[12]などにそれが察せられる。こうした日野一族としての活動や親族との交際は、華族大谷家の関心事であるが、本願寺のそれであるとはいい難い。

他面、大谷家には直接関係のない本願寺の側面が生じつつあった。すなわち、大谷家と本願寺を区別して考えなかった時代には、本願寺は大谷家の私有の観を呈した。私有といっても近代的な完全所有ではないから、専領というのが適当かもしれない。ところが両者の分界がたち始めて、大谷家は単に本願寺の一機関にすぎなくなると、本願寺相続に対する門末の貢献が俄かに大きく姿をあらわし、本願寺は一派の共有であるとの観念が成立する。かくて大谷家即本願寺でないばかりでなく、本願寺即大谷家でもなくなった（第34図）。共有と考えればこそ、共有の対象である本願寺の運営において末寺の輿論を反映させなければならぬ。集会の開設を規定した明治十四年六月の『本願寺派寺法』が、「京都本願寺ハ一派共有ノ本山ニシテ」（二条）と前提し、また、「不遠派内

僧侶ノ代議者ヲ招集シ会議ヲ開キ百般ノ事務公議輿論ニ随テ之ヲ決行」することを門末に告げた高田派管長常磐井堯熈の教書が、「予惟ルニ本山ハ一派ノ共有ニシテ在職一人ノ私有ニ非ラズ」(13)、なる文章で始まったことは決して偶然でない。まさに論理の必然であった。このような論理に支えられて本末関係も変質していく。他方、「此変動ハ国法ニ催サレテ唯其外形ニ差異ヲ生シタルノミ」(追補13)と自認する大谷派は、明治十六年九月の大谷派寺法で「本山ハ従来ノ慣例ニヨリテ法主ノ専領トス」（二条）と宣言して門末総会議の設置を拒否し、十九年八月の『宗制寺法』においても「本山本願寺ハ世々ノ住職伝燈相承シテ之ヲ専領シ」（五条）、と規定したのである（傍点著者）。

さて、このように本山と法主家は分離したけれども、例えばそれは本願寺と大谷家との間に分界が立ったまでで、大谷家が本願寺住職家でなくなったわけではなく、一般には両者は依然として切り離し難いものと考えられた。されば、大谷家は本廟の墓守として存続せしめ、本願寺住職は末寺僧侶中より公選するという(補註75)、明治十二年の西本願寺東京改正事務所革正綱領の如きは、あまりにも急進的かつ非現実的にして、事務所総轄北畠道龍の失脚と共に全く葬り去られた。そして却って本願寺と大谷家との間を堅固に繋ぎとめる方策が講じられるようになる。すなわち、明治十七年八月の教導職廃止と共に各宗管長において宗制寺法を制定することとなり、真宗でも『宗規綱領』以来の経験と各派独自の態度によって『宗制寺法』の編製をみた。『宗制寺法』は一国の憲法に相当する根本法であるが、明治二十二年二月の『帝国憲法』に並ぶ『皇室典範』の公布は、一派において皇室同様の地位にある本山住職家の家憲を制定する気運をつくり、ことに分離した本山と法主家の関係を道義的歴史的連結に委ねることなく、家憲のなかでこれを法的にも接合しておく必要が痛感された。本山と法主家の一体性が破れた以上、系統相承の上で議論紛々将来いかなる事態が発生するやも知れぬ、と懸念されたからである。(14)

東本願寺では早速『家憲』の制定にとりかかり、明治二十二年十月七日、二十一世光勝から法嗣光瑩へ住職交代のさい大谷一族に示した。『家憲』の末尾に証人として、また重要事件の協議者として、光瑩猶父近衛忠熈・光瑩嫡光演室の父三条実美・および当時大蔵大臣兼内務大臣であった松方正義が加判しているが、この松方こそ、「家憲制定之儀尋問ニ付未ダ確定致兼候故住職交代後篤ト研究候上制定致日附ハ交代当日之月日へ致候様之見込ナル旨申陳」べた東本願寺執事渥美契縁に対して、「忽ゝ顔色ヲ更ヘ左様之姑息ハ決而不宜是非確立之上御譲職可被成此旨屹度申通候様」鞭撻し、渥美が「加判ニ付云ゝ諮詢ニ付云ゝ御異論之旨大臣へ申陳候処大立腹ニ而左様ナル気儘ヲ云ハサヌ為ノ家憲也夫故尚更必用ナリ」、と云い放った張本人であった。[15]よって『家憲』制定の背後に政府高官の指導を予想しなければならない。同様に、東本願寺が末寺会議召集の請願に耳を藉さなかった背後にも、つまり、明治初年槇村正直の力を借りた時以来のいわば腐れ縁が政府高官と東本願寺要路者との間にあり、政府の絶対主義的志向に相即するよう宗門をまとめあげ、明治政府を内側から支持する任務を負わされたのではあるまいかと想像するのである。西本願寺が進歩的な方向をとればとるだけ、政府は東本願寺の首すじをがっちりと押えておく必要があったことであろう。[16]

そのためか、『大谷派家憲』の編成は『皇室典範』に酷似している。すなわち、第一章（総則）、第二章継承、第三章得度就職、第四章称号、第五章代務、第六章権義、第七章連枝、第八章宝物消息、第九章財産、第十章経費、第十一章家政商議、第十二章職員、第十三章補則、第十四章改正増補、の一四章八八条からなる。まず第一章第一条において、大谷家家主と本願寺住職を不可分の一体と規定する。

第一条　我派大谷家ハ自ラ一般華族ト殊ニシテ真宗大谷派法燈ノ伝承者ナレハ大谷家ノ家主ハ即チ一派ノ管長本山本願寺ノ住職タリ故ニ家憲ハ一家ノ法規ナリト雖モ本派ノ宗制寺法ト相待テ承遵スヘキ所ノ法典トス

これを受けて大谷家の継承を規定するのが第二章である。『皇室典範』第一章皇位継承と骨子は全く同じ。すなわち

第五条　大谷家ノ継承ハ左ノ次第ニ依リ男系ヲ以テ之ヲ伝フ

一嫡子

一嫡孫

第六条　嫡子早世シテ嫡孫ナク又ハ嫡子老年ニ及テ嫡孫ナキトキハ次男ヲ以テ継承者トス次男モ亦早世ナレハ三男ヲ以テ継承者トス以下之ニ准ス

第七条　家主老年ニ及テ嗣孫ナク又ハ嗣子ナクシテ遷化シタルトキハ左ノ次第ニ依リ継承ス

一直弟

二直兄ノ子孫

三直弟ノ子孫

四伯父及其子孫

五叔父及其子孫

六最近血族

第八条　前条ノ男子在ラサルカ又ハ嫡子精神及ヒ不治ノ重患アルトキハ加判者及ヒ家政商議員ノ意見ヲ悉クシテ継承ヲ定ム

さらに、家主の交代について死亡・退隠の二つの契機が示される。

第十一条　家主遷化スルカ又ハ退職スルトキハ嫡嗣就職シ法燈ヲ継承ス（第三章）

かくして大谷家嫡系を本願寺の世代にかたく結びつけたばかりでなく、庶系、すなわち大谷家家主（法主）の兄弟を連枝、その子孫四世までを准連枝と規定し、出でて別格別院を相続し、あるいは法主の代務・代師・代理

巡化を勤め、法主の教導を賛助する任を帯びるものとすることにより、大谷一族をも本願寺に結びつけた。これらの諸点を定めた第七章は二五ヵ条からなり、家憲中最も箇条の多い章であるが、重要なもののみ抜萃するならば左の通り。

第三十四条　連枝ト称スルハ法主前法主新法主新々法主ノ兄弟姉妹ヲ謂フ
第三十五条　連枝ハ弟子分中ニ属シ出テ、別格別院ヲ相続スト雖モ一家ノ関係ニ於テハ家族ノ待遇ヲ受クヘシ（寺籍は別格別院にあっても戸籍の方は大谷宗家のそれに含められる）
第三十六条　准連枝ハ法主ノ兄弟姉妹ノ子孫等連枝ノ待遇ニ准スル者ヲ謂フ
第三十七条　連枝ノ子孫ハ僉ナ准連枝ト称ス　准連枝ハ四世ニ伝フ
第四十一条　連枝時アリテ代務ニ当ルトキハ同族ヲ監督ス
第四十三条　連枝准連枝ハ法務ニ関シ法主ノ代師ヲ勤ルコトヲ得
第四十四条　連枝准連枝ハ布教ノ為メ地方ニ巡回シ又ハ代理巡化ヲ勤ルコトアルヘシ
第四十八条　連枝ハ別格別院ヲ相続スト雖モ倘幼齢ナルトキハ山内ニ於テ保育ヲ掌ラシム
第五十条　連枝准連枝ハ十歳已上ニシテ得度ス
第五十一条　連枝准連枝学齢ニ至レハ必ス官私立学校大学寮等ニテ修学セシメ法主ノ教導ヲ賛助スルノ任ヲ尽サシムヘシ
第五十四条　連枝准連枝ノ婚嫁ハ法主ノ認可ヲ受クヘシ

以上、「人」の面で大谷家と本願寺を不可分に結んだが、次に「物」の面では、両者何れの所有であるかをきめることが、前述の華族としての家伝来の重器調査のためばかりでなく、実に一国の税法によって迫られていたから、家憲でそれを示さなければならぬ（第九章）。けれども、大谷家の財産は即ち本願寺の財産と考えられた長い伝統をうけて、家産と寺有財産の区別を俄かにつけることは困難であった。そこで、明らかに寺有となすべき

ものと、また明らかに私有（世襲財産とは別の法主の私有財産）となすべきものとを分かつことで満足し、大谷家世襲財産に関する厳密な区画は将来の問題に残した。尤も境内外区画に随伴して境内と宅地の分界がたち、従って建物の帰属もそのさい決定したことと思うが、それ以外で何れにも関係のある物件は、公租負担軽減の意図もあって寺有のままに捨ておいたものと推測されるのである。

第六十二条　大谷家ノ財産ハ即チ本願寺ノ財産ナリト雖モ自ラ其寺有ニ属スル者ト法主ノ私有ニ属スル者トノ区分ナカル可ラス

第六十三条　前条本願寺々有ノ財産ヲ分テ左ノ数種トス

一本寺所属ノ別院別邸教校諸説教場宅地耕地山林等

一別院及教校説教場所属ノ宅地耕地山林諸建物等

第六十五条　左ニ掲クル諸項ハ法主ノ私有財産ニ編入シ内事部ニ於テ管理ス

一手許志納

一染筆礼金

一恩許礼金

一例規アル巡化志納

第六十六条　大谷家ノ世襲財産ハ追テ協議確立スルモノトス

西本願寺では、やや遅れて明治二十四年六月、十章五三条からなる『本願寺内範』を制定した。その内容は、

第一条　本願寺派ノ法主即チ本願寺ノ住職ハ大谷宗家ノ戸主タル者トス其継承ハ男系ノ男子ニ限ル

以下、准連枝の範囲に関する規定を除き、東本願寺の『大谷派家憲』と大同小異であった。かくして法主家と本山は、華族成・設姓・戸籍編製・境内外区画など一国の新しい制度のなかで分離を始め、また集会開設など末

寺の動向に規定されてその度を深めたが、しかし両者を一つに結ぶ基本軸は微動だにせず、これを足場として両者の不可分の関係が法的に確認されたのである。(補註76)

註

（1）明5・4「教部省口達覚」（松本白華『筐底秘冊』所収）。

（2）『厳如上人御事蹟記』六（東本願寺蔵）、明5・4・5の条。

（3）明5・5「京都府達」（松本白華『筐底秘冊』所収）。

（4）壬申九月十四日の太政官布告第二六五号に、「自今僧侶苗字相設住職中之者ハ某寺住職某氏名ト可相称事」とある。

（5）井上豊忠『真宗大谷派宗門時言』（大谷派本願寺文書科、明33・10）、二三二頁。

（6）

専修寺境外建物並地所拝領願

今般専修寺境内外区別御処分ニ相成候儀ニ付左之件々相願度候

一建物之儀ハ元来子孫継承世襲住持之宗風ニ有之候ニ付寺用私用判然致シ候儀ニハ無之候得共従前ヨリ法用寺務ニ属シ候分ト住居ニ属シ候分トハ自ラ其区分モ相立居候儀ニ有之候得ハ今般境外ニ属シ候建物ハ其儘私江下シ賜候様仕度候

最創建原由ハ私中祖已来津城主藤堂氏ヨリ数代婚嫁取結候ニ付其縁故ヲ以同家之助力ヲ請造営修理等仕候儀ニテ全祖先ヨリ私江附属仕候私有物タル儀明瞭ニ有之候事

一明治四年未七月専修寺々領現境内ヲ除ク之外土地人民奉還仕候ヨリ以降私儀別ニ住居之地所無之依而今般境外ニ属シ候朱引之場所私有地ニ賜リ候様仕度候乍併各地散在之華族江賜邸之有無此例如何可有之候へ共已ニ専修寺旧家来之者士族ニ被仰付各従前之屋舗ヲ以宅地ニ賜リ即今沽券御下ケ渡シニ相成居候類例モ有之候間前顕之地所常磐井私邸ニ下シ賜ヒ候様特別之御詮議ヲ以テ御採用被成下度候尤私儀ハ固ヨリ教門ニ躬ヲ委ネ布教之上ゟ人民ヲ善誘シ治化ヲ翼賛シテ国家ニ報酬仕候赤心ニ付些々タル不動産ヲ依拠トシ起居ヲ安シ候志ニハ無之候得共追々御制度治革ノ際百事精密ニ渉リ戸籍上ニ於テ往々差間之廉不少候ニ付旁以請願仕候事

一前条御採用ニ相成候ハヽ門末之方向且寺務之都合モ有之候ニ付現今住居之地ヲ以常磐井原籍ト相定度候事

右之件々宜御採酌之上願意相聞届被成下度斯様此段奉懇願候也

明治八年十二月　　　　従五位　常磐井尭凞

三重県権令岩村定高殿
（『明12～15本省地方庁諸山往復其他御実印書類』高田派宗務院蔵）

（7）『明8～11地方庁諸山往復本省其他御実印書類』（高田派宗務院蔵）所収、明8・12・28附書翰。

（8）『葵山遺稿華園家乗』1（興正寺、昭2・4）、四三三頁。

（9）『楳臆余芳』（真宗本願寺派護持会財団、昭2・5）、一八一頁。

（10）常磐井堯熈「類別録御改正願（明10頃）」、『明12～15本省地方庁諸山往復其他御実印書類』（高田派宗務院蔵）所収。

（11）『楳臆余芳』、三四頁。

（12）『明如上人略年表』（真宗本願寺派護持会財団、昭10・1）、二七、二八、三四、四〇頁など。

（13）松山忍明編『高田史料』4所収、明16・3・10附教書。

（14）『明如上人日記抄』前編（本願寺室内部、昭2・8）、六四頁、明22・3・4の条。

（15）明22・7附「菊池秀言宛渥美契縁書翰」、酒田浄福寺文書。

（16）『大谷派家憲』第二十一条に曰く、「法主ハ二諦相依ノ宗義ニ拠リ派内ノ末徒ヲ統率シ皇室ヲ奉戴シ政化ヲ翼賛スル義務ヲ尽スヘシ」と。西本願寺大谷家の家憲（『本願寺内範』）にはかかる規定はない。

第六節　本末関係の変化

(一)　明治以降の本末関係の変化

明治九年制定の『宗規綱領』において上寺下寺関係が廃止され、本山を頂点に仰ぐ単一の本末関係に整備されたことは、すでに幾度か説いたところである。この綱領は当時合同して管長を戴いた真宗四派共通の法規であったから、各派寺法を異にするに従って特別の更改追加を附して実施し、上寺下寺の関係を廃止する具体的な措置も各派一様でなかった。しかるに、明治十年各派それぞれに管長を置くことになり、各派の寺法を独自に成文化

する必要が生じ来った。西本願寺では、寺務所東移事件によって人心が動揺し、集会開設と並んで寺法制定の建白しきりに到った。そして遂に明治十四年六月、真宗諸派にさきがけて七章二六条からなる寺法を制定した。(追補14) 大谷派ではやや遅れて、明治十六年九月に寺法の制定をみた。『宗規綱領』は各派で更改を経つつ維持されていたが、寺法出でてその使命を終えたのである。

本願寺の寺法制定に対して、政府当局者のなかには自由民権論者の立憲運動にこれが利用されることを危ぶむ者もあったが、(1) これを魁として時勢は寺法制定に向った。すなわち、明治十七年八月政府は教導職を廃止すると共に、寺院住職の任免・教師の等級進退などの事務を管長に委任し、管長において宗制寺法を制定することを命じたからである。(追補15) こうして、真宗各派も現行の寺法や『宗規綱領』を手がかりとして新たに宗制寺法を編製することになり、本願寺派は明治十九年一月、大谷派は同年八月、興正派は九月、高田派は二十二年二月に政府の認可を得た。

これらの宗制寺法において、本山は一派の末寺門徒を統轄すること、末寺は本山の法度や命令に服従すべきこと、また本山の経費を助ける義務のあることが明確に規定され、近世の本末制度が中間的本末関係の廃止によって本山末寺の関係に鋭く集約されたのち、ここに宗門法において法的根拠をもつことになった。(2) 制定の手続きも法主親製の趣旨が貫かれ、すでに集会を開設していた本願寺派ですら、僅かに寺法細則を集会に議せしめたのみであった。

註

(1) 『明如上人伝』、四四八~四四九頁。

(2) 条文を左に掲げよう。

○真宗本願寺派寺法

第二条　本山ハ一宗弘教ノ本刹ニシテ派内ノ末徒ヲ統轄スル所ナレハ一派ノ共有ニシテ而モ法主ノ管領スル者トス

第二十七条　末寺ハ一派ノ法度ニ服従スヘキモノトス

第二十八条　末寺ハ集会ノ可決ニ依リ相当ノ課金ヲ出シ本山ノ経費ヲ助クヘキ者トス

第二十九条　末寺ハ学業ヲ勉励シ教導ニ拮据シ以テ宗門ヲ護持スルヲ本分ノ務トス

○真宗大谷派宗制寺法

第五条　本山本願寺ハ世々ノ住職伝燈相承シテ之ヲ専領シ一派ノ末寺門徒ヲ統轄ス

第十一条　寺格ノ高下門徒ノ多少一様ナラスト雖モ末寺ノ名称ヲ蒙ルモノハ総テ本山定ムル所ロノ法度又ハ命令ニ違背スルコトヲ得ス

第十二条　末寺ハ相当ノ課金ヲ出シ以テ本山教学ノ経費ヲ助クルノ義務アリ

○真宗高田派寺法

第二条　本山ノ住職ハ宗祖以来ノ例ニ従ヒ法派ヲ以テ伝燈相承ス故ニ住職タルモノヲ法主又ハ門跡ト称シ一派内ヲ統轄ス

第六条　本山ハ何レノ時ヲ論セス派内僧侶及ヒ信徒ヨリ寄附スル浄財ヲ以テ維持セラルヘキモノトス

第二十一条　末寺ハ宗祖以来歴代ノ訓誡ヲ守リ本山ノ法度ニ服従スヘキモノトス

しかしながら、明治政府は徳川幕府のように本山の末寺統制権を公認し、本末の組織によって宗教統制を行ったのではない。そうではなく、各宗派に教導職管長を置き、これをして派内の寺院僧侶を統轄せしめた。宗派とはもと技能について何々流というにひとしく、すぐれて仏法相承の系統をさしたが、管長設置以降同じ系統に属する寺院僧侶の集団の意味に強く傾いた。そして一派を構成するものは家元ともいうべき本山とその末寺であったから、本山住職（法主）が管長に就任するという形で管長制がうけとめられた(1)。こうして管長制は本山制（本山による末寺統制）と合体し、管長の宗門行政権が本山の末寺統制をバックアップしたのである。したがって近

世以来の本山末寺の権義が宗門法で明文をもって規定されたといっても、単なる近世の連続と考えてはならない。本山末寺関係はすでに公権力によって保護されていないからである。そのことを示す一例は、近世では例えば高田専修寺末本流院と標記し、浄土真宗高田派とは宗旨、いわば流儀の名称にすぎなかったが（第六章第一節をみよ）、今や浄土真宗高田派本流院と名乗るに至ったことである。高田派という団体に属する本流院ということで座標がきまり、専修寺との本末関係は後景に退いた。考えてみれば、専修寺も高田派に属する一寺院になっている。ただの寺でなくて本山というだけのことだ。

註

（1）○一派ノ管長ハ法主ニ非レハ之ニ当ルヲ得ス（『本願寺派寺法』第五条）
○管長ハ一派ノ師表タル本山本願寺ノ住職世々之ヲ相承ス（『大谷派宗制寺法』第六条）
○一派ノ管長トナルハ法主ニ限ル（『高田派寺法』第三条）

かような観念の変化は本山の意味の変化にも窺われる。本山、例えば本願寺は、すでに本流院の例（第六章第一節）によって暗示しておいたように、最も狭くは住職（法主）その人、次に住職（法主）家、次に寺中・家臣等を含めた一山、最も広くは全国の末寺門徒を含めた総体、の四つをかつては意味した。されば本願寺の寺務が法主家の家政であり、また一派の宗門行政に外ならなかった。しかるに、設姓などによって本山と法主家が分離し、寺務と家政が表と奥として断然区分されたのみならず、今また管長制によって本山と派が分離し、寺務と宗務の間に分界が現われ始めたのである。もちろん一派の家元は本山であるから、本山を抜きにして一派を考えることができないが、かつてのように本山即一派ではなくなった。本山の外に一派を構成する要素として末寺があり、一派の構成に参加するという意味では本山も末寺も同じこと、ただ本山は一派の根本道場として中枢を占

め、頭部を占めるという点、すなわち参加の仕方が末寺と異なるのみであることがあらわになってきた。その意味からも、一派の利害に関する事件の処理には末寺僧侶の輿論を反映させせなければならぬ、と考えられたのである。要するに、本山制を基盤として管長制を受けとめ、国家権力に保障された管長権によって本山の監教権を支え、本山住職と管長の一体化を実現したまさにそのことが、従来未分化に一身に集中していた本山住職と、門末を率いる一派首長との二面を分化せしめ、またしたがって本山と一派を分化せしめたのである、かようにして、かつて一体なりし法主家＝本山＝一派が三面に分解し、法主家家主が本山住職となり、本山住職が一派の管長となるという三位一体のシステムによって、緊密なつながりを保つことになった。また、本末関係の中央集権的整理によって膨脹した本山寺務局の役員がそのまま宗門政府の官僚となり、寺務所が宗務所を兼ね、奥も表も、したがって一派の経費も住職（法主）の私収入で支弁されるという、寺務面および財政面のつながりが頂上の三位一体を支えた。しかし三位一体は未分化と同じことではない。すでに三位に分化した以上、一体にならない可能性もみえている（第34図）。

第34図　法主家・本山・一派の関係概念図

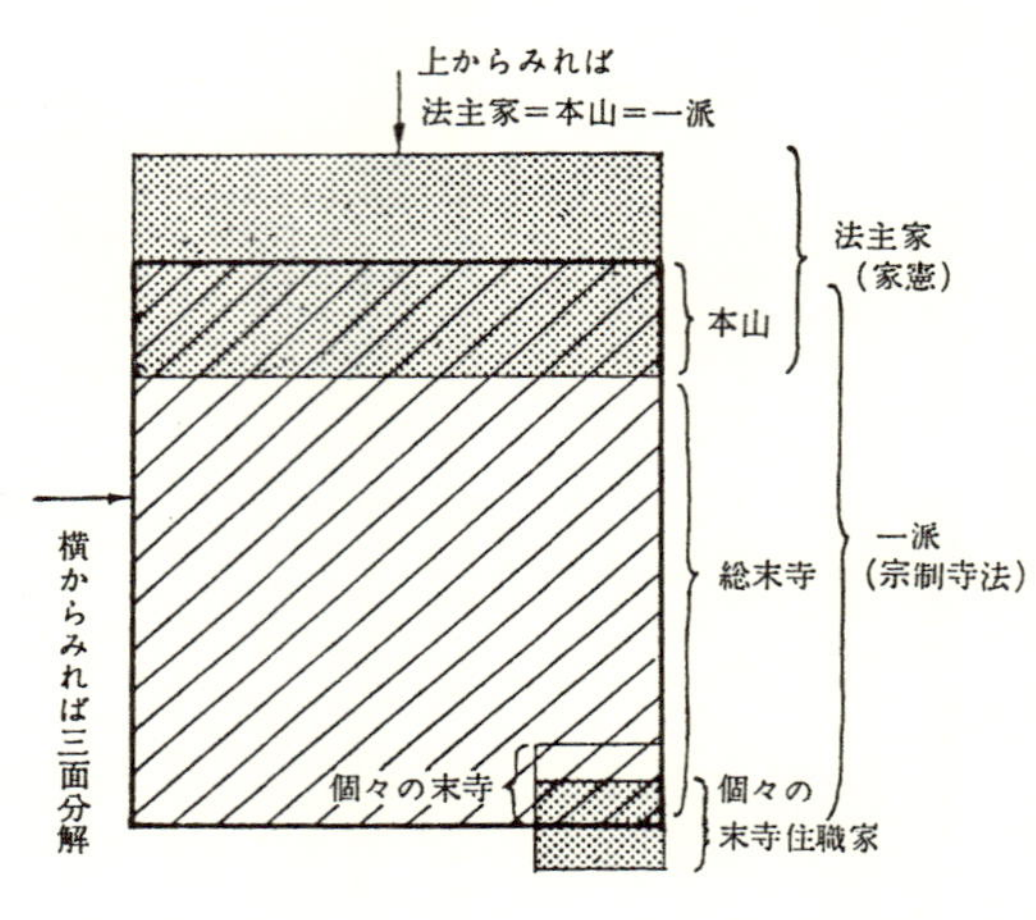

大谷派では第一次世界大戦後、全国的な改造の気運のなかで、管長と本山住職を分離せよとの議論が起った。(補註77) 従来本山住職は、能化として「仏法」の面では一派の法主であり、同時に治者として「世間」の面では一派の管長であったが、聖

職と俗務は動もすれば一致せず、また両者の兼摂は法主専制の弊を招くから、本願寺住職は法主たるに止まらしめ、大谷派管長を別に選任せよという議論であったが、もしそうなれば本山住職は弟子たる管長から任免され、賞罰を受けることになって事理にあわないのみか、さらに進んで、大谷家以外から本山住職を任命することにもなりかねない。つまり大谷派と本願寺の完全分離は、本願寺と大谷家の完全分離を随伴し、本山のみ世襲制の除外例となすという矛盾に逢着する、とて賛同をうることができなかった。尤も、法主専制を打破するために、大谷家を大谷派と東本願寺から駆逐せよという意見も少なくなかった。(1)

註

(1)　『大谷派宗憲草案理由書』(大12)、一、改正ノ理由。(補註78)

さて、宗教団体を規律する体系的な法案は、明治三十二年・昭和二年・昭和四年・昭和十年と度々議会へ提出されながらも、その都度あるいは否決され、あるいは審議未了で葬られ、あるいは撤回されるという非運を嘗めたが、漸く昭和十四年四月、非常時局に対処して宗教家の活動を国家の期待に添わしめ、また社会情勢に適合せしめんがために、宗教団体法が制定された。(1) 真宗各派はこの宗教団体法に即応して、昭和十六年四月新しい宗制を施行したが、その箇条のなかに、明治前期に始まった本末関係の変化の総決算が示されている。すなわち、明治二十年前後の最初の宗制寺法では、本山住職が一派の管長となると規定されていた。これは本山による末寺統制の長い歴史を承けて、管長はまず本山住職でなければ効果的な宗門行政を行い難かったからであろう。しかし国法で守られた管長制が逆に本山制を支えたことは、すでに述べた通りである。このような規定の仕方は、昭和四年の大谷派宗憲にも踏襲されたが、前掲戦時中の宗制に至って、本山住職家の戸主が管長となり、管長が本山住職になると定められた。

一管長について
○管長ハ世襲トシ得度式ヲ受ケタル伯爵大谷家ノ戸主之ニ当ル（真宗大谷派宗制二四条）
○本派ノ管長ハ世襲トシ法脈相承ノ常磐井男爵家ノ戸主タル男子之ニ当ル（真宗高田派宗制二七条）
○管長ハ本派ノ伝燈ヲ相承シタル木辺男爵家ノ戸主之ヲ世襲シ文部大臣ノ認可ヲ得テ就任ス（真宗木辺派宗制二五条）
二本山住職について
○本山ノ住職又ハ其ノ代務者ハ管長又ハ其ノ代務者之ニ当ル（真宗大谷派宗制第三六〇条）
○本山ノ住職又ハ其ノ代務者ハ管長又ハ其ノ代務者ヲ以テ之ニ充ツ（真宗高田派宗制第二五九条）
○本山錦織寺ノ住職ハ管長タル者ヲ以テ之ニ充ツ（真宗木辺派宗制第一四九条）

真宗各派は東西本願寺を中心に宗制草案の細部まで意見を通じあったとみてよいから、条文において全く平仄を合するのは理の当然であるが、明治前期にたてられた法主家戸主→本山住職→管長の方式が、法主家戸主→管長→本山住職と一様に改められたことに注目したいのである。また、かつて本山は派内の末寺門徒を統轄すると規定されたが、いまやその条項もない。ここにおいて、宗門行政の責任と権限が管長にあることが最も明らかな形で示された。そして本山・末寺の関係は管長・派内僧侶の関係の影の如きものとなり、単に、道義的伝統的関係として保持されるのみとなった。これは管長制の論理の自己貫徹であり、当然の帰結なのである。そこで一派と本山とはどのような関係に置かれたかというと、さきに述べたように管長が本山住職になるということが一つ、一派の崇敬の中心・弘教の本刹として、一派において本山の永世護持に任ずるということがもう一つの関係である。(2) つまり、近世を通じてまた明治前期においても本山が一派を荷ったものが、逆に一派が本山を荷うこととなった。本山がなければ信仰的にもまた財政的にも一派の維持が成り立たないのであるけれども、考え方として、本山が一派を率いるのではなく、一派が本山を支え永く護持するということに改まった。これは観念上の大

きな変化といわねばならない。したがって、末寺にとって本山は崇敬の中心・弘教の本刹たるに止まり、もはや直接これを護持する義務はない。ただ末寺は一派の護持に責任を有し、宗費賦課金を納付しさまざまな講金や懇志を一派のために取次ぐ義務を負うもので、[3]かくて護持される一派か本山の護持を担当するということになったのである。[4]具体的にいえば、本山寺務所が宗務を担当し、本山の執事や執行が宗務責任者でもあった体制から、逆に一派の宗務所が本山寺務所を兼ね、宗務総長以下一派の重役が同時に本山重役を兼ねる体制への変化であり、また、年頭・盆・報恩講その他の機会に末寺から本山へ捧げられた懇志が、一派に対する一般寺院（本山・別院を除く末寺一般）の義務として再編されることになった。もちろん、かかる具体的な事務処理面の変化は徐々に起るもので、新しい宗制の出現の前から実施されていたのも少なくなく、大谷派では昭和四年の宗憲においてすでにそれが定められたが、戦時中の宗制はそうした漸次的変化に最もすっきりした形で法的根拠を与えたのである。

註

（1） 衆議院調査部編『宗教団体法案調査資料』（昭14・2）、参照。
（2） 大谷派宗制三〇二条、高田派宗制二一七条、木辺派宗制一〇七条。
（3） 大谷派宗制三〇五条など。
（4） 真宗以外の教団、例えば浄土宗でも同様のこととなり、そこではこの気運に乗じて従来の本末関係の解体がいち早く断行された。『中外日報』昭37・4・3号所載「分裂十五年」をみよ。

(二) 戦後の本末関係の変化

太平洋戦争後、一連の民主化政策が強力に推進される時代を迎え、教団の全機能を挙げて戦争に協力してきた

真宗諸教団は、大きな脱皮を迫られることになった。ここに掲げられた目標は宗門の民主化であり、同朋教団として教団を再建することであった。

本願寺派では、早くも昭和二十年十一月の臨時宗会において、古い殻を脱ぎすてて門主（法主）と門徒を直結する制度をつくれという声が高まり、二十一年五月に機関誌「本願寺新報」が行った世論調査では、門徒を宗務機関に参加せしめることに賛成する者が圧倒的多数を占めた。もとより長い伝統を負う教団として、そう易々と転身できるものでなかったが、寺についた寺格を基礎とする堂班制に代えて個人本位の僧序制を採用し、また宗政の責任を管長から公選宗務総長に移し、宗議会に完全な立法権を与えることに改めて、これらを昭和二十二年から実施した。ここにおいて管長の監教権は名目的形式的となり、実質は宗議会とこれによって指名される宗務総長の手に移ったわけであるから、なお法主即管長であるにせよ、管長の専制を許した明治以降の宗門政治史を顧みるとき、これは実に大きな変革であった。しかし、占領軍近畿軍政部の満足するところとならず、かくてその干渉のもとにさらに大幅の改革を迫られた。

改革の第一は僧序制の廃止であった。堂班制にしても、僧序制にしても、僧侶の席次や衣体を、学徳や功績によってよりは、さらにつきつめていえば寺の由緒の優劣よりも、宗門に対する上納金の多少によって決定し、より高い座次を得たいという名誉心と競争心を煽ることで宗門収入を確保する制度であって、凡百の弊害の一大根源はここにある。ことに近世以来の古い身分秩序が、この位階制度のなかに温存されているところに問題があった。そこで、堂班制の部分的修正ともいうべき僧序制と、あわせて連枝・連枝寺などの特権階級をこのさい廃止した。これまで宗門の財源であった堂班制をこうして失ったからには、直接門徒一人ひとりの懇志に財源を求めるほかなく、これを組織的に吸い上げるために半ば義務的な門徒講を創立した。これは昭和二十四年四月に実施

された。しかし門徒講金も僧侶の尽力によって集められる以上、その努力に目にみえる形で報いる制度を設けない限り、募金成績は芳しからず、忽ち宗門財政は危機に陥ったのである。改革の第二は、従来、僧侶のみによって構成された宗議会に、僧侶議員と全く同一の資格において門徒の代表を参加せしめることで、難航の末、昭和二十五年に実現された。

占領軍の直接的干渉を受けなかった大谷派でも、寺格堂班や連枝制度の廃止論が強かった。また昭和二十二年には門徒評議員会が開かれ、財務および門徒に関する事項について門徒の世論が直接反映することになったが、さらに僧俗議会の開設が強く要望された。この世論は本山の宗制審議室でまとめられた外に、民主化同盟や革新同盟など有志の団体によって燎原の火のように燃え上ったが、昭和二十四年四月の蓮如大遠忌前後をピークとして空しく退潮した。大遠忌による宗門財政の破綻が、より重大な緊急の問題として解決を迫ったからであろう。それでもこの間に、准連枝を廃し、五箇寺得度・余間立得度・平僧得度という得度における身分差を撤廃する、などの改革は実施された。本願寺派の門徒講に比すべきものは、明治十八年に創立された相続講であるが、宗門財政の逼迫により、昭和二十五年相続講を更改して義務制とし、堂班制の維持にかかわらず、相続講への依存はいよいよ大きくなった。かように機構改革ではとくに目覚ましいものがなかったが、清沢満之の思想と信仰が戦後大谷派の教学復興の指導精神となったことは顕著な事実である。

高田派では昭和二十三年に堂班制を廃止し、門徒会を開いて宗門民主化の時流に即応したが、懇志上納に対する報償がなくなったので忽ち上納金が減じて宗門財政は均衡を失し、また階級を廃したため僧侶間の秩序が失われて、改革後一年を経ないうちに堂班復活の声が高まった。

このように民主化の形態は教団によって一様でなかったが、同朋教団を相言葉として大幅な改革を行ったこと

は各派に共通してみられる。しかし、あくまでも宗祖より次第相承の法主を信仰の象徴に推戴するところに、同朋教団の限界があったのである。またこの教団民主化は教団自体の自らなる展開として達成されたのではなく、占領軍の直接的間接的干渉と時代思潮に負うところが大きい。そしてこれらの改革は、逐次宗門法に制度化され、そのさい国の宗教法によって強く規定されたのである。

まず、多くの監督規定があって信教の自由を害するおそれ尠しとしない宗教団体法は、昭和二十年の暮に廃止され、政教分離の原則のもとに、信教の自由を確保しつつ宗教団体の財産を保全するための、宗教法人令が同時に公布された。戦時中の真宗各派の宗制は、さきにふれた通り宗教団体法に即応するものであったから、これを改訂する必要が生じ、昭和二十一年には本・大両派相ついで新しい宗憲・宗制・宗法を公布した。

これらの宗門基本法に本末関係の大きな変化が観取される。すでに本末関係は専ら道義的な関係となっていたが、本・大・高の三派の如く、末寺の称を廃して本山に対するものを一般寺院と規定したところでは、そのように弱体化した本末関係すら宗門法の表面から姿を消したことになる。こうして、本山は祖廟、あるいは宗門の根本道場・センターとして存続するのみとなった。もちろん、宗門法の条項やいわんや語句の改変が直ちに現実を変化せしめるものではないが、主従的身分関係の意味を含蓄する本末なる語が宗門法から排除されたことは、一味の信心に住する人びとの同朋教団として宗門を再建する基本的な態度の、一つの具体的表明として注目されなければならない。しかし、祖像や法主に対する懇志は喜んで捧げても、宗門の賦課金は出ししぶるのが一般門徒の偽らぬ心情である以上、本山は依然一派の本源としてその中枢を占めるのである。

明治以降戦時中の宗制まではみだりに転派することが許されなかったから、本末関係は法の框によって安定していた。しかるに戦後の宗教法では、本山も一般寺院も同じく一箇の寺院として宗門と被包括関係を設定するも

ので、比較的簡単な手続きでこの関係を解消して宗門から離脱できるようになった。そこで、本末関係が宗門法の表面上であれともかく解消したばかりでなく、事実として存続する本末の情義関係も容易に断ち切られ得るものとなったのである。ことに宗門政府に対して不満をいだく寺院は、これによって離脱の道を大きく開かれた。例えば、明治以来独立を図り、昭和期には事実上宗門との関係を絶っていた高田浄興寺は、宗教団体法によって大谷派への復帰を強制され、戦後もいろいろ懐柔工作がなされたが、結局、昭和二十五年暮に寺中など従属寺院を率いて分離独立した。また昭和三十四年に、坪井善正寺を熊本別院とすることに反対して、本願寺派から集団離脱した熊本教区一四ヵ寺の例もある。このように、戦後の宗教法は宗門における任意的結社の性格を強化することによって、宗門を動きのとれない固定的な団体たることから解放した。そして自発的な信仰団体として宗門を再編する契機を用意したのであるが、宗門の社会学的基礎単位は個々の寺院であり、寺院を支える安定した地盤は家であるという状況は、なお依然として維持されている。

第八章　真宗教団と「家」制度

第一節　真宗寺院の相続制度

以上においてわれわれは、真宗門徒を個人としてよりはまず家として捉えることに出発し、教団を支える二本の柱すなわち寺檀関係と本末関係を、それぞれ住職家—門徒家、本山住職家—末寺住職家の家関係として分析した。しかし、すでに本山即法主家とはいえなくなっているのと同様に、末寺もその住職家と等式で結べなくなったし、家関係としては充分説明しえない自発的な門徒団の活動もみられるから、右の分析は門徒個人の側面や寺法人の側面を不当に軽くみる過誤をおかしているかも知れない。けれども分析を能う限り精密ならしめるためには、一定の視点を設定して意識的にこれに依拠しつつ終始一貫しなければならぬと考える。そこで心掛くべきことは、可能ないくつかの視点のうち最も妥当な、分析効果の最も大きい視点を設定することと、その視点に立つとき看過されやすい側面にも可能なかぎり眼を配ることであろう。以上の分析は、不充分ながらさような努力の所産である。

さて、真宗教団を一種の家連合とみる視点は、主として真宗寺院（住職家）の世襲相続から導き出されたものである。それゆえ最後にこの点を検討しておく必要があるように思う。但し、以下の分析は何よりも宗門法規を

資料とする制度史的考察であって、相続の実態に関する個別研究に直接立脚していないので、制度に対する人々の意識や態度にまで充分掘り下げられていないことを、あらかじめ断っておきたい。

(一) 嫡系相続

真宗僧侶の妻帯は鎌倉時代における専修念仏の行者の一般的な魚鳥女犯から発したものであるが、初期の真宗寺院は血統相続にあらず、真宗以外の各宗に於けるが如く伝法若しくは附弟相続であった。しかるに血統を主として寺院を相続した事実が明白となるのは室町時代の初め以後といわれ[1]、耶蘇会士の渡来する頃には真宗寺院の数も激増して、妻帯と子孫相続はその注目を集めるに足る特徴的な現象となっていた[2]。住職家の相続はいうまでもなく家長たる住職の地位の継承であるから、相続人の選定、相続の時期などについては時代時代の家督相続の慣習によって規定され、近世初頭には長子相続制が確立したものと思われる。明治五年調製の『加賀国寺院明細帳』(坤)によって、真宗寺院住職のうち先住との続柄が判明する二六一人を分類するに、第89表のとおり長男相続制の存在を確認することができるのである。この制度は時代によって強化・弱化の変動を経験しつつもこんにちまで維持されている。

第89表　住職と先住との親族関係
(加賀真宗寺院，明5)

	本願寺派	大谷派	計
長　男	13	148	161
次　男	1	20	21
三　男	1	10	11
四　男		2	2
十　男		1	1
養　子	5	60	65
計	20	241	261

さて、住職家の長子が寺を代表する住職の相続人とされる機構を理解するためには、寺族と衆徒についてある程度の理解をもつ必要がある。戦後大谷派では、住職および前住職と同じ系統のもので同一世帯にある者を寺族と規定し(寺院教会条例27条)、本願寺派では表現は異なるが右と同じ趣旨の規定をしている(本願寺派宗法27条)。

これで判明するように、寺族とは住職以外の住職家構成員を意味し、端的にいえば高田派の「総組長章程」（明9・11）のなかにみえる「寺内家族」に相当する。住職を含まずかつ集団を指さない点で旧民法の戸主に対する家族に相当するが、寺に生活の本拠を置かない者を含まない。また各種使用人も寺族でないから、それは例外なく家長を除く直系家族の成員に重なる。在家（俗人の家）の家成員と異なる点は、十五歳以上の男子寺族の若干は僧籍を有することであり、妻帯をしている余宗僧侶の家と異なるのは、坊守（住職の妻）の住職輔佐の権能が教団によって積極的に認められていることである。真宗では妻帯を公認してきたばかりでなく、多数の門徒との日常的接触において坊守が果す役割は殊の外大きいので、宗門法においても坊守に関する規定を設けてその地位を根拠づけている。

寺族のうち僧侶たる男子寺族は通常その寺において僧籍（僧侶としての族籍）をもつ。得度を受けるには必ず特定の寺院に所属していることが必要であって、得度がすむと寺院別に編製された僧籍簿のその寺の項（戸籍に対してこれを寺籍という）に僧名を記帳されるのである。旧民法の家が戸籍における框であったように、寺には僧籍簿における框として意義もある。これは必ずしも真宗に限ったことではないが、ここでとりあげたいのは寺籍を共にする僧侶の集団と右に述べた住職＋寺族の集団―つまり住職家との、重なりとズレの問題である(3)。寺籍を同じくする僧侶は住職（正・副・前）と住職でない者＝衆徒とに分類される。衆徒はさらに住職相続人たる一名の候補衆徒とその他の一般

第35図　住職家と僧籍集団の関係概念図

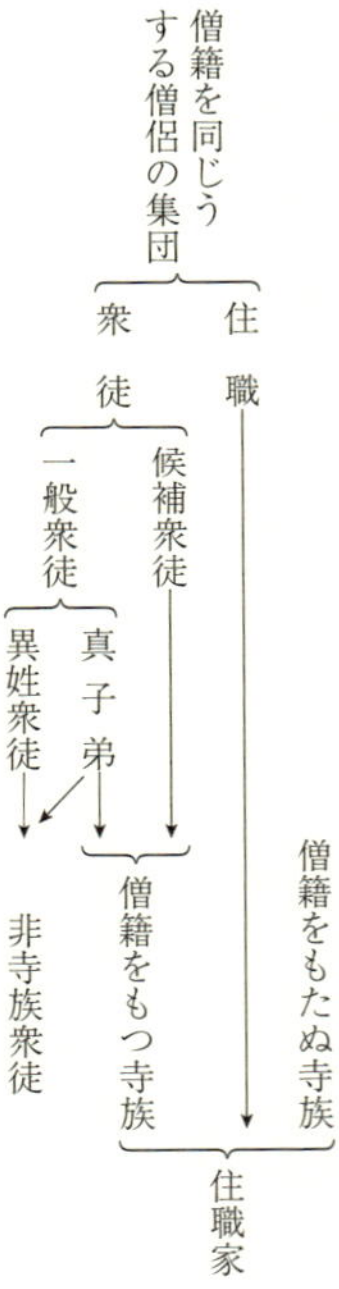

僧籍を同じくする僧侶の集団
住職
衆徒
候補衆徒
一般衆徒
真子弟
異姓衆徒
僧籍をもたぬ寺族
僧籍をもつ寺族
非寺族衆徒
住職家

衆徒とに分かたれ、後者は再び真子弟と異姓衆徒に区分される（第35図）。異姓衆徒とはおおむね役僧であって、たとえば門徒戸数八千を称する金沢専光寺では、加能越に分散せる門徒を管理するため村々に世襲の下道場を置いているが、これらの下道場は寺号がないために寺籍を独立に持つことができず、道場主は本坊専光寺の寺籍に所属するものとして得度をうけたから、専光寺では多いときには異姓衆徒が七十人もいたという。だから異姓衆徒はその寺の寺族ではない。異姓とよばれ事実殆ど異姓ではあるが、異姓であってもなくてもすべて非寺族衆徒なのである。ただその寺の経営的連関のなかにかつてあったか、あるいは現にあるものとはいうことができる。また、真子弟で姓を同じうしてもなかには寺族でない者もある。僧籍を有しながら他業に従事し別居独立している子弟はもとよりそれであり、布教師などで生計をたてても別居独立している限り慣行上寺族とはみなされない。しかるに候補衆徒は必ず寺族でなければならない（例、昭4大谷派僧侶条規25条）。したがって、衆徒のうち候補衆徒と全部あるいは一部の真子弟および住職が同一の寺籍に共属すると共に、また住職家の成員（寺族と住職）でもある。その他の寺族は寺籍に属さず、またその他の衆徒は住職家の固有の成員＝寺族ではない。かように住職家と寺籍とは重なりつつしかもずれるのである。(4)

衆徒のうち寺籍と寺族としての所属が常に重なる衆徒、すなわち候補衆徒は、その住職継承権が宗門法によって保護されている。(5)明治九年に住職輔佐機関として設置された副住職も、真宗では、長男を新発意と称して住職候補とした慣習を副住職たる名分によって制度化したものであった。(6)しかし副住職は大坊などで寺務多端でなければ置かなかったから、住職候補がすべて副住職であったわけではないが、もと副住職は悉く住職候補といってよかった。副住職でない住職候補は候補衆徒とよばれ、正副住職の長男で将来正副住職たるべき見込の者であり、寺格を襲うて寺格相当のいわば身格を獲得できる。それに対して、一般衆徒は寺格を襲いえないものとして

明瞭な身分差を設けられたのである。[7]

以上は本願寺派と大谷派にわたって共通にみられる諸要点をとくに大谷派を中心に述べたのであるが、高田派は本・大両派と著しく異なった制度をたてている。一言でいうなら衆徒の区別を全く設けていないことである。候補衆徒と一般衆徒の区別も、真子弟と異姓衆徒の区別もなく、みな一律に、寺格相当の身格を許されるのである。これは恐らく本願寺の血脈（血統）相承に対して法脈相承を強調する高田派の根本的態度に根ざすものであろうが、現実の効果としては本・大両派と大差がないという事実は興味深い。すなわち、大谷派の異姓衆徒はおおむね役僧など従属身分の僧侶であるが、高田派においてたとえこれらが本坊の寺籍に加わることを許されて、候補衆徒同様の高い身格を獲得したとしても実地に用いようがなく、また格が高いほど得度の礼禄金も毎年の僧侶冥加金も多額に上るので、むしろ寺中など寺格の低い寺に頼んでその衆徒となって得度をうける。そこで高格寺院には異姓衆徒と称すべきものはなく（存在しても親族であって役僧ではない）、専ら低格寺院にこれが集中している。この事実は、大・本両派では格の高い寺院ほどふつう経営も大きいので役僧を多く必要とし、自ずから多数の異姓衆徒をその寺籍に含むのと対蹠的である（第90表を参照）。高田派の低格寺院の寺籍における異姓衆徒の存在は経営的関連を反映するものでなく、単に縁故関係を示すに止まるのである。こうした形で異姓衆徒にも寺格相応の身格を許す制度が実行されているから、本・大両派のように区別を設けるのと結果的には異ならない。いくら制度を別にしても現実が同一なら、制度の受止め方を異にすることで現実が自己を貫徹するのである。

次に候補衆徒と次三男の区別を設けていない点にふれておこう。長男或はこれに代るものは住職の地位を相続しなければならぬから、得度をうけて寺格を継承することは云うまでもない。しかし寺としての分家はまず不可能であり、また他の寺への養子口は必ずしも多くないのみならずあらかじめ予定することができないから、次三男

の得度はその寺で実際的な必要がなければ行われない。費用もかかることゆえ一層然りである。だから相続予定者との差別を設けていなくとも不都合を生じない。もちろん次三男＝弟にも得度させることが稀にみられるが、それは住職が寺役や寺役以外の用務で多忙であるとか、あるいは病身のため少なくとも一時的な代理を必要とする時、そして前任も候補衆徒もないか役に立たぬ時、行われる。その意味では次三男も寺格を継承している方が好都合なこともあろうし、また住職の堂班（身格）は衆徒たる弟のそれよりも必ず上位になるから不都合はないのである。そして得度した弟はやがて他の寺の養子になるか他の職について生家の寺族であることをやめる。このように相続予定者たる候補衆徒とそれ以外の衆徒との区別を制度的に設けていなくとも、自ずからこの間に地位と役割の上で区別があり、候補衆徒に相当する者のみ住職に就任して恒久的に寺格を代表することに変りはない。

ここで附言しておきたいことは、両本願寺に関する限り、本山の相続制と末寺のそれとに多少の差が存することである。これを二点に要約するならば、㈠本山は大谷姓以外による相続を許さないが、末寺では住職家廃絶の場合やその他重大な事故のある時、他姓をもって世襲の例を因襲せしめることができること（大谷派宗制第三六四

第90表　福井県下本願寺派・高田派寺院同姓・異姓衆徒の比較

	寺格	寺院数*	衆徒総数		一ヵ寺当り衆徒数	
			同姓	異姓	同姓	異姓
本願寺派	別格別院	1	—	10	—	10.
	別格寺	3	1	18	.3	6.
	上座	127	88	225	.7	1.8
	本座	105	50	55	.5	.5
	内陣列座	32	10	10	.3	.3
	余間	17	8	6	.5	.3
	脇間	3	—	1	—	.3
	外陣列座	4	2	—	.5	—
	平僧	4	—	2	—	.5
高田派	上座	2	2	—	1.	—
	准上座	4	4	—	1.	—
	准上座格	6	3	1	.5	.2
	院家主席	3	3	—	1.	—
	院家	7	1	1	.1	.1
	老分	7	2	2	.3	.3
	中老	3	2	1	.7	.3
	大衆分	17	6	10	.3	.6
	衣座	—	—	—	—	—

＊　無住ならびに兼務の寺院については，衆徒の同姓異姓を判定しえぬので、これを省いた。なお、同姓とは住職と姓を同じくする衆徒をさす。前住職は合算せず。本願寺派は昭和11年本願寺派寺院名簿による。高田派は昭和32年末現在。

条など)。換言すれば、大谷家と本願寺とは不可分の関係にあるとして、大谷家の存続のために万全の施策が講ぜられているが、末寺の住職家では必ずしもそうでないこと。㈡大谷家に継嗣がないときには養子をもって相続せしめなければならぬが、すでに紹介されたその規定が示すように非血統の養子を許さず、必ず血統に限られる。それもなるべく近い近親者から養子が選ばれるのに対し、末寺ではかような制約がないこと、である。[8] 高田派本山専修等の常磐井家でも右の㈠においてその末寺と異なると考えられるが、㈡のような制約を課していないのは、すでにふれた専修寺の特質に根ざすといえる。本願寺の血統中心的な考え方は第七章第二節でみたように資料的には蓮如時代にすでに歴然たるものがあり、近世・近代を通じて継承された。この事実は、本願寺における宗教的権威の合法性の基礎が親鸞以来の血のみち(血統)にあることを物語っている。末寺は末流であって、宗教的権威の源泉ではありえないから、養子の資格については右のような特殊の制限を設ける必要はなく、一般庶民の「家」同様の相続制度を維持したのである。

庶民の「家」同様の嫡系相続といっても、それと異なる点がないわけでない。なかでも、住職家の相続に対する門徒団の干渉と保護とはその優なるものである。重大な事故なくして住職家を駆逐したり、また事故もないのに住職および候補衆徒の廃立を行うが如き、さような干渉はみられないが、候補衆徒の僧としての訓練や結婚、また嗣子なき場合の養子縁組、住職が若くして死亡したときの善後策などについて、門徒団の協力と保護、あるいは干渉と監視が常にある。これあればこそ、住職家は十何代・二十何代といった世襲相続の系譜を伝え、家の永続を欲しながらも数代で断絶退転する一般農庶の家と際立った対照を示すのである。また、他家から入った妻は夫早世後、逆縁の場合を除き婚家において再婚しない一般の風習にもかかわらず、寺だけは住職たりうべき僧を新しい夫として迎える慣習がある。これまた、先祖供養の維持継続のために寺の維持を念願する門徒側の干渉

を顧慮せずして理解できないところであろう。要するに家法人（住職家）が宗教法人（寺）を荷うと共に、また逆に荷われているところに、一般在家の相続と異なる点が存するのである。

註

（1）長沼賢海『日本宗教史の研究』（東京教育研究会、昭3）、八四頁。

（2）『耶蘇会士日本通信』上、三六九頁。同下、一九九〜二〇一頁。

（3）昭和三十五年十一月一日現在で実施された『大谷派教勢調査』によれば、寺内に居住するもの、すなわち住職家の世帯員は全国平均で一ヵ寺当り五・四人（うち男子二・六人、女子二・八人）となり、同年の『国勢調査』における一般世帯の全国平均四・五六人よりはもちろん、郡部平均四・九五人よりも大きいことは、興味ある点である。なお大谷派の同じ調査によると、僧籍を有する者一ヵ寺当り二・三人、うち教師一・七人であるが、これら必ずしも寺族ではないから、住職家の世帯員数から僧侶数を差引いたとて僧籍をもたない寺族の数が得られるわけではない（『真宗』六九〇号、三八頁、七〇〇号、三一頁）。なお、この調査の衝に当った堀尾昌純氏の御教示によれば、総数九、〇四四ヵ寺のうち役僧を置く寺二一九（二九七人）、使用人を置く寺二一三（二四五人）、その外の同居人のある寺一二二となり、これらを差引くもなお世帯員は多い。そこに働く変数の一つに、寺（家）を守ろうとする意識を想定できるかもしれない。

（4）こまかくみると、寺ではもう一つの型のズレが問題になる。それは縁組・離縁などによる親族身分の変化と寺籍の移転とに時間的なズレがある時に生ずる。例えば、B寺（家）に養子として入って住職となった後、離縁してA寺（家）へ帰り、なお当分寺籍がB寺にあるときは、A寺の寺族でありつつ同時にB寺の前住職であるという形で現われる（『配紙』所載、明12・2の指令。『開導新聞』二六八号、明15・6など）。この種のズレは宗政当局にとって事務処理上不便であるので、これを回避するために、戸籍の移動と同時に寺籍を移転するよう督励された（例、昭4『大谷派僧侶条規』15条）。

（5）昭5『大谷派一般末寺住職条例』6条。その他各派の宗制寺法にみえる。

（6）『大谷派配紙』明9第49号所載。

（7）「大谷派衆徒取扱条例」、『本山報告』明19第10号、三頁。

（8）井上豊忠『真宗大谷派宗門時言』（大谷派本願寺文書科、明33・10）、二八二頁。

(二) 家督相続と住職襲職

それでは住職就任の時期はどうかというと、家督相続同様に前住職が死亡あるいは退隠したとき、相続予定者が教師の資格を有するならば就任を認められる。住職の退隠は長患いその他格別の事故によらない限り、七十歳未満では許されないという規則[1]が示されたこともあったが、この規則がどの程度実行されたかは疑わしい。前住職の死亡による就任の場合は住職の交替と家長の交替とが概して一致するが、退隠による就任ではこの二つの交替が必ずしも一致しない。他の寺との交際が煩わしいと比較的早期に退隠して相続人を住職に据え、本山や組寺に対しては新住職を表に出すが、家生活の面では依然として世帯を握り実質的に家長の地位に留まることがあるからである。しかし家長をば外社会に対して家を代表する者と解するなら、住職の交替と家長の交替は通常密接に相伴なっている。ことに寺号の外に姓が設けられる前までは両者は未分化であった。こんにち家長の地位の継承＝家督相続（寺＝家）と法人代表者の地位の継承＝住職襲職（寺＝法人）の二面に分化しているが、また住職襲職は住職家の家督相続と表裏一体をなし、同時に届出るべき筋合のものとされている[2]。本山では家長と住職の一致にさらに管長が加えられて、管長・住職・戸主の辞任・譲職・隠居は同時に起り、次代によるこれらへの就任・就職・相続もまた原則として同時なのである。

ところが近世の家督譲状をみると、家督は法人代表者たるの地位をも含むように思われる。特殊の事情がなければ家督の内容を挙示しないからこの種の史料は稀有であるが、幸い管見に入った福井市興宗寺（本願寺派）の「誓了譲状[3]」が一つの手がかりを与えてくれる。

態令啓達候。仍心願御坊御子息幸菊殿、我等養子してゆつり渡申家とくの事

一御開山様並御ちく（軸）の物事。

一惣門徒之事。同仏道具事。

右ゆつり渡申所実正也。此上ハ我等死去仕候共、此跡之儀ハ無別儀幸菊さうそく可有之候。去共幸菊若はいの儀候間、心願御坊住寺与思食万端此寺の御事御馳走被成候て可給候。奉願存候。若此外ニ万一親るい又門徒の内莵角之事候とも、正義たる間敷候。殊我等存生の間惣門下と被談合申定候上ハ、別儀有間敷候。可心安候。此上ハ上儀の御役等の儀門下中与御談合候て可被入精見用候。若又幸菊殿親等へふこう（不孝）之儀候者、右之旨ほうく（反古）になさるへく候。仍為後日ゆつり状如件。

但馬興宗寺

慶長六年　誓　丁（花押）

長崎町惣代

三郎左衛門（花押）

幸菊殿

まいる

譲るべき家督の内容として、宗祖像・軸の物（六字名号などか）および惣門徒管領権・仏道具が挙示されているが、こんにちの考え方に立てばこれらは法人なる寺に属するものであるから、この時代には寺と家が未分化であった。法人としての寺も住職の管領する家であり、そのような意味で家督と住職権とが未分化であった、と考えるべきことをこの文書は示している。また、西本願寺が東本願寺に対して嫡々正統の本山であることを力説する『金鑰記』（東京大学史料編纂所蔵）に、「（私註秀吉公）仰ラル、ハ末子ヲ家督トシタル先例アリヤト問ヘハ開山以来惣領ニカキラス庶子ニヨラス其ノ子ノ覚悟ヲ見テ兄弟男女ノヘタテナク譲状カキオカレ之ヲ家督トアカムル旨ヲ（私註如春尼）明ニノ玉ヘハ云云」とあり、御影堂留守職＝本願寺住持職がそのまま家督なる表現を与えられていることに注意したい。寺と家はなお渾然として一体であったのである。中世ではもとより然りであったと考えねばならない。専修寺十世真慧が阿児丸ならびに諸末寺中にあてた明応五年（一四九六）の譲状（大味法雲寺蔵）

には、家督の語も住持職の語も共に用いられていないが、譲与の対象として、「所持之本尊聖教並堂社仏閣寺中寺外散在之地田畠内者給恩之地眷属等総而諸末寺悉」とあり、両者の未分化を前提として考察すべきものである。

それでは家督と住職がいかにして分化し来ったのであろうか。この経過を具体的に跡づけることは容易でないが、前章第五節㈢で述べたように、明治初年の設姓による寺と住職家の分離、これにつづく宗教関係法規→寺・一般戸籍法→家という法的取扱上の分離、地租改正における寺有財産と住職家家産との土地についての峻別、住職家の伝統的宗教的権威の減退とこれに対応する門徒の発言力の前進などを、その有力な条件としてあげることができる。これらが相俟って家督の実際的意味を家長の地位に近接密着せしめると共に、住職の意味を法人代表者のそれに限定するに至った。かくて家督と住職は意味の上で分裂しつつ、しかも同一人によって荷担されることにより、依然として相即不離の関係にあるのである。

家督相続は住職家の家長の地位の相続であることはいうまでもないが、慣習的に家に属する財産の所有者を新家長に名義変更する手続きが、家督相続の手続きとは独立しながら而も随伴して行われるべきものであった。ところで、家長の名においてはじめて家産を登録するにあたり、寺有財産と家産の区分をつけることが前提となるが、なるべく多くを寺有に帰せしめようとする門徒の側の意向と、寺族の生活保障のためになるべく多くを家産にとりこむ住職家の意向とが時として相拮抗しつつ、財産造成の沿革に準拠して寺有か家産かが決定されたのである。それは次の文章にも示されている。(4)

本宗ノ寺院ハ従前世襲ノ風習ナルヲ以テ所有ノ地所建物等モ普通一般ノ寺院ニ同シカラサル者アリ仮令(ママ)ハ某寺ノ開基某ナル者私有ノ居宅ヲ以テ寺院ニ引直シ或ハ幾世前ノ住職私金ヲ以テ地所ヲ購求シテ某寺ヲ移シ爾来其子孫連綿相続住持シテ租税ヲ納メ民費ヲ弁シ其建物モ本堂ハ共有ニ属スト雖モ庫裡ハ固ヨリ住職或ハ祖先ノ私金ヲ以テ其居住ノ為ニ建設スル

者ニシテ其寺ニ寄附セシ確証ナク且ツ修繕モ全ク住職一己ノ資力ニ成リ嘗門徒ノ扶助ヲ請ハサルヲ以テ門徒モ亦其住職ノ所有タルヲ確認シ已ニ其地券モ住職某ノ名請ヲ以テシ純然タル私有ノ体裁ヲ為ス

右の文中「共有」とは寺檀の共有の意味であり、そのさいの寺とは住職家のことだから、共有とは法人としての寺の所有に外ならぬが、まだ法人の概念が国法で規定されていなかったので共有と表現するより仕方がなかったのである。要するに、住職あるいは住職の祖先が自費をもって購入建築した地所（境内外の土地）建物（庫裡等）は住職家の家産として、共有（寺有）の地所（境内外の土地）建物（本堂等）から分かったのである。

しかしかくの如く寺有と家産を分かつとき、家産は「之ヲ質入売却スルモ其所有者ノ自由ニ任セサルヲ得ス果シテ然ラハ其土地ヲ典シ其建物ヲ売リ遂ニ一寺ノ廃亡ヲ招致スル者ナキヲ保シ難シ(5)」といわざるをえない。そこで寺有と家産の区別を明確ならしめつつ、しかも両者を緊密な関連におく必要が生ずる。それは末寺の廃亡を防遏せんとする本山の要請であり、また住職家の専断を防止せんとする門徒の要請であったが、同時に寺から追放される事態を回避する為の住職家側の要請でもあった。境内地を寺有と家産に分かちながら、その境界線を本堂と庫裡の双方を結びかつ貫く如くに設定した例（高田派寿松寺）などは、住職と門徒双方のかかる顧慮を反映する。本願寺派と大谷派では末寺の地所建物について、「紛争廃亡ノ患ナカラシメン」ために保存規約（明11）を設け、寺有と家産との区別の原則を示すと共に、寺院存続に関係ある家産の処分について制限を加えたのである。宗制寺法などによれば、寺有財産には、

一所奉仏祖及び其附属荘厳什器物
一寺務法要に必要なる地所建物及び什器物
一境内地

一古文書古器物什宝物
一その他地所資金有価証券

が含まれ、(A)寺（法人）によって入手購入されたかあるいは寺に対して寄進されたか、(B)寺によって常時使用され、それなくしては寺の体裁をなさぬものかである。たとえ住職の私費による建築であっても、(B)と判定される限り、寺有に編入さるべきことは保存規約第八条に示された。明治十二年の『更正寺院明細帳』には境内に加えて持添地が記載されており、それには寺有と住職有がみられるが、後者のばあい福岡県下などでは、住職の資金で買得したとしても寺を永世保存するためのものであるから妄りに売却しないこと、もし事故のため寺を出るときには折半して一部を住職またはその子孫、他は寺に附すべき旨の約定証が添えられているのは、この保存規約の趣旨に基づくものであろう。

最後に住職襲職の手続きにふれておきたい。「本山ノ住職ハ即管長ナルヲ以テ別ニ任免ノ手続ヲ定メス当職自ラ辞シテ之ヲ新法主ニ伝フ其未タ辞セスシテ遷化スルトキハ新法主自ラ之ヲ伝承ス」（明19、大谷派宗制寺法92条）。しかるに末寺住職にあってはすべて教団の首長たる管長によって任命されなければならない。住職の任免を中央宗務機関たる内局の機能とした戦後の仏光寺派・興正派の如き例もあるが、この権限は元来管長に属した。しかし管長の末寺住職任免権は明治十七年の太政官布達第十九号以来のことで、それ以前は本山住職がこれを掌握したのであり、この変革が本山住職即管長という対応によってうけながされたのである。そのように辿るなら、末寺住職の任命は本来、本山末寺関係を代替りごとに確認し、末寺の家督を安堵する意味をもったとしなければならない。旧時、末寺は本山との系譜関係においてのみその社会的位座を定めえたのであるから、住職を襲うには当然かかる寺を代表するものとして本山住職の承認をへなければならず、その承認が本末の主従関係を反映して

任命の形をとった。これが管長制にひきつがれたのである。

註

（1）『本山日報』明12第2号所載、達書11号。
（2）例、『大谷派宗憲草案理由書』（大12）、第76条の説明。
（3）牧野信之助編『越前若狭古文書選』、二九頁。
（4）「末寺寺院地所建物保存規約前文」、『本山日報』明11第10号、および『大谷派配紙』所載。
（5）同右。

(三) 戦後の動向

以上は時代的変化を顧慮しながら、とくに明治以後を中心として真宗寺院の相続制度を考察してきたのであるが、太平洋戦争後の民法改正によって明治民法における「家」制度が廃止された結果、伝統的な嫡系相続はどのように変貌したであろうか。

まず本山からみよう。規定の条文から「家」の観念を払拭したのは高田派であって、その『法主継承規範』によれば法嗣（次代法主）は法主の推薦により各種の機関代表者の承認を得て決定されるのだが（第五条）、「法嗣は、原則としてわが宗派の僧籍簿に記載された男子の中から推薦されなければならない」（第六条）。つまり選択の範囲を高田派僧侶に限るのみでこれをさらに限定する規定を設けていないのである。それでは高田派僧侶のなかから適任者を広く求めて法嗣とする趣旨であるかというとそうではない。「家」制度の框が解けたのをむしろ好機として、法脈相承（第一条）の趣旨をこの規範に成文化したまでであって、実際は運用の妙を発揮して常磐井家の世襲とする意向であると当局者から直接聞いた。これは正直な告白だといわなければならぬ。世襲の語を避

けたのは、すでにふれたように、親鸞の血統こそ践まないが法脈においてはその嫡系たることを自任するからに外ならない。大谷派では家憲の主要部を昭和二十七年の『本山寺法』に吸収し、かつ成文化において改正民法の趣旨に応じたが、骨子はそのまま貫かれつつ、むしろ形式的整備が進んだことは、戦後の『皇室典範』第一章と同様である。すなわち、

寺法第七条　本山本願寺の住職は、別に門跡ともいい、宗祖の系統に属する嫡出の男子が左の順序により継承する。

一住職の長子

二住職の長孫

三住職の長子の子孫

四住職の次子及びその子孫

五前各号以外の住職の子孫

2前各号に該当する者がないときは、住職は最近親の系統の者がこれを承継する。

大谷家を公言することは避けられているが、大谷家による世襲相続であることは明白であろう。本願寺派でも本山住職の継承順序は条文の細部を除いて大谷派と全く同一である。しかしながら、「住職は、世襲であって、宗祖の系統たる大谷宗家の家系に属する者が、左の順序によって、これを伝燈相承する」（昭27『宗教法人「本願寺」寺法』10条）と、大谷家の世襲を公然明記することは、改正民法に対して傍若無人というか、自己の伝統と現実に対して絶大な誇りと信念をもつというか、ともかくこれは宗門法規の各派別・時代別比較が無味乾燥な法文の対比に終りえないことを示唆している。もちろん、各教団の特殊事情と時代の特殊相が宗門法規の条文にさまざまな屈折を与えていることは否定できない。だが、条文は何れも教団の現実（過去と将来、伝統と理想を含め

た）の一断面をあらわにするものであって、いかほど国法の理念によって強く規定されようとも、条文のすべてが虚構であったり単なる理想にすぎないということはない半面、条文のすべてが教団の全現実を赤裸々に示すということもまたありえず、常にある一面の誇張と他の一面の捨象が伴なうことは宗門法の歴史が自ずから物語る。だから条文の時代的ならびに同時代的比較を通して、現実のより深い理解に到達しうるのである。なお、戦後新興の真宗系一地方教団たる浄土真信宗浄光寺派でも、一派の主管者（浄光寺住職）を規定して、「主管者は大僧正法主管長と称し、妙光院還如と号す。本派の法統を伝承したる藤野氏の旧戸主に相当する者之に当る」といい、前掲の旧教団と全く同一の相続制度をもとうとするのは興味深い。

さて以上にみたように、公言するとしないとにかかわらず、本山では依然として住職家の世襲相続制を維持していることは疑いえぬところである。それでは末寺の相続制をどう捉えているかというと、高田派でも末寺には世襲制を公然と認めており、大谷派・仏光寺派またしかり、他派もすべてしかりであろう。大谷派では末寺の『宗教法人規則準則』を作製するにあたり、「家」は国法的根拠をもたないので、「住職は××姓を名乗る教師について管長が任命する」（第六条第二項）とした。これについて、「私は学生でありますが、私の父は先年死亡したため、同姓の叔父が代務者になってくれています。今度の寺院規則を見ますと、第六条に○○姓を名乗るとだけあって、従前のように○○家の戸主又は戸主たるべき者とありませんので、この規則が実施せられたとき、私はどうなるだろうかと母が心配しています。どうでしょうか」という質問が当局に寄せられた。それに対して、「御不審尤もであります。この準則を作るに当って、本山では長子相続制を捨てた訳ではありませんが、民法が改正せられたために、止むを得ず、ああした訳です。然しあなたの場合のような寺院が相当あって将来の禍根を防ぐため、そういうところは、出願に当って、代務者の方から、自分の系統のものを指すものでないという一書

を添付して頂くことにしてありますので、混乱は起らないと思います[1]」、と答えている。

本山では長子相続制を捨てた訳ではないという。しかもこれを保証する措置を講じている。それは末寺の現状と希望を反映するものであるが、われわれの狭い見聞からしても、戦後の家族制度の変化は僧侶や寺族の相続観念にも多かれ少なかれ影響をもたらして、必ずしも長子相続制に固執せず、長男でも才能に恵まれたものには自らの道を開拓させ、寺院経営に適した子女を相続人としようという傾向が、少なくとも一部にはみられるのである[2]。また、長男も次三男も娘たちも寺を相続することを嫌って、世襲制が危機に陥っている寺もあり、門徒の少ない小坊ほど戦前からこの傾向が著しい。さような二つの傾向をはらみながら、しかし全体として世襲制が依然強力に維持されている。それは、前掲の『宗教法人規則準則』に対する質問から感知されるように、また本書の冒頭でふれた他宗の世襲化への動きのなかからも汲みとることができるように、世襲制が寺族の生活保障を最も効果的に実現せしめるからであろう。生活保障の要請はまた、宗教法人法によって寺を法人化するさい、責任役員三人のうち二人を住職家で占め、かくて法人としての寺を住職家と法的にもかたく結びつけた例がきわめて多い事実に表われている。このようにして寺は相変らず住職家の家職として存続していく。ここに明治初年の廃寺処分をはねかえしたエネルギーが伏流となって伝えられると共に、またこの為に、自発的な信仰団体として自己を常に新しく創造していく可能性が減殺される懼れなしとしないのである。

註

（1）『真宗』五八八号所載、「再び寺院規則について」。

（2）『本願寺新報』昭33・11・15号所載、「紫水随想」参照。

第二節　真宗教団と「家」制度

㈠　真宗教義と「家」制度

以上、住職家の世襲相続を前提として真宗教団の構成単位である寺（法人）を寺檀の家関係から成るとみ、教団構成の基本軸であった本末関係を本山末寺の家関係とみなして、下は微々たる門徒から上は本山に至る諸段階の分析を試みた。その結果、もと一派の宗務は本山住職家の家政たりしこと、あたかも徳川幕府が徳川家の家政機関に外ならぬのと全く軌を一にし、本山住職家の大いなる家のなかに群小の末寺住職家が包括されたこと、そして本末関係とは要するに包括する家と包括される家との上下主従の関係であったことを明らかにした。末寺も住職家を棟梁としてその傘下に包括された門徒団に外ならず、そこに真宗の寺檀関係が発現したが、ただこの包括関係の蔽うところは生活の一部に限定されたから、多く主従関係とはならなかったのである。しかるに、明治以後寺と家、一派と本山と法主家の分界が立ち始め、家法人と宗教法人が分化すると共に、包括する宗派と包括される個々の寺院と、宗教法人もこの上下二段に分化した。そして、これに対応する如く本末制度は国法にその根拠を与えられず、また檀家制度も「一戸中甲乙宗門ヲ異ニスルモ不苦候事」[1]となって国法の支持を失い、かくてこれら近世以来の二大宗教制度は僅かに慣習の上で存続することとなった。もちろん、管長制と「家」生活の現実はこれらに慣習以上の実際的な作用と意味を与え、宗門を規制する制度としては依然きわめて重要な基礎的制度として維持されたのである。しかし、太平洋戦争後、宗教法人令や改正民法などの衝撃のもとに宗門自ら本末関係を公然と廃止し、また固定的世襲的な寺檀関係に対して種々の反省と検討を加えるに至っている。かくみ

る時、真宗教団は「家」制度に拠って庶民の間に沈降拡大発展した後、「家」制度から自らを解放し、同信者の任意的結社として再生する道を辿りつつある、ということが出来るのである。

「家」制度との融合から分離へというこの過程を追跡するに当り、宗学者が好んで分かつところの安心門と規則門、真諦と俗諦の区別を採用して、安心門は全く教義の問題であるが、規則門は教団の社会的存在形態に関する事柄であり、教義とは関係なく教団をめぐる政治経済的諸条件によって規定されるという前提を持した。この前提は、逆に教義によって教団の形態が規定されるという如き前提に比べるなら、遙かに大きい妥当性を主張しうると考えたからである。しかしいやしくも教法をもって立つ団体である以上、その世俗面が教義によって全然拘束されないとは考えられない。もちろん、教義はかくかくの形をとるべしと具体的に教団形態を指定することはないであろう。しかし、形態について一定の認容しうべき範囲を暗黙のうちに定め、その範囲内で時代の条件に適した形態を選択せしめる拘束力をもつと考えるのである。そこで、真宗が教義の上で「家」制度と親和的な要素をもつのかどうか、また逆に「家」制度と相容れぬ要素をもたないのかどうか、この点を検討しておかなければならない。その検討なくして、真宗教義は教団が「家」制度に拠ることにも、またそこから脱出しようとすることにも、ともに無関心であったとはいえないであろう。

さて、「家」制度における人間結合の主軸はオヤコの関係である。これは実の親子のみでなく、養親子もあれば猶父猶子（親分子分）もある。実子・養子・猶子の何れもオヤの家（狭義の家）のなかに限定されるものでなく、オヤの経営（広義の家）の蔽う限りの諸々の家にこの関係が及ぶ。したがって、オヤコ関係は指導―追随、保護―従属の家関係を必然的に随伴する。本末関係、本坊・寺中下道場の関係はオヤコ関係を原型にもつ上下的家関係であるし、寺檀関係も限られた意味ではかかるものということができる。だから真宗教団は「家」制度に

拠る、といったのである。ところで、オヤコ関係を主軸とするということは、同胞の関係に対するオヤコ関係の優位を意味すると共に、コに対するオヤの優位を前提にしている。オヤがコに統制を加え、オヤの利害がコのそれに優先する関係である。オヤあってのコであって、その逆ではない。このような関係原則が真宗教義によって是認され、あるいは是認されるばかりでなく宗教的に価値ある原則として支持されているのであろうか。真宗教義と「家」制度との親和性・非親和性の問題を、この設問にほぐして考えてみよう。

それでは何によって真宗教義を把握すればよいか。まず、真宗各派が所依の聖典とする宗祖以下列祖撰述の著作を第一に挙げなければならないが、宗祖以下の行実・語録を記した権威ある文献もこれに加える必要がある。しかしそれだけでは坊主門徒のレベルで受けとめられた教義がいかなるものであったか判然しないから、談義本・説教本系統の二級資料も利用するに吝かであってはならない。しかし著者はこの点全く素人であるので、手許にあるごく僅かの文献を手がかりとして問題をまさぐる程度を出ないが、将来の心覚えとして書き記して置きたいと思うのである。

いま宗祖親鸞にまで遡るならば、まず『歎異鈔』において、「親鸞は父母の孝養のためとて一返にても念仏まうしたること、いまださふらはず」という有名な句に接する。当時の念仏者にとってもまた後代の念仏者にとっても切実な関心であった父母の菩提は、親鸞においては全く問題になっていない。絶対他力の立場に立つ親鸞にとって、念仏を廻向して父母を助けるなどということは、全然思いもよらないことであった。しかし、これは父母生前の孝養を否定するものではない。むしろ、父母に対する感恩親愛の情を根拠としてこれを広く一切有情に及ぼし、「一切の有情は、みなもて世々生々の父母兄弟なり」(『歎異鈔』)というのが親鸞の基本的態度であった(2)。そこには、何にもまして親子関係を重視し、親に対する子の感恩奉仕を特に強調する態度はみられない。また弟

子との関係について、「親鸞は弟子一人ももたずさふらふ。（中略）ひとへに弥陀の御もよほしにあづかりて念仏まうしさふらふひとを、わが弟子とまうすこと、きわめて荒涼のことなり」（『歎異鈔』）といっている。弟子がどのような態度で親鸞に接していこうとも、親鸞は基本的には同朋同行としてこれを迎えたのである。そこには親に対してもまた弟子に対しても、こだわりのない無碍の境地が開かれている。それでは、親鸞は一切の他者に対して上下の差別にこだわらぬ同朋同行の思いで接したのであろうか。

同じく『歎異鈔』によれば、親鸞は師法然に対しては絶対随順の態度を示した。「親鸞にをきてはただ念仏して弥陀にたすけられまいらすべしと、よきひとのおほせをかうぶりて信ずるほかに別の子細なきなり。念仏はまこと浄土にむまるるたねにてやはんべるらん、また地獄におつる業にてやはんべるらん。総じてもて存知せざるなり」という絶対信頼が親鸞を法然に繋いでいる。これはもちろん法然だけに対するものではなく、善導の御釈、釈尊の説教、弥陀の本願に対するものでもあった。親鸞における同朋思想は、仏祖に対するこの絶対信によって可能とされた。そして一切有情からは捨離された上下的なオヤコの観念が、最も純粋な形で仏祖に集約されたのである。ここにおいて、親鸞をオヤとするオヤコ関係は根こそぎ否定されている半面、親鸞をコとするオヤコ関係は天空高く聳え立っているといわなければならない。教団内部のオヤコ・本末の関係を否定する同朋教団の論理はここに準備されたが、同時にこれらを肯定する体統的教団の論理またここに胚胎するとみるのである。

われわれは、寺院僧侶間の上下関係を制度化した至極末弟の教団形成を反宗義的と断罪するだけでは足りない。かかる反宗義的な教団形成が、皮肉にも親鸞に対する報恩謝徳を名として出現するに至ったその論理の展開を省察しなければならない。世に「泥棒にも三分の理」という。必ずやそこに祖意の歪曲を正当化する論理が用意されているはずである。そのような論理がいかにして可能であり、いかにして説得力をもち得たかを問わなければ

ならないのである。

そこでまず注目したいことは、親鸞の法然に対する絶対信の態度が、親鸞遺弟の親鸞に対する態度のなかに引き継がれ再生産されていったことである。これは、彼の門流が繁昌する限り当然の帰結であった。本願寺の本寺化を企図した三世覚如が、恵信尼の夢想に托して親鸞を観世音菩薩の垂迹とし、また蓮位房の夢想にことよせて本師弥陀の来現と宣伝した（『口伝鈔』[3]）ことのなかに、早くもこの動向が顕在化している。のみならず、覚如が、祖師の御本廟本願寺を蔑如して至極末弟の建立した草堂を本所と自称する「大憍慢の妄情」を厳しく批判すると共に、知識（師匠）をあがめて弥陀如来に擬しその外に別の仏なしという誤った態度を強く非難した（『改邪鈔』[4]）ことは、本願寺を本所として親鸞遺弟の間に確立し、本願寺の別当職を如来の代官として仰がしめる意図に出たものであるとすれば、ここにおいて仏祖に対する絶対信の強調がそのまま門下に対する随順の強調としてはね返ってきていることに注意しなければならない。こうして、同行として同じレベルに立つ同信者の関係は背景に後退した。本所は門末を領導する権威なのである。この観念こそ、時代の社会体制とからみあいながら本末関係を結晶せしめる核であった。[補註79]

親の菩提に対する見方も変っていった。覚如まではまだ、浄土往生の信心について沙汰すべき祖師先徳に対する恩徳報謝の集会において、仏法の信心を本とせず世間浅近の無常講のように没後葬礼の助成扶持を肝要とする如きは不心得である、早く停止すべし、と訓された（『改邪鈔』[5]）。しかし民衆は無常講の葬送協力を必要とする。そして念仏も多分にこの事業に結びついて伝播したのである。そこで、彼らのなかに真宗を弘通せしめんとする限り、何らかの形で念仏と親の供養との結びつきを正当化しなければならない。果して覚如の子存覚は『報恩記』を著わし、「孝養父母は百行の本なり、（中略）生るときには孝順をさきとして養育のちからをはげますべ

し、死せん後には追善を本として報恩のつとめをいたすべし[6]」といっている。のみならず、「現世一旦の孝養は夢の中の報恩なればなを真実にあらず、没後の追善をいとなみてかの菩提をとぶらはんはまめやかの孝養となるべきなり[7]」と歿後の追善を高く評価し、「仏を供養すると、父母を供養すると、功徳ひとし[8]」とまでいう。そして「その追善のつとめには念仏第一なり[9]」と結論するのである。[補註80]これは如来のかたより催された念仏と考えた親鸞にとって言語道断な逸脱であったが、地方の念仏者集団を傘下に吸引する便利な教説となったことは察するに余りがある。親鸞時代のいわゆる原始教団が発展して組織を形成しようとする時、現実の諸条件に適合する必要の起るのは当然であり、かくて祖意をねじまげて教説を展開させた。近世的宗学とは、要するに親鸞の教説と以後列祖の教説との間に根本的な矛盾がないものと前提して、外面上の矛盾をいかに巧みに説明するかという技術に外ならない。それによれば、『歎異鈔』の文は自意に随う真実の説であるが、『報恩記』は日蓮の徒に対して念仏の功徳の超絶することを示さんが為めの他意に随う方便の説である、と。したがって、仏教一般の規則に准じて亡者の年回忌日に当って供仏誦経するのも亦方便なのである。[10]——方便の説か祖意に反する説かの詮議に立ち入らない。とにかく存覚において師檀関係の成立を許す教義的な根拠が与えられたことに注意したいのである。

さて、存覚が専修念仏の徒に対する弾圧を解除されんがために著した『破邪顕正抄』に、「専修念仏の行者、在々所々にして一滴をのみ、一食をうくるにいたるまで、惣じては公家関東の恩化なりと信じ、別しては領主地頭の恩致なりとしる。公私につけてさらに違背の儀なし」といい、「いかでか王法を忽諸したてまつるべきや[11]」といっている。王法に対するこの態度は、蓮如が門徒に与えた消息のなかで、「まず王法をもて本とし仁義をもて先として、世間通途の義に順じて、当流安心をば内心にふかくたくはへて、外相に法流のすがたをも、他宗他家にそのいろをみせぬやうにふるまふべし[12]」と承け継がれ、いわゆる王法為本の教説として真宗教団の対社会

的な基本原理となった。王法を守ることは安楽国に往生するための因ではないが、個人として世を安穏に過す方便であり、教団として政治権力の弾圧を蒙ることなしに法義を相続する方便なのである。ここに真宗の権力随順的な姿勢がある。尤も、教団の底辺を支えた門徒は直接生産者として守護地頭と少なくとも潜在的な対抗関係にあり、そのエネルギーが一向一揆において動員されたことは顕著な事実であるが、幕藩体制の確立はこの対抗関係の顕在化を阻むことになり、本願寺の王法為本説また同様の作用を果して近世秩序の維持に貢献した。教団構成の主軸をなす本末制度にしても、本山の側で本寺崇敬を力説して末寺の奉仕を要請しなくとも、今や公権力がこの制度を支えている。また師檀関係にテコ入れせずとも、公権力はこれを固定的な家関係＝寺檀関係として制度化する必要に迫られていた。したがって、近世においてはただ王法為本を説き、「公儀之御政道並領主之禁制を守、国恩を弁へしるやうに教化[13]」していさえすれば、自ずから本末関係も整い、また寺檀関係もこれに規定された形で全国津々浦々に至るまで組織されたのである。

以上において真宗教義が本末制度と寺檀関係の確立にどのような役割を果したかを考察した。その役割は決して積極的なものではなく、むしろ消極的あるいは否定的とすらいわなければならない。ただ、真宗教団の歴史的な存在形態がこれらの制度を必要としたので、そうした現実へのいわば妥協として制度が現われた。そして教説の展開と変質――否定的な要素の封鎖――がこの妥協を許し、さらに封建イデオロギーとなる隙間が存したのにすぎないからである。それでは、宗祖の遺弟たちが展開させた教義は常に妥協の産物であって、そこには何らの積極的な価値が認められないのであろうか。著者はそうでないと考える。何故なら、もし教義を俗悪化させただけなら真宗門徒の長い歴史を貫く生命力はいかにしても説明することができないからである。妥協はより中核的なものを守るための方便であるとするならば、妥協しつつ変ることなく貫かれた中核があるはずであって、そこ

にこそ真宗の宗教的価値が潜んでいると考えなければならない。真宗の本質は歴史的にも開示されたが、また超歴史的に貫かれたもののなかにある。

次に論点を移して、真宗教説が家生活に対してどのような規範を定めたかを考察しておきたい。これは本末制度や寺檀制度とは直接のかかわりがないが、教義と「家」制度の関係を問う以上は閑却できない一問題であるからである。さて、まず念仏勤行の序に仏前で自他の妻を問わず互に許して情交する、という非難が親鸞門流に向けられ、これが念仏行者弾圧の口実でもあったから(『破邪顕正抄』[14])、「他ノ妻ヲオカシテ、ソノ誹謗ヲイタス事」とか、また「念仏勤行ノトキ男女同座スヘカラス、ミタリナルヘキユヘナリ」とかの掟が早くから門徒の間で行われたことは、弘安八年(一二八五)の『善円十七ケ条禁制』や、親鸞直弟善性の集記と伝える『専修念仏帳文日記事』によってこれを知ることができる。[15] また、『善円禁制』は「主親ニオキタテマツリテ、ウヤマヒオロソカニスル事」を禁じ、主と親に対する恭順を説いているが、これは真宗の信心を獲たといって主親をないがしろにする本願誇りの徒があったのではないかと思わせるものである。孝養のすすめが存覚以来文献に現われるが、蓮如も「親に不孝なるものと邪義を申ものと、此ふたりはにくう思[16]」い、「親に不孝の人は一段曲事之由被仰、折折御折檻の事に候。二親に孝々(マこ)なる人をば一段と御崇敬の事にて候[17]」と伝えられる。親孝行の勧めはやがて主人へのまめまめしい奉仕の勧めに通ずるのであるが、当時の社会的通念に深く根を下した当り前のことを、とくに力説した事情を考えてみなければならない。

禁制や掟は転写され書き継がれて次第に箇条を増したことと推測されるが、蓮如に仮託された「蓮如上人九十箇条[18]」は恐らく最も内容の豊富なもので、これによって中世末から近世初頭の真宗における家族倫理の一端を窺うことができる。まず、これまでの禁制との脈絡を物語るものとして姦淫の禁止が目につく。

一、能ク自妻ヲマモリテ佗妻ヲオカスヘカラサル事

一、自妻ヲモチナカラ余所ニ妻妾ヲタクハフヘカラス自夫ヲマモリテ佗ノ夫ニ心ヲカクヘカラスコレ念仏行者ノ嗜ナリトココロフヘシ

他人の妻女を犯してはならぬということばかりでなく、更に権妻を置くことを禁じている。真宗は妾を置く余力もない中下層の庶民の間に弘通したことを物語ると共に、蓄妾の余裕がある場合でも念仏行者としては一夫一婦の倫理に立つべきことを命じている。これは注目を要する点である。女も自夫を守って他の男に心をかけてはならないが、更に女は家庭の平和のもととも争いのもとともなるので、夫や舅・小姑を譏り姑嫁を憎むことは仏法の名において誡められている。これは家生活における人間関係の機微にふれた訓誡である。

一、女房衆ノクセトシテ夫ヲソシリシフトコシフトヲソシリシフトメヨメヲニクム事仏法ノ中ニハナキコトナリトシリテタシナムヘキ事

次に同じく善円禁制のなかにみえた箇条を想起せしめるものに、

一、主親ニムカヒテタテツキカロシムルコト努々アルヘカラサル事

があり、親子の関係に触れたものとしてはこの外に左の条々がある。

一、父母死去ノミキン(ママ)ニハ五十日ノ精進ナリ若佗行シテ後ニキ、タランハ一日二日ニテモ精進シツヘシ若五十日スキテキ、タランハソノ日ヨリシテ五十日ノ精進ナリトシルヘキ事

一、子供ノ明(メイ)日精進スルコトイハレナシサリナカラ不便ニアマリテノコトナラハクルシカラス

一、親ノタフトム宗旨ヲ背ヒテ子供佗宗ニ成ルヘカラス

一、親ハ子ニアハレミヲタレ子ハ親ニシタカヒテ魚ト水ノコトクニコ、ロヲモツヘシ

親が死去した時には五〇日の精進を厳守しなければならぬが、子の命日には親として精進する謂れがないとか、

親の宗旨を守らねばならぬとか、また前掲のように親に向って楯つくようなことがあってはならぬとか、親の権威に対する子の随従が説かれている半面、子に対する親の憐みある取扱いと水魚にも比すべき心の通った親子の交わりが説かれている。これは親子関係のあるべき姿として示されていることはいうまでもない。なお、家生活には召使も加っている。召使らは主人に対して従順な態度をもたなければならないが、主人はまた召使に対して親切な温かい態度をもつことが要請されている。

一、ワカ召使ヒノ下人等ヲムサトオトシメアラケナクアタルヘカラス其故ハ今生ノ福報ニ厚薄アルユヘニコソ主人トモ成リ下人トモナリヌレ弥陀如来ヨリタマハル信心ニハカハリメナシトコ、ロヘテ如来ノ平等ナル御コ、ロニハチテヨロツナサケモナキコ、ロモツマシキ事

下人などを理由もなく軽蔑し手荒に取り扱ってはならないとされた理由は、福報の厚い者は主人と生まれ、薄い者は下人と生まれたのみで、弥陀如来から戴く信心には身分によって変りがないからである。つまり、如来の平等な慈悲の前では主従の差の如き取るに足らぬ事柄であるからである。かかる人間平等の思想は封建社会の体制からは出て来ない。それだけにいかほど実感をもって受けとめられたか大いに疑問であるが、このような人間観が説かれたことは、前出の一夫一婦制の主張や、「老ヒタルヲ敬マヒ劣レルヲアハレミテウツクシク世ヲワタルヘキ事」という老弱者に対するヒューマンな態度と共にとくに注意しなければならない。そこに親鸞以来の同朋思想が脈々と伝えられているように思うのである。それでは親の命日の供養はどのように把えられているか。

一、親ノ明日(マヽ)御鉢ヲソナフルハ親ヘノ報恩ナリ父母ノ恩徳ニテ人界ノ生ヲウケテカ、ル目出度キ仏法ヲ聴聞マフスコトノ忝ナサノ報謝ノタメナリトコ、ロフヘキ事

御鉢とは飯を盛った鉢の意であるらしい。親の命日供養は菩提のためというよりは仏法聴聞の恩徳を親に謝する

ためである。念仏も功徳になるというものではなく、往生が一旦治定と思い定めた後は報恩謝徳の念仏なのである。親の命日行事を実行しながらも、ここに祖師以来の正統的な考え方が継承されている。時代による妥協と修正を経てもなお、かように歴史を一貫して伝えられていくものがある。これを「九十箇条」の文章でいうならば、

一、一念帰命ノ心ヲ我力ニテオコシタルトハオモフヘカラス如来ヨリタマハリテ如来ノ御扶ケナレハ兎ニモ角ニモ仏恩ヲヨロコフヘキ事

一、吾カ往生ハ治定トオモヒサタメテ後ハ信行トモニ報恩謝徳ノタメトコ、ロフヘシ

と要約することができよう。如来の方より賜わる信心によって往生が治定した以上は、その後の信心も行為も仏恩報謝のためと心得ることに尽きる。これがドグマ化してお題目となり、現実的な力となりえないこともあったが、また念仏行者にふさわしい対人行為が発現する契機もそこにあり、その時、家生活における人間関係が仏法の立場から新しい意味を与えられるのである。このようにして、封建社会の制約のなかにも拘らず一夫一婦制・親子の水魚の交わり・主従平等の境位が説かれた。実際にどの程度受容されたか疑わしいが、高い宗教的倫理的要請を掲げ、現実に対してこれでよいのかという問いかけを発せしめたこと自体に意義があると思うのである。真宗教義は、教団の頂点においては政治権力からの弾圧を回避するため、教団の底辺では民俗信仰や土地の慣習との摩擦を回避するために妥協を余儀なくされた。加うるに、組織を確立しようとする教団首脳部の要請と末寺坊主の寺勢維持伸張の要請と、さらに門徒の死者供養の要請が卍巴に折り重なって教義の現実妥協がなりたったのであるが、また右に述べた真宗のいわば本質的な要素は維持されて門徒の生活に影響を与えた。したがって「家」制度に妥協した面とそれを倫理的に高めた面と、この二面を併せて理解しなければならない。(補註81)

さて、明治以降本末制度と檀家制度は旧来の如き国法の支持を失ったから、宗祖の精神に立ち返ってこれらを

改革することは不可能ではなくなった。しかしそうした試みはきわめて稀にしか現われず、そして必ず成功しなかったのである。明治十二年北畠道龍の改正事務所（本願寺派）が発表した革正綱領十六ヵ条は、一、寺格・身分制を廃し、黒衣・墨或は黄袈裟と一定する。一、寺院を教会組織とし、檀家の名称を止め、帰依自由とする。一、管長・住職（本願寺住職）は正副二人を置き末寺僧侶より公選する、(補註82)など抜本的な改革を含むもので、宗祖・蓮如の素志に反するものは得失の如何に拘らず廃棄する、という高邁な理想を掲げたが、教団の現実はなおかかる革命的体質改善を許さず、宣言程度で空しく瓦解した。大谷派では、明治二十九年十月に清沢満之らが内事不粛・財政紊乱・教学不振を挙げて激烈な宗政改革運動を起した時でさえ、直接の目的は執事専制の打破と末寺会議の開設にあり、法主の廃立を企てるものではなかった。却って、「法主の親言は実に神聖にして又真実ならざるべからず」といい、師命の神聖さを強調さえした。(19)ここに白川党運動の超え難き限界があった。白川党のシンパであった村上専精が、後年著した真宗全史（大5）の末尾において、「之を要するに法主神聖に由りて興れる本願寺は又法主神聖に由りて衰ふるの虞なきにあらざる也」と断じ、法主神聖の観念を打破することの急務を訴えたのは、清沢らの限界を一歩超えようとしたものと評することができよう。しかし、教団の改革は結局太平洋戦争後に持ち越され、しかも占領軍の圧力のもとに、かつまた国家の体制変化に対応して着手されたことは、前章で述べた通りである。そして、例えば昭和二十三年の真宗高田派憲章に、「わが宗派は一味同信の人々の教団である。従つて教団を組織してゐる人々の間には職務上における差異はあつても、共に同信同行の同朋であることに変りはない」とある通り、宗祖の同朋教団がモデルとされたが、宗祖の精神に立って主体的に改革が行われたのではない。もしそうなら、世襲の法主を中心とし本山を中核とする体制は、いくら本末関係を公然と廃したにせよ同朋教団としては不徹底の譏りを免れないであろう。しかし実は、外から与えられた乃至は強いられた民

主主義への改革を、宗門的に正当化すべく宗祖が引照されたとすらいえないことはない。もちろん正当化の手段として利用されただけで決してないことは、外からの改革を勝機として親鸞の遺訓を今に生かす努力が重ねられていることをみても明らかである。けれども、教団の「家」制度からの離脱を推進したのは時勢であり、教義は常に後手に廻ってこれを説明し意味づけ、器に内容を盛る第二次的な役割に止まったことは否定すべくもない。

要するに、真宗教義と「家」制度の間には内在的必然的な結合契機はなく、また真宗教義はいかなる形の教団組織をも自ら創始しなかった。そこには体統的教団への道も同朋教団への道も併せて開かれていた。どの道をどのように辿るかは時代に対応する教団の姿勢によってきまった。その意味で真宗教義は全体として大きく時代時代の組織を支えたが、これを成り立たしめる根本的な要因は別にあった。それによって基本的に規定されつつ、教団を時代に即応させる役割と時代に先んじて人間関係を変える役割を教義は併せ果したのである。前者が圧倒的な重みを持つことは言うまでもない。

註

（1）明9・9・12、真宗四派管長常磐井堯凞伺に対する教部省指令（『大谷派配紙』所載）。

（2）これは親鸞独自の態度というよりは、通仏教的な基本的態度であった。松野純孝氏の御教示によれば、道元も、「出家は恩をすてて無為に入る故に、出家の作法は恩を報ずるに一人にかぎらず、一切衆生をひとしく父母のごとく恩深しと思ふて、なす処の善根を法界にめぐらす。別して今生一世の父母にかぎらば無為の道にそむかん。……大宋叢林の衆僧、師匠の忌日には其儀式あれども、父母の忌日は是を修したりとも見へざるなり」（『正法眼蔵随聞記』第二ノ一九）と記している。

（3）『真宗聖教全書3列祖部』、二〇〜二一頁。

（4）『真宗聖教全書3列祖部』、八四〜八六頁、八八〜八九頁。

（5）『真宗聖教全書3列祖部』、八〇〜八一頁。

(6)『真宗聖教全書3列祖部』、二五六頁。
(7)『真宗聖教全書3列祖部』、二五七頁。
(8)『真宗聖教全書3列祖部』、二五七～二五八頁。
(9)『真宗聖教全書3列祖部』、二八〇頁。
(10) 吉谷覚寿『真宗要義』(法藏館、大3・4)、五四五～五四七頁。
(11)『真宗聖教全書3列祖部』、一七三頁。
(12)『蓮如上人遺文』、二五六頁。
(13) 築地本願寺から末寺へ達した享保年間の掟。里内徹之「真宗史と部落」(『日本の民主化と仏教の業思想』)、より引用。
(14)『真宗聖教全書3列祖部』、一七九頁。
(15) 宮崎円遵『中世仏教と庶民生活』(平楽寺書店、昭26・2)、六二～六五頁。
(16)「栄玄記」、『蓮如上人行実』、二六二頁。
(17)「本願寺作法之次第」、『蓮如上人行実』、二三七頁。
(18) 伝久寺住職佐々木求巳氏の御厚意で借覧利用することをえた。なお、笠原一男『一向一揆の研究』、八四五頁以下参照。
(19) 寺川俊昭「教団再興」、『清沢満之の研究』(東本願寺教化研究所、昭32・11)、四三八～四四〇頁。

(二)　米国仏教会と「家」制度

真宗教義と「家」制度の間には何ら内在的な親和関係がないとすれば、真宗教団も条件によっては「家」制度に規制されることなく自らを組織することができるに違いない。明治以降の「家」制度からの離脱傾向はこの推測の誤りでないことを暗示するものであるが、海外に創建された真宗寺院、なかでも夫婦一代の家族を通則とするアメリカに建てられた真宗寺院の調査を通して、この推測の当否を検討することができるであろう。(補註83)

アメリカにおける真宗の発端はいかなるものであったろうか。それについて、米国仏教団が編集した『日曜学校学習計画』は次のような興味深い推測を掲げている。すなわち、貧しい家に生まれた移民達は錦を故郷に飾ることを夢みて渡航して来たが、なかに多くの困難に遭って病床に臥し、雄図空しく異国の土になる者もあった。しかし一人の僧もいなければ一個の寺院もないこととて、その臨終に立ち会った友人はやり切れない思いで死者と告別する外はなかった。けれどもそうした若者のなかに、故国を発つ時に母親が密かに入れて置いてくれたと思しき南無阿弥陀仏六字の名号札を行李の底から発見して、寝棚の傍なる粗末な机の上にこれを恭しく安置する者があり、やがて同輩の知るところとなって自ずからこの名号を中心に集いが生まれ、名号札を納めた簡素な社は野に咲く花で飾られた。かくて、仏教はきらびやかな経巻と共にでも、また仏弟子たる王者の宣伝をもってでもなく、実に敬虔な母や祖母によって初期の移民の心深く植え付けられた小さな種として、海のかなたのこの土地にもたらされたのである、と。(1) このように、真宗の背景をもつ移民が集まって寺の母体ともなる団体をつくり、そこに僧侶が迎えられていくのであって、僧侶が移民となってまず異教徒の間に布教したのではない。言語の障壁一つを考えてもそのことは不可能に近いが、さらに本願寺派当局の老僧が代弁しているように、「そんな遠い様子も解らないアメリカに布教に出なくてもよいではないか。もし失敗でもしたら世間の物笑いになるばかりである」(2) と一般に慎重であり消極的であったから、キリスト教宣教師のような積極的な布教態度は望むべくもなかった。そして、日本人移住先への宗教伝播も概ね俗先僧後であったが、とくにアメリカ本土においてこの傾向は著しく、真宗とてその例外でなかったのである。(3)

アメリカにおける真宗寺院は殆どすべて本願寺派の開拓になるものである。それは移民に広島・山口・熊本・福岡などの出身者が多く、彼らは主に西本願寺の門徒であったからである。右のような次第で俗先僧後ではある

にせよ、本願寺派が正式にハワイ布教を開始したのは一八九七年（明30）、そしてハワイ最初の拠点たるハワイ別院の入仏式が行われたのは一九〇〇年であった。翻って米本土では、サンフランシスコに仏教青年会が創立されたのが一八九八年、その翌年正式の開教使が本願寺から派遣され、一九〇一年には最初の公認仏教会がサクラメントに建設された。したがってアメリカ布教は、急増する日本移民がパイオニアとして多方面に発展し始めたいわゆる中期移住時代（一八八一～一九〇〇）の終りに発端するといって差支えない。その後邦人の発展と共に真宗寺院また発展し、太平洋戦争中の強制収容によって一頓挫を来したとはいえ、これが太平洋岸から西部諸州へと戦後分散発展する契機となった。ハワイでは、一九二五年（大15）に布教所三五を算したのがそのまま寺院となって今日に至り、狭い群島のこととて三六ヵ寺と殆ど変りがないが、米本土では一九一九年（大8）に二一、一九三二年に三二、一九六一年に五五と増加し、その七割は依然カリフォルニア一州に集中するものの、分布は中部・東部諸州に拡がった（第91表）。真宗信者の数は一九三六年で四三、一六四人といい、一九四〇年の在米日本人仏教徒推定五万五千人の約八割に達する。(4) 真宗の外に浄土・禅・日蓮・天台・真言などの寺や教会も少数あり、禅の如き釈宗演の指導、鈴木大拙氏の講演や著述を通してアメリカ人の間にも

第91表　米国仏教団所属教会数の増加など

地方	州	1919年	1932年	1961年	七百回忌団参者数	教区
太平洋岸	カルフォルニア	17	25	36	563	5教区に区分
	ワシントン	2	4	5	170	西北部
	オレゴン	1	1	2		
山中	ユタ		1	2	25	山中部
	コロラド	1	1	2	25	
	アリゾナ			1		
中西部	ミネソタ			1		東部
	オハイオ			1		
	イリノイ			1	100	
	ミシガン			1		
東部	ワシントン市			1		
	ニューヨーク			2	60	
合計		21寺	32寺	55寺	943人	

かなりの反響をよんでいると考えられるにもかかわらず、教団仏教としては真宗が仏教全体を代表する形勢にある。これには、移民の出身地が真宗繁昌の土地であったという事情に加えて、組織活動を開始するのが一番早かったために在米邦人の間に確固たる地盤を築きえたことと、教義が簡単直截で新しい環境にたやすく順応しえたことなどが挙げられている。つまり、阿弥陀一仏に対する信仰によって救われるという一神教的な教義の性格が、キリスト教社会の影響下にある邦人にとって理解しやすく馴染みやすいものであったことである、このように教義に修正を加えたり強調点を改めたりする必要はなかったが、組織の面では日本そのままを再現することは不可能であり、日本の寺院とは大いに異なった形態をとることになった。この点をカリフォルニアの事例について紹介してみよう。

(1) 仏教会

ハワイでは真宗本願寺派の色彩を明瞭に打ち出しているが、邦人仏教徒一般の結集焦点となった米本土の真宗寺院は、本願寺派僧侶がこれを指導し本願寺に結びついているにもかかわらず、本願寺派をもまた真宗をも表看板とせず、真宗を骨格としながら通仏教的な性格を強調している。それが Buddhist church という標記にも、また「三宝を敬い仏教の基本原理を忠実に遵守すべし」という『仏教団規則』前文第一条にも表明されているのである。しかも Buddhist temple といわず、church を称するのは、日系の二世三世の関心をひきつける為にキリスト教会の組織や運営方式をとり入れて、寺院というよりは教会と称する方がふさわしい外観を呈する故でもあろうが、より根本的には、もと俗先僧後の団体であったが故であり、また公租を免ぜられるために州法によって法人となる必要があり、そこで寺の庶務会計を担当する理事会を設けて僧侶を月給制とするが故であって、好むと好まざるとに拘らず組織形態においてキリスト教会と軌を一にするに至ったのである。寺を仏教会として組織したこと、ここに米国真宗寺院の性格が集中的に示されている、と考えてよい。

僧侶は仏教会の会長としてその重要な機関であるが、日本の真宗僧侶のように世襲的に一寺を管領するものではなく、形式の上だけにせよ理事会によって任命され、仏教会から定額の月給を受けることは、私立学校の校長に似ている。お布施の如きも僧侶個人にではなく会計係に納付され、仏教会の収入となるのが原則である。そこで僧侶と会員個々の間には師檀という如き観念は生じがたい。しかし日本流の住職の権威を正当とする人々にとって、かかる限定された傭われ僧の地位は馴染みにくく、初期には賛否両論に分裂したこともあるといわれる。

(2) 僧侶の地位と役割

僧の主な役割は、葬儀を執行し納骨堂に遺骨を保管して供養することであるが、戦争前までは日本語学校の教師としての役割も小さくなかった。日本語学校は仏教会に併置され、その授業料が教会の重要な財源でもあったのである。僧侶はキリスト教牧師同様に minister と称するが、また牧師同様に「先生」とよばれて「ご院さん」などとよばれない。それは僧侶は何よりも日本語学校の「先生」として移民子弟に接したからである。今日、日本語学校は殆ど閉鎖されているが、葬儀の執行に勝るとも劣らぬ重要性を帯びてきたのは結婚式の司式である。もと僧は日本から花嫁写真を持ってきて移民のために結婚の世話をしたから縁組と関係のあるところへ加えて、米国では教会のミニスターか治安判事が結婚証書に署名しなければ法律で認める結婚とならないので、僧侶と結婚式は決定的に結びついたのである。葬儀・結婚式という二大儀礼に加えて、僧は日本の初詣りとキリスト教の幼児洗礼の融合ともいうべき幼児奉呈式 Presentation Ceremony、遠く元服式に連なり直接にはキリスト教堅信礼の仏教的翻案ともいうべき堅信礼 Confirmation Service をも司る。(5) それに牧師のように会員の家庭を訪問するし、人生相談に応じ、教会で社交的な催しがあれば僧侶夫妻はその面でもリーダーとして活動するのである。したがって会員との接触面は広く、かつ接触は頻繁となる。(6) 僧侶と会員の結びつきはこのようにさまざまな契機をもっ

ており、死者供養はその最も重要なものであるにしても、さまざまな契機の一つにすぎないことは注目されなければならない。そして夫婦単位の家族生活を背景にしているので、家系存続の観念なく、[7]また死者供養の重要性も日本に比して小さいと考えられる。日本に比べて重要性の大きいのは、生きて働いている人々のために人生の危機に当って儀式を執行し、隔意なき社交の機会を提供すると共に心の拠り所を与える役割である。このようなサービスを僧侶が行う対象は真宗家族であるが、仏教会は日本の寺のように寺檀の家関係を基礎的単位とするものでなく、真宗家族の連合体が教会を結成し、教会として僧侶を雇ってこれらの役割を遂行せしめているのである。その家族もまた僧侶も、日本でいうような意味では世襲的でない。したがって教会所属も必ずしも世襲的でないどころか、仏教会は原則的には一代のうちに帰属を変えうる加入任意の団体である。また、結婚祝として仏教会が新夫婦に仏壇を贈ることに象徴されているように、教会の事実上の構成単位は家族であるが、個人単位にまで降りていく面もいくらもみられるのである。

⑶ 仏教会の組織

仏教会の組織で最も注目すべき理事会と僧侶の職務分掌についてはさきにふれたので、ここでは性別・年齢別による内部編成をみておこう。かつてカリフォルニア日本人移民の一根拠地であったウォルナッツ＝グローブ（河下と通称）仏教会の例でいうと、一世男子が仏教会、同女子が婦人会、二世既婚男子が仏教壮年会 YABA、同女子がジュニア婦人会、二世未婚者が男女の別なくダルマ会、三世のうち十歳以上高校卒までが仏教青年会 YBA を組織している。そして五歳以上高校卒までの三世はまた日曜学校の生徒でもある。こうした教会内部での下位集団の多様な分化はキリスト教会のそれと軌を一にするものであるが、性別・年齢別に加えて親の世代、子の世代という世代差、したがってアメリカ化の程度差がそこに反映しているのである。類似の内部編成はどの仏教会でもみられる。

右の具体例のうち、一世の仏教会はその名称から知られるようにこの土地の仏教会そのものを代表する戸主会の如きもので、理事会をそのなかに含み、したがって議決権をもっている。後に若い世代が加わって下位集団が分化したために一世の仏教会も下位集団の観を呈するに至ったが、教会創立当初はこれがそのまま仏教会であったのであろう。一世の婦人会はあとから形成されたジュニア婦人会に機能を譲り渡して、今ではあまり活潑でない。それで成員が死亡すると共に消滅してしまうだろうとみられている。最も活潑で重要なのは一九五〇年に組織された壮年会であって、一世の仏教会が議決権を握っているとはいうものの、教会の重要な問題を相談するのも、また理事会の承認をえて実行するのもこの団体である。壮年会の年中行事の一つはお盆休みに行うバザーであって、その収益を三世の青年会と日曜学校を援助する為に用いている。ダルマ会は、青年会と壮年会の中間年齢の人々を対象として、彼らが仏教会に参加できる窓口を開く意味で近年結成されたが、やがて他に転出する人人であるため熱心ではない。青年会はキリスト教青年会に刺戟されて結成されたものでその歴史は古く、青年会が発展して仏教会になった例も他には乏しくないのである。キリスト教青年会はどの単位教会にも所属しないのに対して、これは特定の仏教会に所属してその統合的な部分となっている。ウォルナッツ＝グローブでは仏教会だけがコミュニティ全域にわたる活動を組織しうる団体であるので、ベースボールやバスケットボールの試合、ダンス、社交の集いなど、青少年のレクリエーションが青年会を場としてくり広げられることが多い。そこでこの土地ではキリスト教家庭の子女も仏教青年会に加わっているほどである。なお、青年会の会員もそれより幼い子供も五歳以上は日曜学校の生徒として毎日曜の朝礼拝に出ることになっている。(8) このように幼児から老齢者に至るまでどの年齢階層においてもそれぞれグループが組織され、教会の有機的な構成部分となって活動していることは、原則的には個人単位ともいうべき仏教会の性格を示すものであり、わが国の寺檀関係の現状とは大きな

逕庭のあることが了解される。

(4) 仏教会の機能

仏教会の活動の特色は週例ないし月例集会という点に求められる。すでに初期サンフランシスコ仏教会の活動にもこれが窺われるので引用すると、日曜午前米人仏教信者に対する英語説教、日曜夜日本移民一般に対する布教、水曜夜三宝会（米人仏教信者の団体）研究会、隔週木曜夜仏教婦人会の集会、土曜夜真宗篤信者に対する説教、第二土曜真宗信徒青年会、などを挙げることができる。(9) これは優勢集団たるキリスト教の流儀によったともいえるが、根本的には移住地における生活のリズムが週を単位としたからであった。礼拝様式も日本の寺院における如く参詣者は単に受動的な受け手に終始するのではなく、僧侶と唱和すべき交読文を読みまた讃仏歌を歌うのもキリスト教会の影響を思わせ、会衆が畳の上に坐るのではなく長椅子に腰をおろす会堂内部の様式またキリスト教会を連想させる。キリスト教会に範をとったことは否めないが、範をとらざるをえざらしめたものは、アメリカ社会全体が指導者から追随者への一方通行ではなく両者の相互的なレスポンスを基調としていること、そしていうまでもないことながら全体の生活様式が椅子の上に築かれていることである。

ともあれ仏教会は、キリスト教会と似た形で在米邦人ないし日系米人の宗教生活の中心となっている。のみならず、キリスト教会が会員の社交中心であるのと同様に、否それ以上に、仏教会は会員の社交中心、コミュニティ・センターとなっている。太平洋戦争までは日本との情緒的なつながりを実感できる数少ない場所の一つであり、また日本語学校に示されるように日本の伝統的価値をアメリカのなかで維持していく砦であった。この機能は、戦後一世の生活志向が日本からアメリカへと急転回したために著しく褪色したが、英語が不得手でアメリカ的価値観念に抵抗を感ずる人々にとっては、教会は依然安息所の意味をもっている。しかるに日本語よりも英語の上手な二世・三世は、日系人コミュニティの一員である以上により大きいコミュニティに参加しているので、

仏教会から脱落していく傾向がある。戦前でもすでにこの傾向がみられた。そこで日曜学校では、雛祭・端午・盆など日本から持ち伝えた行事の外に、聖ヴァレンタインの祭日（二月十四日）・復活祭・独立記念日（七月四日）・万聖節の宵祭（十月三十一日）・感謝祭日など、アメリカの慣習にとけこんだ行事を祝うパーティを催し、レクリエーションの機会を仏教会で組織する努力をしている。なかにクリスマスを祝うものさえあるという。また、戦前一世はデートに批判的であったが、仏教会でなら子女がデートするのに反対しなかったから、二世はデートの機会をもつために教会の催しに出席したということである。[10]このように仏教会は、限られた意味においてではあるが二世・三世にとってもコミュニティ・センターでありつづけている。仏教会も英語説教に重点を置いてこの状況を強化する努力を払っている。しかし仏教はやはり一世の宗教であるとの感が深い。アメリカの個人主義的な生活態度に二世・三世が同化していくのに抗して、家族の紐帯を維持したいというのが一世の念願であるが、教団宗教であるよりは仏壇や法事を中心とする家庭宗教である仏教がそのために役立つからである。そして、仏教会というコミュニティが集団的な圧力でそうした家族への価値志向を支えているのである。

(5) 仏教会と本願寺　アメリカ本土の仏教会はサンフランシスコにある本願寺開教教務所の指導を受け、その傘下において協力活動をしてきたが、一九四四年五月に法人米国仏教団 Buddhist Churches of America を組織した。仏教団の機能はその成員たる仏教会を監督管理することにあるが（規則第一条）、統制権はなく勧告やアドバイスをするに止まるから、原則として各個別教会に自律権があると考えてよい。そして、仏教団として本派本願寺を mother temple ——心の故郷なる寺——としている。仏教団最高の機関たる監督は仏教団の選挙に基づいて本願寺の任命するところであり、僧侶の得度も教師資格も本願寺から受け、会員に院号法名を与えた場合毎年一括して本願寺に報告している（昭和三十五年の年度報告によれば一三名）。また、昭和三十六年三～四月の宗祖七百回大

遠忌には総計約九五〇人の団参者と多額の志納金を送った（第91表）。このように、米国仏教団は布教・信仰面では本願寺を源流母胎として直接これに結びついているが、行政的には理事会によって運営される全く独立の組織体なのである。戦前、本願寺では個々の仏教会を末寺に擬して理解し、現在でも本願寺の出張所とみなしているが、行政的な支配関係はない。異なる国家権力の下にあり、異なる法律によって規定されている以上当然予測されることであるが、本願寺と仏教団の間にも、また仏教団と各個教会との間にも、組織の面では上から下へ降りる本末の分化はなく、却って下から上へ積み上げていく形態が認められることは興味深い。

要するに、仏教会は死者を葬うためには不可欠の団体であり、また日本との結びつきによって一世を長とする家族の統合を維持する有力な機関となっているが、日本的な「家」制度は捨離されて家系存続の観念もないために、州法の命ずるままに仏教会の組織原理から「家」制度的発想は全然排除されている。上位団体たる仏教団また然りである。しかしこのような組織形態をとるために教義を修正したわけでない。教義はそのままで、日本とは異なる条件のなかで自己を展開させた姿が仏教会であり、仏教団であった。したがって、日本では「家」制度と結びついて発展した真宗教団も、「家」制度に規定されることなく自主的な信仰団体として自己を組織することは、その存在条件によって可能であることが明らかである。

註

（1）*A Program of Studies for Buddhist Sunday Schools.* Buddhist Churches of America, 1960, pp. 73～74.

（2）『日米文化交渉史』移住篇（洋々社、昭30・3）、二五四～二五五頁。

（3）尤もハワイでは僧侶による布教が寺院形成の核をなした。『布哇開教誌要』（本派本願寺布哇開教教務所、大7・5）、七四～七七頁。

（4）Robert Spencer, Japanese Buddhism in the United States, 1940-46 : A Study of Acculturation. Unpublished Ph.

D. Thesis (Berkeley, 1946). pp. 72~73.

(5) 生後百日程で行われる幼児奉呈式の意味は、僧侶が述べる式辞によれば、㈠聖別された会衆の立会のもとに阿弥陀仏の社の前に愛児を捧げること、㈡嬰児がもって生れた智慧と慈悲の力を発揮できるよう、阿弥陀仏に対する揺るぎない信仰をもってこの成長を導く決意を親が新たにすること、にある。また堅信礼は、十四歳以上に達した青年が、富や快楽の追求ではなく自己のよりよい本性を実現し衆生を益するために人生を捧げることを決意し、この目的のために利己的な生活態度を放下して信を阿弥陀仏に置くことを誓うものである（*A Program of Studies for Buddhist Sunday Schools*. pp. 149~153）。

(6) 「日本では多くの場合、寺院の住職は寺院内に居て檀信徒の参詣を待って居ればよいのであるが、布哇の布教場ではさうは行かぬ。駐在開教使が布教場内に座り込んでじっとしてゐては何をすることも出来ない。始終外を駆け廻ってゐなければ信徒に接することが出来ない。そんな具合であるから布教場と寺院との間にはいろいろな違った点がある」『布哇開教誌要』、三四八頁。

(7) カリフォルニア州プラサー郡の日系米人は、親と同じ農場で働く時でも結婚後は別世帯をなし、また、子供が農場を相続するが長男とは限らず、もし息子がなければ養子をとらずに農場を売却するから、家系の存続という観念がない（Harumi Befu, Comparative Analysis of Two Japanese Communities in Northern California. Unpublished manuscript. Feb. 1960）。また、ハワイのコナでも、家族生活における祖霊の役割は弱く、それと関連して注目されるのは養子が少ないことである（John F. Embree, *Acculturation among the Japanese of Kona, Hawaii*. Memoirs of the American Anthropological Association, 1941）。

(8) 前掲、H. Befu, 1956.

(9) 『明如上人伝』、八五八~八五九頁。

(10) 前掲 R. Spencer, pp. 83~87.

要約

本書は、わが国最大の教団たる真宗系譜教団の構造を社会学の立場から分析したものである。分析によって解明された問題は多岐にわたり、簡単な結語をもって全体を蔽うことが困難であるので、最後に各章の要約を附して結びに代えたい。

第一章　研究方針

まず、教団の基礎的構成単位を個々の寺院に求める。しかして住職の世襲制に注目して寺院をば住職家を中核とする檀家（門徒）群の家連合と把握し、かような寺院からなる教団を本山住職家を棟梁とする譜代の主従的家連合とみる。いいかえると、寺院については寺檀関係、教団については本末関係という構造軸を、とくに家関係として分析するのがわれわれの方針である。この方針は教団の近世的形態に即するものであるが、近代以降の体質変化は、近世の教団像をいわば理念型とする時それからの距離として測定することができる。それゆえ、この方針によって単に真宗教団の社会的存在形態が論理的にまた歴史的に解明されうるばかりでなく、併せて、日本人の宗教意識の一面があらわにされ、さらに、「家」制度の究明にも一つの貢献をなすことができるであろう。

研究方法としては、実態調査による現状分析を何よりの足場とすると共に、現状分析から発した疑問を手がかりとして、古文書を中心とする歴史研究を併用した。文献研究を通して現状に至った歴史的推移と条件が明らかになり、また実態調査によって過去の再構成を試みるために豊富なイメージが与えられたから、両者互に相倚り

相俟ってこの研究の前進を可能にしたといえよう。但し何れに重きを置くかは利用しうる資料の種類と多寡によることであるから一概にいえないが、底辺をなす門徒団の研究においては実態調査に依存するところより多く、中間にある大坊をへて絶頂に位する本山の研究では主として文献調査に依存した。

分析の対象としては、真宗勢力の約九割を占める東西本願寺系統の資料を主にし、本願寺と対抗して覇を争ったことのある専修寺など他の系統の資料をこれに併せ用い、あるいは比較対照し、あるいは接合して実態に肉薄しようとした。また、解釈を施すさい、日本社会学の輝かしい遺産たる家族研究と同族研究の成果に照し、そこにてすでに証明され一般化された理論によって導かれたことは、研究方針からみても当然の処置である。

第二章　寺院分布

真宗寺院の分布を論ずる前に、寺院をいかに規定するかが問題となる。そこで、まず寺と寺院を同義とみる。そして寺院には一般的に、(1)本堂・庫裡などの建造物、(2)法人（権義主体）、(3)寺院の代表者たる僧侶、の三つの語義があるが、真宗では、世襲制によって寺は住職家であるとする理解と、寺領・大檀越なく多数の門徒に依存するために寺は門徒をも含めた法人であるという理解と、この二つがとくに重要である。しかも、法人は住職家を中核とする手次門徒の集団、あるいは、法人は住職家の経営体であるという理解を介して、この二つが互に結びつく。真宗では、寺と住職家、寺法人と家法人とがかたく結合しているからである。

それでは、右のように規定された寺院はいかにして成立するか。真宗寺院が成立するためには、真宗教義が受けいれられ、集団活動として維持されることを前提として、この集団活動の中心が本山によって末寺として認定されることが必要である。これには、門徒であってもまだ末寺ではなかった創立末寺の場合と、寺ではあっても

他宗に属していたため末寺ではなかった帰参末寺の場合が区別されるが、前者を主に考え、後者はこれに改宗改派の時点を組み合わせればよい。さて、創立末寺の開創時点は、一見明白のようで決してそうではない。門徒による宗教活動の組織体に対して本山から寺号が授与されたとき、充分な意味で末寺の成立が告知されるわけであるが、寺号授与のさい忽然と寺院が出現するのではなく、その先行形態があるからである。それは、法名や俗名あるいは所在地の名でよばれる道場であった。道場もその本尊（開基仏）を本山から下附されたときに、本末の系譜関係の一端に連なるものとして成立しているから、道場は末寺ではないといえない。史料も道場を末寺並にあつかっている。だから、寺号もちを末寺の中核とみなすにしても、その周辺に道場をおいて考えなければならず、道場の開創と寺号の授与を末寺成立の時点として併せ考慮しなければならない。さらに複雑なことには、寺号の有無とは一応別に藩の公簿に登録されているか帳外れかの区別があり、帳外れはたとえ本山から寺号を許されても地元での公称は認められず、藩では一個の寺院とみなされなかった。もっとも公簿に登録されずとも、本山で末寺と認知した以上われわれも末寺とみなしてよいと考えられる。そういう観点から事例的に末寺の成立を考察すると、飛騨白川郷では十五世紀末に多数の道場が成立したが、寺号の授与は遙かに後れ、開基後二百数十年を経て漸く許された。しかるに、能登町野郷では十六世紀に道場が開創され、それより僅か数十年ないし百年内外にして寺号を授与されるという地域差がみられる。寺号許可までの年数の開きは、主として在地の道場形態の差によって説明することができる。

さて、このようにして成立した寺院は一体どのように分布するか。遺憾ながら時代別の分布状況を明らかになしえないので、現状における真宗寺院の全国的分布とその動態を観察することで満足しなければならぬ。まず、総数を摑みえた大正二年から昭和三十四年に至る各派寺院数の増減をみると、戦前は仏教寺院全体として減少気

味であったなかに、ひとり真宗のみ僅かながら増加傾向を示し、戦後寺院数の急増期を迎えるや、仏教寺院全体で五％近い増加に対し、真宗ではそれを遥かに凌駕する一〇％増を記録した。各派別にみれば増加率は区々であるが、本願寺派と大谷派の何れもが戦前で九千内外、戦後で一万内外を算し、合すれば真宗寺院総計の九割を占めて、さながら真宗全体を代表するが如き形勢には変りがない。

次に各派別に分布をみると、巨大教団というべき本願寺派と大谷派は全国的に分布するが、前者は滋賀・奈良以西の西日本に重点があるのに対し、後者は大阪・滋賀以東、なかんづく東海・北陸地方に重点がある。本願寺の東西分立は、末寺の分布からみるとき、このような地盤の分割を伴なったのである。この分布傾向を大まかに中規模の教団にあてはめてみるとき、本願寺派は興正派および木辺派に対応し、大谷派は高田派に対応する。仏光寺派は東西に拡がるので何れとも重ならない。他は何れも地方的小教団ないし零細教団であって、大体それぞれの地方を中心に小さくかたまっている。

第三章　真宗門徒

門徒とはもと弟子を集合的にさす名辞であったが、今日では浄土真宗を個人または家の宗教とし、特定の真宗寺院の財的責任を分担すると共に、これに葬儀を依頼する人々を門徒とよぶ。そこで、まず家単位に門徒をとらえ、次にかかる家のなかの個人として門徒をみることにしたい。

さて、真宗門徒には他宗檀家と異なる一種独特の社会的性格があるように思われる。それは、近世末期に東国農村における人口減少対策として誘致された北陸門徒が、真宗信仰を拠り所として困難な生活を切り開き、移住地の在来信仰を意識的に排除した事実、近江商人の経済倫理に与えた真宗の職業倫理の感化、明治以後では、耶

蘇教・天理教への改宗者を村ハチブにするという盟約があちこちの門徒村で締結された事実、などによって事例的に立証される。門徒を特徴づける宗教的非寛容は、真宗の教説以外に救いはないという確信に根ざすものであり、真宗教団ではこの確信を与えるだけの門徒訓練を行ったのである。かような真宗門徒に特有の生活態度は、習俗を真宗的に変容せずにはおかないであろう。能登の例でいうと、地神祭・田の神祭などの固有信仰行事が、真言宗檀家と比べて真宗の家では脱落退化するなり、真宗化している。この点は蓮如忌の習俗の比較考察によっても明らかにされる。しかし忘れてならないことは、真宗信仰と在来信仰の自律的な動きから、接触・習合・破壊・吸収などの現象が結果したのではなく、主体はあくまでも真宗門徒団にあり、門徒団の能動的・選択的な行動の所産として在来習俗の変容——真宗化——がもたらされたことである。したがって門徒団のあり方、その社会的文化的存在形態によっては、真宗化の現象を指摘しにくいこともある。

信仰訓練のきびしい教団では信徒が非信徒と結婚することを禁じているが、真宗ではそのようなことはない。しかし、日常の生活態度や慣習に特有のものがみられる以上、これらが結婚相手の選択を左右して教団内婚的傾向を現出しないだろうか。次にこの点を明らかにするため、余宗檀家も相当に混在して外婚の可能性が充分に存する輪島市町野町川西をとりあげ、詳細な分析を試みた。その結果明瞭な内婚傾向がみられたが、その理由をさまざまな角度から検討するに、「他宗へ姫(むすめ)をつかはす事本意とすべからず」と説いた蓮如の感化、真宗門徒と真言宗檀家の習俗差、地域門徒団・寺門徒団および門徒交流圏の社会集団ないし社会圏としての重要性、などによるもののようである。それらが原因でないとしても、少なくともこの間に一種の平行関係がみられる。もちろん、中下層に著しい地域内婚や上層に著しい階層内婚によっても規定されており、また、内婚に対する新旧の世代による態度差も無視しえない。しかし現象としてはいかに不完全であるにせよ、内婚が当為の意識によって支

えられている限り、教団内婚制の存在を確認することができる。こうした教団内婚への強い傾斜は、宗教的観念の日常化を示す一つの有力な例証といえよう。同様の事実は他の地方からも報告されている。

門徒は集団活動を必然的に伴なうので、次に門徒集団をみよう。まず、一定地域に居住する門徒の集団を地域門徒団とよび、そのうち一定の集落に成立するものを部落門徒団、広い地域にわたって組織されたものを広域門徒団とよぶことにする。部落門徒団の例を前述の川西について観察すると、ここでは所属寺院を異にする四つの講中が併存し、それぞれが寺門徒団においても機能的な基礎単位をなしつつ、同じ川西地区のなかで連合して単一の川西二十八日講中を組織している。この二十八日講中こそが部落門徒団なのである。部落門徒団の重要な活動は、ほぼ十日間隔で月三回、当番の家で開かれるオザ、年初のオトキハジメ、年末のオトリコシという行事である。オザは法義問答を中心とする信仰批判の法座であって、川西における価値観念の、少なくとも真宗的価値観念の伝達・強化の場として重要な社会的意義をもっている。オトキハジメは祈年祭、オトリコシは収穫祭に時期的に照応するが、オザと共に農耕暦・年中行事暦にくみあわされて、部落における宗教生活の年々歳々のサイクルにリズムとアクセントを与えている。こうした部落門徒団の組織と活動は決して川西の特例でないが、地方によってはかなり弛緩頽落した例が多い。そこで奥能登と口能登を比較して弛緩の条件を探ってみるに、交通および産業の発達と、これによって促進された村落秩序の変化と世俗化の進行が挙げられるが、さらに各地の報告を検討するに、もう一つの重要な条件として、部落門徒団の組織が村落組織と緊密に吻合せず、単に緩く接合しているにすぎないという点が浮び上ってくる。そこで、金沢市田島の事例を検してみた。さらに渥美半島の漁村波瀬の事例を詳細に分析してみると、この土地の旺盛な門徒活動が漁業の盛衰によっても外界の影響によっても凋落しなかったのは、門徒団の組織が部落のレベルでは自治組織とかみあわされ、イッケ（組）のレベルではそ

れと合体して、真宗的生活様式が部落機構のなかに自己を客観化し、村落秩序の重要な一つの軸になっていることによると思われるのである。

広域門徒団には一郡を規模とするもの、郡を超えるもの、郡のなかで地区を分かつもの、などいろいろある。能登の御崇敬は最も大規模な代表例の一つであろう。広域門徒団にて活躍するのは、しばしば「同行」とよばれる法義問答に強い宗教的エリートであるが、夥しい数の一般門徒の懇念が底辺で行事の遂行を支えているから、部落門徒団の上に広域門徒団が成りたっている、といえる。また、広域門徒団は関係する寺院の数が多いだけにそれら一々との結びつきは弱く、却って本山へ結びつく道がはっきりとあらわれる。それは門徒団の成立事情にも、また懇志の上納にも観察される。このような点から、真宗門徒は、実は本山自体の門徒であって、特定寺院を手次とするにすぎないことが知られるのである。

第四章　寺檀関係

門徒の集団活動には、居住近接にもとづく地域門徒団のほかに特定の寺僧を中心とするものがあり、それが制度化されるときに寺檀関係が出現する。そこでまず檀家制度の成立を概観し、とくに真宗では、多数の門徒の共同負担によって支えられるいわば集合菩提寺として寺が出現したこと、公権力に支えられた檀家制度を武器として寺僧は門徒の物的労力的奉仕を要求することもあったが、また同時に法義相続の要請を強くうち出した事実もあることを指摘した。それでは、寺檀関係はいかにして具体的に治定されたであろうか。この点は全く明らかでないが、分家は本家に、下人は主家に、子方は親方に従って手次寺（檀那寺）を決定したことは充分に推断しうる。また近隣関係・姻戚関係・派閥関係・階級分化も重要な因子であろう。しかし一部落が二ヵ寺以上に分属す

るのを、何らかの集団の分化・対立を常に第一次的前提として理解すべきであるというものではない。寺院所属の現状をみると、奥能登の町野町では、寺からみても部落からみても散りがかりの状態を示している。もっとも門徒百戸以下の寺は門徒の分散度が百戸以上の寺よりも低いという、寺院の規模による差があるが、この地方では概して散りがかりの寺院所属を示す。しかし散りがかりは真宗の特色ではなく、例えば飛驒白川村では寺檀関係の地域的集中度がきわめて高いのである。

寺檀関係とは、手次寺から門徒に対する法施と、門徒から手次寺に対する財施という交換関係に外ならず、それが葬儀・年忌・報恩講その他恒例・臨時の機会に示現する。法施というものは由来量的な測定を許さないが、それに量的な限定をもつ財施が対応するとき、無限大か無限小か、何れか一方に財施が方向づけられ、「後世(ごせ)を願う」人は定額定量を超えた負担にも喜んで応ずるのである。

寺檀関係を右のように寺と個々の門徒との関係的側面よりも、寺と門徒群との集団的側面から分析してみよう。そこで手次寺を中心とする門徒の集団を寺門徒団とよび、再び奥能登の事例を中心に考察すると、門徒を居住地域によって一〇内外の講中に分かち、講中に寺院運営に関するさまざまな任務を分担せしめている。この講中が居村では同じ部落の他の講中と連合して部落門徒団を構成していることは、先述の通りである。寺門徒団における講中は、門徒諸負担のとりまとめ単位として、寺にて必要な共同作業遂行の単位として、さらに門徒団の政治組織の上でもきわめて重要な意義を荷っている。また毎月二十八日に講中が交代で営む「お講」の行事は、本尊に対するいわば月並祭の舗設を意味するものとして注目すべきものがある。門徒団において住職家は法義面・儀礼面では確かに棟梁であるが、しかしその存立維持を可能とする経済的基礎は門徒側にあり、それ故、寺の運営はもとより住職家の運営にも門徒側の保護干渉が強く作用する。住職家に対する門徒側からの給付は、俸給

のように一定額に限られず、婚資・学資など必要に応じて臨時に調達される。これは雇い主から傭人に与えられる給与であるよりは、従属者から捧げられた礼金・貢納の性格が濃い。この上納は公権力によって保証されているわけでないが、寺門徒団の申合せや講中によるとりまとめがその履行を促すのである。右に述べた講中組織は他の地方ではかなり崩れているから、これをもって現代の代表的な事例となしえないが、少なくとも寺門徒団の一典型ということができよう。また、門徒のなかに老若男女を含むからには、性・年齢に基づいた門徒団の分科活動がカカお講・若衆お講などの形で成立している事例も他にあり、さらにこの活動を支える主体が継続的に維持され、寺門徒団の下位集団として組織されている例も少なくないのである。

次に住職家が所在村落では一体どのような社会的地位を占めるのであろうか。この点を、寺檀関係と近隣関係が重なり、寺門徒団と部落門徒団が一致する事例、つまり門徒が寺元に集中し、しかも寺元部落の全戸がその寺の門徒である事例によって考察する。その稀な例の一つとして選んだ江北甲津原の行徳寺は、部落のセンターとして仏事・俗事・公私を通じて利用されると共に、部落によって修復維持され、住職家はあたかも部落の天皇家というべき地位を占めている。ここでは鎮守は宗教生活の縁辺に駆逐されているが、寺が草分けとなって開いた三河国野寺では、本証寺が鎮守の機能を長く吸収していた。門徒が寺元に強度に集中しない寺でも、門徒の多い有力寺院は、寺元部落では別格の存在として尊崇され、寺中・家来百姓などを含む寺域を形成して、一個の生活共同体を村落のなかに現出した。

山間僻地の小坊は充分に寺院化できないため、いつまでも半農半僧の形態を残し、農耕生活をもう一つの媒介として居村との関係が密接であった。彼らは近世にはしばしば毛坊主とよばれる存在形態を示した。毛坊主の例を飛騨白川郷からとってみると、彼らは持高の大きい重立ち百姓であり、名主等の村役を帯びる有力農民であっ

たことが判明する。村落の指導層としての俗的権威を道場主たることで裏打ちし、聖俗両面の権威によって居村に君臨した毛坊主の例は、各地から報告されており、真宗坊主の一源流を推知せしめる。

　以上の論述の前提は、寺請制度が前提した通りの一家一寺の寺檀関係であったが、こうした単純な寺檀関係の枠からはみ出す事例がある。すなわち、㈠葬儀と在家報恩講を主宰する権限のみ留保し、他の軽い寺役を他の寺に委託代行せしめるものや、㈡在家報恩講のみを残し、葬儀の導師役をも他の寺に代行せしめるものがある。これを重層的寺檀関係とよんでみた。この下請関係は、有力寺院の経営に包摂された寺中・下道場などの従属寺院があるとき発生しやすいが、従属寺院でなくとも依託あるいは願いにより成立する。手次寺から遠く離れた都市などに移転した場合にこの重層関係が再生産されるが、他方で、下道場が本坊門徒を奪って独立したり、下請けしている寺がアズカリ門徒を己の門徒にひきなおしたり、また門徒の方で近くの下請け寺へ所属を改めたりして、下請関係がより多く解体傾向にある。しかし、真宗教団の構造を理解するために、この種の寺檀関係のもつ意義は小さくない。というのは、寺檀関係は葬儀の導師をする関係に最も集中的具体的に示されるが、生前に本山住職から剃髪（おかみそり）の式を受けなかった者について、葬儀のさい手次寺住職が剃髪し法名を与えることを思うとき、手次寺住職は本山住職の権能の一部を委託されて常時代行するものであることが分る。したがって、単純な寺檀関係とみえたものも実は本山末寺という重層構造をもつのであり、本坊・寺中下道場などによる重層的な寺檀関係は、さらにその上に本山を据えた構造を考えなければならない。そしてこれを一貫するものが、本山・末寺・寺中下道場という構造連関であることに想到せしめられるからである。この点は、末寺関係および本末関係として次章以下で詳述される。

寺は教団の基礎的構成単位ではあるが、宗門政府からいえば内政の必要上（個々の寺院からいえば同派寺院との協力を確保する必要上）、最寄りの寺院と組を組織させる（する）なり、あるいは既存の組へ参加させる（する）。それ故、寺関係としてはまず組を考察しなければならぬ。組はもと農庶における五人組制度を範として、藩の宗教行政の必要上、近接せる数ヵ寺宛を一組としたものである。最寄りとはいっても、この組には帳外れ寺や従属的な寺中などは加えられなかったが、明治九年の改革を以て、寺号を称し住職を置く以上一個の寺院と認められ、旧来の帳外れ寺は申すに及ばず、寺中の如き本坊の寺内的存在すら、独立寺院と並んで組の正式のメンバーとみなされることになった。そして全く地域的に編成された組を中央集権的官僚制教団の末端機構として、本山が積極的に利用したのである。かくて教団における組の重要性が近世におけるよりも加わったから、個々の寺にとっても、第一次的環境としての組の重要性が何歩か前進したと考えられる。しかし組に寺中などを含むことによって組寺関係が複雑となり、対等関係あり、上下関係あり、兄事追随の関係もあるということになった。

右の点を高田派の福井県第一組二一ヵ寺について詳細に調査し、報恩講の互助関係・葬儀の導師関係・派閥関係などを手がかりとして整理したところ、元来の独立身分・もと従属身分であったが近代に至って独立した旧従属身分・現に寺中下道場など従属身分に止まるもの、の三つの身分が析出された。そして、同じ身分に属する寺相互の結合を組結合、経営協同を伴なう独立身分と従属身分の結合を主従結合、同上の間の経営協同を伴なわぬ結合・ならびに独立身分と旧従属身分の間の結合を与力結合、と規定してみた。組結合は原則として互格対等の結合であるが、そこにも与力結合的な指導追随の序列が存することはいうまでもない。かように、一つの組を構成する寺関係すら、決して単純でないのである。

さて、右に指摘した組寺結合の三類型のうち、まず主従結合、なかんづく本坊寺中関係をとりあげ、その実態を資料的に究明しうる近世について考察しよう。寺中は門徒三百戸を超える大坊に必ずといってよい位にみられる譜代の従属的僧侶であって、文字通り本坊の寺内に居住した。寺中には、㈠本坊従者を祖とするもの、㈡本坊子弟および縁故者を祖とするもの、㈢本坊住職の隠居地に発するものなど、(A)本坊において生活を共にした者によって創立された例が多いが、なかに、㈣有力寺院を頼ってその山内に移転し、寺中となったものや、㈤領主の命によってその外護する有力寺院の山内に移転せしめられて寺中となったものなど、(B)既存の寺庵が他の有力寺院の寺中となった例もある。かように寺中の成立事情には、俗家における分家創立事情に酷似した様相がみられる。なお、寺中の分布を大谷派の資料で観察すると、寺院全体のうちで五％しか寺中をもたず、しかも寺中一軒というのが寺中もちの過半を占めるから、本坊寺中関係の如きは教団の一小部分における現象にすぎないが、後に述べるような意味において、真宗の教団構成を理解する鍵がここに潜んでいると考えるのである。

酒田浄福寺などの例でいえば、寺中は本坊境内の一角に居住して、日常的に本坊の寺役法務を補佐し、それ自らの門徒はないが、本坊門徒の寺役の下請けをすることによって生計を維持した。そして、寺中は本坊に対して忠実に奉仕することが要請され、本坊は寺中の庇護者たることが期待された。寺中は一年と一生の重要な節々に本坊から食物や物品を与えられ、また困窮したときには特別に面倒をみて貰うのであるから、あたかも本坊の経営のなかに寺中の小さい微弱な経営があるように、寺中の世帯は本坊の大きな世帯のなかに包摂されて存立するというも過言ではない状態であった。しかし消費単位としては本坊のそれとは一応別立しているわけで、まさにそのように経営の単位としても別立し、己自身の経営をもちたいというのが寺中の強い潜在的要求である。けれども、本坊の門徒を信徒としている以上、到底これを奪って独立することができない。この致命的限界の前に立

たされた寺中の欲求不満が、しばしば勤務懈怠としてあらわれた。

近世において与力結合の制度化されたものは上寺下寺関係である。これはもと地方的な中本寺とその支配下に立つ末寺との間に結ばれた関係であった。しかるに、孫末寺と雖も本尊・寺号・得度などは本山から許され、中本寺はその仲介者たるに止まったので、本山では仲介者の末寺に非ずして紛れもなき已の末寺であるが、ただ事情によって仲介者に配預してあるばかりだとみなした。また事実、本山は宗教的権威の源泉・教権の根源であって、中本寺の如きは僅かにこの流れを中継するにすぎないから、本末の語を本山末寺の関係に限定して、中本寺とその末寺は、手次上・手次下という意味で上寺・下寺とよぶのが適当である。この関係は経営協同を伴なわず、ただ下寺が政治的・社会的な庇護を上寺から期待するのみであったから、与力結合というべきものであるが、上寺を頼む必要がなくなると、下寺は上寺を離れて本山直末たろうとした。またそれの方が本山にとって内徳であるので、本山からも歓迎された。なかには本山への「御馳走」として下寺を差しあげる上寺もあり、また本山は何かと理由をみつけては下寺を召上げた。このような直末化が比較的簡単に実現しえたのは、各藩領内で寺院行政と宗門の地方行政のために触頭に指定された寺院が、従来上寺に属していた行政的な権限を吸収し、かくて上寺と下寺の間を繋ぎとめるものが主として法義上の関係に限られるようになり、上寺下寺関係の重要性が著しく減じたためと思われる。その結果、幕末に至るまでに下寺の数は激減したものらしく、例えば、西本願寺傘下の下寺は興正寺系統を除くと末寺総数の僅か五％にすぎなかった。

明治に入ると、版籍奉還から廃藩置県を経て新たに確立された一国の中央集権的政治体制に刺戟され、「得度ノ師ハ独リ本山法主ニ限レルヲ以テ本寺本山ト称スル者ハ必ス一派中ニテ一寺タルヘシ」、という近世以来の本山中心主義をふりかざして、上寺下寺・本坊寺中といった中間的重層構造を一挙に改廃し、一本山全直末という

一君万民型の体制に単純化した。この明治九年の改革のさい、興正寺ら多数の下寺を有する本寺的な大坊は相ついで別派独立したが、大抵は断念して下寺を手放した。それほどに上寺下寺関係が弛緩していたわけだし、また普通経済的に下寺に依存するところが少なかったのである。しかるに、寺中・下道場の方は本坊と経営協同の関係にあるので、本坊と離れて独立しうるわけでなく、独立できないのに独立の一ヵ寺たりうる如き幻影を与えられることは、徒らに混乱を起すばかりであったから、この改革に対して本坊から強い不満が示された。そこでこれに最も整った形で応じたのが大谷派の附属寺制度であって、明治二十年すぎに、本坊寺中開係のうち保持すべきものには所属寺・附属寺という法的施設を備え、かつ解消すべきは解消に委ねつつ、旧寺中側の本坊に対する徳義的態度を要請する制度を完成した。一部であるにせよ、末寺の現実はこれを必要としたからである。

その後、これら従属寺院のうち下道場の方は、本坊とは離れた集落にあり、またムラの道場として本坊の経営からはみ出る部分があるため、地元の本坊門徒を己の門徒となして独立するものが少なくなかった。しかし、本坊至近の地に居住し、日常的な経営協同の関係にある寺中の独立は甚だ困難であった。本坊の経営の外に出ることは容易であっても、自己の経営をもつ準備を積んで独立することは至難であったからである。明治後期から大正期以後、北海道移民の招きによって渡道別立した例はあるが、全体として寺中で独立に成功した例は乏しい。その状況は太平洋戦争後も変りがない。ただ、デモクラシーの風潮、経済変動による本坊の逼迫、地元の部落構造の変化ごとに社会関係観の変化によって、因習的な本坊・寺中の関係に顕著な崩れが生じていることは、一般的な情勢であろう。

本坊・寺中下道場の関係は、解体への方向を辿りながらも解体しきれず、弛緩しつつ存続している。そこで、寺中や下道場が本坊を中心としていかような機能単位を構成しているのだろうか。その現況を福井県三国町加戸の本流院の事例について観察した。この合力組織には寺中・下道場に加えて門徒が参加し、また時として他の独立寺院も加わってくる。その意味で第四章寺檀関係、第五章末寺関係のより事例研究的な考察ともなることであろう。

本流院は本山専修寺の連枝が入った福井県下高田派寺院きっての名門であって、また門徒戸数も多く、それに応ずる如く寺中二軒と下道場三軒を抱えている。そこで、寺中・下道場・門徒・親類・同じ組の他の寺などが、年中行事・三尊仏開扉法要・葬儀において、どのように本流院を中心とする合力組織を構成するかを詳細に論じたが、とくに注目したいのは、合力組織のなかで浮び上る寺中と下道場の差である。寺中は本坊至近の地にあって、常にかつ一切の本坊の法務を補佐し、本坊住職の法用外出に扈従し、ときには本坊の名代として出張するのに対して、下道場は本坊とは離れた門徒密集部落にあり、報恩講・永代経など本坊のとくに重要な法会に出勤するばかりで、日常的な協業関係はない。本坊へ出勤しても寺中より低い地位と役割しか認められないし、また本坊住職に扈従する機会が限られ、その名代たることはめったにない。年頭礼・盆礼・常斎・報恩講灯明料・永代経志・秋初穂および葬儀や年忌の布施など収入面を比較すると、寺中は下道場よりも多数の本坊門徒に関係するので、収入もそれだけ多い。下道場は本坊の経営の内部からだけでは充分な生計費を獲得できないので、その分だけ下道場の僧侶活動は本坊の経営からはみ出す必然性がある。しかるに、寺中の僧侶活動は全く本坊の経営の内部に限られており、その代り経営の内部で生活が保障されている。同じく本坊譜代の従者であるが、寺中と

下道場とで、本坊の経営に対する参与度・従属度に、またそれから生ずる収入と格に、かかる差がみられるのである。

同様の事実は門徒八千戸といわれる金沢専光寺にみられるばかりでなく、本山においてこれが最大の規模で現われる。本山はその傘下に多数の末寺を擁するが、末寺のなかに寺中と下道場の差が存するからである。本山近接地にあって本山に常勤する末寺は寺中に外ならず、それ以外の末寺はすべて下道場にあたる。もっとも、本流院や専光寺の寺中・下道場は門徒をもたないのに、本山の末寺、すなわちその寺中と下道場は門徒をもっているという相違点は無視できない。しかし、本山では門徒を全国の末寺に分配してあるというし、寺中もちの末寺では下級の寺役について門徒を寺中・下道場に配預してあるわけだから、この間に構造的に一貫するものがある、といえる。そこで、門徒を生前において剃髪する本山の権能を法主権、末寺に委任された死者剃髪の権能を住職権、下級の寺役について末寺からその寺中・下道場に委ねられた権能を住持権とよぶなら、住持権をめぐって本坊・寺中下道場の主従関係が現われたのと同様に、住職権をめぐって本山と末寺の間に主従関係が現われるといえよう。そして法主権の淵源をなすものは本山の法燈に外ならぬ。かようにして大坊の構成と作用に関する理解は、本末関係の原型に関する、それゆえ教団の構成に関する基礎的な知見を与えてくれる。

第七章　本末関係

末寺は年頭・報恩講などに本山へ参詣して志を捧げ、本山を財的に護持すると共に、また大きな恒例・臨時の法会には出勤して合力すべきものとされた。この末寺役を義務とみなすのは、本山こそ最高の宗教的権威者として末寺を成立維持せしめる存在根拠であるからである。本山のこの宗教的権威は本山祖堂に安置された親鸞像に

発する。宗祖親鸞が「阿弥陀如来の代官」としてその宗教的権威を歴史のなかに定着したと信じられるように、親鸞の権威を今日のものとするのが祖像であるからである。それと共に本山代々の住職（法主）また「御開山の代官」として門末の前に立つ。そして、物言わぬ木像よりも物言う法主によって本山の宗教的権威が実際に発動されるのである。

親鸞の血統を継ぐ本願寺は、法主の地位の継承について血統相続を第一義とするので、宗教的権威の観念についても「血のみち」（血統）を本位とした。そのことはすでに中世末の一家衆に顕著にみられる。一家衆は本願寺一族であるが、農商や武士団の同族とは著しく異なって、同族戸を血縁者に限ろうとする強い傾向があった。一家衆は本山において法主を補佐し、あるいは地方に下向して本山の藩屏として門末統制の一翼を荷う重責を帯びたから、本山の宗教的権威を分与された者でなければならず、それには親鸞の「血のみち」を継ぐ法主一族であることが要請されたのである。これに対して、親鸞の弟子真仏に発する専修寺は、本願寺への対抗上法脈相承を強調し、代々の法主は親鸞位に入った、すなわち親鸞の位についてこれと合体したと伝承する。事実はここでも世襲相続であったし、また本願寺にても法脈を軽視したのではないが、宗教的権威に対するこの態度差は、法主に男子がないとき法嗣たるべき人をどこから求めたかに鮮かに示されている。

本山住職は法脈を相承するものとして「仏法ノ家督」を保つと共に、門末統率者として「世間の家督」を併せもち、両者相俟って歴史的現実となった。次に、「世間」において本山の権威がどのように維持されたか、その一端を近世の猶子関係に即して考察しよう。真宗諸本山は准門跡に列せられるについて摂家猶子の資格を必要としたので、東本願寺・専修寺は近衛家、西本願寺は九条家、仏光寺は二条家を猶父に仰ぎ、貴族社会において累代その庇護を受けた。なかには摂家の実子とされるものもあった。摂家ではその代りに財政的に猶子あるいは実

子たる法主家に依存したのである。法主は他方で、法主の子（連枝）の子などを猶子とし、已の子に准じた待遇を与えて、中世末の一家衆同様地方に下して本山の藩屏たらしめた。この猶子関係は、明治維新における政体の大改革に際会して一挙に崩れたが、なおその破片は残存し、ことに門末教導のための法主猶子は准連枝の制度に吸収されて長く維持された。

以上、本山中心に観察したが、近世の本末制度確立以降、真宗の本末関係がどのように変化したかを迹づけてみよう。徳川幕府の宗教統制の枢軸として檀家制度と並び称される本末制度は、本末帳の編製を梃子として寺院を本末関係の網のなかに組織化し、本寺の末寺統制権を公権力で保護してこれを支配の目的に利用した。そこで本末関係の性格も、近世封建社会の構造的性格に強く規定されたのはいうまでもない。すなわち、直属・陪属の差、寺格の高下の差にかかわらず、真宗寺院はひとしく本山の末寺としてその支配に服属し、「仏法」の面では弟子に外ならなかったが、「世間」の面では臣従というべきものであった。この事実は、他宗他派からの帰参・勘気・追放など、本末関係の設定と破棄の危機的事態において鮮明に観取される。

しかるに、明治初年の本山改革によって、従来坊官以下家臣が専断した本山寺務施行の枢機を末寺僧侶の手に奪取し、更に明治十年代には施行方針の決定について門末の世論を反映せしめる体制を確立した。他方、法主家は華族に列せられ、さらに地租改正事業の一環として本山境内と法主家宅地の区分が断行された結果、これまで一体であった本山と法主家が分化し始めた。のみならず、明治政府は本山の末寺統制権を積極的に認めず、教導職管長をして一派の行政を行わしめたため、本山即一派ではなくなり、本山も一派の一構成単位となって、本山は法主家の私有に非ずして一派の共有であるという観念が成長し、門末の世論を宗門政治に反映せしめる論理的根拠がここに成立した。かような一連の変革は法主家・本山・一派の三面分解をもたらし、これを教団では法主

家戸主＝本山住職＝管長という三位一体のシステムで受けとめたけれども、本末関係の性格がここに大きく変化したことは明らかである。

管長制実施当初の宗門法では、本山制（本山による宗門行政）の原則がなおも踏襲された。それは、本山による末寺統制の長い歴史を承けて、管長はまず本山住職でなければ効果的な宗門行政を行い難かったからであろうが、国法で規定された管長制が逆に本山制を支えたのは事実である。しかるに昭和十六年の宗制に至って、宗門政治の責任と権限があげて管長にあることが最も明らかな形で示され、本末関係の如きは管長―派内僧侶の関係の影の如きものとなり、単に伝統的道義的関係として保持されるのみとなった。さらに戦後の変革によって、宗政の責任を管長から公選宗務総長に移し、宗議会に完全な立法権を与えた結果、管長（法主）の監教権はその実質を失って名目のみ存することになったのは、象徴としての天皇の大権に異ならない。のみならず、末寺の称を廃して本山に対するものを一般寺院としたので、弱体化した本末関係すら宗門法の表面から姿を消した。そして、本山は祖廟・宗門の根本道場・センターとして存続するのみとなった。もちろん、本山の語を残しているように、本末の情義関係は事実として存続している。しかし、一般寺院は比較的簡単な手続きで宗門から離脱できることに改まったため、この情義関係すら容易に断ち切られうるものとなったのである。

第八章　真宗教団と「家」制度

真宗教団を一種の家連合とみる視点は、直接には真宗寺院（住職家）の世襲相続制から導き出されたものである。由来、真宗僧侶の妻帯によって寺院の相続また世俗の相続に等しく、子孫相続、しかも近世以降は長男相続制をとってきた。そして明治以後は末寺の相続予定者を候補衆徒とよんで、その他の衆徒には許されぬ特権を与

えた派もある。候補衆徒の制度のない派でも、相続予定者とそれ以外の者との区別は事実において歴然とあり、前者のみが住職に就任して恒久的に寺を代表することには、変りがない。この点は本山も原則として同じであるが、本山では住職家が廃絶しないよう特別の用意がなされている点に相違がある。この用意のない末寺では住職家が廃絶して他姓に代る可能性があるわけであるけれども、一般庶民の「家」に比べると、先祖供養の絶えざる維持のために門徒団が住職家の存続に対して保護と干渉を加える結果、住職家は永続しやすい。したがって、家法人（住職家）が宗教法人（寺）を荷うと共にまた逆に後者によって荷われているところに、一般在家の相続と異なる点がみられる。

一寺の住職はすなわち住職家の家長であるから、住職就職と家督相続とは近代以降相分れながらも表裏一体のものとして同時に行われるのが原則である。しかし近世の末までは、家督は住職家の家長の地位と権能をさすばかりでなく、また住職としてのそれをも含むものであったとしなければならない。そのような意味で家督と住職とは未分化であった。しかるに明治初年以降の、主として法令上の諸改革によって寺とその住職家の分界があらわになり、かくて、家督と住職とは一応別の概念として分裂した。しかしなお両者を同一人が荷うという形で相即不離の関係が保たれていることは前陳の通りである。同様のことは財産についてもみられる。すなわち、寺と家が分化すると寺有財産と家産との区別を立てなければならないが、財産造成の沿革に準拠して寺有か家産かを決定した後、寺院の存続に重要な関係のある家産の処分については住職家の自由に任さず、これに制限を加えることによって、分化した両者を再び緊密に結びつけるという処置がとられた。このように、寺と家との分化は単に本山においてのみならず、末寺においても一般的に生起した近代的現象であった。そして分化した両者が主管者（代表者）と財産の二点を介して一つに緊密に結ばれたのである。これは住職家の生活保障の要請・門徒の先

祖供養永続の要請・それに本山の末寺維持の要請がからみあって実現した。

太平洋戦争後、民法の改正によって「家」の制度が改廃されたことが、真宗寺院の伝統的な嫡系相続にどのような影響を与えたであろうか。まず本山については、条文から「家」の観念を払拭した派もあれば世襲を公然明記する派もあり、区々であるが、その実態は一つ、本山住職家の世襲制が依然維持されている。末寺の相続制もこれと同様である。ただ末寺では、長男相続に固執せず、長男でも才能に恵まれた者には自らの道を開拓させ、寺院経営に適した子女を相続人とする傾向が一部にみられることは、門徒の少ない小坊では子女に寺を継ぐ者がなく、相続制が危機に陥っている事態と共に注目を要する現象である。しかし全体として世襲制がなお強力に維持され、寺は住職家の家職として存続している。そこに真宗教団の根強い生命力が存すると共に、信仰団体としての致命的限界もまたそこにあるといわなければならない。

寺院の世襲制といい、本末・寺檀のオヤコ的家関係といい、真宗教団がいかに「家」制度を構成原理として展開し来ったかをよく示している。それでは真宗教義に「家」制度と必然的に結びつく何か親和的な要素があるのであろうか。そこで親鸞に立ち返ると、真宗信仰はむしろ家的枢から人間を自由にするものであることが判る。しかし、親鸞における先師法然に対する絶対随順の態度と、愛慾の広海に沈没することを歎きながら自ら行じた肉食妻帯の生涯とに、そして存覚『報恩記』に示された父母没後追善のつとめは念仏をもって第一とする考え方に、時代的条件の要請によって世襲制・本末制度・檀家制度の成立を容認する可能性が潜んでいることは看過できないと思う。つまり真宗教義は真宗教団の「家」制度的構成を生み出した原因ではない。また、生み出すことを助長した触媒的要因でもない。むしろその成立には否定的に働く面があったと考えられるが、教団発展の時代的要請の前にこれを許す隙間があったことを指摘したいのである。しかし時代的要請に譲歩した半面、家生活の

内容については同朋観念によって人間関係の倫理的向上に寄与するものがあったと考えたい。しかるに、明治以降寺院および教団の構成が「家」制度の原理から離れ始め、太平洋戦争後それが（相続制度を除き）決定的な形で示されるに及んで、親鸞の同朋教団の理念が新しく宣伝されることになったのである。

このように、真宗教義には「家」制度と本質的に結びつく要素があるわけでなく、消極的な意味でしか「家」制度的な教団構成には参加していない。ただこれを許す可能性があったばかりである。そうであるとすれば、家族制度を異にする海外に建てられた真宗系教団や寺院は、その構成において全く「家」制度から自由であるに相違ないと思われる。そこでこの点を米国仏教団について検討してみよう。

米国仏教団は米本土真宗寺院（仏教会）の連合組織で、信仰の上で西本願寺を mother temple とし、教義宣布の面で本願寺派の援助と指導を仰いでいるが、宗教行政の上では独立の団体であって、教義宣布に関連してその統制を受けているにすぎない。これは異なる国家権力の下にある団体として当然のことであるが、さらにその内部をみると、仏教団本部は構成単位たる各個教会の本寺的地位にあるものでない。それは教団事務所にすぎないのである。そして、仏教団は各個教会を監督管理するがこれに命令し強制しうる権力をもたず、各個教会は仏教団から指導と勧告を受けるだけで原則として自ら決定する自律権をもっている。これまた日本の宗教法とは異なる州法の下にある宗教団体として当然の展開といわなければならない。次に、個々の仏教会は世襲の僧を戴くのではなく、その理事会が僧を選任し、仏教会から給料を支払うのであるから、僧と教会との結びつきは寺と住職家のそれに比すると雲泥の相違がある。僧の機能をみるに、死者供養を第一次的な柱とはするものの、結婚式・幼児奉呈式・堅信礼など人生の節目における儀礼の執行、説教、家庭訪問、人生相談その外教会における社交的行事の推進など、幅広い領域に及ぶのである。したがってまた仏教会も宗教のセンターであるに止まらず、日系

米人の社交センター、コミュニティ・センターとして、幅広い機能を果すこと日本の寺の比ではない。この仏教会の構成要素は原理的には個々の信者であるとはいうものの、主力は会員家族である。しかしその家族に家系存続の観念乏しく、他方僧侶は世襲制でないため、いわゆる寺檀関係の観念が生じにくい。したがって寺檀関係が仏教会を支える基礎的な関係だとはいえないのである。このように寺檀関係・本末関係の観念なく、いわんやこれを家関係として理解すべき根拠はさらになく、先祖供養の重要性すら日本に比べると大きいものではない。かくて、米国仏教団及び仏教会はその構成と活動の実態において「家」制度から全く自由であると結論することができる。それは州法の規定とアメリカの社会生活およびキリスト教会からの影響によってしかるのである。したがって真宗教団の特殊にアメリカ的な展開というべきであろうが、また、自主的な信仰の団体として我が国の真宗教団を再興する可能性を望見せしめる事例というも過言でない。

〔附記〕

Kiyomi Morioka, "Buddhist Orders and the Japanese Family System," *Orient/West*, 7 : 1 (Jan. 1962), pp. 55～59 は本書の英文抄録とも云うべきものである。

補註

（1）（一四頁）　真宗各派協和会は、大谷派のイニシアティブのもとに、ひとつの真宗というエキュメニカルな課題を掲げて、昭和四十四年四月一日、機構を改め「真宗教団連合」として再発足した。『真宗』七八三（昭44・4）、二頁、六〜二〇頁参照。

（2）（二一頁）　なお、明治三十年改正の『真言宗新宗典』は、「俗服を着用し蓄髪を為し又は寺門に葷酒を入れ若くは女人を寄宿せしむる者は懺悔清行に処す」という従来の規定を削除したので、妻帯の禁を解いたという解釈が行なわれた（『宗教』70、明30・8、四一頁参照）。また、妻帯から必然化する子孫相続が教団にどんな影響を与えるかは重要な問題であり、世襲が一般化した今日、その評定をなしうる状況に達しているとみなしえよう。この点に注目した高橋憲昭氏は、浄土宗の僧侶集団は開放的であるかにみえるが、それは表面上のことで、実際には世襲傾向により封鎖性が強いことを指摘している（高橋「浄土教団の一つの性格――僧侶集団の封鎖・開放について――」、『ソシオロジ』9の3、昭37・12、五七〜六五頁）。

（3）（二六頁）　岡山市高松稲荷の妙教寺（最上稲荷教本山、もと日蓮宗）では、日蓮宗寺院であった時代から住職は稲荷姓を称した。また、岡山県御津郡御津町金川の妙覚寺（日蓮宗不受不施派祖山）では、住職（法主）は釈姓を称し、その本籍は設姓初代の日正がたてた東京麻布の番地に置く。ただし清僧のことゆえ家族なく戸主一人のみ。この慣行は裁判所も認めているという（稲荷日信、釈日学両上人談）。なお、大本の聖師出口王仁三郎の出生地亀岡市曽我部町穴太（あなお）にある穴太寺では、院主は代々穴穂（あなほ）姓を名乗っている（大本教学院編『聖師伝』、天声社、昭28・4、四頁）。

（4）（四八頁）　石徹白の白山中居神社と真宗については、千葉乗隆『中部山村社会の真宗』（吉川弘文館、昭46・5）、第二章「白山麓石徹白の宗教」参照。

（5）（五六頁）　柏原祐泉『日本近世近代仏教史の研究』（平楽寺書店、昭44・8）、二六頁ほか参照。

（6）（六三頁）　近世の真言宗にも「末寺」と「門徒」の区別があったが、寺と檀家という格差ではなく、ともに末寺であって、一方は法流を相承したもの、他方はしないものという区別であった。「末寺」はその本寺から印可法流を相伝するが故に、諸法事は大方本寺と同様に勤め、住山年数に応じて色衣着用等も許されていた。しかるに「門徒」は、本

寺より印可法流を相承しない無法流地であるが故に、剃髪の作法・加行護摩等の伝授を行うことはもちろん、とくに本寺から許可を受けた場合でなければ檀家葬式の導師を勤めることができず、法衣なども単に黒衣に限られていた（村上正栄『智積院史』智積院内弘法大師遠忌事務局、昭9・4、四〇一頁）。真宗の門徒は末寺ではないが、末寺の劣位範疇としての真言宗の「門徒」と、なお一脈通ずるところのあるのは、興味深い点といえよう。

（7）（六四頁）　この点の最も明快で力強い表明は、昭和三十七年六月の大谷派第七十回定期宗議会で宗務総長訓覇信雄が行なった「真宗同朋会条例案」の説明のなかに見出されよう。曰く、いわゆる「家」を基盤にして寺との結合を続けてきた門徒制は、いまや社会の単位が個人の上に規定され、その原則に従って、さまざまな制度や社会事情が目下改変されつつある時、本来の姿に還って、個の上に立った会員制の上に改むべき時が来ておるのであります、と。『真宗』七〇三（昭37・7）、七頁参照。

（8）（六九頁）　堀一郎「宗教の生活形成に果す役割について――真宗部落と他宗部落との比較調査――」、『宗教研究』一四二（昭29・12）、六七～六八頁。坂井誠一「常陸国稲田西念寺の入百姓資料」、『地方史研究』60（昭37・12）、五三～五九頁。岩崎敏夫『本邦小祠の研究――民間信仰の民俗学的研究――』（岩崎博士学位論文出版後援会、昭38・3）、四六五～五〇九頁。堀一郎『宗教・習俗の生活規制』（未来社、昭38・5）、二四五～二八三頁参照。

堀氏によれば、相馬の真宗農家は床の間をつくらず、二間通しの立派な仏壇が座敷にすえられている（二六六頁）。今日でも真宗門徒に同宗間の結婚を望む風が強く、ことに長男の嫁は必ず真宗の家から迎えるといわれる。他方、他宗の人々も真宗以外の家との婚姻を希望していて、婚姻には相互に宗旨のせんさくがやかましい（二六七頁）。第二次大戦前までは真宗には氏神の幣束も受けず、土着の信仰組織にも加入していない者が多い（二六七～二六八頁）。そして、精神生活・年中行事が寺院を中心に構成されている（二六七頁）、と。また堀氏は、真宗農家の農地改革後の経済力を他宗農家と比較して顕著な差異を見出し、その原因の一つに真宗教義の影響を挙げている（二八一～二八三頁）。

なお白河藩では、「越後出生之女ハ赤子をかへし候と申事無之」ということで「越後御領分より女呼寄候而御領分村村江被縁付候様」命じた（『仁政録』）。人口増加を図るために、越後の女すなわち真宗門徒の女子を嫁にとる方策をうち出したのである。

（9）（七一頁）　近江商人の商法の真髄が正直と堅実にあり、勤勉と倹約を重んじた。このような精神が根本的に何に胚胎したかといえば、それは疑いもなく、神仏に対する信仰と儒教の教えであったと思う。これは家憲や店制から窺いう

る。しかしはじめは恐らく、自分のためにのみ一生懸命に働いて金をためたに相違ないが、金がたまってくると家業の永続を希望するようになり、段々と考えが深くなってきて、ついには神仏の帰依にまで達したのであろう。つまり、こうした心境の展開は商売の実践を通じて行われたものである。——以上の注目すべき言及が、江頭恒治「近江商人の研究——中井家文書を中心として——」、『日本学士院紀要』20の2・3（昭37・11）、九八～九九頁にみられる。

なお、真宗の世俗倫理思想の展開を考察した柏原祐泉氏は、近世中期・後期に商業経営者の家族倫理として構成された家業精励論が、単なる営利追求のための精励ではなく、それを仏恩報謝の行とする仏法第一義の立場で説かれたこと、ならびにここに自主的に確立された真宗の世俗倫理観が、そのまま農村商人の勤労の倫理として受容されたことに注目している。柏原『近世庶民仏教の研究』（法藏館、昭46・3）、一四七～一八三頁、とくに一七五頁参照。

(10)（七四頁）　真宗教団が基督教に対する排撃思想を強化せねばならなかったのは、近世後半期に現われた中井竹山（一七三〇～一八〇四）の『草茅危言』、正司考祺（一七九三～一八五七）の『経済問答秘録』、武陽隠士の『世事見聞録』など多くの排仏論が真宗を最大の攻撃目標としたため、基督教防遏に実績を挙げて政治的存在意義を確実にする必要があったからである。

(11)（七六頁）　この点は、真宗禁制下の薩摩藩や相良藩で秘かに真宗の信仰を守った門徒の行動についても指摘することができよう。森岡清美「潜行的教団の形成」家永・赤松・圭室編『日本仏教史』Ⅲ（法藏館、昭42・9）、二四三～二四七頁参照。他面、蓮如の掟が貧窮の門徒にさえ年貢皆済を促す動機づけとなったことにも注意したい。小栗純子『中山みき』（新人物往来社、昭45・12）、一〇六～一〇九頁参照。

(12)（八二頁）　越後の真宗門徒が明和八年（一七七一）の御蔭詣でに無関心であったことは、この時たまたまここを通過した平賀源内が『鳩渓遺事』のなかで記録している。新城常三「近世参詣の国民化——抜参りと御蔭詣で——」、『宗教研究』一七六（昭38・9）、六一頁の註参照。また、幕末の御蔭詣りに対して一神教的傾向をもつ真宗門徒は批判的であった。藤谷俊雄『「おかげまいり」と「ええじゃないか」』（岩波新書、昭43・5）、一〇一、一八七、一八九頁参照。ただし同様のことは日蓮宗徒にもみられた。真言宗から日蓮宗への改宗のさいの証文（寛永三年）に、伊勢参宮、住吉愛宕参り多賀外他宗勧誘之宮参仕間敷事、という条りがある。小西友直『味地草』（天保10）、三原郡津井村の条参照。

(13)（八四頁）　越中の蓮如忌については、伊藤曙覧「越中の蓮如忌習俗」、『大谷史学』9（昭37・5）、二八～四六頁

参照。石動山信仰よりも白山信仰と白山衆徒たちの活動を背景に考える以外は、加賀・能登についての桜井氏の観察と異ならない。

(14) (八五頁) 同様の例は、竹内利美『農村信仰誌——庚申念仏篇——』(六人社、昭18・7)、一三三頁にある。すなわち、長野県東筑摩郡には「浄土真宗のもののみにて五戸一組」で庚申講を結成しているものもある一方(波田三講)「中沢の講には田中同姓は門徒故参加せず。他は全員加はる」(今井上今井)というのもあった。

(15) (八六頁) 親鸞は国王・父母とならんで鬼神に礼拝しない神祇不拝、そして諸神諸菩薩の念仏者護念という立場をとったが、神祇不拝は近世教団ではタテマエでしかなくなり、王法為本を媒介させ、また内信と外儀の使いわけによって、実社会面では神祇崇拝の姿勢をうち出していった(柏原祐泉「近世真宗における神祇への対応」、『龍谷史壇』73・74、昭53・3、九五、一一一頁)。これは、安芸の学僧報専坊慧雲らが阿弥陀一仏の信仰に立って神祇崇拝にまつわる雑修雑行を排し、神棚・大麻・位牌などの撤去を法談したという科で明和三年(一七六六)藩から閉門を命ぜられるといった、政治的状況への対応であったといえよう(山中寿夫「幕藩体制下における真宗寺院と安芸門徒」、小倉豊文編『地域社会と宗教の史的研究』柳原書店、昭38・3、一四七頁参照)。

明治十一年に神宮大麻の受不が専ら人心の自由に任されることになって以来、神宮大麻を奉安せずという立場がフォーマルに正統の座を回復した。しかるに満洲事変が始まり、神社参拝が強調される時勢を迎えた時、大麻を受けないことが宗教的な理由によるものであるにせよ、そのために非国民呼ばわりされることを慮って、真宗各派協和会の神社調査会は、「大麻を受けざるを本義とす」という従来の立場を撤回して、「大麻の受不は各人の随意たるべし」と規制を緩和した。そしてこのさい、大麻は祈願祈禱の所産でなく、単に敬神思想の発露であるとの新しい大麻観をうち出して、理由づけとした。これは真宗受容の全社会的な規模における文化的社会的環境の変化によるものであって、むしろその政治的性格のゆえに政治的環境というべきであろう(玉置韜晃「真宗各派に渦巻く大麻受非の問題」、『現代仏教』一一一、昭9・2、六〇〜六五頁参照)。

(16) (八七頁) 鈴木栄太郎氏は、宗派による慣習の相違から、自然村内に宗派的内婚の傾向の存するところもある、と早い時期に内婚傾向とその要因とを指摘している。鈴木『日本農村社会学原理』(日本評論社、昭15・12)、三一四頁。

(17) (一〇六頁) 相馬へ移住した真宗門徒の子孫は、せめて家督の嫁だけでも門徒より貰いたいという願望が強く、土着の他宗との通婚は稀だった。また、寺詣りが見合いに利用されることが現在でもあるという。岩崎敏夫『本邦小祠の

研究』(前出)、五〇一頁参照。なお補註(8)をみよ。

(18)（一二二頁）　安芸国佐伯郡己斐村には八つのお寄講があり、男子分のそれは御寄（大寄か）、女子分のそれはお小寄とよんでいた。毎月一度夕方俗家に僧を招いて法談を聴聞する仏事を主とした団体であったが、その基盤は葬式講であった。安芸には同様の講が各地にあり、なかには「村一統〆シ合等ノ儀迄モ申」すものがあって、異見を加えて用いない時は「同行列」、つまり講中を除いた。山中寿夫「幕藩体制下における真宗寺院と安芸門徒」、『地域社会と宗教の史的研究』（前出）、一四四〜一四五頁参照。

(19)（一二六頁）　全戸真宗の石川県松任市横江では、毎月一日、十一日、二十一日の三回「村お講」をつとめる。このうち十一日の分は「青年御講」であって、青年クラブの自修館が会場となり、他の二回は月当番の組のなかでお講のできる家が廻りもちで宿をしたが、公民館落成後はいずれも公民館でつとめることに改まった。村お講は一二に分けられた組が月当番をし、区民一般から戸別掛りと高掛りで徴収されるお講銭と当日の賽銭とでまかなわれる。著者からみれば、一二の組が村落生活の組でもあったかどうかが重要であるが、明言はない。なお、家屋は起居の便宜よりも仏事中心に造られていることは、町野町川西の例（本書一一六頁）と照らし合わせて興味深い。清水隆久『横江史――加賀平坦地農村の記録――』（横江町、昭36・5）、三七四頁、三八一〜三八三頁参照。

(20)（一四二頁）　松任市横江には、広域門徒団としては六十二ヵ村組御講、敬信講、十一ヵ村組講などあるが、次第に衰微の一途を辿っている。しかし全戸真宗で、青年御講、尼御講、月並御講など部落門徒団の行事は随分と活潑に行われている。なお、本山および別院の「お取持ち」は横江村同行中として依頼される村がかりのもので、半ば租税的性格をもつものと考えられていたようであって、村（区）の経理のなかから献進されている。清水隆久『横江史』（前出）、三七六〜三七七頁、三八三〜三八四頁参照。

(21)（一四四頁）　橋本芳契「北陸地方における宗教講――その実態および社会教育的意義――」、『金沢大学社会教育年報』3、二〇五〜二四二頁。「ルポ御示談」、『真宗』七四五（昭41・2）、三五〜四三頁参照。

(22)（一四七頁）　縁組によって他家へ移転した者の寺所属を、元来の寺についたままとせず、村役人の戸籍送りとともに婚家側の寺につけることに改めたことが、一家一寺になる上での一つの決定的な出来事だったといえる。婚家側の寺につけるようになってからでも、内縁の者は送状がないので、公式には相手側への引き取りはないとされ、したがって葬儀等も実家の寺でつとめたことは、願成寺過去帳天保五年十月六日の項などから知ることができる（『石川県鹿島郡

鹿島町史』、昭41・11、三九〇頁所載参照）。

(23)（一四七頁） ただし大名の家には一家一寺の原則はもちろん、一家一宗の考え方すらあてはまらぬことがあった。というのは、大名の家では家族等を各宗の寺に分葬することがよく行われたからである。例えば、萩藩主毛利家では、初代と二代以下偶数世代の藩主夫妻を臨済宗大照院に、三代以下奇数世代のを黄檗宗東光寺に、葬った。分葬により複数の有力寺院を菩提寺化し、その寺をその宗派の僧録・触頭として各宗派の領内寺院を自己の封建的統制のなかにおさえこむ具としたのである。また徳川将軍家が上野寛永寺（天台宗）と芝増上寺（浄土宗）を葬所としたことは政治的機能をもつ顕著な例であって、これらは庶民におけるいわゆる複檀家制と同日の談ではない。

(24)（一四八頁） 承応三年（一六五四）守綱寺を開創した東本願寺門徒渡辺半蔵は、尾張徳川家の家老で知行一万石余という。そうすると万石以上は六家ということになる。この家系に「妙好人伝」に列伝される篤信者がいた。主人より「祖師の恩と主人の恩とは如何ほど変りありや」と質問され、「主と仏祖の御恩に此身一つを軽んじて何れにても一命を指上べき覚悟にて罷在候」と答えてかりそめとはいえ不興を買ったという（『妙好人伝』五編巻下、尾州渡辺氏）。半蔵の例は、一神教的な真宗の信仰を保つことが大身の武家にとって困難であったことを暗示し、大名に真宗門徒の少ない理由の一つを示唆するものである。なお、中井履軒（一七三二〜一八一七）の『年成録』（坤）に、「行末国の大害となるべきは、一向宗なるべし、此手あては懈るべからず、（中略）諸侯以下凡武家たるものは、一向宗につかぬといふ事、幼時より聞たること也、法令にもある事にや、しらず、今はかなたこなた武家の一向宗なるものあり、よからぬ事なり、はやはや停止あるべきこと、おもはるゝ」、とあるのを参照せよ。

(25)（一五〇頁） 竹田旦氏によれば、この習俗は男女分住隠居の後段をなす分牌供養の習俗と何か関係がありそうである。竹田『民俗慣行としての隠居の研究』（未来社、昭39・3）、四五二頁参照。なお、男女別寺檀制については、従来の諸説を要約した野口武徳「複檀家制と夫婦別・親子別墓制」、『成城文芸』44（昭41・10）、三四〜五三頁、ならびに最近の研究、宮崎典也「男女別寺檀関係と寺檀論争」、『社会と伝承』12の4（昭46・3）、一〜二四頁などを参照せよ。
（追補16）

(26)（一五〇頁） また有賀喜左衛門氏の連合檀家寺と同じ。有賀『有賀喜左衛門著作集Ⅶ 社会史の諸問題』（未来社、昭44・3）、三五三頁。

(27)（一五一頁） 松山善昭「東北地方農村における仏教受容の特殊性」、『東北文化研究室紀要』2（昭35・3）一一七

頁。清水隆久『横江史』（前出）、三七四頁参照。

(28)（二五二頁）　著者は作兵衛と長蔵が与三兵衛の従者に近いものとみたが、笠原一男氏はむしろ家族ととらえている。つまり、縦に連ねて書かれた一かたまりの人名をもって一つの家とみるのである。笠原『一向一揆の研究』（山川出版社、昭37・6）、七九五頁。しばらく疑問を存しておく。

(29)（二五四頁）　滋賀県長浜市下坂中町の浄土宗知恩院末不断光院は、同所の旧家下坂家の菩提寺であってほかに檀家なく、全く下坂家の持仏堂の延長といってよいものである（ただし現在は無住、等外の寺）。同所の河瀬(一)川瀬(三)横田（六）の諸姓は、もと下坂家の下人であったと考えられるのに、福田寺（本願寺派）下の中村道場の門徒であるか、善覚寺（大谷派）の門徒であって、不断光院の檀家ではない。この事例を報告した鈴木宗憲氏は階級的敵対関係に由る分裂と解釈している。鈴木「地方教団史に関する一考察――湖北下坂不断光院をめぐって――」、『近世仏教』8（昭38・10）、二六～三八頁。しかし、敵対関係がなくとも、寺を主家と下人とで別にするほうが好都合であれば、そうなるのではないだろうか。

(30)（二五五頁）　被差別部落の真宗寺院がもと地域の重立ちであった事例を、渡辺宏氏は和歌山県下についていくつも報告している（渡辺『未解放部落の史的研究』、吉川弘文館、昭38・3）。

①東国分村の『慶長検地帳』に出ている刀弥の子孫が、江戸中期以後住職を世襲してきた。これは東国分浄願寺のことである（九六頁）。

②湯浅村の『慶長検地帳』には、若大夫六反三歩、彦六三反七畝一五歩、孫四郎一反二四歩、又六九畝一二歩、若右衛門七畝一八歩、九郎右衛門五畝一三歩、以上六人の名があるが、筆頭の若大夫とは、富田本照寺の徒弟となって湯浅最勝寺を開基したと同寺縁起に伝える若大夫に外ならないと思われる（二八五頁）。

③岡島は紀州藩の牢番をする村であったが、牢番頭又五郎の家はもと同所の善行寺の代りをしていたということである（三〇七頁）。

④井坂蓮乗寺の開基善正は俗名を助九郎といった。「老父ユヅリノホカニ、田畑諸跡モトメソエ富貴ニシテ下人三十人ト云々」と『蓮乗寺代々記』にある。『慶長検地帳』にみえる同村屋敷持一八人のうち、最高の高持（一町一畝一歩）助九郎はけだし井坂蓮乗寺であろう。次に大きい右近次郎（七反五畝二七歩）をかなり引き離していることにも注意したい（二六六～二六七頁、三一六～三一七頁）。

(31)（一六一頁）　文久二年（一八六二）八月、能登鹿島郡小田中村（現鹿島町小田中）勝楽寺（本願寺派）の門徒八八人による『血判請帳』記載の条々は、近世における真宗寺檀関係の内容を例示するものといえる。この請帳は将軍代替りを機として本山から提出を求められたもののようである。寺檀関係にかかわる条々は左の通り（『石川県鹿島郡鹿島町史』、昭41・11、三九七〜四〇〇頁）。

一、御免之御内仏を大切に尊敬可致事
一、毎月両度講席江出席仕候事
一、先祖代々墓所を麁抹ニ仕間敷候事
一、宗祖善知識之忌日ハ勿論先祖眷属之忌日に者御手次寺参詣可仕事
一、宗祖先祖等之年忌仏事をも急度致身分相応ニ相勤可申事
一、御本山三季志ハ不申及御手次勤方平日之懇志相運可申事
一、堂等修理之入用等もおこたり間敷事
一、常々御化導被成下候通御相承之安心領解仕仏恩報謝之称名相続仕候（下略）

(32)（一六二頁）　仏壇に対する門徒の慣行的作法については、清水隆久『横江史』（前出）三七二〜三七三頁参照。

(33)（二一〇頁）　穴馬の道場役については、千葉乗隆『中部山村社会の真宗』（前出）第三章「越前の穴馬同行」参照。

(34)（二一〇頁）　五箇山の道場坊については、千葉乗隆『中部山村社会の真宗』（前出）第四章「越中五箇山の真宗」参照。

(35)（二一八頁）　一向一揆の時代について笠原一男氏は、「真宗の道場坊主の社会的地位が、荘官・土豪・守護被官等の国人層ではなく、百姓の頭株のものであった」と結論している。笠原『一向一揆の研究』（前出）、一三二〜一三三頁。

(36)（二二四頁）　辻本とは何であるかについては、森岡清美『真宗教団における家の構造』（お茶の水書房、平成17・12）、第一章「辻本考——近世真宗寺院の存在形態——」参照。

(37)（二三〇頁）　「（金沢の）専光寺は門徒約七千戸を擁する巨刹であるのにかかわらず、その墓域は極めて狭小であったため、遠隔地の門徒はやむをえず最寄りの寺にいわゆるお縁借りを求めるものが多かった。」八田健一編『吉藤専光寺史』（吉藤専光寺史刊行会、昭35・7）、一一六頁。これによればエンカ寺とは「お縁借り」の寺に外ならず、借りた

側は墓檀家ということに事実上なる。

（38）（一三四頁）　同様の例は越中五箇山にもみられた。笠原『一向一揆の研究』（前出）、二三〇～二三六頁参照。越前大野郡といい、飛騨白川郷といい、近江伊香郡杉野村といい、また越中五箇山といい、いずれも中部地方山間の僻村であることに注意したい。

（39）（一三四頁）　安芸の「預門徒」もこの場合に相当する。だからこそ、門徒を預けるとき檀那寺から預け先の寺へ預証文なるものを出したのであろう。ところで、秋マワリは⑴門徒家の報恩講づとめと⑵秋初穂という名目での志納金集めを主な内容とする。広島寺町仏護寺十二坊のなかには、志納金集めの秋マワリはしたが、報恩講のほうは葬儀等とあわせて土地の寺に託し、直勤しない方面にある寺もあった。山中寿夫「幕藩体制下における真宗寺院と安芸門徒」、『地域社会と宗教の史的研究』（前出）、一三九～一四二頁。

（40）（一三六頁）　中原たか子「宗旨改めと寺役・法要」、『社会と伝承』8の1（昭39・4）、五三～五四頁、に近江の例が紹介されている。

（41）（一三六頁）　宗判まで預けた場合、秋マワリにも行かなかったのではないだろうか。これは本山と門徒の関係に最も近く、重層的寺檀関係の第三の形態ということになる。

（42）（一三九頁）　徳山村の真宗については、千葉乗隆『中部山村社会の真宗』（前出）、第一章「奥美濃徳山の真宗と社会」参照。

（43）（一四三頁）　『津村別院誌』（本願寺津村別院、大15・5）に、「寺院仲間を整理する為に五人組或は三人組等を設けしめ、更に坊舎之を統轄せり。是等起源の初めは記録欠けて詳かならずといへども、五人組三人組等存せることが万治二年の記録に顕はるを以て考ふるに、恐らくは寛永二年宗門改めの制度発布間もなく定めたることゝ考へらる」（二四八頁）とあるように、宗教統制が権力側の大きい狙いであったと考えられる。また、享保七年（一七二二）の『東本願寺制条』に勧化に関する一項があり、「勧化方一向不弁之輩は其組之僧侶を頼候て致勧化可申候組合之外堅可為無用事」とあるから、組の制度は本山によっても利用されたことを知ることができる。

（44）（一五五頁）　上寺が遠方のため導師をつとめることができない場合、最寄りの下寺を二ヵ寺ずつ組み合わせて合導師とした例が、郡上八幡安養寺下の三重県安芸郡大谷派八ヵ寺にみられた。

従来合焼香組合せ之覚

従来御法事等総而右之通り組合焼香之姿たにて相勤来り候趣尤廉立候節ハ組内不残相招致執行候趣ニ候也

（円称寺 西徳寺）（正宝寺 安楽寺）（浄得寺 清岸寺）（円成寺 願了寺）

（嘉永七年二月付安養寺文書）

(45)（二六二頁） 浄土宗では修学して宗戒両派を稟承したとき蓮社号が附与され、五重相伝のみの場合は誉号を授与されるのが通例であったが、なかには蓮社号はもとより誉号すらもたない下級僧がいた。これらの下級僧は大徳・平僧・道心者・阿弥僧などとよばれ、両脈相承なきため老年に及んでも引導を渡すこともできねば、寺院社会の交際においても一段と低くみなされ、彼らの止住する寺は西堂地とよばれて上人地（蓮社号・誉号所有者の住する寺）と区別されていた。大橋俊雄『浄土宗神奈川教区寺院誌』（神奈川教区教務所、昭37・4）、三三六～三三七頁参照。しかし、真宗の最下級僧侶は住すべき寺もないのである。

(46)（二六六頁） 明和三年（一七六六）三月付の「就尋問返答条々」（熊本西光寺文書）に、「御本坊ノ義ハ格別俗諦ニテハ君臣ノ作法ニシテ」とあり、つづいて「桑門ニ於テハ師弟ノ礼」ありと述べている。それぞれ師弟君臣の間柄にあるというのである。本坊が年少でも師弟の間柄に変りがないということは、この師弟関係は実は俗諦における君臣関係の系であることを示すものであって、われわれが本坊寺中関係の基本的性格を主従結合とみるのはこのゆえである。

(47)（二八五頁） 貝塚願泉寺では寺僧とよぶ。

(48)（二九二頁） この記事は『瑞泉寺記録帳』（瑞泉寺蔵）にある。

(49)（二九三頁） 永禄五年（一五六二）十月十日付で武田信玄が甲州等々力村万福寺（西本願寺末）に与えた免許状に、

一寺中家参間棟別之事

一同宿拾人普請役之事

とある（『勝沼町誌』昭37・5、五五頁）。これが著者にとっての寺中の初見であるが、単に寺のなかという意味かもしれず、それに同宿とは異なるようだが、差異が明らかでない。この免許状の時代には万福寺に一二坊あったと伝える（同上、一二三七頁）。それと寺中家三間（軒）、同宿一〇人はどういう関係に立つのであろうか。

なお、『南蛮寺興廃記』には南蛮寺の同宿梅庵とあり、訳者海老沢有道氏は註記して、「仏寺にならってキリシタンで

も教会に止宿し聖務を助ける在俗者らを同宿と呼んでいる」という（東洋文庫本、五五頁）。あるいは、同宿は人についていい、寺中は家についていうのであろうか。

(50)（三二九頁）　本願寺出張所たる坊舎（近代の別院）にも寺中が置かれた。例を大阪の津村坊舎にとろう。ここには金光寺を上首とする九ヵ寺の役僧（寺中）がいた。草創から年月を重ねるにしたがって不文律の勤方作法が形成され、天保二年（一八三一）本山の財政改革にあたり坊舎でも規約を定めたさい、『役僧中勤方三八ヵ条』が明文化された。その首尾は左のとおりである。ここにも本坊寺中関係に共通する性格が観取されよう。

役僧中勤方

一御本堂御荘厳内陣向御掃除毎朝御仏飯御供物準備晨朝後或者日没前常経誦読之事

一毎月両度御逮夜ハ勿論例月十五日惣永代経惣出勤之事

一両度御逮夜御対面所御仏前御荘厳可致事

一日次帳無失念当番致記帳可申送事

但当番者晨朝引続より其夜致宿番翌朝当番ニ都合交代可致事、尤当番之節御境内之外他向へ法用等決而参詣致間敷事

（中略）

一毎月十六日役所寄惣出勤之事

一右之外臨時之儀御留守居より御達之通相勤可申事

天保二卯七月

大琳寺泰忍
正福寺宗真
光福寺正応
永福寺道洹
正福寺竟道
宗久寺見了
徳蔵寺崇順
大仙寺静慶

御留守居所
御勘定所

御勘定方

金光寺祥瑞

（『津村別院誌』、前出、二二八～二三〇頁）

(51)（三三一頁） 近世初頭にはまだ中本寺が坊号を与えたりしたことが、左の郡上八幡安養寺文書から知られる。

本覚寺釈報玄

寛永九年九月廿四日

安養寺願良花押

右者円成寺元祖則願了御房ゟ右之坊号被下候趣当住教順ゟ承之候則ち右之古状一読ニおよふ

円成寺は三重県安芸郡芸濃町多門にあり、補註(44)の円成寺と同一である。

中本寺のなかには、例えば高田浄興寺のように近世を通して「中本山」の権限を主張してきたものもある。近代になって作製された文書（浄興寺別派公称請願理由書目録）であるが、それによれば、

・当山ハ末寺住職ヲ任免シ及ヒ実子養子ノ後住相続ヲ認可シマタ子弟ノ他寺ヘ養子ニ遣ハスコトヲ認可ス（人事権）

・当山ハ末寺ノ僧侶法義ニ背キ或ハ不徳ノ所行アルトキハ出寺追放乃至遠慮等ノ咎ヲ命シタルコトアリ（懲戒権）

つまり、末寺に対する人事権・懲戒権といったものを、本山あて出願への添書権、藩庁あて訴訟への奥印権とあわせて伝持したというのである。詳しくは森岡清美『真宗教団における家の構造』（前出）、第三章「地方一小教団の独立――真宗浄興寺派の成立過程――」参照。

(52)（三三四頁）「与力ト云フハ本願寺ノ直参末寺ニシテ当山ノ録所配下ノ寺院ヲ云」との浄興寺文書にみえる一節は、ものの見事に与力の性格を道破している。与力は下寺よりも本山直末に近いといっても、直末であるのかないのかといえば、直末なのである。ただ、触下なる故に触頭寺院に対して与力となる。そこのところに下寺との大差が存するのである。ただ、右の浄興寺文書に依拠した理解が近世真宗教団における「与力」に一律に妥当するかどうか疑わしいので、しばらく本文のとおりにしておきたい。

(53)（三三八頁） 本山による末寺統制の強化は、中央における法主専制権の確立と関連して理解されなければならない。東本願寺では一如（光海、在職一六七九～一七〇〇）の時代に、従来月番家老が裁いていた宗門の重要問題を法主の直裁に改めた。教学面については、宝暦五年（一七五五）高倉学寮移転後の職制改革に際し、従来の講者・能化の呼称を改めて講師としたが、その理由は一派の能化・善知識は本来宗主一人に限るという主張に基づくものであった。ま

た西本願寺では、良如（光円、在職一六三〇～一六六二）が「数代巨多ノ勲功忠義ノ子孫ヲ謀計ヲモテ追放」（『紫雲殿由縁記』、真宗全書本二九〇頁）したというから、東本願寺よりも早く権力の集中が始まっていたと考えられ、文如・本如代（一八〇〇年前後）に起きた三業惑乱の後、一人能化制を改めて数人勧学制とし、教学統制も宗主専制の方向に強化されている。

(54)（三四二頁）　越佐両国の東本願寺末寺の触頭は高田の浄興寺と本誓寺であったが、元禄年間に三条町と新井村に東本願寺出張掛所が設立されてから、本山向きの事務はここで取扱うようになったため、両寺は「寺法ノ録所ハ勤メスト雖モ国法ノ録所ハ在来ノ通リ勤之」（浄興寺文書）という景況であった。ここではすでに近世初期において触頭体制から教務所体制への転換が出現している。こういう萌芽があったればこそ、明治初年における教務所体制への全国的再編が実施可能であったのである。

(55)（三四三頁）　越中八尾聞名寺に対する越飛濃三ヵ国末寺の近世における末寺役については、『越中国桐山八尾聞名寺由来』（同寺蔵）の記事が参考になる。

（前略）当寺法物等三ヶ国之末寺大切ニ存候故、末寺中十日代リニ寺人令勤番、今以其例無異変候、霜月開山法事之逮夜には、末寺中ゟ斎米幷塩噌薪等持寄り、逮夜終り、初夜におよひ、則末寺頭福島村正徳寺調声ニ而当勤仕候、右十日番之義、番僧或ハ病気、又ハ差合等之節は、心次第ニ番銭出之、御堂当番之者ヲ頼、従先規如此ニ勤来候、且又飛州末寺之義ハ遠所ゆへ斎米等役銀となつけ、自先規於今相勤候、其内飛州高山善国寺・古川正覚寺・角川村専勝寺三ヶ寺之儀ハ、役銀除之、其故ハ折々飛州公儀付届之節、使僧又ハ飛脚等遣之、為賂役銀令用捨、且又濃州末寺中ハ本山両通寺有之、又ハ本寺江戸上下夫伝馬等折々かゝり候故、当山へ之勤、且又令用捨者也、

（笠原一男『一向一揆の研究』〔前出〕、二七四～二七五頁）

(56)（三五〇頁）　註(4)の本文と同じ意味のことが、島地黙雷・大洲鉄然・赤松連城連名の教部大輔宍戸璣あて明治九年七月一日附内申に述べられている。曰く「然れば興正寺取扱之儀に付今般宗規施行之際牴牾不尠種々迷惑致居候折柄彼方より内談の次第も有之熟慮候処全体興正寺の本願寺に於ける旧幕府の時長州の岩国阿州の稲田同様の儀にて御一新の際両藩処分之巧拙判然可鑒且今後宗規釐正の目的に付ても断然別派之請願為遂方公平の論と奉存候」（中島慈応『真宗法脈史』法文館、明44・6、二五八～二五九頁）。長州の岩国とは山口支藩吉川家六万石をさす。明治元年とくに諸侯の列に加えられ、明治二十四年子爵に叙された。他方、阿州の稲田とは徳島藩筆頭家老淡路洲本城代の稲田家一万四

千五百石をさす。明治三年本藩の差別待遇に不満の稲田家々臣が独立運動を起し、庚午事変とよばれる悲劇を招いた（稲田家は明治二十九年男爵を授けられている）。この対比をいうのである。また、『宗規』施行云々と宗規に言及しているのは、興正寺別立問題と『宗規綱領』の関連を暗示していて興味深い。つぎにこの点にふれておこう。

別派問題についての本願寺の回答を催促した華園摂信（興正寺）に対する明治九年三月四日付大谷光尊（西本願等）の復書に、宗規会議の細目についての取調未了だから返答しがたいとあり、他方、赤松連城は顕尊の時代に門跡となった興正寺の別立は当然の帰結だが、ただ別派について末寺の随属問題があったので本願寺はこれに拘泥していた、といっている（藤井貞文『興正寺別派独立の事情』温知会講演速記録59、温和会、日付欠、一六～一七頁）。さらに、九年七月別派についての両者の合意がなるや、西本願寺の重役島地黙雷・大洲鉄然・赤松連城らは『別派条約』なるものを両寺間で締結することを求め、興正寺はこれに屈して捺印した。それは、（一）従来本願寺の末寺は理由の如何に関せず此の際別派せしめざる事、（二）従来興正寺の末寺にして教院分不已前已に離末を届出でしものは又此際別派せしめざる事、（三）大和・紀伊・大阪に限り双方より役員派出の上各寺に就きて別派思想の有無を調査せしむる事、の三ヵ条で、明らかに興正寺に不利であった。捺印の交換を終ると西本願寺は全国に使僧を増派し、興正寺末寺の離末を促した結果、中国・九州・東海・東山・北陸・山陰の全部と南海・近畿の大半が西本願寺につき、残るは四国を中心に二三二ヵ寺となったのである。中島慈応『真宗法脈史』（前出）、二六一～二六二頁。本願寺明如上人伝記編纂所編『明如上人伝』（明如上人廿五回忌臨時法要事務所、昭2・5）、三三一～三三五頁参照。離末勧誘のさい最後の切り札となったのが、九年三月制定され、同年四月教部省の承認をへた『宗規綱領』の第六編であったに違いない。そのことを冒頭の光尊返書が裏書きしていると思われるのである。なお『宗規綱領』制定に執掌した東本願寺側の人物は、後の執事で浄興寺別派問題を取扱った渥美契縁であることが、彼の厳華自伝に『宗規綱領』の撰文に自分が当ったといっていることから知ることができる。

近世の防長では興正寺末の萩清光寺が触頭であり、また興正寺末寺が多かった。ところが、寺格堂班の昇進にとって清光寺およびその背後にある興正寺の存在が妨げになることが痛感されるに至り、防長の末寺の間に不満がたかまった。そして西本願寺と興正寺の紛争を機に、文化二年（一八〇五）、国法（藩庁むき）では清光寺の支配を受けるが、寺法では興正寺・清光寺の支配を返上するとの態度を徳山徳応寺が表明している。明治期西本願寺の重役赤松連城とは右の徳応寺の住職であり、他の防長出身の重役島地・大洲も同じ空気を吸って教団観を形成した人々であってみれば、

興正寺との中間的本末関係解消、一般に中間的本末関係の解体は、時代の転回のなかで当然実現さるべき課題だったといえよう。なお、前掲別派条約の第二条は徳応寺のごときものを指すのであろう。児玉識「本願寺教団における本末制度解体の背景」、宮崎円遵博士還暦記念会編『真宗史の研究』（永田文昌堂、昭41・12）、二五三〜二五七頁参照。

もう一つ附言すると、本文の「二千もの下寺」というのは西本願寺側の計算であって、寛政十二年（一八〇〇）調べ一、九四二ヵ寺と主張する。『明如上人伝』（前出）、三三五〜三三六頁参照。西本願寺による興正寺末寺奪取でその数は減少していったようであるが、興正寺では明治九年二月の「寺蹟幷家族現存書」に末寺二、五一七ヵ寺と書き上げている。そして興正寺でも世間でも末寺三千余といったようである。興正寺編『葵山遺稿華園家乗』1（興正寺、昭2・4）、二〇五頁。『真宗法脈史』（前出）、二六二頁。常世長胤『神教組織物語』など参照。

(57)（三五二頁）　巌峻は明治六年二十六歳で住職になった人である。引用文中に下寺三四とあるが、安政四年（一八五七）閏五月の書上げには末寺四二とあって合わない。四二の内訳は、美濃に三四、伊勢に八。美濃の三四と下寺三四の数は合うが、地元の美濃の下寺を直末にして、遠方の伊勢八ヵ寺を下寺のままとしておくことは考えにくいので、美濃三四の内訳をみると、下寺二六、地中二、道場六（うち四ヵ所中絶）であることが判明する。従属度の高い地中・道場はそのままとして、美濃の下寺二六と伊勢の下寺八計三四ヵ寺を離したのであろう。

(58)（三五三頁）　仏光寺派の本末関係の特質については、森岡清美『真宗教団における家の構造』（前出）、第二章「真宗本山と山内院家――近世仏光寺教団の本末関係――」をみよ。

(59)（三五五頁）　高田浄興寺について詳しくは、森岡清美『真宗教団における家の構造』（前出）、第三章「地方一小教団の独立――真宗浄興寺派の成立過程――」をみよ。稲田勝芸（浄興寺）と連名で真宗の大教院分離に不服を唱えた西浜正熙・藤原大選ら（浄興寺文書）はこのさいどう動いたのであろうか。また、明治八年八月真宗四派管長大谷光尊が教部大輔宍戸磯に提出した申請書に、「一印、稲田、津田、福田、稲垣、藤原、浅野、土岐都合九名、右之者共義異論を主張し、末派之僧侶を煽動し、種々浮説を唱へ、一党派を結び、宗内の規則を不守、管長並本山を蔑視致し候」（『葵山遺稿華園家乗』1、前出、一二三頁）とある稲田・藤原以外の人物はどうか。『宗規綱領』が分離不服の興正寺を弾き出し、浄興寺を押えこむ効果をもった以上、彼らに追随した反対派がこのさいどういう動きをしたかが問われねばならないだろう。

(60)（三五七頁）　本願寺派の和歌山県那賀郡狩宿村（現那賀町那賀）光明寺（富田本照寺末）は、「該寺儀自今本山直

末中附候事」という明治十一年六月十四日附の通知を本山寺務所から受けている。これは『宗規綱領』実施の効果であることはいうまでもなかろう。

なお、東西両本願寺と専修寺は、明治五年調整の『寺院明細帳』に誤謬があることを理由として、現状について更正した明細帳を作成することの許可を内務省からえ、『宗規綱領』の規定に即した更正を離末本寺換の正規の手続きをふむことなしに、誤謬訂正という目立たない形で巧妙にやってのけた。ただし、この隠れた意図を察知した高田浄興寺からは反撃があり、東本願寺との間に紛争が続いたことは、森岡「地方一小教団の独立」(前出)に詳述されている。

(61)(三七二頁) 下道場独立の例はいくらもあろう。管見に入ったものを追加すれば、和歌山市汐見町の本願寺派西慶寺は和歌山県那賀郡打田町西井阪の蓮乗寺の講場が嘉永六年(一八五三)に独立したもの、同所の本願寺派円光寺は那賀郡打田町東国分の講場が明治十三年に独立したものである。渡辺宏『未解放部落の史的研究』(前出)、三〇五頁参照。講場とは下道場のことであろう。

(62)(四一〇頁) 玉城肇氏は徳川封建制下の家族の特徴としてつぎの二点を指摘している。(一)家族員というのは同じ家の中に居住する家父長の親族だけでなく、終身的にまたは一定期限をもって隷従する下僕・下女・乳母等に至る使用人をも包含する。(二)一人の家父長権者のもとに分家・別家等をも支配しうるいわば綜合的家族であって、いいかえると他の戸主の下に属する家も一家親類として本家の家父長に従属するもの、したがって家父長と戸主とは必ずしも一致せず、家父長権は戸主権を覆いそれよりも強大なものであった。玉城『家族論』(三笠書房、昭11・11)、一~四頁。玉城氏のこの理解を適用するまでもなく、第三の意義の本流院も一個の家、「綜合的家族」といいうるのである。

(63・64)(四一三頁) 昭和四十二年十月十七日本流院を訪問したさい、住職秦英西氏から、心海寺住持は死亡し、後継者は自衛隊へ入ったため寺中の勤務は絶え、実明寺住持は養蜂業を始め花を求めて南は鹿児島から北は北海道まで全国をまたに歩いており、これまた寺中の勤務を離れた由、聞いた。内陣および御堂まわりの日常の世話は住職夫妻が担当しているという変りようであった。

(65)(五二六頁) 博徒・的屋の親分は実子には跡目を相続させない。しかし一の乾分で親分の跡目をつがせるために親分見習中のものを、「実子分」という。この慣習もあわせて考察に値しよう。岩井弘融『病理集団の構造――親分乾分集団研究――』(誠信書房、昭38・3)、一九六~一九八頁参照。

(66)(五二六頁) 大和諸大寺の「寺元」について論じた平山敏治郎氏は、寺元は本来歴代住持を援助しその寺の維持に

協力する家筋であったが、寺の経済力を私慾のために動かすには都合のよい地位でもあったから、元禄前後には寺元の権威はすでに奉仕の義務よりも得分の権利を中心に行使された、と述べている。平山「寺元について」、『読史会創立五十年記念国史論集』2（京都大学文学部読史会、昭35・11）、一三三九～一三五四頁。これに対して真宗諸本山の寺元たる摂家は、猶子の止住する寺の維持を経済的に支援する力は始めからなかったが、その代り貴族社会における後楯として門跡寺院の格式を可能にした。そして逆に猶子からの経済的援助によって自家の台所をうるおすことができたのである。

(67)（五二九頁）　いくつか希望の名を書いて差出すと、そのうち適当な名、あるいは差支えのない名に○印がつけて返されるという命名法は、天皇が宮家の子弟を養子として親王宣下ある時の名のつけ方と全く同じ（『華頂要略』をみよ）。また本願寺門跡が門下の名門の子弟に法諱の一字あるいは二字を許して法名・実名をつけるときも同様であった（浄興寺文書）。

(68)（五三二頁）　前住寂如の娘を内室にしたとはいえ、血統を践まない養子住如が継職したことに対し、本徳寺寂円、その子寂宗、および顕証寺寂峰（のちの十七世法如）の三連枝から強い反対が出されたが、たまたま住如に後嗣が生まれなかったので、寂如の第八男直丸を法嗣とすることによって門主と連枝間の和解がなった。これがのちの湛如である。梅原隆章『近世真宗史の諸問題』（顕真学苑出版部、昭37・8）、二四四頁参照。

(69)（五四〇頁）　天明五年（一七八五）十月二十七日付阿部備中守から西本願寺と興正寺への申渡し文の一節に、「御家元九条家鷹司家ニても彼是と御和融之儀御取扱も在之処、御承引無之候ては御法中ニは如何之儀」（梅原隆章、前出、四一〇頁）とあり、本願寺と興正寺の紛争にさいして両家の猶父が和解のために周旋したこと、しかし不調に終ったことが知られる。なお、猶父を「家元」とよんでいるのに注意。同様の例は、近衛家を東本願寺の「家元」と書いた『浄興寺旧記大略』、鷹司家を興正寺の「家元」とよんだ華園摂信（興正寺）の日記にみられる。

(70)（五六一頁）　本山は宗教的権威の究極的源泉としての大権と、一門の総師としての世俗的大権をもつ点で、中間的な本寺と決定的に異なっていた。それぞれの大権の内容は危機的な事態においてあらわになる。西本願寺からの独立を図った興正寺の場合について例示しよう。興正寺十九世准秀は延寿寺月感の法義を支持してこれを斥けた西本願寺十三世良如（光円）と対立し、承応二年（一六五三）末大坂天満の興正寺通寺へ移り、ここで西本願寺の統制を脱して独立を企てた（承応の諍論）。そして独立の本山となった証として、これまで西本願寺宗主の特権であった興正寺末への仏

像・絵讃の裏書を興正寺住職が自ら行うことにし、加えて末寺僧侶の寺格堂班の免許をも行うこととした。降って興正寺二十三世寂聴の代に再び西本願寺との紛争が顕在化し（天明の諍論）、天明三年（一七八三）興正寺は末寺に令して西本願寺前住湛如の影像を巻き納め、代って興正寺前住寂永の影像を掲げさせ、かつ湛如の命日（八日）精進を解き代りに寂永命日（十七日）を善知識命日として大切に執行させようとした。承応の段階より一歩深まっていることが知られるのである。なお、西本願寺と興正寺の本山末寺の関係の蔭に上寺下寺のそれもあり、興正寺は上寺の特権たる西本願寺の導師権を拒否する挙に出たことを附言しておこう。天明それにつぐ寛政の諍論をへてきた興正寺二十四世法高が寛政七年（一七九五）十月に逝去したあと、西本願寺は先格の通り導師として葬儀を主宰する旨の通告を興正寺になすと共に、公儀へ伺出る必要ありとの理由で態度を保留している興正寺の頭越しに、葬儀執行について幕府の諒承をえた。これに対して興正寺では葬儀を執り行わないのみか、一周忌の近づいた寛政八年に至っても葬儀の期日を公表せず、こうして西本願寺の導師権を拒否しつづけたのであった。梅原隆章『近世真宗史の諸問題』（前出）、三八九、三九七、四四二、四四五～四四六頁参照。

(71)（五七三頁）　常見寺明朗は、本山一切の宗政俗士の手にあり、僧徒悉くその指揮を受ける旧時の姑息より情弊百出するとみて、この改革を叫んだのである。時に文久元年（一八六一）、明朗は三十歳であった。同時に自坊の庫裡を棄壊し、かつ自己所属の末寺を解放して範を示した。先見の明により本山に重用せられ、大正期には嗣法保傅役ならびに執行長（宗務総長）を歴任した。詳しくは鷲尾教導編『津村別院誌』（本願寺津村別院、大15・5）、五一四～五二一頁所収の「利井明朗師略歴」参照。

(72)（五七六頁）　本願寺明如上人伝記編纂所編『明如上人伝』（前出）、四六四頁。ただし曹洞宗では明治八年に議員五二名からなる第一次宗門議会を開設したという。横関了胤「明治時代の曹洞宗」、『現代仏教』一〇五（昭8・7）、三八八頁参照。

(73)（五七七頁）　桜井能監は時に宮内省内事課長の職にあった。

(74)（五七九頁）　西本願寺築地別院境外地は官有地とされたが、佃島の住民が海を埋めて造成した土地である由緒を上申して私有地に還付され、地券は大谷光尊名義で受けた。しかし、明治十四年三月二十八日に至ってこれを本山本願寺の名義に書き改めたというから、寺有・私有の区別を明らかにしつつ、その過程で記名方式の確定による修正も行われたことが知られる。藤音得忍編『筑地別院史』（本願寺筑地別院、昭12・6）、二一五～二二〇頁参照。

(75)（五八一頁）　北島道龍は和歌山市和歌浦法福寺の出である。大谷光尊の愛妾お藤の方は紀州徳川家の奥詰御殿医の女で、法福寺の娘分として本願寺へ入った。このあたりにも光尊と道龍を結びつけるインフォーマルな系があったといえよう。

(76)（五八六頁）　本願寺の家憲については、森岡清美『真宗教団における家の構造』（前出）、第四章「本願寺の家憲と「家」制度」参照。明治末年、西本願寺は法主大谷光瑞の中亜探検・燉煌発掘などのために巨費を失い、本山の財政が極度に疲弊したとき、法主排斥の宗門改革運動が全国各地に起った。政府は「本願寺と大谷家の財政の混同から生じたものだから、大谷家の家憲が制定されたら、二度と此んな事はあるまい」とみたそうである。『新仏教』14の5（大2・5）、および同14の8（大2・8）所載「本派本願寺改革問題に関する川村五峰の論説」参照。しかし、すでに『本願寺内範』の制定をみていた。そして『内範』は『大谷派家憲』同様、本願寺と大谷家を法的に結びつけることを狙うものであったから、財政について両者の分別を期待することはできない。のみならず、

第四十二条　室内諸般ノ経費ハ定ムルトコロノ定額ニ依リ本山財務ヨリ支出セシム

第四十三条　経費支出ハ定額ヲ超ユヘカラスト雖モ其臨時費ヲ要スル場合ニ於テハ宿老及常在会衆ニ諮詢ノ上之ヲ処弁ス

とあり、一応定額といいながら実は湯水のように本山の金を法主個人の趣味的事業につぎこみうる余地は残されているのであるから、家憲に財務の混同制禦を期待することは木によって魚をえようとするものに異ならない。

(77)（五九一頁）　他方、本願寺派では明治四十四年春頃から宗政紊乱に対する改革運動が起り、東京には猶興会、大阪には憂宗会、泉州党、和歌山には改革党、広島には門末党など各地に運動の団体が結成され、大正二年にはこれらが「本願寺門末中央同志会」という中央組織をもつに至ったが、主唱者が本山の圧迫と譴責をこうむって終りを告げる。初め法主の独裁制を改革しようとして、この制度の根柢に鉄槌を下すべく法主の退隠を叫び、二転三転して法主制自体の廃止を唱えるに至った。しかし、歴史的因襲の前に空しく敗退を余儀なくされたのである。『新仏教』14の5（大2・5）、および14の9（大2・9）。

(78)（五九二頁）　明治三十年、大谷派では『宗制寺法補則』が制定されて議制局と会計評議員会が設置された。しかし議制局は議決機関でなく管長の諮問機関であったためトラブルが起りやすかった。昭和四年の『大谷派宗憲』に至って初めて議決機関としての宗議会が認められた。その意味で、明治十九年の『宗制寺法』は専制君主制のもの、それを立

憲君主制に改めたのが『大谷派宗憲』であったといえる。この改革を促したものは法主の乱行と財政紊乱に端を発する改革運動であり、大正十四年四月に法主彰如（光演）自身が全国門末代表者大会に対して三ヵ条の態度表明をしなければならなかったほどの、運動の高揚であった。三ヵ条とは、

一営利と認めらるべき事業に関与せざるべし
一世情（ママ）の問題とする人々を遠ざくべし
一海外渡航は門末が疑惧（ママ）の念を抱く間はこれを中止す

というものであった。

このような背景から成立した『大谷派宗憲』では、会計については宗議会よりも会計評議員会の力が強く、会計に僧分の手をふれさせなかった。ところが、昭和十四年の宗教団体法に即して大谷派宗制を作成するに当り、門徒で構成される会計評議員会などに議決権を与えてはいけないと文部省が指導してきた。宗門というのは教える者がことをきめるべきであって、いわば生徒の立場にある門徒が議決に加わるのは妥当でないというのだが、会計評議員会の議決権を奪うことで大問題となり、文部省にお百度をふんで評議員会は審議機関だということにして漸く存続が認められたのである。この事実は管長―僧侶（宗議会）―門徒（会計評議員会）という権威と権力の体系のあり方を、国家権力が支えていたことを示唆している。『真宗』七二〇号（昭38・2）の座談会「宗憲の生いたち」（一八～二二頁）参照。

(79)（六二〇頁）　西本願寺の能化法霖（一六九三～一七四一）は、古数奇屋法語のなかで「御門跡よりは御本山、御本山よりは御宗旨を大切に存じ奉るべく候」と説き、病弱で年若く気儘な十六世湛如（光啓、在職一七三九～一七四一）の意を迎えるに汲々として教団の本旨を忘れた本山重役を戒めた。このように、近世封建教団の体制のなかにあっても、真宗の原点が失われずに保持されていることに注目したいのである。薗田香融「日渓法霖の生涯と業績」、『近世仏教』8（昭38・10）、一一～一五頁参照。

(80)（六二一頁）　存覚はまた『浄土見聞集』を著して冥府十王の怖るべきことを説き、追善供養の必要性を強く示唆した。「十王讃嘆なんどはすでに厭離をさきにする義なり、当流にはしかるべからざることなれども、浅智愚闇のともがらを誘引せんがためとて」と、庶民布教のためには十王信仰の受容が不可欠であったことを記している。『真宗聖教全書3列祖部』、三七五～三八三頁。圭室諦成『葬式仏教』（大法輪閣、昭38・11）、一八一～一八四頁参照。

(81)（六二六頁）　なお、柏原祐泉『近世庶民仏教の研究』（前出）、同「近世における真宗の世俗倫理思想」（『真宗史の

研究』宮崎円遵博士還暦記念会編、永田文昌堂、昭41・12、一六七～二〇〇頁）参照。また、岐阜県揖斐郡徳山村塚に残された二四ヵ条の掟は、近世村落生活のなかで説かれ実践を求められた真宗の世俗倫理を示すものとして興味深い。その全文は、千葉乗隆『中部山村社会の真宗』（前出）、五六～六一頁に収録されている。

(82)（六二七頁）　なお、一、家祖親鸞血脈の大谷家戸主は永久に大谷本廟の守真者（墓守）として存在する、と規定した一ヵ条が併せ掲げられた。

(83)（六二九頁）　カナダの仏教会（西本願寺系）については、内野久美子「カナダ日系人社会と仏教会」、『日本仏教』38（昭51・8）、四三～五三頁参照。内野氏は、「一口にいえばカナダ仏教会は祖先崇拝の中に埋もれた日本仏教の在り方を脱して、世界宗教的な性格を持った本来の仏教へともどりつつある」（五二頁）と指摘している。

追補

（1）（一六頁）　例えば、昭和十六年の『浄土宗宗制』第二七六条は、「住職選定ノ順位ハ総本山、大本山、及大檀林並ニ第二八〇条ノ寺院ヲ除クノ外、現住職ノ徒弟、前住職ノ徒弟、法類、法縁関係者、其他ト次第ス」とあり、住職の子弟を後任住職とする道を保証している。

（2）（一七頁）　それでも、もし親子代々住職を継いでいけば、みかけのうえで真宗寺院と同じになることは、浄土宗宗制第三〇〇条が掲げる左の法脈関係の縁類によって知ることができる。

曽祖師僧―祖師僧┬法叔伯父
　　　　　　　　├師　僧┬法兄弟―法甥
　　　　　　　　│　　　├自己―徒弟―孫徒弟―曽孫徒弟
　　　　　　　　└法叔伯母└法姉妹―法姪

（3）（七六頁）　なお、吉田久一『日本近代仏教史研究』（吉川弘文館、昭34・3）、一八七〜一九〇頁。森岡清美『日本の近代化とキリスト教』（評論社、昭45・5）、二〇一〜二〇二頁、参照。

（4）（一三九頁）　大谷派が明治十八年に制定した相続講の小会は部落門徒団に、連合小会は広域門徒団に対応する。

（5）（一四八頁）　真宗寺院では「従来勤来リ候檀家寺役御用ハ永代寺禄」と考えた。山中寿夫「幕藩体制下における真宗寺院と安芸門徒」小倉豊文編『地域社会と宗教の史的研究』（柳原書店、昭38・3）、一四一頁。

（6）（二〇九頁）　明治二十年、『大谷派広報』は白川村に起きた一つの事件を報じている。曰く「飛騨国大野郡白川村敬勝寺住職村池尾円周同村信称寺住職杉岡成智ハ平素僧侶不似合ノ所業コレ有ル趣相聞へ不都合ノ儀ニ付同日（本月八日）速ニ前非ヲ改悟シテ僧侶ノ本分ヲ守ルベシ若今後不都合ノ筋コレ有ルニ於テハ厳重ノ処分ニ及ブベシト誡諭ヲ下シタリ」と（『本山報告』19号、明20・1、八頁）。右の「僧侶不似合ノ所業」とは狩猟ではないだろうか。他の寺では農耕をしても狩猟まではやらないため、評判になったのかもしれない。

（7）（二九四頁）　浄福寺については、木場明志「庄内門徒に見る真宗の複合的様相」大浜徹也編『東北仏教の世界――社会的機能と複合的性格――』（日本近代仏教史研究会、平17・3）、二一〇〜二二七頁、参照。

（8）（三二六頁）　ここに、中イエ（瑞泉寺住職家とその傘下）が小イエ（瑞泉寺本坊・寺中・家司・家臣それぞれのイ

エ）を包みこみ、さらに中イエが大イエ（本山住職家とその傘下）に包まれて立つ立体的な構造を認めることができる。

（9）（三五三頁）　これは大谷派寄りの見方である。本願寺派では上寺のなかに没落するものがあることを慮って、明治十五年一月「元上下寺取扱条例」を制定し、元上寺にたいして、元下寺四百カ寺以上に最高の一千二百円、元下寺四カ寺に最低の二円五十銭と、下寺数に応じた金額を公債証書で下付した（『本願寺史』第三巻、本願寺史料研究所編、昭44・5、一六八～一六九頁）。他方大谷派では、『宗規綱領』第六編の施行により下寺の直末化が実現したものとみなして何の措置もとらず、下寺・寺中・下道場のうち依存性が高く、一般末寺とはみなしがたいもの、おおむね寺中に「附属寺」という新範疇を設け、明治十九年八月の『宗制寺法』第三編第一章で末寺の一種と規定した。しかし本願寺派は、明治十九年三月の『宗制寺法』で一般末寺のほか「附属寺」のような存在を認めていない。両派が上寺下寺関係の廃止という同じ課題に示した対応の大きな相違は、上下本末関係についての両者の考え方の差異に基づくものであろう。

（10）（三九六頁）　もと福井小幡にあって円福寺を称したが、一揆勢に寺を焼かれて加戸に移り、寺号を本流院と改めた（『真宗新辞典』真宗新辞典編纂会編、法藏館、昭58・9、四六五頁）。

（11）（四二三頁）　正月に巡回するのに秋廻りとよぶのは、元来、収穫時でしかも親鸞正忌のある秋に回った旧慣の残像であろう。

（12）（四四二頁）　この頃前住の秦英元は心臓を病んで臥せっており、住職の英西はまだ三十歳そこそこの若輩であったため、二五三頁で述べたような意地悪い思いにとらわれた人が組内にいたのであろう。

（13）（五八一頁）　井上豊忠『真宗大谷派宗門時言』（前出）、六四一頁。

（14）（五八八頁）　寺法草案は、大谷光尊の依頼に依って内務省社寺局長桜井能監が起草し、三条実美・岩倉具視・伊藤博文・大隈重信らの意見が徴され、とくに井上馨の関与が深かった（新田均『近代政教関係の基礎的研究』大明堂、平9、一五頁）。

（15）（五八八頁）　太政官布達明17年19号。これにより監教権が本山（住職）から管長に移った。長谷川正観『宗教法概論』有信堂、昭31・5、一五四、二五八頁。新田均『近代政教関係の基礎的研究』（前出）、一四四頁ほか、参照。

（16）（六六八頁）　ほかに、最上孝敬「男女別墓制ならびに半檀家のこと」、『日本民俗学』1の2（昭28・8）、八五～八九頁、櫻田勝徳「半檀家に関連して」、『民間伝承』18の1（昭29・1）、五四～五五頁、杉本尚雄「男女別墓制ならびに半檀家について」、『日本民俗学』1の4（昭29・3）、七五～八〇頁参照。

あとがき

本書を刊行してからすでに十六年近い歳月が流れた。その間に示された本書に対する学界の反応はきわめて好意的であって、とくに日本宗教学会からは昭和三十八年度姉崎記念賞を授与され、また日本社会学会の推薦により本書の英文抄録が文科系学会連合の『研究論文集』第13・14巻（昭38・12）に掲載されたことは、著者の最も光栄とするところであった。しかし、現代の社会学研究者にとって概して関心の薄い特殊なテーマであったためか、充分に読まれることが少なかったように思われ、社会学界に対する影響にみるべきものがあったかどうか著者自ら疑いなしとしないのである。そのなかで、近世近代宗教史の研究者が本書の寄与を的確に評価してくれたのは有難かった。例えば、児玉識氏は近著『近世真宗の展開過程』（吉川弘文館、昭51・10）において本書に言及していう。

真宗教団の構造的特質を「家」制度との関連において解明した森岡氏の功績は大きい。氏は教団史の研究に社会学の理論と方法を導入して、真宗教団内の本末関係、本坊寺中関係、寺檀関係等を地方寺院史料を駆使して分析し、その関係の仕方の中に真宗教団の構造的特質を見出した。氏の斬新な方法により、世襲制を原則とする真宗教団の構造的特質をなす「型」が、俗家における「家」制度との対比の上に科学的に究明され、ここに初めて近世真宗史を法則的に追究する道が開かれたのであった（八頁）。

（上略）森岡氏の場合、理論的にも実証的にも、これまでの研究を大きく前進させたのは事実であるが、しかし氏の研究は、氏自身も認めているように、あくまで教団構造の制度面の解明に力点を置いたものであって、

思想・行動についての分析は十分ではない。また、制度面の研究も、近世農村構造の推移の中で制度がどのように変質して行ったかについて、経済史の研究成果を踏まえた考察をしようとする姿勢が弱いように見受けられる。しかしこれは、社会学的に教団構造を明らかにしようとした氏の立場としては当然のことである。したがって、近世真宗史の綜合的把握のためには、氏の研究成果を十分に吸収しながら、同時に氏の方法の限界を見きわめ、それをより発展させるためには如何なる方法が有効であるかを検討することが必要であろう（九～一〇頁）。

本書は宗教史・宗教学に深くかかわりながら、しかも性根は社会学にあるのであるから、社会学的な「家」研究の側から忌憚のない評価と大局的見地に立つ位置づけがなされるのを、著者は切に期待するものである。

本書を刊行したのち著者の関心は家族周期論および家族変動論に傾斜していったため、その後書いた真宗教団の個別研究論文は多くはない。しかしこのたびそれらをとりまとめて、『真宗教団における家の構造』（お茶の水書房）なる題目で近々刊行することになった。標題が示すように本書の姉妹篇であるので、あわせてご検討願えれば幸いである。

本書と『真宗教団における家の構造』との間に方法論的な発展があったわけでなく、前者のモティーフを他の事例に適用して、前者では取上げえなかった問題の解明を志したところに、後者に含まれた諸論文が成立したのであった。したがって本書についても、十六年の歳月をへたとはいうものの基本的な視点を改訂する必要を認めるに至っていないのである。それでも、この歳月は数多の事例の追加、同じ事例の一段と深い解明、さらに二、三の点については事実解釈の修正を可能にした。そこでこのたびの重版にあたり、誤植を訂正したのはもちろん、本文に僅かの手なおしを加え、とくに補註としてその後えた知見を大幅に挿入した。本文行間および註の末尾の

（補註）はそれであって、巻末の補註がこれに対応している。

過ぎこし十六年の間に多くのことがあった。母校であり二十八年間の勤務校であった東京教育大学の廃止は最大の痛恨事であるが、本書を学位論文として審査して下さった主査岡田謙先生、陪査和歌森太郎先生、資料調査のさい大変お世話になった本流院住職秦英西氏、真宗大谷派宗務所文書科の奥野次郎氏、岳父桑山正美氏、少年時代の恩師今村晃先生があいついで鬼籍に入られたことも、著者にとって小さからぬ出来事であった。これらの方々のご生前を偲び、ご厚情の数々を想起して、心からご逝去を惜しむものである。

また、本書刊行の昭和三十七年に真宗教団の再生をかけた大谷派の同朋会運動が正式に発足し、その後紆余曲折はあったが、教団の「家」的構造に生じた変化にあらためて科学の光をあてる条件は熟しつつあるように思われる。この課題に関心をもつ同僚研究者に伍して著者もまた歩んでいきたいと念願している。本書がその作業のために出発点を示しうるものであれば幸いである。

最後に、重版にさいし長い補註をつけることに快く応じてくださった創文社社主久保井理津男氏の、昔に変らぬご厚意を感謝して、この補訂版を世に送る次第である。

昭和五十三年七月十七日

著　者

新版あとがき

一九六二年十二月、本書が刊行された直後、私はインクの薫りも感激的な新刊書を携えて、恩師岡田謙先生始め学位論文の審査でお世話になった先生方のご自宅を訪ねた。幸い在宅された副査の一人肥後和男先生は、短い祝いのお言葉に付け加えて、「君、こんな本はもう二冊とは書けないよ」と言われた。当時三十九歳だった私は、帰宅の途上先生のお言葉を反芻して正直なところ不満であった。四十代に一冊、五十代に更にもう一冊、本書ぐらいの本を書きたいと思っていたからである。

その後歳月は流れて、私も宗教社会史領域の学術書を何冊か世に送ることができた。処女作は著者の予想以上の評価をいただいたが、後続の著書もかなりのものではないか、と自惚れていた。

処女作は刊行十六年後増補版を出すことになった。初版が僅か五百部だったから、当然のことと私は受けとめた。しかし、それからさらに四十年近く経って再版したいとの申し入れを受けて、増補版部数が少なかったことだけでは説明がつかぬように感じ、この有り難い申し入れに応えるべく、修正するべき点を特定するために、来る日も来る日も長い時間をかけて旧著と付き合った。

その間に気付いたことは、この本は私の著作のなかのベストといってよいことである。肥後先生の予言は誤っていなかった。先生自身四十二歳で著した『宮座の研究』のことを回想しておられたのであろう。学界では私の代表作と見てくれているらしい。代表作が再刊されるということは、何と幸せなことか。長生きしたお蔭でこの幸せに逢うことができた。

この本が学界に送ったメッセージの一つは、有賀喜左衛門先生が、家は血縁集団ではないとの常識を覆す発言をして、家―家族研究者に衝撃を与えたが、私は有賀説を出発点としながら、貴族階級では家は血縁集団、それも男系の男子を嫡系とする血縁集団であることを例示したことである（第八章第一節）。そしてもう一つは、有賀先生は家連合の二類型として同族結合と組結合を設定されたが、私は寺連合について主従結合（タテ）、与力結合（ナナメ）、組結合（ヨコ）の三類型を措定したことであった（第五章第二節）。

それから二十五年ほど後にこの第二点を展開して、巨大イエ、大イエ、小イエの概念を構築し、小イエには単一の家と複合の家があるとの有賀説を援用させていただいて、そうした小イエの主従結合と与力結合から大イエが成り、大イエの主従結合や与力結合から巨大イエが成り立つと論じた（森岡『華族社会の「家」戦略』吉川弘文館、平14・1、一部二章）。本書三二六、五〇六〜五〇七、五二一、五九〇、六一六〜六一七頁などの記述は、この発想によってより明快に説明できるのではないだろうか。その一例を（追補8）で示しておいた。処女作以後の、家についての考え方の展開はこのくらいのことであろう。

明治二十九〜三十年頃、真宗大谷派を震撼させた白川党事件について、同志の日誌や書簡を資料として考察した本を、最近刊行した（『真宗大谷派の革新運動』吉川弘文館、平28・10）。ここでは同志たちの集団的、間人的、個人的動き、および本山寺務所や宗政権力者たち個人の動きに注目したことで、処女作とは全く異なる視角からの研究となり、旧著にたいする自己批判を実現した思いであった。しかし、今回処女作を読み返して気が付いたことは、本書は真宗教団の組織や制度を静態的に分析した組織論・制度論ではなく、組織や制度が人々の間で生き生きと躍動的に働く姿を活写していることである。このアプローチはなお現代的意味をもつのではないかと思った。

さもあらばあれ、処女作発刊以来すでに半世紀余の歳月をへて、客観的に観察する時期がきたように考え、つ

いつい自画自賛的言辞を連ねたことを愧じなければならぬ。これでは更なる展開の見込みなどないからである。新版では前の増補版と異なって、末尾の追補（再度の増補）を少ない分量に止め、本文に曖昧な表現がみつかれば、分かりやい正確な表現に置き換えることに力を注いだ。その他可能な限り正確を期する見直しを加えた新版が、今後も研究者の利用に堪えつづけるものでありますように。

この機会に、私の面接調査を受けとめて、長時間付き合ってくださった多くの真宗僧俗各位に、改めて厚く御礼を申しあげたい。なかでも、石川県輪島市町野町金蔵の真宗大谷派正願寺住職松原実師夫妻（昭27年から3年ほど）、福井県坂井郡三国町加戸の真宗高田派本流院住職秦英西師夫妻（昭32年から3年ほど）、長野県須坂市真宗大谷派勝善寺住職井上演良師夫妻（昭33年を中心に）には、言葉では言い尽くせぬお世話になった。今や一人も存命の方なく、生き残った私は往時を回顧して謝恩の思いに浸るのみである。

最後に、超高齢の私に旧著再版という破格の恩恵を供与された法藏館（担当丸山貴久氏）と、病妻を抱えた介護の身に新版準備の作業を可能にしてくれた娘京子ほか、関係の皆さんのご支援に、心からの謝意を表したい。

平成二十九年五月二十日

森岡清美

追書　本書を学位論文として執筆中の一九六〇年春夏、九月のアメリカ出張が決まっていた私は、期限までに論文を完成すべき異常なストレス下にあったが、妻喜美子の清書協力のお蔭で危機を乗りこえた。その妻は一〇年有半の療養の末、本年十月七日、腹部大動脈瘤破裂のため急逝した。そして十二月二日私自身転倒骨折して、入院加療の身となった。過ぎ越し日々を回想して、感謝あるのみである。（平成二十九年十二月三十日）